코로나19 바이러스
"친환경 99.9% 항균잉크 인쇄"
전격 도입

언제 끝날지 모를 코로나19 바이러스

99.9% 항균잉크(V-CLEAN99)를 도입하여 「안심도서」로

독자분들의 건강과 안전을 위해 노력하겠습니다.

본 도서는 항균잉크로 인쇄하였습니다.

항균 + 99.9%
안심도서

항균잉크(V-CLEAN99)의 특징

◉ 바이러스, 박테리아, 곰팡이 등에 항균효과가 있는 산화아연을 적용

◉ 산화아연은 한국의 식약처와 미국의 FDA에서 식품첨가물로 인증받아 **강력한 항균력**을 구현하는 소재

◉ 황색포도상구균과 대장균에 대한 테스트를 완료하여 **99.9%의 강력한 항균효과** 확인

◉ 잉크 내 중금속, 잔류성 오염물질 등 **유해 물질 저감**

TEST REPORT

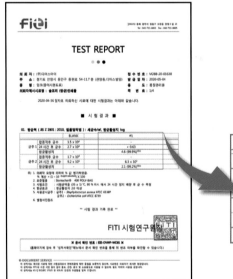

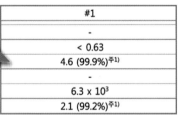

#1
-
< 0.63
4.6 (99.9%)[주1]
-
6.3 x 10^3
2.1 (99.2%)[주1]

Clean Zone

SD에듀
(주)시대고시기획

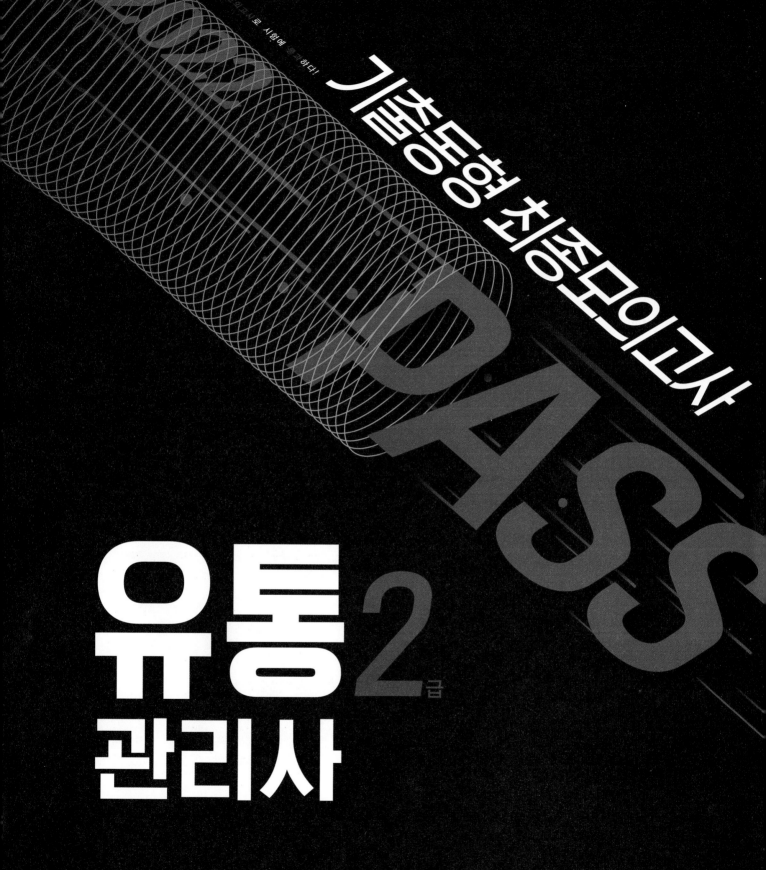

2022

기출동형 최종모의고사

기출동형 최종모의고사로 시험에 응시하다!

PASS

유통2급
관리사

SD에듀
(주)시대고시기획

21세기 디지털시대가 전개됨에 따라 유통업체의 전문화 · 대형화가 이루어지고 있으며, 인터넷 쇼핑의 일반화, 소비자 트렌드의 변화, 업태별 변화 등으로 인해 유통 산업을 둘러싸고 있는 직 · 간접적인 환경들이 급속하게 변화되고 있다. 즉, 21세기 지식기반 경제사회가 국제화 · 세계화 · 정보화의 추세로 나아감에 따라 유통 분야도 새로운 계기를 맞고 있는 것이다.

최근 유통업계의 변화와 혁신 속에 유통의 실체적 흐름을 파악하려는 관련 업체나 정부기관의 관심이 증가하고 있으며 국가 공인 유통 관련 전문가인 유통관리사에 대한 수요는 꾸준히 증대될 것으로 예상된다. 특히 유통업계 특성상 기계나 컴퓨터에 의해 대체되기 어려운 분야이기 때문에 향후에도 장기적인 인력채용이 꾸준히 발생할 것으로 전망된다.

이에 SD에듀에서는 수험생들의 효과적인 학습을 돕기 위해 최근 출제경향에 맞춰 보완 · 개정한 기출동형 최종모의고사 문제집을 발간하게 되었다.

수험생들의 효과적인 학습을 돕기 위한 기출동형 최종모의고사 문제집의 특징은 다음과 같다.

01 중요이론을 집중 공략할 수 있는 핵심이론을 엄선하여 시험 전 일 최종 정리를 도와줄 빨리보는 간단한 키워드를 수록하였다.

02 출제기준에 맞춘 중요부분에 대한 다각적인 문제를 채택함으로써 그물망식 출제의 최종모의고사로 완벽한 실전대비가 가능하도록 구성하였다.

03 2021년에 출제되었던 3회분 기출문제를 상세한 해설과 함께 수록함으로써 실력과 합격 가능여부를 스스로 체크해 볼 수 있도록 하였다.

끝으로, 본서가 유통관리사 자격 취득을 이루고자 하는 수험생들에게 최종 합격의 길잡이가 되길 바라며, 모든 수험생들이 합격의 기쁨을 안을 수 있기를 기원한다.

편저자 씀

자격시험안내

주관
산업통상자원부

시행처
대한상공회의소

응시자격
제한 없음

검정기준
유통에 관한 전문적인 지식을 터득하고 관리업무 및 중소유통업 경영지도의 보조 업무 능력을 갖춘 자

합격기준
매 과목 100점 만점에 과목당 40점 이상, 전 과목 평균 60점 이상

2022년 시험일정

회 별	등 급	원서접수	시험일자	발표일자
1회	2·3급	04.21~04.27	05.14	06.14
2회	1·2·3급	07.28~08.03	08.20	09.20
3회	2·3급	10.27~11.02	11.19	12.20

※ 시험일정은 변경될 수 있으니 시행처의 확정공고를 확인하시기 바랍니다.

원서접수방법
인터넷 접수 – 대한상공회의소 자격평가사업단(http://license.korcham.net)

가점혜택
유통산업분야에서 3년 이상 근무한 자로서 산업통상자원부가 지정한 연수기관에서 40시간 이상 수료 후 2년 이내 2급 시험에 응시한 자에 대해 10점 가산

※ 유통연수 지정기관 : 대한상공회의소, 한국생산성본부, 산업통상자원부 장관이 지정한 기관(산업통상자원부 유통물류과)
※ 통신강좌는 가점혜택을 받을 수 없음

과목별 세부 출제기준

📊 1과목 유통·물류일반관리

대분류	중분류	세분류
유통의 이해	유통의 이해	• 유통의 개념과 분류 • 유통(중간상)의 필요성 • 유통기능(function)과 유통흐름(flow)
	유통경로 및 구조	• 유통경로의 개념 • 유통경로의 유용성 • 유통경로의 유형과 조직 • 유통경로의 믹스
	유통경제	• 유통산업의 경제적 역할 • 상품생산·소비 및 교환 • 유통비용과 이윤
	유통산업의 이해 및 환경	• 유통의 발전과정 • 유통환경의 변화와 특징 • 유통산업관련 정책 • 글로벌 유통산업의 동향과 추세
유통경영전략	유통경영 환경분석	• 유통경영전략의 필요성과 이해 • 유통경영의 비전과 목표 • 유통경영의 외부적 요소 분석 • 유통경영의 내부적 요소 분석
	유통경영전략의 수립과 실행	• 유통기업의 사업방향 결정 • 기업수준의 경영전략, 사업부수준의 경영전략, 기능별 경영전략 • 경쟁우위와 경쟁전략 • 경영혁신 • 다각화·통합전략과 아웃소싱전략 • 전략적 제휴, 합작투자, 인수합병전략 • 유통기업의 글로벌화 전략 • 기타 유통경영전략 • 경영전략의 대안 평가 및 선택
	유통경영전략의 평가 및 통제	• 전략의 평가 • 전략의 통제 • 성과의 환류(feedback)
유통경영관리	조직관리	• 조직이론 변천과정 • 조직구조의 유형 및 설계 • 조직의 목표관리와 동기부여 • 조직의 의사전달과 갈등관리 • 조직문화와 리더십
	인적자원관리	• 인사관리의 기초와 개념 • 직무분석과 직무평가 • 인사고과 • 인적자원의 확보와 개발 • 인적자원의 활용과 배치 • 인적자원의 보상과 유지 • 인사정보시스템과 인사감사
	재무관리	• 재무관리의 개요 • 화폐의 시간적 가치와 현재가치 및 균형가격 • 자본예산과 자본조달 • 위험과 수익률 : 포트폴리오이론과 자본자산가격결정모형 • 자본비용 • 자본구조이론 • 파생상품과 위험관리
	구매 및 조달관리	• 구매 및 조달관리의 개념 및 절차 • 공급자 선택 및 관리 • 구매실무(원가계산, 구매가격, 구매계약, 구매협상, 재고관리) • 품질관리 • 글로벌 구매 및 조달관리

과목별 세부 출제기준

물류경영관리	도소매물류의 이해	• 도소매물류의 기초	• 도소매물류의 고객서비스
	도소매물류관리	• 물류계획 • 포장관리 • 물류비 • 공급망관리(SCM)	• 운송, 보관, 하역, 창고관리 • 물류관리를 위한 정보기술 • 물류아웃소싱과 3자물류, 4자물류 • 국제물류
유통기업의 윤리와 법규	기업윤리의 기본개념	• 기업윤리의 기본개념 • 유통기업윤리 프로그램의 도입과 관리 • 기업환경의 변화와 기업윤리	• 유통기업의 사회적 책임 • 시장구조와 윤리
	기업윤리의 기본원칙	• 공리주의 • 정의와 공평성	• 권리와 의무 • 효용성, 효율성, 도덕성
	유통기업의 윤리경영	• 인사관리의 윤리 • 회계 및 재무관리의 윤리 • 경영정보의 윤리	• 마케팅관리의 윤리 • 서비스와 제조물유통관리의 윤리 • 양성평등에 대한 이해
	유통관련 법규	• 유통산업발전법 • 소비자기본법 • 전통시장 및 상점가 육성을 위한 특별법 • 전자상거래 등에서의 소비자보호에 관한 법률 • 방문판매 등에 관한 법률 • 할부거래에 관한 법률 • 청소년보호법, 식품위생법, 소방기본법에서 유통과 관련된 조항	• 전자문서 및 전자거래기본법

🖥 2과목 상권분석

대분류	중분류	세분류	
유통 상권조사	상권의 개요	• 상권의 정의와 유형 • 상권조사의 방법과 분석	• 상권의 계층성
	상권분석에서의 정보기술 활용	• 상권분석과 상권정보	• 상권정보시스템, 지리정보 활용
	상권설정 및 분석	• 상권설정의 요소 • 상권과 상세권 • 상권·입지분석의 제이론	• 상권분석의 개념 및 평가 방법 • 업태 및 업종별 상권의 분석과 설정
입지분석	입지의 개요	• 도매입지와 소매입지의 개요 • 물류와 입지	• 업태 및 업종과 입지
	입지별 유형	• 지역 공간 구조 • 쇼핑센터	• 도심입지 • 기타입지
	입지선정 및 분석	• 입지선정의 의의 • 업태별 입지 개발방법 • 입지의 선정	• 입지영향인자 • 경쟁점(채널) 분석
개점전략	개점계획	• 점포개점 의의 및 원칙 • 개점입지에 대한 법률규제검토	• 투자의 기본계획
	개점과 폐점	• 출점 및 개점 • 업종전환과 폐점	• 점포개점을 위한 준비

📊 3과목 유통마케팅

대분류	중분류	세분류	
유통마케팅 전략기획	유통마케팅전략	• 유통마케팅의 개요 • 소매고객의 특성 분석 • 시장세분화 • 포지셔닝 전략	• 유통마케팅 환경분석 • 유통목표의 정립 • 목표시장 선정 • 마케팅믹스 전략
	유통경쟁전략	• 유통경쟁의 개요 • 소매업태의 성장과 경쟁 • 서비스 마케팅	• 유통경쟁의 형태 • 글로벌 경쟁전략
	상품관리 및 머천다이징전략	• 머천다이징 및 상품관리의 개요 • 업태별 머천다이징 및 상품기획 • 상품 매입과 구매계획 • 단품관리전략	• 머천다이징과 브랜드 • 상품 가테고리 계획과 관리 • 상품수명주기별 상품관리전략
	가격관리전략	• 가격관리의 개요 • 가격설정 정책	• 가격설정의 방법 • 업태별 가격관리
	촉진관리전략	• 촉진관리전략의 개요 • 업태별 촉진전략(옴니채널, O2O, O4O 등) • e-Retailing 촉진	• 프로모션믹스 • 소매정보와 촉진
유통점포 관리	점포구성	• 점포구성의 개요 • 점포 디자인	• 점포의 구성과 설계
	매장 레이아웃 및 상품진열	• 매장 레이아웃의 개요 • 매장 배치와 통로 설정 • 상품진열 및 배열기법	• 매장의 구성과 분류 • 상품진열의 조건 및 형식
	매장환경관리	• 매장 환경의 개요 • 매장 구성요소와 관리 및 통제	• 매장 내외부 환경관리 • 매장 안전관리
	비주얼 프리젠테이션	• 비주얼 프리젠테이션의 개요 • 컬러 머천다이징의 기초지식 • 디스플레이 웨어	• 비주얼 프리젠테이션의 기술 • POP 광고 취급방법
상품판매와 고객관리	상품판매	• 상품판매의 개요	• 판매서비스
	고객관리	• 고객의 이해 • 고객정보의 수집과 활용	• 고객관리의 개요 • 고객응대기법
	CRM전략 및 구현방안	• CRM의 배경 및 장점 • CRM의 정의 및 필요성 • CRM 구현 단계	• CRM의 도입방법 및 고려사항 • CRM의 유형 • 유통기업의 CRM 구축방안
유통마케팅 조사와 평가	유통마케팅 조사	• 유통마케팅 조사의 개요 • 유통마케팅 자료분석기법	• 유통마케팅 조사의 방법과 절차
	유통마케팅 성과 평가	• 유통마케팅 성과 평가의 개요 • 유통업의 성과평가 • 영향력 및 갈등 평가	• 유통마케팅 목표의 평가 • 경로구성원의 평가

과목별 세부 출제기준

📊 4과목 유통정보

대분류	중분류	세분류	
유통정보의 이해	정보의 개념과 정보화 사회	• 정보와 자료의 개념 • 정보혁명의 의의와 특성 • 정보화 사회의 특징과 문제점	• 정보·자료·지식 간의 관계 • 정보화 사회의 개요 • 정보의 유형
	정보와 유통혁명	• 유통정보혁명의 시대 • 정보화 진전에 따른 유통업태의 변화	• 유통업에 있어서의 정보혁명
	정보와 의사결정	• 의사결정의 이해 • 의사결정의 단계와 정보 • 의사결정지원 정보시스템(DSS, GDSS, EIS 등)	• 의사결정의 종류와 정보
	유통정보시스템	• 유통정보시스템의 개념 • 유통정보시스템의 운영환경적 특성 • 유통정보시스템의 구성요소 • 유통정보시스템의 분석/설계/구축 • 정보 네트워크	• 유통정보시스템의 유형 • 유통정보시스템의 기획
지식경영	지식경영의 개념	• 지식경제와 지식경영	• 지식경영 관련 이론
	지식경영 프로세스	• 지식근로자와 지식경영자 • 조직문화와 지식문화 • 지식의 축적과 활용	• 지적자본과 지식기반 조직 • 지식경영 프로세스
	지식경영 정보기술	• 지식경영 정보기술(기계학습, 딥러닝, AI 등 자동학습기술) • 지식관리시스템	
주요 유통 정보화기술 및 시스템	바코드의 이해	• 바코드와 유통정보화 • 공통상품코드 • 상품코드의 종류	• 바코드와 국제표준 • 상품코드체계
	POS시스템	• POS도입과 유통 네트워크화 • POS시스템 구성기기 • POS시스템 도입실무	• POS시스템의 개요 • POS시스템의 효과
	POS데이터의 분류 및 활용	• POS데이터의 분류 및 활용 • POS데이터의 수집과 분석 • POS와 RFID	• POS시스템을 통해 얻는 정보 • POS정보의 활용
	EDI 구축 및 효과	• EDI의 의의 • EDI 기반 기술(VAN, Internet, CALS 등)	• EDI의 이용효과
	QR시스템 구축 및 효과	• QR의 의의 • QR의 성공요건	• QR의 효과
	유통정보화 기반 기술	• RFID, BICON, IoT, Sensor, 5G 등 유무선 네트워크 기술 및 장비 • AI, RPA 등	
유통정보의 활용	데이터관리	• 데이터베이스, 데이터웨어하우징, 데이터마트 • 빅데이터, R, 데이터마이닝 등 데이터 수집·분석·관리기술 및 관련 장비	
	고객충성도 프로그램	• 고객충성도 프로그램의 개념과 필요성 • 고객충성도 프로그램을 위한 정보기술 • e-CRM	
	e-SCM	• e-SCM구축을 위한 기반기술 • e-SCM구축 및 활용의 성과측정	• e-SCM구축을 위한 정보시스템
전자상거래	전자상거래모델	• 전자상거래의 이해 • 전자상거래와 E-Biz, U-Biz, M-Biz • 유비쿼터스와 전자상거래 유형과 특성	• 전자상거래 모델의 유형·평가·선정
	전자상거래시스템	• 전자상거래 시스템의 구성 요소 • 전자상거래의 구축 형태 • 전자상거래 업무 흐름	• 전자상거래 시스템의 구축절차 • 전자상거래의 구축 솔루션
	전자상거래 기반기술	• 전자상거래 기술체계	• 전자상거래 기반기술
	전자상거래 운영	• 전자상거래 프로세스 • 전자결제시스템	• 물류 및 배송 관리시스템

합격수기

전공자 유통관리사 2급 합격수기

2021년 1회 시험 합격자 안*혁

안녕하세요. 21년도 1회 시험에 붙은 전공생입니다. 일단 저는 무역관련 학과를 다니는 대학생이며, 전공수업을 통해 미리 배운 것들이 있었음을 먼저 말씀드립니다.

21년도에 코로나로 인해 휴학을 하고, 자격증을 따야겠다고 생각하던 중 유통 물류 자격증을 따려고 했고, 여러 강의 후기와 사이트를 둘러본 뒤 시대고시가 제일 커리큘럼이 탄탄하고 괜찮다고 생각했기 때문에 이 강의를 선택하게 되었습니다.

저는 전공자이지만, 공부 시간을 하루 6시간 정도로 잡고 진행했습니다.

[공부방법]

제가 시간을 여유 있게 잡고 공부를 했기 때문에 가능한 방법이지만 제 공부 순서는 이렇습니다.

1. 강의를 먼저 수강한다(과목별 소챕터 전부).

2. 그 뒤 노트에 정리하며, 대강 암기를 한다.

3. 그 챕터에 해당하는 문제집을 푼다(다시 한 번 풀 수 있게 첫 문제풀이는 종이에 옮겨 적었습니다).

4. 오답을 체크하고 오답노트를 작성하며 문제에 대해 다시 한 번 확인한다.

5. 다음 강의를 진행한다.

물론 시간이 많았기에 가능한 방법이었고, 시간이 없다면 2와 4의 순서를 넘어가셔도 됩니다(옮겨 적는 시간이 많이 걸리기 때문). 대신 강의를 듣고 나서 암기를 시작하셔야 편해집니다.

[꿀팁]

60점 턱걸이를 원하신다면, 4과목이 구멍이 되실 겁니다. 암기할 것이 많고, 문제가 단독개념이 아닌 연계개념으로 나오기 때문입니다.

추천드리는 방법으로는 '1과목을 튼튼하게, 2-3과목을 조금 덜 열심히, 4과목은 과락을 면하자'라는 방식으로 공부하시면 편할겁니다. 암기에 자신이 있으신 분이라면, 4과목에 집중 투자하여 4과목을 캐리과목으로 이끌어 나가셔도 될 것입니다.

비전공자와 전공자의 차이가 조금은 존재하는 시험이라고 생각합니다. 하지만, 시대고시 인강을 같이 들으시고 나름의 공부체계를 잡아나가신다면, 충분히 합격하실 수 있을겁니다.

또한 21년도 1회 시험에서는 처음 보는 난해한 문제와 오류가 존재하는 것 같지만 인정되지 않은 문제들이 다수 존재합니다. 물론 이 문제들은 변별력을 위한 문제로 몇 문제 되지 않아서, 나머지 문제들을 자신 있게 푸신다면 충분히 합격하실 겁니다.

건승을 빕니다.

5개년 출제빈도표

1과목 유통 · 물류일반관리

출제영역	2017	2018	2019	2020	2021	합계	비율(%)
제1장 유통의 이해	27	30	26	18	23	124	33.1
제2장 유통경영전략	1	2	10	15	10	38	10.1
제3장 유통경영관리	14	12	13	15	15	69	18.4
제4장 물류경영관리	27	23	21	21	19	111	29.6
제5장 유통기업의 윤리와 법규	6	8	5	6	8	33	8.8
합계(문항 수)	75	75	75	75	75	375	100

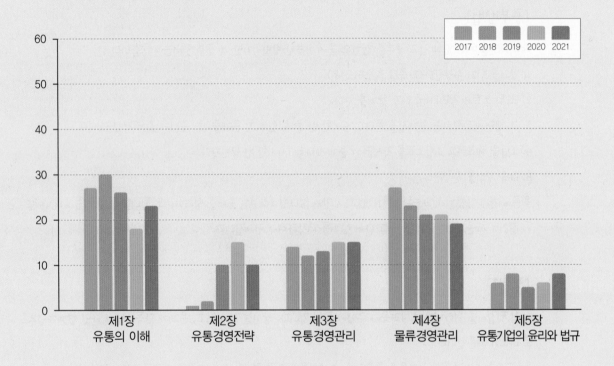

영역별 평균 출제비율

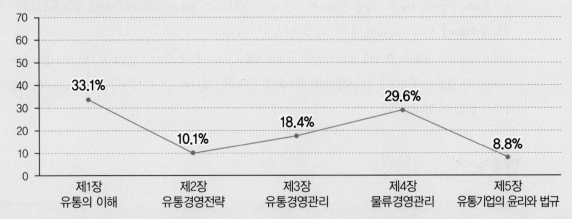

2과목 상권분석

출제영역	2017	2018	2019	2020	2021	합계	비율(%)
제1장 유통 상권조사	33	23	23	36	36	151	50.3
제2장 입지분석	21	29	28	18	19	115	38.3
제3장 개점전략	6	8	9	6	5	34	11.4
합계(문항 수)	60	60	60	60	60	300	100

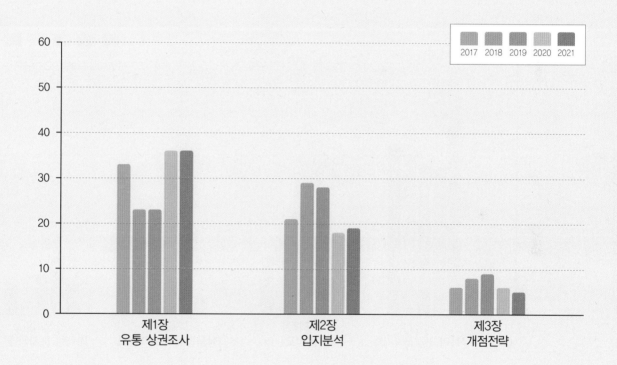

영역별 평균 출제비율

5개년 출제빈도표

3과목 유통마케팅

출제영역	2017	2018	2019	2020	2021	합계	비율(%)
제1장 유통마케팅 전략기획	55	33	33	42	38	201	53.6
제2장 유통점포관리	8	21	23	18	13	83	22.1
제3장 상품판매와 고객관리	5	8	10	12	17	52	13.9
제4장 마케팅 조사와 평가	7	13	9	3	7	39	10.4
합계(문항 수)	75	75	75	75	75	375	100

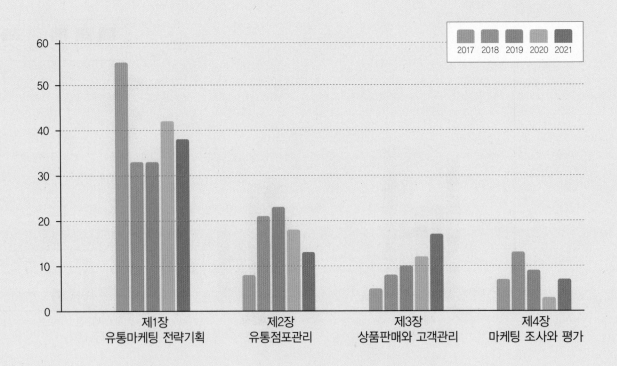

영역별 평균 출제비율

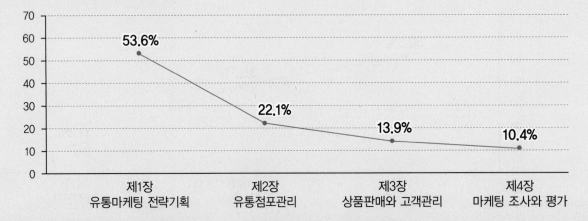

📊 4과목 유통정보

출제영역	2017	2018	2019	2020	2021	합계	비율(%)
제1장 유통정보의 이해	20	8	10	6	6	50	16.7
제2장 지식경영	7	11	8	6	10	42	14
제3장 주요 유통정보화기술 및 시스템	11	13	14	18	17	73	24.3
제4장 유통정보의 활용	9	14	11	12	16	62	20.7
제5장 전자상거래	13	14	17	18	11	73	24.3
합계(문항 수)	60	60	60	60	60	300	100

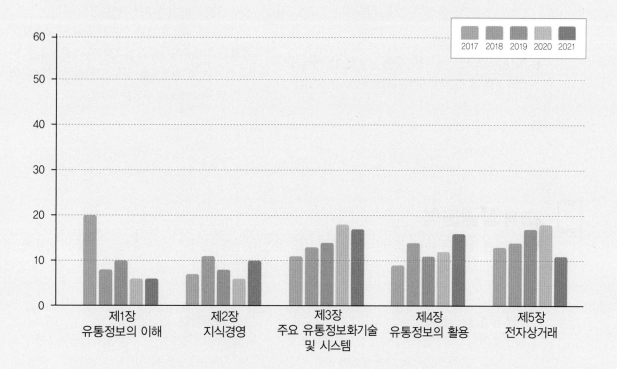

📊 영역별 평균 출제비율

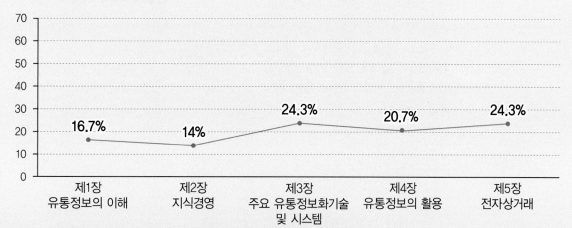

과목별 합격전략

 ## 1과목 유통 · 물류일반관리

유통 산업의 발전에 따른 유통 학문의 다각화 연구의 결과로 인해 유통경영관리, 물류경영관리, 조직문화, 인사관리, 기업윤리 등 경영학 지식과 관련된 다양한 내용들이 나옵니다. 특히 '4장 물류경영관리'는 최근 들어 출제빈도가 높아지고 있어 신경써서 학습해야 할 부분입니다.

1장 유통의 이해
글로벌화 동향 부분을 주시하고, 유통경로 개념과 구조를 이해해야 합니다.

2장 유통경영전략
유통경영전략의 내·외부적 요소와 경영전략의 전반적인 실행과정을 단계적으로 파악해야 합니다.

3장 유통경영관리
조직문화와 인적 및 재무 관리 등 기업 내 여러 조직의 기능과 관련된 이론들을 알아두어야 합니다.

4장 물류경영관리
도소매물류 부분에서는 물류 관리의 총체적인 구성요소인 재고, 운송, 보관, 정보기술, 3PL 등 각 물류기능의 특징과 글로벌 로지스틱스의 개념을 알아두어야 합니다.

5장 유통기업의 윤리와 법규
기업윤리의 개념과 그와 연관된 이론을 학습하고, 유통관련 법규에서는 유통 단계에서 발생할 수 있는 다양한 각 상황들을 다루기 위한 방안들을 명시한 법들의 쓰임과 특징을 알아둡니다.

 ## 2과목 상권분석

상권분석에 필요한 이론 공식들과 입지분석을 위한 경쟁점 조사와 같은 수학적 공식의 적용에 대해 정확히 이해하고 실제로 공식을 활용할 수 있어야 합니다.

1장 유통 상권조사
상권의 개념과 유형을 파악하고, 상권조사에 필요한 내용과 방법들의 순서에 대해 알아야 하며, 상권분석과 상권설정 방법을 차례로 숙지해야 합니다.

2장 입지분석
소매입지 선정의 중요성과 소매업태의 종류 및 특징, 입지 공간구조를 설명한 이론들에 대해 알아두어야 합니다. 입지의 종류 중 특히 쇼핑센터 입지 종류와 계획 유형은 시험에 자주 출제되고 있으므로 자세히 숙지해둬야 합니다. 또한 기타 입지 중 노면독립입지와 복합용도개발의 개념과 특징, 입지선정 시 영향을 주는 주요 인자, 경쟁점 조사방법과 분석법에 대해 중점적으로 학습합니다.

3장 개점전략
점포개점이 필요한 조사방법들과 상권구매력 측정, 점포규모 산정에 필요한 매장면적 산출법, 매출액 산정법을 중심으로 학습합니다.

3과목 유통마케팅

유통마케팅은 새로운 내용들이 추가되어 출제되는 경우가 많기 때문에 보다 집중력을 발휘해 선별적으로 공부할 필요가 있습니다.

1장 유통마케팅 전략기획
유통마케팅 기법을 기본 마케팅 전략과 더불어 상품·가격관리 전략, 판매촉진전략으로 분류하여 목적별로 세밀하게 학습해야 합니다. 상품관리전략에서는 상품분류에 따른 특징과 그에 따른 재고관리에 대한 방법들도 자주 출제되고 있으니 잘 알아둬야 합니다. 또한 가격결정 전략, 전자 카탈로그와 e-Retailing의 특징 등은 인터넷 기술과 정보의 발달에 힘입어 마케팅 전략 실행 시 향상된 유통시스템의 활용을 반영한 것이라 할 수 있습니다.

2장 유통점포 관리
점포 관리와 구성에 대해 단순히 이론에 그치는 것이 아니라 점포 레이아웃과 공간계획, 상품진열 방법과 같이 다양한 예시들을 통해 보다 실무적이고 현재 점포에서 실제로 활용하는 트렌드를 접목하여 출제되고 있습니다.

3장 상품판매와 고객관리
고객 중시 기초의 마케팅 흐름을 반영한 고객관리와 그에 따른 CRM전략에 대해 구체적으로 이해해야 합니다.

4장 마케팅 조사와 평가
유통마케팅을 조사하기 위한 방법과 절차, 마케팅 자료 분석 기법에 대해 알아두어야 합니다.

4과목 유통정보

새로운 개념이 많이 추가되어 출제되는 경향을 보이고 있고, 각 장에는 시험에서 요구하는 핵심내용들이 골고루 들어가 있으므로 각 장별로 핵심개념을 중심으로 암기하는 것이 중요하며, 특히 3·4·5장을 가장 주목하여 학습해야 합니다.

1장 유통정보의 이해
기술의 발전에 따라 유통업이 변화하고 있음을 강조하고 있는 부분으로, 여러 정보네트워크 기술들과 새로운 유통정보시스템과 같은 신개념들을 알아두어야 합니다.

2장 지식경영
시대의 흐름에 부합하는 지식활용의 중요성을 담고 있는 부분입니다.

3장 주요 유통정보화기술 및 시스템
바코드, POS시스템, EDI, QR시스템처럼 유통시스템에 실제 활용되는 기술들에 대한 쓰임을 확실하게 구분하고, 상품코드체계에 대해서도 각각 헷갈리지 않도록 충분히 암기할 필요가 있습니다.

4장 유통정보의 활용
e-SCM, e-CRM과 같이 인터넷 기반과 결합된 새로운 모델을 기존의 모델과 비교하여 학습하는 것이 중요합니다.

5장 전자상거래
기존의 인터넷 마케팅 용어의 개념이 사라지면서 전자상거래라는 개념이 통합·등장하였으며, U-biz, 유비쿼터스와 같은 최신 정보통신기술 개념과 이를 활용한 유통망에서의 활용분야들을 눈여겨봐야 합니다.

이 책의 차례

빨리보는
간단한
키워드

시험 전에 보는 기출 키워드 분석

시험공부시 교과서나 노트필기, 참고서 등에 흩어져 있는 정보를 하나로 압축해 공부하는 것이 효과적이므로, 열 권의 참고서가 부럽지 않은 나만의 핵심키워드 노트를 만드는 것은 합격으로 가는 지름길입니다. 빨·간·키만은 꼭 점검하고 시험에 응하세요!

빨리보는
간단한
키워드

빨리보는 간단한 키워드

시험공부시 교과서나 노트필기, 참고서 등에 흩어져 있는 정보를 하나로 압축해 공부하는 것이 효과적이므로, 열 권의 참고서가 부럽지 않은 나만의 핵심키워드 노트를 만드는 것은 합격으로 가는 지름길입니다. '빨·간·키' 만은 꼭 점검하고 시험에 응시하세요!

제 1 과목   유통 · 물류일반관리

키 워 드	내 용
유통기능	• 소유권 이전 기능 : 구매와 판매 활동 • 물적 유통 기능 : 운송과 보관활동 • 유통 조성 기능 : 표준화, 시장 금융, 위험 부담, 시장 정보
경쟁시장 구조	• 완전경쟁시장 • 독점적 경쟁시장 • 독점시장 • 과점시장
중간상의 필요성	• 총 거래수 최소화의 원칙 • 집중준비의 원칙 • 분업의 원칙 • 변동비우위의 원리
수직적 유통시스템 (Vertical Marketing System)	생산에서 소비에 이르기까지의 유통과정을 체계적으로 통합하고 조정하여 하나의 통합된 체제를 유지하는 것 (관리형 VMS, 회사형 VMS, 계약형 VMS)
프랜차이즈 시스템	프랜차이즈 본부가 계약을 통해 가맹점에게 일정 기간 동안 자신들의 상표, 상호, 기업운영방식 등의 사용권한을 부여하고 가맹점은 이에 대해 로열티를 지불하는 방식 (직영점형 · 프랜차이즈형 · 임의가맹점형 · 조합형 체인사업)
연기 – 투기 이론	경로구성원들 중 재고에 관한 위험감수 여부를 통해 경로구조 효율성이 결정된다는 이론
갭 분석	실제 고객의 기대나 요구사항 등의 내용과 기업이 수행한 성과물 사이에서 발생하는 차이를 분석하는 방법
유통경로 결정요인	시장, 제품, 중간상, 기업, 경쟁업자, 경로 커버리지 정책 등
유통경로의 기능	생산자와 소비자 연결, 거래의 촉진, 제품구색 불일치 완화, 거래의 표준화, 고객서비스 향상, 상품, 유행, 생활정보제공, 쇼핑의 즐거움 제공
유통경로 커버리지 정책	• 개방적 유통경로 : 제조회사가 최대한 많은 점포로 하여금 자사의 상품을 취급하게 하는 유통전략 • 전속적 유통경로 : 일정 상권 내 제한된 수의 소매점에게 자사(제조업자)의 상품만을 취급하게 하는 전략(전문품) • 선택적 유통경로 : 일정 상권 내 제조업체의 기준(입지, 이미지, 경영능력 등)에 부합하는 소매점을 선별해 자사 제품을 취급하게 하는 전략(선매품)
유통경로 갈등	• 수직적 갈등 : 경로 상 서로 다른 단계에 있는 구성원 사이에 발생(소매상과 제조업자, 본부와 가맹점 등) • 수평적 갈등 : 경로 상 동일한 단계에 있는 구성원 사이에 발생(백화점 간의 경쟁과 도매상 간의 경쟁 등)
유통경로 힘의 원천	보상적 · 강압적 · 전문적 · 준거적 · 정당성 · 정보적 권력
GE/McKinsey 모형	• 산업매력도 평가변수 : 시장규모, 산업성장률, 평균수익률, 경쟁률, 산업집중도, 수요공급, 기술변화 등 • 시장강점(경쟁력) 평가변수 : 시장점유율, 관리능력, 기술수준, 제품 품질, 상표이미지, 생산능력, 원가구조 유통망, 원자재 공급원 확보 등
포터 산업구조분석 (5-force Model)	• 원가우위 전략 : 원가절감을 통해 경쟁 우위 선점 • 차별화 전략 : 제품, 서비스 차별화를 통해 소비자 자극 • 집중화 전략 : 특정 세분시장에 진출해 기업역량 극대화
거래비용이론	제조업체가 원자재공급을 통합하거나 유통 · 판매를 통합하는 수직적 통합을 통해 기업의 거래비용을 최소화하는 방향으로 결정된다고 주장
선택적 기업성장 전략	• 시장침투(기존제품+기존시장) • 시장개발(기존제품+신 시장) • 제품개발(신제품+기존시장) • 다각화(신제품+신 시장)
제조협약 (Contract Manufacturing)	국외의 제조업자가 국내 제조업자의 브랜드로 제품을 생산하는 경영 형태

전방통합과 후방통합	• 전방통합(Forward Integration) : 제조회사가 자사의 유통센터나 소매상을 통해서 판매하는 경우 • 후방통합(Backward Integration) : 소매상이나 도매상이 제조회사를 소유하게 되는 경우
다각화전략	현재의 사업과 관련이 있거나 없는 신규 사업으로 진출해 성장을 추구하는 전략
전략적 아웃소싱 이점	규모의 경제, 위험분산
물류조직 유형	직능형, 라인과 스태프형, 사업부형, 그리드형, 매트릭스
인적자원 훈련방법	코칭, 브레인스토밍, 인바스켓, 인턴십, 비즈니스게임, OJT 등
화폐의 시간적 가치	• 미래가치(FV) = 현재가치(PV)×$(1+이자율)^n$ • 현재가치(PV) = $\dfrac{미래가치(FV)}{(1+이자율)^n}$
보호무역정책의 수단	• 관세부과 : 국가가 국경을 통과하는 물품에 대하여 부과하는 세금(수출세, 수입세) • 비관세장벽 　- 수입제한 : 수입금지, 수입할당, 수출자율규제 　- 수출장려 : 수출보조금, 수출금융, 수출보험 　- 산업피해구제 : 반덤핑, 상계관세조사, 긴급수입제한 　- 수출제한 : 안보, 정치, 경제, 환경보호
STEP 모델분석	사회문화적 환경 - 기술적 환경 - 거시경제적 환경 - 정책규제 환경의 순서에 따라 분석하는 기법
매트릭스 조직	전통적인 직능식 조직과 프로젝트 조직을 결합한 형태로, 조직구성원이 종적으로는 기능조직에 속해 있으면서, 횡적으로는 프로젝트 조직에도 소속되어 양쪽 업무를 진행함으로써 효율성과 유연성을 추구
행위기준고과법 (BARS)	주관적인 퍼스낼리티 특질에 기초를 두고 있는 전통적인 인사고과 시스템이 갖는 취약점을 극복하고 보완하기 위해 개발된 기법으로 구성원의 실제 수행에 근거해 평가하는 행위기준에 의한 인사고과법
포트폴리오 이론	분산투자를 통해 투자위험을 최소화, 총위험 = 체계적 위험 + 비체계적 위험
총마진 수익률 (GMROI)	제품계열 수익성을 올리기 위한 제품군 척도 분석법 $\dfrac{총이익}{평균재고비용}$ = $\dfrac{총이익}{순매출액}$ × $\dfrac{순매출액}{평균재고비용}$ = 총이익×재고회전율
맥그리거의 X, Y이론	기본적으로 인간의 본성(Nature of human being)에 대한 부정적인 관점인 X이론과 긍정적인 관점인 Y이론을 제시
자산수익률 (Return On Asset)	기업의 세금차감 후 당기순이익을 자산총액으로 나누어 얻어지는 수치로 특정기업이 자산을 얼마나 효율적으로 운용했는지를 나타내는 수익성 지표
관리회계방식과 재무회계방식	• 관리회계방식 : 물류목표를 효과적으로 달성하기 위한 활동에 관여하는 인력, 자금, 시설 등의 계획 및 통제에 유용한 회계정보의 작성 목적 • 재무회계방식 : 기업활동의 손익상태(손익계산서)와 재무상태(대차대조표)를 중심으로 회계제도의 범주에서 물류활동에 소비된 비용항목을 대상으로 회계기간의 물류비 총액 추정
물류의 영역	조달 물류, 생산 물류, 판매 물류
공동수배송 유형	• 배송공동형　　　• 집배송 공동형　　　• 공동수주 · 공동배송형 • 노선집하공동형　• 납품공동형
유닛로드 시스템	화물을 체계적인 표준으로 단위화시켜 기계를 이용해 하역, 수송, 보관 기능을 합리적으로 도모하는 시스템 (기계화의 원칙, 표준화의 원칙, 하역의 최소원칙)
물류시스템 설계 5S 목표	• 서비스(Service)　　　　　　• 신속성(Speed)　　　• 공간 이용(Space Saving) • 적정한 규모(Scale Optimization)　　　　　　　• 재고 관리(Stock Control)
공급체인관리(SCM)	공급업체, 제조업체, 유통업체, 창고업체 등의 정보망을 통합해 비용절감 및 효율성 증대를 통한 상호이익을 추구하는 관리체계 🄲 응용기술 : 자동발주시스템(CAO), 지속적 상품보충(CRP), 크로스도킹 등
물류활동 기능분류	• 기본활동 : 운송기능, 포장기능, 하역기능, 보관기능, 유통가공기능 • 지원활동 : 정보기능, 물류관리기능
물류표준화 효과	물류비 절감, 물류공동화, 일관물류체계, 기기 표준화, 서비스향상 등
파렛트 풀 시스템	• 파렛트 규격을 표준화하여 파렛트 풀을 서로 공유하여 물류 기능의 합리성 추구 • 특징 : 공파렛트 회수문제 해결, 최소 파렛트로 업종 구분없이 일관수송 가능, 관리 불필요 등
도소매물류의 고객서비스 원칙	• 3S 1L 원칙(Speedy, Surely, Safely, Low) • 7 R's 원칙 : 적절한(Right) 상품 · 품질 · 가격 · 양 · 시간 · 장소 · 좋은인상
재고관리 모형	경제적 주문량 모형(EOQ Model), 고정발주량형 재고관리(Quantity), 고정발주기간형(Period), ROP 모형, 결합형 재고관리, ABC 재고관리, 재고피라미드, MRP, JIT 등

복합운송 형태	• 피기백(piggy-back) : 화물자동차 + 철도 • 피시백(fishy-back) : 화물자동차 + 선박 • 버디백(birdy-back) : 화물자동차 + 항공기
집중구매와 분산구매	• 고가품목인 경우는 집중구매가 유리 • 소액품목이나 긴급품목 등의 경우는 분산구매가 유리
보관의 원칙	통로대면보관의 원칙, 높이쌓기의 원칙, 선입선출의 원칙, 회전대응보관의 원칙, 동일성과 유사성의 원칙, 중량특성의 원칙, 형상특성의 원칙, 위치표시의 원칙, 명료성의 원칙, 네트워크보관의 원칙
CY와 CFS	• CY(Container Yard) : 보세장치장. 공컨테이너 또는 풀컨테이너를 보관할 수 있는 넓은 장소 • CFS(Container Freight Station) : LCL화물을 모아서 FCL화물로 만드는 LCL화물 취급장소 • 차이점 : CY화물은 FCL화물로도 불리며, 이는 공장에서 CFS를 거치지 않고 CY로 직접 운송하며, LCL화물은 반드시 CFS를 거침
물류비	원재료 조달에서부터 생산되어 거래처에 납품, 회수, 폐기되기까지 소요되는 모든 경비
물류비용의 트레이드오프 관계	• 고객서비스가 개선되면 판매손실 비용이 줄어든다. • 보관지점의 수가 증가하면 전체 재고수준과 비용이 증가한다. • 평균재고수준이 증가하면 재고유지비용이 증가한다. • 생산순서가 바뀌면 재고비용과 평균재고수준이 증가한다.
자재소요계획(MRP)	각종 소요자재를 언제, 얼마만큼 주문해야 하는가를 최종제품의 완성일을 기산하여 역으로 결정하며, 필요 자재를 사용직전에 준비시킴으로써 납기통제와 재고관리를 최소의 비용으로 동시에 완수하려는 기법
직접제품이익(DPP)	구매자의 입장에서 특정 공급자의 개별품목 혹은 재고관리단위(Stock Keeping Units, SKU's) 각각에 대한 평가를 하는 것
물류 아웃소싱	기업이 고객서비스 향상, 물류비 절감 등 물류활동을 효율화할 수 있도록 물류기능 전체 혹은 일부를 외부 전문업체에 위탁·대행하는 업무로, 외부 사업자와 효율적인 관계를 구축하여 물류활동의 생산성을 향상시키는 기법
경제적 주문량(EOQ)	$\sqrt{\dfrac{2 \times 주문비용 \times 연간사용량}{재고유지비용}}$
재고관리	재고관리는 기업이익의 최대화를 지향하며 적정 수준의 재고를 유지하여 품절로 발생되는 매출기회상실에 대비하고 고객서비스를 최대화하는 것을 목적으로 한다.
제3자 물류(3PL)	• 공급사슬 내의 활동을 외부에 위탁해 자사 물류의 효율성을 향상(계약물류) • 장점 : 비용절감, 고객서비스 향상, 인력절감, 물류전문인력 양성 등 • 단점 : 물류과정 통제력 저하, 전략적 정보의 노출, 교체비용 발생 등
프레이트 포워더 영업형태	• 혼재운송, Co-loading 업무 • 시베리아 대륙횡단 철도서비스 • 프로젝트 및 벌크 카고(Bulk Cargo) 서비스 • 특수화물 운송 서비스 • 행잉 가먼트(Hanging Garment) 서비스 • 전시화물취급 서비스 • 하우스 포워딩(House Forwarding) 등
경로주장 (유통경로 윤리)	• 생산자 → 도매상 → 소매상 → 소비자로 흐르는 유통과정 중 가장 힘이 크며 지배적인 역할을 하는 기관 • 우월적 지위의 남용으로 인한 윤리문제
도덕적 해이	• 정보의 비대칭이 존재하는 상황에서 대리인이 자신의 효용을 극대화 • 역선택 : 상대적으로 정보를 적게 가진 사람이 질이 떨어지는 제품을 구입하게 되는 현상 • Principal Agent : 사용자의 위임을 받은 대리인이 주인의 불완전한 감시를 이용해 사익을 추구하는 현상으로 소유·경영 분리 기업에서 자주 발생
시장구조와 권리	• 완전경쟁시장 : 공급과 수요의 균형점에서 도덕적 원칙, 효용, 권리가 만족 • 독점시장 : 기업의 이익 극대화로 인한 정의와 효용, 권리가 결여 • 과점시장 : 시장지배력을 유지하기 위한 가격 조정이나 불법 행위로 인한 정의, 효용, 권리 결여가 발생할 수 있음
기업윤리 기본원칙	공리주의, 권리와 의무, 정의와 공평성, 효용성, 효율성, 도덕성
유통관련법규	유통산업발전법, 전자거래기본법(개인정보보호), 소비자기본법, 전통시장 및 상점가 육성을 위한 특별법, 전자상거래에서 소비자 보호에 관한 법률, 방문판매 등에 관한 법률, 할부거래에 관한 법률, 청소년보호법, 식품위생법, 소방기본법 등

상권분석

키 워 드	내 용
상권의 개념	• 판매자 측면 : 상권은 특정 마케팅 단위나 집단이 상품과 서비스를 판매하고 인도함에 있어 비용과 취급규모 면에서의 특정 경계에 의해 결정되는 경제적인 범위 • 구매자 측면 : 상권은 적절한 가격의 재화 및 용역을 합리적으로 구매할 수 있을 것으로 기대되는 지역적 범위
상권의 크기	지역 상권 > 지구 상권 > 지점 상권
IRS(소매포화지수)	• 지역시장의 매력도를 측정하는 척도 • $IRS = \dfrac{\text{지역시장의 총 가구 수} \times \text{가구당 특정업태에 대한 지출액}}{\text{특정업태의 총 매장면적}}$
MEP(시장성장 잠재력)	• 미래 신규수요를 창출할 수 있는 시장 잠재력 반영지표 • 타 지역에 많이 쇼핑할수록 상대적 시장성장 잠재력은 증가
BPI(구매력지수)	• 해당 지역시장의 구매력 측정 기준 • 구매력지수가 높을수록 시장의 구매력 또한 높음
CST(고객스포팅기법)	무작위 설문을 통해 고객의 거주 위치와 구매형태 등의 정보 획득
상권조사 분석요소	유동인구, 고객층과 시간대별 통행량, 총 유동인구, 내점률, 구매품목, 가격대, 경쟁시설물
기존점포 상권분석	• 1차 자료 : 차량조사법, 소비자조사법 등 • 2차 자료 : 인구통계자료, 세부자료, 유통기관 및 연구소 발표자료, 신용카드 이용고객 및 현금사용 고객의 주소 등
신규점포 상권분석	• 서술적 방법에 의한 상권분석(체크리스트법, 유추법) • 규범적 모형에 의한 상권분석(중심지 이론, 소매중력법칙) • 확률적 모형에 의한 상권분석(허프 모형, MNL 모형)
소매인력의 법칙 (레일리)	두 도시가 사이에 위치한 거주자들을 끌어들일 수 있는 상권의 규모는 인구에 비례하고, 각 도시와 사이 간의 거리의 제곱에 반비례
수정 소매인력 이론 (컨버스)	• 두 도시 사이의 거래 분기점의 정확한 위치를 결정하기 위해 거리-감소함수를 도출 • 거리와 구매빈도 관계 : 역의 지수함수 • 컨버스 제1법칙 : 소비자의 구매장소에 대한 상권분기점 도출 • 컨버스 제2법칙 : 소비자 지출금액이 흡수되는 도시와 그 금액
확률모델공식(허프)	• 거주지에서 점포까지의 교통시간을 이용해 상권의 크기를 측정 • 거리가 가깝고 매장면적이 큰 점포가 큰 효용성을 지님
수정 허프모델	소비자가 어느 상업지에서 구매할 확률은 그 상업 집적의 매장면적에 비례하고 그 곳까지의 거리의 제곱에 반비례
MNL 모형(Luce)	소비자들의 개별적 쇼핑정보를 이용해 매장 선택확률 예측, 각 매장의 시장점유율 및 상권 크기를 추정하는 방법
확률 표본추출법	단순임의 추출법, 충화임의 추출법, 집락표본 추출법, 계통 추출법
비확률 표본추출법	편의표본 추출법, 판단표본 추출법, 할당표본 추출법, 눈덩이표본 추출법
넬슨(Nelson)의 8가지 입지평가방법	상권의 잠재력, 접근 가능성, 성장 가능성, 중간 저지성, 누적적 흡인력, 양립성, 경쟁 회피성, 경제성
입지의 중요성	투자수익률과 이익보장, 점포수명주기(상승, 절정, 쇠퇴) 조절, 경쟁의 회피, 시장규모의 확장가능성
지역 공간구조 분석이론	• 중심지이론(크리스탈러) : 상권의 규모는 도시의 인구규모에 비례 • 수정 중심지이론(뢰슈) : 최하단위 구조에서 출발해 상위층으로 진행하는 상향식 도시공간구조로 기존의 중심지 이론을 보완
입지의 구분	• 목적에 따라 : 원료 지향형, 수송지향형, 시장지향형 • 산업유형에 따라 : 상업입지, 산업입지, 공장입지, 농업입지, 주택입지
입지선정 고려요소	잠재고객, 고객층 성향, 동일 업종군의 분포, 가시성, 건물 특성, 접근성, 임대비용, 창업자 개인환경 등
쇼핑센터 종류	네이버후드 센터, 커뮤니티 센터, 파워센터, 아웃렛, 카테고리 킬러 등
SSM	'Super Super Market'의 약자로, 대형유통업체들이 최근 앞다퉈 진출하고 있는 중·소형 규모의 마트 형태

노면 독립입지	• 장점 : 넓은 주차공간, 낮은 임대료, 높은 가시성, 영업규제 완화, 직접적 경쟁업체가 없고, 규모 확장에 용이함 • 단점 : 직접적 경쟁업체가 없으므로 경쟁을 통한 시너지효과가 없음, 고객은 자신의 목적에 맞는 매장만 찾는 경향이 있으므로 고객유인 홍보, 관리 비용이 증가
복합용도개발의 필요성	도시의 균형발전 도모, 도심 공동화 현상방지, 공공·민간자본 절감, 교통혼잡도 완화, 에너지 절감 효과, 주차공간의 효율적 이용 등
경쟁점 조사 항목	고객관계조사, 점포운영조사, 상권조사, 상품정책조사, 레이아웃조사, 부문 배치상태조사, 상품전략조사
입지선정 절차	입지선정 시나리오 작성 → 아이템 및 자금에 맞는 후보입지 선정 → 상권분석 및 입지조건 분석 → 상권의 입지조건 분석도 작성 → 예상매출액 추정 및 사업타당성 분석 → A급 점포 개발 → 계약 체결
점포 출점방식	자사 소유물건에 의한 출점, 임차 출점, 리스백(Lease-back) 출점, 합작 출점, 프랜차이즈 출점
상권구매력 평가	• 상권 내 세대 구매력 : 상권 내의 세대수×세대당 상품 구매지출 • 사업소의 구매력 : 일반 매장에서 구매하는 금액의 합계로 사업소의 규모와 수 고려 • 유입인구의 구매력 : 유입인구의 1인당 점포 구매금액×유입인구수
획득 가능한 매출추정법	매장 평당 매출 적용법, 예상 고객 수 및 객단가 적용법, 지역별 점유비 산정법
점두조사	매장을 방문하는 소비자의 주소를 파악하여 자기 점포의 상권을 조사하는 방법
서비스업종의 매출액	좌석수×좌석점유율×회전율×객단가×영업일수
매출액	판매(매출)수량×판매가격
월매출액	통행인구수×내점률×실구매율×1인 구매단가×월간영업일수
유통체인의 유형	• 프랜차이즈 체인(Franchise Chain) • 벌런터리 체인(Voluntary Chain) • 레귤러 체인(Regular Chain)
팩토리 아울렛	제조업체가 유통라인을 거치지 않고 직영체제로 운영하는 상설 할인매장
소매점의 경쟁점에 대한 대책	차별성과 양립성을 동시에 추구
다점포경영전략	유통망의 경쟁력 강화와 경쟁우위를 확보
동일한 상권내 복수 점포 출점	• 고객의 접근성 및 편리성 증대 • 비효율적인 경영 방지 • 시너지 효과 획득
누적유인의 원리	유사하고 상호보완적인 점포들이 함께 무리지어 있는 것이 독립적으로 있는 것보다 더 큰 유인력을 갖는다는 이론
포트폴리오 리테일링 (Portfolio Retailing)	한 개의 업체가 다양한 형태의 소매업태를 동시에 운영하는 것
핵점포(Anchor Stores)	소매단지 안으로 고객을 유인하는 역할을 담당하는 입점 점포

제 3 과목 유통마케팅

키 워 드	내 용
마케팅의 종류	전환 마케팅, 디마케팅, 감성 마케팅, 메가 마케팅, 터보 마케팅, 노이즈 마케팅, 블로그 마케팅, 버즈 마케팅, 바이럴 마케팅, SNS 마케팅 등
마케팅 믹스	상품(Product), 가격(Price), 촉진(Promotion), 유통(Place)
마케팅전략 과정	시장세분화 → 표적시장의 선정 → 제품 포지셔닝 → 제품믹스 개발
전사적 마케팅	기업의 모든 활동이 마케팅을 중심으로 모든 기능을 조정하고, 통제하는 것
관계 마케팅	• 일대일 마케팅(One-to-one Marketing) • 데이터베이스 마케팅(Database Marketing) • RFM(Recency-Frequency-Money) 분석
효익 포지셔닝	자사의 제품이 경쟁 제품과 비교하여 다른 차별적 속성과 특징을 가져 다른 효익을 제공한다고 고객에게 인식시키는 것

마케팅 통제	연차계획통제, 수익성 통제, 효율성 통제, 전략적 통제
시장세분화의 조건	측정가능성, 접근가능성, 실질성, 행동가능성, 비차별 마케팅, 유효정당성, 신뢰성
시장 세분화 범주 구분	지리적, 인구통계적, 심리묘사적, 인지 및 행동적, 산업재 구매자 시장
포지셔닝 전략유형	제품속성, 이미지, 경쟁제품, 사용상황, 제품사용자
소매상 수명주기이론	도입기 → 성장기 → 성숙기 → 쇠퇴기
풀(PULL) 전략	기업이 소비자를 대상으로 광고나 홍보를 하고, 소비자가 그 광고나 홍보에 반응해 소매점에 상품이나 서비스를 주문, 구매하는 전략
푸시(PUSH) 전략	제품이 제조회사에서 도매와 소매를 거쳐 소비자에게 도달되는 과정에서 제품의 흐름상 위에서 아래로 작용을 가하는 전략
서비스품질 측정모형 (SERVQUAL)	• 유형성(물리적 시설, 장비, 직원, 커뮤니케이션 자료의 외양) • 신뢰성(약속한 서비스를 믿을 수 있고, 정확하게 수행할 수 있는 능력) • 대응성(고객을 돕고 신속한 서비스를 제공하려는 태세) • 확신성(직원의 지식과 예절, 신뢰와 자신감을 전달하는 능력) • 공감성(회사가 고객에게 제공하는 개별적 배려와 관심)
지대가격(Zone Pricing)	전국을 몇 개의 구획으로 분리하여, 특정구역 내에서는 동일한 가격을 부담하도록 하는 가격 전략
스키밍 가격정책	초기고가전략으로 신제품 도입초기에 고가격을 책정하였다가 시간이 지남에 따라 가격을 내림으로써 높은 진입가격을 설정하는 전략
유보가격	소비자가 어떠한 제품에 대해서 지불할 용의가 있는 최고가격
묶음가격	두 가지 이상의 제품이나 서비스를 패키지로 묶어서 가격을 책정하는 것

선매품 전문품 편의품 비교	구 분	선매품	전문품	편의품
	구매빈도	중 간	낮 다	높 다
	관여도 수준	비교적 높다	높 다	낮 다
	가 격	비교적 고가	고 가	저 가
	유 통	선택적 유통	전통적 유통	집중적 유통

풀 코스트 원칙	생산물의 비용을 직접재료비, 직접노무비, 제조간접비, 영업비, 일반관리비 등의 합산으로 결정
재고비용	재고유지비용, 발주비용, 품절비용, 구매비용, 주문비용
재고관리 모형	• EOQ 모형 : 경제적 주문량. 주문비용과 재고유지비용의 연간 총합비용이 최소가 되도록 하는 주문량, 재고품 단위원가가 최소가 되는 1회 주문량 • ROP 모형 : 주문기간을 일정하게 하고 주문량을 변동시키는 모형 • JIT(Just In Time) : 필요한 때에 필요한 만큼의 부품을 확보해 중간 재고를 최소한으로 줄이는 관리체계 • MRP 모형 : 원자재에서 최종 완제품에 이르기까지 자재흐름관리 • ABC(활동원가회계) : 작업공정 활동을 최소단위로 하여 상품이나 서비스의 원가를 시간과 노동력에 따라 배분하는 방법 • 지수평활법 : 미래 수요값을 예측할 때 기존의 관측값 중 최근 자료에 더 가중을 두는 방법
가격전략의 종류	• EDLP(EveryDay Low Price) 전략 : 상시 저가전략으로 대형마트에서 많이 활용, 재고관리 개선과 공과비 감소 효과 • High and Low 전략 : 고가유지 상황에 따른 저가 전략으로 슈퍼마켓이나 백화점에서 많이 활용
수요의 가격탄력성	• 단위탄력적 수요 : 수요량 변화율 = 가격 변화율 • 탄력적 수요 : 수요량 변화율 > 가격 변화율 • 비탄력적 수요 : 수요량 변화율 < 가격 변화율 • 완전비탄력적 수요 : 수요량 변화율 = 0 • 완전탄력적 수요 : 가격 변화율 = 0
소매업태의 종류	백화점, 전문점, 할인점, 전문할인점, 회원제 도매클럽, 하이퍼마켓
제조협약	국외의 제조업자가 국내 제조업자의 브랜드로 제품을 생산하는 경영 형태
제품믹스	• 제품믹스의 폭(Width) : 기업이 가지고 있는 제품계열의 수 • 제품믹스의 깊이(Depth) : 각 제품계열 안에 있는 품목 수 • 제품믹스의 길이(Length) : 제품믹스 내의 모든 제품품목 수
제품믹스 전략	• 확대 전략 : 시장 침투를 위한 제품 계열과 품목 확대 전략 • 축소 전략 : 외부 경영환경이 비호의적임에 따른 제품구색 단순화 전략 • 향상 전략 : 저급제품 제조회사에서 고급제품을 출시함으로써 이미지를 향상시키려는 전략 • 하락 전략 : 기존 고급제품 이미지를 기초로 다소 저급제품을 출시함으로써 이미지 효과 유발 • 기타 : 전문화 전략, 차별화 전략

BCG 성장-점유 매트릭스	• 별(Star) : 고성장 · 고점유율 → 육성 • 자금젖소(Cash Cow) : 저성장 · 고점유율 → 보존 또는 수확 • 물음표(Question Mark) : 고성장 · 저점유율 → 수확 또는 철수 • 개(Dog) : 저성장 · 저점유율 → 철수
가격정책 접근방법	• 원가중심 가격정책 : 원가가산법, 목표수익법 • 경쟁중심 가격정책 : 경쟁자대응 가격설정법, 입찰가격설정법 • 수요중심 가격정책 : 원가가 아니라 소비자가 인식하는 제품의 가치에 따라 가격을 결정하는 방법
P. Kotler의 제품	• 핵심제품 : 가장 근본적인 차원으로서 소비자들이 어떤 제품을 구매할 때 추구하는 편익 • 유형제품 : 소비자들이 추구하는 편익을 실현하고 형상화하기 위한 물리적인 요소들의 집합 • 확장제품 : 물리적인 제품에 대한 추가적이고 부가적인 서비스
당용 매입	• 당일에 필요한 양만큼만 매입하는 방법　　• 상품 회전이 빠름 • 소자본운영　　　　　　　　　　　　　• 매입비용과다 • 품절에 의한 고객 상실

수익률과 회전율에 따른 유통형태 특징	저수익률-고회전율	고수익률-저회전율
	선택적 유통서비스	높은 유통서비스
	분리된 상권에 위치	밀집된 상권에 위치
	제품계열 ↑, 제품깊이 ↓	제품계열 ↓, 제품깊이 ↑
	시중보다 낮은 가격	시중보다 높은 가격
	가격 초점 촉진방식	상품 · 이미지 초점 촉진방식
	비교적 단순한 조직 특성	비교적 복잡한 조직 특성
	특별한 마케팅이 필요 없음	광고마케팅, 판매촉진, A/S

광고의 AIDMA 원칙	• A(Attention) : 주목　　　　　　• I(Interesting) : 흥미 • D(Desire) : 욕망　　　　　　　• M(Memory) : (오래)기억 • A(Action) : (구매)행동
인터넷 광고	인터액티브 광고, 배너 광고, 팝업 광고, 이동 아이콘 광고, 동영상 광고, 스폰서십 광고, 키워드 광고, 채트(Chat) 광고, 이메일 광고, 리치미디어 광고 등
구매의 5원칙	• 적정한 거래처(Right Place)　　　　　• 적정한 품질(Right Quality) • 적정한 수량(Right Quantity)　　　　• 적정한 납기(Right Time) • 최적의 비용(Right Price)
브랜드 포지셔닝	목표시장 고객들의 마음 속에 내 브랜드 만이 가지는 고유한 위상을 구축함으로써 남들이 내 브랜드에 대한 핵심적인 가치를 인정하고, 호의적이며 강력한 연상을 가질 수 있도록 하는 것
브랜드 연상유형	• 제품과 관련된 속성 : 제품 범주에 대한 연상 , 제품 속성(Physical Product Attitudes)에 대한 연상, 품질/가격과 관련된 연상 • 제품과 직접 관련이 없는 속성 : 브랜드 퍼스낼리티에 대한 연상, 사용자에 관한 연상, 제품용도에 관련된 연상, 원산지와 관련된 연상

보증 및 계층구조에 따른 브랜드의 분류	보증	계층구조	사용범위
	통합 브랜드 (Integrating Brand)	기업 브랜드(Corporate Brand)	모든 제품
		패밀리 브랜드(Family Brand)	제품군
	차별 브랜드 (Differential Brand)	개별 브랜드(Individual Brand)	제품라인
		브랜드 수식어(Brand Modifier)	속성, 특성, 등급

유사 브랜드	• 상품 소개면이나 상호에 '비교해 보세요' 라는 문구를 표시함으로써 제조업체 브랜드가 아니라 유통업체 브랜드임을 명시한다. • 전국적인 제조업체 상호나 브랜드자산으로부터 혜택을 입을 수 있도록 제조업체의 브랜드상호나 상품특성에 가깝게 만든다.
전시진열 연출방법	기획력 → 배치력 → 상품력 → 연출력 → 설득력
플래노그램	상점에 진열되는 제품들이 각각 어디에 어떻게 놓여야 하는지 알려주는 지침서나 계획서, 혹은 지도
Bubble 계획	전반적으로 제품을 진열하는 매장공간, 고객서비스 공간, 창고 등과 같은 점포의 주요 기능 공간의 위치를 간략하게 보여주는 것
점포디자인 4대요소	외장(Exterior), 내장(Interior), 진열, 레이아웃

레이아웃	• 격자형 : 직각 형태, 효율적인 이용공간으로 계획된 구매행동을 촉진, 슈퍼마켓과 할인점에 주로 사용, 유용한 재고 및 안전관리 • 자유형 : 비품 및 통로의 자유로운 비대칭 배치, 백화점이나 전문점에 주로 사용, 고객의 충동구매의 유도 • 변형형 : 표준형과 부티크형이 있음
점포 진열방식	엔드 진열, 곤돌라 진열, 섬 진열, 점블 진열, 돌출 진열, 변화 진열, Hook 진열 등
머천다이징	시장조사와 같은 과학적 방법에 의거하여 수요 내용에 적합한 상품 또는 서비스를 알맞은 시기와 장소에서 적정 가격으로 유통시키기 위한 일련의 전략 • 생산 또는 판매할 상품에 관한 결정 • 상품의 구색 맞추기 • 점포 구성과 레이아웃
점포 내 머천다이징	발주 → 입하 → 가공 → 포장 → 점포출하 → 점두재고 → 판매
고객관계관리 분석	고객획득, 고객수익성 예측, 교차판매, 고객유지, 고객 세분화
CRM의 특징	고객들과 장기적 관계 유지, 데이터베이스 마케팅을 적극적으로 활용, 고객지향적, 쌍방향 커뮤니케이션, 고객 생애가치 추구
CRM의 유형	운영적 CRM, 분석적 CRM, 협업적 CRM
고객수익성 분석법	미래의 예측된 자료를 사용하는 고객평생가치 평가법(CLV)과 과거의 실적 자료를 사용하는 고객실적평가법(HPM)으로 나누어 짐
유통조사기법	• 컨조인트 분석 : 제품이나 서비스에 고객 부여가치를 추정·예측 • 다차원척도법 : 다차원 공간상에 위치를 표시한 통계로 행동예측 • 요인분석 : 상관이 높은 문항 및 변인들을 요인으로 규명하는 통계법 • 군집분석 : 관측값들 사이의 유사성을 파악해 군집으로 나누는 분석법
SMART 원칙	• Specific(구체적) • Measurable(측정 가능) • Attainable(달성 가능) • Result-Oriented(결과 지향적) • Time-Bounded(시간 제한적)
채널별 재무성과 측정	영업이익률, 총자산회전율, 자산수익률, 경로구성원총자산수익률(CMRA)
카테고리 킬러	• 특정한 상품을 따로 분류, 전문적으로 판매하는 형태. 완구용품, 유아용품, 스포츠용품 판매점과 같이 주력 상품에 중점을 두고 타 업체와의 경쟁사슬에서 우위를 점하는 전략 • 대량매입과 저가판매를 실현 예 하이마트, 농협 하나로마트
인포머셜 (Informercial)	약 30분 정도의 케이블 TV 프로그램으로 제품 소개와 오락적 요소를 동시에 제공하며 전화로 주문을 받는 무점포소매업 소매방식
벤더(Vendor)와 소매상의 관계	일회성 관계, 기능적 관계, 전략적 관계
소매점 고객응대단계	고객대기 → 접근 → 고객욕구의 결정 → 판매제시 → 판매결정 → 판매마무리 → 사후관리
고객응대 마음가짐	• 고객의 이익을 우선적으로 생각한다. • 고객에게 애정으로 대한다. • 고객에게 따뜻한 느낌을 준다. • 고객의 편익을 우선한다. • 고객의 말을 진지하게 경청한다. • 고객을 반갑게 맞이하고 기분 좋게 배웅한다.
컴플레인 발생원인	• 판매자 측의 잘못에 의한 원인 : 판매담당자의 고객에 대한 인식부족, 무성의한 고객응대태도, 제품지식의 결여, 제품관리의 소홀, 무리한 판매권유, 단기간의 이해집착, 약속 불이행, 보관물품의 소홀한 관리, 일처리의 미숙이나 착오 등 • 고객 측의 잘못에 의한 원인 : 제품, 상표, 매장, 회사 등에 대한 잘못된 인식, 기억의 착오, 성급한 결론, 독단적인 해석, 고압적인 자세, 할인의 구실을 찾기 위한 고의성 등
매장구성의 단계	그루핑(Grouping) → 조닝(Zoning) → 페이싱(Facing)
비주얼 디스플레이 (Visual Display)	컬러 코디네이터. POP, 조명효과 등을 활용하여 고급스럽게 연출하는 진열방식
시각적 머천다이징 요소	색채, 재질, 선, 형태, 공간
고객정보통합시스템 구성	고객정보관리·판매주문처리·고객콜센터·마케팅 의사결정지원·성과분석 시스템
진실의 순간 (Moment Of Truth)	고객과 판매원 사이의 15초 동안의 짧은 순간에서 이루어지는 고객접점서비스
매슬로우의 욕구단계	생리적 욕구 → 안전 욕구 → 사회적 욕구 → 자존 욕구 → 자아실현 욕구
MTP 기법	사람(Man), 시간(Time), 장소(Place)를 변경해 컴플레인을 처리하는 방법

델파이 기법	특정 기술이나 제품에 대한 전문가들의 의견을 종합하고 조정하여 하나의 예측치로 도달해 가는 집단적 합의의 방법
RFM 기법	최종구입일(Recency), 구매빈도(Frequency), 구매금액(Monetary)
Herzberg의 동기부여 이론	• 직무만족에 영향을 주는 요인을 "동기요인"이라 명명하고, 직무불만족 요인을 "위생요인"이라고 명명 • 위생요인이 충족되는 것은 단지 직무불만족 요인을 제거하는 것일 뿐이며, 직무만족에 영향을 주기 위해서는 동기요인을 강화해야 한다고 주장
인지부조화	이미 구입한 브랜드에 유리하도록 자신들의 태도를 변화시켜 의사결정의 정당성을 강화하려는 경향
쿨링오프 (Cooling-Off)	판매자의 권유에 의해 상품을 구매하였으나 추후에 불필요하다고 느꼈을 경우 소비자가 냉각기간 동안 계약을 취소 또는 철회할 수 있는 제도
마케팅 성과평가 측면	• 효과성 평가 : 마케팅 감사 • 효율성 평가 : 마케팅 생산성 분석
마케팅 성과평가 지표	• Ambler의 지표분류 : 내부평가(혁신성, 재무성과), 외부평가(경쟁사, 고객, 채널) • Berry의 성과평가 모형 : 서비스마케팅 우수성(서비스 품질, 시장 지향성, 마케팅 조직, 내부마케팅, 기존·신규 고객마케팅) • 정량적 성과지표(비용, 재고관리, 매출, 신시장 개척, 고객), 정성적 성과지표(조직역량, 고객, 브랜드 경쟁 등)
유통구성원간 갈등해소 방안	채널기능의 차별화, 고객가치의 차별화, 표적시장의 차별화

제 4 과목 유통정보

키 워 드	내 용
유통혁명의 의미	• 거래방식의 새로운 변화 • 중간 도매상의 점진적 소실 • 상품의 대량생산과 대량소비 • 생산자와 소비자 직접 연결 • 물류 시스템의 혁명
유통정보시스템	• 기업의 유통활동 수행에 필요한 정보의 흐름을 통합하는 기능으로 유통관련 의사결정에 필요한 정보를 적시에 제공하는 시스템 • 거래자료처리시스템, 지식업무시스템, 정보보고시스템, 의사결정지원시스템, 중역정보시스템 • 구성요소 : 기업환경, 데이터베이스, 휴먼웨어, 소프트웨어, 하드웨어
ISDN (종합정보통신망)	다양한 인터넷 기반 매체들을 연결하는 안정된 디지털망을 이용하여 영상, 음성, 문자 등을 주고받을 수 있는 종합형 멀티미디어통신
VAN (부가가치통신망)	• 컴퓨터를 이용하여 전송에 의한 정보교환이 가능하도록 설치 • 제3자가 개재하지 않은 기업의 컴퓨터(혹은 단말기) 간에 직접 통신회선을 연결하여 기업 간 자료 교환 • 업계형 VAN, 거래계열형 VAN, 업계종합형 VAN, 국제 VAN
LAN (근거리정보통신망)	• 특정한 기업의 내부를 유기적으로 연결해 다량의 각종 정보를 신속하게 교환하는 통신망 • 좁은 지역 내 분산된 장치들을 연결, 고속데이터채널 구성 • 효과 : 하드웨어 공유, 효율적인 정보관리, 단위업무의 운영 체계화, 데이터베이스 공유, 통제 관리
OLTP (OnLine Transaction Processing)	일반적으로 은행이나, 항공사, 슈퍼마켓, 제조업체 등 많은 기업체에서 데이터 입력이나 거래조회 등을 위한 트랜잭션 지향의 업무를 쉽게 관리해주는 프로그램
MRS(경영보고시스템)	경영자에게 보고서 또는 조직의 과거와 현재 상태에 대한 정보를 제공하는 시스템
DSS(의사결정지원시스템)	인적자원과 지식기반, 소프트웨어와 하드웨어 등으로 구성된 의사결정과정 지원시스템
인텔리전스 (Intelligence) 시스템	경쟁사와 시장의 전개상황에 관한 공개적으로 수집할 수 있는 정보를 체계적으로 수집하고 분석하는 것으로, 경쟁사 활동을 추적하고 기회와 위협에 대한 조기경보를 제공하며 전략적 의사결정을 개선
지식경영의 필요성	무형자산의 인식 전환, 창조적 지식의 중요성, 기업의 경쟁력이 브랜드 가치와 지적자산에서 유래한다는 인식의 확산

지식경영 전략이론	• 자원의존이론 : 조직은 환경에서 자원을 획득하고 보존해 생존, 성공적인 지식경영을 위해 핵심자원 개발, 관리자의 역할 강조 • 자원기반이론 : 조직능력, 핵심역량, 기업문화, 경영자의 능력과 같은 무형자산이 중요 • 지식기반이론 : 지식이 조직의 가장 중요한 전략적 자원, 지식은 형식지와 암묵지로 구분 • 상보성이론 : 한 자원을 사용하면 다른 자원의 사용도 늘어나므로 공동 자원의 활용을 강조한 이론 • 상황이론 : 환경 또는 상황이 조건변수이며 조직 내부의 특성요인을 고려해 관계를 파악하는 이론
최고지식경영자(CKO)자질능력	의사소통능력, 장기적인 전략적 비전 제시, 기술적인 전문성, 사업에 대한 통찰력, 변화관리능력, 협력 및 조정 능력
지적자본 가치플랫폼	지적자본 = 인적자본 + 조직자본 + 고객자본
지식기반조직 요소(4p)	프로세스(Process), 장소(Place), 목적(Purpose), 관점(Perspective)
소스 마킹	• 제조업체가 포장단계에서 바코드를 포장 용기에 일괄적으로 인쇄 • 주로 가공식품·잡화 등이 대상 • 국제적인 규격에 근거한 13자리의 숫자로 구성된 바코드로 인쇄
인스토어 마킹	• 소매점포에서 상품포장시 라벨을 직접 출력해 상품에 부착 • 동일품목이라도 소매업체에 따라 각각 번호가 달라질 수 있음
표준형 바코드(GS1)	국가식별코드(3자리), 제조업체코드(6자리), 상품품목코드(3자리), 체크디지트(1자리)
ITF(Interleaved Two of Five)	기업간 거래 단위인 물류단위(Logistics Unit), 주로 골판지 박스에 사용되는 국제표준 물류 바코드
GLN (Global Location Number)	국제적으로 업체를 식별하기 위한 글로벌 로케이션 코드로 물리적·기능적·법적 실체를 식별하는 데 사용
UPC 코드	• 12개의 캐릭터로 구성되어 숫자(0~9)만 표시가 가능 • 한 자리의 상품분류번호와 5자리의 제조업체 번호로 좌측 6자리 사용 • 미국과 캐나다에서만 사용 • 주로 POS용으로 상점이나 대형마트에서 주로 이용 • 12자리 숫자 중 마지막에 위치한 수인 체크디지트는 바코드가 정확히 구성되었는지 검증해주는 숫자로 데이터의 신뢰도를 높임
EAN Code	• 13개의 문자를 포함하며, 그 중 바코드로 표현하는 것은 12자리 • 13자리 코드와 8자리 단축형 코드가 있음 • 세 자리의 국가번호와 네 자리의 제조업체번호로 좌측 7자리 사용 • EAN은 북미지역을 제외한 세계 전 지역에서 사용
UNSPSC	전 세계적으로 가장 널리 알려지고 활용되고 있는 전 산업대상의 전자상거래용 상품분류체계
POS 데이터의 분류	• 매출분석 : 부문별, 단품별, 시간대별, 계산원별 등 • 고객정보분석 : 객수, 객단가, 부문별 객수, 부문별 객단가 등 • 시계열분석 : 전년동기 대비, 전월 대비, 목표대비 등 • 상관관계분석 : 상품요인분석, 관리요인분석, 영업요인분석 등
POS 시스템의 기능	• 상품정보관리 • 재고관리와 자동발주 • 인력관리 • 고객관리
POS 시스템의 효과	• 스캐너 판독을 통한 업무 정확성 향상과 생산성 향상 • 사무작업의 단순화 • 가격 부착작업의 절감 • 품절방지 및 상품의 신속한 회전 • 계산원과 고객의 부정 방지
ISBN	• 국제적으로 통합된 표준도서번호를 각 도서에 부여하는 국제표준도서번호 시스템 • 10자리 숫자로 구성 • EAN 바코드와 함께 쓰는데, 이 때 13자리인 EAN 자릿수를 맞추기 위해 ISBN 앞에 978을 붙임
ISSN	• 모든 연속간행물에 부여되는 국제표준연속간행물 번호 • ISSN 앞에 977을 넣고, 예비기호 2자리를 포함함으로써 EAN과 호환
VMI	• Vendor Managed Inventory • 소매업체를 대신해서 공급자인 제조업과 도매업이 소매업의 재고관리를 하는 것
RFID (무선주파수식별법)	• Tag안에 상품 ID를 무선주파수를 이용해 자동 인식하는 기술 • 장점 : 무선으로 자료인식 가능, 인식방향에 관계없이 정보인식 가능, 유지보수가 간편, Tag의 데이터 인식시간이 짧음, Tag 내 많은 양의 데이터 저장이 가능하고 재사용이 가능 • 단점 : 가격이 비싸고, 정보 노출의 위험이 있음, 금속과 액체와 접촉 시 전파 장애 가능성, 전파의 인체영향 안전성 등

채찍 효과 (Bullwhip Effect)	공급사슬 내에서 하류(고객)의 주문정보가 상류(공급자)로 전달되면서 정보가 왜곡되고 확대되어 수요와 재고관리의 불안정을 가져오는 효과
전자지불시스템의 요건	• 상호인증 : 거래상대방의 신분을 확인할 수 있도록 하는 기능 • 기밀성 : 거래내용이 제3자에게 노출되지 않도록 하는 기능 • 무결성 : 전달 과정에서 정보가 변조되지 않았는지 확인하는 기능 • 부인방지 : 이미 성립된 거래에 대한 부당한 번복을 방지하는 기능
포털사이트 구성요소	콘텐츠(Contents), 커뮤니티(Community), 커머스(Commerce), 커넥션(Connection)
공개키 암호화 기술	공개키 암호화 또는 비대칭 암호화(Asymmetric Encryption)는 공개키(Publickey)와 비밀키(Private Key)를 사용해서 인증, 서명, 암호화 등을 수행한다.
생산물이력추적(Traceability)	• 소비자 보호 • 상표보호 • 상품의 위변조 방지
e-비즈니스 모델의 성공을 위한 공통적요건	• 디지털 기업구조의 구축 • 지속적인 수익창출력 확보 • 고객지향적 관점의 유지 • 차별화된 컨텐츠의 확보 • 기회의 선점 • 특허권(소프트웨어적 자산)의 등록 등
스타 스키마(Star Schema)	다차원 데이터를 표현하기 위해 정보의 구성요소를 사실과 차원으로 구분하고, 차원당 하나의 차원 테이블을 구성하는 방식
EDI(Electronic Data Interchange)	전자문서교환이라고 하며, 기업 사이에 컴퓨터를 통해서 표준화된 양식의 문서를 전자적으로 교환하는 정보전달방식
균형성과표(BSC)	재무측정지표와 운영측정지표 모두를 균형 있게 고려한 새로운 성과측정시스템으로, 과거 성과에 대한 재무적인 측정지표를 통해서 미래성과를 창출하는 측정지표
민감도 분석	현재의 상태에서 초기 변수가 변화할 때 최적해가 어떻게 달라지는지를 파악하는 것으로 가격의 변화나 마케팅 지출이 판매량에 미치는 영향을 추정
트랜잭션	하나의 논리적 단위(Single logical unit of work)로 처리되는 프로그램의 수행 단위
QR 시스템 (Quick Response)	원료공급업체로부터 소매유통에 이르는 전체 유통경로를 정보기술(IT)로 연결하여 업무의 효율성을 높이고, 소비자 요구에 신속 대응하는 정품을 정량, 적정가격, 적정장소로 유통시키는 것
QR의 정보 기술	소스마킹(Source Marking), 전자 문서 교환(EDI), 바코드, POS시스템, 정보 DB
ECR과 QR 비교	ECR은 크로스도킹 방식의 상품납입이 적합하고, QR은 진열된 상태에서의 상품납입(FRM)이 적합
데이터 웨어하우징	• 소스데이터, 데이터 웨어하우스 관리도구 · DB, 메타 데이터, 데이터 마트, Query&Report, OLAP 도구 • 특징 : 파일의 중복성 제거, 정보의 효용가치 증대, 경쟁력 있는 의사결정지원에 도움, 고급의 정보 제공, 경영자의 기업전반환경 파악
데이터 마이닝	• 절차 : 자료수집 → 데이터 준비 → 데이터 마이닝 수행 → 데이터 시각화 → 마이닝 결과 활용 • 기법 : 의사결정나무, 신경망 분석, 연관규칙, 클러스터링, 사례기반추론
DBMS	• 데이터베이스관리시스템 • 다수의 사용자가 데이터베이스 내 정보에 접근을 가능케하는 소프트웨어 도구의 집합. 데이터베이스 엔진, 데이터베이스 서버 • 장점 : 데이터 통합 이용, 데이터 공유, 데이터 일관성 · 무결성 · 보완성, 데이터 처리의 표준화, 응용프로그램의 개발기간 단축 • 단점 : 소프트웨어와 하드웨어 구성의 높은 가격비용, 분산된 데이터가 연관되어 관리되므로 설계 시 신중히 고려, 사용 중 에러 시 백업 및 복구의 어려움 등

구 분	CRM	e-CRM
이용대상	오프라인 중심기업	e-Business 기업
중점관리	영업 자동화	차별화, 개인맞춤 서비스
고객접점	직접방문, DM, 콜센터	인터넷 통합채널
시공간	제한, 지역적 한계	24시간 실시성, 전세계 대상
구성요소	Sales, Maeketing, Service	e-Sales, e-Marketing, e-Service
서비스	주로 TM이용한 자동응답	음성, 동영상, 멀티미디어 이용

(e-CRM과 CRM)

e-SCM (공급망관리시스템)	• 원자재 조달, 생산, 수배송, 판매 및 고객관리 프로세스에서 일어나는 물류흐름과 이와 관련된 모든 활동을 인터넷에 기반하여 Real-time으로 통합적으로 관리하는 기법 • 효과 : 거래 · 투자비용의 최소화, 자동보충을 통한 재고감축, 개별화된 고객서비스 제공, 순환주기의 단축, 수평적 확장이 용이 • 기반기술 : QR, AR, CR, JIT, 크로스도킹, 물류센터, EAN 상품코드, 바코드시스템 • 응용기술 : 자동발주시스템(CAO), 지속적 상품보충(CRP), CPFR(협업설계예측 및 보충), 카테고리관리, 활동원가회계(ABC)

ECR	• Efficient Consumer Response, 공급 네트워크 전체 관리기법 • 전략 : 효율적인 보충 · 분류 · 판촉 · 신제품 소개 • 실현도구 : CAO, EDI, 크로스도킹, 가치사슬분석(VCA), 활동원가회계(ABC), 카테고리관리, CRP, 배송상품 순서선정
ERP	• Enterprise Resource Planning, 전사적 자원관리 • 기업 내 모든 자원을 효율적으로 관리해 기업의 경쟁력을 강화시키는 통합정보 시스템으로 모든 영역의 실시간 연동이 가능 • GUI, SQL, RDBMS, 제4세대 언어, C/S, 복수 데이터베이스 지원, 객체지향시스템
크로스도킹(Cross Docking)	창고나 물류센터로 입고되는 상품을 보관하지 않고 곧바로 소매점포에 배송하는 물류시스템
시계열분석법	관측된 과거의 자료를 분석하여 법칙성을 발견하고, 이를 모형화하여 추정
인포미디어리(Infomediary)	정보에 기반한 중개상(Information-Based Agent)
전자카탈로그 (e-Catalogue)	• 개념 : 종이카탈로그를 대체해 전자적으로 기록, 데이터베이스화. 디지털 카탈로그. 이미지, 동영상, 소리 등을 이용해 인터넷 상에 제품정보 표현 • 목적 : 디지털 기업구조의 구축, 지속적인 수익창출력 확보, 고객지향적 관점의 유지, 차별화된 컨텐츠의 확보, 기회의 선점, 특허권(소프트웨어적 자산)의 등록 등 • 특징 : 정보검색의 편의성 향상, 전자적 형태의 교환을 통한 상호호환성 확보 • 종류 : 문자나 사진 등으로 표현한 정적 전자카탈로그와 문자, 사진 이외에 소리나 영상으로 표현한 동적 전자카탈로그로 구분
e-마켓플레이스	• 인터넷 상에서 다수의 공급자와 구매자간에 시공간의 제약 없이 거래가 가능한 온라인 시장 • 온라인 시장, 전자시장, 웹 마켓플레이스, 넷 마켓플레이스, 마켓 메이커 • 특징 : 시공간 제약 극복한 국제적 거래, 거래비용과 시간 절감, 전자상거래의 발전된 개념, e-비즈니스 구축, 다양한 커뮤니티 서비스 제공
e-마켓플레이스 분류	• 보털(Vortal) : Vertical Portal, 특정 산업의 원자재에서 완성품에 이르기까지 수직적 관계에 해당하는 전 품목을 취급 • 호털(Hortal) : Horizontal Portal, 다양한 산업에 걸쳐 동일한 기능과 서비스 제공 • 메가마켓(Mega-market) : 보털과 호털의 특징을 결합한 형태
OBI	Open Buying on the Internet, 거래 상대방 간에 발생하는 대용량 거래내용을 적은 비용으로 자동화하는 것으로 저렴한 가격의 제품을 대규모로 조달하는 데 활용
e-Procurement	• 구매요청, 승인, 입찰, 계약에 이르는 과정을 인터넷 기반으로 수행하는 시스템 • 전자조달, 투명성, 신속성, 원가절감을 실현해 궁극적으로 기업의 전략적구매 실현
전자 서명	서명자를 확인하고 서명자가 당해 전자문서에 서명을 하였음을 나타내기 위해 전자문서에 첨부되거나 논리적으로 결합된 전자적 형태의 정보
에스크로 제도(Escrow)	익명의 상태에서 거래자 간의 신용만으로 거래가 이루어지는 전자상거래에서 매매행위의 신뢰성을 높여줌
위치기반상거래	특정위치에 있는 개인들을 대상으로 상거래를 추구하는 모바일 커머스의 일종
비교구매 에이전트	소비자를 대신해 제품 사이트의 정보를 분석해 가장 적합한 제품과 판매자를 찾아주는 비교구매 서비스

e-Business와 u-Business	구 분	e-Business	u-Business
	정보기술	유선 인터넷과 웹 기술	무선인터넷, 증강현실, 웹 현실화 기술
	네트워크 기반	PC 네트워크	휴대기기 네트워크
	상거래지원	의식적 컴퓨팅 활용	자율 컴퓨팅 기능
	정보화영역	주문, 결제의 상거래과정	상품 공간과 기업 공간에 존재하는 모든 정보
	정보원천	고객 회원가입 정보	실시간 커뮤니케이션
	사업특징	유무선 인터넷기반	유비쿼터스 컴퓨팅기반

B2B와 B2C	구 분	B2B	B2C
	주 체	원자재, 생산업체, 제조업체, 물류센터, 소매업체 등	고객과 소매업체
	적용업무	원자재 생산, 제품의 기획 및 설계, 생산 및 물류	제품, 서비스, 정보의 광고 중개, 판매, 배달 등 제반 상거래
	적용범위	기업, 업종 및 산업군	시장(불특정 다수의 수요자 및 공급자)
	핵심기술	정보의 공유, 시스템 간 연계 및 통합기술	인터넷 기반의 응용기술
	구현형태	SCM, e-Marketplace, 전자입찰 등	전자상점, 일대일 마케팅 등

최종
모의고사

제 1 회 최종모의고사

형 별	A형	제한시간	100분	수험번호	성 명

※ 5개의 답항 중 가장 알맞은 1개의 답항을 고르시오.

 제 1 과목 유통 · 물류일반관리

01 유통 개방정도에 따른 내용으로 옳은 것은?

① 정해진 지역에서 특정 경로구성원만이 활동하는 유통방식은 집중적 유통이다.

② 시장을 더 넓게 개척하기 위해서 많은 경로구성원들을 이용함으로써 시장의 노출을 극대화하는 유통방식은 집중적 유통이다.

③ 슈퍼마켓에서 팔리는 대부분의 소비재는 전속적 유통이다.

④ 유통비용을 낮춤과 동시에 경로구성원의 수가 많을 때보다 구성원들과의 관계를 더 유지할 수 있는 유통방식은 집중적 유통이다.

⑤ 제품과 연관된 배타성과 유일성의 이미지를 더욱 효과적으로 소비자들에게 전달할 수 있는 유통방식은 집중적 유통이다.

02 채찍효과(bullwhip effect)를 줄일 수 있는 방안으로 가장 옳지 않은 것은?

① 각각의 유통주체가 독립적인 수요예측을 통해 정확성과 효율성을 높인다.

② 공급리드타임을 줄일 수 있는 방안을 마련한다.

③ 공급체인에 소속된 각 주체들이 수요 정보를 공유한다.

④ 지나치게 잦은 할인행사를 지양한다.

⑤ EDLP(항시저가정책)를 통해 소비자의 수요변동 폭을 줄인다.

03 최근이나 미래의 유통환경 변화에 대한 내용으로 가장 거리가 먼 것은?

① 인구성장 정체로 인해 상품시장의 양적 포화와 공급 과잉을 초래하게 될 것이다.

② 노인인구 증가와 구매력을 동반한 노인인구 증가는 건강과 편의성을 추구하는 새로운 수요를 만들 것이다.

③ 나홀로가구 증가로 인해 소용량제품, 미니가전제품 등 1인가구를 위한 서비스가 등장하고 있다.

④ 소비자가 제품개발과 유통과정에도 참여하는 등 능동적인 소비자가 나타났다.

⑤ 블로거 마케터 등 온라인 마케터의 영향력이 커져 프로슈머의 필요성은 점차 사라지고 있다.

04 다음 글 상자 안의 경영성과를 분석하는 여러 활동성 비율들을 계산할 때, 공통적으로 반영하는 요소는?

> 재고자산회전율, 매출채권회전율, 고정자산회전율, 총자산회전율

① 재고자산   ② 매출액

③ 영업이익   ④ 자기자본

⑤ 고정자산

05 종업원 인센티브제도에 관한 내용으로 옳지 않은 것은?

① 성과배분제는 물자, 노동의 낭비근절과 더 나은 제품과 서비스 개발을 통해 원가를 절감할 수 있다는 가정에 근거를 둔다.

② 변동급여제도 중 수수료를 통한 급여는 실적위주보상을 통해 영업활동을 관리하는 유용한 수단이 된다.

③ 주식소유권(stock ownership)은 직원들로 하여금 회사주식을 소유하게 함으로써 회사 소유주의 일부가 되기를 장려하는 방법이다.

④ 기업에서 신제품이 출시되면 업적을 치하하기 위해 감사패, 상품권, 선물 등을 나눠주는 것은 인정포상의 한 형태이다.

⑤ 팀 구성원의 존재가 개인별로 업무를 할 때보다 더욱 강력하고 지속적인 행동을 유발시키는 것은 개인인센티브 제도에 속한다.

06 경로구성원들 중 재고보유에 따른 위험을 누가 감수하는지에 따라 경로구조가 결정된다는 내용을 담고 있는 이론은?

① 대리이론(Agency theory)
② 정치-경제관점 이론(Political-economy perspective)
③ 게임이론(Game theory)
④ 연기-투기이론(Postponement-speculation perspective)
⑤ 거래비용이론(Transaction cost analysis)

07 공급사슬관리(SCM)의 성과측정 방법에 대한 설명으로 가장 옳지 않은 것은?

① SCM수행에 대한 실질적인 성과를 보여줄 수 있어야 한다.
② 성과측정은 개별 기업의 성과에 초점을 맞춰야 한다.
③ SCM수행과 관련한 상세한 데이터를 보여줄 수 있는 매트릭스가 필요하다.
④ 주문주기 감소, 비용절감, 학습효과 향상은 프로세스 측정에 해당된다.
⑤ 판매 및 수익 증가, 고객만족 증가는 결과 측정에 해당된다.

08 기업이 선택할 수 있는 주요 수송 수단인 철도, 육로(트럭), 해상운송, 항공, 파이프라인을 상대적으로 비교했을 때 가장 옳지 않은 것은?

① 해상수송은 광물이나 곡물을 수송하는 데 경제적이다.
② 철도수송은 전체 수송에서 차지하는 비중이 감소하는 추세이나 육로의 정체현상으로 재활성화 될 가능성이 있다.
③ 파이프라인수송은 단위당 비용, 속도, 이용 편리성 측면에서 상대적으로 우수하다.
④ 항공수송은 신속하지만 단위 거리당 비용이 가장 높다는 단점이 있다.
⑤ 육상수송은 자체적인 운송뿐만 아니라 선박이나 항공과 결합해서 널리 활용된다.

09 도매상에 관련된 내용으로 옳지 않은 것은?

① 현금거래도매상은 소매상에게 현금거래조건으로 물품을 판매한다.
② 트럭도매상은 주로 한정된 제품을 취급하고, 소매상 고객들에게 직접 제품을 운송한다.
③ 직송도매상은 소매상의 주문을 받으면 해당 상품을 생산자가 직접 그 소매상에게 배송하도록 한다.
④ 소매상들이 진열도매상을 이용하는 주된 이유는 매출비중이 낮은 품목들에 대해 소매상들이 직접 진열과 주문을 하는 것이 매우 중요하기 때문이다.
⑤ 제조업자 도매상은 독립적인 개인이 운영하는 도매상이 아니라 제조업자가 직접 운영하는 도매상이다.

10 제조업의 수직계열화에 관련된 내용으로 옳지 않은 것은?

① 경로전체를 통합하고자 하는 제조업중심의 수직계열화는 유통기능의 중복을 최소화하는 효과를 가져올 수 있다.

② 유통업자가 자기의 정책을 실현하기 위해 대리점제, 리베이트, 재판매가격유지전략 등을 통해 제조업자를 조직화하는 행위이다.

③ 제조업체가 유통과정의 지배를 꾀하는 것을 의미한다.

④ 생산자가 자사제품을 소비자에게 직접 판매하고자 할 때도 활용된다.

⑤ 통신판매, 방문판매, 소매점 직영은 제조업의 수직계열화에 포함된다.

11 아래 글상자 (   ) 안에 들어갈 조직의 유형을 순서대로 옳게 나타낸 것은?

> (가)은 책임과 권한이 병행되고, 모든 사람들이 한 명의 감독자에게 보고하며, 조직의 상부에서 하부로 전달되는 의사소통의 흐름을 가진 조직을 말한다.
> (나)은 한시적 개별프로젝트에 사람을 임명하는 데 유연성이 있다. 조직 내의 협력과 팀 활동을 촉진시킨다는 장점이 있지만, 비용이 많이 들고 복잡하다는 단점도 있다.

① 가 : 라인-스태프 조직   나 : 교차기능 자율경영팀

② 가 : 라인 조직   나 : 교차기능 자율경영팀

③ 가 : 라인 조직   나 : 매트릭스 조직

④ 가 : 라인-스태프 조직   나 : 매트릭스 조직

⑤ 가 : 교차기능 자율경영팀   나 : 라인-스태프 조직

12 경제적 주문량(EOQ)을 적용하기 위한 전제로 옳지 않은 것은?

① 재고유지비용은 시간의 변화에 관계없이 일정하다.

② 발주 상품의 주문은 다른 상품과 관계가 없다.

③ 발주 비용은 최근의 것일수록 높은 가중치를 가진다.

④ 연간 수요량은 알려져 있다.

⑤ 발주시점과 입고시점 사이의 간격인 리드타임이 알려져 있다.

13 공급자주도형재고관리(VMI)에 대한 내용으로 옳지 않은 것은?

① 제조업체나 도매업체가 재고관리를 하던 방식이 소매업에 의한 실시간 발주에 따른 조달방식으로 발전된 것이다.

② VMI구축으로 소매업체의 발주처리비용이 감소하게 된다.

③ VMI의 효과로 상품리드타임 단축, 재고감소, 품절감소를 들 수 있다.

④ VMI를 구축하더라도 판매정보에 대한 적절한 분석이 이뤄지지 않으면 이상적인 재고량 유지가 어렵다.

⑤ 소매업체의 실시간 판매정보를 기반으로 공급자측은 정확한 판매예측과 재고조절, 상품기획이 가능하다.

14 서로 경쟁하던 슈퍼마켓과 할인점의 복합 형태인 슈퍼센터의 등장을 설명해 줄 수 있는 소매업태 혁신과정 이론으로서 가장 옳은 것은?

① 진공지대이론　　　　　　　② 변증법적이론

③ 소매차륜이론　　　　　　　④ 아코디언이론

⑤ 소매수명주기이론

15 유통경로상의 갈등에 대한 내용으로 옳지 않은 것은?

① 상호의존적 관계가 높을수록 구성원들 간의 갈등이 발생할 가능성이 높아진다.

② 유통업체의 규모에 따른 힘이 감소하면서 유통경로 내 갈등은 거의 사라진 상태다.

③ 영역(역할)불일치로 인한 갈등은 상권범위 혹은 각 경로구성원이 수행할 역할에 대한 구성원 간의 견해 차이에 의해 발생할 수 있다.

④ 경로구성원들이 상대방의 목표를 존중하지 않고 간섭할 때는 목표불일치로 인한 갈등이 나타날 수 있다.

⑤ 프랜차이즈에서 가맹점이 본부에 상권보장을 요구할 때 나타나는 갈등은 영역불일치로 인한 경로갈등이다.

16 보관 효율화를 위한 기본원칙으로 옳지 않은 것은?

① 유사성의 원칙 : 유사품을 인접하여 보관하는 원칙이다.

② 중량특성의 원칙 : 물품의 중량에 따라 장소의 높고 낮음을 결정하는 원칙이다.

③ 명료성의 원칙 : 시각적으로 보관물품을 용이하게 식별할 수 있도록 보관하는 원칙이다.

④ 통로대면보관의 원칙 : 보관할 물품을 입출고 빈도에 따라 장소를 달리하여 보관하는 원칙이다.

⑤ 위치표시의 원칙 : 보관물품의 장소와 랙 번호 등을 표시함으로써 보관업무 효율화를 기하는 원칙이다.

17 제품의 단위당 가격이 4,000원이고, 제품의 단위당 변동비가 2,000원일 때, 이 회사의 손익분기점은 몇 개일 때인가? (단, 총 고정비는 200만원이다.)

① 100개
② 500개
③ 1,000개
④ 5,000개
⑤ 10,000개

18 소매상의 구매관리에서 적정한 공급처를 확보하기 위한 평가 기준으로 가장 옳지 않은 것은?

① 소매상의 목표 달성에 부합되는 적정 품질
② 최적의 가격
③ 적정서비스 수준
④ 역청구 활성화 정도
⑤ 납기의 신뢰성

19 재무제표와 관련된 각종 회계정보에 대한 설명 중 가장 옳지 않은 것은?

① 재무상태표(구 대차대조표)를 통해 자산 중 자기자본이 얼마인지 확인할 수 있다.
② 포괄손익계산서를 통해 세금을 낸 이후의 순이익도 확인할 수 있다.
③ 일정 기간 영업실적이 얼마인지 포괄손익계산서를 통해 알 수 있다.
④ 자본변동표는 일정 시점에서 기업의 자본의 크기와 일정 기간 동안 자본 변동에 관한 정보를 나타낸다.
⑤ 재무제표는 현금주의에 근거하여 작성하기 때문에 기업의 현금가용능력을 정확하게 파악할 수 있다.

20 '전자상거래 등에서의 소비자보호에 관한 법률'(법률 제15698호, 2018.6.12., 일부개정)에서 정의한 용어로 옳지 않은 것은?

① "전자상거래"란 전자거래(「전자문서 및 전자거래기본법」제2조 제5호에 따른 전자거래를 말한다)의 방법으로 상행위(商行爲)를 하는 것을 말한다.
② "통신판매"란 우편·전기통신, 그 밖에 총리령으로 정하는 방법으로 재화 또는 용역의 판매에 관한 정보를 제공하고 소비자의 청약을 받아 재화 또는 용역을 판매하는 것을 말한다.
③ "통신판매업자"란 통신판매를 업(業)으로 하는 자 또는 그와의 약정에 따라 통신판매업무를 수행하는 자를 말한다.
④ "거래중개"란 사이버몰의 이용을 허락하거나 그 밖에 대통령령으로 정하는 방법으로 거래 당사자 간의 통신판매를 알선하는 행위를 말한다.
⑤ "사업자"란 물품을 제조(가공 또는 포장을 포함)·수입·판매하거나 용역을 제공하는 자를 말한다.

21 재고관리에 대해서 옳게 기술한 것을 모두 고르면?

> ㉠ 재고에 관한 비용은 재고유지비용, 주문비용, 재고부족비용 등 3가지가 있다.
> ㉡ 재고품절로 인하여 발생하는 손실을 비용화한 것이 재고유지비용이다.
> ㉢ 주문비용은 구매나 생산주문을 하는 데 직접 소요되는 비용으로 수송비, 하역비, 검사료 등을 포함한다.
> ㉣ 파이프라인 재고는 운반 중인 제품이나 공장에서 가공하기 위하여 이동 중에 있는 재공품 성격의 재고를 의미한다.
> ㉤ 이자비용, 창고사용료, 창고유지관리비는 주문비용에 속하지만, 재고감손비용은 재고유지비용에 포함된다.

① ㉡, ㉢
② ㉢, ㉣
③ ㉠, ㉡, ㉤
④ ㉠, ㉢, ㉣
⑤ ㉠, ㉢, ㉤

22 지속적 상품보충(continuous replenishment)에 대한 내용 설명으로 옳지 않은 것은?

① 지속적 상품보충이란 소비자수요에 기초하여 소매점에 상품을 공급하는 방식이다.
② 지속적 상품보충은 기존에 소매점에 재고가 있음에도 불구하고 상품을 공급하는 방식인 풀(pull) 방식과는 차이가 있다.
③ 포스 데이터(POS data)를 사용하면 지속적 상품보충 프로세스를 더 개선할 수 있다.
④ 지속적 상품보충이 구현되면 배송이 신속하게 되어 소매업체의 재고수준을 낮출 수 있다.
⑤ 전자자료교환(EDI)을 통해 정보를 교환할 수 있다.

23 최고 경영자가 사원에 대해 지켜야 하는 기업윤리에 해당하는 것을 모두 고르면?

> ㉠ 차별대우 금지   ㉡ 회사기밀 유출 금지
> ㉢ 부당한 반품 금지   ㉣ 위험한 노동 강요 금지
> ㉤ 허위광고 금지   ㉥ 자금 횡령 금지

① ㉠, ㉡, ㉥
② ㉡, ㉥
③ ㉠, ㉣
④ ㉠, ㉡, ㉣, ㉥
⑤ ㉢, ㉤

24 전통적 경로와 계약형 경로의 특징을 비교한 것으로 옳지 않은 것은?

구 분		전통적 경로	계약형 경로
㉠	계약 성격	개별주문에 의한 교섭	개발된 장기적 계약
㉡	경로의사 결정 위치	개별구성원	경로조직내 승인된 업체 및 본부
㉢	권한위치	개별구성원에 주로 존재	개별구성원에 배타적으로 존재
㉣	구조화된 분업	존재하지 않음	경로기능의 분업 동의
㉤	규모의 경제 실현가능성	낮 다	높 다

① ㉠ ② ㉡
③ ㉢ ④ ㉣
⑤ ㉤

25 목표에 의한 관리(MBO) 이론에 대한 설명으로 가장 옳은 것은?

① 종업원은 다른 사람과 보상을 비교하여 노력과 보상 간에 공정성을 유지하려 한다는 이론이다.
② 긍정적 또는 부정적 강화요인들이 사람들을 특정방식으로 행동하게 한다는 이론이다.
③ 높지만 도달 가능한 목표를 제공하는 것이 종업원을 동기 부여할 수 있다는 이론이다.
④ 종업원이 특정 작업에 투여하는 노력의 양은 기대하는 결과물에 따라 달라진다는 이론이다.
⑤ 목표 설정 및 수행을 위한 장기계획을 수립할 수 있을 만큼 안정적인 기업에 더 적합한 이론이다.

상권분석

26 소매업태별 입지전략 또는 입지에 따른 여타의 소매전략에 대한 설명으로 가장 옳지 않은 것은?

① 기생형 점포는 목적형 점포의 입지를 고려하지 않고 독립적으로 입지하여야 한다.
② 선매품 소매점은 경합관계에 있는 점포들이 모여 있는 곳에 입지해야 한다.
③ 보완관계보다 경합관계가 더 큰 편의품 소매점들은 서로 떨어져 입지해야 한다.
④ 목적형 점포는 수요가 입지의 영향을 크게 받지 않아 입지선정이 비교적 자유롭다.
⑤ 쇼핑센터에 입지한 소규모 점포들은 앵커스토어와 표적고객이 겹치는 경우가 많다.

27 도시는 도심상권, 부도심상권, 지구상권, 주거지 근린상권 등으로 계층화된 상권구조를 가지며, 이들 상권은 서로 다른 카테고리의 상품을 주로 판매한다는 도시상권구조의 계층화를 설명하는 것과 가장 관련이 있는 이론은?

① Reilly의 소매인력이론
② Converse의 소매인력법칙
③ Huff의 상권분석모델
④ Huff의 수정된 상권분석모델
⑤ Christaller의 중심지이론

28 소매업이 불균등하게 분포하는 실태를 반영하여 소매업 중심지와 그곳을 둘러싼 외곽지역으로 구성되는 것을 지수화한 '중심성 지수'에 대한 설명으로 옳지 않은 것은?

① 소매업의 공간적 분포를 설명하는 데 도움을 주는 지표이다.
② 어느 지역에서 중심이 되는 공간이 어디인지를 지수로 파악할 수 있다.
③ 그 도시의 소매판매액을 그 도시를 포함한 광역지역의 1인당 소매판매액으로 나눈 값이 상업인구이다.
④ 상업인구보다 거주인구가 많으면 1보다 큰 값을 갖게 된다.
⑤ 중심성 지수가 1이면 상업인구와 거주인구가 동일함을 의미한다.

29 소비자들이 유사한 점포들 중에서 점포를 선택할 때는 가장 가까운 점포를 선택한다는 가정을 토대로 하며, 상권경계를 결정할 때 티센다각형(thiessen polygon)을 활용하는 방법은?

① Huff모델
② 입지할당모델
③ 유사점포법
④ 근접구역법
⑤ 점포공간매출액비율법

30 상권분석에 이용할 수 있는 회귀분석 모형에 관한 설명으로 가장 옳지 않은 것은?

① 소매점포의 성과에 영향을 미치는 요소들을 파악하는 데 도움이 된다.
② 모형에 포함되는 독립변수들은 서로 관련성이 높을수록 좋다.
③ 점포성과에 영향을 미치는 영향변수에는 상권내 경쟁수준이 포함될 수 있다.
④ 점포성과에 영향을 미치는 영향변수에는 상권내 소비자들의 특성이 포함될 수 있다.
⑤ 회귀분석에서는 표본의 수가 충분하게 확보되어야 한다.

31 상권분석의 직접적 필요성에 대한 설명으로 옳지 않은 것은?

① 구체적인 입지계획을 수립하기 위해

② 잠재수요를 파악하기 위해

③ 고객에 대한 이해를 바탕으로 보다 표적화된 구색과 판매촉진전략을 수립하기 위해

④ 점포의 접근성과 가시성을 높이기 위해

⑤ 기존 점포들과의 차별화 포인트를 찾아내기 위해

32 경쟁분석은 입지선정과정을 위한 필수적 활동이다. 경쟁점포에 대한 조사, 분석과 관련된 설명으로 가장 옳지 않은 것은?

① 경쟁점포에 대한 방문조사가 경쟁분석의 유일한 방법으로 활용된다.

② 상품구색, 가격, 품질이 유사할수록 경쟁강도가 높은 경쟁점포이다.

③ 경쟁점포 및 경쟁구조를 분석할 때는 상권의 계층적 구조를 고려해야 한다.

④ 직접적인 경쟁점포뿐만 아니라 잠재적인 경쟁점포를 포함하여 조사·분석해야 한다.

⑤ 경쟁분석의 궁극적 목적은 효과적인 경쟁전략의 수립이다.

33 매장면적비율법은 상권 내 동일업종의 총 매장면적에서 점포의 매장면적이 차지하는 비율을 이용하여 해당 점포의 매출액을 추정한다. 매장면적비율법의 내용으로 가장 옳지 않은 것은?

① 상권의 총잠재수요는 해당 업종에 대한 1인당 총지출액과 상권인구를 곱해서 구한다.

② 상권의 총예상매출액은 총잠재수요와 상권인구의 상권 밖에서의 구매비율을 곱해서 구한다.

③ 해당 점포의 매출은 상권의 총예상매출액과 매장면적비율을 곱해서 구한다.

④ 경쟁점포에 대한 경쟁력이 약하면 매장면적비율보다 더 작게 매출액비율을 추정한다.

⑤ 유동인구의 효과를 가중하여 매장면적비율에 따른 추정매출액을 조정할 수 있다.

34 좋은 여건의 입지라고 보기가 가장 어려운 것은?

① 지형상 고지대보다는 낮은 저지대 중심지

② 동일 동선에서 출근길 방향보다는 퇴근길 방향에 있는 곳

③ 상대적으로 권리금이 낮거나 없는 곳

④ 대형평형보다 중소형평형 아파트단지 상가

⑤ 대형사무실보다 5층 이하 사무실이 많은 곳

35 자가용차를 소유한 소비자의 증가추세가 상권에 미치는 영향을 설명한 내용으로 옳지 않은 것은?

① 소비자의 이동성을 높여 저밀도의 넓은 영역으로 주택분산이 가능해지고 인구의 교외화가 진행된다.

② 소비수요가 중심도시로부터 교외로 이동하고 다양한 상업기회가 교외에서 생겨난다.

③ 소비자의 지리적 이동거리가 확대되고 이동속도가 빨라지는 동시에 소비자가 감당하는 물류기능은 감소한다.

④ 자가용차 이용은 유류비와 차량 유지비용 발생으로 다목적 쇼핑외출과 같은 새로운 쇼핑패턴을 생성하여 유통시스템에 영향을 미친다.

⑤ 자가용차 이용으로 소비자가 여러 도시를 자유롭게 이동할 수 있어 소매상의 시장범위가 비약적으로 확대된다.

36 점포의 입지와 관련된 아래 주장 중 가장 옳지 않은 것은?

① 점포의 주된 매출원천은 입지의 상권에 포함되는 고객들이다.

② 다른 조건이 모두 같다면, 구매빈도가 높은 업종일수록 더 큰 상권이 필요하다.

③ 상권 범위는 도로 및 교통기관의 발달 상태에 따라 달라진다.

④ 업종구성이 상권 범위에 미치는 영향은 무시할 수 없다.

⑤ 상권의 크기와 함께 인구밀도도 점포의 매출에 영향을 미친다.

37 서비스업종의 매출액을 추정하기 위한 아래의 공식에서 (   )에 들어갈 적합한 용어는?

> 매출액 = 좌석수 × 좌석점유율 × (   ) × 객단가 × 영업일수

① 실구매율 ② 내점률

③ 회전율 ④ 내점객수

⑤ 매출실현율

38 어느 지역의 대체적인 수요를 측정하기 위해 활용하는 구매력지수(BPI ; Buying Power Index)를 구할 때 필요한 구성 요소들 중 일반적으로 사용되는 표준공식에서 가장 높은 가중치를 부여받는 변수는?

① 인구관련 변수 ② 소득관련 변수

③ 소매매출액관련 변수 ④ 소매점면적관련 변수

⑤ 경쟁자관련 변수

39 도매상의 입지전략에 대한 설명으로 가장 옳지 않은 것은?

① 영업성과에 대한 입지의 영향은 소매상보다 도매상의 경우가 더 작다.

② 분산도매상은 물류의 편리성을 고려하여 입지를 결정한다.

③ 수집도매상의 영업성과에 대한 입지의 영향은 매우 제한적이다.

④ 도매상은 보통 소매상보다 임대료가 저렴한 지역에 입지한다.

⑤ 도매상은 보통 최종소비자의 접근성을 고려하여 입지를 결정한다.

40 21km의 거리를 두고 떨어져 있는 두 도시 A, B가 있는데 A시의 인구는 3만명이고 B시의 인구는 A시의 4배라고 하면 도시간의 상권경계는 A시로부터 얼마나 떨어진 곳에 형성되겠는가? (Converse의 상권분기점 분석법을 이용해 계산하라.)

① 5.25km ② 6km

③ 7km ④ 13km

⑤ 14km

41 상권분석에서 활용하는 조사기법 중에서 조사대상과 조사장소가 점두조사법과 가장 유사한 것은?

① 가정방문조사법 ② 지역할당조사법

③ 고객점표법 ④ 내점객조사법

⑤ 편의추출조사법

42 점포의 경영성과에 영향을 미치는 다양한 입지조건에 대한 설명 중에서 일반적으로 타당하다고 볼 수 없는 것은?

① 시장규모에 따라 점포는 적정한 크기가 있어서 면적이 일정 수준을 넘게 되면 규모의 증가에도 불구하고 매출은 증가하지 않는 경향이 있다.

② 주로 대로변에서 발견되는 특정 점포의 건축선 후퇴는 자동차를 이용하는 소비자에게 가시성을 높여 매출에 긍정적 영향을 미친다.

③ 도로에 접하는 점포의 정면너비가 건물 안쪽으로의 깊이보다 큰 장방형 형태의 점포는 가시성 확보에 유리해 바람직하다.

④ 점포의 출입구에 높낮이 차이가 있으면 출입을 방해하는 장애물로 작용하게 된다.

⑤ 점포의 형태가 직사각형에 가까우면 집기나 진열선반 등을 효율적으로 배치하기 쉽고 이용할 수 없는 공간(dead space)이 발생하지 않는다.

43 점포의 입지유형을 집심성(集心性), 집재성(集在性), 산재성(散在性)으로 구분할 때 넬슨의 소매입지 선정원리 중에서 집재성 점포의 기본속성과 연관성이 가장 큰 것은?

① 양립성의 원리
② 경쟁위험 최소화의 원리
③ 경제성의 원리
④ 누적적 흡인력의 원리
⑤ 고객 중간유인의 원리

44 점포의 매력도를 평가하는 입지조건의 특성과 그에 대한 설명이 올바르게 연결된 것은?

① 가시성 – 얼마나 그 점포를 쉽게 찾아 올 수 있는가 또는 점포 진입이 수월한가를 의미
② 접근성 – 점포를 찾아오는 고객에게 점포의 위치를 쉽게 설명할 수 있는 설명의 용이도
③ 홍보성 – 점포 전면을 오고 가는 고객들이 그 점포를 쉽게 발견할 수 있는지의 척도
④ 인지성 – 사업 시작 후 고객에게 어떻게 유효하게 점포를 알릴 수 있는가를 의미
⑤ 호환성 – 점포에 입점 가능한 업종의 다양성 정도 즉, 다양한 업종의 성공가능성을 의미

45 아래 글상자에 출점과 관련된 몇 가지 의사결정 사안들이 제시되어 있다. 다음 중 출점 의사결정 사안을 논리적 과정에 따라 가장 올바르게 배열한 것은?

> 가. 출점할 점포 결정
> 나. 머천다이징 결정
> 다. 점포의 층별 배치 결정
> 라. 점포의 확보 및 사용과 관련된 행정처리

① 가 → 나 → 다 → 라
② 라 → 가 → 나 → 다
③ 가 → 라 → 다 → 나
④ 나 → 다 → 가 → 라
⑤ 나 → 라 → 가 → 다

46 중간상의 협조를 얻기 위한 제조업자의 촉진수단에 해당하지 않는 것은?

① 거래할인 ② 판촉지원금
③ 쿠 폰 ④ 기본계약할인
⑤ 상품지원금

47 제조업자가 실행하는 촉진전략으로 푸시(push)와 풀(pull)전략이 있다. 다음 중 푸시전략의 흐름으로 옳은 것은?

① 제조업자 → 소매상 → 소비자 → 도매상
② 제조업자 → 도매상 → 소매상 → 소비자
③ 소비자 → 소매상 → 도매상 → 제조업자
④ 소비자 → 제조업자 → 도매상 → 소매상
⑤ 도매상 → 소매상 → 제조업자 → 소비자

48 소매상의 강점과 약점을 파악하기 위한 분석 요인 중 소매상 내적 요인에 해당하지 않는 것은?

① 취급하는 상품의 구색 ② 제공하는 대고객 서비스
③ 경영기법과 판매원 능력 ④ 소비자의 기대와 욕구
⑤ 조직에 대한 종업원의 태도

49 다음 글 상자에서 공통으로 설명하는 용어는?

> • 매장의 개별 상품 및 상품구성을 가장 효과적이고 효율적인 방법으로 소비자에게 제시함으로써 자본과 노동의 생산성을 최대화하려는 활동
> • 적절한 상품준비와 연출을 통해 소비자의 상기구매, 연관구매, 충동구매를 유도하기 위한 활동
> • 소비자의 구매의욕을 불러일으키기 위한 활동

① 윈도우 디스플레이 ② 인스토어 머천다이징
③ 상품화 활동 ④ 상품 구성 전략
⑤ 판매촉진 진열

50 유통마케팅 조사에서 2차 자료를 사용하려면 먼저 품질을 평가해야 하는데, 그 품질평가 기준으로서 가장 옳지 않은 것은?

① 회사 정보시스템에 포함된 내부성
② 조사문제 해결 시점 기준의 최신성
③ 수집 및 보고 과정의 정확성
④ 수집 및 보고 과정의 객관성
⑤ 조사 프로젝트와의 적합성

51 다음 글상자에서 설명하고 있는 것은?

> 동일한 성능·용도를 가지거나 동일한 고객층이나 가격대를 가진 상품군

① 상품 구색(product assortment)
② 상품 품목(product item)
③ 상품 계열(product line)
④ 상품 믹스(product mix)
⑤ 상품 카테고리(product category)

52 판매촉진(또는 판촉)에 관한 설명으로 가장 옳지 않은 것은?

① 판촉은 시용(trial)이나 구매와 같은 즉각적인 행동을 유발하는 것이 목적이다.
② 판촉과 광고는 상호 대체적이어서 함께 사용하지 않는 것이 원칙이다.
③ 경쟁점포와 차별화하기 어려울수록 판촉의 활용 빈도가 높아진다.
④ 푸시(push)전략에는 소비자판촉보다 영업판촉이 적합하다.
⑤ 새로운 고객을 유치하지 못한 판촉으로 인해 판촉실시 이후에 오히려 판매량이 낮아질 수 있다.

53 소매점포의 구성과 배치에 관한 원칙으로 가장 옳지 않은 것은?

① 점포분위기는 표적고객층과 걸맞아야 하고, 그들의 욕구와 조화를 이룰 수 있도록 설계해야 한다.
② 점포의 구성과 배치는 고객의 충동구매를 자극하지 않도록 설계해야 한다.
③ 점포의 내부 디자인은 고객의 구매결정에 도움을 줄 수 있어야 한다.
④ 점포의 물리적 환경은 고급스러움보다 상품과 가격대와의 일관성이 더 중요하다.
⑤ 판매수익이 높고 점포의 분위기를 개선할 수 있는 품목을 점포의 좋은 위치에 배치한다.

54 CRM의 도입 배경에 대한 설명으로 가장 옳은 것은?

① 고객 데이터를 통해서 계산원의 부정을 방지하기 위한 것이다.

② 고객과의 지속적 관계를 발전시켜 고객생애가치를 극대화 하려는 것이다.

③ 상품계획 시 철수상품과 신규취급 상품을 결정하는 데 도움을 주려는 것이다.

④ 매장의 판촉활동을 평가하는 정보를 제공하여 효율적인 판매촉진을 하려는 것이다.

⑤ 각종 판매정보를 체계적으로 관리하여 상품 회전율을 높이고자 하는 것이다.

55 오프프라이스(off price) 의류점에서 격자형(grid) 점포배치를 피해야 할 이유로서 가장 옳은 것은?

① 격자형 배치는 비용 효율성이 낮다.

② 격자형 배치는 공간이용의 효율성이 낮다.

③ 격자형 배치는 고객들을 자연스럽게 매장 안으로 유인하지 못한다.

④ 격자형 배치는 고객이 계획에 없던 부문매장(department)을 방문하게 만든다.

⑤ 격자형 배치는 상품진열에 필요한 걸이(fixtures)의 소요량을 대폭 증가시킨다.

56 업셀링(upselling)과 연관성이 가장 낮은 것은?

① 교차판매

② 격상판매

③ 고부가가치 품목 유도

④ 거래액 증가

⑤ 객단가 향상

57 인적판매에 대한 설명으로 옳지 않은 것은?

① 소비자와 대화를 나누며 상품 관련 정보를 제공하고 설득하여 판매활동을 종결한다.

② 소비자의 질문이나 요구에 대하여 즉각적인 피드백이 가능하다.

③ 소비자마다 다르게 요구하는 사항들을 충족시키기 위해 필요한 방법을 신속하게 제시할 수 있다.

④ 다른 촉진활동에 비해 더 효과적으로 소비자반응을 유도해 낼 수 있다.

⑤ 백화점의 판매원과 같은 주문창출자와 보험판매원과 같은 주문수주자의 두 가지 유형으로 구분된다.

58 고가격 전략을 수립할 수 있는 경우로서 옳지 않은 것은?

① 최신의 특정상품을 세심한 고객응대를 통해 판매하는 전문점

② 고객의 요구에 맞춘 1 : 1 고객서비스에 중점을 두는 소매점

③ 품위 있는 점포분위기와 명성을 중요시하는 고객을 타겟으로 하는 소매점

④ 고객 맞춤형 점포입지를 확보하고 맞춤형 영업시간을 운영하는 소매점

⑤ 물적 유통비용의 절감을 통해 규모의 경제를 실현하고자 하는 소매점

59 소매수명주기 중 판매증가율과 이익수준이 모두 높은 단계에 수행해야 하는 소매업자의 전략으로 옳은 것은?

① 성장유지를 위한 높은 투자

② 특정 세분시장에 대한 선별적 투자

③ 소매개념을 정립 및 정착시키는 전략

④ 소매개념을 수정하여 새로운 시장에 진출하는 전략

⑤ 자본지출을 최소화하는 탈출전략

60 소셜미디어 마케팅의 장점으로 옳은 것은?

① 소셜미디어는 표적화 되어 있고 인적(personal)인 속성이 강하다.

② 소셜미디어 캠페인의 성과는 측정이 용이하다.

③ 마케터의 메시지 통제 정도가 강하다.

④ 기업과 제품에 대한 정보를 푸시를 통해 적극적으로 제공한다.

⑤ 소셜미디어 캠페인은 실행이 단순하고 역효과가 없다.

61 상품의 판매동향을 탐지하거나 상품개발, 수요예측 등을 위하여 실험적으로 운영되는 점포들로 짝지어진 것은?

① 플래그숍, 안테나숍

② 테넌트숍, 파일럿숍

③ 마크넷숍, 플래그숍

④ 파일럿숍, 안테나숍

⑤ 센싱숍, 마그넷숍

62 아래 글상자가 설명하고 있는 용어는?

> 각 제품대안들에 대한 선호순위의 분석을 통해 선호도예측, 시장점유율예측이 가능한 분석기법

① 컨조인트분석　　　　　　　② 다차원적 척도법
③ 군집분석　　　　　　　　　④ 비율분석
⑤ 회귀분석

63 마케팅 믹스전략에 대한 설명으로 가장 옳지 않은 것은?

① 소매상의 상품전략은 표적시장의 욕구를 충족시키기 위해 상품믹스를 개발하고 관리하는 것이다.
② 대형 유통업체의 PB(Private Brand) 출시는 상품전략 중에서 상표전략에 속한다.
③ 가격전략에서 특정 소매상이 시장점유율을 증대시키고자 한다면 고가격전략을, 이익 증대가 목표라면 저가격전략을 수립한다.
④ 촉진이란 소비자가 특정 소매상이나 상품을 인지하고 구매하도록 유도하는 활동을 말한다.
⑤ 광고와 인적판매, 판촉, 홍보는 대표적인 촉진 방법이다.

64 셀프서비스 매장의 구성 및 설계에 대한 설명으로 가장 옳지 않은 것은?

① 상품은 개방진열을 하는 것이 좋다.
② 상품의 앞면(face)을 고객이 볼 수 있도록 배열한다.
③ 브랜드, 제조자, 가격 등의 정보가 상품 포장에 표시되어야 한다.
④ 고객이 판매직원을 쉽게 찾을 수 있고 자유롭게 도움을 요청할 수 있도록 해야 한다.
⑤ 고객이 편리하게 상품을 이동할 수 있는 쇼핑카트나 바구니가 비치되어 있어야 한다.

65 표본추출 유형에 대한 설명으로 옳지 않은 것은?

① 단순무작위표본추출법에서는 모집단의 모든 원소가 알려져 있고 선택될 확률이 똑같다.
② 층화표본추출방법은 모집단이 상호 배타적인 집단으로 나누어지며, 각 집단에서 무작위표본이 도출되는 방식이다.
③ 편의표본추출방식은 조사자가 가장 얻기 쉬운 모집단 원소를 선정하는 방식이다.
④ 판단표본추출방식은 조사자가 모집단을 상호 배타적인 몇 개의 집단으로 나누고 그 중에서 무작위로 추출하는 방식이다.
⑤ 할당표본추출방식은 몇 개의 범주 각각에서 사전에 결정된 수만큼의 표본을 추출하는 방식이다.

66 아래 글상자에서 설명하는 이것은?

> **이것**은 점포의 판매공간에서 고객의 시선으로 확인할 수 있는 상품의 가로 진열수량과 진열위치를 정하는 것을 의미하며, 각 부문 안에서 어떻게 품목별로 진열 스페이스를 할당할 것인가를 정하는 것을 뜻한다.

① 조닝(zoning)
② 페이싱(facing)
③ 브레이크업(break up)
④ 블랙룸(black room)
⑤ 랙(rack)

67 아래 글상자 (가)와 (나)에 들어갈 용어가 순서대로 바르게 나열된 것은?

> 상품수명주기이론의 (가) 단계에서는 시장수요가 증가함에 따라 시장 커버리지를 확대하고 이용가능성을 높이기 위해 개방 경로 정책을 수립해야 하며, (나) 단계에서는 판매가 안정되고 경쟁이 심화되기 때문에 새로운 시장을 찾거나, 그 상품에 대한 새로운 용도를 개발하거나 사용빈도를 제고하기 위한 다양한 노력을 기울여야 한다.

① (가) 도입기, (나) 쇠퇴기
② (가) 도입기, (나) 성숙기
③ (가) 성장기, (나) 성숙기
④ (가) 성장기, (나) 쇠퇴기
⑤ (가) 성숙기, (나) 쇠퇴기

68 상품기획 또는 상품화계획 등으로 불리는 머천다이징(merchandising)과 관련된 설명으로 옳지 않은 것은?

① 머천다이징의 성과를 평가하는 대표적 지표인 재고총이익률(GMROI)은 평균재고자산 대비 총마진을 의미한다.
② Merchandiser(MD)는 해당 카테고리에 소속되어 있는 소분류, 세분류, SKU(Stock Keeping Unit) 등을 관리한다.
③ SKU는 가장 말단의 상품분류단위로 상품에 대한 추적과 관리가 용이하도록 사용하는 식별관리 코드를 의미한다.
④ SKU는 문자와 숫자 등의 기호로 표기되며 구매자나 판매자는 이 코드를 이용하여 특정한 상품을 지정할 수 있다.
⑤ 일반적으로 SKU는 상품의 바코드에 표기되는 상품단위와 동일한 개념으로 사용되며 보통 유통업체에 의해 정해진다.

69 아래 글상자에서 설명된 진열방법으로 옳은 것은?

> 가. 연관되는 상품을 하나의 세트로 진열하는 방식
> 나. 고객이 상품을 자유롭게 선택할 수 있도록 진열하는 방식
> 다. 상품 계열에 속한 상품들을 분류하여 진열하는 방식으로 특히 슈퍼마켓이나 대형마트에서 주로 사용
> 라. 고객층의 상품에 대한 관심과 태도 등을 반영하여 진열하는 방식
> 마. 계절별, 행사별, 상품별로 적합한 콘셉트를 만들어 부문별로 진열하는 방식

① 가 – 조정형 진열(coordinated display)

② 나 – 라이프 스타일형 진열(life-style display)

③ 다 – 개방형 진열(open display)

④ 라 – 주제별형 진열(theme display)

⑤ 마 – 임의적 분류 진열(classification display)

70 유통경로에 참여하는 구성원 간의 관계에서 작용하는 경로파워의 원천을 구분하여 설명할 때, (가)와 (나)에 들어갈 용어가 순서대로 옳게 나열된 것은?

> (가) 마진폭의 인하, 밀어내기, 끼워팔기
> (나) 판매지원, 시장정보, 특별할인, 리베이트

① 보상적 파워, 준거적 파워   ② 강압적 파워, 보상적 파워

③ 합법적 파워, 강압적 파워   ④ 준거적 파워, 전문적 파워

⑤ 전문적 파워, 합법적 파워

 제 **4** 과목   **유통정보**

71 디지털 경제시대에 나타나는 특징으로 가장 옳지 않은 것은?

① 생산량을 증가시킴에 따라 필요한 생산요소의 투입량이 점점 적어지는 현상이 나타난다.

② 투입되는 생산요소가 늘어나면 늘어날수록 산출량이 기하급수적으로 증가하는 현상이 나타난다.

③ 시장에 먼저 진출하여 상당규모의 고객을 먼저 확보한 선두기업이 시장을 지배할 가능성이 높아진다.

④ 생산요소의 투입량을 증가시킬 때 그 생산요소의 추가적인 한 단위의 투입이 발생시키는 추가적인 산출량의 크기가 점점 감소되는 현상이 나타난다.

⑤ 생산량이 많아질수록 한계비용이 급감하여 지속적인 성장이 가능해 진다.

72 지식변환이 일어나는 과정의 사례 중 지식변환 형태가 다른 것은?

① 공급자와 고객이 함께 직접 체험함으로써 나름의 정보를 모으는 프로세스

② 판매현장이나 제조현장에서 대화나 관찰을 통해 정보를 모으는 프로세스

③ 스스로 쌓은 경험을 자기 머리 속에 체계적으로 저장하는 프로세스

④ 자기 생각이나 신념 지식을 말이나 글로 표현하지 않고, 행동하는 것으로 보여줌으로써 동료나 부하가 나름 체득화하여 공유하는 프로세스

⑤ 아직 말이나 글로 표현되지 않은 자기의 생각, 사고, 이미지, 노하우 등을 글이나 그림과 같은 형태로 변환하여 보여주는 프로세스

73 전자상거래 보안과 관련한 주요 관점 중 아래 글상자의 (   ) 안에 들어갈 내용을 순서대로 올바르게 나열한 것은?

(가)은/는 인터넷을 이용해 전송되거나 수신되어, 웹에 표시된 정보가 승인되지 않은 다른 사람에 의해 변형이 없음을 보장하는 것이다.
(나)은/는 메시지나 정보가 볼 수 있는 권한이 있는 사람에게만 보이게 하는 것이다.

① 가 : 인증, 나 : 프라이버시

② 가 : 가용성, 나 : 기밀성

③ 가 : 부인방지, 나 : 인증

④ 가 : 무결성, 나 : 기밀성

⑤ 가 : 가용성, 나 : 프라이버시

74 데이터웨어하우스의 특징으로 가장 옳지 않은 것은?

① 주제별로 정리된 데이터베이스

② 다양한 데이터 원천으로부터의 데이터 통합

③ 과거부터 현재에 이르기까지 시계열 데이터

④ 필요에 따라 특정 시점을 기준으로 처리해 놓은 데이터

⑤ 실시간 거래처리가 반영된 최신 데이터

75 글상자의 (   ) 안에 들어갈 용어로 옳은 것은?

> 제약조건이론(TOC) 중 (   )은/는 전체 공정의 종속성과 변동성을 관리하는 기법으로 전체 공정 중 가장 약한 것을 찾아 능력제약자원으로 두고, 이 부분이 최대한 100% 가동할 수 있도록 공정 속도를 조절하여 흐름을 관리하는 기법이다.

① DBR
② JIT
③ QR
④ 6sigma
⑤ ECR

76 기업이 전략정보시스템을 통해 경쟁우위를 차지할 수 있는 정보시스템의 전략적 역할에 대한 설명으로 가장 옳지 않은 것은?

① 신규 업체가 시장에 진입하지 못하도록 진입장벽을 구축해 준다.
② 기업이 공급자와의 네트워크 연결을 통해 공급자의 교섭력을 강화시켜 준다.
③ 구매자에게 차별적인 서비스를 제공하여 업무의존도를 높게 한다.
④ 기업과 구매자 사이의 관계에 전환비용이 발생하도록 만들어준다.
⑤ 내부시스템을 통해서 업무효율성을 높일 수 있다.

77 유통 분야의 RFID 도입효과로 가장 옳지 않은 것은?

① 검수 정확도가 향상된다.
② 효과적인 재고관리가 가능하다.
③ 입 · 출고 리드타임이 늘어난다.
④ 도난 등 상품 손실비용이 절감된다.
⑤ 반품 및 불량품을 추적하고 조회할 수 있다.

78 CAO(Computer Assistant Ordering)를 성공적으로 운영하기 위해서 필요한 조건으로 가장 옳지 않은 것은?

① 유통업체와 제조업체가 규격화된 표준문서를 사용하여야 한다.
② 유통업체와 제조업체 간 데이터베이스가 다를 때도 EDI와 같은 통합 소프트웨어를 통한 데이터베이스의 변환은 요구되지 않는다.
③ 유통업체와 제조업체 간 컴퓨터 소프트웨어나 하드웨어 간 호환성이 결여될 때는 EDI문서를 표준화해야 한다.
④ 제조업체는 유통업체의 구매관리, 상품 정보를 참조하여 상품 보충계획 수립을 파악하고 있어야 한다.
⑤ 유통업체는 제품의 생산과 관련된 정보, 물류관리, 판매 및 재고관리 수준을 파악하고 있어야 한다.

79 바코드와 관련된 설명으로 가장 옳지 않은 것은?

① 국내에서 사용되는 표준형 KAN코드는 13자리로 바와 스페이스로 구성되어 있다.

② 국가식별, 상품품목, 제조업체, 체크디지트 순서로 구성되어 있다.

③ 효과적인 사용을 위해서는 코드번호에 따른 상품정보 등을 미리 등록해 둔다.

④ 주로 제조업자나 중간상에 의해 부착된다.

⑤ 생산시점에 바코드를 인쇄하는 것을 소스마킹이라고 한다.

80 커뮤니케이션 측면에서 볼 때, 데이터 시각화의 특성에 대한 설명으로 가장 옳지 않은 것은?

① 정보 전달에 있어서 문자보다 이해도가 높다.

② 데이터 이면에 감춰진 의미는 찾아내지 못한다.

③ 많은 데이터를 동시에 차별적으로 보여줄 수 있다.

④ 눈에 보이지 않는 구조나 원리를 시각화함으로써 이해하기 쉽다.

⑤ 인간의 정보 처리 능력을 확장시켜 정보를 직관적으로 이해할 수 있게 한다.

81 SCOR모델의 성과측정요소에 대한 설명으로 가장 옳지 않은 것은?

① 성과측정 항목 중 대표적인 비용은 공급사슬관리비용, 상품판매비용 등이다.

② 내부적 관점은 고객의 측면, 외부적 관점은 기업측면에서의 성과측정 항목을 지칭한다.

③ 외부적 관점의 성과측정 항목으로는 유연성, 반응성, 신뢰성 등이 있다.

④ 공급사슬의 반응시간, 생산 유연성 등은 외부적 관점 중 유연성 측정항목의 요소이다.

⑤ 공급재고 일수, 현금순환 사이클 타임, 자산 회전 등은 자산에 대한 성과측정 항목의 요소이다.

82 컴퓨터를 바이러스로부터 보호하기 위한 방법으로 가장 옳지 않은 것은?

① 방화벽 사용하기

② 윈도우 업데이트 하기

③ 브라우저에서 팝업 차단하기

④ 바이러스 백신 소프트웨어 설치하기

⑤ 인터넷 캐시 및 검색 기록 저장하기

83 기업에서 지식경영을 활성화하기 위해 학습조직을 구축할 때 구비조건으로 가장 옳지 않은 것은?

① 학습 결과에 대한 측정이 가능해야 한다.

② 자신의 업무와 지식관리는 별도로 수행되어야 한다.

③ 아이디어 교환을 자극할 수 있도록 조직 내의 장벽을 없애야 한다.

④ 학습 목표를 명확히 하고 학습포럼 등의 프로그램이 활성화되도록 지원해야 한다.

⑤ 자율적인 환경을 만들어 창의력을 개발하고 학습에 도움이 되는 환경을 조성해야 한다.

84 e-CRM을 기업에서 성공적으로 도입하기 위해 필요한 발전 전략으로 가장 적합하지 않은 것은?

① 다양한 커뮤니케이션 수단을 활용하여 고객 접촉경로의 다양화가 필요하다.

② 소비자의 트렌드를 분석하기보다는 소비자의 유행을 따라가는 서비스를 구사하여야 한다.

③ 고객의 입장에서 꼭 필요한 콘텐츠 구성이 필요하다.

④ 개인의 특성에 맞게 맞춤 서비스로 타사와의 차별화전략이 필요하다.

⑤ 커뮤니티, 오락 등 콘텐츠의 다양화를 통한 활성화전략이 필요하다.

85 e-비즈니스의 특징으로 가장 적합하지 않은 것은?

① 생산자 파워의 증대를 들 수 있다.

② e-비즈니스는 인터넷을 기반으로 한다.

③ 정보 공개를 통한 오픈 경영이 실시된다.

④ 고객 데이터베이스를 기반으로 한 고객 맞춤 서비스가 가능해 진다.

⑤ 모든 업무환경이 인터넷을 통해 이루어지므로 업무통합현상이 나타난다.

86 괄호 안에 들어갈 알맞은 단어를 가장 적절하게 나열한 것은?

> • 사용자가 특정한 목적을 달성하기 위해 수집하여 분석한 사실은 (가)라/이라 구분할 수 있다.
> • 사용자에게 특정한 목적이 부여되지 않은 사실이거나, 가공되지 않은 사실은 (나)라고/이라 구분할 수 있다.
> • (다)은/는 정황적이고 어떤 행위를 가능하게 하는 실천적인 (가)로/으로 주어진 상황에 대한 많은 경험과 깊은 사려에 기반을 두고 있다.

① 가 : 자료, 나 : 정보, 다 : 시스템　　　② 가 : 자료, 나 : 정보, 다 : 지식

③ 가 : 정보, 나 : 자료, 다 : 지식　　　　④ 가 : 정보, 나 : 지식, 다 : 자료

⑤ 가 : 지식, 나 : 자료, 다 : 정보

87 사물인터넷(IoT) 시대의 특징을 인터넷 시대 및 모바일시대와 비교하여 설명한 것으로 가장 거리가 먼 것은?

① IoT 시대는 사람과 사람, 사람과 사물, 사물과 사물 간으로 연결범위가 확대되었다.

② 정보가 제공되는 서비스방식이 정보를 끌어당기는 풀(pull)방식에서 푸시(push)방식으로 전환되었다.

③ 정보 제공 방식이 '24시간 서비스(Always-on)' 시대에서 '온디맨드(On-demand)' 방식으로 전환되었다.

④ IoT 시대에서는 단순히 원하는 정보를 얻는 데 그치는 것이 아니라, 정보를 조합해 필요한 지혜를 제공해 준다.

⑤ 정보를 얻는 방식이 내가 원하는 무언가를 내가 찾는 것이 아니라, 내가 원하는 무언가를 주변에 있는 것들이 알아서 찾아주는 것이다.

88 디지털(digital) 기술의 특성으로 가장 올바르지 않은 것은?

① 빛과 같은 속도로 이동하면서 정보를 전달할 수 있는 광속성

② 반복해서 사용해도 정보가 줄어들거나 질이 떨어지지 않는 무한 반복 재현성

③ 정보를 다양한 형태로 가공하고 확대 재생산할 수 있는 용이성

④ 송·수신자가 동시에 서로 정보를 주고받을 수 있는 쌍방향성

⑤ 메트칼프(Metcalfe)의 법칙이 적용되는 수확체감의 법칙성

89 빅데이터 분석 특성에 대한 설명으로 가장 적합하지 않은 것은?

① 정보기술의 발전으로 실시간으로 다량의 데이터를 수집할 수 있다.

② 빅데이터 분석은 정형 데이터 분석은 가능하지만, 비정형 데이터에 대한 분석은 불가능하다.

③ 빅데이터는 거대한 규모의 디지털 정보량을 확보하고 있다.

④ 빅데이터 분석은 새로운 가치를 창출하기 위한 정보를 제공해 준다.

⑤ 시계열적 특성을 갖고 있는 빅데이터는 추세 분석이 가능하다.

90 쿠키(cookie)로부터 파악할 수 있는 정보가 아닌 것은?

① 회원정보

② 사용한 컴퓨터 서버

③ 사용한 컴퓨터 사양

④ 서치(search) 정보

⑤ 상품 구매정보

■ 제1과목 유통 · 물류일반관리
■ 제2과목 상권분석
■ 제3과목 유통마케팅
■ 제4과목 유통정보

제 2 회 최종모의고사

형 별	A형	제한시간	100분	수험번호	성 명

※ 5개의 답항 중 가장 알맞은 1개의 답항을 고르시오.

제 1 과목 유통 · 물류일반관리

01 유통의 기능 중 장소적 기능과 관련이 있는 설명은?

① 현대와 같이 기술적 분업이 발달한 사회에서는 일반적으로 재화의 생산과 소비가 인격적으로 상이하므로 재화를 생산자로부터 소비자에게 사회적으로 유통시켜, 이전시키는 기능이다.

② 현대의 경제사회에서 매매는 상품을 인격적으로 이전시키기 위한 기본적 유통기능이고, 상품과 화폐의 교환에 의해 이전된다.

③ 대부분의 상품들은 대량 생산되고 있지만 소비단위는 소량으로 이루어지고 있기 때문에 생산과 소비의 수량이 일치하지 않는 것을 수집과 분산을 통하여 통일하는 기능이다.

④ 현대 사회의 경제가 발달하면 할수록 상품 및 재화의 생산과 소비 사이의 공간적 · 장소적 불일치는 점점 확대되는데, 이것을 극복하고 사회적 유통을 조성하는 기능을 말한다.

⑤ 상품의 생산시점에서 소비시점까지 저장함으로써 상품의 효용가치를 창조하는 기능이다.

02 QR(Quick Response)시스템에 대한 내용으로 옳지 않은 것은?

① SCM보다는 주로 CRM과 연계되어 있다.

② EAN, POS, EDI 등의 정보기술을 활용한다.

③ 섬유, 의류산업에서 활용되고 있다.

④ 생산업체와 유통업체의 유기적인 상호협력이 필요하다.

⑤ 제품 공급사슬 상의 효율성 극대화 및 소비자 만족 극대화를 위한 것이다.

03 최근 유통업계에서는 업종의 개념보다는 '업태개념'에 입각한 유통업의 분류가 점차 중시되고 있다. 업태개념에 따라 유통업의 분류가 중요하게 인식되는 이유나 배경으로 가장 거리가 먼 것은?

① 점포가 취급하는 상품의 물리적 특성을 강조하여 판매하는 방식에서 탈피하여 소비자의 편익이나 가치를 중시하는 경영방식이 기업의 성과에 있어 중요한 영향을 미친다는 인식이 확산되고 있기 때문이다.

② 소비자 욕구의 다양화로 이에 대응하고자 하는 유통기업이 상품의 판매방법, 가격 그리고 제공하는 서비스 등을 다른 기업과 차별화하고자 하는 경향이 증가하고 있기 때문이다.

③ 유통기업은 다양한 상품을 취급하기보다 자신의 지위나 영향력을 높이고 상품의 차별화 및 구매에서 규모의 경제를 통한 이익을 추구하기 위해 특정 상품에 집중하는 경향이 강하기 때문이다.

④ 최근 소매기업은 제조업자의 판매 대리기관으로서의 역할을 수행하기 보다는 독자적이고 모험적으로 사업을 전개하고자 하는 성향이 강해지고 있기 때문이다.

⑤ 디파트먼트 스토어란 업태는 '커다란 건물에서 중간 계층이상 고객에게 패션성 있는 상품이나 그레이드가 높은 내셔널 브랜드 상품을 중심으로 다양하게 부문별로 구분한 매장에서 집중 판매하는 소매점', 컨비니언스 스토어는 '젊은 층이 주고객이며 근린지역에서 필수품을 중심으로 한정적이긴 하나 상품구성을 폭넓게 하여 장소와 시간의 편의성이라는 고객 니즈를 충족하는 소규모 소매점'이라고 정의할 수 있다

04 우리 회사는 신제품을 개발하여 시장에 출시하였다. 시장 조사 결과 올해에 개당 1,000원에 55,000개가 판매될 것으로 예상되었다. 이 경우, 변동비율이 40%이고, 고정비가 30,000,000원이라면 손익분기점에서의 판매수량은 얼마인가?

① 55,000개
② 65,000개
③ 37,000개
④ 50,000개
⑤ 75,000개

05 박스 안에서 설명하고 있는 수직적 유통시스템(VMS)은?

> 동일자본이거나 공식적이고 명문화된 계약 배경이 없어도, 점유율이 높거나 판매망이 넓은 제조업자나 유통업자가 경로 리더가 되거나 경로구성원을 지원하는 형태

① 기업형 VMS
② 리더형 VMS
③ 자유형 VMS
④ 계약형 VMS
⑤ 관리형 VMS

06 다음의 자재소요계획(MRP)에 대한 설명 중 가장 옳지 않은 것은?

① 일정생산계획을 근거로 필요자재의 양과 필요시점을 산정한다.

② 경제적 주문량과 주문점 산정을 기초로 하는 전통적인 재고통제기법의 약점을 보완하기 위해 개발된 것이다.

③ 재고자산이 독립수요(Independent Demand)의 성격을 지니고 있다는 점을 많이 이용하고 있다.

④ 자재소요계획(MRP)을 활용함으로써 작업장에 안정적이고 정확하게 작업을 부과할 수 있다.

⑤ 기초재고와 기말필요재고량을 감안하여 소요자재량을 조정한다.

07 제조기업이 선택할 수 있는 유통집중도의 유형에는 집중적 유통, 선택적 유통, 전속적 유통이 있다. 다음 중 제조기업이 자사의 제품을 유통시키기 위해 집중적 유통을 채택하는 이유와 가장 밀접한 것은?

① 고객들이 자주 구매하며 구매시 최소의 노력을 필요로 하는 경우

② 고객들이 제품 구매시 고도의 관여를 필요로 하는 경우

③ 제조기업이 유통경로 구성원에 대한 고도의 통제가 필요한 경우

④ 타사 상표들과 효과적인 경쟁이 필요한 경우

⑤ 고가품과 같이 고객이 추구하는 정보가 많은 제품인 경우

08 다음 중 유통기업의 본원적 경쟁전략에 대한 설명으로 가장 옳지 않은 것은?

① 본원적 경쟁전략은 경쟁우위와 경쟁영역이라는 두 가지 축으로서 세 가지 본원적 경쟁전략을 구분한다.

② 차별화 전략은 경쟁기업보다 차별화된 재화나 서비스를 소비자에게 제공하는 것이 중요한 목표이다.

③ 마이클 포터(M. Porter)는 원가우위와 차별화 우위를 동시에 추구하는 전략은 '중간에 걸치는 전략(Struck in the Middle)'이므로 잘못된 전략이라고 보았다.

④ 원가우위의 전략은 경쟁기업보다 더 낮은 원가로 재화나 서비스를 소비자에게 제공하는 것이 중요한 목표이다.

⑤ 집중화 전략은 시장의 크기나 사업의 영역에 관계없이 원가우위 전략이나 차별화 전략 중에서 시장점유율을 높일 수 있는 전략을 선택하여 집중해야 한다는 것이다.

09 다음 중 유통점의 성과에 관한 설명으로 가장 적합한 것은?

① 소매상의 재무적 능력은 상품의 수익률(Margin)과 상품의 회전율(Turn Over)을 기반으로 결정된다.

② 일반적으로 상품의 회전율과 상품의 수익률은 상충관계를 갖는다.

③ 상품의 저수익률-고회전율 전략은 비교적 밀집된 상권에 위치하고 비교적 복잡한 구조적 특징을 지닌다.

④ 상품의 고수익률-저회전율 전략은 비교적 분리된 상권에 위치하고 비교적 단순한 구조적 특징을 지닌다.

⑤ 상품의 수익률은 제품의 판매가능성에 의해 결정된다.

10 **전략적 제휴에 대한 다음 내용 중 가장 옳지 않은 것은?**

① 기업의 경쟁관계 또는 상호 무관한 2개 이상의 기업들이 특정사업 또는 기능별 활동부문에서 상호 간의 경쟁우위를 확보하기 위해 일정 기간 동안 지속적으로 협력하는 것을 말한다.

② 규모의 경제성 추구, 위험 및 투자비용의 분산, 경쟁우위 자산의 보완적 공유, 기술획득, 시장의 신규진입과 확대, 과다한 경쟁방지 등이 전략적 제휴의 동기이다.

③ 기업 간 합병형태나 독립기업 간의 외부거래보다 필요로 하는 기술이나 능력을 얻는데 효과적이고 저렴하며 목적달성 후에도 철수가 비교적 용이하다.

④ 협력관계를 맺은 기업과의 공동연구개발, 기술라이센싱, 공동마케팅, 공동판매, 장기조달계약, 산업표준의 확립 등은 지분협정에 의한 전략적 제휴 유형이다.

⑤ 수행과정에서 전략적 목표의 불일치와 기업 간의 문화적인 차이, 갈등심화 등으로 전략적 제휴가 실패할 수 있다.

11 **소매환경의 변화에 따라 다양한 소매업태들이 생성·소멸되었는데, 이러한 소매업태별 변천과정을 설명하는 이론으로 옳지 않은 것은?**

① 소매업 수레바퀴설은 최초 저가격, 저마진 형태의 점포운영방법으로 시장에 진입한 이후 경쟁을 위해 점차 고가격, 고마진 형태의 점포운영방법으로 변화하면서 다른 업체의 저가격, 저마진 형태의 시장진출을 용이하게 하는 현상을 말한다.

② 소매수명주기 이론은 새로운 소매형태가 시장에 도입된 이후에 시간이 흘러감에 따라 제품수명주기와 같은 도입기, 성장기, 성숙기, 쇠퇴기를 거치는 현상을 설명하는 것이다.

③ 적응행동이론은 소비자가 원하는 환경에 적응하는 소매상만 살아남는다는 이론이다.

④ 변증법적 과정이론은 두 개의 서로 다른 경쟁적인 소매업태가 하나의 새로운 소매업태로 합쳐지는 소매업태 혁신의 합성이론을 의미한다.

⑤ 소매 아코디언 이론은 소매상이 시간이 흘러감에 따라 도매상과 대형물류업종 등의 형태로 변화했다가 다시 소매상의 형태로 변화하는 현상을 설명하고 있다.

12 **기업이 물류 등을 아웃소싱하는 이유로 가장 옳지 않은 것은?**

① 고정비용을 줄여서 유연성을 획득할 수 있다.

② 규모의 경제 효과를 누릴 수 있다.

③ 혁신적인 기술의 혜택을 볼 수 있다.

④ 제품의 원산지 효과를 누릴 수 있다.

⑤ 분업의 원리를 통해 이득을 얻을 수 있다.

13 다음 중 슈퍼마켓의 경영 기술 혁신의 요인을 모두 고르면?

> ㉠ 고가격 정책 ㉡ 셀프서비스 방식
> ㉢ 판매의 분산 ㉣ 관리의 분산
> ㉤ 저마진

① ㉠, ㉢, ㉣ ② ㉡, ㉢, ㉣
③ ㉠, ㉡, ㉢ ④ ㉡, ㉣, ㉤
⑤ ㉡, ㉢, ㉤

14 경로구조는 할당된 유통기능들을 담당하는 경로구성원들의 집합으로 정의된다. 다음 중 경로구조에 관한 설명으로 가장 거리가 먼 것은?

① 고객들의 유통서비스 요구가 세련되고 복잡할수록 유통경로가 길어진다.

② 전문품, 고가품일수록 집약적 유통(Intensive Distribution)을 선택하는 것이 더욱 바람직하다.

③ 시장포괄범위가 커질수록 개개중간상의 역할은 축소된다.

④ 유통단계를 축소하더라도 해당 경로구성원이 수행하는 경로기능 자체가 없어지지는 않는다.

⑤ 어떠한 유통경로를 선택하느냐에 따라 중간상의 개수, 유통비용, 관리 등이 달라지므로 목표에 맞는 효율적인 유통경로 정책을 세워야 한다.

15 다음은 기업 물류비에 대한 설명이다. 옳지 않은 것은?

① 많은 기업에 있어 물류비 산정이 대체로 각 기업의 독자적인 방식으로 이루어지고 있는 실정이다.

② 조달 물류비보다 판매 물류비의 비중이 증가하는 경향이다.

③ 위탁 물류비보다 자가 물류비의 비중이 증가하는 경향이다.

④ 정보비는 다른 물류비와 상반 관계에 있다.

⑤ 조달물류비란 물자의 조달처로부터 운송되어 매입자의 보관창고에 입고, 관리되어 생산공정에 투입되기 직전까지의 물류 활동에 따른 물류비를 말한다.

16 다음 유통기구에 대한 설명 중 가장 옳지 않은 것은?

① 유통 단계의 구조는 유통경로 상에 개재하고 있는 각 개별주체의 수에 따른 차원이다.

② 유통기구의 구성요소인 개별주체가 재화의 유통을 위해 수행하는 활동이 바로 유통기능이다.

③ 수집기구는 분산적인 소규모·소량생산이 이루어지는 경우에 더욱 발달하게 되는 조직이라 할 수 있다.

④ 분산기구는 수집기구를 통해 모아지고 중개기구를 통해 대량화된 상품들이 소비자들에게 분산되어 가는 유통기구라 할 수 있다.

⑤ 보관기구는 수집된 상품이 분산되기 전에 거치는 유통기구를 말한다.

17 소매상과 비교할 때 도매상의 특징으로 가장 적합한 것은?

① 고객반응의 즉시성　　　　　　② 입지의 중요성

③ 경로의 다양성　　　　　　　　④ 충동구매성

⑤ 지리적 분산

18 다음은 무점포유통업의 도입 및 성장에 중요하게 작용한 요인들에 대한 설명이다. 올바르지 않은 것은?

① 상품구매에 있어서 소비자에게 발생하는 공간적인 제약을 무점포유통업이 점포유통업보다 더욱 잘 해결해 줄 수 있다.

② 상품구매에 있어서 소비자에게 발생하는 시간적인 제약을 무점포유통업이 점포유통업보다 더욱 잘 해결해 줄 수 있다.

③ 정보통신기술의 발달 및 기술의 활용이 무점포유통업의 도입 및 성장에 중요한 역할을 하고 있다.

④ 점포소매업에 비해 무점포소매업이 소비자에게 보다 나은 상품체험공간을 제공해 주고 있다.

⑤ 고객의 요구 다양화 및 구매 패턴의 변화를 무점포소매업이 더욱 부응할 수 있다.

19 소매기관의 발전과정을 설명하기 위한 변증법적 과정이론에 대한 내용으로 가장 거리가 먼 것은?

① 백화점이 '정(正)'이라면 할인점은 '반(反)'이 되고 할인백화점은 '합(合)'이 된다.

② 백화점은 고가격, 고마진, 고서비스, 저회전율 등의 장점을 가지고 있다고 본다.

③ 할인점은 저가격, 저마진, 저서비스, 고회전율 등의 반대적 장점을 가진다고 본다.

④ 할인백화점은 전문점에 비해 저마진, 저서비스 수준을 갖고 상대적으로 상품의 다양성을 지닌다고 본다.

⑤ 제품구색이 넓은 소매업태에서 전문화된 좁은 제품구색의 소매업태로 변화되었다가 다시 넓은 제품구색의 소매업태로 변화되어 간다.

20 기업이 다각화 전략을 추진하는 이유에 대한 설명으로 가장 옳지 않은 것은?

① 보유한 능력과 자원을 새로운 업태 혹은 다른 업종의 사업에 투자함으로써 기존의 자원과 능력을 확장 또는 발전시킬 수 있기 때문이다.

② 동일 기업 내의 여러 사업체가 공동으로 활용하거나 축적된 경영노하우 및 관리시스템 등의 기능을 서로 보완하여 활용하는 경우 상승효과가 발생한다.

③ 개별 사업부문의 경기순환에서 오는 위험을 분산시킬 수 있는 수단이 되며, 이는 주주의 이익 극대화를 위한 위험분산 효과를 주기 때문이다.

④ 기술 또는 브랜드와 같은 많은 무형의 경영자원을 확보하고 있는 경우, 이를 활용할 수 있는 관련 사업으로 다각화를 하는 것이 범위의 경제성을 활용하여 수익률을 증대시킬 수 있기 때문이다.

⑤ 복합기업화가 이루어지면 시장지배력 증가에 도움이 되며, 다양한 사업 분야에 진출함으로써 기업 경영상의 유연성 제고와 사업의 포트폴리오를 추구할 수 있기 때문이다.

21 다음 중 직송도매상에 대한 설명에 해당하는 것은?

① 도매상은 제품에 대한 소유권을 가지기는 하지만, 물적 흐름에 대해서는 관여하지 않는다. 이들은 소매상과 접촉하여 계약을 체결하고, 제품은 공급자 또는 생산자가 직접 소매상에 선적하게 한다.

② 도매상은 소매상에게 직접 제품을 수송하며 거래하는 도매상으로 특정지역을 순회하면서 소매상과 거래하게 되는데, 대체로 과일이나 야채와 같이 부패하기 쉬운 제품 또는 일부 담배, 제과류, 잡화 등을 소규모로 공급한다.

③ 도매상은 소매상들의 주요 취급제품이나 매출비중이 높지 않은 제품을 공급하는데, 이들 제품들은 상대적으로 이윤이 낮지만 회전이 빠르다는 특징을 갖는다.

④ 현금거래 및 구매자가 직접적으로 운송해 가는 것을 원칙으로 하는 도매상이다.

⑤ 원재료를 반제품 형태로 전환하여 제조업체에 공급하는 도매상을 말한다.

22 직무분석은 특정직무의 내용과 성질을 체계적으로 조사·연구하여 조직에서의 인사관리에 필요한 직무정보를 제공하는 과정을 말한다. 직무분석의 방법에 관한 다음 설명 중에서 바르지 못한 것은?

① 직무분석자가 직무정보를 얻는 가장 좋은 방법은 그 자신이 직접 업무를 수행해 보는 경험법이다.

② 가장 보편적인 방법은 실제로 그 직무에 종사하는 사람의 직무수행상태 및 과정을 분석자가 관찰하여 정보를 수집·정리하는 관찰법이다.

③ 직무수행기간이 길어 관찰법을 사용할 수 없는 경우에는 직무담당자와의 대화를 통해 그로부터 직접 직무정보를 얻을 수 있는 면접법을 사용하면 편리하다.

④ 면접담당자가 필요 없고 시간과 노력이 많이 절약되며 해석상의 차이로 인한 오해가 발생할 우려가 가장 작은 것이 질문서 방법이다.

⑤ 직무활동을 과학적으로 파악하기 위하여 전문적·기술적인 방법을 사용하여 측정하는 것이 실험법이다.

23 자본예산에 관한 다음 설명 중 옳지 않은 것은?

① 기업의 투자의사결정은 반복적이고 일상적인 자본적 지출과 장기적 효과를 기대한 대단위의 일회성 지출인 경상적 지출로 분류될 수 없다.

② 자본예산은 1년 이상의 장기적 효과가 지속되는 자본적 지출에 대한 계획을 수립하는 활동이다.

③ 자본예산의 흐름은 먼저 투자목적을 설정하고 투자대안들을 분석하여 독립적, 상호배타적, 보완적, 종속적 투자안으로 분류한다. 그 다음 현금흐름을 추정하고 투자안의 경제성을 평가한 후 최적 투자안을 결정하여 수행하게 된다. 투자 후에는 재평가와 통제가 이루어진다.

④ 현금흐름을 추정할 때는 기회비용과 매몰비용, 대체 및 보완관계 등을 고려하여야 한다.

⑤ 장기성 자본투자를 결정하는 방법 중 순현가(NPV ; Net Present Value)법은 투자로 인하여 기대되는 미래의 현금유입을 현재가치로 환산하고 현금유출의 현재가치를 차감하여 투자결정을 하는 방법이다.

24 경영에서 수요예측관리에 대한 설명으로 옳지 않은 것은?

① 수요관리란 기업의 제품과 서비스에 대한 수요의 발생을 파악하고 수요를 예측하며, 그 기업이 그 수요를 어떻게 충족시킬 것인가를 결정하는 것이다.

② 기업의 제품과 서비스에 대한 수요의 양과 시기를 예측하고 수요예측이 이루어지면 수요를 충족시키기 위해 필요한 자원에 대한 예측을 실시한다.

③ 구매부품, 원자재, 기업의 설비, 기계, 노동력의 양과 시기를 예측한다.

④ 마케팅부서는 신제품 계획수립, 재무 · 회계부서는 예산수립과 비용통제, 생산부서에서는 공정선택, 생산능력계획, 설비배치, 생산계획, 재고관리 등의 단기적인 의사결정에 수요예측자료를 사용한다.

⑤ 정성적 수요예측기법에는 시계열 예측법, 이동평균법, 지수평활법 등이 있다.

25 전자문서 및 전자거래기본법상 전자거래사업자가 일반적으로 준수해야 할 사항으로 옳지 않은 것은?

① 상호(법인인 경우에는 대표자의 성명을 포함한다)와 그 밖에 자신에 관한 정보와 재화, 용역, 계약 조건 등에 관한 정확한 정보의 제공

② 소비자가 쉽게 접근 · 인지할 수 있도록 약관의 제공 및 보존

③ 소비자가 자신의 주문을 취소 또는 변경할 수 있는 절차의 마련

④ 청약의 철회, 계약의 해제 또는 해지, 교환, 반품 및 대금환급 등을 쉽게 할 수 있는 절차의 마련

⑤ 거래의 증명 등에 필요한 거래기록의 즉시 폐기를 통한 개인의 사생활 보호

26 소매 입지별 유형에 대한 설명으로 옳지 않은 것은?

① 도심입지의 경우 충분한 잠재고객과 동일업종군의 분포, 접근성 등을 감안하여 입지를 선정하는 것이 좋다.

② 산업별 입지의 경우 상업입지, 공업입지, 농업입지 등으로 나누어 입지를 결정하게 된다.

③ 노면 독립입지의 경우 경쟁업체가 많고 가시성도 낮을 뿐만 아니라 영업시간 등의 제한이 있어 고객 편의성을 높이기 어렵다.

④ 복합용도건축물은 다수의 용도를 수용할 수 있고, 물리적, 기능적 규합과 통일성 있는 개발이 필요하다.

⑤ 쇼핑센터는 도심 밖의 커뮤니티 시설로 계획되기도 하며, 우리나라에서는 번화한 상점가를 의미하기도 한다.

27 상권을 정의하는데 필요한 정보의 유형에 대한 설명 중 올바르지 않은 것은?

① 지역주민의 소득수준, 인구수 및 세대수, 주거형태, 연령별 인구수, 소비형태, 직업분포 등 배후지역을 분석하여야 한다.

② 고객스포팅은 점포나 쇼핑센터를 위해 고객의 거주지역을 파악하는 것으로 관련 자료는 데이터 웨어하우스를 통해 얻을 수 있다.

③ 고객들이 제시된 상권에서 얼마나 구매할 것인지에 대한 정보를 얻기 위해 잠재고객을 조사한 인구통계자료가 필요하다.

④ 점포의 편의성, 가시성, 접근성을 구성하는 여러 요인들을 분석하고 점포에 쉽게 이동할 수 있는 교통요인을 조사한다.

⑤ 소매포화지수(Index of Retail Saturation)는 각 시장 인구의 구매력을 결정하는 데 사용한다.

28 레일리(William J. Reilly)의 소매인력법칙(Law of Retail Gravitation)을 설명한 내용으로 가장 거리가 먼 것은?(단, A와 B는 두 경쟁도시 혹은 상업시설을 나타내며, 이들의 중간에 위치한 소도시 혹은 상업시설 C가 있다고 가정한다)

① 소비자의 특정 도시(상업시설)에 대한 효용(매력도)은 도시(상업시설규모)와 점포까지의 거리에 좌우되며, 특정 상업시설을 선택할 확률은 개별 상업시설들이 가지고 있는 효용(매력도)의 비교에 의해 결정된다.

② A, B도시(상업시설)가 끌어 들일 수 있는 상권범위는 해당 도시(상업시설)의 인구에 비례하고 도시(상업시설) 간의 거리의 제곱에 반비례한다.

③ 소매인력법칙은 개별점포의 상권파악보다는 이웃 도시(상업시설)들 간의 경계를 결정하는 데 주로 이용되는 이론이다.

④ 이론의 핵심내용은 두 경쟁도시 혹은 상업시설(A, B) 사이에 위치한 소도시 혹은 상업시설(C)로부터 A, B 도시(상업시설)가 끌어 들일 수 있는 상권범위, 즉 A와 B가 중간의 소도시(상업시설) C로부터 각각 자신에게 끌어 들이는 매출액을 규정하는 것이다.

⑤ 실제거리는 소비자가 생각하는 거리와 일치하지 않을 수도 있다.

29 쇼핑센터 내에서 점포의 위치를 결정하는 경우에 대한 설명으로 옳지 않은 것은?

① 취급 상품이 고객의 충동적인 구매 성향을 유발하는지를 감안하여 점포 위치를 정한다.

② 고객은 전문품과 같이 상품구매에 대한 목적이 뚜렷하면 점포위치에 상관없이 점포를 찾기도 한다.

③ 의류와 같은 선매품 판매 점포는 비교점포들이 많이 몰려있는 장소가 유리하다.

④ 목적점포는 매장 내 가장 좋은 위치에 입점하여야 한다.

⑤ 비슷한 표적시장을 가지고 있는 점포들은 서로 가까이 위치시키는 것이 좋다.

30 신규 출점 시 검토사항 중에서 입지환경 조사와 관련된 내용으로 가장 적절한 것은?

① 자료를 분석하거나 관계 관청 등을 통해 조사한다.

② 출점지의 시장 환경, 시장 잠재력 및 경합점의 현황을 파악하여 출점 가능성을 검토한다.

③ 소비자의 구매동향 및 의식, 요구를 각각의 상품 레벨에서 상세히 파악한다.

④ 경합점의 개요 파악을 위해 각 점의 특징을 조사한다.

⑤ 방문목적 및 빈도, 이용 교통기관, 자주 방문하는 지역 및 이미지 등이 주요 조사 내용에 포함된다.

31 다음은 쇼핑센터의 유형별 핵점포와 주요 취급상품 종류의 연결들이다. 마케팅 관점에서 상호 조합이 가장 적절하지 못한 것은?

① 지역형 쇼핑센터 – 하나 혹은 두 개의 (대형)백화점, 일부 선매품 및 일부 전문품에 중점

② 커뮤니티 쇼핑센터 – 양판점 또는 종합할인점, 편의품 및 일부 선매품에 중점

③ 근린형 쇼핑센터 – 대형할인점, 선매품 및 일부 편의품에 중점

④ 초광역형 쇼핑센터 – 다수의 백화점, 선매품 및 전문품에 중점

⑤ 아웃렛 센터 – 유통업자 상표제품 할인판매

32 입지의 종류 중에서 드라이브인형을 설명하는 내용으로 가장 적절한 것은?

① 대부분의 가정에서는 자동차를 소유하고 있으므로 자동차객이 몰리고, 비교적 넓은 지역을 대상으로 사업할 수 있다.

② 낮에는 비즈니스맨의 이용이 상당히 많지만, 일반 주민들은 비교적 고령자가 많아 손님의 내점빈도는 그다지 높지 않은 편이다.

③ 해당 지방의 중핵도시를 중심으로 쇼핑을 비롯해서 상권의 흐름이 이 상권을 중심으로 모여 분산되어 간다.

④ 인구 20~30만 명의 지방도시에서 흔히 볼 수 있는데, 교외로 나가는 간선도로를 따라 뒤편 주택 또는 아파트가 늘어서 있는 패턴이다.

⑤ 주변 거주 인구가 적고, 지나가는 자동차 수 및 해당 지역까지 관광하러 나오는 관광객 수에 따라 좋고 나쁜 입지가 정해진다고 할 수 있으며, 반면에 계절성이 높고 식사 시간대별로 변수가 커서 위험도 많은 지역이다.

33 백화점은 의식주에 대한 다양한 상품 및 서비스를 판매하는 각 부문별로 전문화된 대규모 소매점을 말한다. 이에 대한 특징을 설명한 것 중 가장 올바른 것은?

① 다양한 상품구색이 필요하지만 편의품, 선매품, 전문품, 고급품 중 하나에 집중하여 제품을 구성하게 된다.

② 대규모 경영이기 때문에 규모의 경제가 중요하게 되어 점차 도심지역과 떨어진 곳에서 넓은 부지를 확보하여 운영하기 시작하였다.

③ 최근의 소비자의 성향에 맞게 자동차의 접근가능성이 높고 대중교통을 쉽게 활용할 수 있는 교통이 편리한 지역을 선호하게 된다.

④ 다양한 서비스와 제품을 구성함으로써 항상 상품구색에 있어 전문점을 뛰어넘는 만족을 제공해줄 수 있다.

⑤ 주차시설, 문화행사시설, 상담실, 휴게실 등 소비자 보호시설과 같은 서비스시설보다 판매장에 더 집중한 운영이 요구된다.

34 고객의 흡인이 용이하도록 점포의 입구나 건널목 상태 및 고객의 주요 유동방향 등을 반드시 확인해야 한다. 이에 대한 접근성 분석과 관련된 내용으로 가장 적절하지 않은 것은?

① 자동문이나 회전문은 점포의 출입구로서 가장 적당하며, 대부분의 도보객은 버스나 택시, 지하철을 이용하므로 안내 표지판을 설치해 두면 좋다.

② 접근성이 좋은 점포의 경우에는 자동차의 흐름은 빈번하면서도 교통으로 인한 혼잡은 일어나지 않는 것이 좋다고 할 수 있다.

③ 유동적인 소비자들에 대한 의존도가 높은 경우라면, 가시도는 상당히 중요한 요인으로 부각된다.

④ 도심의 최적 입지는 차 없는 거리이며, 도심의 점포는 주차장이 없어도 된다.

⑤ 역사적으로 오래된 이름 있는 점포 또는 소비자들의 충성도가 상당히 높은 경우에는 가시도는 별 문제가 되지 않는다.

35 적정한 상권인구에 대한 설명으로 가장 옳지 않은 것은?

① 적정한 상권인구는 기존점의 상권과 유사하거나 구애받아서는 안 되며, 어디까지나 이후 새롭게 전개하는 형태에 맞는 이상적인 상권인구여야 한다.

② 상권인구에 따라 입지의 위치와 성격이 크게 달라진다.

③ 적정한 상권인구를 정할 때에는 상대적으로 큰 상권이 작은 상권보다 유리하다.

④ 적정한 상권인구는 체인점 점포수도 좌우한다.

⑤ 적정한 상권인구란 이미 영업 중인 기존점의 상권인구가 아니라 미래에 전개될 최신 표준형 및 신 유형점에 필요한 상권인구이다.

36 상권(Trade Area)에 대한 내용으로 올바르게 열거된 것은?

> ㄱ. 한 점포가 고객을 흡인할 수 있는 지역의 한계 범위(Geographic Area)를 지칭하는 말이다.
> ㄴ. 지역상권(General Trading Area), 지구상권(District Trading Area), 개별점포상권(Individual Trading Area) 등 계층적으로 분류될 수 있다.
> ㄷ. 상권은 단순한 원형의 형태로만 구분하는 것이고, 아메바와 같이 정형화되지 않은 형태로 되는 경우는 없다고 본다.
> ㄹ. 한 점포뿐만 아니라 점포집단이 고객을 유인할 수 있는 지역적 범위(Geographic Area)를 의미하기도 한다.
> ㅁ. 전체 점포고객을 대상으로 상권에 포함할 수 있는 고객비율에 따라 1차, 2차, 한계상권으로 구분할 수 있다.
> ㅂ. 고객밀도는 상권 내의 인구밀도와 밀접한 관련이 있어 새로 개발되는 신도시의 경우 인구밀도가 높아 기업에게 좋은 상권이 될 수 있다.

① ㄱ, ㄴ, ㄷ, ㄹ   ② ㄴ, ㄷ, ㄹ, ㅁ
③ ㄱ, ㄷ, ㅁ, ㅂ   ④ ㄷ, ㄹ, ㅁ, ㅂ
⑤ ㄴ, ㄹ, ㅁ, ㅂ

37 특정 입지를 매력적으로 만들 수 있는 누적요인의 원리에 대한 설명으로 옳지 않은 것은?

① 유사하고 상호보완적인 점포들이 함께 모여 있는 것이 독립적으로 있는 것보다 더 큰 유인력을 가진다는 원리다.
② 골동품점, 자동차대리점, 신발 및 의류점 등이 서로 인접해 있을 때 경영성과가 독립적으로 있을 경우보다 좋다면 누적요인의 원리로 설명할 수 있다.
③ 누적유인의 원리는 상호 보완상품을 판매하는 점포들간에는 적용할 수 있는 원리이다.
④ 서로 직접 경쟁하는 점포들에게 적용이 될 수 있다.
⑤ 편의품보다는 선매품이나 전문품일 때 더 많은 효과를 볼 수 있는 개념이다.

38 도심입지(CBD ; Central Business District)는 대도시와 중·소도시의 전통적인 도심 상업지역을 말한다. 도심입지에 대한 설명으로 가장 옳지 않은 것은?

① 고급 백화점, 고급 전문점 등이 입지하고 있는 전통적인 상업 집적지로, 다양한 분야에 걸쳐 고객흡인력을 지닌다.
② 도심입지는 다양한 계층의 사람들이 왕래하며 오피스타운이 인근지역에 발달해 있고 지가와 임대료가 상대적으로 비싸다.
③ 도심입지는 최근에 부도심과 외곽도심의 급격한 발달, 중상류층의 거주지 이전, 교통체증 등의 원인으로 도시 내 다른 지역에 비해 유동인구가 적다.
④ 도심입지의 상업 활동은 많은 사람들을 유인하고, 대중교통의 중심지로서 도시 어느 곳에서든지 접근성이 높은 지역이다.
⑤ 도심입지는 지역의 핵심적인 상업시설을 가지고 있으나 전통적인 상업 지역이기 때문에 신도시처럼 계획성 있는 입지 조성이 불가능하다.

39 소매포화지수(IRS)와 시장성장잠재력지수(MEP)에 대한 설명으로 옳은 것은?

① 소매포화지수는 한 시장지역 내에서 특정 소매업태의 소비자 1인의 잠재수요 크기이다.

② 시장성장잠재력지수는 지역시장이 현재 창출하고 있는 시장수요측정 지표이다.

③ 소매포화지수가 크면 시장의 포화정도가 높아 아직 경쟁이 치열하지 않음을 의미한다.

④ 소매포화지수가 작을수록 신규점포에 대한 시장 잠재력이 높다고 볼 수 있다.

⑤ 상권내 거주자들의 타 지역으로의 쇼핑(Outshopping) 정도가 높을수록 시장성장잠재력지수가 커진다.

40 신규점포에 대한 상권분석방법 중 확률적 모형에 대한 설명으로 가장 옳지 않은 것은?

① 해당 상권 내 경쟁점포들에 대한 소비자의 지출패턴이나 쇼핑여행패턴을 반영함으로써 특정 점포의 매출액과 상권규모에 대한 정확한 예측을 가능하게 한다.

② 특정지역내의 다수의 점포 중에서 소비자가 특정 점포를 쇼핑장소로 선택할 확률을 계산하는 것이므로 충성도가 높은 소비자의 점포선택은 확정적이라고 가정한다.

③ 허프모델에 의한 지역별 또는 상품별 잠재수요는 '지역별 인구 또는 세대수×업종별 또는 점포별 지출액'으로, 신규점포의 예상매출액은 '특정지역의 잠재수요의 총합×특정지역으로부터 계획지로의 흡인율'로 예측한다.

④ MNL 모형은 상권 내 소비자들의 각 점포에서 개별적인 쇼핑에 대한 관측 자료를 이용하여 각 점포에 대한 선택확률은 물론, 각 점포의 시장점유율 및 상권의 크기를 추정한다.

⑤ Luce의 선택공리에 따르면 소비자가 특정 점포를 선택할 가능성은 소비자가 해당점포에 대해 인지하는 접근 가능성, 매력 등 소비자 행동적 요소로 형성된 상대적 효용에 따라 결정된다고 보았다.

41 다음 중 크리스탈러(Christaller)의 중심지이론과 뢰슈(Lösche)의 수정중심지 이론의 차이점을 설명한 것으로 가장 거리가 먼 것은?

① 크리스탈러는 최상위중심지의 육각형 상권구조에 하위중심지들이 포함되는 하향식 도시공간 구조를 제시한 반면, 뢰슈는 가장 보편적인 최하단위의 육각형상권구조에서 출발하여 상위계층의 상업중심지로 진행하는 하향식 도시공간구조를 전개하였다.

② 크리스탈러는 한 지역 내의 교통수단은 오직 하나이며 운송비는 거리에 비례한다고 보았으나, 뢰슈는 소비자의 특정 상업시설에 대한 효용은 상업시설 규모에 비례하고 점포까지의 거리에 반비례한다고 주장하였다.

③ 크리스탈러는 K=3, K=4, K=7 각각의 경우에서의 상업중심지 간의 공간구조를 설명한 데 반해, 뢰슈는 크리스탈러의 육각형이론에 비고정원리를 적용함으로써 보다 현실적인 도시공간 구조를 반영하려고 하였다.

④ 크리스탈러는 고차상업중심지는 저차상업중심지의 유통기능을 전부 포함할 뿐 아니라 별도의 추가기능을 더 보유하는 것으로 보았으나, 뢰슈의 모형에서는 고차중심지가 저차상업중심지의 모든 상업기능을 반드시 포함하지 않는다.

⑤ 뢰슈의 수정 중심지이론이 크리스탈러의 모형보다 대도시지역의 공간구조를 보다 잘 설명한다고 볼 수 있다.

42 내점객 조사방법 중 고객점표법에 대한 설명으로 적당하지 않은 것은?

① 점포에 출입하는 고객들을 무작위로 인터뷰하여 고객들이 거주지나 출발지를 확인하고 이를 격자도면상에 표시하여 고객 점표도를 작성한다.

② 고객점표도에는 대상점포에서 쇼핑을 하는 고객들의 지리적 분포가 나타난다.

③ 소비자들로부터 획득한 직접정보를 이용하여 1차 상권과 2차 상권을 확정하는 기법이다.

④ 격자별 인구가 계산된 후 격자별 매상고를 추계하고, 몇 개의 격자를 그룹화하여 상권을 확정한다.

⑤ 점포에서 역까지 전철과 버스노선별 소요시간과 요금을 조사해서 상권을 파악하기도 한다.

43 점포개점 계획시 투자의 기본계획과 관련된 내용으로 옳지 않은 것은?

① 투자의 기본계획이란 신규설비 및 시설 등의 투자에 관한 점포의 예산을 의미한다.

② 어떠한 특정기일에 계획된 투자액의 경우 같은 시기에 실현된 투자액과 차이가 날 때가 많은데, 이러한 차이는 새로운 추가 또는 다른 계획의 연기 및 기타 계획의 중지 등의 이유 때문에 발생된다.

③ 원가에 임대료, 인건비, 기타 지출 비용, 감가상각 등에 순이익률을 포함해서 정하는 것이 기본이 된다.

④ 기업단위 단계의 경우에는 계획된 투자 및 실현된 투자와의 차이는 상당히 그 차이가 크지만 각 데이터는 집계되어 생산 전체의 것이 된다.

⑤ 점포의 계획은 예상되는 입지에서 점포의 장소 및 관련되는 여러 시설과 인원에 대한 계획 등을 설계해서 점포 창업 시에 점포에 투자 되는 비용 등을 산출하는 과정이다.

44 다음 중 선매품점에 대한 설명으로 올바르지 않은 것은?

① 선매품이란, 고객이 상품의 가격·스타일 등을 여러 상점을 통해서 비교한 후 구매하는 것을 말한다.

② 집심성과 집재성 점포에 속하는 경우가 많고, 비교적 원거리에서 고객이 찾아오므로 교통수단과 접근성이 좋아야 한다.

③ 편의품에 비해 가격수준이나 이윤율은 높고, 구매횟수가 적으며, 고객의 취미 등이 잘 반영되어야 하므로 표준화되기 어렵다.

④ 넓은 상권을 필요로 하며 유동인구가 많은 지역이 유리하고, 소득수준·소비동향에 영향을 받는다.

⑤ 구매의 노력과 비용에 크게 구애받지 않고, 수요자의 취미·기호 등에 따라 구매하는 상품을 취급하는 점포이다.

45 복합용도개발(MXDs ; Mixed-use Developments)의 특징을 설명한 다음 내용 중에서 가장 옳지 않은 것은?

① 상권을 조성하기 위한 단순한 개발방법이 아닌 상권과 함께 생활에 필요한 여러 편의시설을 복합적으로 개발하기 위한 방법이다.

② 주거, 업무, 여가 등 다수의 용도가 물리적, 기능적으로 복합된 건물을 말한다.

③ 도심지 내 주거생활에 필요한 근린생활시설, 각종 생활편의시설의 설치가 가능해 도심지 활성화의 수단으로 활용되기도 한다.

④ 쇼핑몰의 형태로 구성되기 때문에 쇼핑몰에 입점가능한 다양한 업태를 모두 포함하는 점포 위주로 건물 내부가 구성된다.

⑤ 차량통행량 증가가 완화됨에 따라 대기오염요인 감소와 에너지 절감의 효과를 얻을 수 있다.

제 **3** 과목

유통마케팅

---

46 판매에 있어서 '접근(Approach)'이란 판매를 위한 본론에 진입하는 단계를 말한다. 다음 중 접근에 대한 설명으로 올바르지 않은 것은?

① 고객과의 첫 접촉에서 우호적인 첫인상을 심어주는 것이 판매성공에 매우 중요한 요인이다.

② 접근이란 그저 단순히 고객에게 다가가는 것이 아니고 심리적 거리를 단축해 가는 것을 의미한다.

③ 가장 바람직한 접근이란 고객이 판매담당자에게 다가가고 싶은 마음이 생길 수 있도록 하는 것이다.

④ 넓은 의미에서 볼 때, 판매는 마무리(Closing)에 이르기까지 어프로치의 연속이라고 할 수 있다.

⑤ 필요한 사전공작이란 고객이 최초의 반응을 보일 때까지의 과정을 쉽게 하는 것이다.

---

47 경제학에서는 '소비에 있어서 경합성(Rivalry in Consumption)'과 '배제성(Excludability)'의 유무에 따라 상품을 분류한다. 다음 중 하나의 예로서 특정 유통매장에서 판매를 위해 진열한 '특정 회사의 MP3 플레이어'는 어느 상품분류에 속하는가?

① 소비에 있어서 경합성은 없지만 배제성이 있는 상품이다.

② 소비에 있어서 경합성과 배제성이 모두 없는 상품이다.

③ 소비에 있어서 경합성과 배제성이 모두 있는 상품이다.

④ 소비에 있어서 경합성은 있지만 배제성이 없는 상품이다.

⑤ 소비에 있어서 경합성 및 배제성은 상품과는 아무런 상관관계가 없다.

48 소매기업이 소비자들에게 흔히 사용하는 커뮤니케이션 수단으로 광고, 판매촉진, 공중관계, 인적판매, 직접 마케팅 등이 있다. 다음에서 공중관계에 해당하는 커뮤니케이션 수단을 모두 고른 것은?

㉠ 신문게재용 자료	㉡ 연 설
㉢ 세미나	㉣ 간 판
㉤ 로 비	㉥ 자선적 기부
㉦ 견 본	㉧ TV 쇼핑

① ㉠, ㉡, ㉢, ㉣, ㉤
② ㉠, ㉡, ㉢, ㉤, ㉥
③ ㉠, ㉡, ㉤, ㉥, ㉦
④ ㉠, ㉡, ㉤, ㉥, ㉧
⑤ ㉡, ㉤, ㉥, ㉦, ㉧

49 다음 중 통합적 마케팅에 대하여 가장 올바르게 설명하고 있는 것은?

① 마케팅을 기획하고 통제하는 조직과 마케팅 기능을 실행하는 조직을 통합함으로써 마케팅의 효과성을 높이는 것을 말한다.
② 다양한 산업분야별로 고유한 특성에 따라 차별적으로 실행되는 개별마케팅을 통합하는 것을 말한다.
③ 점차 다양하고 복잡해지는 마케팅의 다양한 도구와 기능들을 일관성 있게 통합하여 실행해 나가는 것을 말한다.
④ 생산, 인사, 재무, 회계, 연구개발 등 기업활동의 다양한 영역들을 마케팅 기능을 중심으로 통합하는 것을 말한다.
⑤ 제품의 수직적 유통단계를 전문적으로 관리하고 집중적으로 계획한 유통망을 말한다.

50 소매점에서 광고를 할 때는 광고의 효과를 충분히 고려하여야 한다. 이를 위해서는 매출액에 대한 광고비 비율을 지역별로 할당할 필요가 있다. 광고의 용어 중 '도달(Reach)'에 대한 설명에 해당하는 것은?

① 특정 기간에 적어도 한 번 이상 광고매체에 의해 노출된 사람의 숫자를 말한다.
② 이용자 한 사람이 동일한 광고에 노출되는 평균 횟수(빈도)를 의미한다.
③ 매체도달 범위, 어떤 광고매체가 도달될 수 있는 수용자의 수 또는 광고매체가 도달되는 지리적 범위를 말한다.
④ 누적 수용자, 여러 미디어를 통해 최소한 한 번 이상 광고에 접촉된 사람들의 총 숫자를 말한다.
⑤ 청중 1,000명에게 광고를 도달시키는 데 드는 비용을 말한다.

51 다음 중 격자형(Grid) 점포배치의 특징이 아닌 것은?

① 상품이 진열되어 있는 곤돌라와 고객이 지나는 통로를 반복해서 배치하는 방법이다.

② 많은 상품을 한꺼번에 진열할 수 있어 공간생산성을 높일 수 있다.

③ 진열기구 등의 직각의 형태를 취하고 있다.

④ 구매하고자 하는 제품의 위치를 미리 알고 있는 소비자에게 적합한 배치방법이다.

⑤ 규모가 작은 전문매장이나 여러 개의 작은 전문매장들이 모여서 구성되는 대형쇼핑몰에서 주로 사용한다.

52 일반적으로 소매기관이 사용할 수 있는 가격관리전략에 대한 설명 중 가장 옳지 않은 것은?

① 이익극대화 가격결정은 유통구조의 합리적 개선으로 인한 비용절감과 경쟁우위 확보 측면에서의 마케팅전략 등을 활용하여 투자이익률을 극대화시킬 수 있다.

② 경쟁적 가격결정은 경쟁업체들의 가격결정 전략에 대응하고 그들과의 가격적인 차별화를 목적으로 하는 것이다.

③ 시장점유율극대화 가격결정은 표적시장에서 시장점유율 향상을 목적으로 특정제품에 대한 가격을 정책적으로 인하하여 소비자의 구매를 유도한다.

④ 촉진적 가격결정은 제품에 대한 구매보다는 이익을 조장하여 모든 가격정책의 목적을 판매수익의 극대화에 둔다.

⑤ 차별적 가격 결정은 원가에서의 차이에 비례하지 않고 2가지 이상의 가격으로 판매하는 것으로 고객세분화 가격, 상품형태별 가격 등을 포함한다.

53 소비자의 정보탐색과 관련된 다음의 내용 중 잘못된 것은?

① 현재 가지고 있는 정보나 신념, 태도가 부적절하다고 생각할 때 정보탐색을 시작한다.

② 소비자의 정보탐색의 양은 탐색으로부터 얻는 이득과 탐색에 소요되는 비용을 동시에 고려하여 결정된다.

③ 일반적으로 소비자는 구매정보탐색에 있어 내부탐색보다 외부탐색을 먼저 시도한다.

④ 소매업체는 자신의 소매믹스전략을 통해 소비자에게 정보탐색의 양을 격감시켜 줄 수 있다.

⑤ 최고급자동차를 소유하고 있으면서 동시에 이에 상응하지 않는 할인서비스 주유소에서 주유하거나, 쇼핑을 일관되지 않게 고급백화점에서의 쇼핑과 할인점에서의 쇼핑을 동시에 하는 행위를 일컬어 교차쇼핑(Cross-shopping)이라 한다.

54 직접반응광고의 목적 및 관련 내용으로 옳지 않은 것은?

① 고객들의 인지도나 기업이미지 제고가 주목적이다.

② 광고주와 접촉할 수 있는 방법을 제공함으로써 잠재고객의 직접반응을 촉구하기 위한 의도로 만들어진 유료광고이다.

③ 고객의 반응을 유도하는 요소가 포함된 광고의 형태를 말한다.

④ 케이블TV의 Informercial 광고나 홈쇼핑 사업의 번창도 직접반응광고와 관련이 있다.

⑤ 직접반응광고를 이용한 방식은 TV광고를 통해 간략한 상품소개와 주문전화번호가 제공되면 이를 시청한 소비자가 무료 전화를 이용하여 상품을 주문하는 방식이다.

55 다음은 어떤 판매예측방법을 설명한 것인가?

> 특정 기술이나 제품에 대한 전문가들의 의견을 종합하고 조정하여 하나의 예측치로 도달해가는 집단적 합의의 방법이다. 이들 전문가들은 패널로 참석하게 되고, 진행자는 예측치를 수집하여 평균과 예측치의 분포를 계산하여 전문가들에게 제공하고 이를 고려하여 다시 예측을 하도록 하는 방법이다.

① Salesforce Composite(영업사원 예측법)

② Jury of Executive Opinion(경영자 판단법)

③ Time Series Analysis(시계열 분석)

④ Naive Method(단순 예측법)

⑤ Delphi Method(델파이 기법)

56 서비스의 갭(Gap)이란 기대가치와 실제경험가치의 차이를 의미한다. 다음 중 갭(Gap)의 발생원인에 대하여 바르게 설명한 것은?

① 촉진차이 – 서비스의 구체적 절차와 다르게 직원들이 스스로 서비스를 촉진하여 제공하는 것

② 인식차이 – 고객들에게 깊은 인상을 주기 위해 실현 불가능한 프로모션을 하는 것

③ 과정차이 – 실제 제공되는 서비스 표준과 다른 서비스 내용이 제공되는 과정을 말하는 것

④ 행동차이 – 고객이 인식한 서비스의 내용이 실제 제공된 서비스의 내용·수준과 다른 것

⑤ 이해차이 – 고객의 기대에 대한 경영자의 인식이 부정확한 것

57 다음 중에서 고마진·저회전율 중심의 소매업태에 대해 바르게 설명한 것은?

① 가격에 초점을 둔 촉진전략을 구사한다.

② 고객에 대한 서비스품질의 향상보다는 입지의 편리성을 더욱 중요한 경쟁수단으로 한다.

③ 전략적 수익모델(Strategic Profit Model, SPM)상에서 순매출액 대비 순이익률(Net Profit/Net Sales)을 높이려는 것을 기본전략으로 한다.

④ 상품의 깊이보다 상품의 넓이를 강화하는데 주력하는 머천다이징 전략을 추구한다.

⑤ 하이테크(Hi-Tech) 기술을 도입하여 매장의 구성 및 분위기를 현대화하고 고객들의 셀프서비스를 바탕으로 인건비를 줄여야 한다.

58 할인점의 CRM에 대한 설명으로 가장 옳지 않은 것은?

① 짧은 방문주기로 고객관계 형성의 기회가 많음

② 비용집행의 효율성과 효과성이 중요

③ 실질적인 맞춤 고객 서비스, 반품 및 환불은 제조업체에서 실행

④ 장바구니 분석을 통한 캠페인에 집중

⑤ 단품수준의 상세분석으로 고객 라이프스타일까지 분석 가능

59 마케팅 시장조사에서 1차 자료를 수집하기 위한 방법 중 적절하지 않은 것은?

① 현재의 여러 현상을 관찰함으로써 정보를 수집한다.

② 여러 가지 변수의 조건화(통제)를 통한 결과의 차이를 분석한다.

③ 신속하고 경제적으로 정보를 이용하기 위하여 정부의 통계나 언론매체 등의 자료를 수집한다.

④ 조사목적에 맞는 여러 가지 유형의 질문이 포함되도록 질문서를 만들어 조사한다.

⑤ 마케팅조사의 목적에 관련된 자료를 기계장치에 의해 수집한다.

60 시장세분화의 한 형태인 밀집화전략에 대한 다음의 설명 중 옳지 않은 것은?

① 미니마케팅 전략이라고도 볼 수 있다.

② 자사의 시장점유율 확대를 위하여 타사제품과의 비차별화를 꾀하려는 전략이다.

③ 밀집화된 각 시장부문에 알맞은 제품을 고안하거나 마케팅계획을 수리하는 전략이다.

④ 밀집화의 결과 비용이 상승되고 따라서 이윤이 감소될 경우에는 이 전략의 포기가 오히려 바람직하다.

⑤ 밀집화된 시장부문에 속한 소비자들에게 해당제품과 회사의 이미지를 강화하는데 유리한 전략이다.

61 진열의 유형에 대한 설명으로 올바르지 않은 것은 ?

① 점블 진열(Jumble Display) : 상품을 아무렇게나 뒤죽박죽 진열하는 방식이다.

② 라이트업(Right Up) 진열 : 우측보다 좌측에 진열되어 있는 상품에 시선이 머물기 쉬우므로 좌측에 고가격, 고이익, 대용량의 상품을 진열한다.

③ 더미 진열(Ddummy Display) : 진열할 때 상품을 대량으로 보이기 위해 상품밑에 진열 보조기구를 이용하는 것을 말한다.

④ 브레이크업(Break Up) 진열 : 진열라인에 변화를 주어 고객시선을 유도함으로써 상품과 매장에 주목률을 높이고자 하는 진열이다.

⑤ 트레이팩(Ttray Pack) 진열 : 상품이 든 박스 아래 부분을 트레이 형태로 잘라내 그대로 진열하는 방식으로 대량진열에 적합하다.

62 상표전략에 대한 다음의 설명 중 가장 옳은 것은?

① 일반적으로 무상표전략보다 유상표전략을 사용하는 경우에 원가부담이 더 낮다.

② 소형유통기관일수록 제조업자상표보다 유통업자상표를 사용하는 것이 유리하다.

③ 개별상품전략은 각 제품에 대한 시장의 규모가 작을수록 더 적합하다.

④ 복수상표전략은 경쟁사의 시장진입을 방해하는 한 방법이다.

⑤ 상표화전략은 소비자가 인지하는 상품간 생산기술상의 관련성이 높을수록 실패할 가능성이 높다.

63 다음은 제품의 특성과 이에 적합한 판매가격 결정의 방식을 연결시킨 것이다. 적절히 짝지어지지 않은 것은?

① 경쟁이 심한 제품 – 현행가격 채택정책

② 지역에 따라 수요탄력성이 다른 제품 – 차별가격정책

③ 가구, 의류 등의 선매품 – 가격층화정책

④ 수요의 탄력성이 높은 제품 – 상층흡수가격정책

⑤ 단위당 생산비가 저렴한 제품 – 침투가격정책

64 촉진전략에 관한 설명 중 틀린 것은?

① 광고란 광고주에 의한 아이디어, 상품 및 서비스를 비인적방식에 의해 제시하는 것이다.

② 상품에 따라 촉진믹스의 성격에 달라진다.

③ 불황기에는 촉진활동보다 경로 및 가격설정전략이 주효하다.

④ 마케팅 커뮤니케이션은 기업커뮤니케이션과 연계되어 있다.

⑤ 촉진의 본질은 소비자에 대한 정보의 전달이다.

65 마케팅 커뮤니케이션에 관한 다음의 설명 중 옳지 않은 것은?

① 판매를 목적으로 휴대폰이나 인터넷을 통하여 커뮤니케이션하는 것은 직접 마케팅의 한 형태이다.

② 인적판매는 판매 프리젠테이션, 카탈로그판매, 인터넷 판매, 팩스를 통한 판매 메시지의 발송 등을 포함한다.

③ 커뮤니케이션 모델에서 잡음(Noise)이란 계획하지 않았던 커뮤니케이션 과정상의 왜곡을 의미한다.

④ 마케팅커뮤니케이션 과정은 표적고객들과 자사 및 자사 제품간의 모든 잠재적 상호작용을 검토하는 것에서 출발해야 한다.

⑤ 촉진예산 결정기준의 하나인 지불능력기준법은 촉진이 매출에 미치는 영향을 완전히 무시하는 방법이다.

66 마케팅조사에 대한 설명으로 옳지 않은 것은?

① 할당표본이란 모집단에 포함된 조사 대상들의 명단이 기재된 리스트를 할당하는 것이다.

② 소매점들을 매출액에 따라 대형, 중형, 소형으로 나눈 다음, 각 소집단으로부터 표본을 무작위로 추출하는 경우는 층화표본추출에 해당한다.

③ 표본의 크기가 표본의 대표성을 보장해 주는 것은 아니다.

④ 현재 일어나고 있는 유통현상을 보다 정확하게 이해하려는 목적의 조사는 기술적 조사에 해당한다.

⑤ 인과적 조사를 위해서는 엄격한 실험설계를 하는 것이 바람직하다.

67 다음 중 최근 카테고리 매니지먼트(CM ; Category Management)의 필요성이 점차 커지게 된 배경으로 가장 거리가 먼 것은?

① 매장차별화를 통한 고객유치의 필요성이 높아졌기 때문에

② 늘어나는 신제품의 출현으로 과학적 방법에 의한 공간 할당 및 제품믹스의 필요성이 높아졌기 때문에

③ 유통경로상에서 경로구성원 사이의 카테고리 경쟁과 갈등이 심화되었기 때문에

④ 효율적인 머천다이징을 도모하면서 불필요한 과정을 제거할 필요성이 높아졌기 때문에

⑤ 시장에서의 경쟁이 심해졌기 때문에

68 점포의 레이아웃 설계의 기본원칙에 관한 설명이다. 옳지 않은 것은?

① 제품을 진열하는 매장 공간, 고객서비스 공간, 창고 등과 같은 점포의 중요기능공간의 규모와 위치를 간략하게 보여주는 것을 거품계획이라고 한다.

② 페이싱이란, 레이아웃이 완성되면 각 코너별 상품 구성을 계획하고 진열면적을 배분하여 레이아웃 도면상에 상품배치 존 구분을 표시하는 것을 말한다.

③ 고객이 매장을 구석구석 살펴볼 수 있도록 매장을 모두 연결해야 한다.

④ 고객의 호기심을 충분히 자극할 수 있도록 높이나 조명 및 음악 등에도 세심하게 신경을 써야 한다.

⑤ 상품 이동동선은 고객동선과 교차하지 않도록 해야 한다.

69 디스플레이의 5원칙(AIDCA)에 대한 설명 중 C와 관련이 있는 것은?

① 상점의 중점상품을 효과적으로 디스플레이해서 사람의 눈을 끌고, 가격은 고객이 잘 알아볼 수 있도록 명기하여 잘 보이도록 전시한다.

② 눈에 띄기 쉬운 장소를 골라 그 상품의 세일즈 포인트를 강조해서 관심을 갖게 하고 디스플레이 상품을 설명한 표찰을 붙인다.

③ '어떻게 해서든지 사고 싶다'는 욕망을 일으키게 해서 구매의사를 일으키도록 한다.

④ 사는 것이 유익하다는 확신을 갖게 하고, 고객에게 그 상품구입에 대한 안심과 만족감을 주는 동시에 우월감을 줄 수 있는 디스플레이가 되도록 연구한다.

⑤ 충동적인 구매행동을 일으키게 한다.

70 다음 중 가격민감도에 영향을 미치는 효과(요인)로 거리가 가장 먼 것은?

① 가치독특성 효과(Unique Value Effect)
② 가격-품질 효과(Price-quality Effect)
③ 지불자 효과(Shared Cost Effect)
④ 주문방식 효과(Order-based Effect)
⑤ 전환비용 효과(Switching Cost Effect)

제 **4** 과목 유통정보

71 지식사회의 경쟁 및 시장변화에 대한 설명으로 가장 적절하지 않은 것은?

① 지식사회는 고객중심의 경영이 기업의 수익성과 직결된다.

② 인터넷의 발달로 인해 소비자는 더욱 신중한 구매의사결정을 내리는 스마트소비가 보편화되고 있다.

③ 지식사회는 생산과 소비의 관계변화로, 라이프사이클과 시간에 대한 가치의 관계가 변화하며, 고객과의 지식공유로 인해 기업과 고객의 새로운 관계가 형성된다.

④ 고객중심과 함께 고객 가치창출이 중요해지고 있는데, 동일한 제품과 서비스라도 고객이 느끼는 가치가 다르기 때문에 기업의 경영목표는 고객과 가치창출에 맞추어져야 한다.

⑤ 개인의 독특한 지식과 능력에 따라 개인의 가치가 달라지며 신분의 수직상승이 쉽다.

72 국제표준 연속간행물 번호를 표기할 때에는 OCR 문자로 된 ISSN과 EAN의 바코드를 함께 쓴다. 이 때, 10자리인 ISSN과 13자리인 EAN의 자릿수를 맞추기 위해 다음 중 ISSN의 앞에 들어갈 식별번호(Prefix)로 올바른 것은?

① 979   ② 978

③ 977   ④ 976

⑤ 975

73 m-Commerce(Mobile Commerce)는 기존의 전자상거래에 비해 다음과 같은 차별화 된 특성을 갖게 된다. 가장 옳지 않은 것은?

① 이동통신이 갖는 이동성(Mobility)과 휴대성(Portability)이라는 특성을 지니고 있다.

② 사용되는 인터페이스의 속성상 개인전용 단말기라는 성격을 갖는다.

③ 이용자의 위치를 상거래에 활용하는 위치기반 서비스가 가능하다.

④ 기존의 유선 전자상거래에 비해 풍부한 응용프로그램과 빠른 처리속도를 제공한다.

⑤ 기존의 유선을 통한 전자상거래는 주로 PC를 이용하여 인터넷에 접속하고 고정된 온라인상에서 상거래를 행하는 것인 반면 무선 전자상거래는 언제, 어디서나 무선 단말기를 이용하여 인터넷에 접속하고 전자적 상거래를 수행할 수 있다는 것을 의미한다.

74 전자상거래와 물류와의 관계에 대한 설명으로 가장 적절하지 않은 것은?

① 전자상거래가 확산됨으로써 기업과 소비자 간의 거래가 네트워크상에서 활발하게 이루어지게 됨에 따라 지역적인 한계를 벗어나 전 세계로 확대되고 있다.

② 전자상거래는 시장이 필요로 하는 상품을 적절한 시기·장소·양·가격으로 고객에게 전달할 수 있다.

③ 기업들은 전자상거래 체계를 활용함으로써 중간 유통업체를 거치지 않고 소비자에게 직접 상품을 판매할 수 있다.

④ 전자상거래가 성공적으로 정착하기 위해서는 생산자로부터 고객에게 물품이 바로 수송되고 대금을 회수하는 일련의 과정이 하나로 연결되어 물류의 효율성과 비용 절감을 추구해야 하기 때문에 경제시스템 뿐만 아니라 물류관리시스템도 정비되어야 한다.

⑤ 전자상거래에서는 물류, 특히 택배시스템의 선택이나 구축이 마케팅의 핵심이며 전자상거래 기업의 성패를 좌우하는 요소이다.

75 QR의 개념을 요소별로 나누어 정리한 것 중 잘못된 것은?

① 고객만족도 향상 – 소비자에 대하여 적절한 상품을 적절한 장소에, 적시에, 적량을 적정한 가격으로 제공하는 것을 목표로 한다.

② 신기술 이용 – 공동상품코드에 의한 소스 마킹(Source Marking), 전자문서교환(EDI), 이것을 지원하는 바코드, 정보DB 등의 정보처리기술을 활용한다.

③ 낭비의 제거 – 생산·유통기간의 단축, 재고의 삭감, 투매, 반품 손실의 감소등 생산유통의 각 단계에서 합리화를 실현한다.

④ 공동이익 – 성과를 생산자와 유통관계자가 나누어 가질 수 있으나 소비자에게는 별다른 이익이 없다.

⑤ 파트너십의 형성 – 생산·유통관계의 거래당사자들이 협력한다.

76 기업의 고객충성도(Customer Loyalty) 프로그램에 대한 설명으로 가장 옳지 않은 것은?

① 고객만족도와 고객충성도는 명확히 분리되는 개념은 아니나, 고객만족이 지속적으로 축적됨에 따라 고객충성도의 상승으로 이어진다고 보는 것이 일반적이다.

② 충성도의 지표는 기업이 지속적으로 고객에게 타사보다 우월한 가치를 제공함으로써 그 고객이 해당 기업의 브랜드에 호감이나 충성심을 갖게 되어 지속적인 구매 활동이 유지되는 것으로, 고객의 구매 성향과 추천 의도 및 재구매 의사로 표현된다.

③ 우량 고객의 선정을 위해 양적 기준과 질적 기준을 명확히 해야 하며, 우량 고객의 효과적 관리를 위해서는 보상프로그램을 차별 없이 실시하는 것이 바람직하다.

④ 긍정적 커뮤니케이션뿐만 아니라 문제·부정적 상황에 대한 적극적 대처와 진솔한 커뮤니케이션을 통해 '신뢰 관계'를 구축하는 것이 무엇보다 중요하다.

⑤ 고객 기여에 따라 보상을 차등화 하는 로열티 프로그램에만 의존할 것이 아니라 고객이 추구하는 핵심가치의 발견과 해결에 지속적인 관심과 투자가 있어야 한다.

77 데이터 웨어하우스(DW)의 특징으로 가장 옳지 않은 것은?

① 고객, 벤더, 제품, 가격, 지역 등 기업에서 다양하게 활용할 수 있도록 주제 중심적으로 또는 비즈니스 차원으로 정렬한다.

② 데이터 웨어하우스에 일단 데이터가 적재되면 일괄 처리(Batch) 작업에 의한 갱신 이외에는 삽입이나 삭제 등의 변경이 수행되지 않는 특징을 가진다.

③ 데이터는 추세, 예측, 연도별 비교분석 등을 위해 다년간 시계열적으로 축적·보관된다.

④ 다른 데이터베이스로부터 추출된 데이터는 고유의 특성을 살리기 위해 표준화 등의 과정을 통한 변환이 일어나지 않도록 각각 다른 코드화 구조를 가진다.

⑤ 데이터베이스는 통상 거래를 다루므로 거래 발생 즉시 온라인으로 처리되는 OLTP가 사용되고, 의사 결정을 지원하는 DW는 축적된 데이터를 분석하는 OLAP를 사용한다.

78 상황이론에 대한 설명으로 가장 적절하지 않은 것은?

① 어떤 하나의 조직모형에 대한 보편성을 인정하지 않기 때문에 조직과 환경과의 동태적인 성격을 고려한 조직설계를 지향한다.

② 과거 조직이 지향하던 단일최고방법에 대응하여 환경이라는 상황변수를 고려한다.

③ 조직이 아무리 훌륭한 비즈니스 모델을 구축하더라도 환경에 따라 결과가 달라질 수밖에 없기 때문에 조직전략과 구조는 조직마다 다양하고 독특하다.

④ 조직환경이 빠르게 변화하는 상황에서 전략은 생존을 위한 필수적인 요건이며 조직은 환경이 변화함에 따라 최상의 성과를 얻기 위해 스스로 변화해야 한다.

⑤ 조직과 조직을 구성하고 있는 다양한 상위시스템 간의 관계를 파악하여 조직의 본질을 이해하고, 특정 환경과 다양한 조건에서 조직이 어떻게 운영되는가를 설명한다.

79 EPC(Electronic Product Code)와 관련된 내용으로 가장 적절하지 않은 것은?

① 헤더는 EPC코드의 전체 길이, 식별코드 형식 및 필터 값을 정의하며, 가변 길이 값을 가지는데 현재 2비트와 8비트 값의 헤더가 정의되어 있다.

② EAN · UCC 코드와 마찬가지로 상품을 식별하는 코드로서 차이점은 바코드가 품목단위의 식별에 한정된 반면, EPC 코드는 동일 품목의 개별상품까지 원거리에서 식별할 수 있다.

③ 업체코드는 24비트의 용량으로 6개의 숫자와 문자를 조합하여 약 1천 6백만개 상품에 코드를 부여할 수 있다.

④ 위조품 방지, 유효기간 관리, 재고관리 및 상품추적 등 공급체인에서 다양한 효과를 기대할 수 있다는 특징을 가진다.

⑤ EPC코드는 GS1 표준바코드와 마찬가지로 상품을 식별하는 코드를 말한다.

80 ECR 구현전략과 목표가 가장 부적절하게 연결되어 있는 것은?

① 효율적 상품보충 – 조달시스템 운영으로 원자재 및 부품 공급의 원활화

② 효율적 상품진열 – 재고 및 소비자 접점에서의 점포공간의 최적화

③ 효율적 판매촉진 – 판매촉진시스템의 효율적 운영

④ 효율적 상품개발 – 신상품의 개발 효율성 극대화

⑤ 효율적 상품보충 – 시간 및 비용을 최소화하며 상품을 효율적으로 보충

81 공개키 방식의 암호 알고리즘으로 인수분해의 난해함을 활용한 암호화 시스템으로 가장 옳은 것은?

① RC4

② RSA(Rivest Shamir Adleman)

③ DES(Data Encryption Standard)

④ SEED

⑤ IDEA(International Data Encryption Algorithm)

82 지식근로자에 대한 설명으로 가장 적절하지 않은 것은?

① 정보를 나름대로 해석하고 이를 활용해 자신의 일을 끊임없이 개선 · 개발 · 혁신하여 부가 가치를 올리는 사람을 말한다.

② 독특한 가치관을 가지고 있으며, 조직의 문화를 이해하고 수용할 뿐만 아니라 개인 및 전문적 성장을 기업의 비전 · 전략목표와 일치시킨다는 특징을 가진다.

③ 구성원과 일치하는 업무환경 조성과 유지는 구성원의 업무행동에 대한 기본적인 동기이다.

④ 지식근로자 생산성의 향상에 대한 책임을 개별 지식근로자에게 부과하도록 요구하며 지식근로자는 자기 자신을 스스로 관리해야만 한다.

⑤ 지식산업은 지속적인 배움과 지속적인 가르침을 지식근로자의 한 속성으로 포함해야 한다.

83 다음은 유통정보가 갖추어야 할 조건(특성)을 설명하고 있다. 가장 올바르지 않은 것은?

① 정보의 적시성 – 양질의 정보라도 필요한 시간대에 사용자에게 전달되지 않으면 가치를 상실한다.

② 정보의 정확성 – 실수나 오류가 개입되지 않은 정보로서 데이터의 의미를 명확히 하고 정확하게 편견이나 왜곡 없이 전달해야 한다.

③ 정보의 단순성 – 정보는 단순해야 하고 지나치게 복잡해서는 안 되며, 너무 정교하거나 상세한 정보는 경우에 따라 의사결정자에게 불필요할 수도 있다.

④ 정보의 통합성 – 개별적인 정보는 많은 관련 정보들과 통합됨으로서 재생산되는 등의 상승효과를 가져온다.

⑤ 정보의 관련성 – 기업이 필요에 의해 습득한 정보가 정확한 정보이어야 기업경영 및 점포운영을 성공적으로 할 수 있으며, 부정확한 정보는 활용가치가 현저히 떨어져 정보획득에 의한 목표도달이 효과적으로 이루어질 수 없다.

84 지적자본을 정의한 학자와 그 내용을 연결한 것으로 옳지 않은 것은?

① 에드빈슨과 설리반(Edvinsson & Sullivan)은 지적자본을 가치로 전환될 수 있는 지식이라고 정의한다.

② 울리히(Ulrich)는 지적자본을 역량×몰입으로 표현하였고, 여기서 역량은 조직구성원의 지식·스킬·속성을 의미하며 몰입은 열심히 하고자 하는 개인의 의지력을 말한다.

③ 클라인과 프루삭(Klein & Prusak)은 보다 높은 가치의 자산을 생산하기 위해 정형화되고 확보되어 활용할 수 있는 지적물질이 지적자본이라고 정의한다.

④ 에드빈슨과 멀론(Edvinsson & Malone)은 지적자본을 전략관점과 측정관점으로 구분하였는데, 전략관점은 지식개발 및 지식활용을 의미하며 측정관점은 인적자원회계 및 성과표를 의미한다.

⑤ 스튜어트(Stewart)는 지적자본을 설명할 때 포괄적인 유용한 지식이라고 정의한다.

85 발주와 관련 다양한 시스템에 대한 설명으로 가장 옳지 않은 것은?

① EOS(Electronic Ordering System)는 발주자의 컴퓨터에 입력된 주문 자료가 수신자의 컴퓨터로 직접 전송되도록 구축된 전자주문시스템 또는 자동발주시스템이고, 소매점의 EOS 구축목적은 '발주의 시스템화', '품절예방', '점포재고의 적정화' 등이다.

② CAO(Computer Assisted Ordering)는 POS를 통해 얻어지는 상품흐름에 대한 정보와 계절적인 요인에 의해 소비자 수요에 영향을 미치는 외부요인에 대한 정보를 컴퓨터를 이용, 통합·분석하여 주문서를 작성하는 시스템을 말한다.

③ CD(Cross Docking)는 창고나 물류센터로 입고되는 상품을 보관하지 않고 곧바로 소매점포에 배송하는 물류시스템이다. 보관 및 피킹(Picking, 필요한 상품을 꺼내는 것)작업 등을 생략하여 물류비용을 절감할 수 있다.

④ CR(Continuous Replenishment)은 유통과정에서 획득한 재고정보와 판매정보를 기초로 상품 보충량과 재고량을 상품 공급업체가 결정하는 방식이다.

⑤ CPFR(Collaborative Planning Forecasting & Replenishment)는 소비자의 수요에 근거해서 제조업체 또는 공급업체가 유통업체의 재고를 자동보충해주는 방식으로, 제조업체 또는 공급업체가 유통업체의 POS 자료를 근거로 상품보충을 하며, 유통업체는 재고보충을 위해 VMI(Vendor Managed Inventory)을 이용한다.

86 전자상거래업체에 적용되는 물류관리에 대한 설명으로 옳은 것은?

① B2B의 경우, 주로 소포장단위의 배송 대상물들이 대량으로 배송되는 경향이 있다.

② B2B의 경우, 소포형태의 배송이 많으며 특정 지역을 중심으로 배송처가 집중되는 경향을 보인다.

③ B2B의 핵심기술은 인터넷 기반의 응용기술이다.

④ 공급사슬상의 배송에 대한 책임범위가 오프라인 상거래에 비해서 좁다.

⑤ B2C의 경우, B2B에 비해 불특정 다수의 고객을 대상으로 배송이 이루어진다.

87 판매자가 전자상거래를 통해 얻을 수 있는 효과로 가장 적절하지 않은 것은?

① 물리적인 판매 공간이 필요하지 않아 저렴한 비용으로 재화 또는 서비스의 전시가 가능하다.

② 고객의 구매 형태를 직접적이고도 자동적으로 분석할 수 있어 시의 적절한 마케팅전략의 수립이 가능하다.

③ 구매자가 제품의 사양이나 품질을 판단하기 용이하므로 구매자의 신뢰성이나 충성도를 증대시킬 수 있다.

④ 한정된 국내 시장에 머무르지 않고 전 세계를 대상으로 판매 전략을 수립할 수 있다.

⑤ 고정운영비 및 간접비용이 줄어들고, 효율적인 마케팅 서비스가 가능하다.

88 다음은 유통산업에서 RFID를 활용했을 때의 기대효과를 설명한 것이다. 옳지 않은 것은?

① 상품 재고수준의 실시간 파악으로 판매량에 따른 최소 재고 수준 유지

② 입출고 상품 대량 판독과 무검수, 무검품의 실현에 따른 리드타임 획기적 절감

③ 상품 수량 및 위치를 실시간 파악함으로써 도난 등 상품 손실 예방

④ 고객점유율 또는 고객의 지출점유율(Wallet Share) 제고

⑤ 반품 및 불량품 추적 및 조회

89 다음 중 국제적으로 사용되고 있는 EAN/UCC시스템에 대한 설명으로 옳지 않은 것은?

① EAN/UCC시스템의 기본원리와 설계는 사용자가 EAN/UCC 식별데이터를 자동적으로 처리할 수 있도록 체계화되어 있다.

② UCC시스템은 미국에서 1970년대 중반부터 상적 거래에서 바코드로 사용되었으나, 최근에는 UCC가 상적 거래에서 많은 문제점이 발견되자 이를 대체하기 위해 12자리의 상품식별코드로 구성된 EAN시스템이 개발되어 사용되고 있다.

③ EAN/UCC시스템은 상품 등의 고유식별코드 기능뿐만 아니라 바코드 내에 날짜, 일련번호, 그리고 배치번호와 같은 부가적인 정보들을 표현할 수 있다.

④ EAN/UCC시스템은 유일한 코드를 사용하여 전 세계적으로 제품, 서비스, 자산 그리고 위치(로케이션)를 식별할 수 있는 방안을 제공한다.

⑤ EAN시스템은 UCC시스템을 보완 및 개선하여 13자리 숫자를 상품 식별 코드로 채택하였으며, 하나의 코드가 하나의 상품에 대응하여 상품을 식별하기 위한 코드로 DB를 이용할 수는 있어도 코드 자체는 아무런 의미가 없다.

90 물류정보시스템에 관한 다음 설명 중 적절하지 않은 것은?

① GIS(Geographic Information System)는 무선통신을 이용하여 이동체의 위치 및 상태를 실시간으로 파악 또는 관리하는 시스템이다.

② TRS(Trunked Radio System)는 중계국에 할당된 다수의 주파수채널을 사용자들이 공유하며 사용하는 무선통신 서비스이다.

③ LBS(Iocation Based Service)는 GPS칩을 내장한 휴대폰이나 PDA 단말기 이동체의 위치를 무선통신으로 위치확인서버에 제공하면 모든 이동체의 현황을 실시간으로 검색하는 데 사용될 수 있다.

④ ITS(Intelligent Transport System)는 도로와 차량 등 기존 교통의 구성요소에 첨단의 전자, 정보, 통신기술을 적용시켜 교통시설을 효율적으로 운영하고 통행자에 유용한 정보를 제공한다.

⑤ POS(Point Of Sales)는 판매시점정보관리시스템을 말하는 것으로서 판매장의 판매시점에서 발생하는 판매정보를 컴퓨터로 자동 처리하는 시스템이다.

제**3**회 최종모의고사

형 별	A형	제한시간	100분	수험번호	성 명

※ 5개의 답항 중 가장 알맞은 1개의 답항을 고르시오.

제 **1** 과목 유통 · 물류일반관리

01 기업의 사회적 책임에 대한 다음 내용 중 옳지 않은 것은?

① 기업의 사회적 책임은 기업의 의사결정 및 활동이 사회 및 환경에 미치는 영향에 대해 투명하고 윤리적인 행동을 통해 기업이 지는 책임이다.

② 기업의 사회적 책임은 무엇보다 기업명성과 브랜드가치를 제고하는 데 도움이 될 수 있다.

③ 기업의 사회적 책임 중 경제적 책임은 법적으로 강제되지 않으나 이해당사자의 기대와 기준 및 가치에 부합하는 행동을 해야 하는 책임이다.

④ 기업의 사회적 책임 활동은 기업활동의 경제적 측면뿐 아니라 사회 · 환경적 측면들을 모두 포괄한다.

⑤ 현금기부와 제품기증은 자원봉사활동이고, 자선행위는 전략적 기증으로 분류된다.

02 다음 글상자 안의 내용은 보관의 일반적 원칙들에 대한 설명이다. 각 원칙을 가장 올바르게 순서대로 나열한 것은?

가. 물품을 고층으로 적재하는 것으로 평적보다 파렛트 등을 이용하여 용적효율을 향상시킨다.
나. 형상에 따라 보관 방법을 변경하여 형상특성에 맞게 보관한다.
다. 물품의 정리와 출고가 용이하도록 관련 품목을 한 장소에 모아서 보관한다.
라. 시각적으로 보관품을 용이하게 식별할 수 있도록 보관한다.
마. 창고 내에서 제품의 입고와 출고를 용이하게 하고 보관을 효율적으로 하기 위해서 통로 면에 보관하는 것이 창고의 레이아웃 설계의 기본인 동시에 창고내의 흐름을 원활히 하고 활성화하기 위한 것이다.

① 높이 쌓기의 원칙 – 형상특성의 원칙 – 네트워크 보관의 원칙 – 명료성의 원칙 – 통로대면의 원칙

② 높이 쌓기의 원칙 – 형상특성의 원칙 – 위치표시의 원칙 – 유사성의 원칙 – 통로대면의 원칙

③ 네트워크 보관의 원칙 – 명료성의 원칙 – 통로대면의 원칙 – 위치표시의 원칙 – 형상특성의 원칙

④ 네트워크 보관의 원칙 – 명료성의 원칙 – 중량특성의 원칙 – 통로대면의 원칙 – 형상특성의 원칙

⑤ 형상특성의 원칙 – 위치표시의 원칙 – 유사성의 원칙 – 높이 쌓기의 원칙 – 통로대면의 원칙

03 통상적으로 기업의 미래 성장성과 수익성 및 위험 등을 정확하게 예측하기 위해서는 산업 내에서의 경쟁강도를 결정짓는 구조적 요인에 대한 분석이 필요하게 되는데, 이와 관련된 Michael Porter의 5가지 요소로서 적절하지 않은 내용은 무엇인가?

① 구매자의 교섭력은 기업이 생산하는 제품 · 서비스를 구입하는 고객과의 관계에 따른 기업의 경쟁력 정도를 나타내는 것으로서 이에 영향을 주는 요인들은 구매비중 및 구매량, 제품의 차별화 정도, 교체비용, 구매자 수 등이 있다.

② 공급자의 교섭력에 영향을 주는 요인들은 공급자 수, 공급 규모, 대체품 여부, 제품차별성, 공급업체 교체비용 등이 있다.

③ 신규진입자의 위협은 말 그대로 산업 내에 새롭게 진출하는 업체로 인해 발생할 수 있는 기존 기업의 경쟁력 변화를 나타내는 것이다.

④ 대체품의 위협은 반드시 같은 부류의 사업에서 비슷한 제품이나 서비스가 등장함에 따른 경쟁구도의 변화를 나타내는 것이다.

⑤ 기존 경쟁자의 경쟁강도는 동일 산업 내에서 경쟁자들이 얼마나 치열하게 경쟁하고 있는지를 나타내는 것으로서 이에 영향을 주는 요소는 기업의 집중도, 전략적 이해관계, 제품차별성, 과잉생산능력 등이 있다.

04 유통기업이 사업단위 전략을 수립할 때, BCG 매트릭스 기법을 활용하는 경우가 많다. 다음 중 BCG 매트릭스 기법에 관한 설명으로 가장 적합한 것은?

① 현재 자사가 속한 시장에서 자사의 시장점유율이 60%라는 사실만으로 현재 시장에서 상대적 시장점유율이 150%라는 것을 알 수 있다.

② 시장성장률은 시장환경을 고려하여 기회와 위협의 화폐적 가치를 환산한 후, 기회를 위협으로 나눈 수치로 시장성장률의 높고 낮음을 평가한다.

③ 별(Star)에 해당하는 영역에서는 현금젖소(Cash Cow) 영역이나 물음표(Question Mark) 영역으로 자금을 이동하는 투자확대전략이 바람직하다.

④ BCG 매트릭스는 제품시장에서 경험곡선효과를 지나치게 강조하고 있는 반면에 기술혁신은 간과되는 단점을 지니고 있다.

⑤ BCG 매트릭스 기법은 과거 시장의 크기에 대한 현 시장의 성장비율로 측정되고, 30%를 기준으로 고 · 저로 분류된다.

05 다음은 비공식적 커뮤니케이션과 관련된 어떤 용어에 대한 설명이다. 적절한 용어를 고르시오.

> 인사이동이 임박해서 발생하고 여러 가지 소문, CEO의 행동에 대한 비밀스런 이야기들, 동료나 상사에 대한 입바른 평가 등이 이에 해당하는데, 정확성이 떨어지기는 하지만 조직 변화의 필요성에 대하여 경고를 해주고 조직 문화 창조에 매개 역할을 하는 등 순기능도 있다.

① 그레이프바인(Grapevine)
② 요하리의 창(Johari s Window)
③ 정보의 잡음(Information noise)
④ 수레바퀴형(Wheel of Star type) 네트워크
⑤ 브레인스토밍(Brainstorming)

06 유통기업경영에 있어서 유통환경변화는 내부환경, 과업환경, 거시환경으로 구분하여 정리할 수 있다. 다음 중 과업환경을 구성하는 요소들로만 올바르게 조합된 것은?

① 고객, 유통경로구성원, 유통조성기관, 경쟁기관
② 경기순환주기, 인플레이션, 정부의 규제, 소비 트렌드, 기술의 변화
③ 공급업자, 정부, 주주, 생산시스템, 생산비용구조
④ 마케팅 능력, 운전자금의 확보능력, 인적자원관리
⑤ 경제, 기술, 사회 · 문화, 정치 · 법률

07 다음의 표에 의할 때, 최적의 안전재고량은 얼마인가?

안전재고량	안전재고총가액($)	25%유지 연간비용($)	품절 발생횟수	품절비용($)
30단위	14,400	3,600	12	3,888.60
40단위	19,200	4,800	8	2,592.40
50단위	24,000	6,000	6	1,944.30
60단위	28,800	7,200	4	1,296.20
70단위	32,200	8,400	2	1,082.10

① 30단위　　　　　　　　　　　② 40단위
③ 50단위　　　　　　　　　　　④ 60단위
⑤ 70단위

08 소매점조직 구성원에 대한 설명 중 가장 옳지 않은 것은?

① 구매담당자 – 현재의 재고나 수요를 토대로 구매주문을 하고 나아가 수요량을 감안한 가격을 결정하기도 한다.

② 기획자 – 계절성, 판촉, 가격변동 등을 고려한 미래 상황을 예측한다.

③ 카테고리 관리자 – 소비자보다는 벤더와의 유기적 관계를 토대로 상품을 관리, 판매한다.

④ 판매원 – 상품 전시와 정리 정돈, 상품 판매, 고객서비스 등 일선에서 중요한 역할을 한다.

⑤ 점포관리자 – 점포의 시설관리 및 판매 운영관리를 담당한다.

09 제4자 물류에 대한 설명으로 올바르게 짝지어진 것은?

> ㉠ 물류비 절감과 서비스를 극대화하기 위해 물류회사, 컨설팅 회사 및 IT 회사가 컨소시엄을 구성하여 참여하기도 한다.
> ㉡ 그룹사의 공동이익을 위해 화주회사는 자회사를 설립하여 물류활동을 위탁한다.
> ㉢ 공급사슬 전체의 운영 및 관리에 목표를 둔다.
> ㉣ 화주회사가 직접 물류활동을 전개한다.

① ㉠, ㉡   ② ㉡, ㉢

③ ㉢, ㉣   ④ ㉠, ㉢

⑤ ㉡, ㉣

10 재고관리의 정기주문모형(Periodic Review System, P시스템)과 고정주문량모형(Continuous Review System, Q 시스템)에 관한 다음 설명 중 옳지 않은 것은?

① P시스템은 정기적으로 정해진 시점에서만 재고를 조사하고 보충하기 때문에 Q시스템에 비해 재고관리가 간편하다.

② Q시스템에서는 현 재고 상태를 항시 알고 있어야 하므로 P시스템에 비해 일반적으로 재고조사 비용이 많이 소요된다.

③ 동일한 비율의 품절 수준이라면, Q시스템이 P시스템에 비해 더 낮은 안전재고 수준을 유지한다.

④ 다품종재고관리의 경우, P시스템은 각 제품의 주문을 묶어서 일괄 요청할 수 있으므로 주문비용과 수송비용을 줄일 수 있는 장점이 있다.

⑤ 일반적으로 P시스템의 주문간격은 Q시스템의 주문간격보다 길다.

11 유통경로를 효율적으로 관리하기 위해서는 먼저 유통경로를 적절히 설계해야 한다. 다음 중 유통경로의 설계과정을 바르게 나열한 것은?

> ㉠ 경로전략의 구축　　　　　　　　　　㉡ 개별 경로구성원의 선택
> ㉢ 경로서비스에 대한 고객욕구의 분석　　㉣ 유통경로 목표의 선정
> ㉤ 경로구조의 선택　　　　　　　　　　　㉥ 고객지향적 유통경로의 설계

① ㉠ - ㉡ - ㉢ - ㉣ - ㉤ - ㉥
② ㉢ - ㉣ - ㉠ - ㉤ - ㉡ - ㉥
③ ㉣ - ㉤ - ㉢ - ㉡ - ㉠ - ㉥
④ ㉡ - ㉢ - ㉤ - ㉠ - ㉣ - ㉥
⑤ ㉠ - ㉢ - ㉡ - ㉤ - ㉣ - ㉥

12 (　　) 안에 들어갈 용어를 순서대로 올바르게 나열한 것은?

> (ㄱ) : 특정한 목적을 달성하기 위해서 희생되거나 포기된 자원이다.
> (ㄴ) : 주어진 원가대상과 관련된 원가로서 그 원가 대상에 추적 가능한 원가이다.
> (ㄷ) : 주어진 원가대상과 관련된 원가이지만 그 원가 대상에 추적할 수 없는 원가이다.
> 그리하여 원가배부과정을 통해 원가집적대상에 귀속된다.
> (ㄹ) : 활동이나 조업도의 총수준과 관련해서 원가 총액이 비례적으로 변동하는 원가이다.

① ㄱ : 원가　　　ㄴ : 간접원가　　　ㄷ : 직접원가　　　ㄹ : 변동원가
② ㄱ : 원가　　　ㄴ : 직접원가　　　ㄷ : 간접원가　　　ㄹ : 변동원가
③ ㄱ : 원가　　　ㄴ : 고정원가　　　ㄷ : 간접원가　　　ㄹ : 직접원가
④ ㄱ : 가격　　　ㄴ : 고정원가　　　ㄷ : 비추적원가　　ㄹ : 비례원가
⑤ ㄱ : 가격　　　ㄴ : 추정원가　　　ㄷ : 비추적원가　　ㄹ : 비례원가

13 소비자기본법상 사업자의 책무에 해당하지 않는 것은?

① 소비자의 불만이나 피해가 신속·공정하게 처리될 수 있도록 관련기구의 설치 등 필요한 조치를 강구하여야 한다.
② 물품 등으로 인하여 소비자에게 생명·신체 또는 재산에 대한 위해가 발생하지 아니하도록 필요한 조치를 강구하여야 한다.
③ 물품 등을 공급함에 있어서 소비자의 합리적인 선택이나 이익을 침해할 우려가 있는 거래조건이나 거래방법을 사용하여서는 아니 된다.
④ 소비자의 개인정보가 분실·도난·누출·변조 또는 훼손되지 아니하도록 그 개인정보를 성실하게 취급하여야 한다.
⑤ 물품 등의 하자로 인한 소비자의 불만이나 피해를 해결하거나 보상하여야 하며, 채무불이행 등으로 인한 소비자의 손해를 배상하여야 한다.

14 본원적 경영전략에 대한 다음 설명 중 옳지 않은 것은?

① 비용요소를 철저히 통제하고 기업의 가치사슬을 최대한 효율화하는 전략은 원가우위전략이다.

② 차별화전략은 고객이 가치가 있다고 생각하는 요소를 제품이나 서비스에 반영하여 고객의 충성도를 확보하고 이를 통해 가격프리미엄이나 매출증대를 꾀하는 전략이다.

③ 집중화전략은 중심시장과는 다른 특성을 가지고 있는 틈새시장을 대상으로 고객의 니즈를 원가우위 혹은 차별화 전략을 통해 충족시키는 전략이다.

④ 서로 상반되는 전략인 원가우위전략과 차별화전략을 동시에 추구하느라 어느 하나의 전략도 제대로 수행하지 못하는 경우를 어중간한 상태라고 하며, 이 경우에는 수익성과 경쟁우위가 모두 사라질 수 있다.

⑤ 품질경영(TQM), 리스트럭처링(Restructuring), 리엔지니어링(BPR) 등은 차별화전략의 일환이다.

15 유통경로 전략 결정에 대한 설명으로 가장 옳지 않은 것은?

① 유통범위의 결정과 관련한 전략으로는 개방적, 전속적, 선택적 유통경로가 있다.

② 유통경로의 길이는 제품특성, 수요특성, 공급특성, 유통비용구조 등의 영향을 받는다.

③ 개방적 유통경로의 경우 제품의 노출 극대화가 일어나는 편의품에 적용된다.

④ 전속적 유통경로의 경우 제품을 촉진시키고자 하는 경로구성원들의 동기를 감소시키기도 한다.

⑤ 선택적 유통경로의 경우 선적비용과 같은 유통비용이 증가하기에 귀금속이나 고가품에 적용된다.

16 인적자원관리 시스템의 구성요소와 관계가 없는 항목이 포함되어 있는 것은?

① 인사관리, 교육훈련, 인간관계

② 임금관리, 유통관리, 노사관계

③ 능력개발, 모티베이션, 인사관리

④ 취업관리, 교육훈련, 능력개발

⑤ 종업원채용, 배치, 교육훈련

17 조직의 본질을 설명하는 다음의 문장 중에서 옳지 않은 것은?

① 조직은 하나의 사회적 실체이지만 조직을 구성하는 개인들과는 독립적인 실체라고 보기 어렵다.

② 조직은 목표를 가진 존재이며, 그 목표는 구성원들의 개인적 목표와 다를 수 있다.

③ 조직은 식별 가능한 경계를 갖고 있어 어떤 요소가 조직의 안에 있고, 또 밖에 있는지를 식별하게 해준다.

④ 조직은 의도적으로 구조화된 활동체계라고 할 수 있다.

⑤ 조직은 환경과의 끊임없는 교환을 수행하는 유기체이다.

18 유통경로의 분류기능에 관한 설명 중 옳지 않은 것은?

① 분류기능을 수행함으로써 중간상은 형태, 소유, 시간, 장소 등의 효용을 창출한다.

② 등급(Sorting Out)은 다양한 공급원으로부터 제공된 동질적인 제품들을 상대적으로 이질적인 집단으로 구분하는 것을 말한다.

③ 수합(Accumulation)은 다양한 공급원으로부터 소규모로 제공되는 동질적인 제품들을 한데 모아 대규모 공급이 가능하게 만드는 것이다.

④ 분배(Allocation)는 대체로 생산자에서 소비자에 이르는 유통 과정에 있어 중요한 기능이라 할 수 있다.

⑤ 구색화(Assorting)는 상호연관성이 있는 제품들로 일정한 구색을 갖추어 함께 취급하는 것을 말한다.

19 아래 박스안의 채찍효과를 극복하는 방법으로 옳은 것은?

> 채찍효과란 정보전달의 지연, 왜곡 및 확대현상으로 일반소비자로부터 주문 및 수요의 변동이 일어났을 때 이에 대한 정보가 소매상, 도매상, 유통센터 등을 거슬러 전달되는 과정에서 발생하는 현상을 말한다.

① 잦은 가격정책의 변화
② 대량 일괄 주문
③ 유통주체 간의 독립성 강화
④ 공급사슬상의 수요 및 재고정보 공유
⑤ 각 유통단계별 개별적 수요예측

20 종업원의 성과평가시 평가자의 여러 가지 오류와 편견이 개입될 수 있다. 아래와 같은 이유로 발생하는 평가오류를 무엇이라고 하는가?

> 첫째, 평가자가 종업원에 대해 전반적으로 주관적인 판단을 하고 난 뒤 그러한 판단을 토대로 각 성과 기준에 대한 구체적인 성과평가를 시행하기 때문이다.
> 둘째, 평가자가 중요하게 생각하는 기준에 맞추어 성과평가를 하기 때문이다.

① 대비효과(Contract Effect)
② 후광효과(Halo Effect)
③ 유사성 오류(Similarity Error)
④ 중심화 오류(Central Tendency Error)
⑤ 시간적 오류(Recency Errors)

21 재고관리에 대한 내용 중 가장 옳지 않은 것은?

① 재고관리란 재고를 어떤 품목으로 얼마나 보유할 것인가를 결정하고, 적정수준을 운영하며, 구매한 자재를 적기 · 적소 · 적량으로 공급이 가능하도록 저장 · 분배하는 활동을 말한다.

② 재고관리의 범위는 자재관리(소요 · 저장 · 분배관리)와 구매관리(판매 · 외주관리)로 구분된다.

③ 기업에서 재고관리활동은 기업이 보유하고 있는 각종 제품·반제품·원재료·상품·공구·사무용품 등의 재화를 합리적, 경제적으로 유지하기 위한 활동이다.

④ 재고관리의 의미는 단순히 물품의 수·발주를 중심으로 한 재고관리와 경영적 관점에서 본 재고관리의 양면성을 갖고 있다.

⑤ 경영적 관점에서 본 재고관리는 일반적인 경영계획의 일환으로 발주량과 발주시점을 결정하며, 실시간으로 발주·납품(입고)·출고·이동·조정·기록 등의 업무를 수행하는 것이다.

22 판매단가가 8,000원인 자동차용품을 만드는 회사가 있다. 이 회사의 감가상각비 및 임차료 등의 총고정비가 20,000,000원, 재료비, 노무비 등의 변동비가 3,000원이고 판매량은 10,000개이다. 이 자동차용품의 공헌이익률은 얼마인가?

① 3/8   ② 5/8

③ 1/4   ④ 3/4

⑤ 4/5

23 유통경로에 대한 설명으로 가장 거리가 먼 것은?

① 유통경로는 고객이 제품이나 서비스를 사용 또는 소비하는 과정에서 참여하는 상호의존적인 조직들의 집합체이다.

② 유통경로 내의 중간상은 시간효용, 장소효용, 소유효용, 형태효용을 창출한다.

③ 유통경로 내의 중간상은 제조업체로부터 공급받은 제품을 그대로 소비자에게 전달하는 단순한 역할을 수행한다.

④ 유통경로 내의 중간상은 제품의 구매와 판매에 필요한 정보탐색의 노력을 감소시켜 주고, 제조업자와 소비자의 기대 차이를 조정해 준다.

⑤ 유통경로 내의 중간상은 반복적인 거래를 가능하게 함으로써 구매와 판매를 보다 용이하게 해주고, 교환과정에 있어 거래비용 및 거래횟수를 줄임으로써 효율성을 높여준다.

24 ( ) 안에 들어갈 용어를 순서대로 올바르게 나열한 것은?

> • (ㄱ) 물류는 물류활동에 있어서 계속적으로 사용 되는 컨테이너, 파렛트, 빈용기 등의 사용을 위한 (ㄱ)활동과 관련된 물류활동이다.
> • (ㄴ) 물류는 원자재와 제품의 포장재 및 수배송 용기 등을 매립 또는 소각 등과 같이 (ㄴ) 하기 위한 물류활동이다.

① ㄱ : 반품, ㄴ : 조달   ② ㄱ : 회수, ㄴ : 생산

③ ㄱ : 반품, ㄴ : 회수   ④ ㄱ : 회수, ㄴ : 판매

⑤ ㄱ : 회수, ㄴ : 폐기

25 물류관리를 위한 수요예측방법 중 정성적 예측방법이 아닌 것은?

① 시계열 분석방법
② 전문가 의견법
③ 수명주기 유추법
④ 델파이법
⑤ 시장조사법

제 **2** 과목 **상권분석**

26 다음 중 개별점포의 상권특성이 아닌 것은?

① 지명도가 높고, 개성이 강한 상품을 취급하는 점포일수록 상권이 크다.
② 점포규모가 클수록 그 상권이 크다.
③ 교통편이 좋은 곳이나 일류상가에 위치한 점포일수록 상권이 크다.
④ 선매품, 전문품을 취급하는 점포의 상권이 편의품을 취급하는 점포의 상권보다 작다.
⑤ 전문품 등을 취급하는 점포의 상권이 편의품을 취급하는 점포의 상권보다 크다.

27 다음 중 파워센터를 설명하는 내용으로 가장 적절하지 않은 것은?

① 카테고리킬러 형태와 유사한 염가 판매 전문 점포들로 구성된 새로운 형태의 쇼핑센터이다.
② 하나 또는 여러 개의 핵심 점포들이 전체 부지의 약 50% 이상을 차지하고 있다.
③ 여러 종류의 전문 할인점들이 임대의 형식으로 들어오게 되는 구조를 가지고 있다.
④ 소비자들의 회유에 의한 충동구매를 유도하는 식이 아닌 일정한 구매 목적을 지닌 소비자들로 하여금 어떤 한 점포에서 짧은 시간 내에 제품을 구매할 수 있도록 배려하는 것이 특징이다.
⑤ 큰 규모로 더 많은 고객이 유인되고, 보다 깊이 있는 제품구색을 갖춘다.

28 점포개점의 프로세스에서 각 단계별 내용으로 잘못 연결된 것은?

① 1단계 - 특별한 노하우나 기술을 보유하고 있는 경우나 유경험자인 경우 전문가의 도움을 받아 독립적으로 창업이 가능하지만, 초보자인 경우 프랜차이즈 창업이 유리하다.

② 2단계 - 업종에 따라 적합한 상권과 입지는 다르며, 자신의 능력에 맞는 상권과 입지 그리고 점포 크기를 정한다.

③ 3단계 - 업종에 따라 필요 기자재는 차이가 있으므로, 자신이 선택한 업종에서 필수적으로 필요한 기자재는 사전에 충분한 시장 조사를 한 후에 결정을 해야 한다.

④ 4단계 - 장사를 하기 위해서는 판매할 상품을 구비해야 하는데, 판매업종인 경우 도매상을 통해 매입 계획을 세워야 하고 외식업종인 경우 수많은 종류의 식자재를 구입 혹은 구입처를 사전에 확보해 두어야 한다.

⑤ 5단계 - 사전 준비를 철저히 하고 오픈을 해야 하며, 가오픈을 통해 충분한 현장 실습을 한 후 본오픈을 하는 방법이 효과적이다.

29 공장을 설립하는 데 적당한 일정범위의 지역을 공장입지라고 하는데, 이것과 관련된 내용으로 가장 적절하지 않은 것은?

① 제조방법의 차이 및 사업주체인 기업 측의 사정으로 선정기준이 달라진다.

② 타 소매업체들과 떨어진 지역으로서 통상적으로 다른 소매업체들과 고객을 공유하지 않는다는 특징이 있다.

③ 공장 소재지와 직접 관계가 있는 용지의 면적, 가격, 지내력 및 조달의 난이성, 공장의 경우 광역적 환경으로서의 기후, 풍토, 교통기관, 소비지 등 입지조건을 구성하는 요소는 매우 많다.

④ 원재료 및 동력원의 변천, 국가의 산업정책과 지역개발 정책의 동향 등도 입지에 커다란 영향을 미친다.

⑤ 일반적으로 공장에 있어서는 상품 생산에 필요한 여러 요소의 입수가 용이하고 저렴해야 한다는 점, 소비지는 제품 출하시 수송과 판매의 편리성이 요구된다.

30 유동인구 조사를 통해 유리한 입지조건을 찾을 때 적합하지 않은 것은?

① 교통시설로부터의 쇼핑동선이나 생활동선을 파악한다.

② 주중 또는 주말 중 조사의 편의성을 감안하여 선택적으로 조사한다.

③ 조사시간은 영업시간대를 고려하여 설정한다.

④ 유동인구의 수보다 인구특성과 이동방향 및 목적 등이 더 중요할 수도 있다.

⑤ 같은 수의 유동인구라면 일반적으로 출근동선보다 퇴근동선에 위치하면 유리하다.

31 박스 안에서 설명하고 있는 원리에 의해 입지를 올바르게 분류한 것은?

> 상업입지에서 경쟁관계에 있는 점포들끼리 경쟁이 일어난 후 오랜 기간이 지나면 공간을 서로 균등하게 나누어 입지하게 된다는 주장이 있다. 이 주장에 따르면 배후지 시장이 좁고 교통비에 대한 수요의 탄력성이 작은 경우에는 점포가 중심부에 입지하고, 배후지 시장이 넓고 교통비에 대한 수요의 탄력성이 크면 점포가 분산해서 입지하는 경향이 나타나게 된다고 본다.

① 이용목적에 따른 분류 – 적응형 입지, 목적형 입지, 생활형 입지
② 점포유형별 분류 – 고객창출형 입지, 근린고객의존형, 통행량의존형
③ 상권범위에 따른 분류 – 1급지(A급지), 2급지(B급지), 3급지(C급지)
④ 공간균배에 따른 분류 – 집심성 입지, 집재성 입지, 산재성 입지
⑤ 소비자구매습관에 따른 분류 – 편의품점 입지, 선매품점 입지, 전문품점 입지

32 복합용도개발(MXDs ; Mixed-use Developments)의 개념에 대한 설명이 아닌 것은?

① 복합용도로 개발된 건물은 호텔, 오피스, 상가, 주거 등 도시 속 인간생활의 기본요소인 주거, 작업, 여가의 각 활동을 동시에 수용한다.
② 복합용도개발의 특징은 구성요소들 간에 견고한 물리적 기능의 통합에 의한 고도의 토지이용을 창출한다는 것이다.
③ 통일성 있는 계획보다 단위개발 프로젝트에 의한 협력이 필요하다.
④ 세 가지 이상의 용도가 한 건물에 물리적·기능적으로 복합된 건물을 말한다.
⑤ 복합용도개발은 수직적·수평적 동선체계의 집중적인 연결에 의해 긴밀하게 통합되어져야 한다.

33 입지의 매력도에 영향을 미치는 요소 중 접근성에 대한 설명으로 올바르지 않은 것은?

① 기본 상권을 분석하는 방법으로 도로패턴, 도로상태, 장애 등의 요소를 평가하여야 한다.
② 핵심 소비자층이 도보로 이동하는지, 차량이나 지하철을 이용하는지 이동경로를 파악하는 것이 중요하다.
③ 주차시설의 양과 질, 교통편의시설 등은 점포의 전체적인 접근성에 중요한 요인이 된다.
④ 횡단보도가 없더라도 도로가 넓은 곳은 접근성이 좋으며 활발한 상권으로 판단된다.
⑤ 시장이 한정되거나 고객 충성도가 높을수록 점포 외관이 접근성에 미치는 영향은 감소한다고 볼 수 있다.

34 하버드 비즈니스 스쿨의 애플바움(W. Applebaum) 교수의 유추법에 대한 설명으로 가장 옳지 않은 것은?

① 자사의 신규점포와 특성이 비슷한 기존의 유사 점포를 선정하여 매출액, 통행량, 구매력 비율, 객단가 등을 조사하여 정확한 수요를 찾는 방법이다.
② 각 지역에서의 1인당 매출액을 구하고, 예상 상권 내의 각 지역의 인구수에 유사점포의 1인당 매출액을 곱하여 신규점포의 예상매출액을 구한다.

③ 유통업자가 기존의 점포 근처에 신규점포를 개점하려고 한다면, 신규점포가 기존 점포의 고객을 어느 정도 잠식할 것인지를 고려해야 한다.

④ 유추점포가 가지고 있는 흡인력을 조사한 후 대체 입지의 예상매출과 상권을 추정하여 기대효과가 가장 높은 곳을 선정한다.

⑤ 신규점포의 상권분석 뿐만 아니라 기존 점포의 상권분석에도 적용될 수 있으며, 쇼핑패턴을 반영하여 적용하기 쉽다는 특징이 있다.

35 상권조사 기법으로 많이 활용하는 CST(Customer Spotting Technique) 기법과 관련된 설명으로 볼 수 없는 것은?

① 상권의 범위를 파악하는 데 도움을 준다.
② 상권내 소비자의 인구통계적 특성을 분석할 수 있다.
③ 기존 유사점포 및 신규점포 분석에 활용된다.
④ 점포들 간의 상권 잠식상태와 경쟁의 정도를 측정할 수 있다.
⑤ 회귀분석법을 적용할 때 대부분 활용된다.

36 다음 중 특정 상권에서의 수요량에 영향을 미치는 요소로 가장 거리가 먼 것은?

① 특정 상권 내의 인구통계 및 라이프스타일 특성
② 특정 상권 내의 경쟁구조 및 경쟁상황
③ 특정 상권 내에서의 사업 환경 및 개별소매업체의 경영 성향(다점포관리 성향)
④ 특정 공급(협력)업체의 수, 공급(협력)업체 경영자의 나이 및 성향, 전략적 제휴의 가능성
⑤ 특정 상권 내의 제반 입지 특성

37 다음 중 상권의 의미와 가장 거리가 먼 것은?

① 상업상 거래를 행하는 공간적 범위로 '상세권'이라고도 한다.
② 한 점포가 고객을 흡인하거나 흡인할 수 있는 범위를 말한다.
③ 다수의 상업시설이 고객을 흡인하는 공간적 범위만을 말한다.
④ 상권은 주로 판매하는 측에서 본 개념으로 소비자의 경우는 생활권이라고 한다.
⑤ 상권은 점포에서 취급하는 상품에 대한 상권 내 인구의 구매력을 추정하고, 매출액을 설정하는 데 기본적인 데이터를 제공하고, 판촉활동 범위를 결정하는 데 필수적인 데이터로 활용된다.

38 '팩토리 아웃렛'과 관련된 입지 개발방법으로 가장 적절한 것은?

① 상권의 경우 규모는 크고, 특별한 주 고객층이 있는 것은 아니며 또한 계층에 상관없이 전체 소득계층이 전체적으로 활용하고 있다.

② 건물 내부엔 매장과 접해 산책 및 휴식을 취하기 위한 갤러리가 설치되어 있고, 매장의 입·출구는 갤러리와 연결되어 있다.

③ 지대의 부담으로 인한 단층형 매장전개가 용이하지 않으므로 2~3개 층 또는 타 복합시설이 입점해서 건물의 저층부 및 지하층을 활용함으로써 상대적인 건축비에 대한 부담이 높다.

④ 건물의 시설 및 내장에 있어서 점포는 하나의 거대한 단층 건물로 저렴한 자재를 활용해서 건축되고, 건물 주변에는 정비된 주차장이 설치되어 있다.

⑤ 소비자에게 저렴하면서도 양질의 상품을 제공하는 것을 직·간접적으로 호소할 수 있으며 드라이빙 및 교외로의 이동이 일반화되어 있다.

39 다음 중 편의점형 식료품점의 입지전략으로 가장 부적합한 것은?

① 주로 통행하는 길목에 상점이 위치하는 것이 좋다.

② 고객접근이 쉬운 주거지역, 유동인구가 많은 지역에 위치한다.

③ 도보로는 10~20분 이내, 거리는 1,000m 이내의 위치가 좋다.

④ 주차가 편한 교외 지역이나 재래시장 내에 입지한다.

⑤ 주로 저차원 중심지에 입지한다.

40 중심업무지구(CBD)이기 때문에 발생하는 상권특성에 대한 설명으로 옳지 않은 것은?

① 상권의 범위가 좁다. ② 접근성이 좋다.

③ 대형 고층건물이 밀집된다. ④ 주야간의 인구차이가 있다.

⑤ 핵심지구(Core)와 주변지구(Frame)로 구별된다.

41 다음 중 백화점의 입지에 대한 설명으로 적절하지 않은 것은?

① 백화점에 가장 유리한 입지로는 일반적으로 중심상업지역이나 지역쇼핑센터 또는 슈퍼지역쇼핑센터를 들 수 있다.

② 백화점은 중심상업지역과 쇼핑센터지역을 위해 그들만의 유동인구를 만들어낸다.

③ 백화점 입지의 선정은 주요산업, 유동인구, 대중교통 연계성 등 장기적인 발전을 고려하여 선정해야 한다.

④ 백화점은 대부분의 지역쇼핑센터 또는 슈퍼지역쇼핑센터에서는 고객유인점포(업태)가 될 수 없다.

⑤ 백화점이 선호하는 입지로서 지역쇼핑센터 혹은 대형 쇼핑몰에 대한 입점은 방문고객들에게 주로 안전성, 특히 날씨의 변화로부터 쇼핑객들을 보호할 수 있는 장점을 제공할 수 있기 때문이다.

42 다음의 내용이 설명하는 것으로 가장 적절한 것은?

> 경쟁점의 입지 및 규모, 형태 등을 감안하여 예비창업자의 사업장이 기존 점포와의 경쟁에서 우위를 점할 수 있는 가능성 및 향후 신규 경쟁점이 입점함으로써 창업할 사업장에 미칠 영향력의 정도를 파악하기 위한 것이다.

① 입지유형에 대한 설명 중 적응형 입지에 대한 내용이다.
② 좋은 입지선정을 위한 고려사항 중 안정성에 대한 내용이다.
③ 넬슨의 입지평가방법 중 중간저지성에 대한 내용이다.
④ 넬슨의 입지평가방법 중 양립성에 대한 내용이다.
⑤ 넬슨의 입지평가방법 중 경쟁회피성에 대한 내용이다.

43 입지를 선택할 때 시너지 효과에 대한 고려사항으로 가장 적절하지 않은 것은?

① 동종 업종이 집적되어 있으면 초기투자비가 높고, 경쟁점포가 출점하더라도 매출이 민감하게 변하지 않으며, 소비자는 바가지를 쓸 염려를 하지 않는다.
② 동종업종의 집적을 고려한 입지선정 유사 업종의 집객력을 고려하여 선정한다.
③ 판매업종이 집중된 명동이나 백화점, 할인점에 외식업을 출점하면 시너지 효과를 최대한 확보할 수 있다.
④ 서비스업종이 집중된 음식점이나 유흥위락단지, 숙박업, 학원, 극장 등 같은 업종끼리 집중되면 시너지 효과가 최소화된다.
⑤ 호텔, 백화점, 시장, 대형오피스, 대형상가, 대형 복합빌딩 등 바로 옆이나 아니면 영향권에서 벗어난 지역에 입점해야 한다.

44 객단가(客單價, Customer Transaction)에 관한 설명들이다. 가장 옳지 않은 것은?

① 객단가를 높이기 위해서는 상품의 평균단가를 올리는 방법과 방문고객수를 늘리는 방법이 있다.
② 총매출액을 고객수로 나누어 산출할 수 있다.
③ 방문고객 1인당 평균 구매액을 의미한다.
④ 상품평균단가에 고객 1인당 상품별 매입수량을 곱하여 산출한다.
⑤ 통상적으로 상품구성의 다양화, 매장면적의 확대, 상품진열방법의 연구 등에 따라 평균매출수량을 증가시키는 방법이 쓰이고 있다.

45 소매집적이란 다양한 크기의 동종 또는 이종 소매업종과 소매업태가 서로 관련성을 가지고 한 장소에 모인 집단소매시스템을 의미한다. 이렇게 집중화(집단화)됨으로써 얻을 수 있는 효과를 바르게 나열한 것은?

> ⊙ 매장 면적의 증대효과   ⓒ 고객흡입력 증가
> ⓒ 공간적 인접성 확보   ⓔ 구매자의 집중력 확보
> ⓜ 점포 내 취급상품의 다양성 증가   ⓗ 선매품 취급 증가

① ⊙, ⓒ, ⓒ, ⓔ   ② ⊙, ⓒ, ⓜ, ⓗ
③ ⊙, ⓒ, ⓜ, ⓗ   ④ ⓒ, ⓒ, ⓔ, ⓜ
⑤ ⓒ, ⓒ, ⓜ, ⓗ

제 **3** 과목 **유통마케팅**

---

46 외부환경변화 중 특히 주5일 근무제도의 도입에 발맞추어 대형유통소매점이 취할 수 있는 효과적인 중·장기 전략으로 보기 가장 어려운 것은?

① 30~40대 직장인 고객을 위한 머천다이징 강화
② 매장 대형화를 통한 엔터테인먼트(Entertainment) 요소의 강화
③ 충동구매를 더욱 촉진하기 위한 보다 할인된 가격중심의 고객유혹전략 강화
④ 주중과 주말을 구분한 차별화된 머천다이징 도입
⑤ 전통적인 입지선정 요소의 중요성 약화

47 고관여 소비자 제품에 대한 광고 전략과 비교하여 저관여 소비자제품에 대한 광고전략의 내용으로 가장 거리가 먼 것은?

① 반복되는 단문메시지를 사용하여 수동적인 학습효과를 향상시키고 브랜드 친화도를 높여야 한다.
② 폭넓은 정보 제공에 집중함으로써 소비자의 관심이나 주의를 높여야 한다.
③ 점포 내 진열이나 포장과 같은 시각적 및 비(非)메시지 구성요소를 강조해야 한다.
④ 인쇄매체보다 TV를 주요 수단으로 활용해야 한다.
⑤ 커뮤니케이션의 차별화를 해야 한다.

48 제품수명주기의 각 단계에 대한 다음 설명 중 틀린 것은?

① 도입기에는 제품에 대한 매출액의 상승이 늦고 구매자의 대부분이 혁신자(Innovator)이다.

② 성장기에는 경쟁자가 늘어나며, 가격은 일반적으로 높아진다.

③ 성숙기에는 판매량의 절대적 크기가 감소하며, 성장기보다 매출도 낮아진다.

④ 쇠퇴기에는 일반적으로 철수하는 것이 옳으나 수요자가 어느 정도 남아 있는 때는 그러한 보수적 소비자를 목표시장으로 하는 전략을 수립하는 방법도 이익을 남길 수 있다.

⑤ 도입기에는 경쟁자가 없거나 소수에 불과하다.

49 다음 중 시장세분화의 목적과 가장 거리가 먼 것은?

① 마케팅노력을 사용자가 필요로 하는 것에 초점을 맞추기 위해

② 자사 제품들을 표준화하여 대량 마케팅 기회를 찾고자 할 때

③ 고객의 동질성에 따라 시장을 확인하고자 할 때

④ 선정된 세분시장(표적시장) 속에서 시장점유율을 높이기 위해

⑤ 변화하는 시장수요에 능동적으로 대처하기 위해

50 다음은 판매시 상품의 사용방법이나 조리방법을 실제로 보여주며 판매하는 실연판매에 관한 설명이다. 가장 적절하지 않은 것은?

① 실연판매는 1주간 이상 계속해야 효과가 높아진다.

② 실연판매는 신제품 도입시 판촉이나 새로운 제안으로 관련구매를 증가시키는 데 효과적이다.

③ 비실연판매와 비교하면 실연판매의 경우 판매수량의 증가를 기대할 수 있다.

④ 실연판매의 경우 재구매를 촉진시키는 효과는 그다지 기대하기 어렵다.

⑤ 실연을 할 때에는 보기가 쉽고 너무 복잡하지 않아야 고객의 주의를 끌 수 있다.

51 다음 CRM에 대한 설명 중 가장 적절하지 않은 것은?

① CRM은 고객과 관련된 기업의 내·외부자료를 분석·통합하여 고객특성에 기초한 마케팅 활동을 계획하고 지원하며 평가하는 과정이다.

② CRM을 구현하기 위해서는 고객 통합 데이터베이스가 구축되어야 하며, 고객 특성을 분석하기 위한 데이터마이닝 도구가 준비되어야 한다.

③ 기업들이 CRM을 도입할 때는 초기에 많은 비용이 들지 않도록 자신의 기업에 적절한 조직, 프로세스, 시스템의 범위를 확정해야 한다.

④ CRM 프로그램은 크게 기존고객 유지 프로그램, 고객이탈 방지프로그램, 신규고객 획득 프로그램으로 나눌 수 있으며, 이 중 신규고객 획득을 위한 프로그램이 가장 중요하고 핵심적인 프로그램이다.

⑤ CRM은 데이터베이스 마케팅의 일대일 마케팅, 관계마케팅에서 진화한 요소들을 기반으로 등장한 것이다.

52 다음이 설명하는 고객관계관리를 위한 캠페인은?

> 경쟁사 고객확보를 위한 전략, 즉 경쟁사의 고객을 빼내오는 행위로서 대상 고객에게 상당한 재화 및 서비스의 제시가 있다.

① LTV(Life Time Value)
② Cross-selling
③ Up-selling
④ Win-back
⑤ Mass Marketing

53 고객지향관점에서 본 소매업의 서비스 활동을 가장 잘 설명하고 있는 것은?

① 기업의 이익을 우선시 하여 판매촉진을 강화한다.
② 단골고객에 대하여 특별히 10% 할인율을 적용해준다.
③ 고객이 구매한 상품을 물류비용에 대한 부담없이 고객이 원하는 장소로 운송해준다.
④ 신규매장오픈 시 고객에게 비디오필름과 함께 초대장을 보낸다.
⑤ 고객의 요구와 관계없이 규칙적으로 운송비를 받지 않고 상품을 고객에 보낸다.

54 고객에 대한 커뮤니케이션을 효과적으로 수행하기 위해서는 커뮤니케이션 구성요소들에 대한 이해가 필요하다. 커뮤니케이션 과정에서 발생하는 예기치 못했던 정보왜곡현상이나 정체현상을 무엇이라고 하는가?

① 원천효과(Source Effect)
② 장애물(Noise)
③ 피드백(Feedback)
④ 부호화(Encoding)
⑤ 해독(Decoding)

55 고객에 대한 커뮤니케이션을 효과적으로 수행하기 위해서는 커뮤니케이션 구성요소들에 대한 이해가 필요하다. 다음 중 피드백에 해당하는 설명은?

① 발신자가 부호화한 내용을 수신자가 자신의 의미로 해석하는 과정이다.

② 수신인의 발신인에 대한 반응이다.

③ 발신자가 수신자에게 전달하려고 하는 언어적 또는 비언어적 주장이나 관념이다.

④ 수신자가 받은 반응을 발신자가 다시 전달받아 순환하여 차기 커뮤니케이션의 보다 효율적인 메시지 전달에 도움이 된다.

⑤ 커뮤니케이션 과정에서 발생하는 예기치 못했던 정보왜곡현상이나 정체현상을 말한다.

56 수요에 기초한 심리적 가격결정 기법과 그에 대한 설명으로 가장 옳지 않은 것은?

① 단수가격 책정은 소비자들에게 심리적으로 비싸다는 느낌을 주어 판매량을 늘리려는 심리적 가격 결정의 한 방법이다.

② 명성가격 책정은 소비자들은 가격을 품질이나 지위의 상징으로 여기므로 명품 같은 경우 가격이 예상되는 범위 아래로 낮추어지면 오히려 수요가 감소할 수 있다는 사실에 기반을 둔 것이다.

③ 관습가격 책정은 소비자들이 관습적으로 당연하게 느끼는 가격대에 가격을 설정하는 것으로, 라면, 껌 등과 같이 대량으로 소비되는 생필품의 경우에 많이 적용된다.

④ 비선형 가격설정은 일반적으로 대량구매자가 소량구매자에 비해 가격탄력적이라는 사실에 기반하여 소비자에게 대량구매에 따른 할인을 기대하도록 하여 구매량을 증가시키고자 하는 것이다.

⑤ 상층흡수 가격정책은 신제품을 시장에 도입하는 초기에 고가격을 설정함으로써 가격에 대하여 민감한 반응을 보이지 않는 고소득자층을 흡수한 후, 연속적으로 가격을 인하시킴으로써 저소득계층에게도 침투하고자 하는 가격정책이다.

57 서비스품질에 대한 고객평가는 다양한 기준에 의해 이루어진다. 서비스품질에 대한 다차원적인 평가에 있어 가장 보편적으로 활용되고 있는 SERVQUAL의 5가지 구성요소에 해당되지 않는 것은?

① 유형성   ② 신뢰성

③ 수익성   ④ 확신성

⑤ 공감성

58 고객생애가치(Customer Lifetime Value)와 관련된 다음의 내용 중 잘못된 것은?

① 한 고객이 고객으로 존재하는 전체 기간 동안 기업에게 제공하는 이익의 합계이다.

② 한 시점에서의 고객이 제공하는 단기적인 가치라고 할 수 있다.

③ 기업은 어떤 고객이 기업에게 이로운 고객인가를 판단할 수 있다.

④ 고객의 입장에서 보면 고객 자신이 느끼는 가치에서 고객이 지불하는 비용을 뺀 차이가 얼마인가가 선택의 척도가 된다.

⑤ 고객생애가치는 매출액이 아닌 이익이다.

59 다음은 카테고리 매니지먼트(Category Management)에 관한 설명들이다. 올바르지 않은 것은?

① 매장의 상품관리대상이 물적인 특성에 기초한 단품에서 소비자의 요구에 기초한 상품카테고리로 확대되고 있다.

② 상품카테고리를 전략적 사업단위로 삼아 매장의 생산성을 체크하고 효율적으로 매출이나 수익성 향상을 추구하는 관리기법이다.

③ 소매업체와 제조업체가 데이터를 공유하고 서로 협조하여 소비자 관점에서 성과를 높일 수 있는 매장을 구성하는 과정이다.

④ CRM의 심장이라고 할 수 있는 중심기능으로 수급의 매칭을 꾀하는 중요한 역할을 담당하고 있다.

⑤ 거래파트너 쌍방의 고유한 자원에 레버리지 효과를 제공하는 구조화되고 원칙에 따르는 비즈니스 프로세스이다.

60 다음 중 고객별 수익기여도 분석에 관한 설명으로 가장 올바르지 않은 것은?

① RFM(Recency Frequence Monetary)분석은 최근성, 구매빈도 및 구매량을 이용하여 고객의 로열티를 측정하는 방법이다.

② HPM(고객실적 평가법)은 고객이 지금까지 기업의 수익성에 어느 정도 기여해 왔는지를 측정하는 방법이다.

③ LTV(고객생애가치)는 고객이 향후 예측되는 수익이 어느 정도인지를 측정하는 방법이다.

④ HPM(고객실적 평가법)방법은 우량고객이 될 가능성이 있는 고객이 누구인지를 명확하게 측정할 수 있는 반면, RFM분석기법은 이익기여도에 대한 산정기준이 불분명한 단점이 있다.

⑤ 기업에서 고객수익성을 측정하는 데 사용할 수 있는 측정방법은 전통기법인 RFM 분석과 새로운 측정도구인 고객수익성 분석법으로 나누어진다.

61 유통부문에서 최근 가격파괴현상이 일어나고 있다. 이때 가격경쟁형 마케팅 전략의 전제조건이 될 수 있는 것은?

① 제품의 수명주기상 성숙기에 있는 경우

② 제품차별화가 이루어지고 있는 경우

③ 수요의 가격탄력성이 낮은 경우

④ 소비자의 구매행동 면에서 선택적 평가기준에 따른 구매가 이루어지고 있는 경우

⑤ 소비자의 구매행동 면에서 부가적 평가기준에 따른 구매가 이루어지고 있는 경우

62 제품전략과 유통관리와의 관계에 대한 다음 설명 중 가장 옳지 않은 것은?

① 마케팅믹스전략 중 제품전략은 상품, 서비스, 포장, 디자인, 품질 등의 요소를 포함한다.

② 일반적으로 품질 및 가격과 같은 제품의 특성은 경로길이와 밀접한 관련이 있다.

③ 강력한 브랜드파워를 가진 제품의 경우 소비자의 브랜드 애호도에 의한 가격민감도가 낮다.

④ 제품의 수명주기 중 성장기에는 제품을 널리 보급하기 위해 집중적 유통전략을 활용한다.

⑤ 경쟁이 심화된 성숙기에는 제품의 기능과 브랜드를 알리는 마케팅 전략이 적절하다.

63 서비스에 대한 다음 설명 중 옳지 않은 것은?

① 영어의 'Service'란 단어는 '노예의 상태'란 뜻의 라틴어 '세르부스(Servus)'에서 유래하였다.

② 중세에는 서비스를 단순히 생산적인 활동의 개념으로 파악하였다.

③ 산업사회에서는 제품을 팔기 위한 부수적인 역할로 간주하였지만 경제적 가치를 인정하게 되었다.

④ 현대사회에서는 서비스산업이 제조산업을 추월하여 서비스 없이는 하루도 생활할 수 없는 '서비스사회'에 진입하였다.

⑤ 오늘날 비즈니스를 하는 사람들은 모두가 항상 겸손하고, 신중하며 주인(고객)의 니즈를 예측할 수 있어야 한다.

64 다음 중 다양성이 낮고 복잡성이 높은 기업에서 채택하여야 할 전략은?

① 개별화전략 ② 시장방어전략

③ 원가우위전략 ④ 기능적 서비스 품질전략

⑤ 기술적 서비스 품질전략

65 다음 박스 안의 (가)와 (나)에 가장 적절한 단어는 무엇인가?

> 기업경영환경의 변화는 (가)의 새로운 패러다임이 되었다. 많은 기업들이 성공적인 기업요건으로 "고객은 왕이다" 또는 "고객이 없으면 기업은 없다(No customer, No business)."라는 슬로건을 흔히 사용하고 있다. 이것은 (나)이/가 기업생존 및 성장경쟁력을 좌우하는 최우선 요인으로 부각되고 있음을 반영하는 것으로써 (가)은/는 바로 이러한 것을 가능케 하는 경영기법이라 할 수 있다.

① (가) 고객만족   (나) 고객만족관리
② (가) 고객만족경영   (나) 고객만족관리
③ (가) 고객만족경영   (나) 고객
④ (가) 고객   (나) 고객만족경영
⑤ (가) 고객만족관리   (나) 고객

66 다음 중 고객을 설득하기 위한 화법에 관한 설명으로 가장 거리가 먼 것은?

① 고객과 공감대 형성을 위해 우선 종교, 정치 그리고 고향에 대한 정보를 습득한다.
② 고객의 수준에 적합한 고객이 이해하기 쉬운 말을 사용한다.
③ 큰 소리 보다는 낮은 목소리로 말하는 것이 설득효과가 크다.
④ 고객의 눈동자에 시선을 맞추되 가끔 입언저리를 바라보는 시선처리가 필요하다.
⑤ 대화의 기본은 7 : 3원리와 1 : 2 : 3화법에 입각한다.

67 마케팅 전략 수립에 필요한 내용에 관한 다음 설명 중 가장 올바른 것은?

① 생활용품 회사가 자사제품 기존 소비자의 사용빈도와 1회 소비량을 증가시키기 위한 마케팅전략 아이디어를 찾고 있다면 이는 Ansoff 매트릭스 중 시장개발 전략에 해당한다.
② 지각과정에서 최초의 자극이 강할수록 자극 간 차이를 인식시키기 위해서는 차별화와 변화의 폭이 충분히 커야 된다는 법칙을 지각적 경계법칙이라 한다.
③ 판매사원이나 유통업자에게 교육훈련을 시켜 현장에서 일상적으로 접할 수 있는 정보를 수집하려는 목적을 가진 마케팅정보시스템을 마케팅 의사결정지원시스템이라고 한다.
④ 모집단을 서로 상이한 소집단으로 분류한 후에 각 소집단으로부터 단순 무작위표본추출을 하는 방법을 군집표본추출방법이라 한다.
⑤ 차별화 전략에 수반되는 위험에는 차별화요소에 대한 고객인지도 하락과 차별화의 지나친 강조로 시장을 상실할 가능성 등이 있다.

68 세계시장에서 게임 관련 하드웨어 및 소프트웨어 분야의 대표적 기업인 닌텐도사가 게임기를 저렴한 가격으로 판매한 후, 이에 필요한 게임 소프트웨어를 높은 가격으로 판매하여 이익을 올리는 전략을 추구한다면 이는 다음 중 어느 가격전략에 해당하는가?

① 최적제품 가격전략(Optimal Product Pricing)

② 제품라인 가격전략(Product Line Pricing)

③ 부산품 가격전략(By-product Pricing)

④ 포획제품 가격전략(Captive Product Pricing)

⑤ 참조 가격전략(Referral Pricing)

69 제조업체가 자사 제품을 공급하는 유통업체(소매점)에 다량의 판촉물, 특히 포스터, 현수막, 간판, POP, 배너 등을 제공하는 경우가 점차 늘어나고 있음을 볼 수 있다. 이들 중 배너와 관련된 설명으로 가장 올바른 것은?

① 한 종류로 통일하는 것보다 다양한 종류의 배너를 활용하는 것이 더욱 효과적이며 효율적이다.

② 종류, 높이, 간격을 각기 다르게 함으로써 같은 종류로 통일해 높이와 간격을 맞추어 간결하게 설치한 경우보다 고객의 시선을 더욱 끈다.

③ 한 곳에 집중하여 게시하는 것보다 여러 곳에 분산하여 게시하는 것이 더욱 효과적이다.

④ 배너는 도로 경계선에 게시하여 매장 앞 도로의 운전자에게 주로 보이는 판촉물로 한눈에 들어오도록 해야 주목을 끌 수 있다.

⑤ 폭이 넓은 플라스틱을 이용하여 만든다.

70 아래의 설명은 어떤 상품진열 유형에 대한 설명인가?

- 매출 증대를 위해 잘 팔리는 상품을 가격할인과 각종 광고와 함께 진열한다.
- 유행성 상품으로서 로스리더 상품으로 선정하여 진열하기도 한다.
- 시각적 투시와 감각적 느낌을 강하게 갖도록 엔드캡(End-cap) 매대를 진열한다.

① 엔드(End) 진열

② 점포 내 진열

③ 구매시점 진열

④ 판매촉진 진열

⑤ 고객중심 진열

71 다음 중 GLN(Global Location Number)에 대한 설명으로 부적절한 것은?

① 조직의 성격이나 물리적 위치에 관계없이 개별 조직을 찾을 수 있도록 도와준다.

② GS1 Korea에 가입된 회원의 경우에는 국가식별코드, 업체코드, 로케이션식별코드, 체크디지트 등으로 구성된 13자리 코드체계를 이용한다.

③ 개별 조직에 대한 검색트리 형성을 위한 분류코드체계로 볼 수 있다.

④ 관련 데이터베이스에서 조직의 자료를 얻기 위한 키로 활용될 수 있다.

⑤ 거래업체간 거래시 거래업체 식별 및 기업 내 부서 등을 식별하는 번호로 사용된다.

72 공급체인이벤트관리(SCEM ; Supply Chain Event Management)는 물류정보를 실시간으로 획득하여 고객과 공유하고, 이 정보를 바탕으로 발생할 수 있는 문제를 미리 예상하여 협력함으로써 공급체인 계획과 공급체인실행의 효과성 및 효율성을 제고하는 시스템이다. 다음 중 SCEM의 도입배경으로 보기 어려운 것은?

① 온라인 및 오프라인의 연계성 증대

② 고객의 다양한 요구사항에 대한 대응력 부족

③ 주문 이후의 고객서비스 및 사후관리 서비스의 문제점 대두

④ 관련기업 간 수작업 업무의 증가로 인한 유연성 부족

⑤ 기업과 기업 간의 업무의 증가로 인한 고정비 증대

73 바코드에 대한 설명으로 가장 옳지 않은 것은?

① 상품식별코드(바코드번호)는 상품의 원산지를 나타낸다.

② GS1 DataMatrix는 다양한 추가정보를 입력하면서도 작은 크기로 인쇄가 가능하며 전 세계 의료분야에서 널리 활용되고 있다.

③ GTIN-14는 유통업체에 납품되는 박스상품 단위에 부여되는 14자리 번호로서 ITF-14에 입력되어 사용할 수 있다.

④ 표준바코드를 부착할 권리와 의무는 상품의 브랜드를 보유한 업체가 가지고 있다.

⑤ 수입제품에 13자리 GS1 표준바코드가 사용되었다면 해당 상품의 바코드를 그대로 국내에서 사용이 가능하다.

74 최근 다양한 소매유통업체에서 POS데이터의 이용이 날로 증가하고 있음을 볼 수 있다. POS를 활용한 정보는 크게 점포데이터와 패널데이터로 분류되며 이와 관련한 다음의 설명 중 가장 올바르지 않은 것은?

① 특정 점포에서 판매된 품목, 수량, 가격 그리고 판매시점의 판촉여부 등에 관한 자료를 통해 점포운영과 관련된 데이터를 획득할 수 있다.

② 점포데이터 획득의 대표적인 방법으로 약 1~2천명의 표본 가정을 선택하여 그 가정의 모든 구매행위를 기록하게 함으로써 각 개인단위로 자료를 수집하게 되는 것을 들 수 있다.

③ 점포데이터는 전국에서 표본이 되는 점포를 선정하여 그 점포에서 판매된 품목이나 수량, 가격, 판매시점의 판촉여부 등을 월 1회 또는 2회 정도 수집하며, 이렇게 수집된 데이터는 지역별, 품목별로 구분되어 유통업체나 일용품제조업체에게 판매된다.

④ 수집된 점포데이터를 통해 어떤 지역에서 어떤 품목이 어느 정도 판매되는 지를 파악할 수 있으며 자사의 시장점유율, 타사의 가격정책 및 타사의 판촉활동여부 등에 관한 정보를 통해 마케팅담당자의 의사결정에 도움을 줄 수 있다.

⑤ 패널데이터를 가장 많이 활용하는 집단은 체인점들이며 이들은 'ABC분석'이라고 불리는 기법을 가장 많이 사용한다.

75 물류정보시스템에 대한 설명으로 적절하지 않은 것은?

① 생산에서 소비에 이르는 각 단계에 필요 불가결한 물류 활동을 구성하고 있는 운송, 보관, 하역, 포장 등의 전체 물류 기능을 유기적으로 결합하여 전체적인 물류 관리를 효율적으로 수행할 수 있도록 해주는 정보시스템을 의미한다.

② 컴퓨터와 정보 기술을 활용한 종합적인 물류활동을 원활하게 결합하여 기업의 물류관리 효율성을 증대하기 위한 정보제공, 효과적 주문처리, 재고관리, 성과측정, 회계관리 등의 시스템과 유기적으로 연동되는 시스템을 말한다.

③ 각 하위시스템이 각종 지원, 즉 컴퓨터설비·데이터베이스·정보네트워크·분석도구 등을 이용할 수 있도록 설계되어야 한다.

④ 물류정보시스템화의 목적은 물류의 제반활동에 수반하는 비능률적인 요인들을 배제하고 개선함으로써 효율적인 물류시스템의 운용을 통하여 전체적인 물류비를 절감하도록 한다.

⑤ 공급사슬 관점에서 수요와 공급의 균형을 맞추기 위한 계획을 수립하는 역할을 하며, 수요계획·공급계획·주생산계획·공장계획 등으로 구분할 수 있다.

76 유통정보시스템에 대한 다음 설명 중 옳지 않은 것은?

① 운송수단, 물류시설 등의 활용도를 높여 기업의 수익성을 향상시키기 위해 유통정보시스템이 필요하다.

② 기업의 유통활동 수행에 필요한 정보의 흐름을 통합하는 기능을 통해 전사적 유통 또는 통합유통을 가능하게 한다.

③ 유통정보시스템은 경로갈등을 해결하는 데 미흡한 점이 있다.

④ 유통계획, 관리, 거래처리 등에 필요한 데이터를 처리해 유통관련 의사결정에 필요한 정보를 적시에 제공하는 시스템이다.

⑤ 유통정보시스템의 구성요소는 DB, 휴먼웨어, 기업환경, H/W, S/W 등이 있다.

77 데이터 마이닝에 대한 설명으로 옳은 것은?

① 기업이 보유하고 있는 각종 마케팅 자료를 기반으로 기대하지 못한 패턴, 새로운 법칙과 관계 등을 발견해 실제 경영 의사 결정에 활용하고자 하는 것을 말한다.

② 유명한 회사 이름과 같은 인터넷 주소를 정당한 소유자(이런 행동만 아니었다면 순리에 의해 그 주소를 당연히 소유할 수 있을 사람이나 단체)에게 판매할 의도로 선점하는 행동을 말한다.

③ 기업이 고객의 수요를 의도적으로 줄이는 마케팅기법을 말한다.

④ 두 상품이 결합되어 하나의 상품으로써 새로운 가치를 창출하는 것을 말한다.

⑤ 사용자의 의사 결정에 도움을 주기 위하여, 기간시스템의 데이터베이스에 축적된 데이터를 공통의 형식으로 변환해서 관리하는 데이터베이스를 말한다.

78 데이터 웨어하우스 기술을 이용해서 판매관리용 정보시스템이 구축된다면 이 시스템이 가질 수 있는 특성으로 거리가 먼 것은?

① 과거 매출액에 대한 자료가 풍부하게 있어서 시계열 분석이 가능하다.

② 지역, 고객 등 각 주제별로 관련 자료의 분석이 가능하다.

③ 가능하면 모든 유형의 자료를 이용하기 위해서 최신의 객체지향형 데이터베이스를 기반으로 구축되어 이용이 편리하다.

④ 데이터마이닝 기법들의 지원이 가능해서 다양한 분석자료를 얻을 수 있다.

⑤ 의사결정을 위한 통합적, 주제지향적, 비휘발적, 시계열적인 데이터의 모음이 데이터 웨어하우스로 적재된다.

79 다음 중 ECR(Efficient Consumer Response)에 대한 설명으로 옳은 것은?

① JIT의 영향을 받아서 개발된 이후에 QR시스템에 영향을 주었다.

② 1990년대 영국과 일본의 슈퍼마켓에서 공급사슬상의 전방구매와 전매 등의 문제를 해결하기 위한 노력의 결과로서 처음 등장하게 되었다.

③ 소비자의 만족에 초점을 두고 공급사슬의 효율을 극대화하기 위한 모델이다.

④ 영국과 일본에서 시작된 ECR 활동이 미국 및 우리나라에도 보급되어 고객가치창조를 위해서 유통업체를 중심으로 도입이 활성화되고 있다.

⑤ 식품산업의 공급사슬관리를 위한 모형으로 성과향상을 위해서는 카테고리관리, 활동기반원가처리 등이 필요하다.

80 다음 중 택배정보시스템의 설명으로 옳지 않은 것은?

① Door-to-door 서비스의 지원

② 소화물 운송을 지원

③ 예약관리, 집화, 분류, 배송 등의 서브시스템으로 구성

④ VAN을 통한 물류위치추적 서비스가 도입되는 추세

⑤ 택배정보시스템은 실시간으로 화물의 상태를 파악하여, 거래처에 빠르고 정확한 배송정보를 제공하며, 계획적이고 효율적인 수송 및 배송 업무를 지원할 수 있도록 설계 · 운영됨

81 이쿠지로 노나카(Nonaka)의 지식전환 프로세스 중, 개인이 생각하고 있는 아이디어나 지식인 암묵지를 글이나 도표의 형태인 형식지로 표현해 나가는 프로세스로, 지식을 표현하는 과정에서 기존 지식에 대한 새로운 발견을 할 가능성이 큰 프로세스를 무엇이라 하는가?

① 내재화(Internalization)

② 결합화(Combination)

③ 외재화(Externalization)

④ 정당화(Justifying)

⑤ 사회화(Socialization)

82 국내 MRO(Maintenance, Repair & Operating supplies) 전자상거래시장에서 성공하기 위한 요건에 대한 설명으로 가장 거리가 먼 것은?

① 사무용품에서부터 공장용품에 이르기까지 다양한 MRO 자재가 거래되므로 표준적인 전자카탈로그와 상품 DB를 구축하여 토탈 서비스를 제공할 수 있어야 한다.

② MRO 사업자들은 공급업체들이 구매자에게 신뢰성 있는 제품정보를 제공하고 양질의 제품을 납기 내에 납품할 수 있도록 철저한 공급업체의 관리가 필요하다.

③ MRO Marketplace에서 비계획적인 구매행태를 보이는 기업들에 대해 신속하게 대응할 수 있는 관리체계가 구축되어 있어야 한다.

④ 시스템의 확장성과 통합성을 가지고 있어야 하는데, 급변하는 경영 환경에 적절히 대처할 수 있도록 MRO 구매 시스템은 유연하게 설계되어야 하며 기업의 ERP 등의 정보 시스템과의 통합이 용이해야 한다.

⑤ 참여기업들의 시스템 다양성은 MRO 구매의 효율성을 저해할 수 있으므로, 공급기업들과 구매기업들의 시스템이 MRO Marketplace에 적합하도록 시스템 개선을 유도해야 한다.

83 지식경영 정보기술에서 패턴매칭에 대한 설명으로 가장 적절하지 않은 것은?

① 인공지능분야에서 사용되는 응용프로그램으로서 경험이 적은 지식근로자의 의사결정을 도와준다.
② 전문가 시스템은 일반인도 전문지식을 이용할 수 있도록 하는 시스템으로 의료진단 프로세스 및 설계 시스템 등에 유용하다.
③ 네트워크상에서 구성원 간의 협업을 증진시키고 지식근로자가 이동하는 데 드는 시간과 여행비용을 감소시킨다.
④ 지능에이전트는 환경에 반응하고 적응하면서 주어진 작업을 자율적으로 수행하는 소프트웨어 프로그램으로, 상업용 데이터베이스 및 인트라넷을 통해 정보를 수집한다.
⑤ 기계학습시스템은 환경과의 상호작용에 기반한 경험적인 데이터로부터 스스로 성능을 향상시키는 시스템을 연구하는 것으로 신경망, 데이터 마이닝, 강화 학습 등을 포함한다.

84 데이터 웨어하우스의 등장 배경으로 가장 옳지 않은 것은?

① 의사결정을 위한 정보 수요의 폭증과 과거의 이력데이터의 중요성이 부각되었다.
② 의사결정을 하는데는 기업 내의 다른 부서, 다른 시스템, 다양한 방식으로 보관된 데이터에 접근하여 다양한 종류의 질적 수행이 가능한 환경의 필요성이 높아졌다.
③ 신속하고 즉각적인 의사결정을 위해서는 단기적인 데이터 관리가 필요해졌다.
④ 각기 구축된 데이터베이스가 운용되고 시간이 지날수록 그 크기가 커짐에 따라 이를 효과적으로 운용할 수 있는 새로운 형태의 통합된 데이터 저장소가 필요해졌다.
⑤ 고객의 다양한 요구와 환경변화에 신속하게 대응하기 위해 일상업무 지원 뿐만 아니라 데이터 분석이나 의사결정을 지원하는 기업의 전략적 정보 기반 구축이 필요해졌다.

85 인터넷 보안사고의 유형에 대한 설명으로 가장 옳지 않은 것은?

① Worm : 컴퓨터 내부 프로그램에 자신을 복사했다가 그 프로그램이 수행될 때 행동을 취하며 최악의 경우 프로그램 및 PC의 작동을 방해한다.
② Back Door : 어떤 프로그램이나 시스템을 통과하기 위해 미리 여러 가지 방법과 수단 또는 조치를 취해두는 방식이다.
③ Trojan Horse : 정상 프로그램으로 가장하고, 악의적인 행위를 실행하는 프로그램으로 PC 사용자의 정보를 유출한다.
④ Sniffing : 주로 침입 후 툴을 설치하거나 단일 네트워크상에서 떠돌아다니는 패킷을 분석하여 사용자의 계정과 암호를 알아내는 방식이다.
⑤ Spoofing : 어떤 프로그램이 정상적인 상태로 유지되는 것처럼 믿도록 속임수를 쓰는 방식이다.

86 전문가 시스템(ES ; Expert System)의 범주에 대한 설명으로 가장 적절하지 않은 것은?

① 진단 시스템은 환자를 진단하거나 기계의 고장을 진단하는 것처럼 대상의 상태를 보고 원인을 찾아내는 시스템을 말한다.

② 계획 시스템은 주어진 조건하에서 목적을 달성하는 데 필요한 행동의 순서를 찾아주는 시스템을 말한다.

③ 배치 시스템은 주어진 부분들을 조건에 맞게 조합하여 문제를 해결하는 시스템으로 맞춤형 개인 컴퓨터 조립이나 여러 생산현장에서 많이 사용한다.

④ 감시 시스템은 공장이나 기계의 작동을 실시간으로 감시하여 고장이나 이상 현상을 발견해 주는 시스템으로 제철소나 정유공장 등에서 사용한다.

⑤ 충고 시스템은 건축이나 공장, 물리적 장치 등의 설계시 각 요소들을 조건에 맞게 구성할 수 있게 하여 설계자를 도와주는 시스템이다.

87 CMI(Co-Managed Inventory)에 대한 내용 중에서 가장 옳지 않은 것은?

① 제조업체와 유통업체 상호간 제품정보를 공유하고 공동으로 재고관리를 한다.

② 제조업체가 발주 확정을 하기 전에 발주권고를 유통업체에게 보내어 상호 합의 후 발주확정이 이루어진다.

③ CR(연속재고보충)시스템이 제조업체와 유통업체에서 공동으로 운영될 경우 판매 및 재고 정보는 CR시스템이 실행될 때마다 제조업체에서 유통업체로 전송된다.

④ 제조업체는 판매 및 재고정보를 공유함으로써 수요예측을 수행하여 지나친 과잉생산을 사전에 예방할 수 있다.

⑤ 고객이 필요로 하는 정보를 POS를 통해 파악되고 공유되기 때문에 제조업체와 유통업체간에 부가가치 창출형 정보가 교환된다.

88 다음 중 전자화폐의 요건과 가장 거리가 먼 것은?

① 사용자가 다른 사람에게 자신의 현금을 양도할 수 있어야 한다.

② 위조가 불가능한 안정성을 지녀야 한다.

③ 개인의 사생활(Privacy)이 지켜져야 한다.

④ 전자화폐를 복사해 사용하는 이중사용이 방지되어야 한다.

⑤ 전자화폐의 표준화를 위해 전자화폐의 코드 소스(Code Source)를 오픈해야 한다.

89 시스템이론과 관련된 설명으로 가장 적절하지 않은 것은?

① 전체적으로 통일된 하나의 개체를 형성하면서 상호작용을 하는 구성요소들의 집합체를 의미한다.

② 명확한 기능을 수행하거나 목표를 달성하기 위해서 사람 · 자원 · 개념 · 절차 등과 같은 요소들의 집합체이다.

③ 경계(Boundary)는 시스템 외부와 시스템 내부를 구분하는 영역으로서 물리적인 경계선이 존재하며 투입물과 산출물이 통과하는 영역을 의미한다.

④ 하나 혹은 그 이상의 공동목표를 달성하기 위하여 투입물을 산출물로 전환시키는 체계적인 처리과정 내에서 상호작용하는 구성요소들의 유기적인 집합체를 의미한다.

⑤ 통제(Control)는 입력에서 출력에 이르는 모든 처리 활동을 통제하는 것으로 각 단계에서 생성되는 여러 조건들을 판단하여 돌발 사태를 해결하는 시스템의 안정화 기능까지 포함된다.

90 지식공유와 분배를 위한 중요한 자원은 학습이라는 사회적인 프로세스이다. 이에 대한 사회네트워크 분석과 관련된 설명으로 적절하지 않은 것은?

① 인간, 집단, 조직, 컴퓨터, 정보 · 지식처리 사이의 관계와 흐름을 지도로 측정한다.

② 지식경영 상황에서 인간 사이의 관계를 작성할 수 있어 지식의 흐름을 파악할 수 있다.

③ 지식관리자는 사회적인 관계와 지식흐름을 파악하면서 그것을 평가하고 측정한다.

④ 사회네트워크는 역동적이기 때문에 지속적으로 구축한다.

⑤ 사회적인 상호작용을 통해 형성되는 이해의 공유로 지식이 생산된다.

제4회 최종모의고사

형 별	A형	제한시간	100분	수험번호	성 명

※ 5개의 답항 중 가장 알맞은 1개의 답항을 고르시오.

유통 · 물류일반관리

01 유통경로에 대한 설명으로 가장 옳지 않은 것은?

① 유통경로 구성원들은 재화를 수송, 운반, 저장하고 정보수집 및 쌍방향으로 정보를 교환한다.

② 유통경로가 존재하는 이유는 생산자와 소비자 사이의 시간, 장소, 형태상의 불일치가 있기 때문이다.

③ 유통경로는 각 나라의 사회적 · 문화적 특성을 반영하긴 하지만 그 형태는 동일하다.

④ 유통경로의 기능은 교환촉진기능, 제품구색의 불일치 완화기능, 거래의 표준화 기능, 소비자와 메이커 간의 연결기능, 고객에 대한 서비스 기능 등이 있다.

⑤ 서비스는 유형적 상품과 달리 이질성(Heterogeneity)을 갖는 특징이 있다. 즉 서비스의 핵심요소와 품질은 생산자, 소비자 등에 따라 달라지며 시간에 따라 달라진다.

02 다음 중 집약적 혹은 집중적 유통(Intensive Distribution)의 장점을 설명한 내용으로 가장 거리가 먼 것은?

① 소비자들의 충동구매를 증가시킬 수 있으므로 매출수량 및 매출액 상승효과가 발생할 수 있다.

② 자사의 제품을 누구나 취급할 수 있도록 개방하는 전략이므로 판매량이 크게 증가하는 현상이 있다.

③ 소비자가 특정 점포 및 브랜드에 대한 애호도가 낮은 경우에 선호되며, 제품에 대한 인지도를 신속하게 높일 수 있는 장점이 있다.

④ 소비자의 구매 편의성을 증대시키기 위해 가능한 한 많은 유통점포들이 자사제품을 취급하게 하는 전략이다.

⑤ 제조업체는 다른 유통형태에 비해 유통경로구성원에 대한 통제가 용이하여 자사의 마케팅 전략 및 정책을 일관되게 실행할 수 있다.

03 다음 중 오프라인 유통업과 비교하여 온라인 유통업(인터넷쇼핑몰)의 장점으로 보기 가장 어려운 것은?

① 고객들이 무엇을 구매했는지 그리고 고객들이 어떤 상품을 둘러보았는지 손쉽게 파악할 수 있다.

② 가격비교를 통한 폭넓은 선택을 가능하게 해 준다.

③ 일반적으로 상품에 대한 보다 구체적인 정보를 제공한다.

④ 구매욕구를 즉각적으로 충족시킨다.

⑤ 오프라인 유통업에 비해 재고의 부담이 적다.

04 소매업태의 최근 동향에 대한 설명 중 잘못된 것은?

① 백화점은 할인점과 전문점에 대항하기 위해 강력한 자체브랜드를 개발하고 판매업체와 긴밀한 관계를 통해 평균재고량을 줄이고 있다.

② 전문점은 하이패션의류에 대한 관심의 감소에 따른 대안으로 특정 고객집단의 라이프스타일에 상품을 특화시키고 있다.

③ 카테고리 전문점의 상권이 중복되면서 카테고리 전문점간의 경쟁이 치열해지고 있으며 가격경쟁보다는 주로 품질에 의한 경쟁이 이루어지고 있다.

④ 슈퍼마켓은 효과적인 공급체인관리를 통해 비용절감에 노력하는 한편 소모성 상품과 대단위 상품의 판매에 노력하고 있다.

⑤ 대형마트는 여러 다양한 제품군들을 취급하지만, 각 제품군 내에서는 상품회전율이 높은 품목을 중심으로 취급하고 있다.

05 "평가자가 평가항목에 대한 점수에 따라서 종업원을 평가하지만, 그 항목은 일반적인 서술이나 특성보다는 해당 직무와 관련성이 높은 행동과 사건을 구체적이고 분명하게 기술하고 있다"의 내용에 가장 적합한 업적평가방법은?

① 개별서열법

② 집단서열법

③ 도식척도법

④ 행동기준평정척도법

⑤ 중요사건법

06 유통기업이 글로벌화 전략을 추구할 경우, 시장 거래, 중간적 거래, 위계적 거래의 세 가지 조직적 측면에서 대안이 있다. 조직적 측면의 대안 중 성격이 다른 하나는 무엇인가?

① 인 수
② 합작투자
③ 지분제휴
④ 비지분제휴
⑤ 라이센싱

07 다음 중 한정서비스 도매상에 대한 설명에 해당하는 것은?

① 유통경로상에서 물적 소유, 촉진, 협상, 위험부담, 지불 등 거의 모든 유통 활동을 수행한다.
② 주요 형태로 현금거래 도매상, 트럭 도매상, 직송 도매상 등을 들 수 있다.
③ 거래되는 제품에 대한 소유권을 보유하지 않으며, 단지 거래를 촉진시키는 역할만을 한다.
④ 독립적인 도매상이 아니며, 제조업자에 의해 직접 소유·운영된다.
⑤ 소매에서 취급하는 거의 모든 제품라인을 다양하게 취급하는 도매상이다.

08 다음의 수직적 마케팅시스템(VMS ; Vertical Marketing System)에 대한 설명 중 기업형 VMS에 관한 설명으로 가장 올바른 것은?

① 독립적인 경로 구성원들이 자신의 목적만을 추구함으로써 발생하는 갈등을 제거하려는 강력한 경로구성원들에 의해 발생한 것이 수직적 마케팅시스템이며, 이 중 기업형의 VMS에 관한 구체적인 예로서 소매상조합 및 도매상중심의 체인형태를 들 수 있다.
② 독자적으로 달성할 수 있는 것보다 많은 경제성이나 판매효과를 달성하기 위해 생산과 유통의 상이한 단계에 있는 독립된 기업들이 계약을 기초로 하여 형성된 시스템을 의미한다.
③ 둘 이상의 경로구성원들이 대등한 관계에서 상호의존성을 인식하고 긴밀한 관계를 자발적으로 형성한 통합된 시스템이다.
④ 코카콜라 기업이 다양한 시장에 있는 음료판매회사에게 원액을 공급하고 이 음료판매회사는 이것을 탄산음료로 만들어, 병에 담아 각 지역시장의 여러 소매상에 판매하는 형태가 이 유형에 포함된다.
⑤ 하나의 소유권하에서 생산과 유통의 연속적(수직적)인 단계를 결합시킨 수직적 마케팅시스템의 형태를 의미한다.

09 제품 또는 서비스 등을 거래하는 데 수반되는 거래비용에 대한 설명으로 가장 적합하지 않은 것은?

① 코즈(Coase)의 이론에 따르면 기업이 존재하는 이유는 시장을 통한 거래비용이 기업조직을 통한 경제활동비용에 비해 훨씬 더 높기 때문이다.

② 거래비용은 다른 기업과 거래하기 전에 정보수집비용, 협상비용, 계약이행비용 등을 비롯하여 최초계약의 불완전으로 인한 비용을 모두 포함한다.

③ 거래비용이론은 유통경로시스템 구성원들 간의 기회주의적 행동경향을 기본적인 가정으로 하고 있으며, 거래비용으로 인하여 시장실패의 가능성을 초래할 수 있음을 주장하고 있다.

④ 거래비용이론에서는 유통시장에 소수의 거래자만이 참가하거나 자산의 특수성이 존재하는 경우 경로구성원들 간에 거래비용이 작아지게 될 수 있기 때문에 수평적 계열화가 발생하게 된다.

⑤ 윌리엄슨(Williamson)은 거래비용의 존재를 제한된 합리성, 기회주의, 자산의 특수성(Asset Specificity)으로부터 기인한다고 보았다.

10 기업윤리에 대한 다음 설명 중 옳지 않은 것은?

① 윤리적 기업은 기업활동에 관한 의사결정을 하거나 실천에 옮긴 때에 이해관계자의 권익과 기업의 경제적 이익의 균형을 취함으로써 종업원, 고객, 납품(공급)업자, 주주들의 존경과 신임을 얻는 회사라고 할 수 있다.

② 이익도 올리지 못하고 윤리수준도 낮은 기업은 사회에 해만 끼치므로 존재할 필요가 없다.

③ 윤리는 등한시하면서 단기적 이익만 중요시하는 기업은 바람직하지 못하다.

④ 윤리는 강조하되 이익을 등한시하는 기업은 바람직한 기업으로 국가의 지원이 필요한 기업이다.

⑤ 기업의 이익과 윤리수준을 잘 조화시킨 회사가 사회적으로 존경받고 가장 바람직한 회사이다.

11 회사의 합병에 대한 설명으로 옳지 않은 것은?

① 당사자의 회사의 전부 또는 일부가 해산하고 회사 재산이 청산절차에 의하지 않고 포괄적으로 신설 회사에 이전하는 효과를 가지는 것이다.

② 합병을 하는 회사의 일방 또는 쌍방이 주식회사 또는 유한회사일 경우에는 합병 후 존속하는 회사 또는 신설되는 회사는 주식회사 또는 유한회사이어야 한다.

③ 합병시 합명회사, 합자회사, 유한회사에서는 총 사원의 동의가 필요하나, 주식회사에서는 이사회의 결의만으로도 가능하다.

④ 상법에서는 합병 방법으로 흡수합병과 신설합병을 규정하고 있다.

⑤ 신설합병이란 상법의 절차에 따라 합병회사의 전부가 없어지고 이들에 의해서 신설된 회사가 소멸회사의 권리나 의무를 이어받고 사원을 수용하는 방식이다.

12 다음의 특성을 지닌 소매업은?

> • 중앙본부가 관리 · 통제한다.
> • 각 점포는 판매기능만 갖는다.
> • 상품의 동질화를 전제로 한다.

① 백화점   ② 쇼핑센터
③ 연쇄점   ④ 슈퍼마켓
⑤ 회원제 도매클럽

13 직무분석 및 직무명세서, 직무기술서에 대한 설명으로 가장 옳지 않은 것은?

① 직무분석은 직무를 수행하는 데 필요한 지식과 능력, 숙련도, 책임 등과 같은 직무상의 모든 요건을 체계적으로 결정하는 과정이다.
② 직무분석은 직무에 관련된 정보를 체계적으로 수집하고, 분석 및 정리하는 과정이므로 인적자원관리의 기초 또는 인프라스트럭처라고 한다.
③ 직무명세서는 직무를 만족스럽게 수행하는 데 필요한 종업원의 행동, 기능, 능력, 지식, 자격증 등을 일정한 형식에 맞게 기술한 문서를 말한다.
④ 직무기술서는 직무의 성격, 내용, 이행 방법 등과 직무의 능률적인 수행을 위하여 직무에서 기대되는 결과 등을 간략하게 정리해 놓은 문서를 말한다.
⑤ 직무기술서는 각 직무의 가치를 결정하고 직무급 임금제도의 기초로 활용한다.

14 소비자기본법에는 소비자의 기본적 권리에 대한 내용이 명시되어 있다. 다음 중 소비자의 기본적 권리에 해당되는 것들로만 묶인 것은?

> ㉠ 위해로부터 보호받을 권리
> ㉡ 적절한 보상을 받을 권리
> ㉢ 거래의 상대방에게 구입 장소, 가격에 대해 압력을 가할 수 있는 권리
> ㉣ 지식 및 정보를 왜곡할 수 있는 권리
> ㉤ 단체를 조직하고 활동할 수 있는 권리

① ㉠, ㉢   ② ㉠, ㉡, ㉤
③ ㉣, ㉤   ④ ㉡, ㉣, ㉤
⑤ ㉢, ㉣

15 급격하게 변화하는 기업외부환경, 즉 글로벌화, 정보통신기술의 급격한 발달, 시장의 분열화 등에 대해 기업들은 다양한 적응 도구들을 개발하고 있다. 다음 중 이러한 도구 혹은 개념에 대한 설명으로 가장 거리가 먼 것은?

① 리엔지니어링 – 팀에서 고객가치를 추구하는 과정을 관리하도록 위임하고 또한 기능부서들 간의 장벽을 무너뜨리려고 시도하는 것
② 벤치마킹 – 기업의 성과를 향상하기 위해 '최상의 혹은 가장 모범적인 기업/조직'을 연구하는 것
③ 권한 위양화 – 많은 아이디어를 창출하고 또한 보다 창의력을 발휘하도록 종업원들을 고무하고 권한과 책임을 하부로 위임하는 것
④ 세계화 – 글로벌 시장에서 가장 수익을 많이 창출하는 사업과 고객을 결정하고 여기에 포커스를 맞추는 것
⑤ 국제화 – 한 국가가 정치·경제·환경·문화적으로 여러 국가와 교류를 맺는 것

16 경영에서 사용되는 대리인 문제에 대한 설명으로 옳지 않은 것은?

① 주주들은 경영자가 자신들의 이익을 위하여 최선을 다해 줄 것으로 기대하는 반면 경영자는 자기자신의 이익을 추구하려고 하기 때문에 경영자와 주주 사이에 이해상충문제가 발생한다.
② 대리인 관계란 위임자가 자신의 이해에 직결되는 의사결정의 권한을 대리인에게 위임하는 계약관계라 할 수 있으며, 위임자와 대리인은 각각 자신의 효용을 극대화하는 경제주체이기 때문에 대리인이 위임자의 이해와 다르게 행동할 가능성이 있다.
③ 대리인 문제는 경영자의 지분이 높아질수록 심해지는데, 지분이 많은 경영자는 적게 일하고 가능한 한 많은 낭비적 지출을 하려고 한다.
④ 대리인 비용은 경영자가 주주들의 이익을 대변하여 제대로 경영하고 있음을 자발적으로 입증하기 위하여 지출하는 비용이다.
⑤ 대리인문제는 기업 내의 조직구조를 변경하거나 경영자의 보수계약을 실적에 연계시킴으로써 어느 정도 해결할 수 있는데, 대표적인 제도가 주식매입선택권이다(Stock Option).

17 다음 재고조사의 목적으로 적절하지 않은 것은?

① 상품수량·금액을 파악하여 장부재고조사와 비교·대조하고 현품의 과부족이나 상품착오를 규명함과 동시에 장부잔고를 수정한다.
② 현품잔고의 정확한 파악은 차기의 재고·매입·판매계획의 기초가 되고 경영분석이나 경영계획에 도움이 된다.
③ 기초(期初)상품의 현품수량을 명확히 파악함으로써 상품의 로스(Loss)에 대한 대책의 기초가 된다.
④ 기말상품의 금액평가를 통해서 당기의 총이익을 파악할 수 있으며, 이에 의해서 결산이나 세무신고를 할 수 있다.
⑤ 불량상품이 발생한 원인을 구명하여 차후에 이같은 잘못이 되풀이 되지 않게 하고, 빠른 시일 내에 그 상품의 처분대책을 강구하여 손해를 감소시키면 이익관리에도 연결되고 경영개선 합리화에도 이익을 준다.

18 유통경로의 설계 및 관리에 관한 설명으로 옳지 않은 것은?

① 중간상이 제조기업에 대해 일체감을 갖고 있거나 갖게 되기를 기대함으로써 발생하는 파워를 준거적 파워라 한다.

② 유통경로 갈등의 원인 중 동일한 사실을 놓고도 경로구성원들이 인식을 달리하여 발생하는 갈등의 원인을 지각 불일치라 한다.

③ 경로 커버리지 전략 중 전속적 유통은 중간상의 푸시(Push)보다는 소비자의 풀(Pull)에 의해서 팔리는 전문품, 고가품 등에 적합하다.

④ 유통은 바통 패스와 유사하기 때문에 제조기업이 유통기업에게 바통을 넘기듯이 모든 유통기능을 맡기는 것이 적절하다.

⑤ 유통경로 목표의 결정은 소비자들이 원하는 서비스수준과 아울러 기업의 장 · 단기적 목표를 고려한다.

19 SCM(Supply Chain Management)은 원재료 구매에서부터 최종고객까지의 전체 물류 흐름을 계획하고 통제하는 통합적인 관리방법이다. SCM 개념과 직접 관련이 없는 것은?

① EDI에 의한 DB를 공유할 수 있어야만 전체적인 재고삭감과 물류 합리화를 도모할 수 있다.

② SCM으로의 발전 과정에는 고객 주문에 대한 신속 · 효율적 대응체계인 QR/ECR이 있었다.

③ POS는 SCM상의 기초 정보의 하나라고 할 수 있다.

④ SCM은 개별 기업의 최적화를 추구한다.

⑤ 제조 · 물류 · 유통업체 등 유통 공급망에 참여하는 전 기업들이 협력을 바탕으로 양질의 상품 및 서비스를 소비자에게 전달하고 소비자는 거기에서 만족 및 효용을 얻는다.

20 직무수행평가의 오류에 대한 설명으로 틀린 것은?

① 후광효과는 피평정자의 긍정적인 인상에 기초하여 평정할 때 어느 특정한 요소가 특출하게 우수하여 다른 평정요소도 높게 평가되는 경향을 말한다.

② 혼효과는 후광효과의 반대로 평정자가 지나치게 비평적인 경우로 피평정자는 실제 능력보다 더 낮게 평가된다.

③ 중심화경향이란 평정자의 평점이 모두 중간치에 집중하는 심리적 경향으로 아주 높은 평정이나 아주 낮은 평정을 피하는 경향성을 말한다.

④ 근접착오는 평정직전에 있었던 최근의 일들이 평정에 영향을 미치는 경우를 말한다.

⑤ 규칙적 착오는 두 가지 평가요소 간에 논리적인 상관관계가 있는 경우, 한 요소가 우수하면 다른 요소도 우수하다고 쉽게 판단하는 것을 말한다.

21 기업 구성원의 동기부여에 대한 설명으로 옳은 것은?

① 프레드릭 허즈버그는 책임감, 인정과 같은 요인이 결핍되면 직무불만족을 야기하지만 이들이 충족된다고해서 동기가 부여되는 것은 아니라고 주장하였다.

② 동기를 부여하는 직무확충전략에는 직무확대와 직무평가가 있다.

③ Y 이론에 의하면 사람들은 일하기를 싫어하고 피하려고 노력한다고 가정한다.

④ 빅터 브룸의 공정성이론에 의하면 사람들은 다른 종업원과 자신의 임금을 늘 비교한다고 주장한다.

⑤ 기대이론에 의하면 긍정적 강화요인으로 인정, 임금인상이 있고, 부정적 강화요인으로는 질책, 해고 등이 있다.

22 다음은 편의품, 선매품, 전문품의 특징에 대한 비교 설명이다. 이 중 옳지 않은 것은?

	구 분	편의품	선매품	전문품
①	점포결정	미고려, 인근점포	약간 고려	신중한 점포
②	소비자 1차 관심	상표와 가격	상표	품 질
③	판매마진율	낮 음	비교적 높음	매우 높음
④	대량판매여부	불 가	가 능	가 능
⑤	상표의 효과	비교적 높음	높 음	매우 높음

23 핸드폰 부품를 판매하고 있는 A는 최근 공급업체로부터 제안을 받았다. 연간 총수요량 9,000개, 단위당 주문비용 100원, 단위당 유지비용 20원이고 다른 조건은 동일하다는 전제하에 경제적 주문량(EOQ)을 계산하면 얼마인가?

① 250 ② 270
③ 300 ④ 330
⑤ 350

24 경영전략에 대한 다음 설명 중 기능전략에 해당하는 것은?

① 기업의 사업영역을 선택하고 여러 사업부를 효과적으로 관리하기 위한 전략이다.

② 여러 사업분야를 기업 전체적인 관점에서 어떻게 효과적으로 관리할 것인가를 다룬다.

③ "특정사업영역에서 경쟁우위를 획득하고 이를 지속적으로 유지하기 위해 어떻게 효과적으로 경쟁해 나갈 것인가?"하는 문제에 관련된 전략이다.

④ 특정사업 부분의 구체적인 경쟁방법을 결정하는 것으로 경쟁전략이라고도 한다.

⑤ 생산, 마케팅, 재무, 인사 등과 같은 기업의 각 부문 내에 자원활용의 효율성을 제고하기 위한 전략이다.

25 유통 또는 물류기업의 성과측정도구에 대한 설명으로 가장 거리가 먼 것은?

① SCOR는 비즈니스 프로세스 관점에서 해당 기업의 공급업체로부터 고객에 이르기까지 계획, 공급, 생산, 인도, 회수가 이루어지는 공급망을 통합적으로 분석한다는 데 그 기초를 두고 있다.

② SCOR에서는 공급망 성과측정을 위해 공급망의 신뢰성, 유연성, 대응성, 비용, 자산 등 크게 5가지 분야의 성과측정 분야를 제시하고 있다.

③ EVA는 기업이 영업활동을 통해 얻어 들인 세전 영업이익으로부터 자본주의 기대수익금액인 자본비용을 차감한 금액으로, 투자자본과 비용으로 실제 얼마의 이익을 얻었는가를 나타낸다.

④ BSC는 비재무적 성과까지 고려하고 성과를 만들어낸 동인을 찾아내 관리하는 것이 특징이며, 이런 점에서 재무적 성과에 치우친 EVA(경제적 부가가치), ROI(투자수익률) 등의 한계를 극복할 수 있다.

⑤ BSC에는 실행 결과를 나타내는 재무측정지표와 이를 보완하면서 미래의 재무성과에 영향을 주는 운영 활동인 고객만족, 내부 프로세스, 조직의 학습 및 성장능력과 관련된 3가지 운영측정지표가 포함되어 있다.

제 2 과목　상권분석

26 다음 중 소매입지로서 쇼핑몰에 대한 설명으로 가장 거리가 먼 것은?

① 쇼핑센터의 한 유형으로 쇼핑센터에 포함된다고 볼 수 있다.

② 입점업체의 구성을 전체적 관점에서 계획하고 강력하게 통제할 수 있다.

③ 영업시간이나 개별점포의 외양 등에서 강한 동질성을 유지할 수 있다.

④ 대규모 주거단지 인근에 위치하여 안정적인 고객 확보가 가능하다.

⑤ 다양한 유형의 점포, 다양한 구색의 상품, 쇼핑과 오락의 결합 등으로 고객흡인력이 매우 높다.

27 넬슨(Nelson)의 입지선정 평가방법에 대한 내용으로 가장 옳지 않은 것은?

① 중간 저지성 – 영업의 형태가 비슷하거나 동일한 점포가 집중적으로 몰려 있어 고객의 흡인력을 극대화할 수 있는 가능성 및 사무실, 학교, 문화시설 등과 인접함으로써 고객을 흡인하기에 유리한 조건에 속해 있는가에 대한 검토

② 성장 가능성 – 주변 인구 및 일반 고객들의 소득 증가로 인하여 시장 규모, 선택 사업장, 유통상권 등이 어느 정도 성장할 수 있는지를 평가하는 방법

③ 경쟁 회피성 – 경쟁점의 입지, 규모, 형태 등을 감안하여 예비창업자의 사업장이 기존 점포와의 경쟁에서 우위를 확보할 수 있는 가능성 및 향후 신규경쟁점이 입점함으로써 창업할 사업장에 미칠 영향력의 정도를 파악하기 위한 방법

④ 양립성 – 경영자가 진입할 상권에 상호 보완관계에 있는 점포가 서로 인접해 있어서 고객의 흡인력을 얼마나 높아지게 할 수 있는가의 가능성을 검토하는 방법

⑤ 접근 가능성 – 관할 상권 내에 있는 고객을 자기 점포에 어느 정도 흡인할 수 있는가에 대한 가능성을 검토

28 기존 점포 상권의 공간적 범위를 파악하기 위해 고객이나 거주자들로부터 자료를 수집하여 분석하는 조사기법과 관련성이 가장 먼 것은?

① 점두조사

② 내점객조사

③ 지역표본추출조사

④ 체크리스트법

⑤ CST(Customer Spotting Technique) map

29 상권분석을 위한 중심지 이론(Central Place Theory)의 기본가정이 아닌 것은?

① 한 지역 내의 교통수단은 여러 가지이다.

② 지표공간은 균질적 표면(Isotropic)으로 되어 있다.

③ 인구는 공간상에 균일하게 분포되어 있다.

④ 인간은 개인의 이익을 극대화 하고자 노력하는 경제인이다.

⑤ 주민의 구매력과 소비행태는 동일하다.

30 인스토어(Instore)형은 무엇보다도 상권 그 자체의 질이 크게 좌우하는데, 인스토어형 상권의 유형별 고객층에 대한 설명으로 적합하지 않은 것은?

① 백화점은 평일에 보통 주부층과 여성 중심, 휴일은 가족 중심으로 비교적 고소득층을 흡인할 수 있는 상권이다.

② 슈퍼마켓은 평일과 휴일이 모두 주부층 중심으로 고객이 정해져 있고 일반적인 소득층을 흡인할 수 있는 상권이다.

③ 양판점은 평일에 주부층 중심, 휴일은 가족 중심이며 일반적인 소득층을 흡인할 수 있는 상권이고, 원스톱쇼핑이 가능하기 때문에 구매 활동 시간이 비교적 길다.

④ 쇼핑센터는 토요일 · 일요일 중심의 구매 특징을 가지며 가족층 중심으로서 일반적인 소득층을 흡인할 수 있는 상권이다.

⑤ 파워센터는 생산품 중심의 목적성이 강하지만 전문점 · 할인점 등이 밀집해 있기 때문에 주재 시간이 비교적 길다.

31 점포개점의 프로세스에서 '사업타당성 분석' 단계에 해당하는 예시로 가장 적절한 것은?

① "3급 상권이어도 입지는 중요해. 1급지로 찾아보자."

② "저렇게 꾸몄구나. 이것도 벤치마킹 해야겠군!"

③ "냅킨은 이런 것으로 쓰네. 물수건도 이 제품을 사용하는구나!"

④ "배달사업이니까, 3급 상권이어도 상관없지."

⑤ "목표매출이 가능한 곳인가? 혹시 유동인구가 모두 흘러나가는 곳은 아닌지…"

32 통행량과 유동인구 현장조사 시 유의할 사항과 거리가 먼 것은?

① 출근길보다는 퇴근길 방향의 동선 파악이 중요하다.

② 자신이 하고자 하는 업종의 고객층과 시간대를 조사해야 한다.

③ 유동인구 성향보다 유동인구수가 더 중요하다.

④ 각 방향에서의 입체적 통행량을 조사해야 한다.

⑤ 일반적으로 2차선 도로변을 4차선 이상의 도로변보다 유리하게 평가해야 한다.

33 다음의 설명으로 미루어 유추할 수 있는 내용으로 가장 적절한 것은?

> 예비창업자가 선택을 고려하고 있는 사업장의 입지여건이 해당 상권 내에 위치하고 있는 유사점포와의 경쟁에서 우위를 점할 수 있는 기본적 여건을 갖추기 위한 조건을 말한다.

① 주거지의 입지조건을 설명하고 있다.

② 좋은 입지를 선정하기 위해 고려해야 하는 사항 중 조화성에 대한 내용을 말하고 있다.

③ 좋은 입지를 선정하기 위해 고려해야 하는 사항 중 안정성에 대한 내용을 말하고 있다.

④ 상업지의 입지조건을 말하고 있다.

⑤ 좋은 입지를 선정하기 위해 고려해야 하는 사항 중 균형성에 대한 내용을 말하고 있다.

34 다음 중 점포개점의 개념에 대한 설명으로 가장 적절한 것은?

① 판매자 집단 또는 특정의 판매자들이 제품 및 서비스를 판매 및 인도를 함에 있어 그에 따르는 비용 및 취급의 규모면에서 경제성을 취득하는 지역범위를 의미한다.

② 오피스 상권과 함께 한정된 고정고객을 대상으로 영업하는 대표적인 입지로, 한정된 고객층을 대상으로 영업하고 이들을 고정고객화해야 하는 형태를 말한다.

③ 점포 창업자가 자신의 창업 환경을 분석한 후 자신이 가장 잘 할 수 있는 혹은 가장 하고 싶은 아이템을 선정, 아이템과 가장 적합한 입지를 골라 영업을 하기 위한 일련의 과정을 말한다.

④ 점포에서 취급하는 상품에 대한 상권 내 인구의 구매력을 추정하고, 매출액을 설정하는 데 기본적인 데이터를 제공하며, 판촉활동 범위를 결정하는 데 필수적인 데이터로 활용된다.

⑤ 어떤 사업을 영위함에 있어서 대상으로 하는 고객이 존재해 있는 공간적 · 시간적 범위 그리고 고객의 내점빈도를 감안한 상태에서 기대할 수 있는 매출액의 규모 등을 포함한다.

35 다음 내용이 설명하는 것으로 옳은 것은?

> - 부패성이 심하거나 신선도의 유지가 절대적으로 필요한 제품이 입지해야 한다.
> - 중량 및 부피가 늘어나는 산업 및 교통비용을 절감해야 하는 경우에 입지해야 한다.
> - 원료가 단순하면서도 동일하고 무게가 무거우며, 생산에 필요한 원료가 복잡한 제품이 입지해야 한다.

① 노동지향형 입지　　　　　　　　② 원료지향형 입지

③ 주거지향형 입지　　　　　　　　④ 산업지향형 입지

⑤ 시장지향형 입지

36 다음 점포별 효용과 루체(Luce)의 선택공리의 개념을 이용하여 철수가 점포를 선택한다고 할 때 가장 올바르지 않은 설명은?

구 분	점포 1	점포 2	점포 3	점포 4	점포 5	점포 6	점포 7
점포면적	100	75	65	45	20	15	5
점포까지의 거리	5	8	3	5	0	12	10
효용의 크기	30	10	20	15	25	0	0

① 점포 선택을 위해서는 면적, 거리, 효용 정보가 모두 필요하다.

② 철수의 점포 선택은 점포의 효용에 의해서 결정된다.

③ 철수가 점포 5를 선택할 가능성은 25%이다.

④ 점포 3의 선택가능성이 점포 2의 선택가능성보다 높다.

⑤ 철수는 5개의 점포만을 대상으로 판단해도 된다.

37 다음의 설명과 가장 밀접한 소매점포의 전략은?

> 유통시장 전면 개방에 대한 대응책으로 기존 백화점들은 유통망의 경쟁력 강화와 경쟁우위를 확보하기 위해 지방도시의 기존 중소업체를 인수하거나 수도권 및 신도시지역으로 신규점포를 출점하고 있다. 이로 인해 동종 업종 간의 경쟁악화가 하나의 문제점으로 부각되고 있다.

① 다각화 전략　　　　　　　　　　② 광역형 입지전략

③ 다점포화 경영전략　　　　　　　④ 사업 확장전략

⑤ 데이터베이스 마케팅 전략

38 상권분석 기법에 대한 설명 중 가장 적절한 것은?

① Applebaum의 유추법은 상권의 규모에 영향을 미치는 요인들을 수집하여 이들에 대한 평가를 통해 시장잠재력을 측정하는 이론이다.

② Reilly의 소매인력법칙은 도시들 간의 경계를 결정하기보다는 개별점포의 상권경계를 결정하는 데 이용되는 이론이다.

③ Converse 제2법칙은 경쟁도시인 A와 B에 대해 어느 도시로 소비자가 상품을 구매하러 갈 것인가에 대한 상권분기점을 구하는 이론이다.

④ CST기법은 A 지역과 B 지역보다 작은 C 지역의 소비자가 A와 B 지역 중에서 어느 도시에서 구매할 것인가를 측정하는 이론이다.

⑤ 중심지 이론(Central Place Theory)은 한 지역 내의 상권 거주자의 입지 및 수적인 분포, 도시 간의 거리관계와 같은 공간구조를 중심지 개념에 의해 설명하는 이론이다.

39 소매포화지수의 설명으로 옳지 않은 것은?

① 소매포화지수는 한 지역시장에서 기존의 점포만으로 고객욕구를 충족시킬 수 있는 상태를 나타내준다.

② 소매포화지수는 미래 신규수요까지 반영함으로써 미래 시장 잠재력을 측정할 때 유용하게 사용할 수 있다.

③ 특정상권에서 소매포화지수값이 적어질수록 점포를 출점할 때 신중한 고려가 필요하다는 의미이다.

④ 소매포화지수를 계산하는데 중요한 자료는 특정상권의 가구수와 특정상권의 가구당 소매지출액이다.

⑤ 소매포화지수는 경쟁의 양적인 면만 강조되고 경쟁의 질적인 면은 반영하지 못하는 한계가 있다.

40 개점입지에 대한 법률규제 검토에 대한 설명으로 가장 적절하지 않은 것은?

① 법규분석의 경우에는 토지의 용도·가치 등의 구조분석·토지분석·권리분석과 부동산 개발 사업 등과 관련한 인·허가 관련 등의 법률적인 분석을 포함한다.

② 법률분석의 경우에는 권리관계를 표현하는 사법, 다시 말해 민법상 분석과 인허가 관계를 나타내는 공법 상 분석 등으로 구분할 수 있다.

③ 권리관계 확인을 위해 부동산 및 관련한 자료를 수집해서 법규와 더불어 부적합적인 원인을 연구하며 파악한다.

④ 권리분석의 경우 부동산 소유 및 기타 법률적 권리 관계를 이해하는 것이다.

⑤ 토지에 대한 기초자료조사는 면적, 지구, 관련법령 등에 대한 것이며, 토지에 대한 권리관계 조사의 경우 가등기, 압류, 지상권, 근저당 등의 각종 조사 및 분석을 포함한다.

41 이론적 상권분석 모델에 대한 설명으로 옳지 않은 것은?

① Reilly 모델에서는 작은 도시의 구매력이 큰 도시로 흡인된다는 것을 각 도시까지의 거리제곱에 비례하고 도시인구에 반비례한다는 것으로 설명하였다.

② Converse 모델은 소매인력의 제 2법칙이라고도 하며 각 도시에 상대적으로 흡입되는 구매력 정도가 동일한 분기점을 구할 수 있다.

③ Huff 모델에서 매장면적과 거리저항에 대한 가중치를 매번 계산하여 부여하는 것은 소비자의 상업 시설 선택에 영향을 미치는 정도가 상품과 지역에 따라서 일정치 않기 때문이다.

④ 유추법은 일반적으로 CST분석을 토대로 이루어지고 있으며 신규점포 뿐만 아니라 기존점포에서도 활용할 수 있다.

⑤ 독일 Christaller의 중심지 이론에서는 상업중심지로부터 가장 이상적인 배후상권의 모양이 육각형이며, 정육각형 형상을 가진 상권은 중심지거리의 최대도달 거리와 최소수요 충족거리가 일치하는 공간이라고 하였다.

42 다음 중 상권분석을 통해 얻을 수 있는 장점이라고 보기 어려운 것은?

① 소비자의 인구통계적 · 사회경제적 특성을 파악할 수 있다.

② 마케팅 및 촉진활동의 방향을 명확히 할 수 있다.

③ 시장의 구조와 각 브랜드별 점유율을 파악할 수 있다.

④ 고객 파악을 통한 목표고객을 결정할 수 있다.

⑤ 제안된 점포의 위치가 새로운 소비자나 기존 점포의 소비자를 유인할 수 있는지를 판단할 수 있다.

43 각 업태나 업종의 입지에 대한 설명 중 가장 옳지 않은 것은?

① 백화점은 규모면에서 대형화를 추구하기 때문에 상권 내 소비자의 경제력, 소비형태의 예측, 주요산업, 유동인구, 대중교통의 연계성 등을 근거로 적정한 입지를 선정해야 한다.

② 의류패션전문점의 입지는 고객에게 쇼핑의 즐거움을 제공하여 많은 사람을 유인하고 여러 점포에서 비교 · 구매할 수 있어야 하므로, 노면독립지역보다 중심상업지역이나 중심 상업지역 인근 쇼핑센터가 더 유리하다.

③ 식료품점의 입지는 취급품의 종류와 품질에 대한 소비자의 구매만족도, 잠재 고객의 시간대별 통행량, 통행인들의 속성 및 분포 상황, 경쟁점포 등을 고려해야 하므로, 아파트 또는 주거 밀집지역에 있는 상가나 쇼핑센터가 적당하다.

④ 생활용품 중 주방기구나 생활용품, 인테리어 소품 등은 대단위 아파트 및 주택가 밀집지역 등 주거지 인접지역으로 출점하여야 하며 도로변이나 재래시장 근처, 통행량이 많은 곳이나 슈퍼마켓 근처에 입지를 선택하는 것이 유리하다.

⑤ 패션잡화점의 입지는 전문점이기 때문에 굳이 임대료가 비싼 입지를 선정할 필요가 없으며, 경쟁하는 점포들이 모여 있는 입지는 적합하지 않다.

44 다음 중 상권과 관련된 설명으로 적절하지 않은 것은?

① 3차 상권이란 1, 2차 상권에 포함되는 고객 이외의 고객을 포함하는 지역을 말한다.

② 3차 상권의 고객은 분산이 매우 크며, 상점 고객의 5~10%를 차지한다.

③ 고객의 흡인력은 동일한 입지에 있는 경우라도 업종에 따라 다를 수 있다.

④ 일반적으로 편의점의 상권은 넓고, 백화점의 상권은 비교적 좁은 편이다.

⑤ 1차 상권의 경우에는 마케팅 전략 수립시 가장 관심을 기울여야 할 주요 고객층이다.

45 대규모 집단 판매시설을 의미하는 쇼핑센터 입지에 대하여 세부계획을 수립할 때, 이와 관련된 '몰(Mall) 계획'의 내용으로 가장 적절하지 않은 것은?

① 쇼핑센터 내의 고객의 주요 보행동선으로 고객을 핵상점과 각 전문점으로 유도하는 보행자 동선인 동시에 고객의 휴식처 기능을 갖고 있다.

② 자연채광을 끌어들여 외부공간과 같은 성격을 갖게 하고, 시간에 따른 공간감의 변화 및 인공조명과의 대비효과 등을 얻을 수 있도록 하는 것이 바람직하다.

③ 명확한 방향성·식별성이 요구되며 고객에게 변화감과 다채로움, 자극과 흥미를 주어 쇼핑을 유쾌하게 할 수 있도록 계획되어야 한다.

④ 쇼핑센터의 규모, 지가, 입지조건 등에 따라 단층 또는 다층으로 계획될 수 있으나 각층 사이의 시야 개발이 적극적으로 고려되어야 한다.

⑤ 미국의 경우 경영자 측에서나 고객 측에서 모두 그 효율성을 인정하고 있으며, 친근감을 주고 면적상의 크기와 형상 및 비례감이 잘 정리된 각기 연속된 크고 작은 공간들의 조합으로 계획되어야 한다.

제 **3** 과목   유통마케팅

46 상품 포장의 기능은 크게 상품기능, 의사전달기능, 가격기능 등으로 분류된다. 다음 중 포장의 상품기능과 가장 거리가 먼 것은?

① 특정 상품을 다른 상품과 식별할 수 있게 하는 기능

② 상품의 내용물, 즉 일정한 수량을 정해진 단위에 알맞도록 적재하는 기능

③ 상품의 내용물을 다양한 위험으로부터 보호하는 기능

④ 소비자가 상품을 편리하게 운반하고 사용하게 하는 기능

⑤ 상품의 보호기능이란 상품이 훼손되는 것을 방지하는 것

47 소매기업이 선택할 수 있는 세분시장 전략 중 차별적 마케팅에 관한 설명이 아닌 것은?

① 사업운영 비용이 많기 때문에 무차별 마케팅보다는 매출액이 낮다.

② 점차 많은 소매점들이 차별화 마케팅을 채택하는 경향이 있다.

③ 여러 목표 시장을 표적으로 하여 각각에 대해 상이한 제품과 서비스를 설계한다.

④ 제품과 마케팅을 다양화함으로써 매출액을 늘리고 각 세분시장에서의 지위를 강화하려고 한다.

⑤ 각 세분시장에 차별화된 제품과 광고 판촉을 제공하기 위해 비용 또한 늘어난다.

48 다음 괄호 안에 들어갈 가장 적절한 용어가 순서대로 연결된 것을 고르시오.

- 소매상이 자신들이 소유하고 관리하는 상표전략을 (   )이라고 한다.
- '청정원' 상표처럼 생산하는 모든 제품에 하나의 상표를 사용하는 전략을 (   )이라고 한다.

① 기업상표전략 – 단일상표전략

② 중간상 상표전략 – 공동상표전략

③ 중간상 상표전략 – 개별상표전략

④ 공동상표전략 – 중간상 상표전략

⑤ 복수상표전략 – 기업상표전략

49 유통마케팅 전략 수립을 위한 기본 개념과 용어에 대한 설명으로 가장 올바르지 않은 것은?

① 유통이란 상품의 생산과 소비사이의 거리를 제거함으로서 효용을 보다 효율적으로 발휘시켜 소비욕구를 충족시키고 또한 가치를 높이는 경제활동을 말한다.

② 마케팅의 기능은 제품관계, 시장거래관계, 판매관계, 판매촉진관계, 종합조정관계로 대별된다.

③ STP는 Segmentation, Targeting, Positioning의 약어로 시장세분화, 목표시장의 설정, 포지셔닝의 순서를 따라 마케팅전략이 수립된다는 것을 나타낸다.

④ 판매촉진이란 소비자의 구매를 유도하고 판매원의 효율성을 높이기 위한 마케팅 활동으로서 광고, 인적판매, 홍보활동을 포함한다.

⑤ 총마진수익률(GMROI)은 매출총이익률과 재고대비 매출비율의 곱으로 나타내며, 매출총이익을 평균재고로 나눈 것과 같다.

50 판매촉진과 관련하여 기업에서 실행하는 다양한 사례 중 Upselling과 가장 거리가 먼 것은?

① 500Mega화소를 찾는 고객에게 약간 비싼 800Mega화소 디지털카메라를 권유하면서 기능성을 강조한다.

② 예금상품을 원하는 고객에게 보험상품을 동시에 권유한다.

③ 일반적인 연회비가 없는 신용카드발급을 원하는 고객에게 연회비가 있으나 포인트 적립률은 높은 신용카드를 적극 추천한다.

④ 소형차를 이미 구매하여 이용하는 기존 고객에게 중형차에 대한 정보를 제공한다.

⑤ 소형 TV를 구매하고자 하는 고객에게 조금 더 비싸지만, HD-TV를 권하면서 TV의 화질을 강조한다.

51 일반적인 상품분류에 대한 다음 설명 중 상품이 다른 하나는?

① 제품에 대하여 완전한 지식이 있으므로 최소한의 노력으로 적합한 제품을 구매하려는 행동의 특성을 보이는 제품이다.

② 식료품·약품·기호품·생활필수품 등이 여기에 속한다.

③ 상품을 취급하는 상점들이 서로 인접해 하나의 상가를 형성하며 발전한다.

④ 사전에 계획을 세우거나 점포 안에서 여러 상표를 비교하기 위한 노력을 하지 않으므로 구매자는 대체로 습관적인 행동 양식을 나타낸다.

⑤ 단위당 가격이 저렴하고 유행의 영향을 별로 받지 않으며, 상표명에 대한 선호도가 뚜렷하다.

52 머천다이징(Merchandising)에 대한 설명 중 가장 옳지 않은 것은?

① 상품화 계획이라고도 하며, 기업이 판매목표를 효과적으로 실현하기 위하여 소비자의 욕구·구매력 등에 합치되도록 제품의 개발·가격·품질·디자인·포장·상표 등을 기획·결정하는 활동을 말한다.

② 상품 유통의 전 과정에서 판매촉진 효과를 목적으로 하는 시각적 전략계획으로 고객이 실제로 이동하는 경로에 따라 관심과 집중을 받을 수 있게 상품을 배치하거나 진열하는 방법이다.

③ 기업의 마케팅목표를 실현하기 위하여 특정의 상품·서비스를 장소·시간·가격·수량별로 시장에 내놓을 때 따르는 계획과 관리이다.

④ 소매업 상품정책의 중심적인 활동이며 상품의 적절한 매입, 진열을 위한 계획 및 활동이라고 할 수 있다.

⑤ 일반적으로 도매업자나 소매업자 등 판매업자의 활동을 의미하는 상품선정과 관리를 말하며 제조업자의 경우에는 제품계획 그 자체라고 할 수 있다.

53 서비스마케팅에 관한 설명으로 가장 적절하지 않은 것은?

① 서비스는 제품과 구별되는 여러 가지 고유의 특성을 지니고 있는데, 일반적으로 무형성, 생산과 소비의 비분리성, 동질성, 소멸성의 네 가지 특성으로 요약된다.

② 소비자 욕구의 다양화, 급속한 기술의 발전, 평균수명의 증가, 삶의 복잡화는 서비스경제 성장에 공헌하고 있다.

③ 고객의 기대에 대한 경영자의 인식과 서비스 설계(명세)간의 차이가 있을 때, 이러한 불일치는 고객의 서비스 기대와 성과 사이의 차이(Gap)를 유발하는 요인이 된다.

④ 내부마케팅(Internal Marketing)은 서비스 기업이 고객과의 약속을 지킬 수 있도록 종업원을 교육하고, 동기부여하며, 보상하는 일련의 활동을 말한다.

⑤ 그뢴루스(Gronroos)는 2차원 서비스 품질모형을 제안하였으며, 두 개의 차원은 결과품질(Outcome Quality)과 과정품질(Process Quality)이다.

54 다음의 상품연출 구성방법에 대한 설명으로 올바르지 않은 것은?

① 삼각구성은 상품이 통합되어 보이기 쉬운 형태로 조화와 안정감을 주며 상품은 홀수로 하는 것이 요령이다.

② 직선구성은 상품 하나하나의 특성을 살리면서 리드미컬하게 표현할 수 있는 방법으로 아동복의 연출에 효과적이다.

③ 부채꼴 구성은 고가상품의 진열로서 쇼케이스 내부에 이용하면 좋고 벽면연출에 많이 사용한다.

④ 원형구성은 상하가 대칭이 되어 종합감을 연출하는 것으로 반복 배열함으로써 중앙에 시각적인 초점을 강조한다.

⑤ 곡선 구성의 디스플레이는 흐르는 듯한 유연함이나 실루엣을 표현할 수 있으므로 여성스러움을 강조하는 연출, 즉 페미닌 감각의 의상 디스플레이에 효과적인 구성이다.

55 상품기획 성과분석 중에서 판매과정분석(Sell-through Method)에 대한 설명으로 가장 올바른 것은?

① 재고수준을 결정하기 위하여 상품에 대한 개별 등위를 매기는 방법이다.

② 주로 사용되는 성과측정치로는 매출액, 판매량, 총이익과 순이익 등이 있다.

③ 상품의 입고에서부터 판매시점까지 발생하는 비용분석을 통해 전체 협력업체에 대한 객관적 평가자료를 획득하고자 하는 것이다.

④ 특정성과 측정 기준에 의해 상품의 등위를 매겨, 어떤 상품이 품절이 되어서는 안 되는지, 어떤 상품이 간헐적인 품절을 허용해도 되는지, 어떤 상품이 제거되어야 할 것인지를 결정하는 방법이다.

⑤ 계획매출수량과 실판매수량의 비교분석을 통해 시장수요에 맞추어 필요상품수량을 결정하는 것이다.

56 POP 광고와 관련된 설명으로 가장 옳지 않은 것은?

① 매장 내에서 고객의 관심을 끌 수 있는 정보, 즉 상품명, 가격, 소재, 특징 등을 알려준다.

② 매스컴 광고를 그대로 POP 디스플레이에 이용하기도 한다.

③ 소비자의 수준을 고려하여 충동구매촉진보다 이성적 설득방법을 사용하는 것이 효과적이다.

④ 문장을 가로로 쓰고 적당한 여백을 두는 것이 유리하다.

⑤ 기업을 PR 하는 역할을 한다.

57 몇 개의 제품을 결합하여 할인된 가격으로 판매하는 가격결정을 뜻하는 것은?

① 사양제품 가격결정(Optional-product Pricing)

② 제품라인 가격결정(Product Line Pricing)

③ 종속제품 가격결정(Captive-product Pricing)

④ 부산물 가격결정(By-product Pricing)

⑤ 묶음제품 가격결정(Product Bundle Pricing)

58 다음은 MOT의 중요성에 대한 설명이다. 괄호 안의 내용으로 가장 적절한 것은?

> 진실의 순간은 서비스 전체에서 어느 딱 한 순간만은 아니며, 고객과 만나는 직간접의 순간순간들이 진실의 순간이 될 수 있으며, 어느 한 순간만 나빠도 고객을 잃게 되는 (   )이 적용된다.

① 덧셈의 법칙   ② 뺄셈의 법칙

③ 곱셈의 법칙   ④ 나눗셈의 법칙

⑤ 제로섬의 원칙

59 효과적인 디스플레이(Display)에 대한 다음 내용 중에서 옳지 않은 것은?

① 앞에는 낮게, 뒤로 갈수록 높게 진열하여 안정감을 준다.

② 내부 디스플레이는 상품의 시각성에 영향을 주며, 일반적으로 바닥 가까이에 있는 상품이 잘 팔린다.

③ 윈도우 디스플레이는 보행자뿐만 아니라 자동차 운전자에게도 보이게 한다.

④ 유효진열범위란 상품을 효과적으로 팔 수 있는 진열의 높이를 말하며 일반적으로 바닥으로부터 60cm에서 150cm까지를 말한다.

⑤ 보기 쉽고 사기 쉬운 진열을 하려면, 생활습관과 고객의 신체조건을 고려해서 각각의 상품진열 범위를 결정하는 것이 중요하다.

60 다음은 기업이 신제품을 개발할 때 고려할 수 있는 브랜드 전략에 관하여 기술한 것이다. 가장 적절하지 않은 것은?

① 기존의 브랜드자산이 크다고 판단되는 경우 기존의 제품범주에 속하는 신제품에 그 브랜드명을 그대로 사용하는 것을 계열확장 혹은 라인확장(Line Extension)이라 한다.

② 기존의 제품범주에 속하는 신제품에 완전히 새로운 브랜드를 사용하는 것을 다상표전략(Multi-Brand Strategy)이라 한다.

③ 하향 확장(Downward Line Extension)의 경우 기존 브랜드의 고급 이미지를 희석시켜 브랜드자산을 약화시키는 희석효과(Dilution Effect)를 초래할 수 있다.

④ 기존 브랜드와 다른 제품범주에 속하는 신제품에 기존 브랜드를 사용하는 것을 브랜드확장(Brand Extension) 혹은 카테고리확장(Category Extension)이라 하며, 우리가 '신상품'이라고 부르는 것의 대부분이 이 전략이 적용된 것이다.

⑤ 같은 브랜드의 상품이 서로 다른 유통경로로 판매될 경우 경로간의 갈등(Channel Conflict)을 일으킬 위험이 있다.

61 일반적으로 상품의 품질에 대한 판매자의 명시적 혹은 묵시적 설명은 그 범위가 다양하고 많은 요소의 영향을 받는다. 다음 중 상품의 품질을 결정하는 판단기준 및 개별 속성에 대한 설명이 올바르지 않은 것은?

① 내구성 – 정상적인 또는 긴박한 조건에서 제품에 기대되는 작동수명의 측정치에 관한 문제

② 신뢰성 – 어떤 상품의 기능이 소비자의 예상과 일치할 확률에 대한 문제

③ 지속성 및 수선용이성 – 상품을 수리해서 정상적으로 작동시킬 수 있는가에 대한 문제

④ 사용기간 – 상품이 소비자가 예상한대로 기능을 효과적으로 발휘하는 기간

⑤ 공정성 – 스스로는 상대방으로부터 결과에 따른 공헌에 대한 정당하면서도 공평한 대가를 받아야 한다고 생각하는 데 있어, 그러한 정당성의 여부는 자신의 투입(조직에 대한 공헌) 및 산출(보상)만 보고 판단

62 백화점이나 의류매장 등은 주로 곡선형으로 고객동선을 만들어간다. 다음 중 곡선형 보행로를 선택하는 이유 혹은 장점과 가장 가까운 것은?

① 주로 공간 활용 면에서 효율성을 높이고자 할 경우 사용된다.

② 보다 편안하고 친근한 분위기를 창출할 수 있다.

③ 상품도난 및 보안관리가 용이하다.

④ 쇼핑에 소요되는 시간을 줄일 수 있다.

⑤ 안정감과 입체감이 있고 가장 균형이 좋다.

63 EDLP(Every Day Low Price)와 High-Low 가격정책에 대한 설명으로 옳지 않은 것은?

① High-Low 가격정책은 보통 EDLP 정책보다 높은 가격정책을 추구한다.

② High-Low 가격정책은 가격세일행사를 빈번하게 하기 때문에 수요의 변동이 크다.

③ High-Low 가격정책은 EDLP 정책보다 상품의 재고관리가 복잡하다.

④ High-Low 가격정책은 EDLP 정책보다 촉진비용이 덜 드는 경향이 있다.

⑤ High-Low 가격정책은 보통 EDLP 보다 경쟁자와의 가격전쟁에 대한 압박이 높다.

64 다음 중 고객만족관리(Customer Satisfaction Management)에 대한 설명으로 바르지 못한 것은?

① 1980년대 유럽의 스칸디나비안 에어라인즈 시스템(SAS) 사의 얀 칼슨에 의해 주창된 새로운 경영 혁신운동이다.

② 고객은 접점(MOT; Moment of Truth)으로 그 기업을 평가하므로 MOT만을 최우선시 하여 관리를 하는 것을 말한다.

③ 고객만족관리는 고정고객을 확보하여 반복구매 뿐만 아니라 기업과 상품에 대한 호의적인 구전 광고를 통해 새로운 고객을 창출하고 기업의 판촉비용을 경감시켜 줌으로써 기업이익을 크게 늘려준다.

④ 고객이 상품 또는 서비스에서 원하는 것을 기대이상으로 충족시켜 감동시킴으로써 고객의 재구매율을 높이고 그 상품 또는 서비스에 대한 우호도가 지속되도록 하는 것을 말한다.

⑤ 고객의 만족도를 높여 고정 고객층의 이탈방지를 통해 기업의 이익을 안정적으로 확보하는 것이다.

65 소매촉진예산의 수립과 관련된 다음의 내용 중 잘못된 것은?

① 소매촉진예산을 수립하기 위해서는 사전에 목표설정이 이루어져야 한다.

② 경쟁동가방법은 경쟁소매업체와 촉진비용 비율이나 시장점유율이 같도록 예산을 설정하는 방법을 말한다.

③ 판매비율방법은 매출과 관련이 없는 과도한 촉진비용의 지출을 막아주는 장점이 있다.

④ 한계분석방법은 촉진비용과 매출사이의 관계가 모호할 때 활용하는 것이 바람직하다.

⑤ 가능예산방법은 기업의 여유 자금에 따라 예산을 결정하는 방법으로 경영자의 주관적 판단과 경험을 근거로 하기 때문에 단순하고 용이하다.

66 CRM의 등장배경으로 가장 적합하지 않은 것은?

① 기업 경쟁이 가속화됨에 따라 한 기업에 대한 로열티가 증가하게 되었다.

② 다양한 인구통계적 속성에 따라 고객의 니즈가 다양해지면서 기업들은 점점 고객의 니즈에 대응하기가 어려워지고 있다.

③ 마케팅 패러다임도 불특정 다수의 고객이 아니라 기존의 수익성 있는 거래 고객들에게 마케팅을 전개하기 시작하였다.

④ 기업경영의 패러다임은 매출중심에서 수익중심으로 전환되면서 평생고객확보를 위한 고객관계 경영방식으로 전환되고 있다.

⑤ 컴퓨터와 정보기술의 발전으로 고객정보를 과학적인 분석 기법을 활용하여 영업활동에 이용할 수 있게 되었다.

67 제품가격 의사결정에 필요한 내용에 관한 다음 설명 중 가장 옳지 않은 것은?

① 신형모델의 제품을 구입하려는 소비자가 사용하던 구형모델을 반환할 경우에 일정금액을 보상해주고 신형모델을 판매하는 할인 가격전략을 거래공제(Trade-in Allowance)라 한다.

② (주)가나전자가 신형컴퓨터의 가격을 업계 최고 가격으로 결정했다면 일반적으로 이 기업의 가격목표는 품질선도자 위치 확보에 있다고 할 수 있다.

③ 가격에 대해 비탄력적인 수요함수 하에서는 초기고가전략을 사용하고, 탄력적인 수요함수 하에서는 침투가격전략을 사용하는 것이 이론적으로 바람직하다.

④ 학습곡선(경험곡선)의 효과로 장기적으로 생산비의 하락을 가져올 수 있는 경우에는 시장침투가격을 사용하는 것이 경쟁을 배제하는데 이론적으로 바람직하다.

⑤ 원가기준 가격결정 시에 기업에서 극단적으로 허용할 수 있는 최저가격의 기준이 되는 것은 총 제조원가이다.

68 다음 글상자에서 고객만족의 3대 핵심요소를 적절하게 선택한 것은?

가. 제품요소	나. 서비스요소
다. 경쟁요소	라. 기업이미지요소
마. 인간관계요소	

① 가, 나, 다
② 가, 나, 라
③ 가, 다, 라
④ 나, 다, 마
⑤ 나, 다, 라

69 소매 유통업자를 위한 마케팅정책 활용도구로서의 소매믹스(Retail Mix)에 속하지 않는 사항은?

① 상품(구성)정책에 대한 의사결정
② 매장 디스플레이에 대한 의사결정
③ 대고객 서비스 활동에 관한 의사결정
④ 입지선정에 대한 의사결정
⑤ 유통경로에 대한 의사결정

70 다음 중 '롱테일 법칙' 또는 '역 파레토 법칙'에 대한 설명으로 가장 적절한 것은?

① 결과의 80%가 전체 원인의 20%에서 일어나는 현상이다.

② 비주류 틈새시장의 규모가 기존 주류시장의 규모만큼 커지는 현상이다.

③ 이탈리아의 경제학자 빌프레도 파레토의 이름에서 따왔다.

④ 80%의 '핵심 소수'가 20%의 '사소한 다수'보다 우수한 가치를 만든다는 이론이다.

⑤ 역 파레토 법칙은 '배제의 법칙'이 적용된다.

제 **4** 과목 **유통정보**

71 정보사회의 등장배경에 대한 설명으로 거리가 먼 것은?

① 서비스 자원의 효율적 활용 필요성이 경제적 배경이 되었음

② 과학기술의 발달로 정보와 지식의 중요성이 부각

③ 물질적 풍요로 인해 정신적, 심리적 욕구의 충족을 갈망

④ 산업혁명으로 복잡해진 사회 및 경제 시스템들의 통제 필요성

⑤ 소비형 산업구조에서 에너지 절약형 산업구조로의 전환

72 "정보가 일정기간 이후 소멸되는 상태나 현상"을 무엇이라 하는가?

① 정보의 과부하성   ② 정보의 비적시성

③ 정보의 불확실성   ④ 정보의 단순성

⑤ 정보의 휘발성

73 다음 물류정보시스템과 관련된 용어 중 설명이 틀린 것은?

① DPS는 점포로부터 발주 자료를 센터의 상품 랙(Rack)에 부착한 표시기에 부킹 수량을 디지털로 표시하게 하는 시스템으로 작업 생산성 향상을 도모한다.

② EOS는 단품 관리를 위한 자동 발주 시스템이다.

③ POS란 상품을 판매하는 시점에서 상품에 관련된 모든 정보를 신속·정확하게 수집하여 발주, 매입, 발송, 재고 관리 등의 필요한 시점에 정보를 제공하는 시스템이다.

④ DPS는 점포로부터의 발주 데이터를 센터의 상품 랙에 부착된 표시기에 피킹수량을 디지털로 표시해서, 별도의 리스트 없이 어느 누구라도 신속하고 정확하게 피킹할 수 있는 시스템이다.

⑤ ECR이란 컴퓨터에 의한 통합 생산 시스템으로 경영의 효율화를 도모하는 시스템이다.

74 다음 바코드에 관한 설명 중 사실과 다른 것은?

① 바코드는 두께가 서로 다른 검은 바(Bar)와 흰 바(Space)의 조합에 의해 사람이 사용하는 숫자 또는 문자로 기계가 판독할 수 있도록 고안된 것이다.

② 바코드는 정보의 표현과 정보의 수집 · 해독이 가능하다.

③ 바이너리코드는 2진법을 표현하는 바코드 체계로 판독이 쉽고 라벨의 발행이 용이하며 ITF, Code 39 등에 쓰인다.

④ 멀티레벨코드는 고밀도의 정보 표현이 가능하여 Code 128 등에 쓰인다.

⑤ 바코드는 발행기관에 따라 바이너리코드와 멀티레벨코드로 구분된다.

75 (가), (나), (다) 안에 들어갈 단어들이 순서대로 올바르게 짝지어진 것은?

(가)(이)란 소비자로부터 얻은 판매정보를 기초로 하여 상품보충량을 공급업체가 결정하는 방법이다.
제조업체가 상품보충시스템을 관리하는 경우를 (나)(이)라 하고, 상품보충에 대해 유통업체와 공급업체가 공동으로 재고관리하는 경우를 (다)(이)라 한다.

① (가) – QR (나) – VMI (다) – CMI
② (가) – QR (나) – CMI (다) – VMI
③ (가) – CR (나) – VMI (다) – CMI
④ (가) – CR (나) – CMI (다) – VMI
⑤ (가) – VMI (나) – CAO (다) – ECR

76 기업의 의사결정은 전략적 의사결정, 관리적 의사결정, 일상적 의사결정 등으로 구분하기도 한다. 다음 중 전략적 의사결정과 가장 근접하게 표현한 것은?

① A할인점이 여름철에 한시적으로 영업시간을 1시간 연장하도록 하였다.

② B할인점의 청과부문에서 오늘 하루만 오후 7시부터 수박을 투매하도록 하였다.

③ C할인점의 식품부문은 1년간 가락동 농수산물 시장에서 상품을 구입하기로 하였다.

④ D할인점은 2014년에는 시장점유율을 전년 대비 20% 포인트 증가 달성하는 목표를 설정하였다.

⑤ E할인점은 설 연휴를 맞이하여 선물코너에 판매원의 인원을 재배치하였다.

77 다음 중 전자카탈로그에 대한 설명으로 적절하지 않은 것은?

① 식별요소, 기본속성 및 부가속성 등으로 구성되어 있다.

② 종이카탈로그보다 수정이 용이하다.

③ 개별 상품에 대한 설명내용 구성 면에서 종이카탈로그보다 기술적으로 제한되어 있다.

④ 시간적 · 공간적 제약을 상대적으로 적게 받으면서 홍보가 가능하다.

⑤ 움직이는 사진도 표현이 가능하므로 더더욱 생생한 느낌을 준다.

78 **유통정보의 필요성에 관한 설명으로 옳은 것은?**

① 대량 생산으로 인한 판매가격의 인상을 위해 필요하다.

② 유통활동의 효율화와 합리화를 도모하기 위해 필요하다.

③ 유통의 모든 활동을 부분적이며 한시적으로 관리하기 위해 필요하다.

④ 장소적 · 시간적 간격을 비경제적이며 비효율적으로 사용하기 위해 필요하다.

⑤ 소비자들이 제한된 유통서비스를 제공해서 시세차익을 얻기 위해 필요하다.

79 **지식경영에 대한 설명으로 가장 적절하지 않은 것은?**

① 보유된 지식의 활용이나 새로운 지식의 창출을 통해 수익을 올리거나 미래에 수익을 올릴 수 있는 역량을 구축하는 모든 활동들을 말한다.

② 조직의 개별구성이 가지고 있는 형식지를 발견하고, 이를 조직의 지식으로 공유 · 활용할 수 있는 암묵지로 바꾸어 조직이 제공하고 있는 제품과 서비스 등의 부가가치를 창출한다.

③ 창조적 지식은 기업이 지속적으로 성장 · 발전하고 차별적인 경쟁우위를 확보하는 원천이 되고 있다.

④ 지식이 조직의 경쟁력 확보의 중요한 원동력으로 부각되면서, 조직의 보유지식을 '자산'으로서 관리 · 평가해야 할 필요성을 인식하게 되었다.

⑤ 노나카의 SECI 모델은 암묵지와 형식지라는 두 종류의 지식이 사회화, 표출화, 연결화, 내면화라는 4가지 변환 과정을 거쳐 지식이 창출된다는 이론이다.

80 **POS 데이터를 활용한 분석수법에 대한 설명으로 가장 적절하지 않은 것은?**

① 구매금액, 구입빈도, 성별을 가지고 고객을 층화하는 수법을 RFM 분석이라고 부른다.

② 상품 아이템마다 판매동향을 파악함으로써 판매를 예측할 수 있다.

③ 판촉효과를 분석하기 위해 POS 계산기에서 쿠폰을 발생할 수 있다.

④ 매장의 상품군을 매출액 기준으로 구분하여 A상품군을 집중적으로 육성하고, C 상품군을 집중관리하는 분석기법을 ABC 분석이라고 한다.

⑤ 영수증 데이터를 이용하여 동시구매확률이 높은 상품군을 조사하는 수법을 바스켓분석이라고 한다.

81 POS시스템에 대한 내용으로 옳지 않은 것은?

① 판매시점정보관리시스템을 말하는 것으로, 판매장의 판매시점에서 발생하는 판매정보를 컴퓨터로 자동 처리하는 시스템이다.

② 고객이 원하는 상품을 원하는 시기에 원하는 양만큼 구매할 수 있도록 하여 고객의 상품 구매 만족도를 높이는 것이다.

③ 상품별 판매정보가 컴퓨터에 보관되고, 그 정보는 발주·매입·재고 등의 정보와 결합하여 필요한 부문에 활용된다.

④ 상품에 인쇄되어 있는 바코드를 신속하고 정확하게 자동 판독함으로써 판매시점에서 정보를 곧바로 입력할 수 있으며 금전 등록기에서 일일이 자료를 입력하는 것에 비하면 시간과 노력을 절약할 수 있다.

⑤ 상품을 제조회사별, 상표별, 규격별로 구분해서, 상품마다의 정보를 수집·가공·처리하는 과정에서 단품관리에는 한계가 있다는 단점을 가진다.

82 집중구매방법(Centralized Purchasing Method)의 장점에 해당되지 않는 것은?

① 단위당 자재가격을 저렴하게 할 수 있다.
② 구매자재를 표준화하여 보다 유리한 구매를 할 수 있다.
③ 대량구매로 가격 및 거래조건이 유리하다.
④ 시장조사나 거래처의 조사, 구매효과 측정에 유리하다.
⑤ 신속한 구매를 할 수 있어 긴급수요에 대응할 수 있다.

83 전자상거래 고객의 특성으로 가장 옳지 않은 것은?

① 호기심이 다양한 구매집단이다.
② 인터넷 구매에 있어서 고객들은 상당한 불안감을 갖고 있다.
③ 인터넷을 통해 자유롭게 자신의 의견을 개진한다.
④ 일반적 Off-line 구매집단에 비해 상대적으로 구매력이 낮은 집단이다.
⑤ 새로운 경향을 추구하는 편이다.

84 전자상거래 비즈니스 모델에서 정보중개형(Infomediary Model)에 대한 설명으로 가장 적절한 것은?

① 개인 고객의 정보는 다양한 방법을 통해 수집·가공되어 데이터베이스화되며 고객정보제공자를 확보하기 위해 무료인터넷접속이나 무료 하드웨어를 유인책으로 제공하기도 한다.

② 기업간 거래는 물론 B2C, C2C에 모두 적용할 수 있으며 구매인과 판매인을 한곳에 모아 거래를 촉진하는 역할을 하는 모델이다.

③ 웹사이트를 보는 트래픽이 크거나 매우 특화된 고객들로 이용자가 구성되어 있을 경우에 한하여 유효하다.

④ 인터넷을 이용한 전통적인 도·소매상으로서 매출은 카탈로그에 리스트 된 가격이나 경매를 통해 결정된 가격에 이루어지며, 때로는 전통적인 상점에서는 불가능한 상품이나 서비스를 취급한다.

⑤ 지속적으로 사이트를 방문하는 이용자들에게 광고, 정보중개 또는 전문적인 특화된 포탈 서비스 기회를 제공하는 모델이며, 때로는 이용료를 받는 경우도 있다.

85 RFID 태그 선택시 고려사항으로 가장 옳지 않은 것은?

① 판독의 정확도를 최대한 높이려면 부착면 소재와 관계없이 이용할 수 있는 태그 제품을 선택해야 한다.

② 업무 처리 속도와 관련하여 태그를 읽는데 필요한 속도를 파악하여야 한다.

③ 태그를 사용할 환경 조건을 파악하여야 한다.

④ 특정한 한 곳의 판독 지점에서만 RFID 태그를 읽는데 필요한 거리를 파악하여야 한다.

⑤ 선택한 태그로 원하는 기간 동안 데이터를 저장할 수 있는지를 확인하여야 한다.

86 GS1 Data Matrix에 대한 설명으로 가장 적절하지 않은 것은?

① 4각형의 검은색 바와 흰 바의 조합을 통해 문자와 숫자를 표시하는 매트릭스형 2차원 바코드로, 미국의 International Data Matrix사가 개발하였으며 ISO/IEC 16022, ANSI/AIMBC11에 명시된 국제표준이다.

② ASCⅡ 128개 문자를 모두 표시할 수 있으며 약 2,300개의 문자 및 저장용량을 가진다.

③ 이미지 스캐너를 통해서만 판독되며 오류정정능력이 PDF417에 비해 다소 떨어지는 단점이 있다.

④ 주로 소형 전자부품의 식별과 부가 정보의 입력을 위해 사용된다.

⑤ GS1-14 코드의 입력을 기본으로 하며 종류에 따라 부가 정보의 추가 입력이 가능하다.

87 정보 기술이 마케팅에 미치는 영향력을 저해하는 요인이 아닌 것은?

① 마케팅 관리자가 사용하는 소프트웨어들이 원래는 다른 전문분야를 위해 개발되었다는 점이다.

② 경쟁자의 가격 정보를 더 정확히 추적할 수 있고 동시에 제품의 가격 책정에 도움을 줄 수 있다.

③ 기업이 마케팅의 기본적인 철학을 정보 기술 도입 전에 이해하지 못하면 정보 기술의 도입으로 얻는 효과가 감소한다.

④ 마케팅의 성격이 질적·창의적인 면을 강조하게 되어 전산화 및 양적인 면이 덜 강조되는 경향이 있다.

⑤ 정보기술의 중요성이 많이 진행되지 않은 것은 어느 한 분야에만 국한된 것이 아닌 상호연관이 되어 있으므로 한 부분의 미시적인 분석으로는 전체를 이해하기 힘들기 때문이다.

88 데이터마이닝 기법 중의 하나인 신경망 모형에 대한 다음의 내용 중에서 가장 옳지 않은 것은?

① 인간이 경험으로부터 학습해 가는 두뇌의 신경망 활동을 모방한 것이다.

② 분류 작업에 주로 사용되는 기법으로, 과거에 수집된 데이터의 레코드들을 분석하여 이들 사이에 존재하는 패턴, 즉 부류별 특성을 속성의 조합으로 나타내는 분류모형을 만드는 것이다.

③ 자신이 소유한 데이터로부터의 반복적인 학습과정을 거쳐 패턴을 찾아내고 이를 일반화한다.

④ 입력과 출력 마디에 이산형, 연속형 변수를 모두 사용할 수 있으므로 적용할 수 있는 문제의 영역이 의사결정나무나 통계기법들에 비해 넓다.

⑤ 고객의 신용평가, 불량거래의 색출, 우량고객의 선정 등 다양한 분야에 적용된다.

89 다음 중 전자화폐와 전자지불시스템의 보안요건으로 적합하지 않은 것은?

① 상호인증 : 거래상대방의 신분을 확인할 수 있도록 하는 기능

② 기밀성 : 거래내용이 제 3자에게 노출되지 않도록 하는 기능

③ 무결성 : 송신자와 수신자가 합법적인 사용자임을 증명하는 기능

④ 부인방지 : 이미 성립된 거래에 대한 부당한 번복을 방지하는 기능

⑤ 인증 : 정보를 주고받는 상대방의 신원이나 정보의 출처를 확인하는 기능

90 전자상거래의 지불수단 중 전자수표에 대한 설명으로 가장 옳은 것은?

① 재래식 수표와 달리 은행에 수표계좌 없이도 이용 가능하다.

② 전자수표 결제시스템은 거액의 상거래 또는 기업간 거래시 지불수단으로 부적합하다.

③ 대표적인 전자수표로는 net-캐시, e-캐시 등을 들 수 있다.

④ 금액에 대한 제한이 없으므로 소액지불에 적합한 지불방식이다.

⑤ 기업간(B2B) 전자상거래에 유용한 지불방식이다.

제5회 최종모의고사

형 별	A형	제한시간	100분	수험번호	성 명

※ 5개의 답항 중 가장 알맞은 1개의 답항을 고르시오.

제 1 과목 유통 · 물류일반관리

01 최근 웰빙 소비문화가 확산되면서 유기농산물에 대한 소비자들의 선호도가 점차 상승하고 있지만 절대농지의 부족과 토양 오염으로 인하여 유기농 생산농가는 줄고있다고 본다면, 유기농 유통시장의 변화는 유기농산물의 시장가격과 거래량에 어떠한 변화를 초래하는가?

> ㉠ 가격 상승　　　　　　　　　　　 ㉡ 가격 하락
> ㉢ 가격변화 알 수 없음　　　　　　　㉣ 거래량 증가
> ㉤ 거래량 감소　　　　　　　　　　　㉥ 거래량 변화 알 수 없음

① ㉠, ㉤　　　　　　　　　　　　　　 ② ㉢, ㉤

③ ㉢, ㉥　　　　　　　　　　　　　　 ④ ㉠, ㉥

⑤ ㉡, ㉣

02 유통기능 담당자에 대한 설명으로 옳지 않은 것은?

① 제조업자 − 소비자가 원하는 제품을 생산하여 최종소비자가 사용하는 데에 있어서 시간적인 차이가 없도록 해야 한다.

② 도매업자 − 제조업자와 소매업자의 사이를 연결하는 역할을 주 업무로 한다.

③ 소매업자 − 제조업자나 도매업자로부터 구입한 재화를 최종소비자에게 판매하는 것을 주된 목적으로 한다.

④ 운송업자 − 재화를 최종소비자가 소비하기까지 보관하는 기능을 담당한다. 이는 생산이나 소비 사이에서 발생할 수 있는 시간적인 불일치를 해소하여, 제조업자와 최종소비자 사이의 시간적 불일치를 극복한다.

⑤ 금융업자와 보험업자 − 금융업자는 자금을 대여해 유통기능을 원활하게 하며, 보험업자는 재화에 대한 화재나 사고 등으로 인하여 발생할 수 있는 재산상의 손실을 보전함으로써 안전한 유통업무를 보장한다.

03 유통마케팅의 상품전략개발을 위한 도구의 하나로서 제품포트폴리오전략기법을 들 수 있다. 다음 중 BCG 매트릭스 (Matrix)에 대한 설명으로 올바르지 않은 것은?

① 기업이 취급하고 있는 사업을 전략적 사업단위로 파악하여 성장·포기 등의 전략결정에 유용하다.

② BCG 매트릭스는 해당제품의 시장성장률과 상대적 시장점유율을 토대로 작성하게 된다.

③ BCG 매트릭스에서 별(Star)에 해당하는 제품은 지속적인 투자전략을 구사할 것을 의미한다.

④ BCG 매트릭스에서 의문부호(Question Mark)에 해당하는 제품은 미래성장성의 불확실한 제품을 의미하며 이로 인해 우선적으로 관망 혹은 포기하는 전략을 선택하는 것이 최적이다.

⑤ '성장-점유율 매트릭스'라고도 불리며 산업을 점유율과 성장률로 구분해 스타, 젖소, 개, 물음표의 4가지로 분류하였다.

04 물류조직의 합리화에 대한 다음 설명 중 옳지 않은 것은?

① 물류관리조직은 계획의 창조, 수행, 평가를 촉진하는 구조이며, 회사의 목표를 달성하기 위해 회사의 인적자원을 할당하는 공식적 혹은 비공식적인 조직이다.

② 물류비는 기업별 사업환경 여건 및 개선노력에 따라 상당부분 감소하고 있지만 여전히 높은 비중을 차지하고 있다.

③ 다품종 소량생산체제가 가속화되고 고객욕구의 다양화, 물류서비스의 차별화가 요구됨에 따라 물류합리화의 필요성이 강조되고 있다.

④ 직능형 조직은 전사적인 물류정책이나 전략·계획 등을 도모하기 쉬워 현대에 많이 이용되는 물류유형이다.

⑤ 라인과 스텝형 조직은 라인과 스텝의 기능을 분화, 작업부문과 지원부문을 분리한 조직이다.

05 유통업자의 일반적인 경제행위와 가장 거리가 먼 것은?

① 유통업자는 소비자와 제조업자에게 시간효용, 장소효용, 소유효용을 제공한다.

② 유통업자는 소비자가 필요로 하는 재화를 구매하여 소비자에게 여러 가지 상품과 서비스를 공급한다.

③ 유통업자의 상품구색기능은 제조업자보다는 소비자를 위한 기능으로, 소비자가 원하는 상품구색을 제공하여 소비자 선택의 폭을 넓혀 준다.

④ 제조업자는 자신이 제조한 상품을 직접 판매할 경우 비용부담을 줄일 수 있기 때문에 유통업자를 통하는 것보다 제조업자 자신이 직접 판매하는 것이 유리하다.

⑤ 소비자에게 상품의 품질이나 가격 등의 정보를, 공급자에게 소비자의 구매성향 등의 정보를 제공해준다.

06 다음은 회전율(Turnover Ratio)에 대한 설명이다. 올바르지 않은 것은?

① 자산회전율은 대차대조표의 자산측면에서 전체적인 성과척도를 나타내며 순매출액을 총자산으로 나눈 값으로 표현된다.

② 상품재고회전율이란 특정기간(보통 1년) 동안 점포 내에서 재고가 평균적으로 얼마나 여러 번 순환되는가 하는 것이며 일반적으로 재고회전율이 클수록 좋다.

③ 고정자산은 상품처럼 신속하게 회전되지 않아 자산회전율은 경영자들이 자신들의 자산을 얼마나 효율적으로 사용하는가를 평가하고 비교하기 위해 사용될 수 없다.

④ 상품재고회전율은 상품구성과 관련된 정책적 의사결정에 영향을 미치는 가장 중요한 요소(판단기준) 중의 하나이며 평균상품재고액의 변화 없이 매출액이 향상되면 상품회전율이 증가하는 것이 당연하다.

⑤ 상품회전율이란 일정 기간에 상품이 몇 번 회전하였는가를 표시하는 비율을 말한다. 기업의 연간 상품매출액 또는 매출원가를 상품 평균재고로 나눈 것으로, 이 비율이 높을수록 상품의 판매 및 그 보충의 속도가 빠르다.

07 물류 아웃소싱에 대한 다음 내용 중 가장 옳지 않은 것은?

① 기업이 직접 고객 서비스 향상이나 물류비 절감 등을 추구하지 못할 경우, 물류기능의 전체 혹은 일부를 위탁, 대행하는 것을 말한다.

② 조직 간소화로 조직의 유연성을 확보할 수 있고 물류비도 절감할 수 있지만 물류공동화와 물류표준화가 어려질 수 있다는 단점이 있다.

③ 제조업체가 물류 아웃소싱을 추구할 때 그 업체는 전문화의 이점을 살려 고객욕구의 변화에 대응하여 주력사업에 집중할 수 있게 된다.

④ 초기에는 단순한 운송, 창고, 자재관리에 국한되었으나, 최근에는 EDI 정보교환, 주문접수, 운송업체 선정, 포장, 상품조립 등 직접적인 고객업무로 범위가 확대되고 있다.

⑤ 최근에는 3PL(Third Party Service) 단계를 넘어 화주기업에게 포괄적인 공급사슬 솔루션을 제공하는 4PL(Fouth-Party Logistics) 서비스를 제공하고 있다.

08 JIT(Just In Time)에 관한 설명으로 옳지 않은 것은?

① JIT 방식에서 납품 차질로 인한 생산지연에 대한 비용은 공급자가 부담한다.

② JIT 방식은 재고비용의 낭비 요소를 줄일 수 있다.

③ JIT 방식은 정확한 시간에 정확한 수량으로 정확한 납품이 요구된다.

④ JIT 방식에서 공급자와 발주자는 장기적인 종속 거래관계를 형성한다.

⑤ JIT 방식을 활용하기 위해서는 생산일정계획이 안정화·평준화되어야 한다.

09 서비스 기대수준과 유통경로의 특성에 대한 설명 중 가장 옳지 않은 것은?

① 고객이 다양한 구색을 원할수록 유통경로의 길이는 길어진다.

② 고객이 원하는 1회 구매량이 적을수록 경로의 길이가 길어진다.

③ 고객이 부수적 서비스를 많이 원할수록 유통경로의 길이는 길어진다.

④ 고객이 주문 후 대기시간을 짧게 하기를 원할수록 개별 경로기관의 규모는 대형화된다.

⑤ 고객이 공간적 편리를 적게 추구할수록 유통기관이 대형화된다.

10 물류관리에 대한 설명으로 가장 적절하지 않은 것은?

① 물류는 원초지점부터 소비지점까지 원자재, 중간재, 완성재 및 각종 관련 정보를 소비자의 욕구를 충족시키기 위하여 이동시키는 것과 관련된 흐름을 효율적·효과적으로 계획, 수행, 통제하는 과정이다.

② 물류는 유형, 무형의 일체 재화에 대한 폐기와 반품을 포함해서 공급과 수요를 연결하는 공간과 시간의 극복에 관한 물리적인 경제활동이다.

③ 물류는 구체적으로는 수송, 보관, 포장, 하역의 물자유통활동과 물적 유통에 관련되는 정보활동을 포함한다.

④ 물류는 생산자와 생산자, 생산자와 판매자, 판매자와 판매자, 생산자와 소비자, 그리고 판매자와 소비자 사이에 상거래 계약이 성립된 후 상품대금을 지불하고 상품의 소유권을 이전하는 단계를 말한다.

⑤ 물류관리의 목표는 기본적으로 효과적인 물류관리를 통한 물류비 절감과 대고객 서비스 제고에 있다.

11 손익분기점 분석에 대한 설명으로 가장 옳지 않은 것은?

① 손익분기점에서의 손익은 0이다.

② 손익분기점 분석에서는 비용을 고정비와 변동비로 나누어 매출액과의 관계를 분석한다.

③ 손익분기점 분석을 통해 목표이익을 얻기 위한 매출액을 계산할 수 있다.

④ 손익분기점 판매량 = 총변동비/(단위당 판매가 − 단위당 고정비)

⑤ 매출액이 손익분기점을 넘어서면 이익이 발생하고 손익분기점을 밑돌면 손실이 발생한다.

12 자재소요계획(MRP)에 대한 설명으로 가장 거리가 먼 것은?

① 독립수요제품의 소요량 산정을 위해 주로 사용한다.

② 계획생산에 입각한 푸시(PUSH)방식을 사용한다.

③ 자재소요계획(MRP)을 수립하기 위해서는 생산일정계획(MPS), 자재명세서(BOM), 재고현황 등의 자료가 필요하다.

④ 규모가 일정수준 이상인 기업의 경우 소요되는 부품 및 반제품의 수가 수작업으로는 감당하기 어려울 정도로 많으므로 MRP를 컴퓨터 시스템화하여 관리한다.

⑤ 자재소요계획을 통하여 계획생산을 할 수 있고, 재고감축을 할 수 있다.

13 앞으로 매년 연말에 1억원 씩 영구히 지급받을 수 있는 영구채(永久債)가 있다. 금년 연초에 현재의 이자율이 연 5%이다가 10%로 상승하면 이 영구채의 현재가치는 어떻게 변동하는가?

① 10억원 만큼 증가한다.

② 1억원 만큼 증가한다.

③ 1억원 만큼 감소한다.

④ 10억원 만큼 감소한다.

⑤ 이자율 변동과 상관없이 불변한다.

14 수직적 통합과 관련된 설명 중 올바르지 않은 것은?

① 장기계약과 장기거래관계의 형성이 직접적인 소유에 비해 보다 많은 이익을 제공하는지에 대한 신중한 검토가 이루어진 후 수직적 통합에 대한 의사결정이 이루어져야 한다.

② 많은 경우 수직적 통합전략은 생산이나 유통단계의 범위를 좁히기 때문에 독립된 공급자나 고객과 경쟁적으로 거래할 수 없다는 위험을 내포하고 있다.

③ 수직적 통합은 거래비용의 감소와 공급확보를 가져온다.

④ 활발한 정보흐름이 있는 반면 기회주의적 행동양식이 발생한다.

⑤ 수직적 통합은 원재료의 획득에서 최종제품의 생산, 판매에 이르는 전체적인 공급과정에서 기업이 일정 부분을 통제하는 전략이다.

15 소매점의 규모가 커감에 따라 나타나는 윤리적 문제가 아닌 것은?

① 가맹점에 공급할 상품의 선정, 공급가격의 결정 및 공급자의 결정권이 체인본부에 있음으로 해서 윤리적 문제가 발생한다.

② 상품을 선정하고 구입하기 위해 납품업자와 계약을 하는데 비윤리적 문제가 발생한다.

③ 매장 면적의 배정에 있어서 비윤리적 행위가 있을 수 있다.

④ 소매점의 세일가격 광고는 자주 윤리적 문제를 일으킨다.

⑤ 가격파괴는 소매점들이 판매가격을 결정하고 낮은 가격을 제조업자에게 강요함으로써 상품의 가격결정권이 제조업자로부터 소매업자에게로 이동하고 있는데, 이러한 상황에서 대규모 소매점에 의한 비윤리적 행위가 나타나는 것이다.

16 전형적인 유통경로인 '제조업체-도매상-소매상-소비자'에서 도매상의 역할로 가장 올바르지 않은 것은?

① 도매상은 생산자와 소매상 사이에서 상품 유통을 활성화시키는 기능을 하는 유통업태이며, 소매상들은 제외된다.

② 도매상들은 생산자보다 더 고객과 밀착되어 있으므로 고객의 욕구를 파악하여 전달하는 기능을 담당한다.

③ 도매상은 소매상 지원기능을 통해 제품구매와 관련한 제품교환, 반환, 설치, 보수 등의 다양한 서비스를 제조업체 대신 소매상에게 제공한다.

④ 도매상은 최종소비자가 아니라 사업고객과 주로 거래를 하기 때문에 도매업자들은 입지, 촉진, 점포분위기 등에 상대적으로 주의를 덜 기울인다.

⑤ 도매상은 제품사용에 대한 기술적 지원과 제품판매에 대한 조언 등 다양한 서비스를 소매상에게 제공한다.

17 다음은 유통업체들의 재무적 성과를 측정하기 위한 기본개념들에 대한 설명이다. 올바르지 않은 것은?

① 자산회전율이란 기업의 자산에 대한 투자의 생산성을 측정하기 위해 사용되며 순매출액을 총자산으로 나눈 값으로 표현된다.

② 순이익률은 기업이 획득한 (세후)이익을 순매출액으로 나눈 금액을 말한다.

③ 자산수익률은 자산회전율에 순이익률을 곱한 값으로, 소매업체가 자산에 대한 투자로부터 얼마나 많은 이익이 발생할 수 있는지를 나타내주는 개념이다.

④ 재무적 목표의 하나로 자산수익률(ROA) 혹은 투자수익률을 들 수 있는데 이것은 순매출액을 총자산(총투자)으로 나눈 값을 의미한다.

⑤ 재고총이익률(GMROI)은 총 재고투자액에서 매출 총이익에 대한 투자 수익률의 척도이다.

18 다음 중 연봉제의 장점 및 단점에 대한 설명으로 가장 거리가 먼 것은?

① 연봉제는 능력과 실적이 임금과 직결되어 있으므로 종업원에게 동기를 부여해 의욕적으로 근무할 수 있게 하고 조직의 활성화와 사기앙양을 유도할 수 있다.

② 종래의 연공급체계로는 국제적인 감각을 지닌 관리자의 인재확보가 어렵기 때문에 연봉제를 통해 우수한 인적자원을 확보할 수 있다.

③ 연봉결정에 있어서는 장기적인 업적과 결과가 중시되기 때문에 단기적인 안목과 관련된 부분에 대한 배려가 소홀해 질 우려가 있다.

④ 연봉제 대상자는 매년 스스로 업무목표를 세우고 이를 상사와 면담하여 확정한 후 연말에 그 달성정도를 평가받기 때문에 상사와 부하간의 의사소통이 원활해진다.

⑤ 사용자의 입장에서 본다면 승급의 폭이 큰 반면 감급의 폭이 작은 것이 통례가 되고 있어 인건비가 증가될 우려가 있다.

19 자본자산가격결정모형(CAPM ; Capital Asset Pricing Model)에 대한 다음 설명 중 옳지 않은 것은?

① 자본자산가격결정모형은 자본자산을 통한 기대수익률이 해당 자산의 위험에 따라 균형자본시장에서 어떻게 결정되는지를 설명하고자 하는 이론이다.

② 균형자본시장은 자본자산의 수요와 공급이 일치하는 시장가격이 형성된 상태를 의미한다.

③ 개별자산의 균형가격은 증권시장 선으로 설명할 수 있는데, 이는 개별자산이나 포트폴리오 균형수익률을 도출하는 모형이다.

④ 증권시장 선에서의 위험은 체계적 위험과 비체계적 위험으로 구분하고 있는데 체계적 위험은 개별기업의 관점이고 비체계적 위험은 전체시장의 관점에서의 위험이다.

⑤ 자본자산가격결정모형은 모든 투자자는 위험회피형이며, 기대효용이 극대화되도록 투자한다고 보았으며 자본시장은 완전시장이라고 가정하였다.

20 유통산업발전법상 유통산업의 경쟁력 강화를 위한 내용으로 틀린 것은?

① 정부는 재래시장의 활성화에 필요한 시책을 수립·시행하여야 하고, 정부 또는 지방자치단체의 장은 이에 필요한 행정적·재정적 지원을 할 수 있다.

② 산업통상자원부장관은 무점포판매업의 발전시책을 수립·시행할 수 있고, 그 내용으로 전문인력의 양성에 관한 사항 등을 포함해야 한다.

③ 정부 또는 지방자치단체의 장은 중소유통기업의 구조개선 및 경쟁력 강화에 필요한 시책을 수립·시행할 수 있고, 이에 필요한 행정적·재정적 지원을 할 수 있다.

④ 산업통상자원부장관은 중소유통공동소매물류센터의 설립·운영의 발전시책을 수립·시행할 수 있다.

⑤ 산업통상자원부장관은 유통산업의 경쟁력을 강화하기 위하여 체인사업의 발전시책을 수립·시행할 수 있다.

21 유통기업의 윤리에 대한 설명 중 가장 적합하지 않은 것은?

① 유통기업은 생산자와 소비자의 중간에서 쌍방의 욕구를 조정해 주는 역할을 하고 있기 때문에 다른 어떤 경제주체보다도 윤리 경영의 영역이 넓다.

② 비교광고는 확인가능한 객관적 자료를 근거로 해야 하고, 근거가 확실한 경우에도 일부 자료로 전체를 비교하는 표현을 하거나 경쟁 상품을 비방하는 표현을 하는 것은 비윤리적인 행위이다.

③ 제품의 설치, 서비스, 배달 등의 가격을 공시하지 않고 낮은 가격으로 고객을 유인한 뒤 고가품목을 구매하게 하려는 행위는 비윤리적 행위이다.

④ 경쟁업체와의 수평적 가격담합, 제조업자와 중간상 간의 수직적 가격담합, 그리고 경쟁업체를 시장에서 몰아내기 위해 가격을 내리는 약탈적 가격전략은 비윤리적이다.

⑤ 계획적인 제품 진부화 전략은 고객의 니즈에 따라 잦은 구매를 유도하게 함으로써 기업의 매출을 증대하려는 목적이므로 비윤리적이라 할 수 없다.

22 고객충성도를 관리하기 위한 방법에 대한 설명으로 올바르지 않은 것은?

① 충성도가 낮은 고객을 대상으로 충성도관리프로그램을 활용하면, 관계를 강화 또는 개선시킬 수 있는 기회를 얻을 수 있다.

② 고객욕구중심 세분화를 이용한 맞춤형 충성도 프로그램은 적은 비용으로 충성도를 확보할 수 있다.

③ 고객가치중심 세분화는 조사를 통해 고객의 유형, 태도, 선호도 등의 조사항목을 분석하여 세분화변수를 도출하고 고객의 구매형태 및 응답패턴을 세분화하는 방법이다.

④ 마케팅 이슈중심 세분화는 기업의 수익성 증대를 위해 교차판매, 상향판매, 재판매 등을 세분화 변수로 사용할 수 있다.

⑤ 가치중심 세분화와 욕구중심 세분화를 통해 고객을 분류하게 되면 부가가치가 높은 고객들에게 집중할 수 있게 된다.

23 창고운영 전문업자의 영업창고를 임차하여 보관 및 하역 업무를 수행할 때의 장점이 아닌 것은?

① 전문업자로서의 전문적 관리 운용이 가능하다.

② 기업에서 취급하는 상품에 알맞은 설비 보관, 하역이 가능하다.

③ 고정비 투자 축소가 가능하다.

④ 직접 소유보다 창고 활용의 유연성 제고가 가능하다.

⑤ 상품의 수요변동에 유연하게 대처 할 수 있다.

24 직무분석의 내용을 설명한 것 중 옳지 않은 것은?

① 특정 직무의 내용과 성질을 체계적으로 조사 · 연구하여 조직에서의 인사관리에 필요한 직무정보를 제공하는 과정이다.

② 조직이 요구하는 직무수행에 필요한 지식, 능력, 책임 등의 성질과 요건을 명확히 하는 일련의 과정이다.

③ 직무명세서는 직무분석을 통하여 얻어진 직무에 관한 여러 가지 자료와 정보를 직무의 특성에 중점을 두고 기록 · 정리한 문서이고, 직무기술서는 직무명세서에 기초하되 직무의 인적 요건에 비중을 두고 기록한 문서이다.

④ 직무분석이 먼저 이루어지고 다음에 직무평가, 그리고 인사고과의 순서로 진행된다.

⑤ 직무분석의 방법에는 면접법, 관찰법, 질문서법 등이 있다.

25 인력선발과 관련된 다음 설명 중 가장 적절한 것은?

① 인력선발의 유용성평가는 비용분석과 혜택분석을 통해 이루어 질 수 있다.

② 관대화 경향오류는 특정의 피평가자에게 후한 점수를 주는 평가자의 오류를 의미한다.

③ 중심화경향오류는 피평가자를 평가자 자신의 가치기준으로 평가하는 오류를 의미한다.

④ 인력선발 도구의 신뢰성은 피평가자에 대한 측정결과의 정확성을 의미한다.

⑤ 인력선발에서 같은 지원자에 대해 다른 평가방법을 사용하더라도 결과가 동등할 경우 선발도구의 타당성이 높다고 할 수 있다.

제 **2** 과목 상권분석

26 출점전략의 수립 시 고려사항에 대한 내용으로 가장 적절하지 않은 것은?

① 다양한 인구 통계학적 집단들이 어떻게 개별사업의 운영에 영향을 미치는가?

② 태도나 라이프스타일 경향은 사업 운영에 무슨 영향을 미치는가?

③ 홍보용 전단지 배포에 대한 구역설정 및 교육준비는 완료되었는가?

④ 계류 중이거나 잠정적인 규제의 예상 결과는 무엇이며, 이러한 결과가 자사의 사업운영에 미칠 영향은 무엇인가?

⑤ 주요 경제요인이 어떻게 각 단위 사업운영에 영향을 미치는가?

27 노면 독립입지에 대한 설명으로 거리가 먼 것은?

① 독립입지는 다른 소매업체와 연결되지 않은 소매입지를 말하는데 보통 쇼핑센터와 떨어진 곳에 위치한다.

② 독립입지는 다른 점포와의 시너지 효과가 없다.

③ 하이퍼마켓, 슈퍼센터형 대형 할인점은 흔히 노면 독립입지에 위치한다.

④ 통상적으로 독립입지에 위치한 소매점은 다른 소매업체들과는 고객을 공유하지 않는다.

⑤ 주차공간이 넓어서 소비자들에게 편의성을 제공할 수 있다.

28 일반적으로 소비자가 특정 소매점포에서 구매할 가능성은 점포의 매장면적이 커질수록 높아지고(비례), 점포까지의 거리가 멀수록 낮아진다고 한다(반비례). 형준이 사는 지역에는 A, B, C 세 개의 쇼핑센터가 있다. 형준이네 집에서 A, B, C 쇼핑센터까지는 각각 1km, 2km, 2km 떨어져 있고, 쇼핑센터의 매장면적은 각각 1,000㎡, 2,000㎡, 4,000㎡이다. Huff의 모형을 고려한다면 형준이 10,000원의 금액을 소비한다고 할 때 다음 설명 중 가장 올바른 것은? (면적과 거리의 모수는 절대값으로 각 1의 값을 가진다)

① B쇼핑센터에서의 지출금액은 10,000원의 1/5가 된다.

② A쇼핑센터의 지출금액보다 B쇼핑센터의 지출금액이 더 크다.

③ A쇼핑센터에서의 지출금액과 C쇼핑센터에서의 지출금액은 동일하다.

④ 답을 찾기 위해서는 추가적인 정보가 더 필요하다.

⑤ 각 쇼핑센터 중 C쇼핑센터에서의 지출금액이 가장 크다.

29 다음 인구통계변수들 가운데 패션전문점의 입지선정에 대한 영향력이 일반적으로 가장 낮은 것은?

① 상권 내 가구의 수와 가구의 평균 구성원 숫자

② 상권 내 가구들의 평균 소득

③ 상권 내 가구들의 가장의 평균 나이

④ 상권 내 현재 인구수와 인구수의 증감 여부

⑤ 상권 내 가구들의 가족생활주기

30 입지에 대한 설명으로 옳지 않은 것은?

① 입지분석과 관련한 모델들이 많지만 우리 실정에 맞지 않아 실제로 적용하기 어려운 경우가 있다.

② 마케팅 4P에도 사실상 입지의 중요성이 내포되어 있다.

③ 넬슨은 입지선정의 원칙에서 점포를 어디에 출점 할 것인지를 집적의 원리로도 주장하고 있다.

④ 상권과 입지는 엄밀하게 구분되며 상권은 범위의 개념으로 입지는 지점의 개념으로 볼 수 있다.

⑤ 목적점포로써의 아웃렛은 전형적인 의존형 입지가 되므로 광역적인 수요 흡인이 매우 중요하다.

31 구심적 출점전략에 대한 설명으로 가장 알맞은 것은?

① 중심부로부터 점포를 출점해서 점차적으로 외곽지역 및 지방으로 그 영역을 확대해 나가는 것을 말한다.

② 시장의 규모에 맞는 출점을 통해 그 시장이 갖는 잠재력을 충분히 흡수하기 위한 것이다.

③ 경쟁력 및 자본력 등이 뒷받침되는 프랜차이즈의 출점전략으로 적절하다.

④ 가장 관건이 되는 것이 자사 경합으로, 타사 경합에 비해 영향도가 매우 크기 때문에 출점시 가장 유의해야 한다.

⑤ 지방 및 외곽지역 등으로부터 점포를 출점해서 점차적으로 중심부로 진입해가는 출점전략으로 경쟁력 및 자본력 등이 부족한 프랜차이즈의 경우에 적절한 출점전략이다.

32 다점포 경영은 일부 기업들이 추구하고 있는 소매전략으로 동일지역에 여러 점포를 개설하여 총수익을 늘리고자 하는 전략이다. 다음 중 소매업체가 다점포 경영을 할 때의 장점으로 가장 보기 어려운 것은?

① 촉진 및 유통활동에 있어서 규모의 경제를 실현할 수 있다.

② 저렴한 가격과 향상된 시스템으로 소비자 입장에서 쇼핑의 편리함을 제공할 수 있다.

③ 해당 상권이 포화되어 경쟁업체에 대해 진입장벽을 형성할 수 있다.

④ 기업의 브랜드 가치를 높이고 사회적 이미지를 강화할 수 있다.

⑤ 수요에 대한 자기잠식 현상을 사전에 방지함으로써 총수익을 증가시킨다.

33 Applebaum이 개발한 유추법에 대한 설명으로 가장 올바르지 않은 것은?

① 분석하고자 하는 점포와 특성이 유사한 점포를 선정하여 분석함으로써 분석의 용이성을 높인다.

② 어떠한 대상을 선택했는지에 따라 결과가 다르게 나올 수 있기 때문에 결과의 활용이 제한될 수 있다.

③ 대상 지역의 질적 자료보다는 양적 자료를 사용하도록 유도함으로써 결과의 객관성을 유지할 수 있다.

④ 다른 점포에서 얻은 정보를 이용하여 신규점포에 대한 예측과 벤치마킹 자료로도 활용할 수 있다.

⑤ 유추법의 조사절차로서 기존 유사점포 선정, 기존 유사점포의 상권범위 결정, 구역구분 및 1인당 매출액 계산, 예측값 계산이 해당한다.

34 상권정보를 수집하는 방법에서 가두조사법에 대한 내용으로 가장 적절한 것은?

① 질문의 수를 적게 해서 상대방으로부터 시간을 빼앗지 않도록 해야 하며, 회답해 줄 사람과 만나는 것이 어렵다는 문제점을 가지고 있다.

② 질문의 의미를 그 자리에서 회답자에게 설명할 수 있으므로 질문의 의미를 오해하고 회답해 버리는 오류를 막을 수 있는 특징이 있다.

③ 조사표를 일일이 회수할 일손이 필요하지 않게 되지만 회수율이 낮은 문제점이 있다.

④ 회답하는 데 시간을 필요로 하는 조사일 때에 효과적인 방법이다.

⑤ 평일에 실시할 것인가 휴일에 실시할 것인가, 오전인가 오후인가 등 요일과 시간대의 선정에 있어서 주의할 필요가 있다.

35 소매점의 입지와 관련된 내용으로 적절하지 않은 것은?

① 가장 유리한 입지조건은 소비자 요구에 부응하여 유통집적시설이 출점 할 수 있는 점포의 부족상태에 있는 입지이다.

② 상점가가 원래부터 적고 저렴한 가격과 새로운 감각이 중요시되는 지역은 교외주택지이다.

③ 도심 번화가는 단지 내 중심가에 위치한 사업집적지로서 독점적 상업활동을 영위하기 위하여 저비용, 정가판매를 전개하는 지역을 말한다.

④ 도심 주택지는 인구밀집 지역으로 원래부터 상점가가 있기 때문에 소매점이 출점하기에는 매우 어렵다.

⑤ 소매입지의 중요성에서 입지의 경우 한 번 결정되면 변경이 쉽지 않으며 막대한 투자를 장기적으로 해야 하기 때문에 입지 선정은 최대한 신중하게 해야 한다.

36 쇼핑센터에 대한 설명 중 옳지 않은 것은?

① 쇼핑센터는 일반적으로 스트립 쇼핑센터와 쇼핑몰로 크게 나뉜다.

② 쇼핑몰은 보행자에 초점을 두어 고객들은 바깥 주차장에 주차를 하고 점포로 들어오게 된다.

③ 할인 백화점, 할인점, 창고형 클럽 등을 포함하는 일부 대형점포들로 구성되어 있는 곳을 네이버 후드 센터라고 한다.

④ 스트립 쇼핑센터는 보통 점포 앞에 바로 주차장이 있다.

⑤ 커뮤니티형 쇼핑센터는 슈퍼마켓, 버라이어티 스토어, 소형 백화점 등을 중심으로 한 실용품 위주의 중규모 쇼핑센터이다.

37 Luce의 선택공리에 이론적 근거를 두고 있는 MNL모형의 가정이 아닌 것은?

① 소비자의 특정점포 안에 대한 효용은 결정적 요소와 무작위 요소로 구성된다.

② 확률적 효용극대화이론에 근거하여 소비자는 고려중인 점포 대안들 중에서 가장 효용이 높은 점포를 선택한다.

③ 무작위 요소는 서로 독립적이다.

④ 무작위 요소의 분포는 단일 확장분포를 가진다.

⑤ 결정적 요소는 관찰 가능한 점포 대안들의 점포 속설들 또는 소비자의 특성들의 영향을 반영한다.

38 상권의 설정 및 구매력 평가에 대한 설명으로 가장 거리가 먼 것은?

① 산이나 하천 등 지형의 형태에 따라 거주 장애지역을 고려하며 고객의 거주범위를 예상하여 상권 설정에 대한 내용을 작성한다.

② 상권의 경쟁관계를 고려하는 것으로서 레일리법칙 등을 이용하여 상권의 경계가 되는 지점을 결정한다.

③ 상권 내의 사업소 자체가 일반 점포에서 구매하는 금액의 합계로, 사업소의 규모와 수를 고려하여 측정한다.

④ 유입 인구를 사업소의 종업원 수와 역의 승객 수 등을 고려하고, 음식비 · 교양오락비 · 피복비 · 신변품비 등을 추계하여 유입 인구의 일인당 점포에서 구매하는 금액 × 유입 인구로 계획한다.

⑤ 교통조건을 고려하는 것으로서 도보상권 · 버스상권 · 지하철상권 등을 사전에 철저하게 조사한 후 상권 설정에 대한 내용을 작성하는 것이 바람직하다.

39 소매포화지수와 시장성장잠재력지수(MEP ; Market Expansion Potential)의 특성에 대한 설명으로 가장 옳지 않은 것은?

① 두 지수가 모두 높은 경우에는 신규출점 후보지로 유력하다고 볼 수 있다.

② 소매포화지수는 지역시장의 매력도를 측정하는 것으로, 시장잠재력을 반영하지 못하고 있다.

③ MEP는 지역시장 거주자들이 지역시장 이외의 타지역에서 구매하는 지출액을 추정하여 계산한다.

④ 지역시장의 매력도를 측정하는 소매포화지수는 한 지역시장에서 수요 및 공급의 현 수준을 반영하는 척도이다.

⑤ 소매포화지수가 높아질수록 점포가 초과 공급되었다는 의미이므로 신규점포에 대한 시장잠재력이 상대적으로 낮아진다.

40 다음은 상권 및 상권설정과 관련된 용어들에 대한 설명들이다. 내용(논리)적으로 수용되기 가장 어려운 내용은?

① 특정 점포의 상권을 분석하기 위해서는 1차 및 2차 자료의 수집을 필요로 한다. 2차 자료란 다른 목적으로 수행되어 이미 존재하는 정보로서 각종 관련통계자료 및 유통연구소의 발표자료 등을 의미한다.

② 상권분석은 일반적으로 기존점포와 신규점포를 분리하여 실행한다. 이 때 신규점포의 상권분석이 기존점포에 대한 상권 분석보다 상권의 크기와 특성 등에 대해 보다 상세하며 정확하게 분석될 수 있다.

③ 소매포화지수(IRS ; Index of Retail Saturation)와 시장 확장잠재력(MEP ; Market Expansion Potential)을 활용하여 신규 점포가 입지할 지역시장의 매력도를 평가할 수 있다.

④ 상권이란 하나의 점포 또는 점포들의 집단이 고객을 유인할 수 있는 지역적 범위를 나타내며 판매수량의 크기에 따라 1차, 2차, 3차 상권 및 영향권으로 구분할 수 있다.

⑤ 1차 자료는 조사자가 수행목적에 맞게 직접 수집한 자료를 말한다.

41 시장의 매력도를 측정하기 위한 시장의 경제적 기반 평가에 적합한 요인으로 가장 올바르게 묶인 것은?

> ㉠ 앞으로의 경제 활성화 정도
> ㉡ 현금 사용자의 거래당 평균 구매액
> ㉢ 경제활동 가능자 중 취업자 비율
> ㉣ 무작위로 선택한 1개 점포의 고객 이용 횟수
> ㉤ 신문, 잡지, 방송 등 미디어매체의 광고 이용가능성

① ㉠, ㉡, ㉢   ② ㉠, ㉢, ㉤

③ ㉡, ㉢, ㉣   ④ ㉡, ㉢, ㉤

⑤ ㉢, ㉣, ㉤

42 다음은 상권구분유형에 대한 설명이다. 각 내용에 대한 설명으로 옳지 않은 것은?

① 과소지역 상권 – 해당 지역의 욕구를 만족시키기 위한 특정 제품이나 서비스를 판매하는 점포가 매우 부족한 지역이다.

② 과다지역 상권 – 너무나 많은 점포들이 특정 상품이나 서비스를 판매하기 때문에 일부가 도산하는 상태이다.

③ 과점지역 상권 – 특정 상품이나 서비스를 몇몇 점포가 과점하여 판매하기 때문에 다른 점포들이 폐업하거나 신규출점을 할 수 없는 상태이다.

④ 포화지역 상권 – 고객에게 우수한 상품과 서비스를 제공하며, 경쟁 소매업체들이 이익을 많이 남길 수 있도록 해주기 때문에 소매업체들은 이 지역이 매력적이라고 생각한다.

⑤ 지구상권 – 집적된 상업시설이 갖는 상권의 범위이다.

43 레일리(Reilly)의 소매인력법칙과 관련한 설명으로 옳지 않은 것은?

① 뉴턴(Newton)의 중력법칙을 상권분석에 활용한 것이다.

② 도시규모가 클수록 주변의 소비자를 흡인하는 매력도가 커진다고 가정한다.

③ 쇼핑시 주변도시의 매력도는 이동거리의 제곱에 반비례한다고 가정한다.

④ 광역상권의 경쟁상황에서 쇼핑센터의 매출액 추정에도 활용할 수 있다.

⑤ 거리, 인구뿐만 아니라 매장면적, 가격 등 최소한의 변수를 활용할 수 있다.

44 기존 점포에 대한 상권분석에서 이용할 수 있는 2차 자료(Secondary Data)에 해당하지 않는 것은?

① 정부의 인구통계자료 및 세무자료

② 각종 유통기관의 발표자료

③ 경제관련 연구소의 발표자료

④ 각종 뉴스 및 기사자료

⑤ 점포 이용자에 대한 설문조사자료

45 상권조사를 위해 상권 내 소비자의 소비패턴이나 공간이용실태 등에 대한 표본조사를 실시할 때 가장 일반적으로 사용할 수 있는 방법은?

① 단순무작위 표본추출법 ② 층화표본추출법
③ 군집표본추출법 ④ 할당표본추출법
⑤ 편의표본 추출법

46 시각적(비주얼) 머천다이징에 대한 아래의 설명 중 가장 거리가 먼 것은?

① 시각적 머천다이징의 중요 요소로는 색채, 재질, 선, 형태, 공간 등을 들 수 있다.

② 점포 내외부 디자인도 포함하는 개념이지만 핵심개념은 매장 내 전시(Display)를 중심으로 이루어진다.

③ 상품과 판매환경을 시각적으로 연출하고 관리하는 일련의 활동을 말한다.

④ 기획의도나 인테리어와의 전체적 조화 등을 최우선적으로 고려하여야 하므로 상품의 포장형태, 상품의 잠재적 이윤에 대한 고려는 중요하지 않다.

⑤ 비주얼 머천다이징은 상품계획을 시각화하는 것으로 고객에게 상품연출을 시각적으로 표현하여 구매의욕을 높이고자 하는 전략이다.

47 다음 중 Porter의 가치사슬모형과 관계가 없는 것은?

① 기업의 활동을 가치활동과 이윤으로 구분하고, 가치활동은 다시 본원적 활동과 지원활동으로 구분하였다.

② 지원활동은 크게 조달활동, 기술개발, 인사 및 노무관리, 인프라의 4가지로 분류된다.

③ 이윤은 제품이나 서비스생산, 판매 등에 소요된 비용과 소비자가 지불한 대가의 차이를 말한다.

④ 기업의 하부구조는 본원적 활동에 속한다.

⑤ 경쟁우위는 기업의 소비자를 위해 창출하는 가치에서 발생한다.

48 서비스의 특성에 대한 내용 중 가장 옳지 않은 것은?

① 무형성 때문에 인간의 감각만으로는 서비스 구매의사결정을 하기는 쉽지 않다.

② 서비스는 서비스의 생산이 시간요소에 기초하고 저장이 어렵기 때문에 소멸 가능성이 매우 높다.

③ 비분리성은 생산과 소비가 동시에 이루어지므로 서비스를 판매하거나 서비스를 수행하는 이들로부터 분리하기 어렵다는 것을 의미한다.

④ 서비스는 생산 및 전달되는 과정상 계속해서 완벽한 서비스품질을 달성하는 것이 가능하다.

⑤ 서비스 공정에서는 실수가 언제 어디서 어떻게 발생될지를 예측할 수 없기 때문에 이를 찾아내거나 시정하는 것이 거의 불가능하다.

49 다음의 설명은 유통업자가 제품공급자로부터 제품을 공급받을 때 매입협상에서 가격할인 방법을 설명한 것이다. 아래의 설명은 어떤 가격할인 방법을 설명한 것인가?

> 일정 기간 내에 구입대급을 지불할 경우 정해진 비율만큼 지불대금에서 차감을 해주는 방식으로 지불날짜 등 지불조건에 따라 할인액이 달라지는 방식이다. 이 방식은 재고회전율이 높고 수익이 낮은 창고형 점포나 할인점과 같은 소매업자에게 유리하다. 이러한 점포들은 회전율이 높기 때문에 현금할인기간이 지나기 전에 대체로 구입한 제품을 현금화할 수 있는 장점을 지니고 있다.

① 계절할인(Seasonal Discount)
② 현금할인(Cash Discount)
③ 판촉할인(Promotional Discount)
④ 수량할인(Quantity Discount)
⑤ 기능할인(Functional Discount)

50 포지셔닝(Positioning)에 대한 다음 내용 중 가장 옳지 않은 것은?

① 시장은 서로 다른 특성을 지닌 소비자들로 구성되어 있기 때문에 소비자들을 일정한 기준에 따라 군집화하여 차별적인 마케팅전략을 구사하고자 하는 것이 포지셔닝 전략이다.
② 기업이 선택한 포지셔닝 전략을 시장에 적용하기 위해서는 경쟁사 대비 경쟁적 강점 파악, 적절한 경쟁우위의 선택, 선택한 포지션의 전달 과정을 거쳐야 한다.
③ 경쟁에 의한 포지셔닝은 소비자의 지각 속에 자리 잡고 있는 경쟁제품과 명시적 혹은 묵시적으로 비교함으로써 자사제품의 상대적 혜택을 강조하는 방법이다.
④ 제품군에 의한 포지셔닝은 특정 제품군에 대한 소비자의 우호적 태도를 이용하여 자사의 제품을 그 제품군과 동일한 것으로 포지셔닝 하는 전략이다.
⑤ 리포지셔닝 전략은 기존제품이 판매침체나 감소로 인하여 매출액이 감소되었을 때 이를 분석하여 소비자들의 마음 속에 다시 포지셔닝 시키는 전략이다.

51 다음 중 가격차별화(Price Differentiation)에 대한 설명으로 가장 올바르지 않은 것은?

① 기업은 가격차별화정책을 통해 가격차별화정책을 사용하지 않는 경우보다 수익이 증대될 수 있는 장점이 있다.
② 상품에 따라 가격을 차별적으로 결정하는 것을 가격차별화라고 한다.
③ 가격차별화를 적용하기 위해서는 시장세분화 작업이 가능해야 할 뿐만 아니라 선행되어야 한다.
④ 가격차별화는 시장구조에 따라 효과가 동일하지 않으나 일반적으로 불완전경쟁시장에서 효과적이다.
⑤ 같은 제품에 대해 서로 다른 별개의 가격이 설정되는 이유는 명확한 구별이 가능한 몇 개의 시장에 수요의 가격탄력의 크기가 서로 다르기 때문이다.

52 ABC 분석에 대한 다음 설명 중 가장 옳지 않은 것은?

① 상품구성계획(Assortment Plan)의 성과를 평가하기 위해 활용할 수 있다.

② 실제 매출과 계획된 매출을 비교하여 적정재고수량을 파악하고 조절함으로써 재고비용을 줄이기 위해 주로 사용하는 방법이다.

③ 분석 결과 A그룹으로 분류된 상품은 안전재고 수준을 가장 높게 유지한다.

④ C그룹의 상품(들)이 매출에서 차지하는 비중은 A, B그룹의 상품(들)보다 낮다.

⑤ ABC 분석은 재고관리 · 품질관리나 매장의 상품관리 등 많은 분야에 활용된다.

53 유통마케팅에 있어서 정책적 의사결정수단의 하나인 가격(지불조건)정책과 관련된 핵심의사결정내용과 가장 거리가 먼 것은?

① 지불조건, 즉 선불 대비 후불, 일시불 대비 분할 지불, 무이자 할부 등에 대한 의사결정

② 상품의 리스에 대한 의사결정

③ 할인율, 리베이트, 보너스 점수 제공 등에 대한 의사결정

④ 판매활동을 촉진하기 위해 소요되는 판매촉진비용(예산)의 확보에 관한 의사결정

⑤ 상품의 임대가능성에 대한 의사결정

54 오픈 가격제(Open Pricing)에 대한 설명으로 옳지 않은 것은?

① 제조업자는 출하가격만을 제시하고 소매업체가 자율적으로 가격을 결정한다.

② 실제 판매가보다 부풀려 소비자가격을 표시한 뒤 할인해 주는 할인판매의 폐단을 근절시키기 위해 도입된 것이다.

③ 유통업체 간의 경쟁을 촉진시켜 상품가격을 전반적으로 낮추는 효과를 달성하고자 하는 것이다.

④ 가격파괴 유통업태의 등장으로 인해 판매가격을 상승시키는 요인이 되었다.

⑤ 과자, 라면, 아이스크림 등과 같은 편의품 또한 오픈 가격제 품목에 해당된다.

55 인터넷소매업에 대한 아래의 설명 중 가장 거리가 먼 것은?

① 온라인과 오프라인 채널은 서로 경쟁 혹은 적대적인 관계라기보다 상호보완적인 관계로 시너지 효과가 나올 수 있도록 활용하는 것이 바람직하다.

② 온라인 유통을 활용하게 되는 요인으로는 편리성, 제품 비교 · 분석의 용이성, 저렴한 가격 등이 있다.

③ 제품전략과 연계하여 제품과 서비스의 묶음(Bundling), 관련제품의 교차판매(Cross-selling) 등을 추구하는 것이 바람직하다.

④ 표적고객 및 시장의 특성에 맞추어 온라인과 오프라인 채널을 차별적 · 차등적으로 적용하는 것이 유용한 전략이 될 수 있다.

⑤ 온라인소매업의 경우 카테고리 킬러형보다는 채널지원형을 추구하는 것이 더욱 안전하다.

56 소매유통업체 경영에 있어서 상품기획성과분석은 매우 중요한 요소 중 하나이다. 이와 관련된 설명으로 올바르지 않은 것은?

① 지속적인 상품기획 계획절차의 부분으로서 단품, 공급업체, 제품계열, 제품부문을 언제 추가하고 제거할 것인가에 대한 의사결정과 직접적으로 관련된다.

② 판매과정분석은 조기 감산치 적용이 필요한지 또는 수요에 맞추어 상품이 더 필요한지를 결정하기 위하여 실제 매출과 계획된 매출을 비교하는 것이다.

③ ABC 분석은 단품에서 상품부문에 이르기까지 상품카테고리의 어떠한 수준에서도 적용이 가능하며 주로 사용되는 성과측정기준으로 공헌이익(Contribution Margin)이 사용되며 이는 순매출에서 판매한 제품원가와 기타변동비를 제한 것을 의미한다.

④ ABC 분석은 재고수준에 대한 의사결정을 돕기 위하여 상품에 대한 등위를 매기는 방법이다.

⑤ 다중속성모델(Multiple Attribute Model)은 수요상황에 알맞게 상품을 더 매입할 것인지 혹은 감산을 할 것인지를 파악하기 위해 계획된 매출과 실제매출을 비교하는 방법을 의미한다.

57 마케팅전략 수립을 위해 분석해야 하는 마케팅 환경분석의 구성요소 중 미시적 환경분석에 해당하는 것은?

① 정치적 환경 분석
② 경제적 환경 분석
③ 기술적 환경 분석
④ 문화적 환경 분석
⑤ 구매자 심리 분석

58 시각적 머천다이징(VMD)에 대한 설명으로 옳지 않은 것은?

① 점포내외부 디자인도 포함하는 개념이지만 핵심개념은 매장내 전시(Display)를 중심으로 이루어진다.

② 시각적 머천다이징의 요소로는 색채, 재질, 선, 형태, 공간 등을 들 수 있다.

③ 상품과 판매환경을 시각적으로 연출하고 관리하는 일련의 활동을 말한다.

④ 상품의 잠재적 이윤보다는 시각적 우수성, 기획의도, 매장과의 조화가 보다 중요하다.

⑤ 상품에 대한 정보를 제공하고 특정구매 제안을 하기에 용이해야 한다.

59 불만족 고객의 응대 방법으로 가장 바람직하지 않은 것은?

① 고객이 원하는 바가 무엇인지를 정확히 파악하고 그들의 불만을 잘 경청하는 태도를 유지한다.

② 고객은 나에게 개인적인 감정이 있어서 화를 내는 것이 아니라 일처리에 대한 불만으로 복잡한 규정과 제도에 대해 항의하는 것으로 생각한다.

③ 회사의 규정을 지키는 것도 중요하나 감정적이거나 논리적 대응보다는 융통성을 발휘하여야 한다.

④ 고객들은 물질적인 혜택과 같은 유형의 해결책보다는 기본적으로 고객에 대한 진심 또는 고객을 어떻게 생각하는지에 대한 무형의 해결책을 선호한다.

⑤ 신속한 문제해결을 위해 불만고객에 응대하는 종업원을 자주 교체하는 것이 좋다.

60 점포 레이아웃(Store Layout)에 대한 설명으로 가장 옳은 것은?

① 매장과 비매장, 통로, 집기(什器), 디스플레이 도구와 진열장, 상품 등과 건물의 고정 시설들이 서로 적절한 관련성을 갖도록 정리 정돈하는 것을 말한다.

② 주로 규모가 작은 전문점 매장이나 여러 개의 작은 전문점 매장이 모여 있는 다형점포에서 채택하는 레이아웃 방식이 격자형(Grid-type) 배치이다.

③ 전반적으로 제품을 진열하는 매장 공간, 고객서비스 공간, 창고 등과 같은 점포의 주요 기능공간의 규모와 위치를 간략하게 보여주는 것을 블록(Block) 계획이라 한다.

④ 구성부문의 실제 규모와 형태까지 세부적으로 결정하며, 고객서비스, 상품보관 등의 기능적 필요나 크기에 따라 배치하는 것을 버블(Bubble) 계획이라 한다.

⑤ 기둥이 많고 기둥 간격이 좁은 상황에서도 설비비용을 절감할 수 있으며, 통로 폭이 동일하기 때문에 필요 면적이 최소화되는 것이 자유형(Free-form) 배치이다.

61 다음 중 인터넷을 이용한 시장조사과정에 대한 설명으로 옳은 것은?

① 오프라인 시장조사과정과 달리 조사계획, 목표시장 설정 등의 단계를 생략할 수 있다.

② 소비자 집단에 대한 대표성 있는 표본의 확보가 용이하며, 자료의 품질도 우수하다.

③ 응답자료의 전송상 보안문제로 인하여 온라인 응답률이 낮아지는 경향이 있다.

④ 설문응답자들의 참여율 저조로 오프라인 조사보다 비용이 과다하게 소요된다.

⑤ 시장조사의 시·공간의 제약이 크다.

62 상품구성 계획시 고려요소에 대한 설명으로 옳지 않은 것은?

① 대체재는 흔히 소주와 맥주의 관계로 설명할 수 있다. 대체재관계에 있는 한 상품의 가격이 오르면 다른 제품의 수요는 정상재인 한 증가하게 된다.

② 만약 두 상품이 완전한 대체관계에 있는 경우라면 소비자들은 두 상품의 사용에 있어서 효용 간의 차이를 전혀 느끼지 못할 수 있다.

③ 상품구성에 있어서 완벽한 대체관계에 있는 상품은 가급적 취급을 하지 않는 것이 좋다.

④ 한 제품의 수요가 증대될 때 다른 제품의 수요가 수반되어 증가하면 두 제품 간의 사이는 보완관계에 있다고 한다.

⑤ 보완재의 대표적인 상품은 충동상품이다.

63 점포의 조명 및 색채에 대한 다음의 설명 중 가장 적절하지 않은 것은?

① 점포의 주체적 기능은 판촉이므로 조명(照明)은 진열에 대해 상품을 부각시켜 고객을 유인함으로써 효과적으로 매출액을 증대시키는 역할을 수행한다.

② 점두(店頭)의 밝기는 통행객의 주의도를 높이며, 쇼윈도의 조명은 고객의 관심을 유인하여 매력감을 부여한다.

③ 점내(店內)에서는 조도(照度)를 통해 상품의 인상도를 높이는 동시에 가격표나 쇼카드를 명시하여 구매에 대한 흥미를 야기하는 역할을 수행하며, 점내를 따뜻하고 쾌적하게 하여 룸의 분위기를 연출하게 된다. 즉 조명의 역할은 점내에 고객 유인, 상품에 대한 고객 유인, 상품선택의 유인을 목적으로 한다.

④ 색채란 빛의 자극에 의해 생기는 시각(視覺)의 일종으로서 소매상에서는 색채 배색과 조절을 통해 고객의 주의를 끌어들임으로써 구매의욕을 환기시켜 쾌적한 공간을 형성하게 된다.

⑤ 색채기능은 시각적인 기능으로서 한색(寒色)계통은 팽창적이고 진출성을 나타내며, 난색(暖色) 계통은 신축적이고 후퇴성을 나타낸다. 심리적으로 보면 한색계통은 권태감을 유발하며, 난색계통은 긴장감을 조성하는 특성을 지니고 있다.

64 다음 내용은 고객만족관리(Customer Satisfaction Management) 개념의 시초가 되어 후에 고객만족경영 발전의 토대가 되었다. 괄호 안에 들어갈 적절한 말은?

> 고객만족의 역사는 1972년 미국 농산부에서 농산품에 대한 (　　　)를 측정 발표한 데로 거슬러 올라간다. 1975년부터 5년간 걸쳐 미국 소비자문제국이 실시한 '소비자 불만처리' 조사결과를 기초로 만든 '굿맨(Goodman) 이론'에서 고객들의 정서적인 불만요소를 정량적으로 지수화 해 발표했다. 이 발표로 고객 만족에 대한 중요성 인식이 확산되면서 고객만족 경영이 미국과 유럽, 일본을 중심으로 발전하였다.

① 소비자만족지수(Index of Consumer Satisfaction ; CSI)

② 고객만족도(Customer Satisfaction Index)

③ 고객 충성도(Customer Loyalty)

④ 브랜드 옹호자(Brand Advocates)

⑤ 국가고객만족지수(National Customer Satisfaction Index ; NSCI)

65 다음 중 참여관점에 따른 고객 분류가 바르게 연결된 것은?

① 직접고객 – 소비자보호나 관련 조직의 운영에 적용되는 법률을 만드는 의회나 정부

② 간접고객 – 제공자로부터 제품 또는 서비스를 구입하는 사람

③ 의견선도고객 – 직접적으로 제품이나 서비스를 구입하거나 돈을 지불하지는 않지만 1차 고객의 선택에 커다란 영향을 미치는 개인 또는 집단

④ 경쟁자 – 전략이나 고객관리 등에 중요한 인식을 심어주는 고객

⑤ 한계고객 – 최종 소비자 또는 2차 소비자

66 CRM 구축 및 실행에 관한 다음 설명 중 옳지 못한 것은?

① CRM 환경분석은 기업중심의 환경분석이 되어야 한다.

② 고객분석단계에서는 고객평가와 고객세분화가 핵심이 된다.

③ 고객분석은 자사의 현재 고객을 대상으로 한다.

④ 활동의 주체를 결정하는 것도 CRM전략방향설정에 포함된다.

⑤ 커뮤니케이션 설계에서는 표현과 포장의 측면을 고려하여야 한다.

67 브랜드 자산에 대한 내용으로 가장 옳지 않은 것은?

① 브랜드 자산은 브랜드 인지도와 브랜드 이미지로 구성되어 있다.

② 브랜드 이미지는 호의적이고, 독특하고, 강력해야 한다.

③ 인지도가 높다는 것은 강력한 브랜드가 되기 위한 필요조건이지만 충분조건은 아니다.

④ 브랜드 자산이 강력하면 더 높은 가격 프리미엄을 획득할 수 있다.

⑤ 브랜드 자산이 강력한 경우 브랜드 보호를 위해 상표확장을 지양한다.

68 가격전략에 관한 다음 설명 중 옳지 않은 것은?

① 프린터를 싸게 판 다음 잉크를 비싸게 판매하는 것은 종속제품 혹은 포획제품 가격전략이라고 한다.

② 가격차별(Price Discrimination)이란 유보가격이 높은 세분시장에서는 높은 가격을 받고, 가격민감도가 높은 세분시장에서는 낮은 가격을 받는 것을 말한다.

③ 손익분기점(Break-even Point)은 고정비용을 공헌마진(Contribution Margin)으로 나누어 계산한다.

④ 프로스펙트 이론(Prospect Theory)에 따르면 사람들은 손실회피(Loss Aversion) 경향이 강한데, 예를 들면 소비자는 가격 10% 인상보다는 가격 10% 인하에 더 민감하게 반응한다는 것이다.

⑤ 준거가격(Reference Price)은 구매자가 가격이 비싼지 싼지를 판단하는 기준으로 삼는 가격으로 구매자에 따라 달라질 수 있다.

69 마케팅 조사에서 활용되는 통계분석 기법을 설명한 내용이다. 어떤 분석기법인가?

> 다수의 변수들이 있을 때 변수 간 상관관계를 이용하여 변수의 숫자를 처리하기 쉬운 수준으로 줄이기 위하여 사용하는 분석기법

① 일원분산분석   ② 판별분석

③ 회귀분석   ④ 요인분석

⑤ 컨조인트분석

70 다음 중 POP 광고물 작성시 고려해야 할 사항과 가장 거리가 먼 것은?

① POP 광고내용은 고객의 시선을 순간적으로 멈추게 할 수 있어야 하며 더 나아가 충동구매 욕구를 자극하고 구매가 실행될 수 있도록 유도하여야 한다.

② 매장의 이미지를 향상시키는 역할을 할 수 있도록 매장의 특성을 고려해야 한다.

③ 고객이 상품을 선택하는 데 도움을 줄 수 있어야 한다.

④ POP 광고의 효과성을 높이기 위해서는 소비자 감성에 대한 호소내용보다 이성적 설득내용을 더욱 많이 사용해야 한다.

⑤ 구매시점광고(Point of Purchase advertising ; POP)를 말하며, 판매자 입장에서는 판매시점광고(Point of Sales advertising ; POS)이다.

71 디지털 경제 시대의 새로운 법칙들에 관한 설명 중 가장 옳지 않은 것은?

① 무어의 법칙 : 마이크로프로세서의 트랜지스터 수는 18개월마다 2배 증가하는 반면 비용은 증가하지 않는다.

② 길더의 법칙 : 광섬유의 대역폭은 12개월마다 3배로 증가한다.

③ 메카프의 법칙 : 네트워크 가치는 사용자 수의 제곱에 비례한다.

④ 코스의 법칙 : 네트워크를 통한 거래비용의 감소로 기업 내 조직의 복잡성과 기업규모(수)는 감소한다.

⑤ 황의 법칙 : 플래시 메모리의 용량이 1년에 3배씩 증가한다.

72 다음 중 ISBN(International Standard Book Number)을 부여하는 대상과 가장 거리가 먼 것은?

① 기업홍보/선전용 팜플렛

② 카세트에 녹음된 도서

③ 전자출판물

④ 정부간행물

⑤ 컴퓨터 소프트웨어

73 QR 시스템에 대한 설명으로 가장 적절하지 않은 것은?

① 상품을 적시에 적당량만큼 공급하는 체제로, 즉각적인 고객서비스를 할 수 있어 서비스의 질을 향상시킬 수 있고 업무의 효율성과 소비자의 만족을 극대화시킬 수 있다.

② 생산에서 판매에 이르기까지 시장정보를 즉각적으로 수집하여 대응하고 회전율이 높은 상품에 적합한 시스템으로, 구성 요소로는 EDI, 인터넷 등 통신시스템, POS시스템, EAN 코드 등이 있다.

③ 목표는 상품개발의 짧은 사이클화를 이룩하여 소비자의 욕구에 신속대응하고, 원자재 조달과 생산 그리고 배송에서의 누적 리드타임을 단축시키는 것이다.

④ 효과로 소매업자 측면에서는 매출과 수익 증대 및 가격인하의 최대화, 비용의 절감과 고객 서비스의 개선, 낮은 상품의 회전율이라 볼 수 있다.

⑤ 대립관계에 있는 섬유의 유통업과 제조업이 협조하여 제조와 판매 사이를 직접 연결하는 정보 네트워크를 구축하는 것에 파트너십(Partnership) 형성을 목표로 하여 기존의 Win/Lose 거래관계를 Win/Win의 관계로 형성하는 것이다.

74 제품 표준화 정도가 높지만, 기업 간 협력수준을 요구하는 정도가 낮은 제품을 대상으로 대량생산과 판매가 가능한 경우에
    가장 효과적인 e-Marketplace 모델은?

① 커뮤니티형   ② 직접거래형
③ 중개거래형   ④ 연합거래형
⑤ 공동구매형

75 다음 중 공급체인관리(SCM)에 관한 설명으로 옳지 않은 것은?

① 초기 물류관리의 확장 개념으로 출발하였다.
② 1980년대 후반 미국 의류업계의 ECR(Efficient Consumer Response)에 의해 개념이 정립되었다.
③ 원자재를 조달해서 생산하여 고객에게 제품과 서비스를 제공하기 위한 프로세스 지향적이고 통합된 접근 방법이다.
④ 속도와 확실성을 보장하고 관련되는 모든 프로세스들에 의해 추가되는 가치를 최대화함으로써 조직의 이익과 효율을 증가
    시키는 방법이다.
⑤ SCM의 목적으로는 고객만족의 제고, 이윤창출의 추구, 공급체인을 구성하는 경제주체 전체의 이익제고 등이 있다.

76 e-비즈니스의 특징으로 가장 옳지 않은 것은?

① 지식, 아이디어가 중요하고 1인 기업이 가능하다.
② 기업과 소비자간 직접 판매 방식으로 유통채널을 단축시켜 비용을 절감할 수 있다.
③ 매체의 특성상 한정적인 재화만을 취급한다.
④ 가상공간에서 정보기술을 활용하여 고객과의 양방향 커뮤니케이션이 가능하다.
⑤ 전세계를 대상으로 24시간 국제적인 영업이 가능하다.

77 유통관리정보에 대한 설명으로 옳은 것은?

① 거래활동의 출발점이며 유통활동의 기초가 된다.
② 적정 재고수준을 유지하고 판매기회의 손실을 최소화하며, 운송비를 절감한다.
③ 고객의 주문 상황에 대해 적기 배송체제의 확립과 최적 운송계획을 수립함으로써 운송비를 절감한다.
④ 최소비용으로 목적을 달성할 수 있도록 시스템의 설계도를 개량하며, 유통시스템의 모니터링과 실적을 평가한다.
⑤ 상품별 보관위치, 상품의 입고 및 출고내용 등을 정보화하여 최적의 창고 상태를 유지한다.

78 POS시스템을 활용한 유통업체의 이점에 대한 설명으로 가장 옳지 않은 것은?

① 인건비 절감
② 경쟁 상품과의 판매 경향 비교 및 분석
③ 효율적인 상품구색 및 진열 관리에 이용
④ 기회손실 최소화를 통한 매출의 극대화
⑤ 점검 및 정산처리의 간소화

79 CALS와 관련된 설명으로 가장 적절하지 않은 것은?

① 기술적인 측면에서 기업의 설계, 생산과정, 보급, 조달 등을 운영하는 운용지원과정을 연결시키고, 이들 과정에서 사용되는 문자와 그래픽정보를 표준을 통해 디지털화하여 종이 없이 컴퓨터에 의한 교류환경에서 설계 · 제조 및 운용지원 자료와 정보를 통합하여 자동화시키는 개념이다.
② EC와 CALS의 핵심은 제품의 설계, 조달, 생산, 판매, 결제, 사후관리 등 비즈니스와 관련한 각종 정보를 표준화 · 디지털화 · 통합화하여 컴퓨터로 업무를 처리한다는 데에 있다.
③ 기대효과로서 비용절감효과, 조직 간의 정보공유 및 신속한 정보전달, 산업정보화에 의한 국제경쟁력 강화 등을 들 수 있다.
④ 최근에는 기업 간의 상거래까지를 포괄하는 개념, 즉 광속상거래 또는 초고속경영통합정보시스템 개념으로 확대되고 있다.
⑤ 단순한 전송기능 이상의 정보축적 · 가공 · 변환처리 · 교환 등의 부가가치를 부여한 음성 또는 데이터를 제공해 주는 광범위하고 복합적인 서비스의 집합을 말한다.

80 e-SCM 추구전략 중 고객이 상품을 주문한 후 상품을 받을 수 있기를 기대하는 도착시간인 고객허용리드타임이 실제로 공급업체로부터 유통경로를 거쳐 고객에게 배달되는 총시간인 공급리드타임보다 짧은 경우에 활용할 수 있는 전략으로 가장 옳은 것은?

① 연속 재고보충 계획 전략
② 대량 개별화 전략
③ 구매자 주도 재고관리 전략
④ 제3자 물류 전략
⑤ 동시 계획 전략

81 GS1(Global Standard No.1)에 대한 설명으로 가장 옳지 않은 것은?

① 상품의 식별과 상품정보의 교류를 위한 국제표준바코드 시스템의 개발 및 보급을 전담하는 세계 100여개 국가가 가입한 민간기구이다.

② GS1-13 코드는 13자리의 숫자로 구성된 코드로 현재 전 세계에서 사용되고 있는 국제표준이며, 대한민국은 항상 880으로 시작된다.

③ GS1코드는 백화점, 슈퍼마켓, 편의점 등 유통업체에서 최종 소비자에게 판매되는 상품에 사용되는 코드로서 상품의 유통단계에서 유통업체가 상품포장에 인쇄하게 된다.

④ 제조업체코드는 대한상공회의소의 유통물류진흥원에서 제품을 제조하거나 판매하는 업체에 부여하며, 업체별로 고유코드가 부여되기 때문에 같은 코드가 중복되어 부여되지 않는다.

⑤ GS1-8 단축형의 경우 인쇄하기에 충분하지 않은 소포장의 작은 상품인 경우에 적용되며, 국가식별코드 3자리, 제조업체코드 3자리, 상품품목코드 1자리, 체크디지트 1자리 등 전체 8자리로 구성된다.

82 다음 중 EDI와 관련된 내용으로 가장 적절하지 않은 것은?

① 전자문서교환이라고 하며, 기업 사이에 컴퓨터를 통해서 표준화된 양식의 문서를 전자적으로 교환하는 정보전달방식이다.

② 자료가 처리 단계마다 수작업으로 재입력되지 않으므로 인건비가 크게 감소하며, 정보전달의 시간지체가 줄어들어 정보흐름의 확실성이 높아진다는 이점을 가진다.

③ EDI 방식은 무역거래 당사자 간에 수많은 전달 관계가 존재하므로 전달매개체는 없다고 할 수 있다.

④ 주문주기 단축으로 JIT 구매에 따른 재고 관리 효율성 증대와 사무처리 인원감축에 따른 인력활용을 극대화하는 목적을 가진다.

⑤ 구조화된 형태의 데이터, 즉 표준전자문서를 컴퓨터와 컴퓨터 간에 교환하여 재입력 과정 없이 즉시 업무에 활용할 수 있도록 하는 새로운 정보전달방식이다.

83 ECR(Efficient Consumer Response)에 대한 설명으로 가장 옳은 것은?

① 1980년대 중반에 미국에서 의류업종의 공급사슬상의 협업과 비용절감을 위해 도입되었다.

② 생산자 사이에 걸쳐있는 유통경로상의 제약조건 및 재고를 줄임으로써 제품 공급체인의 효율성을 극대화하기 위해 도입되었다.

③ 유통업체의 문제점 중의 하나인 전방구매(Forward Buying)로 인한 공급사슬의 비효율성 문제를 해결하기 위해 도입되었다.

④ ECR의 도입 효과가 알려지면서 JIT와 QR 등의 공급사슬시스템이 개발되었다.

⑤ ECR은 공급자와 소매업자가 서로 협력하여 공급체인의 효율적인 요소들을 남김으로써 생산성을 높임과 동시에 소비자에게 양질의 제품과 서비스를 제공하는 것을 목적으로 한다.

84 다음 중 시장대응적 공급사슬 형태에 대한 설명으로 부적절한 것은?

① 불확실한 수요에 대응하기 위해서 완충 생산능력을 보유하도록 구축된다.

② 혁신적 제품에 적합한 공급사슬 형태이다.

③ 스피드와 유연성을 가진 공급자를 통해서 원자재를 조달하는 것이 바람직하다.

④ 제품 설계 시에 제품성능은 최대화하고 제품의 차별화를 신속히 추진한다.

⑤ 공급사슬의 대응성과 효율은 반비례한다.

85 기업과 소비자간 전자상거래(B2C)에 관한 설명 중 틀린 것은?

① 소비자 상품은 쇼핑몰(Shopping Mall)을 중심으로 공급이 이루어진다.

② 비교적 오래된 역사를 가지고 있으며, 향후 전자상거래 시장에서 가장 많은 부분을 차지할 것으로 전망되고 있다.

③ 가상의 인터넷 상점에서도 소비자가 편리하게 쇼핑하도록 하기 위해 지원도구를 개발한다든가 데이터베이스를 잘 갖추는 등의 노력이 필요하다.

④ 현재 가장 활발하게 거래되는 상품으로 서적, 음반, 소프트웨어 등이 있다.

⑤ 핵심기술로는 인터넷 기반의 응용기술이다.

86 전통적 상거래와 전자상거래를 비교할 때, 전자상거래의 특성에 대한 설명으로 적절하지 않은 것은?

① 제한된 영업시간 내에만 거래를 하는 기존의 상거래와는 달리 전자상거래는 24시간 내내 지역적인 제한없이 전 세계를 대상으로 거래할 수 있다.

② 기존의 상거래방식은 소비자의 의사에 상관없이 기업의 일방적인 마케팅활동이라 할 수 있지만, 인터넷 전자상거래는 인터넷을 통해 소비자와 1대 1 의사소통이 가능하기 때문에 소비자와의 실시간 쌍방향 마케팅활동을 할 수 있게 해준다.

③ 판매방법에 있어서 기존의 상거래는 시장이나 상점 등 물리적인 공간 내에서 전시하여 판매를 하는 것에 비해, 전자상거래는 네트워크를 통해 무한한 정보를 제공하는 등 정보에 의한 판매를 한다.

④ 소요자본에 있어서 인터넷 전자상거래는 인터넷 서버 구입 및 홈페이지 구축 등의 비용이 소요되기 때문에 전통적 상거래 방식에 비해 상대적으로 전자상거래의 비용이 많이 든다고 할 수 있다.

⑤ 고객의 정보획득에 있어서도 시장조사나 영업사원이 없이 온라인으로 수시로 획득할 수 있다.

87 다음 보기의 설명에 적합한 용어는?

> 기업간 정보시스템을 통합 및 연동시키는 개념으로 기업과 기업, 기업과 e-Marketplace, e-Marketplace와 e-Marketplace 등 기업간 전자상거래에서 발생하는 비즈니스 프로세스를 효과적으로 지원하기 위해 전산시스템과 문서 포맷, 애플리케이션을 서로 통합·연계하는 것

① e-Logistics
② BI(Business Intelligence)
③ B2B(Business to Business)
④ B2C(Business to Consumer)
⑤ B2Bi(Business to Business Integration)

88 공개키와 대칭키(또는 비밀키) 암호화(Symmetric or Key Cryptography) 방식의 내용으로 가장 옳지 않은 것은?

① 대칭키 암호방식인 DES(Data Encryption Standard)는 블록 암호의 일종으로, 미국 NBS(National Bureau of Standards, 현재 NIST)에서 국가 표준으로 정한 암호이다.
② RSA(Rivest Shamir Adleman)는 공개키 암호화 방식으로 서로 연관성 있는 상이한 두 개의 키를 각각 암호화와 복호화에 이용한다.
③ 대칭키 암호방식은 암호화하는 키로부터 복호화하는 키 값을 계산해 낼 수 있으나, 반대로 복호화하는 키로부터 암호화하는 키 값을 계산해 낼 수 없다.
④ 비밀키 암호화 기법은 동일한 키로 암호화와 복호화를 수행하는 방법으로 보안 유지와 키 관리에 어려움이 있으나 알고리즘이 간단해 암호화 속도가 빠르고 용량이 작아 경제적이다.
⑤ 공개키 알고리즘은 누구나 어떤 메시지를 암호화할 수 있지만, 그것을 해독하여 열람할 수 있는 사람은 개인키를 지닌 단 한 사람만이 존재한다.

89 인터넷을 통해 거래되는 상품은 크게 물리적 상품과 디지털 상품으로 나누어진다. 다음 중 디지털 상품에 대한 설명으로 옳지 않은 것은?

① 디지털 상품의 배송은 물리적 상품의 경우에 일어나는 배달 지연이나 파손과 같은 배송 문제가 발생할 확률이 희박하다.
② 소비자의 신뢰 측면에서 물리적 상품보다 불리하다.
③ 네트워크를 통해 전송되므로 불법복제의 가능성이 매우 높다.
④ 동일한 상품도 다양하게 변형시켜 판매하는 것이 가능하다.
⑤ 특징으로는 비소멸성, 수정용이성, 재생산성 등이 있다.

90 지식관리시스템 개발의 단계별로 해당하는 내용이 바르게 연결되지 않은 것은?

① 지식경영(KM)팀 편성 – 주요 이해관계자로서 조직단위, 부서, 지사, 사업부를 구성하며 지식경영팀의 규모와 역량을 조직적 · 전략적 · 기술적으로 균형을 맞추는 단계이다.

② 지식경영(KM) 청사진설계(마스터계획) – 새로운 지식관리시스템의 구축으로 인한 스트레스와 변화에 대한 저항을 줄이기 위해 구축과정에서 사용자 교육, 훈련, 참여가 중요한 단계이다.

③ 사후시스템 평가 – 새로운 시스템이 조직에 미치는 효과를 평가하며, 지식관리시스템을 표준에 따라 평가하고 미리 정한 목표를 충족시키는지 결정하는 단계이다.

④ 지식관리시스템(KMS) 구현 – 새로운 지식관리시스템을 실질적으로 가동하기 위해 전환하는 단계로서 오류가 없고 신뢰할 수 있는 시스템을 개발하는 품질보증과 새로운 지식관리시스템에 대해 조직구성원을 훈련시키는 사용자훈련이 이에 해당한다.

⑤ 지식수집 – 형식지는 문서, 파일, 기타 매체로부터 지식저장소에 수집하며, 암묵지는 조직의 지식근로자나 데이터베이스에 저장되어 있는 지식으로부터 수집하는 단계이다.

유통관리사 2급

■ 제1과목 유통 · 물류일반관리
■ 제2과목 상권분석
■ 제3과목 유통마케팅
■ 제4과목 유통정보

제6회 최종모의고사

형 별	A형	제한시간	100분	수험번호	성 명

※ 5개의 답항 중 가장 알맞은 1개의 답항을 고르시오.

 유통 · 물류일반관리

01 완전경쟁기업의 이윤극대화 행동이 아닌 것은?

① 완전경쟁기업은 장기에 초과이윤을 얻는다.
② 단기에 손실을 보더라도 조업을 계속하는 것이 유리할 수도 있다.
③ 장기에 음의 이윤을 얻는다면 생산을 중단한다.
④ 장단기에 관계없이 가격이 평균가변비용보다 낮으면 생산을 중단한다.
⑤ 한계비용이 가격과 같아지도록 산출량을 결정한다.

02 방문판매 등에 관한 법률상 방문판매자가 계약체결 전에 소비자에게 정보를 제공하는 사항이 아닌 것은?

① 재고관리 및 수당 등 판매방법
② 재화 등의 가격과 그 지급 방법 및 시기
③ 청약의 철회 및 계약의 해제의 기한과 행사방법
④ 거래에 관한 약관
⑤ 재화 등의 명칭, 종류 및 내용

03 아웃소싱(Outsourcing)에 대한 다음 설명 중 옳지 않은 것은?

① 미국이나 일본에서는 아웃소싱이 핵심역량을 강화하고 고객의 가치를 창출하기 위한 생존전략의 일환으로 인식되면서 정보시스템을 시작으로 생산, 영업, 총무, 디자인, 연구개발 등 광범위한 영역으로 확대되고 있다.
② 치열한 글로벌 경쟁하의 저성장 시대, 고객 욕구와 기술이 엄청난 속도로 변하고 있는 지금, 우리의 기업들은 핵심역량을 제외한 기업 내의 기능, 부문 등을 이 분야의 전문기업에게 아웃소싱(외부 조달) 해야 한다.

③ 이익 추구형·분사형·아웃소싱은 사내에서는 크게 중요하지 않으나 나름대로 전문성을 확보하고 있는 기능을 외부화하여 수익률을 제고시키려는 아웃소싱이다.

④ 네트워크형 아웃소싱은 핵심역량 이외의 모든 기능을 아웃소싱하고 이들 공급업체와 네트워크를 형성하여 시너지 효과를 제고시키는 형태의 아웃소싱이다.

⑤ 중요한 기능이나 프로세스를 아웃소싱한 경우 공급자를 적절하게 통제하기 쉽다.

04 조직구조의 형태에 대한 설명으로 가장 옳지 않은 것은?

① 제품별 조직은 제품을 시장특성에 따라 대응함으로써 소비자의 만족을 증대시킬 수 있다.

② 기능별 조직은 환경이 비교적 안정적일 때 조직관리의 효율성을 높일 수 있으며, 각 기능별로 규모의 경제를 얻을 수 있다.

③ 사업별 조직은 제품, 고객, 지역, 프로젝트 등을 기준으로 종업원들의 직무를 집단화하여 조직을 몇 개의 부서로 구분하는 것을 말한다.

④ 매트릭스 조직은 전문기술을 가진 사람들이 특정 기능부서나 사업부에 전속되지 않고 모든 분야에 대한 업무를 수행하게 됨으로써 개인의 업무범위가 확대되어 규모의 경제로부터 오는 이익을 추구할 수 있다.

⑤ 프로세스 조직은 업무적으로 상호 의존성이 크지만 상대 부서와 완전히 통합되는 것은 바람직하지 않은 상황에서 사용되는 조직구조의 형태이다.

05 다음은 종업원선발과정의 하나인 면접기술에 대한 설명이다. 가장 적합하지 않은 것은?

① 면접은 지시적이지 않으면서도 비구조화된 자유로운 상황에서 하는 것이 일반적이다.

② 비지시적 면접의 특징은 한 명의 면접자가 각 지원자를 일대일로 면접한다는 것이다.

③ 보다 성공적인 면접을 위해서는 상황면접(Situational Interview)을 하는 경우가 있는데, 이는 구조적 면접의 한 형태이다.

④ 구조적 면접은 주어진 직무의 지원자들에게 비교적 똑같은 내용의 질문 순서에 의하여 면접을 진행하는 방식이다.

⑤ 비지시적 면접의 위험을 줄이기 위해서는 구조적 면접으로 보완될 필요가 있다.

06 가전제품을 주로 판매하는 어느 지역의 한 유통매장은 최근 LED TV의 인기가 높아짐에 따라 다음 해에 AA모델의 TV를 3,600대 가량 판매할 것으로 기대하고 있다. 연간 재고유지비용은 TV 한 대당 16,000원이며, 주문비용은 120,000원이다. 유통매장이 1년에 363일 영업한다면, 다음 중 가장 올바르게 계산한 것은?

① 경제적 주문량은 120 ~ 121대이다.　　② 연간 주문 수는 30 ~ 31회이다.

③ 주문 사이클의 길이는 12 ~ 13일이다.　　④ 1회주문비용은 150 ~ 162만원이다.

⑤ 총비용은 371 ~ 372만원이다.

07 자본예산에 관한 설명으로 가장 적절하지 않은 것은?

① 자본예산은 투자안에 대한 타당성을 분석하고 자본의 투입 여부를 결정하는 재무의사결정의 한 분야로 투자의 효과가 1년 이상 장기간에 걸쳐 나타난다.

② 상호배타적인 투자안의 경우, 투자규모 또는 현금흐름의 형태가 크게 다를 때 순현재가치법과 내부수익률법이 서로 다른 결론을 제시할 수 있다.

③ 투자규모, 투자수명, 현금흐름 등이 서로 배타적인 투자안을 내부수익률법으로 평가하는 경우, 반드시 두 투자안의 순현재가치(NPV) 곡선이 상호 교차하는지의 여부를 검토해야 한다.

④ 내부수익률이 투자비용을 조달하기 위한 자본비용보다 클 경우 투자안은 기업가치를 감소시키며 반대로 내부수익률이 자본비용보다 작을 경우 기업가치를 증대시킨다.

⑤ 수익성지수법은 수익성지수를 비교하여 크기가 상대적으로 큰 투자안 부터 투자우선순위를 부여하는 투자안의 경제성 평가방법이다.

08 다음은 직장내 성희롱 발생시 조치에 관한 설명이다. 옳지 않은 것은?

① 사업주, 상급자 또는 근로자는 직장 내 성희롱을 하여서는 아니 된다.

② 사업주는 직장내 성희롱 발생이 확인된 경우 지체 없이 행위자에 대하여 징계 또는 그밖에 이에 준하는 조치를 취하여야 한다.

③ 사업주는 직장내 성희롱과 관련하여 피해주장이 제기되었을 때에는 그 주장을 제기한 근로자가 근무여건상 불이익을 받지 않도록 노력하여야 한다.

④ 사업주는 직장내 성희롱과 관련하여 그 피해근로자에게 해고 또는 그 밖의 불이익한 조치를 취하여서는 아니 된다.

⑤ 사업주는 직장내 성희롱을 예방하고 근로자가 안전한 근로환경에서 일할 수 있는 여건조성을 위하여 직장내 성희롱의 예방을 위한 교육을 실시하여야 한다.

09 제3자물류(3PL)에 대한 설명으로 옳지 않은 것은?

① 외부의 전문물류업체에게 물류업무를 아웃소싱하는 경우이다.

② 물류서비스업체의 품질이 담보된다.

③ 기업 내 자원을 핵심역량에 집중할 수 있다.

④ 특정목적과 편익을 달성하기 위한 물류채널내의 두 주체간의 계약관계을 물류 제휴(Logistics Alliance)라고 한다.

⑤ 파트너십 물류(Partnership Logistics)는 상호 합의한 일정기간 동안 편익과 부담을 함께 공유하는 물류채널 내의 두 주체간의 관계를 말한다.

10 유통경로에서 전방기능 흐름만으로 묶인 것은?

① 물적 소유 이동, 소유권 이동, 판매촉진
② 소유권 이동, 주문, 대금결제
③ 주문, 협상
④ 금융, 위험부담
⑤ 물적 소유 이동, 금융, 대금결제

11 다음 중 소매업 수레바퀴가설(The Wheel of Retailing)에 주기적 변화순서가 올바르게 나열된 것은?

> 가. 다수의 모방적 경쟁업체가 소매시장에 진입
> 나. 최초의 혁신성이 상실되어 경영효율이 감소하고 새로운 업태의 경쟁자가 공격할 수 있는 기회를 제공
> 다. 환경변화에 적응하기 위해 새로운 소매업체의 등장
> 라. 경쟁업체와 차별화하기 위해 업태의 성격을 고급화

① 가 - 나 - 다 - 라 　　　② 가 - 라 - 나 - 다
③ 나 - 다 - 가 - 라 　　　④ 나 - 가 - 라 - 다
⑤ 다 - 가 - 라 - 나

12 다음 글상자 안의 유통경로구조의 설계 및 관리에 대한 설명 중 올바른 내용으로 구성된 것은?

> 가. 관리형 수직적 경로구조의 구성원들은 자율적인 상호이해와 협력에 의존하므로 협력해야 할 계약이나 소유권에 매우 강한 구속을 받는다.
> 나. 경로구성원 간의 정보 불균형이 존재할 때 수직적 통합은 기회주의를 감소시켜 거래비용을 줄일 수 있다.
> 다. 프랜차이즈 시스템은 계약형 · 수직적 경로구조로서 주로 합법적 파워에 의해 운영된다.
> 라. 연기-투기이론에 의하면 경로구성원들 중 누가 재고를 유지해야 하는가의 문제가 경로구조를 결정할 수 있다고 한다.
> 마. 경로 커버리지 전략 중 전속적 유통은 소비자의 풀(Pull)보다는 중간상의 푸시(Push)에 의해서 팔리는 상품에 적합하다.

① 가, 나, 다 　　　② 가, 다, 라
③ 나, 다, 라 　　　④ 나, 다, 마
⑤ 다, 라, 마

13 유통(소매)업체의 경로지배권 강화현상에 관한 다음의 설명 중에서 옳지 않은 것은?

① 새롭게 등장한 대형 소매업체들은 특히 소비재 시장에서 도매상들의 존재의의를 부정하며 직접적으로 제조업체와 협상할 뿐만 아니라 경로지배력을 강화하고 있다.

② 일반 소비재 시장에서 대형화된 소매업체의 경로리더십은 선매품의 경우보다 전문품의 경우에 더욱 두드러지게 나타나는 현상이다.

③ 다점포 경영이 확대되면 확대될수록 소매상의 경로지배력은 강화된다.

④ 고객지향적 마케팅을 실행하기 위해서는 고객욕구 파악이 가장 중요하며, 이러한 관점에서 유통경로상에서 가장 우위에 서 있는 유통(소매)업체의 협상력은 더욱 강화되는 추세이다.

⑤ 유통(소매)상이 체인화 또는 조직화될수록 소매상의 경로지배력은 강화된다.

14 의사결정의 위양과 관련된 내용으로 가장 옳지 않은 것은?

① 위양의 가장 중요한 목적은 보다 효과적인 노동의 분업(Division of Labor)을 이루기 위한 것이다.

② 위양은 의사결정의 질과 의사결정에 대한 수용을 증진시키는 방법이며, 구성원들의 참여도를 높이기 위한 협의적 의사결정이나 공동의사결정에서와 같은 목적으로 이루어진다.

③ 부하에 대한 신뢰감의 결여, 업무 전반에 대해 경영자가 절대적인 통제를 계속 유지하고자 하는 욕망 때문에 위양이 실패하는 경우가 많다.

④ 위양은 현장의 상황이나 특성이 의사결정에 잘 반영될 수 있게 한다.

⑤ 위양이 효과적이기 위해서는 MBO(Management by Objectives) 프로그램을 병행하면 좋다.

15 최근 들어 공급체인관리(SCM)가 중요하게 인식되고 있다. 다음 중 그 이유가 아닌 것은?

① 글로벌소싱의 확대로 공급체인상의 리드타임이 길어졌기 때문이다.

② 제조업체 내부적으로 재고를 효율적으로 관리하는 데에 한계가 발생하였기 때문이다.

③ 고객 요구가 다양해져 공급체인의 효율이 상승되었기 때문이다.

④ 주문관리, 생산계획, 정보관리 및 추적관리가 복잡해졌다.

⑤ 기업간의 경쟁이 치열해짐에 따라 비용 및 납기경쟁력이 중요해졌기 때문이다.

16 물류의 5대 분야 중 하나인 포장 기능에 대한 설명으로 적합하지 않은 것은?

① 무엇보다도 내용물에 대한 보호 기능을 우선으로 들 수 있다.

② 상품의 판촉 기능을 수행할 수 있는 디자인/운반편의성 등도 주요 기능이다.

③ 일반적으로 항공 수송용 포장은 선박 수송용 포장에 비해 경량이다.

④ 포장 작업의 기계화 방식 중 하나인 수축 포장 장치는 포장용기에 녹의 발생을 방지하기 위한 장치이다.

⑤ 방습포장기법이란 습기가 물류과정의 제품을 손상시키지 않게 습기를 방지하게 하는 포장이다.

17 포터(M. E. Porter)의 가치사슬모형에서 본원적 활동(Primary Activity)에 속하지 않는 것은?

① 물류투입(Inbound Logistics)
② 운영 · 생산(Operations)
③ 구매조달(Procurement) 활동
④ 서비스(Services) 활동
⑤ 마케팅 및 영업(Marketing & Sales)

18 모든 소매업체들은 지속적인 성장을 추구하고자 한다. 다음은 성장을 위하여 이론적으로 정리된 선택 가능한 성장전략 대안 모델들에 관한 설명이다. 올바르지 않은 것은?

① 해당 소매업체가 기존의 (소매)업태를 활용하여 자신의 표적시장 내에서 신규고객을 창출하거나 혹은 기존고객들의 충성도를 높이기 위하여 마케팅을 더욱 강화하고자 하는 전략을 시장침투전략이라고 한다.

② 다각화 전략은 현 사업과 연관이 있거나 없는 신규 사업으로의 진출을 통해 성장을 추구하는 전략이다.

③ 다각화 전략의 하나인 수직적 통합의 예로서 소매업체가 도매업체 또는 제조업체에 투자하는 경우를 들 수 있다.

④ 동일한 표적시장의 고객에게 지금까지와 다른 소매믹스를 가지고 새로운 소매업태를 제공하는 것을 소매업태 개발전략이라 한다.

⑤ 다각화 전략의 실행방안의 하나로 한 가지 종류의 상품을 구매한 고객에게 다른 종류의 상품구매를 유도하여 매출상승을 추구하는 방식을 들 수 있다.

19 공리주의에 대한 다음 설명 중 옳지 않은 것은?

① 공리주의는 최대다수의 최대행복이라는 실현을 윤리적 행위에 있어서의 목적으로 보고 있는 사상으로 행위의 옳고 그름이 인간의 이익과 행복 증진에 얼마나 기여하는 지에 대한 유용성과 결과에 따라 결정된다는 것이다.

② 공리주의는 기업의 능률과 생산성 제고, 이윤 극대화 등에 부합된다.

③ 자원 배분의 불균형과 소수의 권리 무시 등의 문제점을 가지고 있다.

④ 공리주의는 소수의 권리를 중시하기 때문에 소수의 희생으로 다수의 효용이 증가된다면 도덕적으로 올바르지 않다고 평가할 수 있다.

⑤ 공리주의가 보편성을 무시하고 있으므로 정당성을 가지고 있다고 보기 어려울 수 있으므로 도덕적 원칙에 위배되지 않는 전제 하에 사회적 효용이 가장 큰 대안을 선택하는 것이 필요하다.

20 프랜차이즈(Franchise) 제도에 대한 다음의 설명 중 올바르지 못한 것은?

① 본부(Franchiser)와 가맹점(Franchisee) 간의 계약은 쌍방 협의에 의해 작성된다.

② 가맹점은 사업 수행에 필요한 자금을 투자하여 본부의 지도하에 사업을 수행한다.

③ 프랜차이즈 제도를 통해 본부는 비교적 소액의 투자와 적은 인원으로 단기간 내에 시장을 개척할 수 있다.

④ 프랜차이즈 제도는 상품 유통을 목적으로 하는 것과 프랜차이즈 비즈니스를 목적으로 하는 것이 있다.

⑤ 프랜차이즈 제도는 본부가 가맹점에게 상표 등에 대한 사용권을 허가해주고 기업의 운영도 지속적으로 지원해주는 시스템을 의미한다.

21 재고자산관리 등에 대한 설명으로 적절하지 않은 것은?

① ABC관리법은 재고자산의 부피로서 구분하여 관리하는 기법이다.

② 재고보유량이 가장 적은 재고자산관리법은 JIT시스템이다.

③ EOQ, EPQ모형은 재고관련비용의 최소화를 목적으로 하는 고정주문량모형에 속한다.

④ MRP기법은 독립수요품의 재고가 확정되어 있을 때 종속수요품의 재고자산의 관리 및 통제를 위한 기법이다.

⑤ 재고품목의 중요도가 높은 경우에는 고정주문 기간모형을 이용하는 것이 바람직하다.

22 유통은 상류(상적 물류)와 물류(물적 유통)로 분류되는데 이에 대한 설명으로 가장 옳지 않은 것은?

① 상류는 매매계약 등의 거래의 흐름을 의미하고 물류는 물자의 흐름을 의미한다.

② 물류는 상류의 파생기능을 수행한다.

③ 상류와 물류는 고도의 긴밀한 협력관계를 필요로 하고, 상호보완적인 관계이므로 원활한 커뮤니케이션을 요한다.

④ 물류합리화의 일환으로 상류와 물류의 분리운영이 제시되고 있다.

⑤ 상물분리는 배송센터나 공장에서 하고 있던 물류 활동을 지점이나 영업소에서 집중적으로 수행하는 것을 말한다.

23 참여적(민주적) 리더십에 대한 설명으로 옳은 것은?

① 관리자가 잠정적인 결정사항에 대해 발표하는 형태를 취하기도 한다.

② 부하들의 절대적인 복종이 필요한 위기상황에서 특히 유효하다.

③ 관리자가 목표를 설정하면 종업원은 비교적 자유로운 방법으로 일한다.

④ 의사나 엔지니어 등의 전문직을 상대하는 관리직에 적합하다.

⑤ 비숙련 근로자들을 지휘해야 하는 상황에서 효과적이다.

24 매트릭스조직의 특성을 설명한 것 중 옳은 것은?

① 일명 직계조직 또는 군대식 조직이라고도 불리는 것으로서 과업의 분화라든가 부문화가 진전되지 않은 매우 단순하고 초보적인 조직형태이다.

② 구성원들이 이중지위체계 때문에 구성원의 역할이 모호해지고 스트레스가 발생한다는 단점이 있다.

③ 조직이 대규모화되는 초기상황, 경영환경이 안정적이고 확실성이 높은 상황에서 효과적인 조직형태이다.

④ 일반적으로 다른 부문들과는 독립적으로 최고경영자의 밑에 설치되어 한 사람의 전문적인 프로젝트 경영자의 책임 하에 관리된다. 그리고 팀은 주어진 과업을 달성하는 데 필요한 각종 전문인력으로 구성된다.

⑤ 생존하기 위해서 필요하면 끊임없이 형태를 변화시키는 아메바와 같은 조직구조이다.

25 인사고과와 관련된 오류 중 대비의 오류에 해당하는 것은?

① 평정대상을 전반적인 인식이나 특정한 요소로부터 받은 인상에 의해서 모든 고과요소를 평정하려는 경향을 말한다.

② 고과가 '보통' 혹은 척도상의 중심점에 집중하는 경향으로 일반적으로 피고과자나 고과방법을 잘 이해하지 못하였거나, 고과자의 고과능력부족 또는 고과방법에 회의적인 반응과 시간적 여유가 없거나, 낮게 평가해 피고과자와 감정적 대립을 우려할 시에 많이 발생한다.

③ 피평가자를 실제보다 후하게 평정해버리는 경향이다.

④ 각 고과요소 간에 논리적인 상관관계가 있는 경우에 그 양자의 요소 중 하나가 특출하면 다른 요소도 높다고 속단하는 경향을 말한다.

⑤ 고과자가 자기를 원점으로 하여 피고과자를 자기와 반대의 방향으로 평정해 버리는 경향을 말한다.

제 2 과목 상권분석

26 다음은 입지대안을 평가하기 위한 어떤 원칙에 대한 설명인가?

> 두 개의 사업이 서로 고객을 교환할 수 있으면 점포의 매력도가 높아진다.

① 고객차단원칙(Principle of Interception)
② 동반유인원칙(Principle of Cumulative Attraction)
③ 점포밀집의 원칙(Principle of Store Congestion)
④ 보완가능성의 원칙(Principle of Compatibility)
⑤ 접근가능성의 원칙(Principle of Accessibility)

27 입지와 규모에 따라 쇼핑센터를 구분한 내용으로 올바른 것은?

① 입지를 기준으로 쇼핑센터를 구분하면 근린형, 커뮤니티형, 지역형 등으로 나눌 수 있다.

② 커뮤니티형 쇼핑센터는 도보를 기준으로 상권을 형성하며 일용품 위주의 제품을 판매하는 경우가 많다.

③ 지역형 쇼핑센터는 여러 가지 서비스 기능이나 레저스포츠 시설을 갖춘 경우가 많다.

④ 도심형 쇼핑센터의 경우가 신도시 근처의 교외형 쇼핑센터의 경우보다 상권에 포함되는 고객이 명확하다.

⑤ 도심형 쇼핑센터는 교외형 쇼핑센터보다 저층으로 된 넓은 면적을 활용하여 쇼핑공간을 설계한다.

28 Christaller의 중심지이론에서 그 이론을 전개하기 위해 제시한 전제조건으로 옳지 않은 것은?

① 소비자는 자신의 수요를 충족시키기 위해 최근린(最近隣)의 중심지를 찾는다.

② 모든 방향에서 교통의 편리한 정도가 동일하다.

③ 중심지는 그 배후에 행정, 서비스 기능을 수행하기 위해 고지대에 입지한다.

④ 평야지대에 인구가 균등하게 분포되어 있다.

⑤ 운송비는 거리에 비례하고 운송수단은 동일하다.

29 상권분석 및 입지선정을 위해 통행량이나 유동인구를 조사할 경우에 유념하여야 할 사항으로 가장 적합하지 않은 것은?

① 요일, 기후, 절기 등 여러 상황에 따른 다양한 기준을 활용하여 통행량을 수집하는 것이 좋다.

② 다른 시간대도 중요하지만 해당 업종에 고객이 가장 많이 몰리는 시간대의 통행량 조사에 특히 신경을 써야 한다.

③ 점포 앞을 지나는 통행량에 대한 조사는 모든 방향에 대해 각 방향을 기준으로 통행량을 분리하여 조사하여야 한다.

④ 통행량 조사는 작은 시간 단위(시간, 분)를 사용하는 것 보다 큰 시간단위(하루, 주)를 사용하는 것이 유리하다.

⑤ 점포주변의 유동인구와 주변상권의 관계를 고려할 경우 이러한 유동인구의 조사는 직접 아르바이트생을 동원하여 조사하는 것이 바람직하며, 시간대별 상황 및 평일과 휴일의 상황이 분석가능 하도록 조사하여야 한다.

30 상권과 입지의 개념 및 특성을 구분하여 설명한 내용으로 옳지 않은 것은?

① 상권은 점포를 이용할 가능성이 있는 고객들이 거주하는 범위로 볼 수 있다.

② 상권은 종종 '특정 지역에 위치한 점포의 집단' 을 의미하는 개념으로 사용되기도 한다.

③ 입지는 사업을 영위하게 될 위치나 위치적 조건을 포함하는 의미이다.

④ 상권은 마케팅의 공간적 범위 또는 유효수요의 분포 공간으로 인식될 수 있다.

⑤ 상권의 평가항목에는 부지형태, 점포형태, 가시성, 주차시설 등이 해당된다.

31 업종전환과 관련된 내용으로 가장 적절하지 않은 것은?

① 제조업, 도소매업, 서비스업의 업태를 바꾸거나 업종을 변경하는 경우를 말한다.

② 업종전환의 유형으로는 동종업종에서 타업종으로 바꾸는 경우만 존재하며, 동종업종에서 동종업종으로 바꾸는 경우는 이에 해당하지 않는다.

③ 전화상담 및 컨설팅을 결정하고, 점포 현장을 방문해서 점주 및 직원과 인터뷰함으로써 상품경쟁력 파악 및 내부·외부경쟁력을 분석하는 등의 절차를 거친다.

④ 일반 음식점에서 분식점, 또는 삼겹살집에서 레스토랑으로 바꾸는 경우의 예를 들 수 있다.

⑤ 업종전환의 근본적인 이유는 영업부진 점포에 대한 새로운 사업기회를 제공하고, 기존 시설을 가급적 활용하여 재투자비용을 최소화함으로서 새로운 사업기회를 모색하는 데 있다.

32 편의품을 판매하는 점포에 대한 설명 중 가장 적합한 것은?

① 소비자는 진열된 상품 중에서 가장 목적에 적합한 제품을 구매하게 되므로 품질, 가격, 스타일, 유행 등의 여러 요소들을 비교하게 된다. 따라서 여러 상품에 대한 구색을 맞출 수 있는 곳이 유리하다.

② 소비자는 복수의 점포를 둘러보고 여러 제품들을 비교 검토한 후에 제품을 구매하게 되므로 일정 범위에 걸쳐 유사하거나 같은 업종의 점포가 조밀하게 모여 있을수록 좋은 입지이다.

③ 가까운 곳에 상주하고 있는 소비자도 있지만 원거리에 거주하는 소비자도 있고, 이들이 이동하여 제품을 구매하는 경우가 많기 때문에 주차장이 있거나 다양한 대중교통수단을 활용할 수 있는 곳이어야 한다.

④ 소비자가 구매하고자 하는 제품은 상표에 대한 충성도가 거의 없는 일반적 제품이 많아 가격과 서비스품질이 상대적으로 뛰어난 점포를 찾아 이용하는 경우도 있지만 가까운 거리에 있는 점포도 많이 이용한다.

⑤ 집심성과 집재성 점포에 속하는 경우가 많고, 비교적 원거리에서 고객이 찾아오므로 교통수단과 접근성이 좋아야 하기 때문에 주로 중차원 또는 고차원 중심지에 입지한다.

33 다음 중 소매포화지수(Index of Retail Saturation)에 대한 설명으로 가장 적절하지 못한 것은?

① 신규점포에 대한 시장잠재력을 측정하는 데 사용할 수 있다.

② 값이 클수록 공급보다 수요가 상대적으로 많음을 의미한다.

③ 낮은 값을 가지면 과잉의 점포 상태를 나타내는 것이다.

④ 수요를 특정업태의 총 매장면적으로 나눈 값이다.

⑤ 한 지역에서 미래의 시장확장잠재력을 측정하기도 한다.

34 점포개점과 관련한 설명으로 가장 적절하지 않은 것은?

① 위험요소를 줄이기 위해서는 개점 프로세스에 대한 이해가 필요하다.

② 완벽한 준비가 되어 있지 않은 상황에서 개점을 한다면 이득보다는 손실이 있을 확률이 더 크다.

③ 창업자 자신이 가장 잘 할 수 있는 혹은 가장 하고 싶은 아이템이 있어도 주변 환경과 여건을 고려하여 가장 유행하는 아이템을 선정하는 것이 유리하다.

④ 소점포 사업자의 홍보는 작지만 길게 그리고 꾸준히 지속해야 한다.

⑤ 기본적으로 각 메뉴나 상품별 원가 또는 매입가를 기준으로 가격을 책정하며, 원가에 임대료, 인건비, 기타 지출 비용, 감가상각 등에 순이익률을 포함해서 정한다.

35 한 점포가 고객을 유인할 수 있는 지역범위를 상권이라고 한다. 다음 중 상권의 구조에 대한 설명으로 적절하지 않은 것은?

① 1차 상권 내에서 사업장 이용고객은 30~50% 정도의 범위로서, 점포에서 비교적 떨어진 지역을 포함하며 고객 1인당 매출액이 가장 높다.

② 2차 상권은 1차 상권 외곽에 위치하며 전체 점포 이용 고객의 10% 내외를 흡인하는 지역범위로서, 1차 상권의 고객들에 비해 지역적으로 넓게 분산되어 있다.

③ 한계 상권 내에 위치한 고객들은 1차 상권 및 2차 상권과 비교할 때 고객의 수와 구매빈도가 적기 때문에 점포 매출액에서 차지하는 비중이 낮다.

④ 편의품의 경우 1차 상권은 걸어서 500m 이내이고 2차 상권은 약간의 고객이 존재하며, 한계 상권에는 거의 존재하지 않는다.

⑤ 가구ㆍ가전품 같은 소매품의 경우 1차 상권은 버스 또는 승용차로 15~30분 정도 소요되는 지역이며, 2차 상권은 30분~1시간 정도 걸리는 지역을 말한다.

36 주거, 업무, 여가생활 등의 활동을 동시에 수용하는 건물을 의미하는 복합용도개발이 필요한 이유라고 보기 어려운 것은?

① 도심지의 활력을 키우고 다양한 삶의 장소로 바꾸기 위해서

② 도심의 공동화를 막고 사설물의 효율적인 이용을 위해서

③ 교통비용과 시간을 절약하고 교통혼잡을 방지하기 위해서

④ 도시 내 상업 또는 업무기능의 급격한 증가현상을 억제하고 도시의 균형적 발전을 위해서

⑤ 주변 지역에 대한 개발욕구를 방지하여 새로운 투자수요를 억제하기 위해서

37 Huff 모형은 점포선택과 상권의 크기를 예측할 때 많이 사용하는 방법이다. 다음 중 Huff 모형을 설명한 것으로 올바르지 않은 것은?

① 소비자가 이용하고자 하는 점포의 선택은 점포의 크기와 거리에 의해 결정된다.

② 여러 점포를 선택할 수 있는 상황에서 특정 점포를 선택할 가능성을 계산한다.

③ 점포의 크기와 거리에 대한 고객 민감도(중요도)를 반영할 수 있다.

④ 점포의 위치가 가깝거나 점포의 규모가 큰 경우에 고객이 항상 선호하게 된다.

⑤ 소비자의 점포에 대한 효용은 점포의 매장면적이 클수록 증가하고, 점포까지의 거리가 멀수록 감소한다고 볼 수 있다.

38 대도시에 인접한 소도시(위성도시)의 경우 소비자들이 대도시에서 주로 구매하기 때문에 상권형성이 어렵다. 다음에 제시된 품목 중에서 일반적으로 위성도시에서도 상권이 형성될 수 있을 것으로 추측할 수 있는 품목들로 구성된 것은?

① 신사복, 시계수리점, 안경점

② 건전지, 식료품, 간단한 의약품

③ 아동복, 전문서적, 가구류

④ 신발, 선물용 완구, 가전제품

⑤ 자동차매장, 가전제품, 패션전문점

39 신규점포 또는 기존점포에 대한 상권분석의 장점으로 옳지 않은 것은?

① 소비자의 인구통계학적 특성들을 파악하여 소매전략 수립에 도움을 준다.

② 상권내 소비자를 상대로 하는 촉진활동의 초점이 명확해 질 수 있다.

③ 기존 점포의 이전(이동)이나 규모변경(면적확대, 면적축소)으로 인한 매출변화를 예측할 수 있다.

④ 공급체인관리(SCM)를 개선하여 물류비용을 절감할 수 있는 정보를 얻을 수 있다.

⑤ 해당 지역에서 특정 체인 소매업자에 의해 운영될 수 있는 적절한 점포 수를 파악할 수 있다.

40 점포의 유형과 제품의 유형에 따라 소비자는 서로 다른 구매행동을 하게 된다. 각 상황에 대한 소비자의 구매행동을 가장 올바르게 설명한 것은?

① 가장 가까운 점포로 이동하여 진열된 상품들을 비교하여 구매하는 것은 선매점에서 편의품을 구매하는 고객의 구매행동이다.

② 특정 상표의 제품에 집착하게 되어 여러 점포를 이동하면서 해당 제품을 찾아서 구매하는 것은 전문점에서 편의품을 구매하는 고객의 구매행동이다.

③ 평소 애용하거나 집착하는 특정 점포로 이동하여 점포에 진열된 제품들을 비교하여 구매하는 것은 전문점에서 선매품을 구매하는 고객의 구매행동이다.

④ 평소 애용하거나 집착하는 특정 점포로 이동하여 선호하는 특정 상표의 제품을 구매하는 것은 편의점에서 전문품을 구매하는 고객의 구매행동이다.

⑤ 가장 가까운 점포로 이동하여 가장 쉽게 구매할 수 있는 상품을 구매하는 것은 선매점에서 선매품을 구매하는 고객의 구매행동이다.

41 소매업의 양립관계로 옳지 않은 것은?

① 고양립 – 상호 고객의 10 ~ 20%를 교환하는 점포끼리의 관계
② 중양립 – 상호 고객의 5 ~ 10%를 교환하는 점포끼리의 관계
③ 비양립 – 상호 고객의 1 ~ 5%를 교환하는 점포끼리의 관계
④ 부양립 – 상호 고객을 교환하지 않는 점포끼리의 관계
⑤ 저양립 – 상호고객의 1 ~ 5%를 교환하는 점포끼리의 관계

42 시장확장잠재력을 평가하는 모형에 대한 설명으로 가장 옳지 않은 것은?

① 시장이 미래에 신규수요를 창출할 수 있는 잠재력을 반영하는 지표이다.
② 소매포화지수의 부족함을 보완하여 시장의 상태를 보다 명확하게 판단할 수 있다.
③ 소매포화지수가 높고 시장확장잠재력이 낮으면 미래에 매우 매력적인 시장이 된다.
④ 지역 내 고객의 다른 시장 지출액을 활용하면 우리시장의 잠재력을 확인할 수 있다.
⑤ 소매포화지수와 시장확장잠재력이 모두 낮으면 신규점의 진출을 고려하지 않는다.

43 상권을 조사하는 방법 중 가장 옳지 않은 것은?

① 타인의 인터넷 블로그에 올려진 자료는 1차 자료에 속한다.

② 2차 자료의 유용성 기준은 데이터의 최신성과 분석목적에 부합되는지의 여부이다.

③ 경험적 상권 설정방법에서는 1차 상권, 2차 상권, 3차 상권 등 고객 흡인력을 기준으로 상권범위를 제시하기도 한다.

④ 고객의 상권범위를 파악하는데 가장 적합한 기법은 소비자 스포팅(CST)기법이다.

⑤ 상권자료조사는 2차 자료를 먼저 조사한 후 1차 자료에 대해 조사하는 것이 좋다.

44 좋은 입지선정을 위한 고려사항으로 가장 옳지 않은 것은?

① 안정성은 사업장의 투자규모와 수익성과의 관계로서 사업장의 입지적인 여건이 아무리 좋아 보여도 개점에 필요한 투자비용이 수익성을 능가하면 창업은 아무런 의미가 없어진다.

② 중심상권의 비싼 임대 매장에서 단가가 낮거나 영업이익이 적은 아이템을 적용하게 되면 고객의 유입은 많을지 모르나 한정된 점포의 좌석으로 인한 회전이 원활히 이루어지지 않으므로 수익성이 투자비에 비해 현저히 낮은 결과를 낳는다.

③ 균형성은 주변 경쟁점과의 균형에 관한 문제로서 예비창업자가 선택을 고려하고 있는 사업장의 입지여건이 그 상권 내에 위치하고 있는 유사점포와의 경쟁에서 우위를 차지할 수 있는 기본적인 여건을 갖추기 위한 조건을 말한다.

④ 동일상권 내에서 유사한 업종의 아이템으로 창업을 고려할 때 경쟁점과의 점포 규모는 고객의 흡인 요인에 간접적인 영향요소로 작용한다.

⑤ 조화성은 예비창업자가 선택한 아이템과 주변 상권과의 조화를 말하며, 대체로 상권형성 형태를 살펴보면 유사한 업종이 집중적으로 형성되어 상권을 이루고 있는 것을 볼 수 있다.

45 점포의 선택을 위해 고려할 입지조건과 점포구조에 대한 설명으로 옳지 않은 것은?

① 입지조건 평가를 위해 점포의 가시성, 접근성 등을 검토해야 한다.

② 점포규모와 관련하여 임차면적과 전용면적을 확인해야 한다.

③ 고객시선을 고려한 간판을 설치할 수 있는 위치와 길이, 높이를 확인해야 한다.

④ 건물의 층과 위치, 계단, 엘리베이터의 유무와 위치도 접근성에 해당된다.

⑤ 점포의 형태는 도로에서 볼 때 전면과 측면 비율이 2:3이 될 때 접근성 확보에 좋다.

46 제품믹스 가격결정방법 중 가장 적절하지 않은 설명은?

① 제품계열법 가격결정법은 특정 제품계열 내 제품간의 원가차이, 상이한 특성에 대한 소비자들의 평가 정도 및 경쟁사 제품의 가격을 기초로 하여 여러 제품간의 가격단계를 설정하는 것이다.

② 선택제품 가격결정법은 주력제품과 함께 판매하는 선택제품이나 액세서리에 대한 가격결정방법이다.

③ 종속제품 가격결정법은 주요한 제품과 함께 사용하여야 하는 종속제품에 대한 가격을 결정하는 방법이다.

④ 이분가격결정법은 주요 제품의 가격보다 경쟁적 우위를 차지할 수 있도록 부산물의 가격을 결정하는 방법이다.

⑤ 제품묶음가격결정법은 몇 개의 제품을 묶어서 인하된 가격으로 결합된 제품을 제공하는 방법이다.

47 제품수명주기이론은 소매업체의 성장전략에도 적용될 수 있는데, 다음 중 소매상의 수명주기이론에 있어서 단계별 특징과 전략에 대한 설명으로 가장 올바른 것은?

① 도입기에는 자사의 인지도 증가와 판매량을 확대하기 위한 저가격정책이 유일한 수단이다.

② 성장기에는 충성고객의 확보와 취급 상품계열의 확대를 통해 시장점유율을 높이는 것이 강조된다.

③ 성장기에는 경쟁자가 나타나기 전까지 Penetrating Pricing을 유지하는 것이 좋다.

④ 성숙기에는 시장 내에서 경쟁자가 많아지므로, 경쟁우위를 높이기 위해 서비스 확대와 같은 마케팅 비용을 늘려 시장점유율을 확대하는 것이 가장 중요하다.

⑤ 쇠퇴기에 접어들면서 점차 시장에서 자사의 지위가 낮아지므로 기존의 촉진비용을 확대하는 전략이 필요하다.

48 소매업 가격에 영향을 미치는 제품에 대한 다음 설명 중 가장 적절하지 않은 것은?

① 편의품은 비교구매하는 경향이 적고 브랜드 충성도도 약하기 때문에 가격이 비싼 가게를 찾아다니는 경향이 상대적으로 적다.

② 편의품은 경쟁업체와 비슷한 가격을 책정하는 것이 바람직하다.

③ 선매품은 편의품보다 가격을 책정하는 범위가 좁다.

④ 선매품의 구매시 소비자는 제품의 품질과 가격을 비교하기 때문에 소매업 경영자는 경쟁자의 가격을 면밀히 분석하여 전략적으로 가격을 책정할 필요가 있다.

⑤ 전문품은 가격을 책정해야 하는 범위가 가장 넓다.

49 다음 중 비가격 판매촉진에 대한 설명에 해당하지 않는 것은?

① 프리미엄(Premiums) - 백화점의 화장품매장에서 화장품을 일정금액 이상 구입하면 화장품 가방 또는 여행용 가방이나 머플러 등을 함께 지급한다고 진열된 것을 말한다.

② 견본품(Product Sampling) - 무료로 나눠줌으로써 신제품의 브랜드를 인지하도록 촉진하였다. 때로는 고객이 샘플을 얻기 위해 쿠폰을 오리고 자신의 정보를 적거나 직접 매장으로 가서 쿠폰을 제시해야만 견본품을 얻을 수 있는 정보도 있다.

③ 콘테스트(Contest) - 소비자가 상품을 타기 위해 자신의 능력을 활용하여 경쟁하도록 하는 판매촉진방법인데 이러한 콘테스트에 참여하기 위해서는 제품을 구매하거나, 사업자가 요구하는 설문지나 고객카드를 작성해야 한다.

④ 시연회(Demonstration) - 시연회는 고객의 눈앞에서 실제로 상품을 보여주면서, 실현을 통하여 상품의 사용법과 차별화된 우위성을 납득시키는 방법이다. 특히, 전문품이나 대중에게 직접 시험구매를 요구하기엔 무리가 있는 제품, 또는 샘플로 제작하기에 어려움이 있는 제품의 경우에 사용된다.

⑤ 쿠폰(Coupon) - 쿠폰은 그것을 소지한 사람에게 어떤 이익이나 현금 적립 혹은 선물을 주기 위해 인쇄매체의 형태를 띠고 유통되는 것을 말한다.

50 재고관리에 대한 설명으로 가장 올바르지 않은 것은?

① EOQ모형에서의 경제적 주문량은 주문비용과 재고유지비용을 합한 연간 총비용이 최소가 되도록 하는 주문량을 말한다.

② 경제적 주문량을 결정하기 위한 기본 가정은 단위당 재고유지비용과 1회 주문비용은 재고수준과 주문량에 따라 정한다.

③ ROP모형에서는 수요가 불확실한 경우 주문기간 동안의 평균수요량에 안전재고를 더하여 재주문점을 결정한다.

④ ROP모형에서는 수요가 확실한 경우 조달기간에 1일 수요량을 곱하여 재주문점을 결정한다.

⑤ 투빈(Two Bin) 방식은 두개의 상자 중 한 개가 바닥이 나면 발주하는 재고관리기법으로 지속적인 재고조사가 불필요하며, 소량 또는 저가 품목에 적합하다.

51 e-Retailing 촉진에 대한 다음 설명 중 가장 적절하지 않은 것은?

① 전자카탈로그는 전자상거래에 적용되는 기법으로 종이카탈로그를 대체하는 것이다.

② 전자카탈로그는 제작기간과 비용이 많이 드는 단점이 있다.

③ 전자카탈로그는 신제품 출시나 제품사양이 변경되었을 경우 전체를 재제작하던 번거로움을 피하여 간단한 상품추가 및 수정으로 항상 최신의 상품정보를 제공할 수 있다.

④ e-마켓플레이스(e-Market Place)는 인터넷 등 네트워크상에서 다수의 공급자와 다수의 구매자간에 거래를 할 수 있도록 구축된 온라인 시장으로 기존의 1 : 1 또는 1 : N의 거래관계를 N : N의 복잡한 관계로 바꿔놓았다.

⑤ e-마켓플레이스(e-Market Place)는 판매자와 구매자가 같은 시간대에 동일한 장소에 모여 거래하는 개념에서 시간과 공간의 제약을 넘어선 새로운 형태의 시장으로 그 범위를 확대하고 있다.

52 레이아웃(Layout)의 유형은 크게 격자형, 개방형, 폐쇄형, 부문형으로 나누어진다. 다음 중 격자형에 대한 설명으로 옳지 않은 것은?

① 어떤 형태의 배치보다도 판매공간을 효율적으로 사용할 수 있다.

② 셀프서비스 점포에 필요한 일상적이고 계획된 구매행동을 촉진한다.

③ 저비용으로 고객들에게 친숙하게 다가갈 수 있다.

④ 재고 및 안전관리를 쉽게 할 수 있다.

⑤ 흥미로운 쇼핑분위기를 연출하고 고객의 동선을 확장할 수 있다.

53 마케팅 통제의 종류에 대한 다음 설명 중 옳지 않은 것은?

① 연간계획통제는 당해 연도 중 계획대비 성과를 비교 검토하고, 필요하면 시정조치를 취하는 것을 말한다.

② 연간계획통제는 당해 연도 중 월 별 혹은 분기별 달성 목표를 결정 → 실제 성과와 진행상황을 계속해 점검 → 실제 성과와 목표 차이가 발생하였을 때 그 원인을 분석 → 차이를 시정할 수 있는 조치의 네 단계로 이루어진다.

③ 수익성통제는 특정한 제품이나 시장에 대하여 어떠한 마케팅활동이 확대·축소 조정되어야 하는지를 결정하기 위하여 제품, 지역고객, 세분시장, 유통경로, 주문규모에 따른 수익성을 평가하는 것을 말한다.

④ 수익성분석을 하려면 먼저 판매를 행하는 데 투입된 모든 비용을 집계하여 활동한 노력의 비율에 따라 배분하는 일이 필요하다.

⑤ 효율성 통제는 판매원, 판매촉진, 광고 및 유통경로에 대한 효율성이 고객에 의해 수행되는 통제이다.

54 패션수명주기 중 패즈에 대한 설명으로 틀린 것은?

① 짧은 기간 지속되지만 상당한 수준의 수용정도를 나타내는 패션 형태이다.

② 단시간에 광범위하게 수용되었다가 단시간에 거부되는 초단기 유행상품의 경우 주로 해당된다.

③ 패즈 상품에 대해서는 대개의 소비들이 가격에 둔감하므로 이익을 많이 남길 수 있다.

④ 안정적이며 수익성도 높으므로 소매점 머천다이즈 구성상의 기본상품이라고도 할 수 있다.

⑤ 상당 수준의 강렬한 느낌을 받는 패션형태이다.

55 제품믹스에 대한 다음 설명 중 적절하지 않은 것은?

① 제품믹스는 보통 폭(Width)·깊이(Depth)·길이(Length)·일관성(Consistency)의 4차원에서 평가되는데, 제품믹스의 폭은 서로 다른 제품계열의 수를 의미한다.

② 제품믹스의 깊이란 각 제품계열이 포괄하는 품목의 평균수를 말하는데, 제품믹스의 일관성이란 다양한 제품계열들이 최종 용도·생산시설·유통경로·기타 측면에서 얼마나 밀접하게 관련되어 있는가 하는 정도를 말한다.

③ 제품믹스를 확대하는 것은 제품믹스의 폭이나 깊이 또는 이들을 함께 늘리는 것으로 제품의 다양화라고 하는데, 기업의 성장과 수익을 지속적으로 유지하는 데 필요한 중요한 정책이다.

④ 제품믹스를 축소하는 것은 제품믹스의 폭과 깊이를 축소시키는 것으로 제품계열수와 각 제품계열 내의 제품 항목수를 동시에 감소시키는 정책이다.

⑤ 최적의 제품믹스(Optimal Product Mix)란 제품의 추가 · 폐기 · 수정 등을 통해 마케팅 목표를 가장 효율적으로 달성하는 상태로, 정적인 최적화(Static Product-mix Optimization)와 동적인 최적화(Dynamic Product-mix Optimization)로 구분할 수 있다.

56 다음 중 NB(National Brand), PB(Private Brand) 상품에 대한 설명으로 옳지 않은 것은?

① 전체 판매상품 혹은 매장진열상품 중에서 PB상품의 구성비가 많을수록 점포이미지에 부정적인 영향을 미칠 수 있다.

② PB제품이란 브랜드로 정착하지 못하거나 브랜드화가 될 가능성이 거의 없는 모방 및 표절제품 등을 의미한다.

③ 소비자들은 일반적으로 NB를 더욱 선호하는 반면, 유통업자들은 PB를 더욱 선호하는 경향이 있다.

④ PB상품은 NB에 비해 상품 인지도, 품질 인지도 등은 떨어진다.

⑤ PB 상품은 상대적으로 소비자들이 지불하는 가격 면에서 저렴하다.

57 점포의 혼잡성이 미치는 영향으로 적절하지 않은 것은?

① 소비자가 혼잡함속에서 충동적인 구매를 할 가능성이 높아진다.

② 점포의 혼잡성을 겪은 소비자들은 해당 점포에 대해 좋지 않은 이미지를 가질 가능성이 크다.

③ 인식되고 처리되는 정보량의 제한이 있는데 이는 혼잡한 상태의 점포 내의 각종 서비스 제공과 이와 관련된 각종 자료 등에 대해서 소비자가 몰입을 덜 하기 때문이다.

④ 혼잡한 점포 내 소비자들의 만족감은 줄어들며, 제품에 대한 만족도도 떨어진다.

⑤ 소비자는 내적인 정보에 주력하게 되며, 외적인 정보에 대한 탐색은 회피하게 된다.

58 유통마케팅 조사에 대한 내용 중 가장 옳지 않은 것은?

① 마케팅 조사의 목적은 소비자와 시장에 관련된 현상을 기술, 분석, 예측하고 마케팅 의사결정을 위한 정보를 제공하기 위함이다.

② 조사의 범위는 수요자에 관한 시장조사와 생산물, 가격, 경로, 프로모션에 의한 마케팅믹스 요소 그리고 환경요소로서의 경제상황, 경쟁, 기술, 정치, 유행 등 유통활동에 대한 조사를 포함한다.

③ 주요대상은 매출액 예측, 시장점유율의 측정, 시장동향의 명확화, 조직 이미지의 측정, 브랜드 이미지의 측정, 표적고객 특징의 명확화, 제품과 패키지의 설계, 창고와 점포의 입지, 주문처리, 재고관리 등이다.

④ 조사절차는 문제를 보다 구체화 하고, 조사목적 설정, 대상의 선정, 자료수집방법의 결정, 조사의 시행과 자료 분석, 보고서의 작성 및 평가라는 과정으로 이루어진다.

⑤ 마케팅조사 기법 중 서베이법은 다수의 응답자로부터 질문을 통하여 자료를 수집하는 방법으로 대규모 표본으로 조사 결과의 일반화가 가능하지만 직접 관찰할 수 없는 동기, 개념의 측정이 불가능하다.

59 다른 촉진믹스의 요소와는 달리 인적판매의 차별적 특성이 아닌 것은?

① 인적판매는 잠재고객과 판매원 간의 쌍방적 대인 의사소통의 성격을 가진다.

② 판매원은 회사, 소매상, 고객과 중요한 접촉경계 역할을 수행한다.

③ 판매원들은 시장상황과 긴밀한 관계를 맺고 있다.

④ 전통적인 촉진믹스 요소들 중에서 가장 비용이 적은 촉진수단으로 인식되어 왔다.

⑤ 판매원들은 고객 및 제품정보를 회사에 제공한다.

60 백화점들의 일반적인 경영방식과 달리 우리나라의 대형마트들은 직매입을 주로 하고 있다. 직매입과 관련된 다음의 내용 중 옳지 않은 것은?

① 대형마트들이 직매입할 수 있는 이유는 다점포경영에 의한 구매력이 뒷받침되기 때문이다.

② 직매입의 경우에는 거래당사자 간의 긴밀한 협력수준이 많이 요구되지 않는 장점을 제공한다.

③ 직매입은 판매도 직접하고, 재고관리도 직접 하는 것을 말한다.

④ 직매입은 가격인하를 위한 원동력이 될 수 있다.

⑤ 직매입은 직접적으로 유통 및 판매를 관리함으로써 수익률을 높일 수 있다.

61 아래의 내용은 경로성과 평가기준 중 무엇을 설명하는 것인가?

> • 유통활동의 최종산출물에 대한 표적고객의 욕구를 특정의 유통시스템이 어느 정도 잘 충족시켰는지를 측정하는 것이다.
> • 상품의 속성수준과 품질, 수요자극, 고객욕구변화에 대한 대응성이라는 3가지 차원에서 살펴볼 수 있다.

① 시스템의 효과성(System Effectiveness)　　② 시스템의 공평성(System Equity)

③ 시스템의 생산성(System Productivity)　　④ 시스템의 수익성(System Profitability)

⑤ 시스템의 안전성(System Security)

62 다음 중 디스플레이의 효과를 설명하는 내용과 가장 거리가 먼 것은?

① 다른 점포와의 차별화 효과를 얻는다.

② 점포와 상품의 이미지를 높이는 효과를 얻는다.

③ 디스플레이는 소비자들에게 내점동기를 촉진시키는 역할을 한다.

④ 고객으로 하여금 상품을 선택하기 쉬운 매장으로 만드는 효과가 있다.

⑤ 진열상품에 대한 구매욕구를 향상시킴으로써 보다 합리적이며 이성적인 소비를 촉진시킨다.

63 소매업의 세분시장 전략의 유형 중 집중적 마케팅에 대한 설명으로 옳은 것은?

① 소매점이 자원의 제약을 받을 때 특히 유용하다.

② 소매점이 제품과 마케팅을 다양화하여 매출액을 늘리려는 것이다.

③ 소매점이 세분시장 간의 차이를 무시하고 단일 제품이나 서비스로 전체 시장에 진출하려는 것이다.

④ 소매점은 여러 목표 시장을 표적으로 하고 각각에 대한 서로 다른 제품과 서비스를 설계한다.

⑤ 한 기간의 매출액이 당해 기간의 총비용과 일치하는 것이다.

64 다음은 가격전략에 관한 설명이다. 괄호 안에 들어갈 단어가 바른 순서대로 조합되어 있는 것은?

> 유통업체가 취할 수 있는 전략적 가격설정의 방법으로 (㉠) 정책유형과 (㉡) 정책유형으로 나누어 생각해 볼 수 있다. 둘 중 (㉠)은 지속적으로 경쟁점보다 낮은 가격책정방식을 의미하며, (㉡)은 일정 기간별, 즉 주간단위로 판매가격을 올리거나 내리는 방식이다. 또한 단기정책적인 가격설정방식으로는 고객심리에 호소하는 판매가격설정방식과 판매촉진 효과를 노리는 판매가격설정방식이 있다. 후자는 기회비용을 고려하여 가격을 낮춰 일반 물건을 판매하는데, 이를 통해 재고를 낮추고 상점에 고객을 불러들여 호객행위를 도모하는 (㉢), 대상상품에 복수의 가격을 표시하는 (㉣)제 등을 실례로 들 수 있다.

보기	㉠	㉡	㉢	㉣
①	에브리데이 로우 가격	하이 앤 로우 가격	일물다가격	로스리더 가격
②	하이 앤 로우 가격	에브리데이 로우 가격	로스리더 가격	일물다가격
③	하이 앤 로우 가격	에브리데이 로우 가격	일물다가격	로스리더 가격
④	에브리데이 로우 가격	하이 앤 로우 가격	로스리더 가격	일물다가격
⑤	로스리더 가격	하이 앤 로우 가격	일물다가격	에브리데이 로우 가격

65 다음 중 소매업광고에 대한 설명으로 옳지 않은 것은?

① 소매업광고는 생산자광고에 비해 제한된 범위를 갖고 있다.

② 새로운 상품입하, 유통서비스의 개선, 세일기간의 가격할인 등으로 신규고객을 유치할 수 있다.

③ 소매광고의 또 다른 단기적인 목표로 신규고객에 대한 유치가 있다.

④ 장기적인 광고는 일반적인 이미지 구축과 점포의 상표위상을 알리는 데 기여한다.

⑤ 단기적인 소매광고의 목표로서 공공서비스를 들 수 있다.

66 일용품에 대한 설명으로 옳은 것은?

① 일용품은 연령별·성별에 따라 구입대상 품목이 다르며, 상품의 사용효과와 부가가치에 의해 선별된다.

② 일용품에는 메이커 브랜드가 많으나 같은 종류의 상품일 경우 사용상의 특성은 모두 같다.

③ 일용품의 취급은 주로 전문점과 슈퍼마켓에서 한다.

④ 일용품의 판매효율은 비교적 좋은 편으로 상품회전율이 연 6회 정도이다.

⑤ 선매품 및 전문품에서 취급하는 제품은 일용품과 모두 같은 제품이다.

67 가격조정 전략의 유형과 특징이 올바르게 연결되지 않은 것은?

① 세분시장별 가격결정 – 고객, 제품, 구매자에 따라 서로 다른 가격을 책정함

② 심리적 가격결정 – 심리적 효과를 얻기 위해 가격을 조정함

③ 촉진 가격결정 – 단기적인 매출 증대를 목적으로 일시적으로 가격을 할인함

④ 동태적 가격결정 – 특정시점에서 개별고객과 상황에 맞추어 가격을 정한 후 장기간 유지함 $

⑤ 지리적 가격결정 – 고객의 지리적 입지를 고려하여 가격을 조정함

68 다음의 조사내용과 가장 밀접한 관련이 있는 것은?

> 특정 브랜드의 상품을 구매하고자 하는 소비자들이 1차적으로 방문한 유통매장의 진열대에서 원하는 특정 브랜드의 상품이 존재하지 않을 경우 소비자가 대체제품을 구매하지 않고 그 점포를 나가는 것을 조사한다.

① Brand Awareness   ② Brand Acceptability

③ Brand Loyalty   ④ Brand Valuation

⑤ Brand Power

69 매장 내부 인테리어(Interior)에 대한 다음의 설명 중 그 내용이 옳은 것은?

① 파이프, 빔, 진열장, 창고 등의 매장 설비물은 내부 인테리어 구성요소로 보기 어렵다.

② 매장 내의 음악은 내부 인테리어 구성요소로 보기 어렵다.

③ 매장의 온도나 냉·난방은 내부 인테리어 구성요소로 보기 어렵다.

④ 출입구의 숫자나 크기는 내부 인테리어 구성요소로 보기 어렵다.

⑤ 급배수설비, 냉·난방설비, 안전설비, 환기설비 등은 내부 인테리어 구성요소로 보기 어렵다.

70 마케팅 환경감사를 거시환경과 업무환경으로 분류할 경우 업무환경에 해당하는 것은?

① 주요 인구 통계적 변화와 추세 중 어떤 것이 이 기업에 기회와 위협을 야기하는가?

② 수입, 가격, 저축 및 신용의 어떤 주요 변화들이 기업에 영향을 미치는가?

③ 기업에 필요한 자연자원과 에너지 비용 및 수급가능성의 전망은 어떠한가?

④ 법과 규제의 어떤 변화가 마케팅 전략과 전술에 영향을 미치는가?

⑤ 시장의 규모, 성장률, 지리적 분포 및 수익에 무슨 일이 일어나고 있는가?

유통정보

71 e-커머스 환경에서 보안과 관련된 주요 위협에 대한 정의 중 가장 옳지 않은 것은?

① 에드웨어(Adware) – 금전적 갈취를 목적으로 모든 종류의 온라인 정보 탈취 시도를 뜻한다.

② 해킹과 사이버반달리즘(Hacking & Cybervandalism) – 고의적인 방해, 손상 심지어 사이트 파괴행위를 뜻한다.

③ 스푸핑(Spoofing) – 해커가 자기 자신의 신분을 숨기거나 자신들을 다른 사람처럼 보이게 하기 위하여 가짜 이메일 주소를 사용하거나 다른 사람의 것을 도용하는 행위이다.

④ 스나이핑(Sniffing) – 네트워크상에 흘러가는 정보를 엿들어 해커들로 하여금 네트워크상의 이메일 메시지, 회사 파일, 그리고 기밀 보고서 등을 훔칠 수 있게 해준다.

⑤ 악성코드(Malicious Code) – 바이러스, 웜, 트로이 목마 등은 시스템 무결성과 연동에 있어 위협이 되며, 종종 시스템 작동과 시스템상의 문서를 변경하곤 한다.

72 다음 중 EPC(Electronic Product Code) 코드에 대한 설명으로 옳지 않은 것은?

① EPC 코드는 GS1 표준바코드와 마찬가지로 상품을 식별하는 코드이다.

② EPC 코드는 동일 품목의 개별상품까지 원거리에서 식별할 수 있다.

③ EPC 코드는 기존 바코드를 사용할 수 있도록 고안되어 있으며 국가코드, 업체코드, 상품코드, 체크디지트로 구성되어 있다.

④ EPC 코드는 위조품 방지, 유효기간 관리, 재고 관리 및 상품 추적 등 공급체인에서 다양한 효과를 누릴 수 있다.

⑤ EPC 코드는 상품 추적과 상품 이동상태를 매우 정확히 포착할 수 있고, 동시에 데이터 취합과 처리 효율을 높일 수 있다.

73 QR(Quick Response)에 대한 설명으로 옳지 않은 것은?

① EDI, POS 등 관련기술의 발달로 많은 제조 산업부문에서 실현가능하게 되었다.
② 생산 · 유통기간을 단축할 수 있다.
③ 생산자, 유통관계자, 소비자가 공동이익을 나누어 가질 수 있다.
④ 소비자 입장에서는 다양한 상품을 접할 수 없다.
⑤ 시스템적 측면에서는 낭비제거, 효율성 등이 있다.

74 고객정보 통합 시스템 중 '판매주문 처리시스템'과 관련된 설명으로 가장 적절한 것은?

① 고객의 주문 · 제안 · 불만 · 불평 등 고객의 생생한 소리를 직접 처리하고 데이터로 관리하며 텔레마케팅과 애프터 마케팅 기능까지 하는 것을 말한다.
② 고객정보 파일, 고객생애 가치, MCIF 등 축적된 고객 정보와 고객 행태를 관리하고 분석하는 시스템으로서 통합 DBMS 의 핵심 시스템이다.
③ 마케팅 활동의 결과를 수치화 · 계량화하고, 단위 업무별로 투입 대비 수익 규모와 비중을 분석하여 향후 마케팅 활동에 대한 전략을 개선 · 보완한다.
④ 마케팅의 4P 요소를 기초로 하여 TPS 등에서 만들어지는 수많은 고객들의 구매 패턴 자료를 정보 기술로 포착하고, 그것을 가공화하여 각각의 의사 결정을 지원하는 시스템이다.
⑤ 빠른 유통, 거래 실적 관리, 거래 · 배송 처리의 신속, 거래 시간과 지리적 장벽 제거, 고객 욕구의 신속한 감지 등에 유용하며 주문 처리의 연계, 새로운 시장 접근, 고객의 욕구 포착, 고객 A/S 만족, 경쟁 기업에게 상품을 판매하는 등 신규 수입을 창출할 수 있다.

75 정보기술이 유통경로기능에 직접적으로 미친 영향과 거리가 먼 것은?

① 제조업체의 생산계획과 도 · 소매상의 구매계획에 도움을 줌으로써 고객들의 대기시간의 단축과 재고량을 감소시킨다.
② 유통기업의 투자 자유화 폭을 확대시킨다.
③ 수송현황이 중앙의 데이터베이스에 기록됨으로써 항상 고객에게 일관된 수송서비스를 제공한다.
④ 소매상은 상권 내 소비자의 구매성향과 구매습관을 파악한 후 그들이 쉽고 편리하게 구매할 수 있도록 최적의 제품구색을 갖추는 데 도움을 제공한다.
⑤ 기존 촉진활동의 성과가 객관적 자료에 의해 과학적으로 평가된다.

76 데이터베이스 정규화(Normalization)에 대한 내용으로 가장 적합하지 않은 것은?

① 정규화의 목적은 자료 저장 공간을 최대화하고, 데이터베이스 내 데이터의 불일치 위험을 최소화하는데 있다.

② 테이블 내에 데이터의 중복저장으로 인해 발생할 수 있는 문제를 해결하기 위한 방법이다.

③ 새로운 속성을 추가할 때 관계성이 명확한 테이블로 배치시키도록 한다.

④ 데이터 무결성을 유지할 수 있도록 하여 정보품질을 높이는 효과가 있다.

⑤ 데이터베이스 디자인 표준 가이드는 데이터베이스가 완전히 정규화 되도록 디자인되어야 한다.

77 기업과 기업간 전자상거래(B2B ; Business to Business)에 대한 내용으로 적절하지 않은 것은?

① EDI를 활용하면서부터 도입되기 시작하여 최근에는 인터넷과 웹의 보급이 확산됨에 따라 급속도로 발전하였고 향후 더욱 활성화될 전망이다.

② 기업간 전자상거래도 인터넷을 수용하기 시작함에 따라 새로운 전자상거래 유형이 대두되고 있는데, 이런 비즈니스 유형은 기존의 폐쇄적인 네트워크에 의하지 않고 불특정 다수기업이 참여 가능한 개방적인 전자시장의 형태로 발전하고 있다.

③ 거래주체에 의한 비즈니스 모델 중 거래 규모가 가장 크다.

④ 기업은 소비자가 상품에 대한 정보를 검색할 수 있는 전자상품 카탈로그를 인터넷상의 쇼핑사이트에 구축하고 소비자는 쇼핑사이트에 접속하여 상품에 대한 정보를 보고 구매를 결정하면 판매자에게 자신의 선택품목 · 수량 · 배달장소 · 대금지불방법 등에 관한 정보를 제공한다.

⑤ EDI는 일정한 거래관계에 있는 조직 간에 정형화된 자료를 제반 상거래 단계에 교환하는 형태, 즉 거래관계에 있는 기업 간 전자자료의 교환수단으로 활용되므로 상거래 자체로서의 의미보다는 전자상거래의 기반으로서 가치를 평가할 수 있다.

78 ECR의 도입 효과 및 관련 내용으로 가장 거리가 먼 것은?

① 재고감축에 따른 비용절감의 효과가 있다.

② 물품 납품의 정시성 및 신속성을 유지할 수 있다.

③ 상품개발의 실패율이 다소 증대된다.

④ 소비자의 만족이 증대된다.

⑤ ECR은 소매점포의 POS와 제조회사를 네트워크로 직접 연결하여 판매를 바로 생산에 접목시키고 재고를 감소시켜 가격 경쟁력을 높이는 시스템이라 할 수 있다.

79 다음 중 전략적 정보시스템(SIS)에 대한 설명으로 옳지 않은 것은?

① 판매, 물류, 생산관리 등의 개별시스템에서 전사적인 토탈 시스템까지 기업에 상관없이 규모가 같다.

② 대폭적인 비용절감 및 서비스와 제품의 차별화, 상권의 확대, 신규산업으로서의 진출, 사내혁신 등과 같은 전략적 접근을 통한 의사결정을 통해 이루어진다.

③ 안일한 SIS는 상대적으로 고객서비스를 저하시키고 이익률을 저하시키는 결과를 발생시킬 수 있다.

④ 기업의 전략적인 결정에 영향을 미칠 수 있는 정보를 제공한다.

⑤ SIS는 다른 기업의 신규 참여에 대한 장벽을 세울 수 있다는 효과를 갖는다.

80 다음 중 마케팅 인텔리전스(Intelligence) 시스템에 대한 설명으로 부적합한 것은?

① 신문이나 판매원들로부터 경쟁사에 대한 정보를 수집하는 정보시스템이다.

② 맥레오드의 마케팅정보시스템 모형에서 입력하위시스템 중 하나이다.

③ 비공식적 방법으로 정보를 수집하며 외부자료를 많이 활용한다.

④ 경쟁업체간 정보공유가 정보수집의 기본원천이다.

⑤ 전략적 의사결정을 개선하는 데 목적이 있다.

81 유통 시스템의 RFID의 도입효과에 대한 내용으로 적절하지 않은 것은?

① 생산에서 보관, 유통에 이르기까지 모든 상품의 유통과정이 인터넷을 통해 실시간으로 관리되기 때문에 판매량에 따른 최소 수준의 재고를 유지하면서 효율적인 관리를 할 수 있다.

② 포장을 일일이 해체하여 안에 있는 물건을 확인할 필요가 없고 박스와 파렛트 등에 부착된 RFID 태그를 통해 입출고 파악이 자동으로 처리되어 선적 시간이 단축된다.

③ 바코드처럼 각 제품의 개수와 검수를 위해 일일이 바코드 리더기를 가져다 댈 필요 없이 자동으로 대량 판독이 가능하기 때문에 불필요한 리드 타임을 줄일 수 있다.

④ 상품의 수량과 위치를 실시간으로 파악할 수 있기 때문에 도난으로 인한 상품의 손실을 막을 수 있다.

⑤ 반품이나 불량품으로 처리된 제품의 수량과 처리 현황 등의 실시간 조회 서비스를 고객에게 제공할 수 있어 고객 만족도를 높일 수 있다.

82 전자상거래의 활성화에 따른 변화로서 가장 적절하지 않은 것은?

① 생산과 유통과정에서 정보와 물류가 분리된다.

② 유통과정에서 중간상(Intermediary)의 역할이 약화된다.

③ 가치사슬에서 특정 부문만을 담당하는 새로운 형태의 비즈니스가 출현한다.

④ 팀별 또는 기업 전체에 대한 종합적 평가가 가능해진다.

⑤ 종업원 성과급제가 적극적으로 시행된다.

83 구매 마케팅은 전통적인 구매자와 공급자 관계의 반대 개념이다. 전통적 구매와 구매 마케팅의 비교 기준에 따른 다음 설명 중 틀린 것은?

① 행동기준 – 전통적 구매에서는 수동적이고 구매 마케팅에서는 능동적이다.

② 기본적인 사고 – 전통적 구매에서는 일차원적이고 구매 마케팅에서는 다차원적이다.

③ 구매의 형태 – 전통적 구매에서는 일상적인 반복 구매이고 구매마케팅에서는 창의적인 접근을 통한 구매이다.

④ 구매 목표 – 전통적 구매에서는 장기적인 최적화를 꾀하고 구매마케팅에서는 단기적인 만족을 하려 한다.

⑤ 동기부여 – 전통적 구매에서는 현상유지를 꾀하며, 구매마케팅에서는 극도의 동기부여를 꾀하려 한다.

84 가빈(Garvin, 1993)이 주장한 실행 가능성과 적용 가능성을 고려한 학습조직의 특성과 가장 거리가 먼 것은?

① 조직 구성원들의 능력을 향상시키고 그들에게 권한을 부여하는 조직이다.

② 창의적 사고양식을 새롭게 전향시켜주고 확장시켜주는 조직이다.

③ 격변하는 외부환경에 대처하고 조직의 내적 성장능력을 극대화하기 위해 학습활동을 전개하는 조직이다.

④ 모든 조직 구성원의 학습 활동을 촉진시킴으로써 조직 전체에 대한 근본적인 변화보다는 일시적인 변화를 촉진시키는 조직이다.

⑤ 학습을 통하여 창출된 지식과 통찰력을 반영할 수 있도록 행동을 변화 시키는 데 능숙한 조직이다.

85 온라인 전자상거래에서의 소비자 가격민감도에 대한 설명 중 가장 옳지 않은 것은?

① 상품이 독특한 가치를 가질수록 가격민감도가 약화된다.

② 대체상품이 존재할 경우 가격민감도는 증가한다.

③ 상품이나 서비스의 가격이 소비자의 총 예산에서 많은 부분을 차지할수록 가격민감도가 증가한다.

④ 구매의사결정자와 지불하는 자가 다른 경우 가격민감도가 증가한다.

⑤ 전환비용이 크면 가격민감도는 약화된다.

86 자동발주시스템(CAO ; Computer Assisted Ordering)이 효율적으로 운영되기 위한 조건으로 가장 적합하지 않은 것은?

① 수요관리의 분산화

② 정확한 스캐닝

③ 수작업의 제한

④ 물류활동과의 일체화

⑤ 일별/주별 변화에 대한 계획

87 SCM(공급사슬관리) 시스템의 성과측정에 대한 설명으로 옳지 않은 것은?

① 균형성과표를 이용하면, 고객, 내부 비즈니스, 학습, 재무 등의 측면에서 성과를 측정할 수 있다.

② 균형성과표가 개발된 후, 경제적 부가가치 기법이 개발되어 재무 부문의 성과 측정은 객관성이 보다 증가되었다.

③ 성과 측정을 하는 이유는 보다 나은 공급사슬을 설계하고, 잘못된 부분의 성과를 개선하기 위해서이다.

④ SCOR(Supply Chain Council & Supply Chain Operation Reference) 모형이 도입되어 보다 체계적 성과측정이 가능해지고 있다.

⑤ 균형성과표는 재무측정지표 및 운영측정지표 모두를 균형 있게 고려한 새로운 성과측정시스템으로 과거 성과에 대한 재무적인 측정지표를 통해서 미래성과를 창출하는 측정지표이다.

88 SCM 기법의 성공적인 도입을 위한 고려사항으로 가장 옳지 않은 것은?

① 최고 경영자의 확실한 이해와 의지가 필요하다.

② 기업 내부의 정보화가 확고히 구축되어 있어야 한다.

③ 공급사슬에 연계되는 기업 간에 신뢰를 바탕에 둔 업무 협조 체제가 구축되어야 한다.

④ 데이터의 올바른 수집과 교환을 위해 기업간 데이터 포맷을 표준화해야 한다.

⑤ 기업 내부와 다른 기업 간의 연계를 고려해 현행 프로세스를 중시해야 한다.

89 유비쿼터스 컴퓨팅(Ubiquitous Computing)에 대한 설명으로 가장 거리가 먼 것은?

① 유비쿼터스 컴퓨팅은 모든 사물에 칩을 넣어 어느 곳에서든 사용할 수 있도록 구현한 컴퓨팅 환경을 지칭한다.

② 유비쿼터스 컴퓨팅의 센싱기술은 주변의 기계가 커뮤니케이션을 할 수 있도록 자율적으로 정보의 수집 및 관리가 가능하게 지원하는 기술이다.

③ '네트워크에 연결되지 않은 컴퓨터는 유비쿼터스 컴퓨팅이 아니다' 라고 할 만큼 항상 네트워크에 접근 가능해야 하는 컴퓨팅 환경이다.

④ 가상공간이 아닌 현실 세계의 어디서나 컴퓨터의 사용이 가능하도록 구현된 컴퓨팅 환경이다.

⑤ 사용자가 네트워크나 컴퓨터를 의식한 상태에서 의도적인 조작을 통해 네트워크에 접속할 수 있는 정보통신 환경을 말한다.

90 다음 중 데이터베이스관리시스템(DBMS)에 대한 설명으로 가장 적절한 것은?

① 지식근로자가 체계적인 방식으로 자료를 저장 · 처리 · 관리 할 수 있도록 해주는 프로그램을 말한다.

② 인공지능기법을 통해 각 데이터의 상관관계를 자동적으로 규명하는 것으로서 데이터베이스에 있는 정보를 기반으로 경쟁 분석, 시장세분화, 추세분석, 민감도 분석 등을 예측한다.

③ 데이터베이스에 축적된 자료를 공통의 형식으로 변환하여 일원적으로 관리하는 데이터베이스를 말한다.

④ 사용자의 의사결정에 도움을 주기 위해 다양한 운영시스템에서 추출 · 변환 · 통합되고 요약된 데이터베이스로, 기업이 경 쟁력 향상을 위해 신속하고 정확한 의사결정을 할 수 있도록 지원해 주는 시스템이다.

⑤ 일반적인 데이터베이스 형태로 갖고 있는 다양한 정보를 사용자의 필요성에 따라 체계적으로 분석하여 기업의 경영활동을 돕는 시스템이다.

제 7 회 최종모의고사

형 별	A형	제한시간	100분	수험번호	성 명

※ 5개의 답항 중 가장 알맞은 1개의 답항을 고르시오.

제 1 과목 유통 · 물류일반관리

01 유통경로의 목표 설정에 대한 다음 설명 중 옳지 않은 것은?

① 제품의 특성은 제품의 부피, 표준화 여부, 부패 및 변형가능성을 말한다.

② 중간상의 특성을 분석, 평가하여 가장 적합한 마케팅 경로를 설계해야 한다.

③ 경쟁기업의 유통경로도 자사의 유통경로 설계에 큰 영향을 미친다.

④ 자사의 자본, 조직, 인력구조 등과 같은 경영자원의 특성을 파악해야 한다.

⑤ 구매가능한 제품의 최대단위를 고려한다.

02 다음 중 수직적 유통경로에 대한 설명으로 옳은 것은?

① 제조업자가 독립적인 유통업자인 도매기관과 소매기관을 통해 상품을 유통시키는 일반적인 유통방법을 의미한다.

② 생산에서 소비에 이르기까지의 유통과정을 체계적으로 통합하고 조정하여 하나의 통합된 체제를 유지하는 것을 의미한다.

③ 동일한 경로단계에 있는 두 개 이상의 기업이 대등한 입장에서 자원과 프로그램을 결합하여 일종의 연맹체를 구성하고 공생, 공영하는 시스템을 의미한다.

④ 각각의 기업이 단독으로 마케팅활동을 효과적으로 수행하지 못하기 때문에 자본이나 자원을 서로 결합시킴으로써 시너지효과를 얻기 위해서이다.

⑤ 상이한 두 개 이상의 유통경로를 채택하는 것이다.

03 유통커버리지에 대한 다음 설명 중 옳지 않은 것은?

① 유통커버리지는 유통경로 내에서 중간유통기관의 수를 얼마나 할 것인가를 결정하는 것이다.

② 집중적 유통경로는 가능한 한 많은 상점에서 제품을 판매하는 경로를 말한다.

③ 전속적 유통경로는 한정된 지역 내에서 하나 또는 매우 적은 수의 상점에서만 제품을 판매하도록 하는 것이다.

④ 선택적 유통경로는 한정된 지역 내에서 다소 제한된 상점에서만 제품을 판매하도록 하는 것을 말한다.

⑤ 선택적 유통경로는 소비자시장이 저가격과 편의성의 특성을 가지고 있을 때, 제품단위당 비용을 절감시키고 많은 소비자에게 접근하고자 할 때 사용된다.

04 경로파트너들의 행동에 영향력을 행사하기 위해 이용되는 권력 중 준거적 권력에 해당하는 것은?

① 한 경로구성원이 다른 경로구성원에게 여러 가지 물질적 또는 심리적인 도움을 줄 수 있을 때 형성되는 권력이다.

② 한 경로구성원의 영향력 행사에 대해서 다른 구성원들이 따르지 않을 때 처벌이나 부정적 제재를 받을 것이라고 지각하기 때문에 그러한 요구에 응하게 되는 권력원천이다.

③ 한 경로구성원이 특별한 전문지식이나 경험을 가졌다고 상대방이 인지할 때 가지게 되는 권력이다.

④ 한 경로구성원이 여러 측면에서 장점을 갖고 있어서 다른 경로구성원이 일체성을 갖기를 원하거나 거래관계의 지속을 원하는 경우에 가지게 되는 권력이다.

⑤ 다른 경로구성원이 이전에 얻을 수 없었거나 알 수 없었던 정보 또는 일의 결과를 제공해 준다고 인식하는 경우에 갖게 되는 권력을 말한다.

05 유통경로 갈등에 대한 다음 설명 중 옳지 않은 것은?

① 수평적 갈등은 유통경로상 동일단계의 구성원 사이에 발생하는 갈등을 의미한다.

② 가전대리점 사이의 갈등은 수평적 갈등의 예이다.

③ 수직적 갈등은 동일한 유통경로 내에서 다른 단계에 있는 구성원 사이에 발생하는 갈등을 의미한다.

④ 도매기관과 소매기관 또는 제조업자와 도매기관 사이의 갈등을 의미한다.

⑤ 업태간 갈등은 동일단계에 있어서 동일형태의 유통기관 사이에 발생하는 갈등을 의미한다.

06 다음은 한 소매점의 2019년도 결산 결과이다. 이 소매점의 평균재고일수를 계산하시오. 단, 이 소매점은 거의 매일 발주를 하고 있어 이 기간 중 재고량은 일정 비율로 증가하는 경향이 있다. (소수점 첫째 자리에서 반올림)

> • 매출액 : 1000백만원
> • 기초재고액 : 30백만원
> • 매입액 : 500백만원
> • 기말재고액 : 40백만원
> • 판매관리비 : 250백만원

① 20일 ② 22일
③ 24일 ④ 26일
⑤ 30일

07 도매상이 담당하는 기능이나 서비스의 정도에 따라 완전서비스 도매상과 한정서비스 도매상으로 구분하고, 각 유형 내에서 다시 세부적으로 분류한다. 다음 중 도매상의 세부 분류상 분류가 다른 하나를 고르시오.

① 주로 중소소매상을 상대로 배송은 구매자 책임 하에 현금거래조건으로 판매하는 도매상
② 거래소매상들에게 직접 제품을 수송하며, 소매상들을 순회하면서 현금판매를 하는 도매상
③ 소매상 고객으로부터 주문이 왔을 때, 해당 상품을 생산자가 직접 구매자에게 배송하도록 하는 도매상
④ 소매상들에게 상대적으로 이윤이 적고, 매출비중은 낮지만 회전율이 높은 상품만을 공급하는 도매상
⑤ 서로 연관되어 있는 소수의 상품라인을 집중적으로 취급하는 도매상

08 일반적으로 소비재 시장에서의 도매상을 둘러싼 환경이 매우 열악한 반면, 산업재 유통업자(Industrial Distributor) 역할의 중요성은 더욱 확대될 가능성이 높다. 다음 중 이러한 경향을 설명할 수 있는 이유/원인으로 보기 가장 어려운 것은?

① 원가상승으로 유통업자에게 물류기능을 맡기려는 제조업자가 늘어나고 있다.
② 상품들이 표준화됨에 따라 상표명의 중요성이 퇴색되고, 그 결과 유통업자에 의한 고객통제력이 강화되고 있다.
③ 유통업자들에 의한 조립 및 가공생산을 통해 고객들에 대한 부가가치서비스가 보다 증대되고 있다.
④ 산업재에 대한 고객의 수는 적지만, 한 번의 주문을 대량으로 하기 때문에 거래규모가 대체로 크다.
⑤ 대량일괄주문 경향이 늘어남으로써 유통업자(도매상 및 소매상)의 파워가 강화되고 있음을 볼 수 있다.

09 다음 중 유통의 정보기능에 대해 올바르게 설명하고 있는 것은?

① 소비자에게 상품을 직접 제공 · 공급하는 행위
② 제조업자에게 고객의 욕구나 희망사항, 문제점 등에 관해 전달되는 행위
③ 가격할인을 받기 위해 상품을 대량으로 구매하는 행위
④ 최종소비자에게 소량으로 판매하는 행위
⑤ 소비자들에게 A/S를 1년간 제공하는 행위

10 인사고과자가 범하기 쉬운 심리적 오류에 관한 설명 중 옳은 것은?

① 상동적 태도 – 피고과자가 속해 있는 사회적 속성에 대한 지각적 편견으로 발생
② 현혹효과 – 고과자가 남달리 부하를 아끼려는 의도 때문에 발생
③ 중심화 경향 – 고과자가 논리적으로 상관관계가 있다고 생각하는 특성들 사이에 나타나는 오류
④ 근접효과 – 고과자가 자신의 특성이나 관점을 다른 사람에게 전가시키는 경향
⑤ 대비오류 – 하나의 평가요소가 우수하면, 다른 것도 우수한 것으로 판단하는 것

11 조직의 유효성에 관한 설명 중 옳지 않은 것은?

① 조직 유효성을 이해하는 기본은 조직의 목표(Goals)를 이해하는 것이다.
② 조직이 목표를 달성한 정도가 유효성의 정의이다.
③ 일반적으로 유효성은 효율성의 하위개념이다.
④ 다차원적이며 복수의 영역을 갖는다.
⑤ 조직유효성의 기준으로는 전반적 유효성, 생산성, 효율성, 이윤 등이 있다.

12 소매기관들이 처음에는 혁신적인 형태에서 저비용 저가격으로 출발하여 성장하다가 시간이 지나면서 고비용 고가격 업태로 변질되어 새로운 개념을 가진 신업태에게 그 자리를 양보하고 사라진다는 것에 대한 설명으로 가장 적합한 이론은?

① 변증법적이론(Dialectic Theory)
② 진공지대이론(Vacuum Zone Theory)
③ 소매차륜이론(Wheel of Retailing)
④ 소매수명주기이론
⑤ 아코디온이론

13 MRP기법에 대한 설명 중 틀린 것은?

① 원자재 재고계획을 일정 계획에 통합하여 효과적으로 관리할 수 있다.

② EOQ/ROP방식은 부품중심적이며, MRP는 최종제품중심이다.

③ MRP기법은 EOQ/ROP방식에서 소홀한 수요의 독립, 종속을 중요시한다.

④ MRP기법은 작업의 원활 및 생산소요시간의 단축을 기할 수 있다.

⑤ MRP기법은 수요가 연속적이고 균일하다고 가정하므로 원자재의 적정량, 적정공급을 할 수 있다.

14 다음 중 유통경로에 대한 설명으로 가장 올바르지 않은 것은?

① 유통경로는 마케팅 믹스 요소 중 시장변화에 따른 유연성이 가장 약하므로 유통경로의 변경이 요구되는 경우 장기적 의사결정이 요구된다.

② 유통경로 내의 특정 구성원은 후방구성원이나 전방구성원이 누구냐에 따라, 이들에게 제공되는 정보의 수준과 양이 다르다.

③ 일반적으로 유통경로는 사회와 국가의 사회적 또는 문화적 특성을 반영하므로 일률적이지 않다.

④ 제조기업은 제품생산량에 따른 변동비의 비중이 높은 반면에 유통기업은 내부기업의 수에 따른 고정비의 비중이 높기 때문에 제조기업에 비해 유통기업이 규모의 경제를 실현하기에 용이하다.

⑤ 유통경로는 다른 마케팅믹스와는 달리 가장 낮은 탄력성을 보유하고 있다.

15 기업의 물류관리와 공급사슬관리에 대한 설명으로 틀린 것은?

구 분	물류관리	공급사슬관리
A. 총비용접근방식	기업비용의 최소화	경로 전체의 비용효율
B. 정보공유	현 거래 유지에 필요한 만큼	기획과 점검과정에 필요한 만큼
C. 공급선의 수	소수 : 조정의 용이함 증대	다수 : 경쟁유발
D. 경로리더십	불필요	조정차원에서 필요
E. 위험 및 보상	구성원 개별	장기적으로 전체 공유

① A ② B

③ C ④ D

⑤ E

16 경쟁기업을 분석하는 방법으로 전략집단에 대한 다음 설명 중 옳지 않은 것은?

① 전략집단이란 특정 산업 내에 속해 있는 기업들 가운데 기업차원에서 동일하거나 유사한 전략을 추구하는 기업군을 말한다.

② 모든 경쟁기업들의 전략을 여러 가지 차원에서 유형화함으로써 산업 내부의 모든 기업을 전략집단으로 분류할 수 있다.

③ 동일한 산업 내에서도 상이한 전략을 구사하는 여러 개의 전략집단이 존재한다.

④ 몇 개의 유통기업이 가격을 담합하여 동일한 가격전략을 취하였다면, 촉진전략이 다르더라도 이들 유통기업들은 동일한 전략집단에 속한다.

⑤ 도매상과 소매상은 생산자와 소비자 사이에서 상품을 전달하는 역할이 유사/동일하더라도 동일한 전략집단으로 볼 수 없다.

17 유통경로상 다른 기관과 구분되는 소매기관의 특성으로 옳지 않은 것은?

① 생산자나 도매기관이 대량판매를 하고 있는 반면에 소매기관은 소량단위로 제품을 판매한다.

② 소매기관은 일반소비자에게 개방되어 있는 반면, 생산자나 도매기관은 일반 소비대중에게 판매하지 않는다.

③ 소매기관이 판매하는 상품의 단위당 가격은 생산자나 도매기관보다 낮다.

④ 소매기관은 대체적으로 모든 소비자에게 같은 가격으로 판매하지만 생산자나 도매기관은 다양한 가격할인정책을 가지고 있다.

⑤ 소매기관은 다른 경로구성원보다 소매점 내의 시설을 중요시한다.

18 다양한 유통기업집단의 형태들(카르텔, 트러스트, 콘체른)에 대한 특징들을 설명한 것이다. 다음 중 트러스트(Trust)에 해당하는 설명으로 옳은 것은?

① 생산 및 판매에 있어 경쟁을 방지하고 수익을 확보하기 위해 동종상품이나 상품군을 독립기업 간에 수평적으로 결합하는 형태

② 시장을 지배할 목적으로 동종 혹은 이종 기업이 자본적 결합에 의해 완전히 하나의 기업이 되는 형태

③ 일반적으로 대기업이 자본지배를 목적으로 여러 산업에 속한 중소기업의 주식을 보유하거나 이들에게 자금을 대여하여 금융적으로 결합한 형태

④ 참여기업들은 법적, 경제적 독립성을 유지할 때 경제적 효력 발생

⑤ 실질적으로는 독립성을 상실하게 되지만 외형상으로는 독립성이 유지되는 형태

19 현대 기업들이 물류에 대해 높은 관심을 가지는 이유가 아닌 것은?

① 물류는 고객서비스 수준과 밀접하게 관련되기 때문에 중요성이 커지고 있다.

② 물류비는 매년 증가하는 경향이 있고 물류 면에서의 경쟁우위가 중요해지고 있다.

③ 생산부문의 합리화, 즉 생산비의 절감에는 한계가 있다.

④ 기술혁신에 의하여 운송, 보관, 하역, 포장, 정보 관련 기술이 현저히 발전되었다.

⑤ 오늘날 경제는 한정된 공급, 소비의 소량화 등 수요와 공급이 일치되어 가고 있는 경향이 있다.

20 다음은 MRO(Maintenance, Repair, Operating) 구매의 특성에 관한 설명이다. 이 중 옳지 않은 항목은?

① 공급업체와 장기적이고 긴밀한 협력을 통해 좋은 품질의 제품을 구매할 수 있다.

② 작업현장에서 임의적인 구매가 많아 이에 대한 통제가 이루어지지 않고 있다.

③ 기존업체와의 거래관행으로 인해 신규업체의 발굴 및 가격협상이 매우 제한적이다.

④ 단순한 구매절차로 수작업이 감소하고 적은 인력과 시간이 투입된다.

⑤ 부정기적인 구매로 인해 수요예측에 따른 전략적 구매 계획의 수립이 어렵고, 이에 따라 재고유지비용이 많이 발생한다.

21 유통기업의 전략적 제휴에 대한 설명으로 옳지 않은 것은?

① 전략적 제휴는 둘 이상의 기업이 고유의 경쟁우위를 바탕으로 상호 보완적이고 지속적인 협력관계를 형성함으로써 다른 기업들에 대해 경쟁우위를 확보하려는 경영전략이다.

② 전략적 제휴를 통해 공동으로 기술이나 제품을 개발할 경우에는 산업의 표준화를 위한 목적도 있다.

③ 새로운 시장에 진입할 경우에 이미 시장에 참여한 기업과 전략적 제휴를 통해 신속하게 진입할 수 있다.

④ 전략적 제휴는 단독투자에 비해 더 유연한 관계를 유지할 수 있으며, 실패하는 경우 철수함으로써 위험을 축소할 수 있다는 장점이 있다.

⑤ 전략적 제휴는 장기적인 목표수행을 위한 전략이므로 분명한 목적 설정 및 인식이 필요하다.

22 유통기업의 이윤측정에 있어서 경제적 부가가치(EVA)에 대한 설명으로 옳지 않은 것은?

① EVA는 기업이 고유의 영업활동을 통해 창출한 순가치 증가분을 말한다.

② EVA는 타인자본비용만을 고려하였기 때문에 투하자본수익률을 통해 자기자본수익률을 보완하여 사용하여야 한다.

③ EVA는 세전영업이익에 법인세와 가중평균자본비용을 차감함으로써 측정한다.

④ 가중평균자본비용이란 기업의 투하자본을 부채와 자기자본의 비중으로 나누고 각각에 대해 자본조달비용과 기회비용을 산출하여 가중평균한 것이다.

⑤ EVA가 0보다 작다면 수익이 자본비용을 상회하지 못한 것으로 가치파괴가 일어났다는 것을 의미한다.

23 시장구조와 윤리에 대한 다음 설명 중 옳지 않은 것은?

① 완전경쟁시장에서 판매자와 구매자의 영향력은 유사하고 소유권 이전 및 교환이 허용되며 사유재산을 인정하는 특징을 가진다.

② 완전경쟁시장은 공급과 수요의 균형점에서 도덕적 원칙인 정의와 효용, 권리가 만족된다.

③ 완전경쟁시장에서 권리는 상품교환이 공평하고 정의로운 방법 하에서 발생하는 측면을, 효용은 효율적으로 자원을 할당하고 사용하는 측면을, 정의는 자유의지를 바탕으로 한 거래 측면을 의미한다.

④ 독점시장에서의 판매자는 생산량을 조정하여 과도한 이윤을 추구할 수 있으며 최고 이윤 수준에서 생산량과 가격을 고정시키게 된다.
⑤ 독점시장에서는 완전경쟁시장과 달리 정의와 효용, 권리가 결여된다.

24 유통산업발전법령상 체인사업자가 추진해야 하는 업무라고 명시되지 않은 것은?

① 가격표시 등 상거래질서 확립
② 체인점포 종사자에 대한 유통교육·훈련의 실시
③ 유통관리사의 고용 촉진
④ 집배송시설의 설치 및 공동물류사업의 추진
⑤ 체인점포에 대한 점포관리·품질관리·판매촉진 등 경영활동 및 영업활동에 관한 지도

25 ERG이론에 대한 설명 중 옳지 않은 것은?

① 알더퍼(Alderfer)에 의해 주장된 욕구단계이론이다.
② 상위욕구가 행위에 영향을 미치기 전에 하위욕구가 먼저 충족되어야 한다.
③ 매슬로(Maslow)의 욕구단계설이 직면했던 문제점을 극복하고자 제시되었다.
④ 하위욕구가 충족될수록 상위욕구에 대한 욕망이 커진다고 주장하였다.
⑤ 인간의 욕구를 존재욕구, 관계욕구, 성장욕구로 나누었다.

제 2 과목   상권분석

26 점포의 유형과 주요 특성으로 올바르지 않은 것은?

① 한국의 백화점은 도심지역에 위치한 형태가 많으며 취급상품과 서비스를 고급화하여 다른 업태와 차별화한다.
② 하이퍼마켓은 1960년대 유럽에서 개발된 식품과 비식품을 종합화한 대형 슈퍼마켓의 형태로 넓은 입지가 필요하다.
③ 아웃렛 스토어는 제조업자가 재고를 처분하기 위해 일류 브랜드 상품을 특별할인가로 판매하는 것으로 주로 도시 외곽지역에 출점한다.
④ 회원제 할인점은 회원들에게 회비를 받고 낮은 가격으로 제품을 공급하는 점포로 넓은 매장을 필요로 한다.
⑤ 쇼핑센터는 일반적으로 임대가 많으며, 상품개발능력을 강조한다.

27 다음은 백화점의 입지선정 및 백화점경영에 관한 설명이다. 옳지 않은 내용은?

① 국내 백화점의 입지유형은 도심(입지)형 백화점(중심상업지역)이나 부심권 입지형(지역쇼핑센터) 또는 신도시 입지형과 버스터미널 및 기차역과 연계된 역사 입지형 등으로 나누어 볼 수 있다.

② 중심상업지역에 위치한 도심(입지)형 백화점의 경우 신업태의 출현과 교통체증, 주차공간의 부족 등에 의해 고객들이 구매를 기피하는 경향이 높아지고 있으며 이러한 문제를 해결하기 위해 많은 백화점들이 도시외곽으로 입지를 옮기거나 지방에 지점을 개설하는 다점포경영(Multi Store Operation) 전략을 시도하고 있다.

③ 최근의 백화점은 상품의 다양성과 원스톱 쇼핑의 편리성을 뛰어 넘어 소비자에게 차별화되고 고급화된 매장 분위기를 통한 상품 체험쇼핑을 제공함으로써 대형할인점 및 신업태와의 경쟁에서 우위를 확보하고자 노력하고 있다.

④ 도시 외곽에 위치하게 되는 대형쇼핑센터입지에는 일반적으로 백화점의 경쟁업태인 대형마트(대형할인점) 및 다양한 전문점들이 입점하게 되므로 백화점의 입지로서는 타당하지 않다.

⑤ 백화점은 서비스의 다양화, 부문별 조직화를 활성화시킴으로서 소비자로 하여금 필요로 하는 정보를 얻고, 여가시간을 활용할 수 있도록 하는 문화생활의 장소로서 그 기능이 다양화되어야 한다.

28 점포개점의 프로세스 중에서 '사업타당성 분석'에 해당하는 설명으로 가장 적절한 것은?

① 오픈은 완벽한 준비가 되지 않으면 오픈을 하지 않는다는 마음으로 사전 준비를 철저히 해야 하며, 가오픈을 통해 충분한 현장 실습을 한 후 본오픈을 하는 방법이 효과적이다.

② 입지는 상권에서 가장 좋은 곳이어야 하며, 따라서 1급 상권의 3급지보다 차라리 3급 상권의 1급지가 더 유리하다고 할 수 있다.

③ 기본에 충실한 것이 가장 훌륭한 서비스이며 기본이 흔들리면 아무리 요란한 서비스라 해도 제 빛을 발휘하지 못한다는 사실을 반드시 기억해야 한다.

④ 업종에 따라 적합 상권과 입지는 다르며, 자신의 능력에 맞는 상권과 입지 그리고 점포 크기를 정하는 절제가 필요하다.

⑤ 간혹 보기에는 화려하나 실속이 없는 상권이 있기 때문에 목표 매출이 가능한지를 따져보고 점포개점을 결정해야 한다.

29 상업지의 입지선정에 있어서 배후지의 설명으로 옳지 않은 것은?

① 상업용 배후지는 고객의 사회적 · 경제적 수준이 높을수록 양호하며, 그 배후지의 범위는 고정적이다.

② 배후지란 고객이 존재하는 지역을 말하며, 상업지의 입지에 있어서 매우 중요하다.

③ 배후지의 분석은 매상고를 예측하는 입지선정 활동이다.

④ 배후지의 분석은 현재의 배후지뿐만 아니라 장래의 배후지로 발전할지도 고려하여야 한다.

⑤ 지역면적이 크고, 인구밀도가 높으며 고객의 소득수준이 높으면 가장 좋은 배후지의 조건이 된다.

30 다음 중 오피스빌딩이 밀집되어 있는 상권에 대한 설명으로 가장 거리가 먼 것은?

① 구매 패턴이 일정하기 때문에 매출액에 대한 예측이 용이하다.

② 직장인을 대상으로 영업하므로 거래행위가 비교적 양호하다.

③ 영업일수(營業日數)가 주거지의 상권에 비해 많으므로 지속적이고 안정적인 매출이 발생한다.

④ 점심시간 등 하루 중에서 특정시간대에 매출이 집중적으로 발생하므로 상품 및 자금회전이 빠르다.

⑤ 오피스 빌딩 밀집 상권은 도심지형 상권으로 유동인구를 중심으로 고객을 흡수하는 상권이다.

31 점포개점의 사전준비사항으로 자금계획과 인력계획 및 가격전략에 있어서 가장 적절하지 않은 내용은?

① 남의 돈으로 창업을 할 수도 있지만 이런 경우는 장사가 잘되더라도 신이 나지 않으므로 가급적 자기자본으로 하는 것이 좋다.

② 오픈 후에 필수적으로 발생되는 비용은 벌어서 하면 된다고 생각하는 경우가 많지만, 최소한 3개월 정도의 운영자금은 필히 확보해 두어야 안정적인 점포 운영이 가능하다.

③ 점포 운영에서 필요한 노동력을 공급받을 수 있기 때문에 창업 시 가족의 동의는 매우 중요하며, 이 부분이 곤란할 경우 이에 대한 대비책을 포함한 인력 계획을 수립해야 한다.

④ 자본 범위 내의 업종, 입지, 점포 크기, 방법 등을 결정해야 하는데 이때 창업비용의 50% 이상은 자기 자본이어야 하는 것이 원칙이다.

⑤ 상권 내의 경쟁 점포의 가격과 인기상품 그리고 고객들의 성향 등을 파악한 후 전략적인 가격 정책이 필요하다.

32 입지의 유형을 분류한 것이다. 입지의 유형과 설명이 올바르게 짝지어지지 않은 것은?

① 적응형 입지 – 거리를 통행하는 유동인구에 의해 영업이 좌우되는 입지

② 목적형 입지 – 고객이 특정한 목적을 가지고 이용하는 입지

③ 생활형 입지 – 아파트, 주택가의 주민들이 이용하는 입지

④ 집재성 입지 – 배후지의 중심지에 위치하는 것이 유리한 입지

⑤ 산재성 입지 – 동일 업종이 모여 있으면 불리한 입지

33 CST(Customer Spotting Technique) Map 기법의 유용성에 관한 설명이다. 가장 거리가 먼 것은?

① 상권의 규모를 파악할 수 있도록 해준다.

② 경쟁정도를 측정하고 파악할 수 있도록 해준다.

③ 점포의 확장계획에 유용하게 활용될 수 있다.

④ 유사한 기존점포(상업집적시설)과의 비교를 통해 예상매출액을 쉽게 파악할 수 있도록 해준다.

⑤ 고객의 특성조사가 가능하다.

34 다음은 상권의 종류에 관한 설명이다. (   )에 들어갈 용어를 순서대로 올바르게 나열한 것은?

> ㉠ (   )은 점포상권이라고도 하며 1차상권, 2차상권, 3차상권으로 구분된다.
> ㉡ 점포와의 거리가 가장 가까운 곳에 (   )이 형성된다.
> ㉢ 3차상권은 (   )이라고도 한다.
> ㉣ (   )은 가장 많은 고객을 포괄한다.

① ㉠ 지구상권 ㉡ 지역상권 ㉢ 역세권 ㉣ 중심지상권
② ㉠ 지구상권 ㉡ 1차상권 ㉢ 주변상권 ㉣ 중심지상권
③ ㉠ 지역상권 ㉡ 1차상권 ㉢ 한계상권 ㉣ 1차상권
④ ㉠ 지역상권 ㉡ 1차상권 ㉢ 한계상권 ㉣ 중심지상권
⑤ ㉠ 지구상권 ㉡ 1차상권 ㉢ 한계상권 ㉣ 3차상권

35 입지대안을 평가하기 위한 원칙 중 고객차단원칙(Principle of Interception)에 대한 적절한 설명은 무엇인가?

① 쇼핑지역이나 사무실밀집지역 등은 소비자들이 특정지역에서 타 지역으로 이동할 시에 점포를 방문하게 하는 것을 말한다.
② 고객의 입장에서 점포를 방문할 수 있는 심리적 · 물리적 특성으로서, 교통이 편리하거나 지리적으로 인접해 있거나 교통이 불편하더라도 접근 소요시간이 적을 경우 점포의 매출을 증대시키는 요인이 된다.
③ 두 가지의 사업이 소비자들을 서로 교환할 수 있을 정도로 인접한 지역에 위치하게 되면 매출액이 높아진다는 것을 말한다.
④ 유사하거나 또는 보충적인 소매업이 흩어진 것에 비해 군집해서 더 큰 유인잠재력을 갖게 하는 것을 말한다.
⑤ 지나치게 유사한 점포가 많거나 보충할 수 있는 점포들의 밀집으로 고객유인 효과나 매출액을 감소시키는 현상을 말한다.

36 상권분석을 위한 설문조사에서 설문의 배열 방법이 적절하지 못한 것은?

① 조사표 전체가 대화가 잘 진행될 수 있도록 배열한다.
② 일반적인 질문은 후반부에, 특수한 질문은 전반부에 배열한다.
③ 쉬운 질문은 전반부에, 어려운 질문은 후반부에 배열한다.
④ 조사목적의 주체가 되는 설문은 앞부분에 배열한다.
⑤ 사실을 확인하는 질문은 앞부분에, 의견을 요구하는 질문은 뒷부분에 배치한다.

37 상권분석의 대표적인 이론적 모델의 하나로서 Huff 모델을 들 수 있다. 다음 중 Huff 모델을 활용하여 파악할 수 있는 내용과 가장 거리가 먼 것은?

① 상권지도의 작성이 가능하다.
② 특히 신규점포의 예상매출액에 대한 예측에 널리 사용되는 기법이다.
③ 최적상업시설 또는 최적매장면적에 대한 유추가 가능하다.
④ 상업시설간 경쟁구조의 파악이 가능하다.
⑤ 고객생애가치를 파악하는 데 유효한 수단으로 활용되고 있다.

38 생활용품 전문점의 입지조건에 대한 아래의 설명 중 옳은 것은?

① 대형마트 등과 취급품목이 겹치지 않는 틈새상품이라면 대형마트 인근에 출점하는 것이 오히려 유리하다.
② 중산층 이상의 거주지역이 좋은 입지이다.
③ 1,000세대 미만의 상권에서도 충분한 기회를 누릴 수 있다.
④ 생활용품을 할인하여 판매하는 업소의 경우에는 대형할인점 인근이 좋은 입지이다.
⑤ 생활용품 전문점의 입지는 상품의 성격에 관계없이 동일하다.

39 다음은 한 유통기업이 특정 상권 내에서 다점포전략을 추구하는 경우에 대한 설명이다. 가장 거리가 먼 것은?

① 유통기업이 특정 상권에 다점포전략을 사용하는 것은 자사 점포들 사이에 경쟁을 유발하여 전체적 성과를 높임과 동시에 경쟁점포의 출점에 대한 장벽을 구축하기 위한 목적이다.
② 유통기업이 특정 상권에 다점포전략을 사용할 경우 경쟁점포가 출점할 수 있는 입지를 미리 선점할 수 있고, 고객충성도 향상과 불량고객의 퇴출에 기여한다.
③ 다점포경영의 발생요인은 유통업계의 대형화와 집중화 현상, 소비자행동의 변화 및 정보기술 발달 등의 환경적 변화에서 비롯된다.
④ 특정 상권 내에서 다점포경영은 점포들 간의 경쟁을 촉진하고, 자사 점포들의 개별 이익을 보장하지 못하는 단점을 지닌다.
⑤ 다점포경영은 본사 및 다른 지점에서 수행하거나 시행함으로써 금융권에 안정적이라는 인식을 주어 개설비용의 융자, 상품의 외상구매 등의 효과를 얻을 수 있으며, 이미 알려진 상품과 상호의 사용으로 광고 · 홍보 효과를 얻을 수 있다는 장점을 지닌다.

40 허프모델을 이용할 경우 다음 지역의 점포 중에서 C 쇼핑센터를 찾을 확률은 몇 %인가? 이때 각 점포에서 동일한 제품을 판매하는 매장을 기준으로 하고, 거리에 대한 모수와 매장면적에 대한 모수는 각각 2와 1이라 가정한다. 또한 거리와 매장면적은 서로 반비례하는 특성을 가지고 있다.

점 포	거 리	매장 크기
A 할인점	3km	900m²
B 백화점	4km	1,600m²
C 쇼핑센터	5km	2,500m²

① 25% ② 30%
③ 33.3% ④ 42%
⑤ 66.6%

41 다음은 상권분석 방법에 관한 설명이다. (   )에 들어갈 용어를 순서대로 올바르게 나열한 것은?

> ㉠ (   )은 상권의 규모에 영향을 미치는 요인들을 점검하여 상권을 측정한다.
> ㉡ (   )은 유사점포의 상권범위를 추정한 결과로 신규점포의 예상매출액을 측정한다.
> ㉢ (   )은 버스, 전철 등 공공교통별 소요시간과 비용을 조사해서 상권을 파악한다.

① ㉠ 요소평가법, ㉡ 유추법, ㉢ 교통수요확인법
② ㉠ 요소평가법, ㉡ 유추법, ㉢ 타임페어법
③ ㉠ 체크리스트법, ㉡ 유추법, ㉢ 교통수요확인법
④ ㉠ 체크리스트법, ㉡ 유추법, ㉢ 타임페어법
⑤ ㉠ 유추법, ㉡ 체크리스트법, ㉢ 타임페어법

42 상권조사의 방법과 관련된 설명으로 가장 적절하지 않은 것은?

① 소자본 창업에 있어서 비용을 많이 들일 수는 없지만, 최소한의 유동인구를 조사하려면 날씨가 좋은 평일과 주말 중 각각 하루를 선정해야 비교적 정확한 조사가 될 수 있다.
② 주부들을 대상으로 하는 업종은 오전 11시부터 오후 5시까지이며, 학생들을 대상으로 한다면 하교시간대, 직장인이라면 퇴근시간에 정밀하게 조사한다.
③ 점포 후보지의 유동인구와 잠재력을 조사한 후에는 점포후보지의 내점률을 확인하여야 하는데 이는 추정매출을 조사하기 위한 것으로서 경쟁점포나 유사업종의 매출을 조사해 매출액을 추정할 수 있다.
④ 유동 인구를 조사하되 성별, 연령별, 주요 구매품목과 구매가격대까지 조사하게 되면 복잡해지게 되므로 이러한 항목은 제외시키는 것이 좋으며, 점포 앞은 물론 각 방향에서의 입체적 통행량을 조사해야 한다.
⑤ 자신의 주 고객이 몰리는 시간에만 조사하는 것이 아니라 하루의 총 유동인구를 조사해야 한다.

43 신규 출점시 기본적인 조사체계에 대한 내용으로 가장 적절하지 않은 것은?

① 입지환경 조사 – 출점지의 시장환경, 시장 잠재력 및 경합점의 현황을 파악하여 출점 가능성을 검토한다.

② 통행자 조사 – 통행자의 특성 및 쇼핑실태를 파악하고 상권 내에 있어서의 출점 점포의 방향을 명확히 한다.

③ 장래성 예측조사 – 계획지 주변의 개발상황, 대형점 출점동향, 인구동태 등의 장래를 예측한다.

④ 경합점 기초조사 – 부문별 매장면적과 가격·브랜드 층별조사를 하는 단계이다.

⑤ 그룹 인터뷰 조사 – 상품별 구매시 잘 이용하는 지역 및 점포, 지역별 방문빈도 이용 이유, 지역별 이미지 평가, 점포 이용시 중요사항 등에 관한 내용을 조사한다.

44 상권분석에 이용할 수 있는 회귀분석 모형에 관한 설명으로 가장 옳지 않은 것은?

① 소매점포의 성과에 영향을 미치는 요소들을 파악 하는데 도움이 된다.

② 모형에 포함되는 독립변수들은 서로 상관성이 높아야 좋다.

③ 성과에 영향을 미치는 영향변수에는 점포특성과 상권 내 경쟁수준 등이 포함될 수 있다.

④ 성과에 영향을 미치는 영향변수에는 상권 내 소비자들의 특성이 포함될 수 있다.

⑤ 회귀분석에서는 표본의 수가 충분하게 확보되어야 한다.

45 상권의 조건 중에서 통행량에 대한 설명으로 적절하지 않은 것은?

① 통행량은 점포 앞의 현실적 구매력을 나타내는 지표이다.

② 통행량에 대한 데이터로 알 수 있는 매출 요소는 점포 바로 앞의 시장규모이다.

③ 동선평가도 통행량의 내용을 나타내는 하나의 데이터라고 할 수 있다.

④ 통행량은 상권의 질을 도출할 수 있는 기초적인 데이터를 제공한다.

⑤ 통행량 분석의 근본적인 목적은 잠재적 고객을 구성하고 계획한 유형은 점포에 이끌리게 될 보행자들의 비율을 추정하는 것이다.

46 다음 시장세분화의 방법 중에는 인구통계적 특성, 지리적 분석 및 라이프스타일 분석 등이 있는데 특정상권 내 소비자들의 라이프스타일 분석 및 관련 내용과 직접적 관련성이 가장 낮은 내용은?

① 생활양식 또는 살아가는 방식
② 소비자의 일상적 주요관심사
③ 주된 사회적 이슈에 대한 그들의 견해
④ 소비자의 주된 여가활동
⑤ 소비자의 나이, 주거지역 및 월 수입액

47 서비스 품질의 인식 차이(Gap)는 서비스 기대와 서비스 인식 간의 차이에 의해서 발생하게 된다. 그렇다면 서비스 품질의 인식 차이가 발생하지 않는 경우는?

① 기업에서 고객이 기대하는 바를 알지 못할 때
② 마케팅 커뮤니케이션에서 홍보한 수준과 소비자가 실제적으로 느끼는 서비스의 성과가 같을 때
③ 서비스의 실제성과가 서비스 명세서와 일치하지 않을 때
④ 고객의 기대를 반영하지 못하는 서비스 품질 기준을 명기할 때
⑤ 광고에 대한 내용과 소비자들이 실제로 느끼는 것과의 차이가 크게 날 때

48 묶음가격(Price Bundling)에 대한 아래의 설명 중 옳지 않은 것은?

① 두 가지 이상의 제품이나 서비스를 패키지로 묶어서 가격을 책정하는 것을 말한다.
② 보완관계에 있는 상품들보다 대체관계에 있는 상품들을 묶어서 책정하는 경우가 일반적이다.
③ 개별 제품에 대하여 단독으로는 판매되지 않는 순수묶음제와 개별 제품에 대한 단독판매와 묶음판매 모두 가능한 혼합묶음제로 분류할 수 있다.
④ 규모의 경제효과나 범위의 경제효과가 있을 때 사용한다.
⑤ 묶음가격을 하는 이유는 가격차별화를 통한 이익의 증대를 가져오기 위함이다.

49 성장기에 속한 소매업체가 선택할 수 있는 대안으로 가장 적절한 것은?

① 이 시기에는 비용절감이 최우선 과제이다.

② 경쟁우위 전략을 개발하여 적극적인 시장점유율을 확대하도록 한다.

③ 제공되는 서비스의 수를 감소시키고, 이윤이 창출 되는 서비스에 집중한다.

④ 경쟁자의 수가 가장 많은 시기이므로 신규 출점을 축소한다.

⑤ 제품 개선을 위한 연구개발투자를 늘린다.

50 포장의 방법에 관한 다음 설명 중 적절하지 않은 것은?

① 방습포장기법은 습기가 물류과정의 제품을 손상시키지 않게 습기를 방지하는 포장을 말한다.

② 물류과정의 제품파손을 방지하기 위하여 외부로부터의 힘을 완화시키는 포장을 완충포장기법이라고 한다.

③ 기계류 등 금속제품은 방청포장기법을 사용한다.

④ 집합포장기법은 복수의 물품 또는 수송포장을 한 곳에 모아 적재함으로써 하나의 단위화물을 형성하는 것을 말한다.

⑤ 방수포장에 방습포장을 병용할 경우 방수포장을 내면에, 방습포장을 외면에 하는 것이 원칙이다.

51 다음의 소매업 전략 집행 중 생산성 향상 전략은?

① 고객의 구매빈도를 증가시키는 전략

② 고객 수를 증가시키기 위해 점포수를 높이는 전략

③ 상품구색과 진열의 변화로 1회 구매량을 증가시키는 전략

④ 비용 절감을 통해 수익성을 높이고, 상품 회전율과 마진율 증가를 꾀하는 전략

⑤ 과다한 투자를 통해 큰 이익을 얻는 전략

52 다음 중 성공적인 CRM(Customer Relationship Management)을 위한 전략적 행동과 가장 거리가 먼 것은?

① 고객 서비스에 충실한 CRM을 시행한다.

② 철저하게 고객의 입장에서 고객의 경험을 관리한다.

③ 고객이 CRM활동을 직접적으로 느끼지 못하게 시도한다.

④ CRM을 중심으로 고객과 적극적으로 커뮤니케이션한다.

⑤ 고객과의 지속적인 관계를 유지한다.

53 소비자의 구매행동에 영향을 미치는 변수에 대한 설명으로 가장 올바르지 않은 것은?

① 소비자행동의 외적 변수는 상품속성, 상품가격, 홍보 및 광고내용, 점포이미지, 마케팅 촉진전략 등이다.

② 소비자의 의사결정 및 정보처리과정에 영향을 미치는 심리적 변수들은 소비자의 구매행동에 대한 태도, 구매의도, 제품이나 대체안의 평가기준 등이다.

③ 소비자 구매행동에 영향을 미치는 주요인은 상황변수와 제품특성이며, 소비자의 지속적 관여도가 높을수록 상황변수가 구매행동에 미치는 상대적 영향력이 높다.

④ 소비자의 행동영향변수 중에서 구매의사결정에 가장 결정적인 역할을 하는 변수는 소비자의 심리변수 중 태도이다.

⑤ 문화 같은 사회적 영향변수는 소비자행동의 근간이라고 말할 수 있는 행동규범을 제시해 준다.

54 지리적 가격결정에 대한 다음 설명 중 적절하지 않은 것은?

① 공장인도가격은 원산지 규정에서 역내 부가가치기준 유형의 하나로, 제품이 생산된 현지공장에서 지불되는 가격을 말한다.

② 균일운송가격은 지역에 상관없이 모든 고객에게 운임을 포함한 동일한 가격을 부과하는 가격정책으로, 운송비가 가격에서 차지하는 비율이 높은 경우에 용이한 가격관리를 위한 방법이다.

③ 구역가격은 하나의 전체시장을 몇 개의 지대로 구분하고 각각의 지대에서는 소비자들에게 동일한 수송비를 부과하는 방법이다.

④ 기점가격은 공급자가 특정한 도시나 지역을 하나의 기준점으로 하여 제품이 운송되는 지역과 상관없이 모든 고객에게 동일한 운송비를 부과하는 방법이다.

⑤ 운송비 흡수가격은 특정한 지역이나 고객을 대상으로 공급업자가 운송비를 흡수하는 방법이다.

55 서비스보증에 대한 다음 설명 중 옳지 않은 것은?

① 아무런 조건을 달지 않아야 한다.

② 고객이 이해하기 쉽고 설명하기 쉬워야 한다.

③ 고객에게 중요한 것을 최대한으로 제공해야 한다.

④ 고객이 이용하기 쉬워야 한다.

⑤ 구체적이고 의미의 가치가 있어야 한다.

56 제품믹스의 전략에 대한 다음 설명 중 적절하지 않은 것은?

① 제품라인을 추가한다는 것은 새로운 사업부를 추가하는 것을 말한다.

② 다각화 전략은 기업이 현재 생산하고 있는 제품과 관련이 있는 제품라인을 추가하는 것이다.

③ 여러 개의 제품라인을 보유한 기업이나 사업부는 포트폴리오 분석을 통해 수익성이 낮거나 성장성이 없는 제품라인을 제거할 수 있다.

④ 제품라인이 자사의 목표에 부적합해졌거나 다른 제품라인들과 조화가 이루어지지 않는 경우 제품라인의 시장철수를 결정할 수 있다.

⑤ 단일제품라인이 지나치게 커지거나 작아져 제품라인의 효율적인 관리가 불가능해지면 기존의 제품라인들을 분할하거나 통합하게 된다.

57 마케팅조사에 대한 다음 설명 중 적절하지 않은 것은?

① 마케팅 의사결정을 지원하기 위하여 자료를 수집하고 분석하는 활동을 말한다.

② 마케팅조사에서 얻은 정보의 유용성은 마케팅자료와 그 자료를 활용하는 의사결정자에 의해서 좌우된다.

③ 마케팅조사가 빈번하지 않은 기업에서 사내에 조사부서를 두는 것은 비효율적이다.

④ 외부조사를 수행하는 경우는 전문조사회사에서 자체적으로 개발한 조사기법을 활용, 신속한 조사프로세스, 전문화된 조사인력으로부터 양질의 조사결과를 얻을 수 있는 장점이 있다.

⑤ 내부조사를 수행하는 경우 조직 내에서 일어나는 의사결정에 대한 이해가 부족할 가능성이 있다.

58 데이터베이스 마케팅(Database Marketing)에 대한 다음 설명 중 가장 적절하지 않은 것은?

① 고객을 만족시키기 위한 경영의 한 형태로서 각종 1차 자료와 정보를 수집·분석하고 개인에 대한 차별적 정보를 제공하여 고객의 만족을 극대화하는 마케팅수단을 말한다.

② 기존고객의 충성도 향상을 위해서만 활용되며, 잠재고객을 개발하는 용도에는 활용되지 못한다.

③ 데이터베이스 마케팅은 컴퓨터의 활용가치가 높으며 고객과의 관리를 기초로 하고 있다.

④ 정보통신서비스 제공자들은 개인정보를 수집·이용하는 경우에는 원칙적으로 정보주체의 동의를 받아야 한다.

⑤ 정보통신서비스 제공자는 개인으로부터 최소한의 필요한 정보 외의 개인정보를 제공받지 못하면 그 서비스 제공을 거부할 수 있다.

59 아래에서 설명하는 시장전략은?

> 가. 기존 시장에 기존 제품으로 경쟁사의 시장점유율을 빼앗기 위한 전략
> 나. 어떤 형태로 제품을 변경시키지 않고 기존 고객들에게 보다 많이 판매하도록 하는 전략

① 시장침투전략   ② 시장개척전략

③ 제품개선전략   ④ 다각화전략

⑤ 외부성장전략

60 상품속성에 따른 유통경로와 관련된 설명 중 가장 올바르지 않은 것은?

① 슈퍼마켓에서 주로 판매되는 단가가 낮은 제품들은 상대적으로 짧은 유통경로를 통해서 판매되고 있다.

② 신선상품의 경우 이동과 취급을 지연할수록 부패의 위험이 증가하므로 직접적 유통경로가 필요하다.

③ 중량이 많이 나가거나 취급에 어려움이 있는 경우 직접적 유통경로를 이용하는 것이 좋다.

④ 기술적으로 복잡한 상품의 경우 고객에 대한 설명을 위해 직접적 유통경로가 필요하다.

⑤ 표준화의 정도가 낮을수록 유통경로에서 보다 많은 기술적인 지식과 서비스가 제공되어야 한다.

61 소비족(그룹)의 명칭과 내용이 서로 올바르게 짝지어진 것은?

① 다운시프트(Downshift) – 치열한 경쟁에서 벗어나 느긋하고 여유 있는 삶을 추구하는 무리

② 여피(Yuppie) – 의도적으로 자녀를 두지 않는 맞벌이 부부

③ 슬로비(Slobbie) – 여유롭고 자유로운 인생을 즐기려는 50대 이상의 노인세대

④ 로하스(Lohas) – 자식들에게 의지하지 않고 자신만의 독자적인 생활을 영위할 수 있는 노인세대

⑤ 예티족(Yettie) – 자신이 벌어서 규모 있는 소비생활을 즐기는 젊은 남자들을 지칭

62 매입의 형태에 대한 다음 설명 중 옳지 않은 것은?

① 대체로 수요가 일정하고 예측이 가능한 상품과 패션상품의 경우 정기적 매입방식을 사용한다.

② 패션상품의 경우 구매주문과 재주문을 QR(Quick Response)과 같은 공급업자와의 컴퓨터시스템 등 체계적인 시스템을 구축하여 활용하고 있다.

③ 위탁매입이란 소매점에서 팔리는 제품의 소유권이 공급자에게 있으며, 판매 후 일정 비율의 커미션을 소매업자가 받고 나머지는 공급자에게 반품된다.

④ 규약에 의한 매입(Menorandum)이란 소유권은 소매업자에게로 넘어가지만 판매되지 못한 제품은 공급자에게 반품되고 대금은 판매된 부분에 대해서만 지급된다.

⑤ 명세매입(Specification)이란 공급업자가 제시한 명세에 따라 자동으로 재주문, 재매입이 이루어지는 매입을 말한다.

63 다음 글상자가 설명하는 것은?

> 시장조사와 같은 과학적 방법에 의거하여 수요 내용에 적합한 상품 또는 서비스를 알맞은 시기와 장소에서 적정가격으로 유통시키기 위한 일련의 전략이다. 즉, 제품을 상품화하여 매출을 올리고 이익을 창출하기 위한 전략이라 할 수 있다.

① 가격경쟁
② 디스플레이
③ 유통다각화
④ 프로모션믹스
⑤ 머천다이징

64 고객응대기법에 대한 설명으로 가장 옳지 않은 것은?

① 고객대기란 언제, 어떠한 경우에도 판매자가 고객을 맞이할 수 있는 준비와 마음가짐이 되어 있는 상태를 포함한다.
② 접근은 실질적인 판매의 출발점으로 고객이 판매원에게 느끼는 첫인상이 판매활동의 진행에 큰 영향을 미친다.
③ 판매를 성공시키기 위해서는 판매원은 고객욕구와 구매계획 등에 대해 가능한 많은 지식과 정보를 획득해야 한다.
④ 판매제시는 상품을 고객에게 실제 보여주고 상품에 대해 이해시키는 활동으로 상품의 실연과 설명이 핵심이다.
⑤ 판매결정이란 고객이 구매를 결정하여 제품의 대금을 수령/입금하고 상품의 포장과 인계가 마무리 된 것까지를 말한다.

65 점포 레이아웃관리의 영역에 해당되지 않은 것은?

① 상품의 배치
② 집기의 공간 결정
③ 표지(Sign)와 그래픽을 소품으로 사용
④ 계산대 배치
⑤ 통로의 공간 결정

66 제품의 포트폴리오 계획 방법 중 BCG매트릭스에 대한 설명으로 가장 바르지 않은 것은?

① 가로축은 제품이 판매되는 시장의 평균성장률을, 세로축은 판매되는 제품에 대한 상대적 시장 점유율로 구성된다.
② 별(Star), 자금젖소(Cash Cow), 물음표(Question Mark), 개(Dog)의 네 가지 영역으로 구분된다.
③ 자금젖소(Cash Cow)는 저성장 고점유율을 보이는 곳으로서, 투자가 필요한 다른 전략사업단위에 투자할 자금을 창출할 수 있다.
④ 별(Star)은 시장 점유율이 높을 뿐만 아니라 높은 성장률이 기대되므로 급격한 성장을 유지하기 위해 많은 투자가 필요한 부분이다.
⑤ 물음표(Question Mark)는 시장의 성장률은 높지만 낮은 시장 점유율을 보이고 있는 곳으로 사업의 점유율을 성공적으로 증가시킨다면 별(Star)로 이동하여 계속 투자가 되지만 실패한다면, 개(Dog)의 위치로 변하게 되어 철수해야 한다.

67 상품의 판매촉진을 위한 광고(Advertising)에 대한 설명으로 가장 옳지 않은 것은?

① 노출빈도(Frequency)란 광고가 한 사람에게 도달하는 횟수를 말하며 한 사람에게 얼마나 자주 광고가 반복해서 보여졌는가를 나타낸다.

② 메시지가 복잡한 경우에는 도달범위(Reach)보다는 빈도(Frequency)를 높이는 것이 바람직하다.

③ 광고의 노출빈도가 어느 수준을 넘어서면 광고효과가 떨어지는데 이러한 현상을 광고의 소멸효과(Decay Effect)라고 한다.

④ 유머소구(Humor Appeal) 광고는 소비자의 주의를 끄는데 효과적이며 제품 특성을 이해시키는 메시지를 전달하기에 적합하다.

⑤ 총접촉률(Gross Rating Points ; GRP)은 도달범위(Reach)에 도달횟수(Frequency)를 곱한 것이다.

68 유명한 미래학자 마이클 해머는 21세기를 3C의 시대로 표현했는데, 다음 보기 중에서 3C를 선택하시오.

가. Callenge(도전)　　　　　　　나. Customer(고객)
다. Change(변화)　　　　　　　　라. Chance(기회)
마. Competition(경쟁)

① 가, 나, 다　　　　　　　　　② 가, 나, 라
③ 가, 다, 라　　　　　　　　　④ 나, 다, 마
⑤ 나, 다, 라

69 고객과 서비스 시스템과의 상호작용을 구체적으로 표현하며, 실패 가능점을 미리 식별하고 미연에 방지책이나 복구 대안을 강구하도록 서비스 제공자가 제공하는 무형의 서비스 프로세스를 설계하여 묘사한 것을 무엇이라 하는가?

① 서비스 흐름도(Flow Chart)　　　　　② 서비스 청사진(Service Blueprinting)
③ 피쉬본 다이어그램(Fishbone Diagram)　　④ 인간 기계 도표 (Man-Machine Chart)
⑤ 프로세스 도표(Process Chart)

70 제품에 관한 전략적 의사결정 사항을 설명하는 내용 중 가장 올바른 것은?

① 마케팅 담당자들이 제품을 여러 가지 기준에 의하여 분류(편의품, 선매품, 전문품 등)하는 가장 큰 이유는 시장수요 예측과 원재료의 수급 등을 편리하게 하기 위해서이다.

② 성공한 제품의 상표명이나 그 일부를 다른 제품군이나 추가되는 제품에 확장하여 사용하는 전략을 혼합상표전략(Mixed Brand Strategy)이라 한다.

③ 유통경로 상의 구성원들에 대하여 상당한 영향력을 가지고 있을 때에는 신제품개발전략 중 선제전략(Preemptive Strategy)을 사용하는 것이 유리하다.

④ 제품이란 상징적 효용, 물리적 효용, 심리적 효용 중 고객의 욕구를 충족시킬 수 있는 어느 한 가지 효용으로 이루어진 물체(Objects)를 의미한다.

⑤ 낮은 유통원가와 대량노출, 대량광고 등이 가장 중요한 마케팅 전략 수단이 되는 제품은 선매품(Shopping Goods)이다.

유통정보

71 다음 중 멧칼프의 법칙에 대한 설명으로 거리가 먼 것은?

① 신기술의 도입 초기부터 판매자의 순이익이 급증하는 것을 보여준다.

② 임계점 도달기간이 짧을수록 신기술의 성공가능성은 높다.

③ 네트워크의 가치는 사용자수의 제곱에 비례해서 증가한다는 것을 나타낸다.

④ 정보경제의 수확체증의 법칙과 관계가 있다.

⑤ 모든 컴퓨터가 인터넷을 통하여 연결되어 네트워킹의 확장이 가속화 될 것을 예견하였다.

---

72 다음은 두 가지 공급사슬유형, 린(Lean) 공급사슬과 애쥐얼(Agile) 공급사슬에 대한 상대적 비교이다. 가장 올바르지 않은 것은?

① 린 공급사슬에 적합한 상품종류로는 편의품이나 생필품보다 오히려 패션이나 악세사리 상품이다.

② 상품의 다양성 측면에서 보면 린 공급사슬의 경우가 애쥐얼 공급사슬의 경우보다 낮다.

③ 린 공급사슬은 시장의 수요를 예측할 수 있어야 하고, 라이프 사이클이 짧은 특징을 가지고 있다.

④ 린 공급사슬의 경우 대량생산이 가능한 제품의 형태를 가지고 있어 규모의 경제를 추구하는 것이 필요하다.

⑤ 수익/이익성 측면에서 볼 때 린 공급사슬의 경우가 애쥐얼 공급사슬의 경우보다 상대적으로 낮다.

73 다음 글상자에서 QR(Quick Response)에 대한 옳은 설명만으로 나열된 것을 고르시오.

> 가. 서로 떨어져있는 기업과 부서 간의 물류정보가 실시간으로 전달된다.
> 나. 시장수요에 신속하게 대응하여 기업경쟁력을 향상시킨다.
> 다. 공급사슬에서 재고를 쌓이게 하는 요소를 제거한다.
> 라. 품질을 증가시킬 수 있는 정보를 조기에 획득할 수 있다.
> 마. QR을 사용함으로써 누적 리드타임이 감소하게 된다.
> 바. 고객요구에 대한 반응시간을 길게 만드는 요인을 제거한다.

① 가, 다, 라, 마   ② 나, 다, 라, 마
③ 가, 다, 라, 바   ④ 나, 다, 마, 바
⑤ 다, 라, 마, 바

74 의사결정(Decision Making)의 오류에 대한 설명으로 가장 옳지 않은 것은?

① 과거 정보보다 최근에 주어진 정보에 더 큰 비중을 두는 경우로, 경영자는 과거로부터 축적되어온 정보보다 최근의 정보에 현혹되는 오류를 범할 수도 있는 것을 '최근성 오류' 라 한다.

② 경영자는 선택된 대안을 실행하면서 '무언가 잘못되어 가고 있다' 라는 느낌을 받을 수가 있다. 잘못된 대안을 선택하고 실행을 되돌리지 못하는 경우를 '선택적 지각 오류' 라 한다.

③ 경영자의 지나친 낙관주의, 자신과 기업 역량에 대한 과도한 자신감, 새로운 정보를 받아들이지 않으려는 강한 보수성 등 복합적인 요인에 의해 발생하는 것을 '과소평가 오류' 라 한다.

④ 경영자는 단기적으로 손해가 발생하더라도 장기적인 이익이 되는 방향으로 의사결정을 선택해야만 정당하다는 오류를 '단기적 성과지향 오류' 라 한다.

⑤ 경영자가 성공은 자신의 탓으로, 실패는 외부적인 환경 요인으로 돌리는 경우를 '귀인 오류' 라 한다.

75 RFID 작동원리에 대한 설명으로 옳은 것은?

① 칩과 안테나에 맞는 정보를 리더에 입력하고 박스, 파렛트, 자동차 등에 부착한다.

② 게이트, 계산대, 톨게이트 등에 부착된 안테나에서 리더를 통해 발사된 주파수가 태그에 접촉한다.

③ 리더는 전송받은 데이터를 변조하여 안테나로 전달한다.

④ 태그는 주파수에 반응하여 입력된 데이터를 안테나로 전송한다.

⑤ 안테나는 데이터를 해독하여 호스트 컴퓨터로 전달한다.

76 지식근로자가 기업에서 활동할 때 가장 바람직하지 못한 자세에 해당되는 것은?

① 정보를 나름대로 해석하고, 이를 활용해 부가가치를 창출해 낼 수 있도록 해야 한다.

② 자신의 부가가치를 높이기 위해 끊임없이 지식을 쌓고 개선하며 개발하고 혁신한다.

③ 스스로가 달성하고자 하는 목표, 그리고 그 자신에게 기대되는 공헌을 이룩할 수 있어야 한다.

④ 세부적인 업무에 치중하는 것보다는 더 넓은 시각을 갖고 근본 목적을 달성할 수 있어야 한다.

⑤ 풍부한 지적 재산, 투철한 기업가 정신, 평생학습 정신, 관료적인 경직성 등을 갖추고 있어야 한다.

77 물리적 상품과 비교하여 디지털 상품의 특징으로 가장 적절하지 않은 것은?

① 재생산하는 경우에 소요되는 비용이 매우 적다.

② 매우 쉽게 변형이 가능하다.

③ 기능보다는 외형의 중요성이 크다.

④ 배송에 소요되는 비용이 매우 적다.

⑤ 상품의 실체를 만질 수 없다.

78 다음 중 QR(Quick Response ; 신속대응 시스템)의 도입효과에 대한 설명으로 가장 적절하지 않은 것은?

① 신속하고 정확한 소비자 수요동향 분석을 할 수 있어 시장변화에 대한 효과적인 대응이 가능하며, 적정 수요량 예측으로 재고량이 감소되고 재고회전율도 향상되며 상품 품절을 방지할 수 있다.

② 소비자에 이르기까지 유통상에서 발생하는 각 단계별 불필요한 요소제거 및 시간단축으로 제품원가를 절감할 수 있다.

③ 기업간 정보 공유를 바탕으로 소비동향을 분석하고 고객의 요구를 신속히 반영하여 재고품을 감소시킬 수 있다.

④ 유통의 흐름을 한 번에 파악할 수 있어 불필요한 시간과 비용을 절약함으로써 기업의 물류혁신을 추구할 수 있다.

⑤ 조직 간의 정보공유 및 신속한 정보전달이 가능하며 산업정보화에 의한 국제경쟁력을 강화한다.

79 다음 중 효율적인 유통정보시스템을 구축할 경우 고려해야 할 특성에 대한 설명으로 가장 옳지 않은 것은?

① 신중한 기획과 전사적 협력을 기반으로 유통산업의 업무 특성을 고려한 사용자 환경에 맞춘 개방적 시스템의 구축이 필요하다.

② 유통정보시스템의 개발은 유통경로 구성원 간의 효과적인 의사소통시스템을 구축하는 것이다.

③ 유통정보시스템은 경영정보시스템과 마케팅정보시스템이 상호 관련성을 갖고 조직되어야 한다.

④ 다점포 영업을 지향하는 유통경영의 형태에 비추어 정보에 대한 접근의 용이성과 보안성을 동시에 가능하게 하는 지역분권식 데이터 관리와 포괄적 정보보안을 실현하여야 한다.

⑤ 유통정보시스템의 구축과정으로 목표설정 및 예산책정 등의 기획단계, DB시스템 구축 및 S/W·H/W·N/W 설계 등의 개발단계, 사용자교육·훈련 및 시스템의 문제점 파악과 개정작업 등의 적용단계 순으로 이루어진다.

80 다음 중 의사결정지원시스템(DSS ; Decision Support System)에 대한 설명으로 가장 적절하지 않은 것은?

① 인적 자원과 지식 기반, 소프트웨어와 하드웨어 등으로 구성된 일단의 문제해결기법으로, 경영자가 최적의 선택을 할 수 있는 의사결정과정을 지원하는 시스템이다.

② 중간관리자 계층의 계획 및 통제를 지원하기 위한 것으로, 경영통제 및 그와 관련된 의사결정을 돕기 위한 시스템으로서 대개의 경우 조직 외부의 환경적 정보보다는 조직 내부의 정보를 전달하는 데 이용된다.

③ 사용자가 쉽게 접근하여 사용할 수 있도록 대화식 환경을 제공한다.

④ 정보를 도식화하여 나타내줄 수 있으며 경우에 따라 전문가시스템이나 인공지능 등이 포함될 수도 있고, 이를 통해 기업의 최고경영자나 다른 의사결정그룹들에게 도움을 줄 수 있다.

⑤ DSS의 논리적 구성요소는 대화시스템, 데이터베이스시스템, 모델베이스시스템, 소프트웨어시스템 등 네 가지의 하위시스템으로 구성되어 있다.

81 CRM에서 Front-end Applications, Back-end Applications 그리고 Database 구축 등에 대한 설명으로 가장 적합하지 않은 것은?

① Front-end Applications는 고객접점 채널들뿐만 아니라, 제품이나 서비스가 질 좋은 품질로 공급될 수 있도록 지원한다.

② Front-end Applications는 E-mail, 채팅, 팩스, 영원사원의 접촉, A/S 방문, 고객전화 등으로 고객과 접촉하는 채널을 지원하는 애플리케이션이다.

③ Back-end Applications는 고객을 정의하고 관리기준을 설정함으로써 데이터마이닝을 통해 고객에게 제공하는 제품과 서비스의 품질향상을 지원한다.

④ Back-end Applications는 기업활동에서는 보이지 않지만 보이지 않는 면에서 여러 가지 다양하게 업무를 지원한다.

⑤ Database 구축은 기업활동을 통해서 얻은 데이터를 고객별로 저장·분석하고 관리하여 기업활동을 원활하게 지원하는 것이다.

82 다음 중 지식경영과 관련된 내용으로 가장 적절하지 않은 것은?

① 조직 내에서 지식을 획득, 창출, 축적, 공유하고, 이를 바탕으로 고객에게 뛰어난 가치를 제공함으로써 조직의 경쟁력을 높이는 경영활동을 말한다.

② 새롭게 창조된 형식적인 지식을 다시 암묵적인 지식으로 순화한다.

③ 정보기술의 발달과 지식의 중요성으로 인해 무형자산의 인식이 바뀌고, 글로벌 경쟁사회에서는 조직구성원이 획득한 창조적 지식이 중요해지면서 지식경영이 필요해졌다.

④ 지식경영은 기업에게 조직정보의 획득·분석 및 전략적 응용, 조직구성의 빠르고 합리적인 의사결정 등을 제공한다.

⑤ 정보기술의 발달로 지식과 정보의 경계가 사라지고 경쟁이 치열하며, 개인의 독특한 지식과 능력에 따라 개인의 가치가 달라지고 신분의 수직상승이 쉽다.

83 e-비즈니스와 관련된 내용으로 가장 옳지 않은 것은?

① e-Mail : 인터넷을 활용한 단일 통합채널을 통해 고객과 접촉하며, 지역적 · 시간적 한계를 극복할 수 있는 고객관리방법
으로서 음성, 동영상, FAQ 등 다양한 기술로 고객응대를 할 수 있다.

② e-SCM : e-Business 환경에서의 디지털 기술을 활용하여 공급자, 제조업자, 유통업자, 고객 등과 관련된 물자, 정보, 자
금 등의 흐름을 신속하고 효율적으로 관리한다.

③ e-Logistics : 정보통신기술을 기반으로 물류서비스 제공업체가 다양한 부가가치 물류서비스를 온라인상에서 구현하여
화주기업의 물류프로세스를 효율적으로 지원하는 활동이다.

④ e-Mall : 구매의 편리성, 접근성, 가격 결정에 고객참여가 가능한 능동성, 시 · 공간의 비제약성, 소액 · 저가 상품에 대한
경매 등으로 인해 고객들의 관심을 끌어 모으는 계기가 된다.

⑤ e-Procurement : 구매 요청, 승인, 입찰, 계약에 이르는 일련의 프로세스를 인터넷을 기반으로 전자적으로 수행하는 시
스템을 말한다.

84 전자자금이체 결제시스템의 특징에 대한 설명으로 옳지 않은 것은?

① 전자적인 형태의 수표를 자신의 컴퓨터에서 직접 발행하여 상대방에게 전달함으로써 전자상거래의 결제수단으로 사용하는 형태
이다.

② 자금이 당사자 간의 은행계좌로 이체되기 때문에 사용자는 은행에 신용계좌를 갖고 있는 사람으로 제한된다.

③ 자금보관에 대한 안정성을 확보하는 데 한계가 있으며, 거액의 상거래 또는 기업간 거래시 지불수단으로 부적합하다는 단점을
가진다.

④ 발행자와 인수자의 신원에 대한 인증을 반드시 거쳐야 하는 문제로 여러 보안기법이 사용되기 때문에 트랜잭션 비용이 많다.

⑤ 거래사항이 중앙의 데이터베이스에 기록됨으로써 정보의 이용성은 증가되나 익명성이 저하된다.

85 다음 중 암호화 알고리즘의 종류와 내용으로 바르게 연결되지 않은 것은?

① 대칭형 알고리즘 - 암호화 키로부터 복호화 키를 계산해 낼 수 있거나 반대로 복호화 키로부터 암호화 키를 계산해 낼 수
있는 암호화 알고리즘이다.

② 공개키 알고리즘 - 대부분 암호화 키와 복호화 키가 동일하며, 암호화 키를 공개키(Public Key)라 부르고 복호화 키를 개
인키(Private Key)라 부른다.

③ 공개키 알고리즘 - 아무나 암호화 키를 이용하여 어떤 내용을 암호화할 수 있지만, 오직 해당 복호화 키를 가진 사람만이
그 암호문을 복호화할 수 있다.

④ 메시지 다이제스트 - 암호화 방법이 아니고 단방향 해시 함수를 이용하여 주어진 정보를 일정한 길이 내의 아주 큰 숫자
(해시 값)로 변환해 주는 것이다.

⑤ 메시지 다이제스트 - 함수는 One-way이기 때문에 주어진 정보로부터 해시 값을 만들어낼 수는 있어도, 반대로 이 해시
값으로부터 원래의 정보를 복구해낼 수는 없다.

86 ERP와 EHCR의 도입효과를 비교한 내용으로 가장 적절하지 않은 것은?

① ERP는 영업에서부터 자재, 생산, 원가, 회계에 이르는 정보의 흐름이 일원화되며, EHCR은 효과적인 커뮤니케이션을 촉진한다.
② ERP는 클라이언트-서버시스템의 구현으로 시스템 성능이 최적화되며, EHCR은 생산성 향상 및 회전주기가 단축된다.
③ ERP는 개방형 정보시스템을 채택함으로써 시스템상의 자율성과 유연성이 증가되고, EHCR은 오류 감소 및 노동력이 감축된다.
④ ERP는 재고관리능력의 향상과 계획생산체제의 구축을 이루며, EHCR은 고객만족이 증대되는 효과가 있다.
⑤ ERP는 문서작업의 감소 및 데이터의 정확성이 향상되며, EHCR은 표준화된 시스템으로 데이터의 일관성이 유지된다.

87 전자카탈로그와 종이카탈로그를 비교할 때, 장·단점에 대한 설명으로 가장 적절하지 않은 것은?

① 전자카탈로그는 개발에 있어서 현실적으로 기술과 비용 측면에서 어려움이 있고, 종이카탈로그는 재료가 종이이기 때문에 날씨나 계절적으로도 영향을 받는다.
② 전자카탈로그는 상품을 검색하는 데 있어서 많은 정보를 신속하게 검색 가능하고, 종이카탈로그는 한 번 인쇄를 한 후에도 변경이 한 번은 가능하므로 수정하는 데에는 어려움이 없다.
③ 전자카탈로그는 제품에 대한 정보의 변화가 있으면 신속히 대응할 수 있고, 종이카탈로그는 이용에 있어서 컴퓨터 시스템의 도움이 없어도 가능하다.
④ 전자카탈로그는 넓은 지역에 상품 정보를 배포하는 데 비용적인 면에서 저렴하고, 종이카탈로그는 종이에 손쉽게 작성할 수 있으므로 작성이 수월하다.
⑤ 전자카탈로그는 자사와 자사 제품을 타사와 타사 제품과 비교하여 쇼핑 가능하고, 종이카탈로그는 이동하는 데 전자카탈로그보다 수월하다.

88 유통정보시스템을 활용 목적에 따라 거래자료처리시스템, 지식업무시스템, 정보보고시스템, 의사결정지원시스템 및 중역정보시스템으로 구분한다. 다음 중 '의사결정지원용 정보시스템'을 구축할 때의 고려사항과 가장 거리가 먼 것은?

① 유통과정상의 문제를 쉽게 해결할 수 있는 다양한 의사결정모형을 제공해야 한다.
② 주기적으로 레포트가 자동으로 생성되도록 함으로써 유통경영관리자의 노력을 줄여야 한다.
③ 유통경영관리자들의 행동특성을 반영한 의사결정 방법과 과정이 구현되어야 한다.
④ 사용자 인터페이스 기능의 설계시 정보시스템과 유통경영관리자 간의 상호작용이 용이하도록 하는 방안이 고려되어야 한다.
⑤ 의사결정지원용 정보시스템은 기업 내부의 사안에 대해 조사·조회할 수 있는 기능을 제공한다.

89 다음 중 전자상거래 조직이 아닌 것은?

① Brick-and-Mortar Organization
② Virtual Organizations
③ Pure-Play Organizations
④ Click-and-Mortar Organization
⑤ Click-and-Brick Organization

90 SCOR(Supply Chain Operations Reference) 모델에 대한 설명으로 옳지 않은 것은?

① 비즈니스 프로세스의 관점에서 해당 기업의 공급업체로부터 고객에 이르기까지 계획, 공급, 생산, 인도, 회수가 이루어지는 공급망을 통합적으로 분석한다는 데 그 기초를 두고 있다.
② 공급사슬에 적용되기 위해서 만들어 졌으며 기본적으로 프로세스 참조 모델이면서 비즈니스 프로세스 리엔지니어링, 벤치마킹, 프로세스 측정의 특징을 가지고 있다.
③ 전체적인 공급망 성과측정을 위해 공급망의 신뢰성, 유연성, 대응성, 비용, 자산 등의 성과측정분야를 제시하고 있다.
④ 조직 내외부의 관점에서 성과를 측정할 수 있으며, 공급사슬관리의 성과측정을 위해 개발된 모형으로 계획, 조달, 제조, 인도, 반환 등의 기본프로세스를 가지고 있다.
⑤ 재무성과 중심 측정도구의 한계를 극복하기 위해 개발되었으며, 주요 성과지표로는 재무, 고객, 내부프로세스, 성장과 학습 등이 있는데, 이들 분야에 대해 측정 지표를 선정해 평가한 뒤 각 지표별로 가중치를 적용해 산출한다.

제8회 최종모의고사

형 별	A형	제한시간	100분	수험번호	성 명

※ 5개의 답항 중 가장 알맞은 1개의 답항을 고르시오.

유통 · 물류일반관리

01 전통형 유통경로시스템과 수직적 마케팅시스템(VMS ; Vertical Marketing System)에 관한 설명으로 옳지 않은 것은?

① 수직적 마케팅시스템의 유형은 기업형 VMS, 계약형 VMS 및 관리형 VMS로 나누어진다.

② 수직적 마케팅시스템은 전통형 유통경로시스템과 달리 시스템 내의 힘이 경로구성원 중 어느 누군가에게 집중되는 특성을 가지며 집중된 힘은 경로구성원 간의 기능분업과 갈등의 조정, 관리와 통제를 가능하게 해준다.

③ 계약형 VMS의 대표적인 형태로 도매상 후원의 자발적인 연쇄점형태와 소매상협동조합을 들 수 있다.

④ 관리형 VMS는 경로 리더에 의해 생산 및 유통 단계가 통합되는 형태이다.

⑤ 관리형 VMS의 한 형태로 프랜차이즈시스템을 들 수 있다.

02 다음의 자료를 토대로 계산한 경제적 주문량(EOQ)이 200상자라면 연간 단위당 재고유지비용은 얼마인가?

> • 연간 제품 수요량 : 10,000개
> • 1회당 주문비용 : 200원

① 100
② 200
③ 300
④ 400
⑤ 500

03 유통경로상에서 중간상이 필요한 이유로 가장 옳지 않은 것은?

① 생산자는 소품종 대량생산, 소비자는 다품종 소량소비에 대해 원하는 격차를 해소할 수 있다.

② 거래할 때마다 발생하는 구색맞추기에 대한 불편함과 비효율을 개선할 수 있다.

③ 생산자와 소비자 사이에 발생하는 공간적, 시간적 불편을 줄일 수 있다.

④ 채찍효과로 인해 수요예측의 불확실성을 제거할 수 있다.

⑤ 생산자와 소비자 상호간의 정보 불일치에 따른 불편을 줄이게 된다.

04 다음 중 유통구조의 수직적 통합에 대한 이론적 근거로서 가장 거리가 먼 것은?

① 구매자와 공급자 간의 거래가 일회성에서 그치는 것이 아니라 반복적일 경우 수직적 통합을 선호하게 된다.

② 불확실한 상황 하에서 수직적 통합은 거래 상대방에 대해 높은 수준의 통제력을 발휘할 수 있고 기회주의적인 행동을 방지할 수 있다.

③ 인간은 계약과 관련된 복잡한 상황을 다룰 수 있는 합리성을 기본적으로 지니고 있으므로 시장에서 수직적 통합을 선호하게 된다.

④ 가격과 같은 시장정보가 자유롭게 노출되기 보다는 소수의 집단에게만 공유되어 있는 경우, 정보의 비대칭성이 발생하므로 이를 해소하기 위해 수직적 통합을 시도하게 된다.

⑤ 성과가 모호한 경우에는 아웃소싱보다 수직적 통합의 효율성이 커지며, 기업의 고유투자가 많이 요구되는 경우에는 환경이 불확실할수록 수직적으로 통합하는 것이 아웃소싱보다 효율적이다.

05 유통의 기능 중 양적 통일기능이 필요한 이유는?

① 현대 사회의 경제가 발달하면 할수록 상품 및 재화의 생산과 소비 사이의 공간적·장소적 불일치는 점점 확대되므로

② 대부분의 상품들은 대량 생산되고 있지만 소비단위는 소량으로 이루어지고 있기 때문에 생산과 소비의 수량이 일치하지 않으므로

③ 생산자가 공급하는 물품과 소비자가 수요하는 물품이 품질적으로 적합하지 않기 때문에

④ 상품이 생산자에서 소비자에게 유통되는 과정에 있어서 물질적 위험이나 경제적 위험이 생기기 때문에

⑤ 소비자의 욕구나 니즈를 조사하여 그 수요에 적합하도록 소비자 지향의 철저한 준비를 진전시켜 제품 계획이나 개발을 적극적으로 추진하며, 생산자를 지도해야 하기 때문에

06 기업전략의 영향분석요인에 대한 다음 설명 중 옳지 않은 것은?

① 소비자분석에서는 기업이 추구하는 시장이 어떤 것인지를 결정해야 한다.

② 표적시장의 결정은 기업능력분석에 해당한다.

③ 기업능력분석을 위해서는 기업의 재무적 성과와 시장지위확보 같은 목표를 어느 정도 달성했는지 평가해야 한다.

④ 경쟁분석을 위해서는 경쟁사들의 주요목표, 주요목표를 달성하기 위해 사용되는 현재의 전략 등을 분석해야 한다.

⑤ 환경분석에서는 위협을 회피하고 기회는 적절하게 이용하여 환경변화에 능동적으로 대처해야 한다.

07 다음은 유통경로구조 결정이론 중 각각 어떤 이론에 대한 설명인가?

> ㉠ 이 이론은 경로구성원들 중 누가 재고보유에 따른 위험을 감수하느냐에 의해 경로구조가 결정된다..
> ㉡ 이 이론은 수직적으로 경쟁관계에 있는 제조업자와 중간상이 각자 자신의 이익을 극대화하기 위해 자신과 상대방의 행위를 조정하는 과정에서 유통경로구조가 결정된다.

① ㉠ 게임이론, ㉡ 연기-투기이론

② ㉠ 연기-투기이론, ㉡ 게임이론

③ ㉠ 연기-투기이론, ㉡ 대리이론

④ ㉠ 연기-투기이론, ㉡ 정치-경쟁관점이론

⑤ ㉠ 게임이론, ㉡ 기능위양이론

08 기업의 사회적 책임들 중 나머지 내용과 성격이 다른 하나는?

① 기업의 유지 발전에 대한 책임

② 소유주 또는 주주에 대한 책임

③ 종업원에 대한 책임

④ 소비자에 대한 책임

⑤ 지역사회 및 정부에 대한 책임

09 기존기업은 잠재기업이 시장에 진입하는 것을 방지하기 위해 진입장벽을 구축하는데, 진입장벽의 유형 및 사례에 대한 설명으로 가장 옳지 않은 것은?

① 규모의 경제 – 기존기업의 경우 절대생산량이 늘어남에 따라 제품 단가가 떨어지는 규모의 경제를 실현하여 신규기업의 진입을 억제한다.

② 경험곡선 – 지속적인 광고 및 기업이미지에 의한 선호현상, 우수한 제품 디자인의 독점적 지배, 유통경로 장악 등을 통해 신규기업의 진입을 억제한다.

③ 비용상의 우위 – 기존기업의 경우 특허를 통해 생산기법을 독점하거나 생산에 필수적인 자원을 독점 소유하는 등 신규진입기업에 비해 비용상의 우위를 가지게 된다.

④ 범위의 경제 – 기존기업은 상품구색시 주력상품에서 발생하는 비용상의 우위를 활용하여 취급상품의 수를 확대한다.

⑤ 자본 비용 – 시장 진입에 많은 금융 자본이 투자되어야 한다면 이 역시 신규 기업의 진입을 저해하는 요인으로 작용한다.

10 **직무설계를 가장 정확하게 설명한 것은?**

① 조직 내 각 직무가 지니는 상대적 가치를 결정하는 과정

② 직무내용보다는 직무요건을, 또 직무요건 가운데에서도 인적특성에 초점을 두어 기술한 것

③ 직무분석을 통해 나타난 결과를 관계자 모두가 이해할 수 있도록 간략하게 서식화한 것

④ 특정 직무의 내용이나 직무의 성질, 구체적으로 그 직무를 수행하는 데 필요한 숙련, 노력, 책임, 작업환경 등을 알아내는 과정

⑤ 특정 직무를 수행하기 위해 요구되는 과업들을 하나의 직무로 조직화하는 과정

11 **다음 글상자의 경향을 설명하는 데 가장 적합한 용어는?**

> 사람들은 타인의 행동을 판단할 때 외재적 요인에 의한 영향을 과소평가하고 내재적 또는 개인적 요인에 의한 영향을 과대평가하는 경향이 있는데, 예를 들면 영업관리자들은 부하 영업사원의 성과가 낮은 경우 이를 경쟁제품이 더욱 좋기 때문이라고 생각하기보다는 그 영업사원이 무능하거나 부지런하지 않기 때문이라고 판단하는 경향이 있다.

① 귀인의 기본적 오류(Fundamental Attribution Error)

② 귀인의 이기적 편견(Self-serving Bias)

③ 개인적 지각(Personal Perception)

④ 선택적 지각(Selective Perception)

⑤ 상동적 태도(Stereotyping)

12 **다음의 수요예측기법에 대한 설명 중 틀린 것은?**

① 시장조사법과 델파이법은 정성적인 방법이다.

② 시계열법과 최소자승법은 정량적인 방법이다.

③ 시장조사법은 대상시장에 대하여 설문지, 전화, 또는 개별방문을 통하여 자료를 수집하고 이에 기초하여 예측하거나 가설을 설정하고 검정한다.

④ 패널조사법은 전문가, 담당자, 소비자 등으로 위원회를 구성하여 자유롭게 의견을 개진 함으로써 결론을 유도하는 방법으로, 델파이법이 비공개적임에 반하여 패널조사법은 공개적으로 진행된다.

⑤ 정성적 예측기법은 단기적 예측에 적합한 기법으로, 일반적으로 예측기법의 적용에 소요되는 시간과 비용이 낮다.

13 소매업체들이 해외 시장으로 진입하는 방식에 대한 설명으로 가장 옳지 않은 것은?

① 직접투자의 경우 높은 수준의 투자를 요구하지만 높은 잠재적 수익을 가진다.

② 전략적 제휴는 독립 기업들 사이의 공동관계를 말한다.

③ 합작투자의 경우 진입하는 소매업체는 그 지역 현지 소매업체와 자원을 공동으로 이용하게 된다.

④ 프랜차이즈의 경우 위험은 낮으나 높은 투자를 요구하기에 이익실현성이 감소한다.

⑤ 직접투자의 경우 소매업체가 운영에 대한 완전한 통제권을 가진다.

14 종속적 수요에 대한 설명으로 적절하지 않은 것은?

① 반제품, 원재료, 부품 등에 대한 수요이다.

② 종속적인 수요의 경우는 정확한 소요량을 산출하여 관리를 하는 것이 가능하다.

③ 독립수요품에 적합한 발주점방식을 종속수요품에 적용하면, 과대재고 혹은 재고부족 현상이 유발된다.

④ 칸반시스템(Kanban System)을 이용할 수 있다.

⑤ 종속수요품은 생산계획만 작성되면 구성 부품의 수요를 모두 산출할 수가 있기 때문에 관리를 위해서는 이 특성을 살린 경제적 주문량 모형(EOQ)의 적용을 해야 한다.

15 다음은 JIT와 MRP의 특징을 비교 설명한 것이다. 이 중 잘못된 항목은?

	구 분	JIT	MRP
①	재고개념	계획에 대한 소요개념	주문/요구에 대한 소요개념
②	계획집행	생산계획	자재계획
③	재고수준	최소한의 재고	리드타임 동안의 재고
④	전 략	요구(주문)에 따르는 풀 전략	계획대로 추진하는 푸시전략
⑤	적용분야	반복생산의 일정 및 재고관리	비반복생산의 재고관리

16 다음 중 경로커버리지와 관련된 설명으로 올바르지 않은 것은?

① 경로커버리지전략을 실행함에 있어 경로설계자가 판매망을 직접 소유하고자 할 경우 막대한 자금이 소요되기 때문에 단기간에 광범위한 시장을 커버하기 위해서는 독립된 중간상을 이용하는 것이 보다 경제적이다.

② 집약적 유통은 대체로 일상 생활용품이나 편의품과 같이 자주 구매되거나 중간상에게 요구되는 마케팅기능이 그다지 중요하지 않은 제품이나 서비스에 적합한 전략형태이다.

③ 선택적 유통은 소수의 제한된 유통판매망을 활용하는 전략을 의미하므로 고객이 선택가능한 지역시장 내에 경쟁제품이 존재하거나 이들 경쟁제품에 대한 정보를 고객이 어느 정도 추구하는 경우에 적합한 전략이다.

④ 경로집약도(Channel Intensity)와 관련하여 경로설계자가 선택할 수 있는 경로커버리지 대안으로 크게 집약적 유통, 선택적 유통, 전속적 유통 및 프랜차이즈 유통시스템을 들 수 있다.

⑤ 전속적 유통은 일정한 상권 내에 제한된 수의 소매점으로 하여금 자사 상품만을 취급하게 하는 전략을 말한다.

17 인사고과상의 오류에 대한 설명으로 가장 거리가 먼 것은?

① 현혹효과는 한 분야에 있어서의 어떤 사람에 대한 호의적인 또는 비호의적인 인상을 말하는데, 이는 다른 분야에 있어서의 그 사람에 대한 평가에 영향을 주는 경향을 말한다.

② 상동적 태도는 그 사람이 속한 집단을 지각하고 이를 바탕으로 그 사람을 판단하는 지각과정으로, 한 가지 범주에 따라 판단하는 오류이다.

③ 관대화 경향오류는 특정의 피평가자의 인상이나 요소를 감안하여 실제 능력이나 실적보다도 더 높게 평가하고 그 피평가자에게 후한 점수를 주는 평가자의 오류를 의미한다.

④ 후광효과의 예로 입사 면접자가 가진 지원자 정보 가운데 출신학교, 성적, 최종학위 등에 따라 그 사람이 다른 사람보다 일을 더 잘하고 리더십도 뛰어날 것이라고 판단하는 경향이다.

⑤ 논리적 오류는 평가자의 평소 논리적인 사고에 얽매여 임의적으로 평가해 버리는 경우로서 이는 각 평가요소간 논리적인 상관관계가 있는 경우 비교적 높게 평가된 평가요소가 있으면 다른 요소도 높게 평가하는 경향을 말한다.

18 다각화 · 통합전략 및 아웃소싱전략에 관한 다음 설명 중 가장 적절하지 않은 것은?

① 다각화는 특정기업이 성장추구, 위험분산, 범위의 경제성, 시장지배력, 내부시장의 활용 등을 목적으로 상이한 여러 산업에 참여하는 것을 말한다.

② 다각화는 효율적인 구매뿐만 아니라 기존 경쟁자의 퇴출과 신규기업의 진입억제를 위하여 다른 사업분야의 수익을 활용하여 해당시장에서 가격경쟁을 할 수 있다.

③ 아웃소싱전략은 가치사슬 상에서 2개 이상의 가치활동을 통합하여 수행하는 것으로 전방통합과 후방통합으로 구분된다.

④ 아웃소싱전략은 통제권상실로 인한 교섭력 약화, 기업정보노출 등의 위험이 있으며 관련 기업간 밀접한 상호협력관계를 유지하기 위한 효율적인 관리를 필요로 한다.

⑤ 시장의 거래비용이 과도하거나 기업의 운송 및 생산 등의 기술적 측면에서 경제성이 있을 때 수직적 통합이 발생한다.

19 기업의 미래 성장성과 수익성 및 위험 등을 정확하게 예측하기 위해서 필요한 구조적인 접근의 예로 대표적인 것은 Michael Porter의 5가지 요소이다. 이 요소 중에서 '신규진입자의 위협'과 관련된 내용으로 가장 적절한 것은?

① 영향을 주는 요소들은 공급자 수, 공급규모, 대체품 여부, 제품차별성, 공급업체 교체비용, 공급자의 전방통합가능성 등이 있다.

② 같은 사업은 아니지만 자신의 산업에서 생산하는 것과 비슷한 제품이나 서비스가 등장함에 따른 경쟁구도의 변화를 나타내는 것이다.

③ 산업의 성장률이 낮고, 고정비의 비중이 높으며 철수 장벽이 높을 때 산업의 경쟁은 치열해 진다.

④ 이에 영향을 주는 요인들은 구매비중 및 구매량, 제품의 차별화 정도, 교체비용, 구매자 수 등이 있다.

⑤ 영향 요소는 기존 기업이 공급측면에서 가지는 규모의 경제, 수요측면에서 고객들이 갖는 네트워크 효과, 고객이 갖는 전환비용, 설비나 R&D 등 초기 필요자본의 규모, 기존사업자가 갖는 기회선점에 따른 효과의 크기, 유통채널접근의 불평등성, 정부정책 등이 있다.

20 사람들이 식당에서 자기가 먹고 싶은 것을 자유롭게 선택하듯이, 기업이 다양한 복지후생 프로그램을 제시하고 종업원이 일정한 기준에 따라 자유롭게 자기에게 맞는 복지프로그램을 선택하는 것을 카페테리아식(Cafeteria Style) 후생복지라고 한다. 다음 중 카페테리아식 후생복지의 장점으로 보기 어려운 것은?

① 종업원의 욕구를 반영하므로 동기부여에 효과적이다.
② 후생복지 항목에 대한 예산의 효율적 배분이 가능하다.
③ 생산성 향상과 기업의 이미지 제고에 도움이 된다.
④ 제공되는 복지후생 프로그램의 효과 파악이 용이하다.
⑤ 종업원들의 선택에 의해 필요 없는 복지후생은 제공하지 않아도 되므로 운영비용도 줄일 수 있다.

21 새로운 조직형태로 매트릭스조직이라는 조직설계방식이 있다. 매트릭스조직에 대한 설명으로 가장 옳지 않은 것은?

① 필요한 전문가의 숫자를 줄일 수 있다.
② 명령의 통일성을 높일 수 있다.
③ 부문화의 강점은 살리고 약점은 피하고자 하는 조직설계방식이다.
④ 조직이 복잡하고 상호의존적인 활동을 수행할 때 조율이 용이한 조직형태이다.
⑤ 조직이 커지면 정보처리 능력에 한계가 올 수 있다.

22 유통기업의 조직구조에 대한 설명으로 가장 옳지 않은 것은?

① 조직의 유형에는 조직구성원의 역할에 대해 정형화한 공식 조직과 조직구성원의 사회적 관계나 네트워크에 의해서 자연스럽게 형성된 비공식조직이 있다.

② 유통기업이 조직을 설계할 때, 관리자가 효과적으로 관리할 수 있는 업무량을 기준으로 관리의 범위를 결정한다.

③ 조직구조에서 관리의 범위와 조직계층의 수 사이에는 반비례관계가 있다.

④ 조직의 부문화는 기능별 부문화, 지역별 부문화, 고객별 부문화 및 제품별 부문화 등으로 구분한다.

⑤ 매트릭스 조직은 이중 권한 체제로 인한 혼란과 갈등을 최소화하기 위해 최고경영자의 조정과 통합능력이 상대적으로 중요하다.

23 기업의 비용에 대한 설명으로 가장 옳지 않은 것은?

① 평균총비용이 가장 낮은 수준에서 생산할 때 기업은 최적생산수준이 된다.

② 한계비용곡선(MC)은 평균비용곡선(AC)의 최저점을 통과한다.

③ 한계비용이 평균비용보다 높다면 기업은 생산량을 늘려야 한다.

④ 생산량이 적을 때 장기평균비용이 높은 이유는 가변비용이 높기 때문이다.

⑤ 기업의 총비용(TC)은 고정비용(FC)과 가변비용(VC)으로 구성되어 있다.

24 조직내에서 태도와 행동개발에 있어서 피교육자의 참여와 체험을 중심으로 각종 조직개발기법들이 활용되고 있다. 다음 중 이러한 목적으로 활용되는 조직개발기법이라고 보기 어려운 것은?

① 감수성훈련(Sensitivity Training)

② 상호작용분석(Transactional Analysis)

③ 행동모형화(Behavior Modeling)

④ 역할연기법(Role Playing)

⑤ 팀 구축(Team Building)

25 활동기준원가계산(ABC) 기법에 대한 설명 중 가장 부적절한 것은?

① 간접비용을 실제 투입된 활동량에 따라 생산원가에 배분하는 기법이다.

② 전통적인 원가계산시스템이 간접비용을 제품원가에 정확하게 반영시키지 못함으로써 야기될 수 있는 원가왜곡 등의 단점을 보완한 기법이다.

③ 정확한 판매원가를 파악하는 데 가장 유용하게 사용되고 있다.

④ 기본적 산출물은 제품·서비스별 원가와 활동원가로서 활동기준경영관리를 위한 기초정보가 된다.

⑤ 활동기준경영(ABM ; Activity Based Management)을 가능하게 하여 기업성장을 지원한다.

26 출점전략의 핵심요소는 기업의 생명이 되는 사람·물질·돈·정보를 집중적으로 활용이 가능한 상태를 만드는 것이다. 이와 관련하여 시장력 우선전략·시장력 흡수전략·인지도 확대전략에 대한 내용으로 가장 적절하지 않은 것은?

① 시장력이 크다면 경합의 영향도도 크고, 시장력이 작으면 경합의 영향도도 작다.

② 인지도 확대전략은 가장 관건이 되는 것이 자사 경합으로, 타사 경합에 비해 영향도가 매우 크기 때문에 출점시 가장 유의해야 한다.

③ 시장력 우선전략은 출점전략의 기본으로 시장력이 높은 지역부터 출점하도록 해야 하는데, 그 이유는 시장력의 크기에 따라 경합의 영향도가 다르기 때문이다.

④ 지역에서 인지도를 확대시키고 신규 고객을 유치하기 위해서는 상품이나 체인을 인지시키는 광고뿐만 아니라 점포 그 자체를 인지시킬 수 있도록 고객과 접촉 횟수를 늘리려는 노력이 필요하다.

⑤ 시장력 흡수전략은 시장의 규모에 맞는 출점을 통해 그 시장이 갖는 잠재력을 충분히 흡수하기 위한 것이다.

27 쇼핑센터에 대한 설명으로 적절하지 않은 것은?

① 인구가 교외로 이동해 가면서 교외에 쇼핑센터가 성장하게 되었다.

② 쇼핑센터의 한 종류 중 쇼핑몰은 보행자에 초점을 둔 것이다.

③ 쇼핑센터의 한 종류로 스트립 쇼핑센터는 점포 바로 옆에 주차장이 있는 것을 말한다.

④ 일반적으로 쇼핑센터는 도시 상업지역에 비하여 상품구색이 열악하다는 단점이 있다.

⑤ 쇼핑센터는 전관의 임대가 가능하고, 다수업체의 집합이며, 통일적 운영관리와 업종의 혼합을 중요시 한다.

28 다음 중 복합용도개발의 장점으로 보기 어려운 것은?

① 공간을 생산적으로 사용할 수 있어 개발업체들이 선호한다.

② 많은 쇼핑객들을 유인할 수 있어 도매업체에게 인기가 있다.

③ 저밀도로 이용되고 있는 도심지역의 부분을 재개발함으로써 토지이용의 효율성을 제고할 수 있다.

④ 도심지에 주거기능을 도입함으로써 도심공동화를 방지하고 직주 접근을 실현할 수 있다.

⑤ 보행자 동선과 차도를 분리시켜 수송문제를 입체적으로 해결한다.

29 Christaller의 중심지이론에서 말하는 중심지기능의 최대도달거리(The Range of Goods and Services)란 무엇을 말하는가?

① 중심지에서 제공되는 상업기능이 배후지역 거주자에게 제공될 수 있는 한계거리
② 소비심리를 자극할 수 있는 마케팅활동이 영향을 미칠 수 있는 최대 거리
③ 정육각형으로 구성된 상위 중심지와 하위 중심지 사이의 거리
④ 상업중심지의 정상이윤 확보에 필요한 최소한의 고객이 확보된 배후지까지의 거리
⑤ 하나의 점포 또는 점포들의 집단이 고객을 유인할 수 있는 지역적 거리

30 다음 중 상업입지에 관한 소매인력의 법칙에 대한 설명으로 틀린 것은?

A 도시   B 도시

① 만일 A 도시가 B 도시보다 더 크다면 상권의 경계는 A 도시 쪽에 더 가깝게 결정될 것이다.
② 만일 A 도시와 B 도시의 크기가 같다면 두 도시 간의 상권의 경계는 중간지점이 될 것이다.
③ 레일리의 이론이다.
④ 뉴턴의 중력이론과 연관이 깊다.
⑤ 점포들의 밀집도가 점포의 매력도를 증가시키는 경향이 있음을 나타내는 법칙이다.

31 입지를 선정하기 위한 기준을 설명하고 있는 내용으로 옳지 않은 것은?

① 입지는 장기적으로 재원을 투자해야 하므로 인구의 증가, 고용률 등을 분석하게 된다.
② 소매입지분석은 잠재적 성장률이 향후 수요와 점포판매에 미치는 영향을 분석한다.
③ 다른 기업과의 경쟁정도는 입지선정에 있어 중요한 요소이다.
④ 인구의 수준, 성장, 경쟁 중 한 가지만 명확히 분석하면 합리적인 해당 상권정의가 가능하다.
⑤ 점포의 운영비용은 지역의 특성, 경쟁점포의 존재, 규제 등에 의해 영향을 받는다.

32 점포입지를 위해 장소를 선택한 이후, 소매업체들은 그 장소에 몇 개의 점포를 운영해야할 것인지 결정해야 한다. 이에 대한 설명으로 가장 옳지 않은 것은?

① 한 장소에 다수의 점포를 입지시키면 촉진과 유통에 있어 규모의 경제 효과를 얻을 수 있다.

② 다수의 점포를 입점시키면 개별 점포의 매출은 낮아지고, 당연히 전체 점포의 매출은 감소하게 된다.

③ 기존 점포로 인한 한계이익이 한계비용보다 높아지는 순간이 새로운 점포 입점 시점이다.

④ 프랜차이즈로 점포를 신설하는 경우 더욱 치열한 경쟁으로 인해 다점포 운영의 점포당 매출이 악화될 수 있다.

⑤ 새로운 점포 입점으로 인해 경쟁자의 수가 늘어나게 되면 결과적으로 입점 점포의 잠재성장력에 부정적인 영향을 준다.

33 우리 점포에서 제공되는 상품 외에도 다른 점포에서 판매되는 상품의 종류에 의해서도 고객의 크기가 결정될 수 있다고 볼 수 있는 원칙이 아닌 것은?

① 접근용이성의 원칙   ② 중간저지성의 원칙

③ 동반유인의 원칙   ④ 보충가능성의 원칙

⑤ 점포밀집의 원칙

34 소매점이 집적하게 되면 경쟁과 양립의 이중성을 가지게 되므로 가능하면 양립을 통해 상호이익을 추구하는 것이 좋다. 양립성을 증대시키기 위한 접근순서가 가장 올바르게 나열된 것은?

① 취급품목 – 적정가격 – 적정가격 대비 품질 – 가격범위

② 취급품목 – 가격범위 – 적정가격 – 적정가격 대비 품질

③ 적정가격 – 취급품목 – 가격범위 – 적정가격 대비 품질

④ 가격범위 – 적정가격 – 적정가격 대비 품질 – 취급품목

⑤ 가격범위 – 취급품목 – 적정가격 – 적정가격 대비 품질

35 신규 점포에 대한 상권분석의 서술적 방법 중에서 체크리스트법에 대한 내용으로 가장 적절하지 않은 것은?

① 상권의 규모에 영향을 미치는 요인들을 수집하여 이들에 대한 평가를 통하여 시장잠재력을 측정하는 것이다.

② 상권 확정에 분석자의 주관성이 많이 개입되며, 가능 매상고에 대한 예측력이 떨어진다는 단점을 가진다.

③ 특정 상권의 제반특성을 체계화된 항목으로 조사하고, 이를 바탕으로 신규점 개설 여부를 평가하는 방법으로 상권분석의 결과를 신규점의 영업과 마케팅 전략에 반영한다.

④ 부지와 주변상황에 관하여 사전에 결정된 변수 리스트에 따라 대상점포를 평가한다.

⑤ 이해하기 쉽고 사용하기 쉬우며, 비용이 상대적으로 적게 들 뿐만 아니라 체크리스트를 달리할 수 있는 유연성이 있다는 장점을 가진다.

36 Reilly의 소매인력법칙에 대한 설명 중 가장 올바른 것은?

① 소비자가 이동할 수 있는 거리는 상권을 형성하는 주된 개념이 된다. Reilly는 소비자가 물리적으로 이동할 수 있는 최대 거리의 범위가 최대 상권의 범위임을 증명하였다.

② 소비자가 고려하는 점포로 유추할 수 있는 상권의 주된 요소를 거리의 차이와 상점의 규모, 소비자의 효용, 점포의 시장점유율 등으로 보고 이를 모형에 적용하였다.

③ 이동하고자 하는 점포까지의 거리를 최소수요 충족거리와 최대도달거리로 구분하여 소비자가 이동하고자 하는 거리의 개념을 보다 구체화시켜 사용하였다.

④ Reilly가 제시한 이론은 편의품, 선매품, 전문품 등의 상품유형별 차이를 고려하지 않아 실제 상황에 적용할 때에는 이에 대한 고려가 필요하다.

⑤ 거리가 멀어짐에 따라 구매이동이 줄어드는 현상을 거리-감소함수로 파악하여 거리와 구매빈도 사이의 관계를 역의 지수함수의 관계로 보았다.

37 백화점 입지선정과 관련된 다음의 설명 중에서 가장 거리가 먼 내용은?

① 규모 면에서 대형화를 추구하므로 사람들의 접근성을 최대한 높여야 한다.

② 현재의 상권구조에 최대한 적응하는 현실적인 고려사항이 입지 선정에서 최우선시 되어야 한다.

③ 지하철, 철도역, 터미널 등 대중교통이 집결하는 곳이 좋은 입지가 된다.

④ 승용차의 접근성이나 주차의 편의성 또한 매우 중요한 입지조건이다.

⑤ 백화점의 입지를 선정할 때에는 대상지역의 주요 산업, 유동인구, 인근지역 소비자의 소비형태, 대중교통의 연계망 등 다양한 요소를 고려해야 하는데 최근에는 교통체증과 주차 공간의 부족 등으로 대형쇼핑센터 입지인 도시외곽지역도 고려되고 있다.

38 편의점은 소비자들의 접근이 용이한 주택가에 위치해서 24시간 영업하며 주로 생활필수품을 취급하는 소매점의 한 형태이다. 편의점이 제공하는 편의성을 잘못 연결한 것은?

① 입지의 편의성 – 밤늦은 시간에도 점포의 문을 열어놓아 소비자가 필요로 하는 상품을 살 수 있도록 한다.

② 장소적 편의성 – 다른 소매상과 달리 주택 인근에 위치해 있는 경우가 많아 이용하기에 편리하다.

③ 시간의 편의성 – 영업시간이 제한적으로 정해져있는 경우보다 24시간 동안 영업하는 경우가 많아 이용하기에 편리하다.

④ 수량조절의 편의성 – 생산 또는 배송수량과는 다르게 형성되는 구매수량을 조절하여 소비자가 필요한 만큼만 구매할 수 있도록 한다.

⑤ 구색의 편의성 – 필요로 하는 상품을 필요로 하는 양만큼을 구입하여 즉시 소비할 수 있도록 한다.

39 우리 동네에는 가, 나, 다 상점이 있다. '가' 상점은 규모가 6,400m² 이고 거리는 우리 집에서 4km 떨어져 있다. '나' 상점은 규모가 12,500m² 이고 거리는 우리 집에서 5km 떨어져 있다. '다' 상점은 규모가 100,000m² 이고 거리는 우리 집에서 10km 떨어져 있다고 할 때 Huff 모형을 이용하여 우리 집에서 '가' 상점과 '나' 상점을 이용할 가능성을 계산해 보시오. (단, 소비자가 고려하는 규모모수는 1, 거리모수는 −3으로 이용하시오.)

① $\dfrac{4}{19}$ ② $\dfrac{5}{19}$

③ $\dfrac{6}{19}$ ④ $\dfrac{1}{3}$

⑤ $\dfrac{2}{3}$

40 상권분석에서 쓰이는 중심지 이론에 대한 설명 중 올바르지 않은 것은?

① 유통서비스 기능의 최대도달거리와 수익을 실현하는 데 필요한 최소수요 충족거리가 일치하는 상권구조를 예측한다.

② 중심지를 기준으로 할 때 비용과 수요 모두 거리에 비례하여 증가하는 구조를 가지게 된다.

③ 중심지는 배후 거주지역에 대해 다양한 상품과 서비스를 제공하며 교환의 편의를 제공하는 장소를 의미한다.

④ 한 지역 내에 인구분포와 자연조건이 일정한 여러 상업중심지가 존재할 때 각 상업중심지에서 상업서비스 기능을 제공받을 수 있는 가장 이상적인 배후상권의 모양은 정육각형이다.

⑤ 비현실적인 가정을 포함하고 있으며, 도시기능에 대한 부분적 이론이라는 문제점이 지적되기도 한다.

41 점포선정시 체크포인트 중에서 '지역 체크'와 관련된 내용으로 가장 적절하지 않은 것은?

① 하고자 하는 업종의 일반적 조건이 맞는가?

② 인근의 상점가나 동종업종, 대형점포 등의 영업 상태는 어떤가?

③ 사람들이 얼마나 모이여 유동인구는 얼마나 되는가?

④ 상권 내의 주거상황과 소득수준, 세대주와 인구수 등은 어떤가?

⑤ 경쟁 점포는 어디에 위치하고 있으며 영업 상태는 어떠한가?

42 다음 중 중심상업지역(Central Business District)의 설명으로 옳은 것은?

① 중심상업지역은 대도시를 제외한 중소도시의 도심상업지역을 말한다.

② 복잡한 상업활동으로 인해 도심입지지역은 많은 사람을 유인하기 곤란하다.

③ 중심상업지역은 도보 통행량이 많고 대중교통의 중심지역이며, 사람들은 직장에 가기 위해서도 중심상업지역에 가야 한다.

④ 소매업체에게 가장 성공적인 중심상업지역은 그 지역에 많은 주민이 거주하기보다는 주민이 적게 거주하더라도 안락한 지역이 유리하다.

⑤ 중심상업지역은 접근성이 낮고, 지가도 저렴해서 저층화가 이루어지는 지역이다.

43 점포상권의 범위와 유통전략의 수단 사이에 존재하는 관계에 대한 설명으로 옳지 않은 것은?

① 유통전략 수단의 내용이나 수준이 동일한 조건인 경우에는 교통수단의 활용 용이성 정도가 상권의 크기를 결정할 수 있다.

② 같은 상업지구에 위치한 경우에는 점포의 규모에 따라 점포상권의 차이가 존재한다.

③ 점포의 규모가 비슷한 경우에는 취급하는 상품의 종류 및 특성에 따라 점포상권의 범위가 차이가 난다.

④ 소비자의 이동거리는 상품구색의 다양성 정도에 따라 정비례하여 지속적으로 증가한다.

⑤ 편의품 위주의 상품계열을 취급하는 소규모 점포보다 다양한 상품구색을 갖추고 있는 대규모 점포의 상권범위가 더 넓다.

44 다음 중 상권분석에 대한 설명으로 가장 거리가 먼 것은?

① 배후상권고객이란 목표상권의 지역경계 내에 거주하는 고객들을 지칭하며 상대적으로 도심지역의 점포보다는 외곽지대의 점포에서 매출기여도가 높다.

② 상권분석을 위해서는 배후상권고객뿐 아니라 점포주변에 근무하는 직장인이나 학생들과 같은 직장(학생)고객들도 분석의 대상에 포함시켜야 한다.

③ 유동고객에 대해서도 분석이 필요하며, 유동고객이란 기타의 목적을 가지고 점포주변을 왕래하는 거주민과 비거주민 모두를 의미한다.

④ 기존점포의 상권은 점포 내부 자료와 기타 다른 목적으로 수행된 조사자료 등의 기업 내 2차 자료를 이용하여 측정할 수 있다.

⑤ 어느 한 상권에 속한 고객의 특성은 배후상권고객, 직장(학생)고객, 유동고객에 포함되지 않는 다른 고객유형을 찾아 분석해야 정확하게 찾을 수 있다.

45 상권의 특징에 대한 다음 내용 중 옳은 것을 모두 고르면?

> ㉠ 동일한 직업의 사람들이 모이는 지역
> ㉡ 동일한 목적을 가지고 있는 사람들이 모이는 지역
> ㉢ 동일한 수준의 사람들이 모이는 지역
> ㉣ 동일한 연령이나 취미를 가지고 있는 사람들이 모이는 지역
> ㉤ 동일한 제품을 사용하는 사람들이 모이는 지역

① ㉠, ㉡, ㉢, ㉣   ② ㉠, ㉡, ㉢, ㉤
③ ㉠, ㉡, ㉣, ㉤   ④ ㉠, ㉢, ㉣, ㉤
⑤ ㉠, ㉡, ㉢, ㉣, ㉤

제 **3** 과목   **유통마케팅**

46 전문품에 대한 설명으로 보기 가장 어려운 것은?

① 구매자들이 상표 또는 점포의 신용 및 명성에 따라 구매하는 제품이다.
② 특정 상표만을 수용하려는 상표집착의 구매행동 특성을 나타내는 제품이다.
③ 전속적 유통경로를 활용한다.
④ 계획적 구매가 일반적이며 구매빈도는 매우 낮다.
⑤ 단가는 선매품에 비해 높으며, 구입시간과 노력은 선매품의 경우보다 적다.

47 시장세분화의 장점이라고 보기 어려운 것은?

① 시장의 세분화를 통하여 마케팅기회를 탐지할 수 있다.
② 제품 및 마케팅활동이 목표시장의 요구에 적합하도록 조정할 수 있다.
③ 규모의 경제가 발생한다.
④ 시장세분화의 반응도에 근거하여 마케팅자원을 보다 효율적으로 배분할 수 있다.
⑤ 소비자의 다양한 욕구를 충족시켜 매출액의 증대를 꾀할 수 있다.

48 피터 드러커 교수가 말한 마케팅 활동에 대한 견해와 일치하지 않는 것은?

① 스스로 대상을 명확히 선택하고 시장을 잘 파악하여야 한다.

② 경쟁의 무대에서 얼마나 훌륭한 가치를 고객에게 제공할 수 있는지 판단한다.

③ 고객중심, 고객지향적인 방식으로 모든 일을 진행한다.

④ 조직의 모든 역량이 CSM(고객만족경영)으로 가야 한다.

⑤ 고객이 구입하는 제품과 서비스 그 자체에 초점을 맞추어야 한다.

49 서비스마케팅 전략 수립에 필요한 내용에 관한 설명 중 가장 적절하지 않은 것은?

① 시장점유율보다는 고객점유율을 높이기 위하여 고객데이터베이스를 이용하여 기존고객과의 상호작용을 강화하려는 마케팅활동은 관계마케팅에 해당한다.

② 서비스를 제품개념으로 볼 때 서비스는 탐색적 속성, 경험적 속성, 신뢰적 속성 중에서 경험적 속성이 강한 제품에 속한다.

③ 서비스 기업이 고객에게 서비스를 판매하기 위하여 종업원을 훈련시키고 동기부여하는 종업원관리활동은 서비스마케팅 활동 중 내부마케팅(Internal Marketing) 활동에 속한다.

④ 서비스품질을 측정하기 위하여 개발된 SERVPERF 모형은 서비스 기대치와 성과치의 차이를 측정하는 방법이다.

⑤ 서비스는 유형제품에 비하여 가격차별화가 용이하기 때문에 가격차별화(Price Discrimination)를 통하여 이익을 올릴 수 있는 가능성이 상대적으로 높다.

50 촉진믹스(광고, PR, 판매촉진, 인적판매) 중 '인적판매(Personal Selling)'에 관한 설명이다. 다음 항목 중 틀린 것은?

① 인적판매는 효과계층모형의 여섯 단계(인지-지식-호감-선호-확신-구매) 중 인지와 지식 단계에 가장 큰 영향을 미친다.

② 촉진믹스 중에서 인적판매는 산업재 시장에서 촉진예산의 가장 높은 비중을 차지한다.

③ 인적판매는 전형적인 푸시(Push) 촉진정책이다.

④ 인적판매는 혁신적인 신제품 도입에 효과적인 촉진수단이다.

⑤ 인적판매는 고객 1인당 비용은 매우 많이 드나, 목표시장에 효율적으로 자원을 집중할 수 있다.

51 행거진열에 대한 다음 설명 중 적절하지 않은 것은?

① 고객을 향해 위쪽 방향이 정면이 되도록 걸어둔다.

② 동일 디자인의 상품은 무늬가 없는 것을 뒤에 배치한다.

③ 의류상품의 진열 시에는 페이스 아웃(Face Out) 시킨다.

④ 상품의 소매를 보이게 하여 색의 종류와 볼륨감을 나타나게 한다.

⑤ 주방용품이나 잡화용품 진열에 많이 사용하는 진열방법이며, 반드시 걸고리가 있는 걸이대에 진열해야 한다.

52 점포의 물리적 환경이 미치는 영향으로 가장 옳지 않은 것은?

① 기업에 대한 이미지를 형성하는데 중요하다.

② 점포 내에서 제공되는 서비스의 유형성 극복에 도움을 준다.

③ 고객의 구매결정과 서비스경험에 영향을 준다.

④ 적절한 사무공간, 온도, 공기 등은 직원의 행동에 긍정적 영향을 미친다.

⑤ 고객의 상품탐색의 용이성과 흥미로운 구매경험에 영향을 미칠 수 있다.

53 동기부여 이론에 관한 설명으로 가장 적절하지 않은 것은?

① 앨더퍼(Alderfer)의 ERG 이론에서는 인간의 욕구를 존재욕구, 관계욕구, 성장욕구로 구분하고 있으며, 충족-진행의 원리와 좌절-퇴행의 원리를 제시하고 있다.

② 핵크만(Hackman)과 올드햄(Oldham)의 직무특성이론에 의하면 종업원 개인의 성장욕구수준은 심리상태와 직무 수행결과에 아무런 영향을 미치지 않는다.

③ 맥그리거(D. McGregors)는 인간의 본성에 대한 두 가지 서로 다른 견해를 제기하였다. 부정적인 관점을 X이론, 긍정적인 관점을 Y이론이라 한다.

④ 허즈버그(Herzberg)의 2요인 이론(Two Factor Theory)에 의하면 위생요인이 충족되는 것은 단지 직무불만족 요인을 제거하는 것일 뿐이며, 직무만족에 영향을 주려면 동기요인을 강화해야 한다고 하였다.

⑤ 공정성이론(Equity Theory)에 의하면 허즈버그(Herzberg)가 제시한 위생요인과 동기요인 모두가 개인이 받는 보상(산출물)에 포함될 수 있다.

54 소매점 판매촉진(SP ; Sales Promotion)에 대한 다음 설명 중 옳지 않은 것은?

① 광고, 인적판매 등 다른 촉진수단과 독립적으로 사용할수록 그 효과가 상승한다.

② 과다하게 사용할 경우 점포이미지를 손상시킬 수도 있다.

③ 판매증대 효과가 단기적이다.

④ 소비자의 점포 방문율을 높일 수 있다.

⑤ 판매촉진이란 촉진대상자에게 실질적인 혜택을 줌으로써 조기의 시장반응 또는 보다 강한 시장반응을 고양시키기 위한 촉진활동이다.

55 관여도에 대한 다음 설명 중 적절하지 않은 것은?

① 소비자의 의사결정과정과 정보처리과정은 소비자의 제품관여도에 따라 달라진다.

② 소비자의 제품에 대한 관여도의 크기는 절대적인 것이다.

③ 관여도의 크기에 따라서 고관여도와 저관여도로 나눌 수 있다.

④ 관여도는 특정 제품군에 대하여 오랜 기간 지속적으로 관심을 갖는 지속적 관여도와 선물구매와 같은 어떤 대상에 대해 일시적으로 관심을 갖는 상황적 관여도로 나눌 수 있다.

⑤ 광고메시지에 대한 관심동기에 따라 인지적 관여와 감정적 관여로 나눌 수 있다.

56 바이럴 마케팅(Viral Marketing)에 대한 설명으로 가장 적절하지 않은 것은?

① 고객으로 하여금 업체를 대신해 주변의 다른 사람에게 재화나 서비스를 광고하게 만드는 마케팅 방법이다.

② 어떤 회사나 그 회사의 제품에 관한 홍보를 소비자들의 입을 빌어 전하는 방식이다.

③ Mass를 통하여 자연스럽게 소문이 나고 바이러스처럼 전파가 되어서 홍보가 되고, 구매동기를 불러일으키게 하는 것이다.

④ 미국이나 유럽에서는 국내보다 훨씬 빠르게 활성화 되어 있다.

⑤ 바이럴 마케팅의 특이한 점은 일반적인 Brand Awareness의 측정지표달성에 그치는 것이 아니라 구체적인 행위(구매)까지 연결하도록 프로그램한다는 것이다.

57 고객과의 접촉 시에 판매원이 행하는 판매제시(Sales Presentation) 유형 중 주로 고객이 이야기하게 하고, 이를 통해 판매실현으로 이어가는 방식을 일컫는 말은?

① 암송형 방식(Canned Approach)

② 자극-반응 방식(Stimulus-response Approach)

③ 합성형 방식(Formula Approach)

④ 욕구충족형 방식(Need-satisfaction Approach)

⑤ 판매실연(Demonstration)

58 포지셔닝의 유형에 대한 설명으로 가장 옳지 않은 것은?

① 제품 편익에 의한 포지셔닝이란 자사제품이 경쟁기업의 제품과 다른 기능적, 감각적 편익이나 속성 같은 차별점을 소비자에게 인식시키는 것을 말한다.

② 이미지 포지셔닝이란 고급성이나 독특성처럼 제품이나 점포가 지니고 있는 추상적인 편익으로 소구하는 방법을 말한다.

③ 가치 포지셔닝이란 제품의 가격이나 품질을 일정한 수준으로 포지셔닝하여 자사 제품이나 점포의 가치를 부각시키는 방식이다.

④ 경쟁제품 포지셔닝이란 소비자의 지각 속에 위치하고 있는 경쟁사와 명시적 혹은 묵시적으로 비교하게 하여 자사 제품이나 점포를 부각시키는 방식이다.

⑤ 사용자에 의한 포지셔닝이란 자사제품이 특정 사용자 계층에 적합하다고 소비자에게 인식시키는 방식이다.

59 풀 마케팅 전략(Pull Marketing Strategy)에 관한 다음 설명 중 가장 올바르지 않은 내용은?

① 풀 마케팅 전략을 사용하는 제조업체는 제품에 대한 광고나 그 밖의 프로모션 지출을 통해 (최종)소비자가 그 브랜드를 알고 찾아와 구매할 수 있도록 만드는 것이다.

② 풀 마케팅의 대표적인 성공사례 중 하나로 인텔은 고객들이 인텔브랜드의 칩 '인텔 인사이드'가 들어간 컴퓨터를 선호하도록 만든 예를 들 수 있다.

③ 최종소비자가 소매유통업체의 브랜드명성을 보고 쇼핑에 대한 의사결정을 할 경우 제조업체들이 소비자들이 즐겨가는 유통업체에게 자사의 제품을 취급하도록 펼치는 마케팅을 풀 마케팅이라고 한다.

④ (가격)협상의 주도권은 풀 마케팅 전략의 경우 제조업체에게 있다.

⑤ 소비자를 대상으로 제품·브랜드·기업명 등을 광고함으로써 소비자가 지명구매하도록 하려는 메이커의 판매전략을 말한다.

60 매장과 공간평가에 대한 설명으로 적절하지 않은 것은?

① 매장의 공간평가에는 단층 점포의 경우 개방된 전면이 가장 가치가 높다.

② 다층점포의 경우 고객들이 판매영역 내에 접근하게 하기 위해서는 수직이동시설이 인접되어 있어야 유리하다.

③ 다층의 경우 각 층이 구역으로 구분되어 있다면 수직 이동시설, 출입구, 주요 통로에 가장 가까이 있는 구역이 평균가치를 지닌 구역보다 2 ~ 3배의 가치를 지닌다.

④ 수직이동시설과 멀리 떨어져 있거나 통로로부터 쉽게 접근할 수 없는 구역에는 편의품·선호품위주로 진열하는 경우가 많다.

⑤ 충동구매상품은 주로 엔드 매대에 많이 배치하며, 소매점에서는 특별 판촉제품들을 엔드 매대에 배치하는 경우가 많다.

61 점포의 레이아웃(Layout)에 대한 다음 설명 중 적절하지 않은 것은?

① 점포 레이아웃이란 매장과 비매장, 통로 집기, 디스플레이도구와 진열장, 상품 등과 건물의 고정 시설들이 서로 적절한 관련성을 갖도록 정리 정돈하는 것을 말한다.

② 점포 레이아웃의 전제조건은 부문별로 상품을 적정하게 할당 및 배치하고, 전체적인 레이아웃을 결정하며, 각 매장에 할당된 공간의 규모를 결정해야 한다.

③ 근접성계획은 상품라인의 근접배치여부를 매출과 상관없이 계획을 수립하는 것을 말한다.

④ 거품계획이란 상품의 근접배치효과가 거품형태와 같이 매장과 후방시설들의 위치 및 크기에서 나타난다.

⑤ 블록계획은 거품계획이 완성된 후 실제 매장의 전체 영업면적을 그린 배치도의 작성계획을 말한다.

62 포장에 관한 다음 설명 중 적절하지 않은 것은?

① 종이는 디자인하기 용이하고 운반하기 유리한 장점이 있다.

② 목재는 내용품의 중량 및 용적에 비해 용기의 중량과 용적에 큰 단점이 있다.

③ 상업포장의 경우 판촉을 고려하지만 절대적인 것은 아니고 공업포장의 경우 판촉이 중요하다.

④ 상업포장은 매출신장을 위해 비용상승도 감수하지만, 공업포장은 항상 최저비용을 추구한다.

⑤ 개장은 사용자에게 건네지는 최소 단위의 포장이다.

63 진열방법에 대한 내용으로 옳지 않은 것은?

① 일부 의류업체는 매장의 전체적 이미지를 표현하기 위해서 아이디어 지향적 진열방식을 사용하기도 한다.

② 할인점, 식품점 등은 거의 모든 상품을 스타일이나 품목별로 진열하고 있다.

③ 곤돌라 진열이란 벽과 높은 곤돌라를 사용하여 상품을 수평적으로 진열하는데, 이는 좌에서 우로 이동하는 고객 시선의 자연스러운 흐름을 따르는 효과적인 진열이다.

④ 많은 양의 상품을 한꺼번에 쌓아 두는 방식을 적재진열이라고 한다.

⑤ 소매업체가 고객의 눈길을 끌기 위해 상품을 노출 시키고자 할 때 전면 진열을 한다.

64 광고의 유형에 관한 설명으로 가장 적절하지 않은 것은?

① 리치미디어광고(Rich Media Advertisement)는 동적인 화면으로 사용자의 흥미유발효과와 메시지 전달효과가 상대적으로 크지만 다른 정보를 얻기 위해 반드시 다른 사이트로 이동하여야 한다.

② 네거티브 광고(Negative Advertising)는 부정적이거나 금기시 되는 소재를 이용하여 시각적 충격을 주는 광고를 말한다.

③ 서브리미널 광고(Subliminal Advertising)는 잠재의식에 호소하는 광고로서 TV, 라디오, 영화 등에 인지불가능한 속도 또는 음량으로 메시지를 보내 구매활동에 자극을 주려는 광고이다.

④ 인포머셜(Informercial)이란 정보(Information)와 상업(Commercial)의 합성어로 제품이나 점포에 대한 상세한 정보를 제공하여 소비자의 이해를 돕는 광고기법으로 광고라는 느낌을 최소화하는 방법이다.

⑤ 티저 광고(Teaser Advertising)은 초기에 일부만 드러내고 호기심을 자극한 후 점차 전체 모습을 구체화시키는 광고로 처음에는 상품명이나 광고주를 알아볼 수 있는 메시지를 피하게 된다.

65 디스플레이에 대한 다음 설명 중 적절하지 않은 것은?

① 구색 진열은 고객이 제품을 보고, 느낄 수 있도록 진열해 두는 것을 말한다.

② 테마별 진열은 제품을 테마별로 특별한 분위기에 맞추어 진열하는 방식이다.

③ 패키지 진열은 개별 카테고리별로 제품을 진열하는 것을 말한다.

④ 옷걸이 진열은 걸어서 보여주게 되는 제품을 위한 기능적인 효용을 가지고 있다.

⑤ 케이스 진열은 무겁거나 쌓일 수많은 제품들을 진열하기 위해 이용되는 방식이다.

66 판매촉진에 관한 다음의 설명 중 가장 적절하지 않은 것은?

① 소비자에 대한 판매촉진 중 사은품(Premium)이란 일정한 기간 동안 어떤 상품을 구입한 사람들에게 다른 상품을 무료 또는 낮은 가격으로 제공하는 것을 말한다.

② 소비자에 대한 판매촉진 중 콘테스트(Contests)란 소비자들에게 상당한 지식이나 기술을 요하는 문제를 낸 다음, 이를 맞춘 사람들에게 상을 주는 것을 말한다.

③ 중간상에 대한 판매촉진 중 광고공제(Advertising Allowances)란 소매기업이 자신의 고물에 어떤 상품을 중점 광고해주는 대가로 제조기업이 상품 구매가격의 일정 비율을 공제해주는 것을 말한다.

④ 중간상에 대한 판매촉진 중 진열공제(Display Allowances)란 소매기업이 점포 내에 어떤 상품을 일정 기간 동안 눈에 잘 띄게 진열해 주는 대가로 제조기업이 상품 구매가격의 일정 비율을 공제해주는 것을 말한다.

⑤ 중간상에 대한 판매촉진 중 고정고객우대(Patronage Awards) 프로그램이란 소매기업이 신상품을 취급해주는 대가로 제조기업이 소매기업에게 일정 액수의 현금을 지불해주는 것을 말한다.

67 상품관리 및 구성에 대한 설명 중 가장 옳지 않은 것은?

① 구색계획(Assortment Planning)은 특정 상품 카테고리에 대한 재무 및 상품기획 상의 목표를 계획하는 것이다.

② 소매점이 판매하는 모든 상품의 종류와 조합을 상품구색 또는 상품구성이라 한다.

③ 상품계열은 유사한 성능, 동일한 고객층, 동일한 가격대 등과 같이 서로 관련성이 있는 상품군을 말한다.

④ 전문점의 상품계열 깊이(Depth)는 한정되어 있으나 백화점과 할인점은 깊다.

⑤ 상품 믹스(Product Mix)란 취급하고 있는 제품계열, 제품 품목, 상표의 구성 패턴 등의 집합을 말한다.

68 다음 중 수직적 진열(Vertical Display)에 대한 설명으로 가장 올바른 것은?

① 소매점 상표 부착상품을 황금지역(Golden Zone)에 진열한다.

② 가능한 많은 양의 상품이 시야에 들어오도록 진열한다.

③ 벽이나 곤돌라를 이용하여 상품을 진열한다.

④ 시선의 흐름을 오른쪽에서 왼쪽, 위에서 아래쪽으로 유도한다.

⑤ 고객의 시선과 관계없이 남는 공간에 진열한다.

69 소매업체의 가격전략 중 고저(High-Low) 가격결정 전략에 대한 설명으로 가장 옳지 않은 것은?

① 광고와 운영비를 절감할 수 있다.

② 가격차별화를 통해 수익이 증가할 수 있다.

③ 가격에 민감한 고객을 유인할 수 있다.

④ 낮은 가격 제공과 함께 시연, 경품 제공 등을 실시하기도 한다.

⑤ 지불능력이 많은 고객에게는 상대적으로 높은 가격에 판매할 수 있다.

70 소매기업들은 마케팅 전략을 수립할 때, PLC(제품수명주기, Product Life Cycle)를 활용하여 마케팅 전략을 수립하는 경우가 많다. 그러나 PLC 이론은 많은 한계를 지니고 있는데, 다음 중에서 한계점의 지적으로서 틀린 것은?

① 마케팅 계획의 수립과 통제에는 이용될 수 있지만, 그 활용은 쉽지 않다.

② 수명주기의 유형이 형태(모양)와 기간 면에서 다양함에도 불구하고, 획일적으로 묘사되어 있다.

③ 마케팅 관리자들은 그 제품이 PLC 상에서 어느 단계에 있는지 정확하게 알고 있지만, 각 단계별 마케팅 목적을 명확히 정의할 수 없다.

④ PLC의 형태는 판매가 어떤 필수적인 과정으로 나타나기보다는 마케팅 전략의 성과물에 불과하다.

⑤ PLC는 수요를 예측하는 데는 유용하지 못하다.

71 다음은 물류정보 및 물류정보시스템에 관련된 설명이다. 다음 중 가장 적절하지 않은 것은?

① 상품의 흐름과 물류정보의 흐름에는 충분한 시차가 필요하다.

② 물류정보시스템은 리드타임 정보와 수요예측 정보를 제공하여 기업의 생산량을 예측하고 물류거점 입지를 결정하는데 중요한 정보로 활용된다.

③ 물류정보시스템을 통해 정보의 공유가 가능해짐으로써 생산계획과 조달계획을 조정할 수 있다.

④ 사전에 설정된 설비, 시설활용 목표, 서비스 수준 목표, 그리고 실제 달성된 서비스 수준을 비교하여 물류활동의 참고자료로 이용할 수 있다.

⑤ 물류정보는 생산에서 소비에 이르기까지 물류활동을 구성하고 있는 운송, 보관, 하역, 포장 등의 제 기능을 유기적으로 결합하여 전체적인 물류관리를 효율적으로 수행하게 하는 정보시스템이다.

72 다음 중 POS(Point Of Sale) 시스템에 대한 설명으로 옳지 않은 것은?

① 판매장의 판매시점에서 발생하는 판매정보를 컴퓨터로 자동 처리하는 시스템이다.

② 판매장, 음식점, 전문점 등 여러 유통분야에 적용되고 있다.

③ POS 시스템과 바코드는 서로 다른 시스템 상에서 이용된다.

④ POS 시스템은 금전등록기를 이용하여 일일이 자료를 입력하는 것에 비해 시간과 노력을 절약할 수 있다.

⑤ POS 시스템에서는 상품별 판매정보가 컴퓨터에 보관되고, 그 정보는 발주, 매입, 재고 등의 정보와 결합하여 필요한 부문에 활용된다.

73 지식경영에 대한 설명과 직접적인 관련이 가장 적은 것은?

① 지식경영이 필요한 이유는 지적 자산이 물리적 자산이나 금융자산 못지않게 중요해 졌기 때문이다.

② 종업원의 집단적 경험이나 지혜를 신속히 조직전체에 확산시킬 필요가 있기 때문이다.

③ 정보의 컴퓨터 데이터베이스화가 필요하다.

④ 전문식견이나 기술을 쌓은 종업원들을 차별적으로 우대함으로써 지식과 기술의 외부누출을 막아야 한다.

⑤ 지식경영 시스템은 잉여자산을 줄이고 조직을 보다 효율적으로 만들 수 있다.

74 다음 중 고객관계관리(CRM)에 대한 설명으로 가장 적절하지 않은 것은?

① 고객데이터와 정보를 분석·통합하여 개별 고객의 특성에 기초한 마케팅활동을 계획·지원·평가하는 과정을 말한다.

② 한 사람의 우수한 고객을 통해 기업의 수익성을 높이며, 이러한 우수한 고객을 유지하는 것에 중점을 두고 있다.

③ 우리 회사의 고객이 누구인지, 고객이 무엇을 원하는지를 파악하여 고객이 원하는 제품과 서비스를 지속적으로 제공함으로써 고객을 오래 유지시키고 이를 통해 고객의 평생가치를 극대화하여 수익성을 높이는 통합된 고객관계관리 프로세스이다.

④ 기존의 마케팅 방향은 기업의 입장에서 제품을 생산한 것이었다면, CRM은 고객과의 관계를 기반으로 고객의 입장에서 상품을 만들고 고객의 니즈를 파악하여 그 고객이 원하는 제품을 공급하는 것이다.

⑤ 온라인상의 고객 접촉수단과 원리를 활용하여 축적되는 기업 내·외부의 고객 관련 정보를 분석하여 고객만족도를 향상시키고 고정고객화를 통해 고객로열티를 증진시켜 궁극적으로 수익구조를 개선하는 경영관리활동을 말한다.

75 다음 중 지속적인 상품보충(CRP)에 대한 설명으로 옳은 것은?

① 점포·상품별 판매 예측치는 적절한 재고목표치를 설정하는 데 사용되며, 시계열적인 판매데이터, 계획된 판촉행사, 계절조정 등을 기초로 하여 작성된다.

② 유통공급망 내에 있는 업체들 간에 상호협력적인 관행으로써 기존의 전통적인 관행인 경제적인 주문량에 근거하여 유통업체에서 공급업체로 주문하던 방식과 달리 실제 판매된 판매데이터와 예측된 수요를 근거로 하여 상품을 보충시키는 방식을 말한다.

③ 협업적 계획수립을 위해서는 모든 거래 파트너들이 주문정보에 대한 실시간 접근이 가능해야 하며, 모든 참여자들은 공통된 하나의 스케줄에 따라서 운영활동을 수행한다.

④ 창고나 물류센터로 입고되는 상품을 보관하지 않고 곧바로 소매점포에 배송하는 물류시스템으로서 보관 및 피킹 작업 등을 생략하여 물류비용을 절감할 수 있다.

⑤ 유통업체와 공급업체 간의 협조를 통하여 소비자의 구매형태를 근거로 하여 소비자 구매패턴, 상품 및 시장동향 등을 파악하여 카테고리를 관리함으로써 업무를 개선시키고자 하는 것을 말한다.

76 경영자가 의사결정을 하기 위해서는 우선적으로 자료(Data), 정보(Information) 및 지식(Knowledge)의 내용을 구별할 필요가 있다. 다음 중 특히 '정보'에 대한 설명과 가장 거리가 먼 것은?

① 정보는 미래의 불확실성을 감소시킨다.

② 다양한 종류의 정보가 축적되어 특정 목적에 부합하도록 일반화된다.

③ 개인이나 조직이 의사결정을 하는데 사용되도록 의미 있고 유용한 형태로 처리된 것이다.

④ 인간이 판단하고 의사결정을 내리고 행동할 때 그 방향을 정하도록 도와준다.

⑤ 정보의 특성으로는 정확성, 신뢰성, 단순성, 적시성 등이 있다.

77 다음 중 의사결정지원시스템의 특징과 거리가 먼 것은?

① 사회적 요구, 규율 등에 영향을 받지 않고 정황의 근거에 대한 편중되지 않은 평가가 가능하다.

② 모델설계자가 정해 놓은 사실, 미리 설정된 문제만을 고려하는 경직성을 가진다.

③ 유연성과 주관적 판단을 통해 문제에 관한 통찰력을 가진다.

④ 시장참여자의 의사결정을 지원하는 것으로 경영자의 판단력을 근본적으로 대체하지는 못한다.

⑤ 의사결정지원시스템은 효율적인 모델구축을 위해서 기술전문 인력이 필요하다.

78 다음 중 e-마켓플레이스의 특징과 기능에 대한 설명으로 가장 적절하지 않은 것은?

① 전자상거래의 가장 뚜렷한 특징 중 하나인 '시·공간의 제약 극복'에 따라 다양한 업종에 걸쳐 다양한 품목의 국제적 거래에 적합하다.

② 단순히 오프라인 상의 시장기능을 온라인상으로 옮겨놓은 것이 아니라 전자상거래의 발전된 개념이고, 그 범위를 확장시킨 개념이기 때문에 전자상거래의 특징을 포함하게 된다.

③ 인터넷 상의 가상시장으로서 제품, 서비스, 정보 등 기업의 구매 및 판매와 관련된 모든 서비스를 제공하는 공급자와 구매자의 B2B 전자상거래 커뮤니티로 'e-비즈니스의 결정판'으로 불린다.

④ 오프라인 상에서의 불필요하고 복잡한 거래과정들의 해소가 e-마켓플레이스의 과제로 남아있는 상황에서 거래 소요시간 및 거래비용이 상대적으로 많다고 할 수 있다.

⑤ 기존의 상거래기능만 존재하던 B2B 쇼핑몰 사이트와는 완전히 다른 개념으로 인터넷을 수단으로 구매기업과 공급기업 사이를 완전히 연결·통합하는 혁신적인 패러다임이다.

79 소비자의 측면에서 볼 때 전자상거래의 기대효과에 대한 내용으로 가장 적절하지 않은 것은?

① 편리하고 경제적이며 가격이 저렴하다.

② 비교구매가 가능하며 심리적으로 편안한 상태에서 쇼핑이 가능하다.

③ 충분한 정보에 의해 상품을 구입할 수 있다.

④ 일시적인 충동구매를 감소시키고 계획구매가 가능하다.

⑤ 시간적·공간적 제약에서 자유로우며 효율적인 마케팅 및 서비스가 가능하다.

80 유통정보시스템 구축을 위한 데이터 관리에 대한 설명으로 가장 옳지 않은 것은?

① 데이터베이스(DB)는 데이터 관리의 중복을 최소화하고, 데이터 무결성 및 접근 권한 등 보안성을 고려함으로써 많은 사용자가 동시에 접근하더라도 데이터의 안전성과 신뢰성이 보장되도록 설계되어야 한다.

② 유통정보시스템은 기업의 유통활동을 지원하기 위한 업무기능을 전자적으로 구현하고 이와 관련된 데이터를 통합적으로 저장·관리할 수 있도록 지원하는 시스템이다.

③ 유통정보시스템의 데이터 웨어하우스는 기업의 운영시스템과 통합되며, 운영시스템으로부터 많은 데이터가 공급된다.

④ 기업의 유통업무 활동지원과 관련된 원자재, 부자재, 공급자, 조달가격 등을 외부데이터로, 고객불만처리대장, 고객성향, 고객서비스기록 등을 내부데이터로 대별하여 볼 수 있다.

⑤ 외부 데이터베이스에는 협력업체, 경영정보, 서비스 제공정보, 연구결과, 시장분석, 소비자분석, 정치 · 경제환경 분석, 사회문화 정보 등이 있다.

81 유통정보시스템에 대한 내용 중 가장 옳지 않은 것은?

① 유통정보시스템은 유통과정에 관련된 다양한 정보수집에 의해 의사결정권자가 목표달성을 효율적으로 수행하는 데 도움을 줄 수 있도록 정보의 흐름을 통합하는 정보시스템이다.

② 유통정보시스템을 도입함에 따라 수요자로 하여금 공급자의 정확한 요구사항을 더욱 잘 파악할 수 있게 된다.

③ 정형성과 개방성을 가지고 적절한 정보와 조직적인 흐름을 통해 의사결정을 지원해야 하며, 전사적 협력을 기반으로 유통산업의 업무특성을 고려하여 개방적 시스템의 구축이 필요하다.

④ 유통정보시스템의 구축과정은 일반적으로 기획단계, 기술적 구현단계 그리고 실무적용 단계의 과정을 거친다.

⑤ 단기적이고 즉흥적인 문제해결을 위한 시스템이 아니라 상시적이면서 급변하는 환경에 신속히 대응해야 한다.

82 다음은 정보기술 분야의 표준화가 필요한 이유를 설명하고 있다. 사실과 다른 것은?

① 비용 절감 - 대량생산을 통해 규모의 경제를 실현, 기술의 중복투자 방지, 기술이전 촉진 등 연구 · 개발 비용 절감

② 다른 시스템과의 연계 - 호환성, 상호운용성의 제공으로 같은 기종 또는 다른 기종 간에 정보교환 및 처리 가능

③ 무역활성화 - 기술 무역장벽 제거 및 국제 교역 활성화 촉진

④ 공공안전 및 보호 - 국가의 안보와 안전 등 공공의 안전을 위해 필요한 표준을 제정하여 국민의 삶의 질 향상을 도모

⑤ 완벽한 진입장벽 구축 - 표준을 사용한 제품 및 서비스로 신규기업의 진입을 억제

83 다음 중 의사결정단계에 대한 설명으로 가장 적절하지 않은 것은?

① 의사결정단계는 사이몬(H. A. Simon)의 모형으로서 인지 및 탐색 → 대안설계 → 선택 → 실행 순으로 이루어진다.

② 인지 및 탐색단계는 문제의 본질을 인식하고 자료를 수집하는 단계로서 정보시스템은 의사결정이 필요한 상황에 대한 정보와 문제해결을 위해 필요한 대내외적 환경에 대한 정보를 제공하여야 한다.

③ 실행 및 통제단계에서는 선택된 여러 가지 대안 중에서 최적의 대안을 실행할 수는 있으나 의사결정의 성공여부는 추적할 수 없다는 한계점을 가지고 있다.

④ 선택단계에서는 정보시스템을 활용하면 검토 중에 있는 여러 대안 중에서 적절한 대안을 선택하는 데 도움을 받을 수 있으며, 실질적으로 대부분의 의사결정자들은 의사결정시 최적 수준보다는 만족할 만한 수준을 선택하는 경향이 있다.

⑤ 대안설계단계는 문제해결을 위해 여러 가지 대안을 계획하는 단계로 의사결정대안을 개발하고 평가하는 것까지 포함되며, 특히 고려해야할 점은 의사결정 상황이 정형적인가 비정형적인가 또는 구조적인가 비구조적인가를 파악하는 것이다.

84 국제표준상품식별코드는?

① UNSPSC
② GTIN
③ GDTI
④ GINC
⑤ EPC

85 비교구매 비즈니스 모델의 종류와 설명으로 바르게 연결되지 않은 것은?

① 다척도 비교 모델 – 각 판매자들은 사용자들로부터 주어지는 고정된 요구 사항에 대해서 자기가 제공 가능한 제품의 부분 사양을 제공하고, 이런 후보 제품들에 대해서 여러 가지 척도를 적용함으로써 최종 상품의 선택을 돕는다.

② 단순 비교 모델 – 판매자가 즉각적인 비교에 의해 제품을 판매하는 유통자 모델이다.

③ 제조자 시발 비교 모델 – 판매자의 하나인 제품의 제조자가 직접 비교 주체가 되어, 같은 제품군을 판매하는 판매자들을 비교 대상으로 삼아서 경쟁적 비교를 일으키는 형태이다.

④ 판매 구성 전문가 시스템 모델 – 구매자의 상황에 맞게 사양을 변경하거나 제품의 구성을 변경해 주는 서비스를 전문가 시스템의 추론 기능을 이용해서 제공하는 시스템이다.

⑤ 경쟁자 시발 비교 모델 – 경쟁적 비교 구매를 촉발시키는 비즈니스 모델 중에서 가장 적극적인 형태로서 시장 안에 존재하는 경쟁자가 다른 판매자들의 특정 상대를 지목해 비교 대상으로 삼는 형태이다.

86 유통정보시스템의 구성요소로 가장 옳지 않은 것은?

① 하드웨어(Hardware)
② 소프트웨어(Software)
③ 데이터베이스(Database)
④ 커뮤니티(Community)
⑤ 운영요원

87 다음 중 SCOR(Supply Chain Operations Reference) 모델의 활용 이점에 대한 내용으로 가장 적절하지 않은 것은?

① 기업이 공급사슬을 구축하는 데 참고할 모형을 제공한다.

② 용어와 비즈니스가 표준화되기 때문에 컨설턴트, 시스템 통합 업체, 사용자 간의 의사소통이 용이해진다.

③ SCOR을 이용한 자사의 철저한 분석을 통해 프로세스 과부족이나 과잉 처리 등이 표면화되어 대응책 마련이 용이해진다.

④ 표준 비즈니스 프로세스마다 각기 지향해야 할 자세나 개선안이 한 기업의 경계를 뛰어 넘어 논의될 수 있다.

⑤ 비즈니스 프로세스에 대한 체계적인 교육이 가능해지며, 최선의 실행(Best Practice) 선택이나 필요한 하드웨어 요구 사항을 정의할 수 있다.

88 성공적인 웹사이트 구축을 위해 고려해야 할 요인으로 가장 거리가 먼 것은?

① 정보의 내용이 진위와 더불어 공신력이 있는 내용이어야 한다.

② 새로운 정보의 추가 및 갱신을 신속하게 수행하여야 한다.

③ 첫 방문자도 찾고자 하는 목표를 쉽게 찾아 갈 수 있도록 하여야 한다.

④ 판매된 제품을 바탕으로 응용할 수 있는 툴(Tool)의 제공 등 콘텐츠 내용의 전문화가 필요하다.

⑤ 넓은 구조보다는 깊은 구조를 갖도록 디자인하여야 한다.

89 고객을 관리하기 위해 고객정보를 분석하는데 활용되는 데이터 마이닝기법과 그 내용으로 가장 옳지 않은 것은?

① 연관성분석 – 데이터 안에 존재하는 품목간의 연관성 규칙 발견

② 회귀분석 – 하나의 종속변수가 설명(독립) 변수들에 의해서 어떻게 설명 또는 예측되는지를 알아보기 위해 변수들 간의 관계를 적절한 함수식으로 표현하는 통계적 방법

③ RFM 모형 – 고객의 수익기여도를 나타내는 세 가지 지표(최근성, 구매성향, 구매횟수)들을 각 지표별 기준으로 정렬하여 점수화 하는 방법

④ 군집분석 – N개의 개체들을 대상으로 P개의 변수를 측정하였을 때 관측한 P개의 변수값을 이용하여 N개 개체들 사이의 유사성 또는 비유사성의 정도를 측정하여 개체들을 가까운 순서대로 군집화 하는 통계적 분석방법

⑤ 의사결정나무 – 의사결정규칙을 나무구조로 도표화하여 분류와 예측을 수행하는 분석방법

90 다음 중 전자상거래 배송에 관한 내용 중 잘못된 것은?

① 배송은 재화와 용역을 효용가치가 낮은 장소에서 효용가치가 높은 장소로 이동시키는 행위이다.

② 인터넷 상점에서는 일부 무형상품을 제외하고 모두 배송되어야 한다.

③ 인터넷 상점 사업자가 직접 상품을 생산하느냐, 단순판매만을 하느냐에 따라 배송형태가 달라질 수 있다.

④ 디지털 상품은 물리적 상품에 비해 상대적으로 배송 관련 초기 구축비용이 많이 든다.

⑤ 디지털 상품의 경우 운영비용이 상당히 저렴하다.

제 9 회 최종모의고사

형 별	A형	제한시간	100분	수험번호	성 명

※ 5개의 답항 중 가장 알맞은 1개의 답항을 고르시오.

유통 · 물류일반관리

01 기업이 전략을 수립하기 위하여 고려할 환경에 대한 다음 설명 중 옳지 않은 것은?

① 경쟁자, 공급자, 소비자 등의 산업환경은 기업의 외부환경이면서 미시환경에 해당한다.

② 경제적, 정치적, 기술적 환경 등은 기업의 외부환경이면서 거시환경에 해당한다.

③ 기업은 외부환경을 분석함으로써 기업의 강점과 약점을 파악할 수 있다.

④ 기업구조, 기업문화, 기업내부자원 등은 기업의 내부환경에 속한다.

⑤ 기업의 내부환경의 분석을 통해서 자원과 역량 등을 파악할 수 있다.

02 제조업체 A사의 유통경로전략 중에서 집약적(Intensive) 유통에 대한 설명으로 가장 거리가 먼 것은?

① 집약적 유통경로는 소비자가 특정 점포 및 브랜드에 대한 애호도가 높은 경우에 선호되며, 소비자들의 충동구매를 증가시킬 수 있다.

② 장기적으로 시간이 흐르면서 다수의 경로구성원들이 A사 제품의 소매가격을 경쟁적으로 낮추어 제품의 이미지를 손상시킬 수 있다.

③ 경쟁적으로 제조업체 A사 제품의 소매가격이 낮아지기 때문에 유통업자들은 마진축소에 따른 서비스 품질을 낮추려고 할 수 있다.

④ A사 제품의 소매가격이 낮아짐으로 인한 문제점은 유통업자들의 촉진활동도 위축시켜 판매량 감소로 이어질 수 있다.

⑤ A사 제품의 판매량이 감소하면 점차 유통업자는 점증하는 재고에 부담을 느껴 제조업체로의 반품이 증가할 수 있다.

03 프랜차이즈 시스템의 성장 배경 및 관련된 일반적인 내용으로 가장 적절하지 못한 것은?

① 제조업중심 경제가 서비스중심 경제로 옮겨가는 추세이다.

② 프랜차이징은 유망한 수출사업이 되고 있다.

③ 다양한 품질을 바탕으로 하는 맞춤서비스에 대한 수요가 증가하고 있다.

④ 인지도가 높은 전문품에 대한 수요가 증가하고 있다.

⑤ 프랜차이즈 시스템에서 본부는 가맹점과 계약을 체결하고, 가맹점에게 상호, 상표, 상징 및 경영노하우를 사용할 권리를 준다.

04 기업의 여러 가지 기능 중에서 핵심적인 기능은 직접수행하고, 그 외의 기능을 외부기업에 아웃소싱으로 대체함으로써 조직 규모를 축소하고 효율성을 높이고자 채택하는 새로운 조직형태를 가장 잘 설명하고 있는 것은?

① 관료제 조직(Bureaucracy Organization)

② 무경계 조직(Boundaryless Organization)

③ 가상 조직(Virtual Organization)

④ 매트릭스 조직(Matrix Organization)

⑤ 네트워크 조직(Network Organization)

05 다음 유통 환경의 변화와 소매업의 역할에 대한 설명 중 옳지 않은 것은?

① 기업의 미래는 기업 내부의 관리 능률보다는 전략적 결정의 유효성에 달려 있다.

② 기업의 마케팅 활동에 영향을 미치는 거시적 환경 요인 중 하나는 시장의 규모와 그 시장의 성장률이다.

③ 교육 수준이 향상되면 좋은 직장에서 높은 임금을 받을 수 있게 되어 구매력이 증가된다.

④ 소매업의 판매 대상은 총 인구라 할 수 있으므로 총 인구가 증가하면 소비시장은 확대된다.

⑤ 소비 면에서도 욕구가 다양화·고급화·개성화되고 '생활의 질' 또는 '풍요로움'을 추구하는 소비패턴을 보이며, 합리적인 구매행동을 하게 된다.

06 유통산업 및 이와 관련한 설명으로 옳지 않은 것은?

① 유통산업은 도매상, 소매상, 물적 유통기구 등과 같이 유통기능을 수행·지원하는 유통기구들의 집합이다.

② 백화점, 할인점, 편의점 등 유통산업의 신업태는 높은 성장을 보이고 있으며, 수명주기상 성장기~성숙기에 분포되어 있다.

③ 유통업태 발전이론 중에서 아코디언이론은 소매점의 진화과정을 소매점에서 취급하는 상품믹스의 확대 → 수축 → 확대 과정으로 설명한다.

④ 소매차륜이론은 새롭고 혁신적인 업태로 시작하여 새로운 아이디어를 가진 차세대 소매업태에 의해 끝나게 된다는 것이다.

⑤ 적응행동이론은 소비자의 소매점 선택에 점포가 제공하는 서비스의 정도와 상품의 가격이 영향을 미친다는 가설을 설정하여 새로운 업태의 출현을 설명하는 이론이다.

07 물류서비스 수준 결정의 원칙 및 그와 관련된 일반적인 내용에 대한 설명이다. 옳은 것은?

① 경쟁자의 서비스 수준에 도달하는 정도까지 매출액도 수확 체감의 원칙에 입각하여 증가한다.

② 경쟁자의 서비스 수준을 넘어설 때 매출액은 증가하지만 매출액증가는 수확체증의 원칙이 작용한다.

③ 서비스 수준이 극도로 높으면 높을수록 매출액도 따라서 증가하는 것이 일반적이다.

④ 매출과 서비스의 관계에서 경쟁자의 서비스 수준을 넘어서는 2단계가 물류 시스템이 운영되어야 하는 영역이다.

⑤ 물류서비스 수준 결정은 매출액과 그에 따른 물류비용 및 고객의 서비스 수준을 비교하여 기업의 이윤이 최소화되는 점에서 선택한다.

08 포터(Porter, M.)는 산업의 경쟁구조에서 수익성을 결정짓는 다섯 가지 요인을 제시하였다. 다음 보기 중에서 이에 적합하지 않은 요인은?

① 신규 기업의 참여　　　　　　　　② 대체품의 위협

③ 공급자의 교섭력　　　　　　　　④ 기존 기업들간의 경쟁

⑤ 기술경쟁력

09 소매점의 영업비용은 판매비용, 일반비용, 관리비용으로 분류할 수 있다. 다음 중 소매점의 판매비용에 포함되는 항목만으로 묶은 것은?

㉠ 점포임대료	㉡ 판매원의 보수
㉢ 공공요금	㉣ 화재보험료
㉤ 복리후생비	

① ㉠, ㉡　　　　　　　　　　　　② ㉠, ㉢

③ ㉡, ㉣　　　　　　　　　　　　④ ㉠, ㉣

⑤ ㉡, ㉤

10 유통기업의 경영전략을 계층적으로 구분할 때, 다음 중 사업전략(Business Strategy)에 해당하는 것은?

① GE/Mckinsey 매트릭스 또는 BCG 매트릭스를 통해 사업부를 평가한다.
② 수평적 통합을 통해 우리 기업과 유사한 경쟁기업을 인수한다.
③ 자신의 핵심부문만 내부화하고, 그 외 비핵심부문은 아웃소싱(Outsourcing)을 한다.
④ 경쟁관계에 있는 기업과 경쟁하기 위해 차별화 전략을 추구한다.
⑤ 판매원의 자질향상을 위해 교육과 근로환경을 개선한다.

11 목표에 의한 관리(MBO)이론에 대한 설명으로 가장 옳은 것은?

① 장기계획이 만들어질 수 있는 상대적으로 안정적인 상황에서 효율적이다.
② 긍정적 또는 부정적 강화요인들이 사람들을 특정 방식으로 행동하게 한다는 이론이다.
③ 최대한의 목표를 제시함으로써 종업원에게 동기부여 할 수 있다는 이론이다.
④ 종업원이 특정 작업에 투여하는 노력의 양은 기대 하는 결과물에 따라 달라진다.
⑤ 종업원은 다른 사람과 보상을 비교하여 노력과 보상 간에 공정성을 유지하려 한다.

12 현대의 경영은 급변하는 환경에서 존속과 성장을 추구한다. 다음 중 현대경영의 특징으로 적절하지 않은 것은?

① 현대경영의 활동원리로는 생산성, 공익성, 조직성 등을 들 수 있다.
② 현대경영학의 경영이념은 사회적 사명과 달성에 그 바탕을 두고 합리성 추구, 인간성 존중, 혁신 등을 그 내용으로 한다.
③ 환경과의 동태적 균형을 추구하는 시스템이론에 입각한다.
④ 조직의 목표달성을 위한 상황적응적 조직구조형태를 취한다.
⑤ 문제해결에 계량의사결정방식은 많이 이용하지 않는다.

13 인사고과시 범하기 쉬운 여러 오류에 대한 다음 설명 중에서 옳지 않은 것은?

① 대비오류는 피고과자를 고과자 자신의 기준에서 보는 것으로, 고과자가 자신이 유능하다고 생각하는 경우 피고과자도 유능한 것으로 판단하기 쉬운 오류를 말한다.
② 중심화경향은 고과자 자신의 능력이 부족하거나 피고과자를 잘 파악하지 못하고 있는 경우에 많이 나타난다.
③ 관대화 경향을 막기 위해서는 상대평가방법을 도입하는 것이 바람직하다.
④ 근접오류란 유사한 고과요소들을 근접하게 배열해 놓을 때 나타나는 오류를 말한다.
⑤ 스테레오타이핑은 피평가자의 전반적인 인상에 기초를 두고 평가하는 지각상 오류를 말한다.

14 재무분석을 하기 위한 재무비율을 구성하는 요소로 거리가 먼 것은?

① 평균회전율
② 유동성비율
③ 활동성비율
④ 부채비율
⑤ 수익성비율

15 안전재고(Safety Stock)란 조달기간 중 수요의 불확실성에 기인한 품절현상을 막기 위해 평균적 수요량을 초과해 보유하는 재고량을 말한다. 아래의 안전재고에 관한 설명 중 가장 옳지 않은 것은?

① 경제적 주문량 모형에서 안전재고량은 0이다.
② 수요의 표준편차가 클수록 안전재고를 많이 보유해야 한다.
③ 서비스 수준을 높이기 위해서는 안전재고의 수준을 높여야 한다.
④ 조달기간이 짧을수록 안전재고의 수준은 낮아진다.
⑤ 안전재고가 0 이면 조달기간 중 품절률은 100%이다.

16 유통산업의 경쟁환경에 대한 설명으로 가장 옳지 않은 것은?

① 수평적 경쟁은 유통경로의 동일한 단계에 있는 경로구성원들 간의 경쟁이다.
② 업태간 경쟁은 유통경로의 구성원인 제조업체와 도매상 사이, 도매상과 소매상 사이, 제조업체와 소매상 사이의 경쟁을 의미한다.
③ 업종간 경쟁이 유통산업에 주목을 받고 있는 이유는 스크램블드 머천다이징(Scrambled Merchandising)이 확산되기 때문이다.
④ 경로시스템간 경쟁은 경로구성원들 사이에서의 경쟁이 아닌 유통경로 조직형태의 경쟁이다.
⑤ 최근 유통업체 상표의 확산으로 제조업체 상표가 경쟁의식을 느끼는 현상은 수직적 경쟁의 사례라 할 수 있다.

17 임금관리에 관한 설명으로 가장 적절하지 않은 것은?

① 임금관리의 외적공정성을 확보하기 위해서는 동일한 직무에 대한 경쟁사의 임금수준을 조사할 필요가 있다.
② 작업능률에 따라 여러 단계의 시간임률을 적용하는 형태를 복률시간급제라고 한다.
③ 직능급 도입을 위해서는 종업원의 능력에 대한 정확한 평가가 필요하다.
④ 직무급을 도입하기 위해서는 직무의 상대적 가치를 평가하고 개인의 능력과 적성에 맞는 적재적소의 배치가 필요하다.
⑤ 성과배분제도인 럭커플랜(Rucker Plan)은 매출액을 성과배분의 기준으로 하고 있다.

18 종업원의 동기부여에 관한 다음 내용 중 기대이론(Expectancy Theory)에 근거한 것은?

① 관리자는 종업원들이 모두 같은 종류의 보상을 추구한다는 것을 인식해야 한다.

② 보상은 성과보다는 연공서열에 따라 책정되어야 한다.

③ 낮은 유의성(Valence)과 낮은 수단성(Instrumentality)을 통해 동기가 부여된다.

④ 노력수준을 높임으로써 성과가 높아진다는 종업원의 지각이 동기부여를 위해 중요하다.

⑤ 명확한 목표와 과업의 적절한 난이도는 성과수준에 영향을 미치는 주된 요인이다.

19 JIT(Just-in-time) 방식에 관한 다음 설명 중 가장 적절하지 않은 것은?

① JIT는 자재흐름을 위해 풀(Pull) 시스템을 사용하며, 제품의 가치에 공헌하지 않는 것은 모두 낭비로 규정하여 재고를 최소로 유지하는 시스템이다.

② 생산흐름을 통제하기 위한 신호수단으로 칸반(Kanban)을 사용하며 비반복적이고 소규모 뱃치(Batch)로 생산하는 개별주문생산공정에 적합하다.

③ 공급원에서부터 품질관리를 한다는 원칙으로 공장의 작업자 자신들이 품질검사자 역할을 하며 작업결과의 품질에 대한 책임을 진다.

④ 작업자가 기계의 가동준비와 정비까지 할 수 있도록 보다 넓은 범위의 기술을 요구하며, 전통적인 제조방식에 비해 작업자에게 다양한 기술과 강한 팀워크를 요구한다.

⑤ JIT의 궁극적인 목표는 비용절감, 재고감소 및 품질향상을 통한 투자수익률 증대이다.

20 소매업에 관한 다음 설명 중 가장 적합하지 못한 것은?

① 소매업의 판매대상은 정부나 기업을 제외한 최종소비자, 즉 가계를 들 수 있다.

② 소비자에게 외상판매 및 할부판매로 금융기능을 제공한다.

③ 거래수 최소화 원칙을 통해 소매업 존재의 필연성에 대하여 설명할 수 있다.

④ 최근 POS 데이터 해석으로 정밀도가 높은 머천다이징이 가능해졌다.

⑤ 연간 판매수량면에서 및 총매출액면에서 일정수준을 넘어가게 되면 업종별 차이는 있으나 소매업은 도매업으로 전환이 가능하게 된다.

21 리더십 이론에 관한 설명으로 가장 적절한 것은?

① 하우스(House)의 경로 - 목표이론(Path-goal Theory)에서는 리더의 유형을 지시적, 민주적, 참여적, 성취지향적 리더십으로 구분하고, 환경특성과 부하특성에 따라 리더십 스타일이 달라진다고 하였다.

② 피들러(Fiedler)의 이론에서는 리더의 특성을 LPC(Least Preferred Co-worker) 설문에 의해 측정하고, LPC 점수가 높을수록 과업지향적 리더십으로 정의하고 있다.

③ 피들러(Fiedler)는 상황이 리더에게 호의적인 경우에 과업지향적 리더십 스타일이 적합하다고 주장하였다.

④ 허시(Hersey)와 블랜차드(Blanchard)의 이론에 의하면 하급자(부하)의 능력과 의지가 낮은 경우에는 참여형 리더십 스타일이 적합하다.

⑤ 허시(Hersey)와 블랜차드(Blanchard)의 이론에서는 관계행위(배려)가 높고 과업행위(구조주도)가 낮은 리더를 지시형으로 정의하고 있다.

22 유통경로 설계에 있어서 기능위양이론에 대한 설명으로 올바른 것은?

① 제조업자가 유통구성원을 직접 고용하는 경우에는 중간상을 이용하는 것보다 매출증가에도 불구하고 평균유통비용이 일정한 경향이 있다.

② 제조업자가 유통구성원을 직접 고용하는 경우에는 중간상을 이용하는 것보다 매출증가에 따른 평균유통비용이 증가하는 경향이 있다.

③ 제조업자가 유통구성원을 직접 고용하는 경우에는 중간상을 이용하는 것보다 매출증가에 따른 평균유통비용이 감소하는 경향이 있다.

④ 제조업자가 중간상을 이용하는 경우에 매출액 증가에도 불구하고 평균유통비용은 일정한 경향이 있다.

⑤ 제조업자가 중간상을 이용하는 경우에 매출액 증가에 따라 평균유통비용은 증가하는 경향이 있다.

23 재고관리에 관한 다음의 설명 중 가장 적절하지 않은 것은?

① 고정기간(Fixed Time Period) 모형은 주문과 주문 사이의 기간이 고정되어 있고, 정해진 주기가 종료되는 시점에서만 발주하는 재고관리 모형이다.

② 고정주문량(Fixed Order Quantity) 모형은 주문량이 고정되어 있으며 재고가 특정 수준까지 줄어들면 주문을 발주하는 재고관리 모형이다.

③ 생산제품 변경을 위해 추가적인 준비비용(Setup Cost)이 발생하지 않는다면 1회 생산량을 줄이는 것이 재고량도 적어지고 재고유지비용의 절감도 가능하다.

④ 경제적 주문량(EOQ) 모형에서 다른 요인이 일정하다고 가정할 때 주문비용이 50% 증가하면 경제적 주문량은 약 37.5% 증가한다.

⑤ 고정기간 모형은 고정주문량 모형에 비하여 평균적으로 더 많은 안전 재고를 보유한다.

24 공급사슬관리(Supply Chain Management)에 관한 다음의 설명 중 가장 적절하지 않은 것은?

① 공급사슬 성과측정치 중 하나인 재고회전율은 연간매출원가를 평균 총 재고가치로 나눈 것이다.

② 공급사슬의 효과적인 설계와 운영을 위해 제품의 수요와 공급에 관한 여러 특성들을 고려하는 것이 바람직하다.

③ 다른 모든 조건이 동일하다면, 수요의 불확실성이 높고 제품의 수명주기가 짧은 제품일수록 적기 공급보다 신속한 공급이 더 중요하게 강조되어야 한다.

④ 공급사슬에 속한 기업들 간의 기본적 관계는 공급자와 구매자간의 관계로서, 공급사슬은 공급자와 구매자간의 관계가 연달아 이어지는 관계의 사슬이라고도 볼 수 있다.

⑤ 정보와 물류의 리드타임이 길수록 공급사슬내의 채찍효과(Bullwhip Effect)로 인한 현상은 감소한다.

25 다음 중 할부거래에 관한 법률의 내용과 일치하지 않는 것은?

① 할부거래 및 선불식 할부거래에서의 소비자보호와 관련하여 할부거래에 관한 법률과 다른 법률이 경합하여 적용되는 경우에는 할부거래에 관한 법률을 우선하여 적용한다. 다만, 다른 법률을 적용하는 것이 소비자에게 유리한 경우에는 그 법률을 적용한다.

② 소비자는 계약서를 받은 날부터 7일 이내에 할부계약에 관한 청약을 철회할 수 있다.

③ 소비자는 청약을 철회한 경우 이미 공급받은 재화 등을 반환하여야 한다.

④ 할부계약에 의한 할부대금채권은 2년간 행사하지 아니하면 소멸시효가 완성한다.

⑤ 할부거래업자는 이미 용역(일정한 시설을 이용하거나 용역을 제공받을 권리는 제외한다)이 제공된 때에는 이미 제공된 용역과 동일한 용역의 반환을 청구할 수 없다.

제 2 과목　**상권분석**

26 아파트 단지내 상가의 특성을 설명한 것으로 옳지 않은 것은?

① 일정한 고정고객을 확보하여 꾸준한 매출이 가능하다는 장점이 있다.

② 단지의 세대수가 수요의 크기에 영향을 미친다.

③ 주부의 가사부담을 덜어줄 수 있는 아이템이 유리하다.

④ 일반적으로 외부고객을 유입하기 어려워 상권의 한정성을 갖는다.

⑤ 일반적으로 대형, 중형, 소형순으로 평형이 클수록 상가 활성화에 더 유리하다.

27 신규점포의 매출액 및 상권범위를 예측하고 점포성과와 소매환경변수 간의 관계를 평가하는데 있어 Luce 모형에 대한 설명으로 잘못된 것은?

① Luce 모형은 점포성과(매출액)와 소매환경변수간의 관계를 확률적인 관계로 가정하여 분석하는 확률적 모형에 속한다.
② Luce 모형은 특정점포의 효용이나 매력도가 높을수록 그 점포가 선택될 확률이 높아진다고 가정한다.
③ 확률적 모형은 거리만 고려하는 소매중력법칙보다 많은 정보를 반영하여 상권의 범위를 예측할 수 있다.
④ 점포를 선택할 확률은 거리에 의해 영향을 받기 때문에 거리에 대한 모수는 '+값'을 가지게 된다.
⑤ Luce 모형에 따라 특정 점포에 대한 선택확률은 상권 내에서 소비자가 방문을 고려하는 점포 대안들의 효용의 총합에 대한 해당점포의 효용의 비율로 표시한다.

28 소매포화지수(Index of Retail Saturation, IRS)에 대한 설명으로 가장 올바르지 않은 것은?

① 한 시장 내의 특정 소매업태의 단위 매장면적당 잠재수요를 나타내며, 소매포화지수의 값이 작아질수록 점포가 초과 공급되었다는 것을 의미한다.
② 미래의 신규수요를 반영하지 못할 뿐만 아니라 특정 지역시장의 시장성장잠재력(MEP)을 반영하지 못하는 단점이 있다.
③ 거주자들이 지역시장 밖에서 하는 쇼핑정도나 수요를 측정, 분석하는 데에 유용한 정보를 제공해 준다.
④ 스포츠용품이나 가구점 등 전문화된 점포에 적용하는 것이 일반적인 전통 슈퍼마켓에 적용하는 것보다 어렵다.
⑤ 시장 내부의 양적인 형태의 경쟁을 주로 측정하고 있어 질적인 측면을 보완하여야 한다.

29 다음 중 생활용품 전문점의 입지와 상권에 대한 설명으로 가장 적절하지 않은 것은?

① 대형마트 등과 취급품목이 겹치는 업태라면 인근에 대형유통마트가 없는 지역이 경쟁분석 측면에서 유리하다.
② 구매력관점에서 판단해 본다면 생활용품 할인점의 경우 서민층 주거지보다 상류층 주거지역 부근이 더욱 유리하다.
③ 생활용품 전문점 중 주방가구나 인테리어소품 및 수입용품을 전문으로 판매할 경우 대단위 아파트 밀집지역, 주택가 밀집지역 등 주거지 인근에 출점하는 것이 바람직하다.
④ 아이디어나 기능성 상품판매점, 수입용품 판매점은 서민층 주거지보다 중산층 주거지가 적합하다.
⑤ 생활용품 전문점의 입지는 상품의 성격에 따라 달라진다.

30 점포 입지에 영향을 주는 유통활동 중 상류와 물류에 대한 설명으로 올바르지 않은 것은?

① 상류는 유통활동의 중심을 이루는 것으로 유통의 거래에 관한 제도적 측면의 기능을 설명하는 표현이다.
② 물류는 생산지로부터 소비지까지 제품의 실질적 이동 및 보관에 관련된 사항을 설명하는 표현이다.
③ 기업이익창출 관점에서 볼 때 상류는 이익을 극대화하고, 물류는 비용을 극소화하는 목적이 있다.
④ 상적 유통활동은 상업활동을 통해 재화나 서비스 등 가치물의 소유권에 판매자로부터 구매자로 이동하게 된다.
⑤ 물적 유통활동은 물적 교류권의 확대와 수송거리의 단축화를 지향한다.

31 점포관리시 매장배치를 할 때 일반적으로 고려하는 사항으로 가장 옳지 않은 것은?

① 점포 내에서 위치의 좋고 나쁨은 층수, 매장 입구 및 에스컬레이터 위치 등에 따라 달라진다.

② 고가의 전문용품은 층의 모서리나 높은 층과 같이 통행량이 많지 않은 구역에 위치한다.

③ 일부 점포들은 여러 상품들을 동시에 판매하기 위해 장바구니 분석법을 사용하여 전통적으로 구분되어 있던 매장들이나 카테고리를 함께 묶어 매장에 배치한다.

④ 백화점의 향수와 같은 충동구매를 일으킬 가능성이 높은 제품은 대부분 점포 후면에 배치하는 것이 유리하다.

⑤ 가구와 같이 넓은 바닥 면적을 필요로 하는 매장들은 일반적으로 인적이 뜸한 곳에 위치한다.

32 다음 중 의류패션 전문점에 대한 설명으로 옳지 않은 것은?

① 의류패션 전문점은 경영성과, 즉 매출액 및 수익측면에서 우위에 있는 독립입지를 선호하는 경향이 강하다.

② 의류패션 전문점의 강력한 경쟁업태의 하나로 백화점이 있으며, 백화점의 인근지역 혹은 백화점 내부에 입점하여 상호 시너지효과를 획득하고자 하는 경향이 있다.

③ 의류패션 전문점은 중심상업지역, 중심상업지역 인근, (슈퍼)지역 쇼핑센터 등 대부분의 쇼핑센터, 의류·전문 센터, 테마·페스티벌 센터에서 영업성과가 좋다.

④ 지속적인 경쟁력 우위의 확보를 위한 전략적 방안의 하나로 의류 패션 전문점 또는 체인화 사업과 자사상표 패션상품의 개발을 강화할 수 있다.

⑤ 사회 전반의 인프라의 성장과 국내외 패션업계의 빠른 유행주도는 소비자들의 소비 충동을 더욱 부채질하고 있다.

33 소매업의 상권규정요소 및 상권범위와 관련된 설명이다. 올바르지 않은 것은?

① 한 지역에서의 경쟁정도가 소매업체의 수요와 판매에 중요한 영향을 미침에 따라 한 지역의 상권을 포화, 과소 및 과다상권으로 구분한다.

② 과소상권지역에서는 포화상권지역에 비해 경쟁이 지나치게 높지 않으며 고객에게도 더욱 우수한 상품과 서비스를 제공하게 될 뿐만 아니라 또한 낮은 경쟁으로 인해 포화상권지역의 소매업체들보다 더욱 많은 수익을 창출할 수 있으므로 강력한 경쟁력을 갖춘 기업들이 가장 선호하는 유형이다.

③ 과다상권에서는 너무나 많은 점포들이 특정상품이나 서비스를 판매하기 때문에 일부가 도산하거나 시장에서 퇴출되는 상황이 발생한다.

④ 유통기업은 자사소유의 추가점포를 확장하려고 할 때 체인 전체의 이익극대화가 목표이기 때문에, 일반적으로 상권의 유형에 관계없이 해당기업이 점포신설로 얻을 수 있는 한계이익이 한계비용보다 많다면 계속해서 점포를 오픈하기 위해 노력한다.

⑤ 유사점포의 상권규모는 유사점포를 이용하는 소비자와의 면접이나 실사를 통하여 수집된 자료를 토대로 추정한다.

34 소매업은 입지산업인 동시에 시대 대응 산업으로 볼 수 있으므로 출점결정 시까지는 다방면에 걸친 각종 조사를 통해 이를 분석하여 출점을 결정하고 있다. 각 항목에 대한 조사내용으로 가장 적절하지 않은 것은?

① 입지환경조사는 인구 및 교통체계와 유출입 인구, 소매업의 현황 및 추이와 주변산업 집적지 현황 및 경쟁사 현황 등을 조사한다.

② 장래성 예측조사는 지역특성의 변화, 진입로의 변화, 인구변화, 대형점 출점동향에 대해서 조사한다.

③ 경합점 기초조사는 부문별 매장면적과 가격 및 브랜드 층별조사를 한다.

④ 통행자 조사는 방문목적 및 빈도, 이용 교통기관, 자주 방문하는 지역 및 이미지, 좋아하는 브랜드, 지역에 바라는 설비에 대한 조사를 한다.

⑤ 상권 내 거주자 조사는 구매행동 및 의식, 라이프스타일, 각점 평가 등에 대한 내용을 조사한다.

35 경쟁 상대에 대한 조사는 입지 선정 과정에서 빼놓을 수 없는 항목이다. 경쟁점 대책을 위한 필요사항으로 가장 옳지 않은 것은?

① 상권은 소매사업을 할 때 가장 중요하게 점검해야 하는 외부 환경 요인이므로 상권의 변화에 민감해야 한다.

② 신규 경쟁점포가 출현한다는 정보는 신속히 파악해서 이에 대비하여야 하므로 경쟁점의 출현에 민감해야 한다.

③ 하루아침에 점포가 개점을 하고 또 폐점을 하기도 하므로 주변의 업종 변화를 파악해야 한다.

④ 상품이나 체인을 인지시키는 광고뿐만 아니라 점포 그 자체를 인지시킬 수 있도록 고객과 접촉 횟수를 늘리려는 노력이 필요하다.

⑤ 점포 매출은 주변의 경기가 불경기인지 아니면 호황인지에 따라 많은 영향을 받으므로 주변 경기의 흐름을 파악해야 한다.

36 소매업의 입지유형 중 독립입지(Freestanding Sites)에 관한 설명이다. 올바르지 못한 내용은?

① 독립입지의 경우 도심지에 주로 위치하며 독립입지의 소매점포를 방문하는 고객들은 특정 점포에서의 쇼핑을 목적으로 방문하는 경우가 일반적이다.

② 중·소형소매업체보다 오히려 창고형 대규모소매점이나 하이퍼마켓, 카테고리전문점 등 주로 대형소매업체들에 더욱 알맞은 입지유형의 하나이다.

③ 낮은 가시성, 시너지효과를 창출할 수 있는 다른 점포들의 부재 등으로 쇼핑몰이나 쇼핑센터에 입점해 있는 점포들에 비해 고객 유인효과가 상대적으로 저조한 편이다.

④ 독립입지의 장점으로는 낮은 임대료, 넓은 주차공간, 고객을 위한 보다 높은 편의성, 확장의 용이성 등을 들 수 있다.

⑤ 독립입지는 타 점포와의 시너지 효과가 결여되어 있다.

37 철수는 상권을 분석하기 위해 고민하고 있다. 현재 주어진 정보는 철수가 살고 있는 도시 A의 인구, 인근에 있는 두 도시 B와 C의 인구, A에서 B, A에서 C까지 이동하는 각각의 거리이다. 철수가 현재의 상권에서 분석할 수 있는 내용으로 가장 옳은 것은?(단, 도시 A는 도시 B와 C 사이임)

① 도시 A의 인근 두 도시, B, C가 서로에게 흡수되는 구입액의 크기
② 도시 A에서 인근 두 도시 B, C 중 하나를 선택하는 상권의 경계점
③ 각 도시에서 동일한 품목을 판매하는 상점 중 철수가 선택하고 싶은 상점
④ 철수가 물품구매를 위해 B, C 도시 중 하나로 이동하게 되는 통행 횟수
⑤ 철수가 인근 도시 B, C 중 특정 도시에서 필요한 물품을 구매하는 횟수

38 상권분석과 관련된 주요이론들에 대한 다음의 설명 중 옳지 않은 것은?

① Christaller의 중심지이론은 소비자들이 가장 가까운 중심지에서만 중심지 상품을 구매한다고 가정하고 있다. 또한 지역 간 인구와 구매력이 균등하다고 보고 이론을 설명하고 있다.
② Reilly의 소매인력이론에서는 다양한 점포 간의 점포밀집 정도가 점포의 매력도를 증가시킬 수 있어 점포가 밀집될 수 있는 유인요소인 인구는 소비자에게 중요한 기준이 된다고 보았다.
③ Losche의 수정중심지이론은 가장 이상적인 중심지 배후모형이 육각형이라고 가정한 점에서 크리스탈러의 모형과 유사하나, 중심지계층의 공간구조를 'K=3, K=4, K=7'의 3개의 경우에 대한 중심지 간의 포함원리에 국한하지 않고 K 값을 확대함으로써 보다 융통성 있는 상권구조이론을 전개하였다.
④ Luce의 선택공리에 따르면 소비자가 특정 점포를 선택할 가능성은 소비자가 해당점포에 대해 인지하는 접근가능성, 매력 등 소비자 행동적 요소로 형성된 상대적 효용에 따라 결정된다고 보았다.
⑤ Huff의 확률모형은 점포규모와 점포까지의 거리와 같은 양적요소와 교통활용, 편의성과 같은 질적인 부분에 의해 소비자의 효용이 변화한다는 사실을 모형에 포함시켜 특정점포에 따른 선택확률을 계산한다.

39 상권의 유형 중에서 중심형과 관련된 내용으로 가장 적절하지 않은 것은?

① 부도심은 지하철·철도 등을 축으로 도시의 일부 지역을 상권대상으로 하며, 도심형은 해당 도시 전체에 세력을 미치는 상권이다.
② 유동인구나 흡수 가능한 세대수는 적지만, 상대적으로 권리금이나 보증금 및 월세가 저렴하기 때문에 사업자의 경영능력에 따라서는 의외로 높은 투자수익을 기대할 수 있다.
③ 권리금이나 점포세가 비쌀뿐더러 판매 업종의 경우 주로 젊은 층 위주로 업종이 구성되어 있고 그밖에 외식과 유흥업이 발달했기 때문에 생활용품전문점과는 맞지 않는 상권이라고 할 수 있다.
④ 주거지에서 멀리 떨어져 있으며 쇼핑은 일 년에 몇 회 간격으로 이루어진다.
⑤ 일반상품 업종은 물론이고 외식업이나 오락, 유흥 등 여러 업종이 복합적으로 구성되어 있어 번화가 형이라 하기도 한다.

40 매장의 매출을 추정하는 방법의 하나로서 다음과 같은 조건에서 '매장면적비율법'에 의해 추정된 매출액은 얼마인가?

> • 상권내 잠재수요 : 10억원
> • 상권내 상주인구 : 1,000세대
> • 자사 점포면적 : 50평
> • 상권내 경쟁업소 전체면적 : 300평

① 약 1억 2,300만원

② 약 1억 4,200만원

③ 약 1억 5,300만원

④ 약 1억 6,700만원

⑤ 약 1억 8,100만원

41 시장의 매력도와 관련된 다음 설명 중 옳지 않은 것은?

① 소매포화지수(IRS)의 값이 클수록 시장기회가 커진다.

② 타 지역 쇼핑의 정도가 높을수록 MEP(시장확장 잠재력)값은 낮다.

③ IRS와 MEP값이 모두 낮은 지역은 시장후보지로 적절치 않다.

④ IRS값은 마케팅 능력의 부족 때문에 다른 지역에서 쇼핑하는 상황을 반영하지 못한다.

⑤ 소매포화지수는 경쟁의 양적인 부분만을 고려하고, 질적인 부분에 대해서는 고려하고 있지 않다.

42 다음 중 글상자 안에 기술된 사항들 가운데 쇼핑센터가 소매입지로서 가지는 상대적 장점을 모두 포함하고 있는 것은?

> 가. 점포 유형과 상품구색의 다양성, 쇼핑과 오락의 결합으로 고객흡인력이 높다.
> 나. 영업시간, 입주점포들의 외관 등에서 동질성을 유지할 수 있다.
> 다. 입점업체의 구성을 전체적 관점에서 계획하고 통제할 수 있다.
> 라. 대규모 주거단지 인근에 위치하여 안정적인 고객확보가 가능하다.

① 가   ② 가, 나

③ 가, 나, 다   ④ 가, 다

⑤ 가, 나, 다, 라

43 출점전략에서 출점의 방식에 대한 설명으로 가장 적절하지 않은 것은?

① 자사가 소유한 물건 및 건물 등에 의해 출점하는 방식

② 계약에 의해 출점하는 방식을 의미하는 프랜차이즈 출점

③ 건물을 다른 사람에게 판 후 그 사람에게 다시 임대를 받는 방식의 리스백(Lease-Back) 출점

④ 시장력에 맞는 규모와 형태로 출점하는 방식

⑤ 힘을 합쳐서 출점하는 방식의 합작 출점

44 고객이 흡입되는 지리적 범위를 상권이라고 하는데, 이러한 상권에 대한 전략 유형으로 가장 적합하지 않은 내용은?

① 초광역권 내의 계간성 및 연간성 수요를 대상으로 하는 초점유 전략을 '초대상권 전략'이라고 하며, 고급 수입품 · 모드상품 · 특수 디자인 상품이 포함된다.

② '대상권 전략'은 10 ~ 20km권 내의 월간성 수요를 대상으로 하는 저점유 전략을 의미하며, 고급유행품 · 중음식이 포함된다.

③ '준대상권 전략'은 준도심형 백화점 · GMS가 해당하며, '중상권 전략'은 양판점 · 대형 전문점 · 주니어 백화점 · 일반 전문점이 해당한다.

④ 2 ~ 4km권 내의 일상성 및 주간성 수요를 대상으로 하는 중점유 전략을 '준중상권 전략'이라고 하며, 문화잡화 · 가정잡화 · 대중 유행품이 포함된다.

⑤ 500m ~ 1km권 내의 일상성의 수요를 대상으로 하는 고점유 전략을 '소상권 전략'이라고 하며, 슈퍼마켓과 시장이 해당한다.

45 인구 50만명인 A도시와 30만명인 B도시 사이에 1만명인 C도시가 있다. C와 A의 거리는 7km이고 C와 B의 거리는 4km이다. 이 경우 C의 거주자 중 A에서 쇼핑할 구매자 수는 몇 명이나 될지 고르시오. (단, Reilly의 소매인력법칙을 이용)

① 약 3,500명   ② 약 4,500명

③ 약 5,500명   ④ 약 6,500명

⑤ 약 8,300명

46 상품의 포장에 대한 다음 설명 중 적절하지 않은 것은?

① 상품은 사람이 옷을 입듯이 그 내용물을 어느 정도 감싸고 있어야 한다. 포장이란 물품의 수송 · 보관 등에 있어 가치 및 상태를 보호하기 위한 것이다.

② 포장은 물품을 보호하고 저장하며 이동에 불편이 없게 하기 위하며 그 내용물의 물품을 가치 있게 보존하기 위해서 하는 것이다.

③ 비스듬히 싸기는 시간상 싸는 속도가 가장 느리지만 싸는 방법이 간편하다.

④ 개장은 흔히 낱포장이라고도 하며 물품 자체를 하나씩 하는 형태를 말한다.

⑤ 내장은 속포장이라고도 하며 물품에 대한 수분, 습기, 광열, 충격 등을 방지하기 위하여 적합한 재료와 용기 등으로 물품을 포장하는 형태를 말한다.

47 계몽적 마케팅(Enlightened Marketing)에 대한 내용과 관련이 없는 것은?

① 마케팅 활동은 소비자의 입장에서 수행되어야 한다.

② 끊임없이 소비자의 욕구 확인 및 제품의 탐색활동 등을 통한 혁신적인 마케팅 활동을 수행하여야 한다.

③ 사용된 자원은 진정한 의미에서의 가치를 지니도록 마케팅 활동에 투입되어야 한다.

④ 생산제품이 사회적 관점에서의 기능발휘가 되도록 마케팅 활동을 수행하여야 한다.

⑤ 제품의 개발 · 생산 · 판매 등을 높아져 가는 지구의 환경문제에 대응하도록 하는 환경대응전략, 즉 환경보호를 중심으로 한 마케팅 활동이 수행되어야 한다.

48 마케팅 촉진수단의 하나로서 인적판매(Personal Selling)의 특징으로 적절하지 않은 것은?

① 광고나 판매촉진 기타 다른 촉진수단에 비해 개인적이며 직접적인 접촉을 통해서 많은 양의 정보를 전달할 수 있다는 특징을 가지고 있다.

② 판매원들은 개별고객의 필요와 구매시점에서의 반응 및 판매상황에 따라 상이하고도 적절한 제안을 할 수 있다.

③ 판매를 촉진하기 위한 커뮤니케이션활동 이외에도 대고객서비스제공과 더불어 시장 · 고객에 대한 정보수집기능도 한다.

④ 아직 발굴되지 않은 많은 잠재적 소비자가 있는 경우, 여성의 노동참여로 쇼핑할 시간이 부족한 경우, 높은 인적 판매의 품질을 제공하여 경쟁력을 강화할 수 있는 경우에 적합한 방법이다.

⑤ 메시지 노출 횟수당 커뮤니케이션비용이 TV광고보다 더욱 저렴하다.

49 다음은 유통업태별 상품구성정책에 관한 의사결정요소로서 상품의 깊이와 넓이에 관한 의사결정요소를 설명한 내용이다. 올바르지 않은 것은?

① 백화점과 대형마트를 상품의 넓이측면에서 비교할 경우 음식료품에 있어서는 대형마트가 섬유 및 의류에 있어서는 백화점이 더욱 넓은 상품정책을 추구하고 있다.

② 상품의 깊이보다 넓이에 있어서 전문화 한 업태를 전문점이라고 한다.

③ 백화점과 대형마트를 상품의 깊이측면에서 비교할 경우, 백화점이 대형마트에 비해 상품의 깊이가 더욱 깊다.

④ 유(형)점포와 무(형)점포의 비교에서는 상품의 깊이나 넓이측면의 확장가능성으로 보면 무점포업태가 비용 측면에서 더욱 유리하다.

⑤ 상품의 넓이와 깊이에 대한 의사결정은 표적구매자들의 기대를 일치시키면서 동시에 다른 소매상과 차별할 수 있어야 한다.

50 다음은 유통매장에서 구매심리를 이용한 디스플레이과정을 설명한 것이다. 그 순서가 올바르게 표현된 것은?

① 주목을 끄는 디스플레이 → 기억에 남는 디스플레이 → 욕구를 불러일으키는 디스플레이 → 확신을 주는 디스플레이 → 구매행동을 일으키는 디스플레이

② 흥미를 끄는 디스플레이 → 기억에 남는 디스플레이 → 욕구를 불러일으키는 디스플레이 → 확신을 주는 디스플레이 → 구매행동을 일으키는 디스플레이

③ 주목을 끄는 디스플레이 → 흥미가 생기는 디스플레이 → 욕구를 불러일으키는 디스플레이 → 확신을 주는 디스플레이 → 구매행동을 일으키는 디스플레이

④ 흥미를 끄는 디스플레이 → 기억에 남는 디스플레이 → 욕구를 불러일으키는 디스플레이 → 확신을 주는 디스플레이 → 구매행동을 일으키는 디스플레이

⑤ 욕구를 불러일으키는 디스플레이 → 주목을 끄는 디스플레이 → 흥미가 생기는 디스플레이 → 확신을 주는 디스플레이 → 구매행동을 일으키는 디스플레이

51 유통매장에서 특정제품이 주목을 받고 판촉효과를 극대화하기 위해서는 '황금구역(Golden Zone)'에 디스플레이 하는 것이 중요하다. 이와 관련한 설명으로 가장 거리가 먼 것은?

① 영업전략적으로 황금구역에 디스플레이 해야 하는 상품으로는 중점판매상품, 계절상품, 캠페인상품, 광고상품을 들 수 있다.

② 상품의 물리적 특성측면을 기준으로 볼 때 황금구역에 진열하기 쉬운 상품군에는 부피가 있어서 보기 좋으며 진열하기 쉽고, 무게가 많이 나가며 컬러풀한 상품, 혹은 세트상품을 들 수 있다.

③ 판매수량 측면이나 매출액 그리고 수익성측면에서 기여도가 높은 상품의 경우 영업전략적으로 황금구역에 디스플레이 해야 한다.

④ 황금구역의 진열을 확보하기 위해서는 상품공급기업의 영업사원들 스스로 황금구역 진열을 통한 판촉효과를 스스로 인식하는 것이 중요하며, 일반적으로 75 ~ 135cm의 진열공간의 높이 영역을 의미한다.

⑤ 메인 진열대의 하단부에 위치한 존을 보통 Stock Zone이라 하는데, 보통 저 인기 상품, 저가 상품들이 많이 진열이 되며, Turn Over(제품 판매 회전율)가 낮다.

52 지속성 상품의 매입시스템에 대한 설명 중 옳지 않은 것은?

① 단품차원에서 이전 시즌의 자료를 확보하기가 어렵지 않다.

② 실제월말재고와 조정월말재고를 동일하게 만들 필요가 있다.

③ 예측 가능한 '주문 – 접수 – 주문'의 주기를 따르는 상품에 적용한다.

④ 유행성 상품과 개인적 취향이 확실한 패션성 상품에 적용하기 어렵다.

⑤ 식료품점이나 할인점에서 취급하는 대부분의 품목은 지속성 상품의 매입시스템을 적용하기에 적합하다.

53 No Name 제품, NB(National Brand) 제품 및 PB(Private Brand) 제품에 대한 설명으로 옳지 않은 것은?

① No Name 제품은 일반적으로 잘 알려지지 않은 제품으로서 제조업체가 아닌 상인연합체 혹은 조합에서 공동으로 개발해 낸 브랜드를 지칭한다.

② NB(National Brand) 제품은 제품생산자/제조업자 브랜드로 제조업자가 자신의 제품임을 확인할 수 있는 상품명(칭)이나 기호 혹은 기업명(칭)이나 기호 등으로 표시된다.

③ PB(Private Brand) 제품은 유통업자 브랜드로 유통업자가 자신의 제품임을 확인할 수 있는 상품명(칭)이나 기호 혹은 기업명(칭) 등으로 표시된다.

④ NB(National Brand) 제품, PB(Private Brand) 제품, No Name 제품은 상호경쟁관계이면서 또한 보완하는 관계이기도 하다.

⑤ PB(Private Brand) 제품은 유통업체 스스로 상품을 기획하고 제조, 가공하기 때문에 상당한 이윤을 남기는 반면에, 소비자에 대한 상품의 지명도나 신뢰도에서는 일반적으로 NB보다 크게 떨어진다.

54 다음 중 곤돌라(Gondola) 진열에 대한 설명으로 옳지 않은 것은?

① 움직이는 선반장치를 이용한 진열방식을 말한다.
② Dump 진열과 달리 상품을 큰 상자에 담아 진열한다.
③ 대량 진열이 가능하고 점포배치전환에 쉽게 적용할 수 있다.
④ 고객이 자유로이 상품을 선택할 수 있게 한다.
⑤ 대량의 상품들을 고객들이 잘 볼 수 있도록 하는 방식이다.

55 데이터베이스 마케팅에 관한 설명이다. 가장 올바르지 않은 내용은?

① 기존고객에 대한 정보자료를 활용하지만 기존고객의 충성도 향상뿐만 아니라 잠재고객을 개발하는 용도에도 활용된다.
② 기존고객의 평생 혹은 생애가치에 대한 평가가 데이터베이스 마케팅의 중요한 부분을 차지하고 있다.
③ 데이터베이스 마케팅을 실행하기 위해서는 시장세분화, 목표시장선정 및 포지셔닝(STP) 작업이 선행되어야 한다.
④ 정보통신기술을 활용하여 고객에 관한 과학적인 정보를 수집·정리·평가에 활용하고자 하는 마케팅으로서 특히 개별고객의 구매형태를 파악하는 것이 매우 중요하다.
⑤ 고객들에 대한 데이터베이스를 구축 및 활용해서 필요한 고객들에게 필요한 제품을 판매하는 전략으로 '원-투-원(One-to-One)마케팅' 이라고도 한다.

56 다음 중 소매점의 경쟁점에 대한 대책으로 가장 적합한 것은?

① 상대적인 경쟁적 지위를 불문하고 자기 점포의 주력상품은 경쟁점의 주력상품과 동일해야 한다.
② 상품을 세분화하여 경쟁점과 상생할 수 있도록 차별성과 양립성을 동시에 추구해야 한다.
③ 가격은 상품품질을 반영하는 척도이므로, 저가정책을 기본으로 삼지 않는 한 경쟁점보다 높은 가격대를 설정한다.
④ 경쟁이 격화되는 것을 피하기 위해 경쟁점의 전략변화에 대해서 즉각 대응하지 않는다.
⑤ 차후 점포개설을 준비하는 업체는 당장 개설하는 것이 아니므로 경쟁업체를 분석할 필요가 없다.

57 다음 중 제품 성숙기의 특징으로 틀린 것은?

① 기업 간의 경쟁으로 탈락기업도 나타나 독과점화 경향이 나타난다.
② 가격이 떨어지며 이윤율도 감소한다.
③ 신규수요가 없어지고 반복구매수요가 대부분이다.
④ 상품의 지명도가 높아져서 매상고가 점진적으로 상승하는 단계이다.
⑤ 제품개선 및 주변제품개발을 위한 R&D 예산을 늘리게 된다.

58 최근 A 점포는 홍삼 제품을 판매하기 시작했다. 목표로 하는 이익을 얻기 위해 매월 어느 정도의 판매량과 판매액을 달성해야 하는가?

> • 점포 월 임대료(고정비 성격) : 3,000,000원
> • 홍삼 1박스 90,000원에 구입
> • 홍삼 1박스 130,000원에 판매
> • A점포가 원하는 목표이익 : 5,000,000원
> • 다른 비용은 없는 것으로 가정함

① 300박스 – 27,000,000원
② 400박스 – 36,000,000원
③ 400박스 – 52,000,000원
④ 500박스 – 45,000,000원
⑤ 600박스 – 78,000,000원

59 고관여 제품에 대한 광고 전략과 저관여 제품에 대한 광고 전략의 특성들을 설명한 것이다. 올바르지 않은 내용은?

① 고관여 제품의 광고는 폭넓은 정보 캠페인에 집중하는 것이 중요한데 반해 저관여 제품의 경우는 몇 가지 중요한 요점에 집중하는 것이 중요하다.
② 고관여 소비자는 구매 전에 상품 및 브랜드에 대한 평가를 하는 반면 저관여 소비자의 경우 우선적으로 구매하며 브랜드에 대한 평가를 한다면 구매 후에 평가한다.
③ 고관여 제품들은 저관여 제품들에 비해 거의 실질적인 브랜드 차이가 없다. 따라서 광고는 차별화의 중요 수단으로서 경쟁사의 제품과 차별성을 갖게 하는 기본적인 수단이 되어야 한다.
④ 동기가 전혀 부여되지 않은 소비자의 경우 메시지를 전달하는데 TV가 보다 효과적이며, 동기가 부여된 소비자의 경우 인쇄광고가 더욱 효과적이다.
⑤ 고관여 소비자들에게는 제품의 차별화를 강조하는 광고가 좋고, 저관여 소비자들에게는 상표 이름을 반복하는 광고나, 호기심을 유발하는 마케팅 전략이 더 효과적이다.

60 디스플레이의 기본원칙에 대한 설명으로 가장 적절하지 않은 것은?

① 고객의 입장에서 서있는 위치에 상관없이 보기가 편하고 쉬워야 한다.
② 고객이 구매하는데 어떠한 장애도 없어야 한다.
③ 점내 진열에서는 고가의 판매가 빨리 되는 상품부터 배열을 해야만 효율적이다.
④ 동일 종류의 상품은 그룹별로 디스플레이하고 그 상품과 관계있는 것을 공간에 집중전시한다.
⑤ 마네킹의 포즈는 고객의 주목을 집중시켜 다양한 방향으로 향하게 한다.

61 상품구색에 관한 다음 설명 중 적절하지 않은 것은?

① 상품구색은 상품의 폭(넓이)과 상품 깊이로 구분할 수 있다.

② 소매상이 고객에게 제공하는 상품구성의 넓이와 깊이는 개별 유통업태 및 유통상의 마케팅전략에 따라 상이하다.

③ 상품의 넓이와 깊이에 대한 의사결정은 상품구성정책의 핵심적 의사결정요소로 표적구매자들의 기대와 일치시키면서 동시에 다른 소매상과 차별화할 수 있어야 한다.

④ 상품구성의 넓이는 브랜드나 스타일 및 품목의 수의 다양성을 의미하며, 상품의 깊이는 한 기업이 현재 취급하고 있는 상품계열수의 종류가 많고 적은 정도를 나타내주는 상대적인 개념이다.

⑤ 상품구성에 있어서 전문점은 상품의 깊이보다 넓이에 더욱 강점을 두고 있는 반면, 일반잡화점은 상품의 넓이보다 깊이에 더욱 중점을 두고 상품구성정책을 실행한다.

62 다음은 제조업체와 소매유통업체 사이에서 발생하는 두 가지 대조적인 전략관계, 즉 풀 전략(Pull Marketing Strategy)과 푸시 전략(Push Marketing Strategy)에 관한 설명이다. 올바르지 않은 내용은?

① 푸시 채널 전략에서는 제조업체의 현장 마케팅지원에 대한 요구수준이 상대적으로 높다.

② 잘 알려지지 않은 브랜드의 제품을 손님이 많이 드나드는 매장에 전시함으로써 고객들을 끌어당기는 것을 풀 마케팅 전략이라고 한다.

③ 제조업체가 자사신규제품에 대한 시장창출을 소매유통업체에게 의존하는 경향이 강한 것은 푸시 전략이다.

④ 유통업체의 경제성 측면, 즉 마진율은 푸시 채널 전략의 경우가 풀 채널 전략의 경우보다 상대적으로 높다.

⑤ 풀 전략은 홍보 및 광고를 주로 사용하며, 소비자들의 브랜드 애호도가 높다.

63 구매자-공급자 간의 장기협력관계를 형성하고 유지하기 위한 중요 요인에 대한 설명으로 가장 옳지 않은 것은?

① 장기협력관계의 결정요인으로는 관계규범, 거래윤리, 신뢰, 몰입, 힘의 균형화 등이 있다.

② 관계를 맺고 있는 당사자들에 의해 어느 정도 수용되는 행동규칙인 관계규범이 설정되어 있어야 한다.

③ 대부분의 거래관계는 계약에 의해 실현되지만 장기협력관계를 유지하기 위해서는 거래윤리 같은 거래지침이 필요하다.

④ 몰입은 거래쌍방이 지속적으로 거래할 것임을 명시적 혹은 묵시적으로 약속하는 것으로 당사자의 몰입수준은 거래상대방의 몰입수준이 낮다고 인식할수록 높아진다.

⑤ 거래상대방에게 의존하는 정도와 거래상대방이 자신에게 의존하고 있는 정도가 균형을 이루고 있지 않은 경우에는 결별의 위험이 항상 존재한다.

64 점포 구성과 설계에 대한 내용으로 옳지 않은 것은?

① 점포는 고객에게 상품을 판매하는 곳으로 교환가치를 창출해야 한다.

② 점포는 고객들에게 구매 행동에 대한 올바른 정보를 전달해야 한다.

③ 점포는 특수상품이나 전문품을 전방시설에 위치시켜 상품을 효과적으로 전시해야 한다.

④ 점포는 상품을 잘 보이게 하면서 잠재고객이 편하게 쇼핑할 수 있도록 조성해야 한다.

⑤ 점포는 무엇을 판매하고 누구를 위한 점포인지에 대한 명확한 특징이 있어야 한다.

65 상품관리에 대한 내용으로 가장 옳지 않은 것은?

① 상품관리 기능 중 하나는 적정한 상품구성을 실현하는 일이다.

② 상품관리는 적정한 재고량을 유지하는데 있어 중요한 기능을 발휘한다.

③ 적정한 1회 발주량을 결정하는 것은 상품관리의 중요한 활동이다.

④ 보관 중 상품이 손상되지 않도록 관리하는 것도 상품관리에 해당된다.

⑤ 상품의 판매를 위해 마케팅 믹스를 결정하는 것을 포함한다.

66 점포의 이미지를 측정하기 위한 설문이다. 이 설문에 사용된 척도의 유형은?

> 문) OOO 백화점 매장의 이미지는 :
>
> 현대적이다   −2   −1   0   +1   +2   복고풍이다

① 리커트 척도   ② 어의차이 척도

③ 총합고정 척도   ④ 등급 척도

⑤ 스타펠 척도

67 e-CRM과 기존 CRM의 차이점으로 가장 옳지 않은 것은?

① CRM은 데이터웨어하우스 구축, 매체광고, 우편발송, 텔레마케팅 등으로 초기 비용이 높지만 e-CRM은 시스템 구축, 이메일 마케팅 등으로 유지비용이 높다.

② 자료수집 측면에서 CRM은 자료수집 채널이 다양하고 분산된 반면 e-CRM은 인터넷의 웹을 기반으로 하는 통합 채널을 지향한다.

③ e-CRM은 CRM에 비하여 시간적·지역적 제약에서 비교적 자유롭다.

④ e-CRM은 CRM과는 달리 인터넷 상에서 간단한 절차에 의해 고객요청을 신속하게 실시간으로 처리할 수 있다.

⑤ 자료분석 측면에서 e-CRM은 웹로그 분석이 가능하기 때문에 실시간으로 고객성향 및 행동을 분석할 수 있다.

68 다음 중 (   )에 들어갈 가장 적절한 것을 고르시오.

> 현대 사회는 과거에 비해 풍요롭고 경제적인 호황을 누리고 더 많은 자유 시간을 가지며, 과거에 비해서 서비스가 다양해지고 좋아졌는데도 오히려 소비자의 불만의 소리가 높아지는 현상을 말하며, 소비자들은 서비스와 관련된 불평과 불만을 매스컴이나 현장에서 이를 대변하게 되는데 이러한 현상을 (   )한다.

① Service Paradox
② Service Industrialization
③ Service Valuable
④ Service Marketing
⑤ Service Terror

69 판매촉진에 대한 설명으로 가장 올바르지 않은 것은?

① 판매촉진은 광고, 인적판매 또는 다른 촉진믹스 도구들과 함께 사용하는 것이 일반적인데, 중간상 판매촉진과 영업사원 판매촉진은 주로 인적판매과정을 지원한다.

② 중간상 판매촉진의 목표는 소매상들이 제조사의 신규 품목 취급, 적정 재고의 유지, 소매환경에서의 제품 광고 또는 더 넓은 공간을 할당하도록 유도하는 데 있다.

③ 영업사원 판매촉진의 목표는 기존 제품 및 신제품에 대한 영업사원의 노력 및 지원을 더 많이 확보하거나 영업사원으로 하여금 신규 거래처를 개발하도록 유도하는 데 있다.

④ 구매시점 판촉 또는 프리미엄과 같은 소매상 판매촉진은 장기적인 고객관계 향상을 위한 판매촉진이 아니라 단기적인 소비자의 구매유도가 목적이다.

⑤ 소매상 판매촉진에는 샘플링, 쿠폰, 현금환불, 가격할인, 프리미엄, 단골고객 보상, 구매시점 진열과 시연, 콘테스트, 추첨 등이 있다.

70 묶음가격(Price Bundling)에 관한 다음 설명 중 옳지 않은 것은?

① 다른 종류의 상품을 몇 개씩 묶어 하나로 상품화 하고 여기에 부여한 가격을 말한다.
② 묶음가격은 개별상품에 대해 소비자가 평가하는 가치가 동질적일 때 더 효과적이다.
③ 묶음가격에는 순수묶음과 혼합묶음 가격이 있다.
④ 기업은 묶음가격을 통하여 매출과 이익을 증대시킬 수 있다.
⑤ 묶음가격은 제품 뿐 아니라 서비스에서도 적용된다.

71 다음 중 정보·자료·지식을 비교하는 설명으로 가장 적절하지 않은 것은?

① 자료는 인간이 이해할 수 있고 유용한 형태로 처리되기 전 있는 그대로의 사실이거나 기록이며 지식은 다양한 종류의 정보가 축적되어 특정 목적에 부합하도록 일반화된 정보이다.

② 지식은 행동과 의사결정에 지침을 제공하는 본능, 아이디어, 규칙 그리고 절차 등을 의미하며, 정보는 적절하게 사용되어야 유용한 정보로서의 가치를 가진다.

③ 지식은 그 자체로는 의미가 없으며 이용자의 의도에 맞게 유용한 형태로 전환되고 가치를 지니고 있어야 의미를 가지게 되며, 정보는 필요한 정보를 산출하기 위해서 경제성이 있어야 한다.

④ 정확성을 갖춘 정보는 실수나 오류가 개입되지 않은 정보이며, 정보는 데이터의 의미를 명확히 하고 정확하게 편견의 개입이나 왜곡 없이 전달해야 한다.

⑤ 자료는 어떤 현상이 일어난 사건이나 사실을 그대로 기록한 것으로 숫자, 기호, 문자, 음성, 그림, 비디오 등으로 표현되며, 정보는 양질의 정보라도 필요한 시간대에 이용자에게 전달되지 않으면 가치를 상실한다.

72 데이터베이스의 구성 요소에 대한 설명으로 옳지 않은 것은?

① 데이터베이스관리시스템 – 데이터베이스의 관리를 위한 프로그램의 집합으로 데이터베이스로의 접근을 통제하고 유지하는 기능을 수행한다.

② 응용프로그램 – 실제 업무에 사용되는 프로그램이다.

③ 데이터베이스 사용자 – 실제로 데이터베이스를 이용하는 최종 사용자이다.

④ 데이터베이스 관리자 – 사용자가 실제로 접촉하게 되는 데이터베이스 파일을 설계하고 관리한다.

⑤ 데이터베이스 파일 – 개별 부서에서 그 부서의 특징에 맞게 데이터를 검색·가공·분석할 수 있도록 해놓은 작은 규모의 전자저장 공간이다.

73 다음 중 정보의 활용범주별 유형에 대한 설명으로 가장 적절하지 않은 것은?

① 내용정보는 과거에 일어난 일에 관한 기록으로, 어떤 직원이 어떤 일을 해왔으며 언제 태어났는가, 재고는 어디에 얼마나 쌓여 있으며 어떤 고객이 무엇을 주문했는가 등에 대한 역사적 내용을 기록하고 있는 정보를 말한다.

② 기업정보는 기업이 사업을 기획하며 경영하고 이윤을 추구하기 위해 필요한 정보로, 기업의 조직·능력·특성에 따라 여러 가지의 형태로 실시된다.

③ 형태정보는 컴퓨터를 이용하여 3차원적 공간에서 여러 단계를 거쳐 대상물의 동작을 모의 실험함으로써 얻어지는 정보를 말하며, 시뮬레이션을 이용한 형태정보는 고가이면서 위험한 실물실험을 대체함으로써 그 유용성을 인정받고 있다.

④ 동작정보는 정교한 동작으로 즉각 변형되는 정보를 말하며 예컨대, 산업용 로봇은 정보를 입력받고 그러한 정보에 따라 기계의 부품을 제작 · 조립 · 검사하여 하나의 산출물을 만들어낸다.

⑤ 형식정보는 모양을 묘사하는 정보로서 자동차의 경우 색상, 장착된 옵션, 가격, 유통시스템 내의 위치 등에 관한 정보를 내용정보라 본다면, 피스톤의 정확한 모양, 이를 제조하는 데 사용된 소재와 공정, 허용오차 등에 관한 자료 등은 형식정보라고 볼 수 있다.

74 **EAN 코드와 관련된 설명으로 가장 옳은 것은?**

① EAN 코드는 UPC 코드보다 하위레벨로 EAN 코드 판독기는 UPC 코드도 판독가능하다.

② EAN 코드의 종류에는 EAN-12 표준형과 EAN-8 단축형이 있다.

③ EAN 코드의 종류에 따라 제조업체 코드와 상품품목 코드를 표현하는 자리수가 다르다.

④ EAN의 국가코드는 3자리이고 체크디지트는 2자리이다.

⑤ 각 캐릭터는 두 개의 바와 두 개의 여백으로 형성된 5개의 모듈로 이루어져 있다.

75 **다음 중 지식근로자의 특징으로 가장 적절하지 않은 것은?**

① 독특한 가치관을 가지고 있으며 조직의 문화를 이해하고 수용한다.

② 협업 및 공유 태도를 수용하고 개인 및 전문적 성장을 기업의 비전 및 전략목표와 일치시킨다.

③ 사업에 대한 통찰력과 변화관리능력을 가진다.

④ 혁신적인 능력과 창조적인 마인드를 가진다.

⑤ 자율통제와 자기주도적인 학습을 하게 되고 새로운 방법을 채택하여 학습한다.

76 **구조화된 전자상거래에 대한 설명으로 가장 적절하지 않은 것은?**

① 표준화된 거래형식과 데이터 교환방식에 따라 조직적이고 체계적으로 이루어지는 전자상거래를 말한다.

② 불특정다수의 일반소비자들을 대상으로 하는 전자상거래로서 주로 인터넷을 이용한 온라인 쇼핑이 이에 해당한다.

③ 비교적 계속성이 있는 기업 간의 거래, 즉 제조업자와 유통업자 등 계속적 거래관계가 있는 기업 간에 거래에 관한 데이터를 교환함으로써 이루어지는 거래로 전자문서교환(EDI) 등의 형태로 실현되는 거래이다.

④ 정부조달의 전자화로부터 시작되었지만, 민간부문의 기업들이 설계도면이나 부품의 데이터를 비롯하여 제품의 개발, 제조에서 유통 및 보수유지에 이르기까지 필요한 모든 데이터를 공유하는 것을 목표로 하여 도입하려고 하는 광속상거래(CALS)가 있다.

⑤ 전자우편(E-mail)이나 전자게시판(BBS) 등을 통하여 주로 개인 간에 1 : 1로 이루어진다.

77 QR 시스템에 대한 다음 설명 중 옳지 않은 것은?

① 원료공급업체로부터 소매유통에 이르기까지 전체의 유통경로를 정보기술(IT)로 연결하여 업무의 효율성과 소비자의 만족을 극대화하기 위한 시스템이다.

② 소비자들이 원하는 시간에 맞추어 상품을 공급하고 불필요한 재고를 없애서 비용을 감소시킨다는 원칙에서 출발하였다.

③ 정보기술과 참여기술의 활동을 통하여 상품에 대한 소비자의 반응에 신속히 대처하며, 비용을 절감하는 것이 목표이다.

④ 제품개발의 사이클을 짧게 하고, 소비자 요구에 신속하게 대응하는 정품을 정량에 적정가격으로 적정장소로 유통시키는 것이다.

⑤ 원료공급업자에서부터 매장까지의 전체 공급사슬을 리엔지니어링함으로써 비효율과 초과비용을 제거하는 데 초점을 맞추고 있다.

78 다음 중 공급자 주도형 재고관리에 대한 내용으로 옳지 않은 것은?

① AR은 회전율이 빠른 상품에 대한 소매업자의 단품 판매관리나 재고관리의 부담을 덜어주게 되고 그에 따른 비용을 줄여준다.

② CR은 매장의 소비자로부터 얻은 재고 및 판매정보를 기초로 상품 보충량을 제조업체가 결정하는 방법으로서 공급자는 구매자로부터 매일 소매점 판매 정보나 물류센터출하정보를 통신망을 통해 수신해서 필요한 상품을 공급하고, 구매자는 이렇게 보충된 물량을 구매한다.

③ QR은 의류산업의 SCM 전략이며 의류 및 직물 제조업체와 소매업자간 정보와 제품의 흐름을 가속화시키기 위한 새로운 전략이다.

④ VMI는 제조업체가 발주 확정을 하기 전에 발주권고를 유통업체에게 보내어 상호 합의 후 발주확정이 이루어지는 것에 비하여, CMI는 제조업체가 발주 확정 후 바로 유통업체로 상품배송이 이루어지는 처리를 말한다.

⑤ JIT는 필요한 상품이 필요한 시기에 즉시 도착하기 때문에 재고의 유지가 필요 없거나 극소량의 재고를 유지함으로써 재고관리비용을 획기적으로 줄일 수 있는 시스템이다.

79 e-SCM은 고객 그리고 기업 내부의 다양한 욕구를 만족시키고 업무의 효율성을 극대화하려는 전략적 기법이라고 할 수 있는데, e-SCM 도입효과에 대한 설명으로 가장 적절하지 않은 것은?

① 전략적 제휴 및 아웃소싱 등 Virtual Network 형성을 통한 업무 수행이 용이해지기 때문에 최소한의 자산 보유만으로도 사업 수행이 가능하며, Supply Chain을 통합함으로써 공급자 및 구매자간 정보 이전에 필요한 비용과 시간을 줄일 수 있다.

② 기존고객유지, 기존고객의 수익성 향상, 수익성 있는 신규고객확보와 마케팅 및 고객확보캠페인의 비용 감소, 마케팅 캠페인으로부터 오는 반응률의 증가가 e-SCM을 도입함으로써 발생하는 효과이다.

③ 공급자 및 구매자간 정보 공유에 의해 공급자들은 구매자의 재고 정보를 실시간으로 파악할 수 있으며, 구매자들이 필요로 하는 물량을 자동적으로 보충해 줄 수 있기 때문에 공급자·구매자 모두 안전 재고 수준을 낮출 수 있다.

④ 구매자와의 직접 접촉을 통해 획득한 데이터를 분석하여, 각 고객들의 니즈를 충족시킬 수 있는 개별화된 서비스 제공이 가능하다.

⑤ Supply Chain의 자동화, 중간 유통 업체의 제거를 통해 전체 주문이행 사이클 타임의 단축이 가능하며 이를 통해 고객 니즈 변화에 대한 신속한 대응이 가능해지고, 고객 만족도가 증가된다.

80 기업이 보유하고 있는 지적자산은 형식지와 암묵지로 구분해 볼 수 있다. 다음 설명 중 가장 적절치 못한 것은?

① 형식지란 문서화되어 있고, 보존이 가능하고, 성문화 할 수 있는 것들을 말한다.

② 특허권, 상표, 사업계획, 시장조사, 고객목록 등이 형식지에 해당된다.

③ 도제 장인의 솜씨는 암묵지에 해당한다.

④ 사람들 머릿속에 있는 지식을 인식하고, 생성하고, 공유하고, 관리하는 데 있어 암묵지에서 암묵지로 이동을 할 수 있도록 구현된 시스템을 지식경영시스템(KMS)이라 한다.

⑤ 제품별 운송시 주의사항과 지침은 형식지에 속한다.

81 다음은 물류정보시스템에서 사용하는 통합적 정보시스템의 설계방향에 관한 설명이다. 가장 거리가 먼 것은?

① 밀접히 관련된 활동을 통합하여 수행하는 것이 필요하다.

② 각각의 하위시스템은 각종 지원(컴퓨터설비, 데이터베이스, 정보 네트워크, 분석도구 등)을 단독적이며 개별적으로 이용하도록 설계되어야 한다.

③ 모든 분산된 자료를 공통된 지역에 보관함으로써 공통의 데이터베이스를 구축할 수 있어야 한다.

④ 정보시스템 내 특정 하위시스템의 자료(구매물류정보시스템)가 다른 하위시스템(판매정보시스템)에 공동으로 사용될 수 있도록 설계되어야 한다.

⑤ 통합적 정보시스템은 정보시스템 내 특정 하위 시스템의 자료가 다른 하위 시스템에도 활용할 수 있게 설계된 것을 말한다.

82 협의의 MIS(Management Information System)와 ERP(Enterprise Resource Planning)에 대한 비교설명으로 가장 옳지 않은 것은?

	구 분	MIS	ERP
1	업무중심	TASK	PROCESS
2	업무처리형태	부문최적화	전체최적화
3	업무가치기준	내부통제	고객중심
4	DB구조	파일시스템	원장형
5	전산처리형태	분산처리구조	중앙집중식

① 1   ② 2

③ 3   ④ 4

⑤ 5

83 ECR 전략의 내용과 거리가 가장 먼 것은?

① 관련 당사자간 상호 신뢰가 중요하며, 모든 당사자가 평등한 입장에서 추진되어야 한다.

② 물류의사결정을 지원하기 위한 물류정보시스템의 중요성이 강조되고 있다.

③ 물류의 전 과정 중 생산에서 판매까지를 중점적으로 관리한다.

④ 공통적이고 일관성 있는 성과측정 및 보상시스템이 구축되어야 한다.

⑤ 소비자들에게 양질의 제품과 서비스를 제공하는 것을 목적으로 한다.

84 전자상거래 비즈니스 모델에서 제조업체형(Manufacturer Model)에 대한 내용으로 가장 적절한 것은?

① 고객이 인터넷상에서 정보를 서핑하는 곳에 따라 어디서든지 구매 기회를 제공하는 모델로서, 웹사이트에 Purchase Point Click-through를 제공하는 제휴 파트너에게 매출의 일정액을 인센티브로 제공한다.

② 이용자의 충성도에 기초한 비즈니스 모델로서 이용자들은 이 사이트에 많은 시간과 노력을 투자하며, B2C보다는 B2B 모델로서 많이 활용되고 있다.

③ 인터넷을 이용한 전통적인 도·소매상으로서 매출은 카탈로그에 리스트 된 가격이나 경매를 통해 결정된 가격에 이루어지며, 때로는 전통적인 상점에서는 불가능한 상품이나 서비스를 취급한다.

④ 기존의 유통망을 붕괴시킬 수 있다는 점 때문에 가격정책, 고객서비스 등에서 기존 유통망과의 마찰을 초래할 가능성이 있어 효과적인 유통망 관리가 핵심적인 성공 요인이다.

⑤ 구매인과 판매인을 한 곳에 모아 거래를 촉진하는 모델로서 기업간 거래(B2B)는 물론, B2C와 C2C에 모두 적용할 수 있다.

85 e-비즈니스와 i-비즈니스를 비교하는 설명으로 가장 적절하지 않은 것은?

① e-비즈니스는 전자매체를 통해 이루어지는 거래행위 외에 온라인 비즈니스에 참여하는 고객 및 업체와의 관계, 정보의 흐름 등을 강조하는 개념이다.

② e-비즈니스는 인터넷, 인트라넷, 엑스트라넷을 통해 이루어지는 전자상거래, 온라인 뱅킹, 고객지원, 지식경영, 원격진료는 물론 행정, 교육 등의 공공 분야에 이르기까지 네트워크 환경에서 이루어지는 모든 업무를 포괄한다.

③ e-비즈니스는 전자상거래보다 넓은 개념이다.

④ i-비즈니스는 개념적으로 단지 상거래에 초점을 맞추기보다 인터넷을 통해 이루어지는 거래행위를 포함한 모든 업무·정보의 흐름 등도 강조되는 개념이다.

⑤ i-비즈니스가 네트워크 환경상에서 이루어지는 모든 업무를 포함하는 반면, e-비즈니스는 인터넷상에서 이루어지는 업무로 i-비즈니스보다 작은 개념으로 정의할 수 있다.

86 다음 중 데이터 웨어하우스의 특징으로 옳지 않은 것은?

① 데이터 웨어하우스 내의 데이터는 일상적인 트랜잭션을 처리하는 프로세스 중심 시스템의 데이터와 달리 일정한 주제별 구성을 필요로 한다.

② 패턴인식이나 연관관계분석에 기초하여 주로 분류화와 예측의 목적으로 신용평가, 카드도용 패턴분석, 수요 및 판매예측, 고객세분화 등 여러 산업에서 활용되고 있는 신경망 분석 기법을 이용한다.

③ 오직 두 가지 오퍼레이션(Operation)을 갖게 되는데, 하나는 데이터를 로딩하는 것이고 다른 하는 데이터를 읽는 것, 즉 액세스하는 것으로 이는 데이터 웨어하우스에 일단 데이터가 로딩되면 읽기전용으로 존재한다는 것이다.

④ 데이터 웨어하우스 내의 데이터는 고도로 통합되어야 하는데, 예를 들어 기존의 애플리케이션 중심의 환경에서는 남자와 여자를 남/여, Male/Female, 1/0 등으로 다양하게 적용할 수 있으나 데이터 웨어하우스에서는 이들을 통합할 필요가 있다.

⑤ 데이터 웨어하우스의 데이터에는 수시적인 갱신이나 변경이 발생할 수 없다.

87 다음 RFID에 관한 설명 중 옳지 않은 것은?

① 정보를 읽거나 쓰기위한 반도체칩을 내장하고 정보의 전송을 위해 안테나를 사용하는 무선주파수 시스템이다.

② 장소나 시간에 관계없이 컴퓨터 네트워크에 접속을 통하여 필요한 서비스를 제공받는 것이다.

③ 국내에서는 모바일 RFID 포럼을 중심으로 온라인상의 콘텐츠나 서비스의 위치를 찾는 데 필요한 정보 제공을 위한 모바일 RFID 표준을 추진한다.

④ 미들웨어, 객체정보서버, 객체이력서버, RFID 검색서비스 등이 RFID 서비스 네트워크를 구성한다.

⑤ 구성요소로는 태그, 안테나, 리더, 호스트 등이 있다.

88 다음 중 의사결정지원도구에 대한 설명으로 가장 적절한 것은?

① 특수 목적을 가진 응용프로그램으로 특정영역에서 지식근로자의 업무시간을 줄이고 업무오류를 감소시키기 위해 사용한다.

② 어떠한 현상이나 사건을 컴퓨터로 모델화하여 가상으로 실행시켜 봄으로써 실제 상황에서의 결과를 예측하는 것을 말한다.

③ 관리자와 지식근로자가 개인정보 단말기에서부터 데이터웨어하우스에 이르기까지 다양한 저장매체에 있는 자료를 검토하고, 가공하여 의사결정을 돕는 소프트웨어 도구이다.

④ 자료를 기계가 판독할 수 있는 형태로 정확하고 효율적으로 만드는 것을 말한다.

⑤ 데이터베이스에 있는 정보를 효율적으로 추출하기 위한 도구로서 마우스, 키보드, 스피커, 비디오디스플레이 등이 이에 해당한다.

89 RFID/USN 시스템에 대한 보안 취약점과 보안 요구사항에 대한 보완책으로 적절하지 않은 것은?

① 킬 태그(Kill Tag) - 태그의 설계시 8비트의 비밀번호를 포함하고, 태그가 비밀번호와 'Kill' 명령을 받을 경우 태그가 비활성화되는 방식

② 페러데이 우리(Faraday Cage) - 무선 주파수가 침투하지 못하도록 하는 방법으로 금속성의 그물(Mesh)이나 박막(Foil)을 입히는 방법

③ 워터마킹(Watermarking) - 디지털 콘텐츠에 저작권자의 고유마크(Fingerprint)를 집어넣는 방식

④ 방해 전파(Active Jamming) - 리더기가 제품을 읽지 못하도록 방해신호를 보내는 물건을 소비자가 들고 다니는 방식

⑤ 차단자 태그(Blocker Tag) - 전파 식별(RFID)에 저장된 정보 접근을 선택적으로 차단하는 방식

90 ( ) 안에 모두 들어갈 수 있는 용어는?

> CAO는 POS 데이터를 통해 얻어지는 상품정보를 분석해 자동으로 생산 및 판매를 위한 발주정보를 제공해 주는 시스템을 말한다. CAO는 ( ) 기반 정보시스템이기 때문에 유통업체와 제조업체가 규격화된 표준문서를 사용해야 하고, 인프라가 다를 경우 ( ) 문서를 표준화해야 하고, 유통업체와 제조업체간 데이터베이스가 다를 때도 동기화가 요구된다. 이를 위해서는 표준화된 전자문서교환이 가능하도록 ( )와 같은 소프트웨어를 통한 데이터베이스의 변환이 요구된다.

① 크로스도킹   ② MRO
③ EDI   ④ KAN
⑤ EAN

제10회 최종모의고사

형 별	A형	제한시간	100분	수험번호	성 명

※ 5개의 답항 중 가장 알맞은 1개의 답항을 고르시오.

 제 1 과목 유통 · 물류일반관리

01 포터(Porter)의 이론에 따라 유통산업의 구조를 분석한 내용으로 옳지 않은 것은?

① 유통관련 산업 내에서의 경쟁강도는 다수의 유통기업이 서로 경쟁하고 있다는 것을 가정하여야 한다.

② 유통산업에 신규진입 예상기업들이 규모의 경제를 달성하고 있고 그 상품이 고도로 차별화되었다면 기존기업에게는 위협이 된다.

③ 대체재가 기존기업에게 위협이 되는가에 대한 분석에서 구매자가 대체재에 대한 구매성향이나 대체재의 상대적 가치가 높을수록 기존기업에게 위협이 된다.

④ 유통기업의 판매상품들 중에서 특정 공급기업 상품의 비중이 높다면, 공급기업은 그 유통기업에 의존도가 높아져 공급기업보다 유통기업의 힘이 강하다.

⑤ 특정기업의 구매자가 구매경로를 경쟁기업으로 변경함으로써 지불하게 되는 전환비용이 낮을수록 구매자는 특정기업이 아닌 경쟁기업으로 이동할 가능성도 높아진다.

02 다음 유통혁명 시대의 특성에 대한 설명으로 가장 거리가 먼 것은?

① 신제품개발 위주에서 정보기술, 네트워크 위주의 전략으로 전환

② 정보, 시간 중심의 운영전략에서 비용, 품질 중심의 운영전략으로 전환

③ 개별 기업중심의 경영체제에서 통합 공급체인 경영체제로 전환

④ 불특정 다수의 고객전략에서 특화된 고객전략으로 전환

⑤ 수익제고 능력에서 가치창출 능력으로 전환

03 수요예측과 재고관리에 관한 다음의 설명 중 가장 적절하지 않은 것은?

① 재주문점(Reorder Point)의 설정을 위해서 주문간격(Order Interval)동안에 예측되는 수요의 평균과 표준편차가 사용된다.

② 단일기간재고모형(Single-period Model)에는 단일기간 동안에 예측되는 수요의 분포가 사용된다.

③ 생산계획과 재고통제 기법인 MRP(Material Requirement Planning)에 필요한 수요자료에는 완제품의 수요예측으로부터 산정되는 종속수요의 개념이 사용된다.

④ 안전재고의 설정을 위해서 안전재고가 필요한 기간 동안에 예측되는 수요의 표준편차가 사용된다.

⑤ 고정주문간격(Fixed Order Interval) 재고관리시스템에서 주문간격이 길수록 목표재고(Target Inventory)의 양이 증가한다.

04 재고관리에 대한 설명으로 가장 거리가 먼 것은?

① 재고는 미래의 판매에 대한 불확실성을 해소하기 위해 필요하기 때문에 초과수요와 판매지연 등에 초점을 두고 있다.

② 재고수준은 고객의 만족도에 영향을 미치는 동시에 유통이나 물류에 소요되는 비용에 있어서 중요한 요소이기도 하다.

③ 최적주문량의 결정은 경제적 주문량(EOQ)에 의해 측정되며, 주문비용, 연간수요량, 평균재고유지비, 재고품의 단위당 원가 등의 변수를 활용하여 계산된다.

④ EOQ의 기본가정은 1회 주문비용과 연간 단위 재고유지비가 물량에 관계없이 일정해야 한다.

⑤ 재고관리의 목적은 재고투자의 최대화, 고객만족의 극대화, 제조원가의 최소화, 구매원가의 최소화, 자재의 안정적 확보 등에 있다.

05 기업경영전략 및 마케팅전략계획에 관한 설명과 가장 거리가 먼 것은?

① 전략계획에서는 중장기적인 성과향상을 위한 자원의 효율적인 투입계획이 단기적 성과향상을 위한 자원의 효율적인 투입계획보다 우선한다.

② 전략계획을 구성하는 핵심내용으로는 기업의 목표, 기업의 외부환경분석, 기업의 내부환경분석을 들 수 있다.

③ 효과적인 전략계획은 끊임없이 다이내믹하게 변화하는 경쟁시장에서 지속적인 경쟁우위확보를 위한 유용한 도구이다.

④ 기업의 내부환경분석은 기업문화, 리더십, 핵심역량 및 경영자원에 대한 분석에서부터 경쟁자, 고객 그리고 공급업자에 대한 분석을 의미한다.

⑤ 기업의 외부환경분석은 기업의 경영의사 결정 및 경영성과에 영향을 주는 기업 외적환경으로, 거시환경과 산업환경으로 분류된다.

06 공급사슬에서 채찍효과(Bullwhip Effect)를 가장 적절하게 설명한 것은?

① 고객으로부터 소매점, 도매점, 제조업체, 부품업체의 순으로 사슬의 상류로 가면서 최종 소비자의 수요 변동에 따른 수요 변동폭이 증폭되어 가는 현상을 말한다.

② 부품업체, 제조업체, 유통업체의 순으로 하류방향으로 가면서 부품업체의 생산량 변동에 대한 정보에서 생산량 변동폭이 증폭되어 나타나는 현상을 말한다.

③ 부품업체, 제조업체, 유통업체의 순으로 하류방향으로 가면서 상류에서 협력의 경제적 효과가 증폭되어 나타나는 현상을 말한다.

④ 생산정보를 공유하는 경우 부품업체, 제조업체, 유통업체의 순으로 하류방향으로 가면서 생산정보시스템의 도입에 대한 한계비용 효과가 증폭되어 나타나는 현상을 말한다.

⑤ 소매점, 도매점, 제조업체, 부품업체의 순으로 사슬의 상류로 가면서 재고수준에 대한 정보공유 효과가 증폭되어 가는 현상을 말한다.

07 다음 중 종업원의 동기부여와 관련된 내용으로 가장 거리가 먼 것은?

① 종업원의 업무성과를 향상시키기 위해서는 현실적인 목표를 세우고 종업원에게 업무성과에 상응하는 보상을 제공하는 것이 중요하다.

② 점포 또는 부서별 모임을 통해 종업원의 의견 및 제안을 수렴하고 실행하는 경우 종업원의 사기가 높아질 수 있다.

③ 경험이 많은 종업원일수록 내재적 보상보다는 외재적 보상에 의해 동기를 부여받는다.

④ 종업원이 얼마만큼의 의욕을 가지고 노력하느냐 하는 것이 목표달성이나 성과의 추진력이 된다.

⑤ 판매원의 행동이 판매에 큰 영향을 미칠수록 인센티브 제도를 활용하는 것이 종업원의 동기부여 효과가 크다.

08 도매상의 유형 중 대리점과 관련된 설명을 모두 고르면?

> ㉠ 제품에 대한 소유권은 없이 단지 제조업자나 공급자를 대신해서 제품을 판매해주는 도매상이다.
> ㉡ 특정 유형의 제품만을 취급하며, 일반 도매상들이 집단화되어 제품의 다양성을 갖춤으로써 구매자들의 다양한 욕구를 충족시켜 준다.
> ㉢ 구매자나 판매자 한 쪽을 대표하며, 일반적으로 이들과 비교적 장기적인 거래관계를 갖는다.
> ㉣ 제조업자가 소유하고, 제조업자 자신이 구매자에 대한 마케팅을 계획/수정하여 판매에 직접적으로 관여한다.
> ㉤ 상품매매를 촉진하고 거래가 성사되는 대가로 판매가격의 일정비율을 수수료로 받는다.
> ㉥ 단지 판매에 관하여 협상을 해줄 뿐이며 가격설정권이 없다.

① ㉠, ㉡, ㉢   ② ㉠, ㉢, ㉤

③ ㉠, ㉣, ㉥   ④ ㉡, ㉢, ㉤

⑤ ㉡, ㉢, ㉣

09 유통업체에서 카테고리관리를 할 때, 카테고리별 재무목표를 설정하기 위하여 이익, 매출, 회전율을 결합하여 판단하여야 한다. 이와 같은 목적으로 사용하기에 가장 적합한 재무비율은?

① GMROI(Gross Margin Return On Inventory Investment)
② ROA(Return On Assets)
③ ROI(Return On Investment)
④ EVA(Economic Value Added)
⑤ GMROS(Gross Margin Return On Selling Space)

10 다음은 임의가맹점형 체인사업의 특징을 설명한 내용이다. 가장 거리가 먼 것은?

① 체인본부에 의한 경영지도
② 공동구매, 공동판매, 공동시설 활용
③ 취급품목의 표준화사업
④ 영업방식의 표준화사업
⑤ 상호 판매 가격의 표준화

11 다음 중 프로세스 혁신 기법에 관한 설명으로 가장 적절하지 않은 것은?

① BPR(Business Process Re-engineering)은 비용이나 품질과 같은 주요 성과지표의 극적인 개선을 위해 업무프로세스를 기본적으로 다시 생각하고 근본적으로 재설계 하는 것이다.
② 아웃소싱(Outsourcing)은 기업의 경쟁력 강화를 위해 가치사슬 중 경쟁력이 높은 프로세스는 직접 수행하고, 나머지 프로세스는 외부기업이 수행하게 함으로써 기업이 핵심역량에 집중할 수 있게 한다.
③ 6시그마(Six-sigma)는 프로세스를 개선하여 수익성을 극적으로 향상시키고 고객만족을 극대화하는 경영철학이며, 제품 1백만 개당 6개 이내의 불량만을 허용한다는 의미이다.
④ ERP(Enterprise Resource Planning)는 기업의 목표를 달성하기 위해 기업의 전체 자원과 프로세스를 합리적으로 관리하는 통합정보시스템이다.
⑤ TQM(Total Quality Management)은 고객의 욕구를 만족시키기 위해 전사적으로 자원의 효적인 이용과 지속적인 개선을 추구하는 기업의 전략이며 철학이다.

12 ABC 분석기법과 관련한 다음의 설명 중 옳지 않은 것은?

① 도매상들은 표적소매상 고객들이 원하는 제품구색과 서비스 수준을 파악하고 수익성과 재고비용을 고려하여 효과적인 관리를 위해 ABC 분석기법을 활용한다.

② 공헌이익, 매출액, 판매량, 총이익, GMROI, 혹은 매장 면적당 매출이나 총이익을 기준으로 상품을 분류하고 재고량을 조절하고자 할 때 ABC 분석을 활용한다.

③ 다양한 고객에 대한 평가기준 특히 공헌이익, 수익성기여도 등에 따라 고객을 A, B, C 등급으로 분류한 후 등급특성에 따른 마케팅전략 및 믹스를 활용할 수 있도록 도와주는 기법이다.

④ 유통상이 취급하는 상품을 수익에 대한 기여도에 따라 A, B, C로 분류한 후 각각의 상품그룹의 특성을 활용한 상품확장, 신제품개발 및 신시장개척을 위한 도구로 사용되는 기법이다.

⑤ ABC 분석은 어떤 특정한 기준에 의해서 그룹핑하여 특정 그룹에 있는 것에 대해서 집중관리를 한다.

13 로지스틱스(Logistics)에 대한 설명으로 올바르지 않은 것은?

① 포터(Porter)는 가치사슬모형에서 로지스틱스(Logistics)를 본원적 활동(Primary Activity)으로 분류하였다.

② 로지스틱스는 제조업체가 고려해야 할 고객서비스 구성요소로서 재고이용 가능성, 서비스 제공능력, 서비스 질 등에 영향을 미치는 요소이다.

③ 로지스틱스는 기능적인 활동에 중점을 둔 기업의 활동을 통하여 주로 판매물류 중심이라고 할 수 있다.

④ 로지스틱스의 일부로서 재고관리는 불규칙한 수요에 대응하고 안정적인 노동력의 유지와 생산체제 구축에 도움이 된다.

⑤ 로지스틱스에서 창고는 보관, 포장, 상품분류, 가공 등의 활동을 수행하는 장소이기도 하다.

14 전략에 관한 다음의 설명 중 가장 적절하지 않은 것은?

① 포터(Porter)에 따르면 차별화(Differentiation)전략은 새로운 기술이나 제품개발, 우월한 서비스를 통하여 소비자에게 자사의 제품을 경쟁제품보다 독특하게 하는 것이다.

② 전략의 수준은 의사결정의 수준과 범위에 따라 기업수준의 전략(Corporate Strategy), 사업수준의 전략(Business Strategy), 기능수준의 전략(Functional Strategy)으로 나눌 수 있다.

③ 마일즈와 스노우(Miles and Snow)의 전략 유형에서 방어적(Defender) 전략을 구사하는 조직은 생산효율성보다는 혁신과 안정성을 동시에 추구한다.

④ 조직의 전략은 조직 규모, 기술, 문화와 함께 조직 구조에 영향을 미치는 요소이다.

⑤ 후방 통합(Backward Integration)은 공급업자의 사업을 인수하거나 공급업자가 공급하던 제품이나 서비스를 직접 생산, 공급하는 방식의 전략이다.

15 다음 중 ROI(Return On Investment) 분석의 유용성에 대한 설명으로 잘못된 것은?

① ROI 기법은 활동성비율인 총자본회전율과 수익성비율인 매출액 이익률을 결합한 것으로서 기업활동의 중요한 양 측면을 동시에 분석할 수 있다.

② 기업의 경영자나 종업원의 업적평가와 업무통제에 유용한 수단이 될 수 있다.

③ ROI 분석의 목적은 통제 가능한 비용의 확인에 있다.

④ 각 부서에 종사하는 경영자나 종업원들에게 그들 부서의 업무를 기업목표와 직결되도록 한다.

⑤ 경영정책의 결과인 투자수익을 분석하는데 있어 현금흐름과 감가상각비 등을 고려함으로써 동태적인 관점에서 기업의 경영성과를 평가하는 데 유용하다.

16 기업설립시 기업의 법적인 형태를 우선적으로 결정해야 한다. 기업의 법적인 형태에 관한 다음의 설명 중 가장 옳지 않은 것은?

① 개인기업의 경우 기업운영의 위험 및 운영에 필요한 자본을 개인이 전액을 조달해야 함으로 소유와 경영이 일치하는 반면 회사기업의 경우 소유와 경영이 분리될 수 있다.

② 개인기업의 대표적인 유형으로 합명회사와 합자회사가 있다.

③ 자본의 출처와 위험부담을 기준으로 우선 개인기업과 회사기업으로 나누어진다.

④ 회사기업의 대표적인 유형으로 유한회사와 주식회사가 있다.

⑤ 주식회사는 사원인 주주의 지위가 균등한 비례적 단위인 주식의 수로 표시되고 주주는 그가 인수한 주식금액을 한도로 하여 회사에 대해서만 책임을 진다.

17 기업의 기존 사업단위의 전략적 평가와 선택을 위해 사업 포트폴리오 모형(Business Portfolio Model)이 많이 사용된다. 사업 포트폴리오 모형에 대한 다음 설명 중 가장 옳지 않은 것은?

① BCG 성장-점유(BCG Growth-share Matrix)모형의 두 축은 제품시장의 매력도를 나타내는 성장률과 제품시장의 경쟁력을 나타내는 상대적인 시장점유율이다.

② BCG 모형에서 자금흐름(Cash Flow)은 별(Star - 고성장률, 고점유율 사업부)에서 가장 많이 생긴다.

③ GE/McKinsey 모형은 제품시장 매력도(Market Attractiveness)와 사업단위 경쟁력(Business Strength)의 두 차원으로 구성된다.

④ GE/McKinsey 모형에서는 자금흐름보다는 투자수익률(ROI)을 더 중시한다.

⑤ BCG 모형은 제품시장에서 경험곡선효과가 중요한 것으로 가정하나, 어떤 제품시장에서는 경험곡선보다 기술혁신이 더 중요할 수 있다.

18 세계적인 글로벌브랜드(Global Brand)가 가지는 규모의 경제(Economies Of Scale)에 관한 다음의 설명 중 옳지 않은 것은?

① 규모의 경제는 개발비용, 생산, 유통, 촉진 등에서 두루 나타난다.

② 기업의 성장전략 추구에 있어서 글로벌브랜드가 로컬브랜드(Local Brand)보다 유리하다.

③ 촉진의 측면에서 더 넓은 마케팅기회를 포착할 수 있다.

④ 글로벌브랜드는 구매선택과 관련하여 소비자의 지각된 위험(Perceived Risk)을 증가시킨다.

⑤ 일반적으로 글로벌브랜드를 가진 기업은 특정 제품 범주(Product Category)에 마케팅의 초점을 맞추고 있다.

19 다음 중 글로벌기업이 국내 유통기업과 합작투자(Joint Venture)를 통하여 국내 유통산업에 진출할 경우 얻을 수 있는 장점과 단점으로 거리가 먼 것은?

① 규모의 경제를 달성할 수 있는 가능성이 있다.

② 단독으로 국내 유통시장에 진출하는 것에 비해 위험을 낮출 수 있다.

③ 조세를 회피할 수 있으므로 경영상 이익이 증가한다.

④ 경영자원을 상호간에 보완할 수 없을 경우 시너지효과를 기대하기 힘들다.

⑤ 합작파트너에게 자신의 기술이 이전되어 장차 경쟁기업을 만들게 되는 위험이 존재한다.

20 직무관리에 관한 설명으로 가장 적절하지 않은 것은?

① 직무분석은 분석대상 직무선정 → 직무관련 자료수집 → 직무기술서와 직무명세서 작성의 순서로 진행된다.

② 직무명세서(Job Specification)에는 직무수행에 필요한 지식, 기술, 역량, 자격요건이 포함된다.

③ 직무평가는 직무분석 결과를 바탕으로 현재 직무의 문제점과 개선방안을 도출해 내는 것을 주목적으로 한다.

④ 직무재설계 방법인 직무확대(Job Enlargement)는 수평적 측면에서 작업의 수를 증가시키는 것을 의미한다.

⑤ 직무평가방법인 서열법은 직무의 상대적 중요도를 평가하는 방법으로 직무의 수가 적은 소규모 조직에 적합하다.

21 제조업자가 유통경로 구성원에 대한 성과를 평가할 경우, 평가의 자료 범위와 이에 미치는 영향요인에 관한 기술 중 가장 옳지 않은 것은?

① 선택적 유통을 하는 제조업자는 종합적인 성과를 평가할 수 있는 넓은 범위의 자료를 제공받을 수 있다.

② 제품이 복잡할수록 평가의 범위가 넓어질 것이다.

③ 제품시장점유율이 낮은 제조업자는 경로 구성원들에 대한 종합적인 성과평가를 실시하기가 쉽다.

④ 중간상을 통해서 모든 제품을 판매하는 제조업자는 매우 포괄적인 평가를 상세히 할 것이다.

⑤ 경로 구성원에 대한 제조업자의 통제 정도가 높으면 통합적인 평가를 수행할 수 있다.

22 Porter의 경쟁전략이론에 의하면, 산업의 수익률은 5가지 동인(Forces)에 의해 영향을 받는다고 한다. 다음 중 가장 옳지 않은 것은?

① 산업의 수익률은 보완재의 유무에 의해 영향을 받는다. 보완재가 적을 때 산업의 수익률은 높아질 것이다.

② 산업의 수익률은 기존 기업들 간의 경쟁에 의해 영향을 받는다. 기업 간의 경쟁이 치열할수록 산업의 수익률은 낮아질 것이다.

③ 잠재적 진입자의 시장진출 위협 정도가 낮다면, 즉 진입장벽이 높다면 산업의 수익률은 높아질 것이다.

④ 구매자의 교섭력이 강할수록 산업의 수익률은 낮아질 것이다.

⑤ 원자재 공급자의 제품이 차별화되어 있거나 제품의 공급이 소수기업에게 집중되어 있어 공급자의 교섭력이 강할 때 산업의 수익률은 낮아질 것이다.

23 부채사용투자안의 평가에 대한 다음 설명 중 옳지 않은 것은?

① 타인자본조달은 그 사용대가로서 이자를 지불하게 되므로 주주들은 재무위험을 부담하게 된다. 기업전체의 자본비용은 타인자본비용과 자기자본비용의 단순평균이 아닌 자본구조를 가중치로 한 가중평균자본비용(WACC)이다.

② 투자안의 평가는 전통적인 방법인 회수기간법, 회계적이익률법과 현금흐름할인법인 순현가법, 내부수익률법, 수익성지수법 등에 의해 이루어진다.

③ 회수기간(Payback Period)법은 투자 시점에 발생한 비용을 회수하는 데 소요되는 시간을 고려한 방법으로 화폐의 시간가치 및 회수기간 이후의 현금흐름 등을 고려한다.

④ 회계적이익률(Accounting Rate of Return)법은 투자에 따른 장부상의 연평균순이익을 연평균투자액으로 나눈 비율로 화폐의 시간가치 및 현금흐름 등을 고려하지 않는다.

⑤ 순현가(Net Present Value)법은 투자에 따른 미래의 모든 현금흐름을 적절한 할인율로 할인하여 현재가치로 환산하여 평가한다.

24 판매의 윤리성 평가기준에 대한 다음 설명 중 옳지 않은 것은?

① 행동을 세 부분으로 나누어 의도, 실행방법, 결과가 비윤리적이면 그 행위는 비윤리적이다.

② '중대한' 부정적(좋지 못한) 결과를 가져오는 행동은 비윤리적이다.

③ 고의가 아니어도 행동의 결과로, '중대한' 부정적 결과를 초래한다면 그 행동은 비윤리적이다.

④ 행동의 결과 '사소한' 부정적 효과가 생기는 경우는 비윤리적인 행위이다.

⑤ 판매 장려금이 개인별로 지급될 경우, 동료 사이에 비윤리적 문제가 생긴다.

25 방문판매 등에 관한 다음 법률의 내용과 일치하지 않는 것은?

① '방문판매'란 재화 또는 용역의 판매를 업(業)으로 하는 자가 방문을 하는 방법으로 그의 영업소, 대리점, 그 밖에 총리령으로 정하는 영업장소 외의 장소에서 소비자에게 권유하여 계약의 청약을 받거나 계약을 체결하여 재화 또는 용역을 판매하는 것을 말한다.

② '계속거래'란 1개월 이상에 걸쳐 계속적으로 또는 부정기적으로 재화 등을 공급하는 계약으로서 중도에 해지할 경우 대금 환급의 제한 또는 위약금에 관한 약정이 있는 거래를 말한다.

③ 방문판매업자 또는 전화권유판매업자는 상호, 주소, 전화번호, 전자우편주소, 그 밖에 대통령령으로 정하는 사항을 공정거래위원회 또는 특별자치시장·특별자치도지사·시장·군수·구청장에게 신고하여야 한다.

④ 소비자는 재화 등의 내용이 표시·광고의 내용과 다르거나 계약 내용과 다르게 이행된 경우에는 그 재화 등을 공급받은 날부터 3개월 이내에, 그 사실을 안 날 또는 알 수 있었던 날부터 7일 이내에 청약철회 등을 할 수 있다.

⑤ 방문판매자 등은 재화 등을 반환받은 날부터 영업일 3일 이내에 이미 지급받은 재화 등의 대금을 환급하여야 한다.

제 2 과목 **상권분석**

---

26 점포개점을 위한 준비사항 중에서 점포규모 산정시 '획득 가능 매출의 추정'과 관련된 내용으로 가장 적절하지 않은 것은?

① 모델점의 매장 효율(평당 매출)을 적용한 매출 추정법은 인근 경쟁점 또는 유사지역 점포의 평당 매출을 적용하여 추정하되 기존점 대비 신규점의 효율 및 업체 간 경영능력 등을 감안한다.

② 신규출점 업무 중 가장 중요하고 어려운 작업으로, 매출의 추정은 정확한 상권 설정 및 규모의 추정, 입지 및 고객 분석, 경쟁여건 분석 등을 통해 이루어진다.

③ 획득 가능한 매출의 추정은 출점 후보지와 동 규모 지역의 점포 매장 점유율을 비교하여 추산한다.

④ 예상 고객 수 및 객 단가를 적용한 매출 추정법은 계획지의 객단가와 자사 점포 및 경쟁점의 객단가를 비교하여 추정한 뒤 상권 분석을 통해 설정된 예상고객 수를 감안하여 매출을 추정한다.

⑤ 지역별 점유비 산정에 의한 방법은 지역별로 시장 규모를 산출하고, 계획점·경쟁점·상권 외의 유출 등으로 시장점유율을 분할하여 획득가능 매출을 추정한다.

---

27 부지의 매력도를 평가하는 일반적 기준으로 옳지 않은 것은?

① 일반적으로 경사지보다는 평지가 고객 접근성에 유리하지만, 부지의 가시성 때문에 경사지를 선호하는 경우도 있다.

② 접근성을 평가하기 위해서 주변의 버스노선 수, 지하철역과의 거리를 고려한다.

③ 직사각형 점포의 경우 동일 면적이라면 도로와 접한 접면길이(폭)보다 접면에서 후면까지의 길이(깊이)가 긴 형태가 좋다.

④ 곡선형 자동차 도로에서는 커브의 안쪽보다는 바깥쪽 점포가 유리하다.

⑤ 인스토어형 점포는 에스컬레이터, 주차장 출입구 등 고객유도시설에 인접하면 좋다.

28 선매품을 대상으로 Converse의 수정소매인력법칙을 적용한 설명으로 잘못된 것은?

① 소비자에게서 두 도시까지의 거리가 같을 경우 두 도시별 구매 금액의 비율은 매장면적비율과 유사하다.

② 상품을 구매할 때 현재 거주하는 중소도시의 소비자가 인근에 위치한 대도시로 얼마나 유출되는지 설명해 준다.

③ 대도시 A와 B 사이에는 소비자가 어느 도시로 상품을 구매하러 이동할지에 대한 상권분기점이 존재한다.

④ 대도시와 위성도시에서 위성도시의 소비지출은 인구에 비례하고 이동거리 제곱에 반비례한다.

⑤ Converse는 두 도시 간의 거리를 연결하는 도로상의 자동차 주행시간(분단위)이라는 시간거리로 표시하고, 인구비율을 사용해서 산식을 도출하였다.

29 점포입지에 관한 다음 기준 중 옳지 않은 것은?

① 낮은 곳보다는 상대적으로 가시성이 좋은 높은 곳이 유리하다.

② 권리금이 없는 점포보다 권리금이 있는 점포가 유리하다.

③ 상행선, 출근길 방향보다는 하행선, 퇴근길 방향의 점포가 유리하다.

④ 대형 사무실보다 저층의 소형 사무실이 많은 곳이 유리하다.

⑤ 대형 유통시설이 들어서거나 새로운 역세권이 형성되는 지역은 주의해야 한다.

30 쇼핑센터 내에서 특정 점포의 위치를 평가할 때 고려해야 하는 요소에 대한 설명 중 가장 옳지 않은 것은?

① 주차 공간의 크기와 같은 양적 요인도 중요하지만 교통의 상대적인 혼잡도와 같은 질적 요인도 고려하여야 한다.

② 쇼핑센터의 위치결정은 이용객의 주거지로부터 쇼핑센터에 이르기까지의 소요거리가 중요한 요인이 된다.

③ 인접 소매업체가 동일한 표적고객을 대상으로 상호보완적인 구색을 제공하고 있다면 매우 좋은 점포위치라고 할 수 있다.

④ 쇼핑센터 내에서의 점포위치는 표적시장이 유사한 점포들이 가까이 위치되어 있는가를 살펴보고 평가하는 것이 좋다.

⑤ 상표 충성도가 높은 고객은 쇼핑센터의 외관에 대해 민감하게 반응하므로 어떠한 형태로 쇼핑센터 외관을 구성했는지에 대한 평가도 중요하다.

31 상권의 질(質)에 대한 내용 중에서 옳지 않은 것은?

① 예상 점포를 중심으로 반경 500m 정도를 통행하고 있는 사람들의 특성과 특징을 가리켜 '상권의 질'이라 한다.

② 상권의 질을 평가하는 정량적 요소로는 통행량, 야간 인구, 연령별 인구, 남녀비율 등이 있다.

③ 상권의 질을 평가하는 정성적 요소로는 통행객의 복장, 소지 물건, 보행 속도, 거리 분위기 등이 있다.

④ 오피스형 상권은 목적성이 너무 강하므로 통행량이 많더라도 상권의 질은 높지 않다.

⑤ 일반적으로 특정지역에 유사한 단일 목적으로 방문하는 통행객보다는 서로 다른 목적으로 방문하는 통행객이 많을수록 상권의 질은 낮아진다.

32 상권분석의 접근방법에 대한 설명으로 가장 옳지 않은 것은?

① 소매상권 분석시 주로 공간독점접근법, 시장침투접근법, 분산시장접근법의 3가지 방법이 활용된다.

② 공간적 독점형 접근법은 주택지역이나 특정 지역 전체를 상대로 하는 편의점, 체인점 등이 주요 적용대상이 된다.

③ 시장침투형 접근법은 특정점포가 흡인하는 세대비율이 지역적으로 변화하며 중복되는 경우가 많은 상황에서 사용할 수 있는 방법이다.

④ 분산시장형 접근법에서는 선매품과 같은 상품을 취급하며, 특정 소득계층을 대상으로 판매가 이루어지는 백화점 등이 주요 적용대상이다.

⑤ 시장침투형 분석은 고객분포와 시장침투율을 중심으로, 분산시장형 방법은 지역단위 표적시장의 고객특성을 중심으로 분석한다.

33 점포수요를 측정하기 위한 다중회귀방식 단계를 순서대로 옳게 나열한 것은?

> ㉠ 회귀방정식을 결정한다.
> ㉡ 성과 설명변수를 결정한다.
> ㉢ 성과 변수를 선택한다.

① ㉠ - ㉡ - ㉢   ② ㉠ - ㉢ - ㉡

③ ㉡ - ㉠ - ㉢   ④ ㉢ - ㉡ - ㉠

⑤ ㉡ - ㉢ - ㉠

34 소매업의 입지 선정시 고려해야 할 요소에 대한 설명으로 옳지 않은 것은?

① 교통수단의 다양성, 편의성, 보행자 수 등을 조사하고 주차규모를 결정하기 위해 점포규모, 예상고객수 및 방문빈도 등을 파악해야 한다.

② 주변 점포와 관련하여 좋은 여건이란 주변 점포와 경쟁하지 않고, 고객을 서로 공유하여 총매출액을 증가시킬 수 있는 곳을 말한다.

③ 비어있는 점포에 출점을 할 경우 그 이전 점포가 실패하였다 하더라도, 예정된 점포와는 관련성이 없기에 그 실패원인에 대해 상세하게 조사할 필요는 없다.

④ 총자산에 대한 투자액에는 입지, 제품의 입고, 고정물, 조명, 주차시설 등에 대한 비용과 초기자금 등이 포함된다.

⑤ 출점할 점포의 예상매출액을 계산하기 위해 상권 내 총판매면적 중 예정된 입지의 판매 공간 비율을 고려한다.

35 '특정입지 수준'에서 분석해야 하는 영향요인인 접근성은 보통 시간 및 교통비용 등에 의해 측정된다. 자세한 조사가 필요한 접근성에 연관되는 요인으로 가장 적절하지 않은 것은?

① 계획된 점포에 이르게 하는 전차, 버스, 지하철 같은 대중교통시설
② 실제 이용 가능한 고객들과 종업원들의 주거지로부터 계획된 점포와의 거리
③ 점포가 위치한 지역만의 교통 혼잡과 하루 중 혼잡시간과 주중 혼잡일에 대한 변화
④ 계획된 점포의 편리한 도보거리 내에서 유용하게 사용할 수 있는 주차시설과 요금
⑤ 점포가 도로변에 위치해 있는지의 여부

36 상권의 범위를 추정하는 고객스포팅(Customer Spotting) 기법과 관련된 다음 설명 중 가장 옳지 않은 것은?

① 고객스포팅은 고객의 거주지역 분포를 파악하는 방법이다.
② 1차 자료보다는 2차 자료를 이용하는 경우에 정확도가 더 높다.
③ 내점객을 상대로 설문조사를 하거나 고객충성도 프로그램을 이용하여 수집한 자료를 사용할 수 있다.
④ 자료수집의 표본 규모가 작을수록 상권 윤곽을 파악하는데 더 많은 주관성이 개입된다.
⑤ 설문을 통해 실제 점포이용고객의 주소를 파악한 후 직접 도면에 표시하여 Quadrat – Analysis를 실시한 후 대상지 인근의 토지 이용현황, 지형, 지세 등을 고려하여 상권을 파악하는 방법이다.

37 A도시의 인구는 20만명, B도시의 인구는 40만명, 중간에 위치한 C도시의 인구는 6만명이다. A도시와 C도시의 거리는 5km, C도시와 B도시의 거리는 10km인 경우 Reilly의 소매인력이론에 의하면 C도시의 인구 중에서 몇 명이 A도시로 흡수되는가?

① 1만명
② 2만명
③ 3만명
④ 4만명
⑤ 5만명

38 앙케트를 이용한 상권설정법에 대한 설명으로 가장 적절하지 않은 것은?

① 과정을 크게 나누면 1단계(회답표 작성) – 2단계(조사 준비) – 3단계(조사 실시) – 4단계(실제 고객지수의 산출) – 5단계(상권의 확정)로 구분되며, 이 일련의 조사를 판매 지역 조사법(SAS)이라고 부른다.
② 앙케트에 의한 상권설정법은 상권 설정을 위한 샘플 수집에 특정점포의 고객점포를 활용하는 방법이다.
③ AS는 점포마다 점장이 중심이 되어서 매년 정기적으로 시행하는 것이 바람직하다.
④ 본점에서는 그 정보를 수집해 점포의 입지와 상권, 경합 상황, 판촉 활동 등의 종합적인 전략 정보로 가공한 뒤 이용하기도 한다.
⑤ 점포의 영업 성과와 판촉 결과는 계획 입안자료로 활용된다.

39 식당이 많이 몰려있는 곳에 술집이나 커피숍들이 있다든지, 극장가 주위에 식당들이 많이 밀집해 있는 것은 다음 중 어느 입지원칙이 적용된 것이라 할 수 있는가?

① 접근가능성 원칙　　　　　　　　　　② 점포밀집 원칙
③ 보충가능성 원칙　　　　　　　　　　④ 동반유인 원칙
⑤ 고객차단 원칙

40 상권에 대한 설명으로 적절하지 않은 것은?

① 상권은 판매방법, 품종, 업종, 업태에 따라서도 다르다.
② 일반적으로 상권의 고객 흡인력보다 상세권의 고객 흡인력이 크다.
③ 소매상권은 동일 업태인 경쟁소매상에서 구매할 확률보다 특정 소매상에서 구매할 확률이 더욱 높은 잠재고객을 포함하고 있는 지리적으로 경계된 지역범위이다.
④ 동일한 업종으로 형성된 상권의 규모가 다양한 업종으로 형성된 상권에 비해 크다.
⑤ 고객의 방문주기가 짧거나 혹은 고객구매빈도가 높은 업종일수록 보다 넓은 상권을 가져야 한다.

41 도시나 상업지역이 선택되면 부지를 선택하게 되는데, 이러한 경우에 고려해야 하는 사항으로 가장 적절하지 않은 것은?

① 고객의 구매 관습과 취급상품의 종류는 부지의 선택에 매우 중요한 요소로서, 예를 들어 식료품을 취급하는 슈퍼마켓은 고객의 주거지와 가깝거나 주차시설이 잘되어 있고 다른 상품을 함께 구매할 수 있는 쇼핑센터에 위치해야 한다.
② 교통계수, 시간당 · 주당 고객의 통행량 및 통행의 유형은 점포의 위치에 중요한 영향을 준다.
③ 전망 있는 부지를 선택하는 데 있어서 잠재적 6개월 매출을 추정해야만 한다.
④ 소매업자는 인근에 있는 경쟁점에 대해서 면밀히 연구를 해야 하는데, 예를 들면 어떤 형태의 점포는 중심쇼핑구역 내 혹은 큰 쇼핑센터 내에 자리 잡는 것이 성공의 필수적 요건이 된다.
⑤ 잠재적 고객들은 혼잡 혹은 도로 교통의 완만한 흐름과 도로폭 등에 의해 점포 방문이 방해받지 않아야 하며, 경사나 막다른 골목에 위치해 있는 것도 바람직하지 못하다.

42 상품 구매를 위해 점포를 방문한 소비자를 대상으로 상권분석에 필요한 자료를 수집하는 방법으로 알맞게 짝지어진 것은?

① 점두조사법, 고객점표법　　　　　　　② 방문조사법, 고객점표법
③ 방문조사법, 내점객조사법　　　　　　④ 내점객조사법, 점두조사법
⑤ 고객점표법, 내점객조사법

43 크리스탈러(W. Christaller)에 의해 제안되고 로쉬(A. Losch)에 의해 발전된 중심지이론에 대한 설명으로 가장 옳지 않은 것은?

① 도시 중심 기능의 수행정도는 그 도시의 인구 규모에 비례한다.
② 중심도시를 둘러싼 배후상권의 규모는 도시규모에 비례한다.
③ 상업중심지가 하나일 때 중심기능을 제공받는 이상적 배후 모양은 정육각형이다.
④ 중심지 기능의 도달거리는 최소수요 중심거리가 일치하는 공간구조이다.
⑤ 최대도달거리가 최소수요 충족거리보다 작아야 상업시설이 입지할 수 있다.

44 편의점에 대한 다음 설명 중 가장 옳지 않은 것은?

① 최초의 편의점은 미국의 세븐일레븐으로 오전 7시에서 오후 11시까지 영업을 한다고 해서 붙여진 이름이다.
② 우리나라 편의점의 시간대별 매출을 분석해 보면 상품별로 필요 시점과 구매 시점이 거의 일치하는 것이 특징이다.
③ 편의점의 체인화전략은 고객에게 장소적 편의 제공보다 매출 신장을 위한 전략이다.
④ 상품구색은 산업환경 및 소비자의 구매성향에 맞게 갖추는 것보다 편의점 본부에서 권장하는 품목을 우선적으로 갖추어야 한다.
⑤ 최근 편의점 시장은 성숙기에 접어들면서 전체 편의점 시장 규모는 증가하고 있으나 편의점당 수익성은 하락하고 있다.

45 다음과 같은 상권분석은 누구의 이론에 기초한 방법을 설명하는 것인가?

> • 자기가 개점하려는 점포와 유사한 기존 점포를 선정한다.
> • 기존의 유사점포의 상권범위를 결정한다.
> • 전체 상권을 몇 개의 단위지역으로 나누고, 각 지역에서의 유사점포의 매출액을 인구수로 나누어 각 지역내의 1인당 매출을 구한다.
> • 자기가 입지하려는 지역의 인구수에 앞에서 구한 1인당 매출을 곱하여 각 지역에서의 예상매출액을 구한다.

① 레일리(W. Reiley)
② 애플바움(W. Applebaum)
③ 컨버스(P. Converse)
④ 허프(D. Huff)
⑤ 크리스탈러(W. Christaller)

46　마케팅의 주요 개념에 대한 설명으로 가장 적절하지 않은 것은?

① 마케팅에 내재된 가장 기본적인 개념은 인간의 욕망으로, 인간의 욕망은 무엇인가 결핍감을 느끼는 상태를 말한다.
② 욕망이 구매력을 수반할 때 수요가 된다.
③ 인간의 욕구나 욕망을 충족시켜 줄 수 있는 것을 제품이라 한다.
④ 어떤 사람에게 필요한 것을 주고 그 대가로 자신이 원하는 것을 얻는 행위를 교환이라 한다.
⑤ 어떤 제품에 대한 실제적 또는 잠재적 구매자의 집합을 시장이라 한다.

47　다음 중 마케팅 믹스(Marketing Mix)를 가장 잘 설명한 것은?

① 마케팅 의사결정과정에서 전략적 요소를 정착적 요소와 분리하지 않고 두 가지 요소들을 동등하게 조합하는 것을 의미한다.
② 소비자 욕구 충족을 통한 이익 달성이 우선이 아니라 사회 전체의 장기적인 이익도 고려하는 것을 말한다.
③ 기업의 다양한 활동영역 중 마케팅 기능과 타 부서의 기능을 통합하는 것을 의미한다.
④ 마케팅 목표 달성을 위하여 마케터가 통제 가능한 다양한 정책적 의사결정 수단들을 조합하는 것을 의미한다.
⑤ 마케팅믹스 4P's로는 Product, Price, Place, Player가 있다.

48　상품을 디스플레이할 때 고려해야 할 원칙 중 옳지 않은 것은?

① 디스플레이의 원칙은 상품에 주목시켜서 흥미와 관심을 유발하고 욕망을 자극해서 확신을 갖도록 하여 구매행동으로 연결되도록 하는 것이다.
② 색다름을 강조하려면 형태, 크기, 색채 등에 있어 대비를 시키는 것이 좋다.
③ 선, 형태, 무게, 색채 등의 디스플레이 요인을 잘 결합함으로서 품종별, 소재별, 용도별, 가격별 조화를 이룰 수 있다.
④ 고객의 충동적 구매를 유도하기 위해 모든 상품을 동시에 일률적으로 디스플레이한다.
⑤ 디스플레이의 강조점은 고객의 눈을 끌게 하는 포인트이지만 강조점을 너무 많이 준비하면 오히려 주의가 분산될 우려가 있다.

49 마케팅 조사에서 표본선정에 관한 설명으로 가장 적절하지 않은 것은?

① 표본추출과정은 '모집단의 설정 – 표본프레임의 결정 – 표본추출방법의 결정 – 표본크기의 결정 – 표본추출'의 순으로 이루어진다.

② 표본의 크기가 커질수록 조사비용과 조사시간이 증가하지만, 표본오류는 감소한다.

③ 비표본오류에는 조사현장의 오류, 자료기록 및 처리의 오류, 불포함 오류, 무응답 오류가 있다.

④ 층화표본추출은 확률표본추출로, 모집단을 서로 상이한 소집단들로 나누고 이들 각 소집단들로부터 표본을 무작위로 추출하는 방법이다.

⑤ 편의표본추출법(Convenience Sampling)에서는 모집단을 구성하는 모든 측정치들에 동일한 추출기회를 부여한다.

50 편의품에 대한 설명으로 가장 옳지 않은 것은?

① 소비자들은 이 제품에 대해 구매계획을 하지 않으나 빈번한 구매행동을 보인다.

② 브랜드 대안 간 비교나 쇼핑노력을 상대적으로 적게 할 수 있다.

③ 이 제품들은 주로 제조업체에 의한 대량촉진이 이루어진다.

④ 생명보험, 장례서비스 등과 같은 서비스 제품은 편의품에 속한다.

⑤ 고객이 필요로 할 때 쉽게 이용할 수 있도록 여러 입지에서 취급된다.

51 다음 중 유통기업에 대한 규모의 경제에 관한 설명으로 올바른 것은?

① 규모의 경제는 총비용이 하락할수록 판매량이 증가하는 현상을 말한다.

② 규모의 경제는 평균비용이 하락할수록 판매량이 증가하는 현상을 말한다.

③ 규모의 경제는 판매량이 증가할수록 총비용이 하락하는 현상을 말한다.

④ 규모의 경제는 판매량이 증가할수록 평균비용이 하락하는 현상을 말한다.

⑤ 규모의 경제는 평균비용이 증가할수록 판매량이 증가하는 현상을 말한다.

52 가격 및 가격결정에 관한 설명으로 가장 적절한 것은?

① 순수 묶음가격(Pure Price Bundling)은 상품을 개별적뿐만 아니라 묶음으로도 구매할 수 있도록 가격을 책정하는 방법이며, 상품들이 상호 보완적인 경우에 효과적이다.

② 공헌마진(Contribution Margin)은 판매가격에서 고정비를 차감한 것이다.

③ 스키밍 가격결정(Market-skimming Pricing)은 잠재 구매자들이 가격과 품질 간의 연상을 강하게 갖고 있는 경우나 대량생산으로 인한 원가절감 효과가 크지 않은 조건에서 유리하다.

④ 단수가격결정(Odd Pricing)은 한 상품계열에 몇 가지의 가격대를 설정하는 것이며, 소비자에게 상품의 가격이 최대한 낮은 수준에서 결정되었다는 인상을 주어 판매량을 증가시키기 위한 것이다.

⑤ JND(Just Noticeable Difference)는 변화 전 가격수준에 따라 가격변화의 지각이 달라진다는 개념이다.

53 다음 중 머천다이징의 개념을 설명한 것으로 적절하지 않은 것은?

① 소비자 욕구충족을 위한 상품관련 중간상의 활동

② 중간상들이 소비자를 위한 제품 구색화 계획

③ 제조업자들의 상품제조를 위한 설계 및 계획

④ 적절한 장소, 시기, 수량, 가격으로 적절한 상품이나 서비스를 제공하기 위한 계획

⑤ 시장조사와 같은 과학적 방법에 의거한 방식

54 광고에 대한 다음 설명 중 적절하지 않은 것은?

① 광고내용에 대해 대중이 일정한 방식으로 반응하도록 설득하는 것이 목적이다.

② 광고주가 사용하는 매체에 광고료를 지불하는 유료성이 특징이다.

③ 판매원이나 그 밖의 제품과 관련된 사람이 제품을 제시하는 인적촉진활동이다.

④ 광고를 통해서 단지 상품이나 서비스에 대한 정보만을 제공하는 것이 아니고 어떤 집단의 이념이나 정책, 기업제도 등의 아이디어도 제공할 수 있다.

⑤ 광고는 광고매체에 광고료를 지불하기 때문에 광고에 광고주를 기록하는 것이 보통의 경우이다.

55 서비스 품질에 대한 고객의 평가에 관한 다음 설명 중 지금까지의 연구 결과와 가장 일치하지 않는 것은?

① 서비스 품질 투자는 재무적으로 측정될 수 없다.

② 고객은 특별한 사건이나 순간을 중심으로 서비스 품질을 평가한다.

③ 고객의 서비스 품질 평가는 유형성, 신뢰성, 응답성, 확신성(Assurance), 공감성 등 다섯 가지 차원을 중심으로 측정할 수 있다.

④ 고객은 기대한 품질과 인지된 품질을 비교하여 서비스 품질을 평가한다.

⑤ SERVQUAL은 동일한 서비스를 제공받는다 하더라도 고객들의 주관에 따라 달라질 수 있다.

56 다음 중 제품수명주기 단계상 도입기의 내용으로 거리가 먼 것은?

① 낮은 판매량에 비하여 소비자에게 제품을 알리기 위해 드는 광고비, 유통비 등이 많이 들어 기업의 이익구조는 적자를 기록하는 경우가 많다.

② 경쟁사는 거의 없거나 있어도 소수만이 존재한다.

③ 보통 도입기의 제품에 대한 가격은 매우 낮은데 그 이유는 시장확보를 위하여 출혈을 하기 때문이다.

④ 도입기의 기본전략은 상표구축 전략이다.

⑤ 제품수정이 이루어지지 않은 기본형 제품이 생산된다.

57 브랜드에 대한 설명으로 옳지 않은 것은?

① 브랜드 아이덴티티는 소비자가 브랜드에 대해 갖는 전체적인 인상을 말한다.

② 브랜드 이미지는 호의적이고, 독특하고, 강력해야 한다.

③ 브랜드 연상은 브랜드와 관련된 모든 이미지들의 묶음이다.

④ 인지도가 높다는 것은 강력한 브랜드가 되기 위한 필요조건이지만 충분조건은 아니다.

⑤ 브랜드 자산은 브랜드 인지도와 브랜드 이미지로 구성되어 있다.

58 효과적인 시장세분화를 위해 세분시장이 갖추어야 할 다음의 요건 중에서 가장 적절하지 않은 것은?

① 세분시장의 크기, 구매력, 기타 특성 등을 측정할 수 있어야 한다.

② 세분시장에 속하는 고객들에게 효과적이고 효율적으로 접근할 수 있어야 한다.

③ 세분시장이 너무 작아서는 안 된다.

④ 경쟁회사의 세분시장에 대응될 수 있도록 세분시장을 결정해야 한다.

⑤ 같은 세분시장에 속한 고객끼리는 최대한 비슷하여야 하고, 서로 다른 세분시장에 속한 고객끼리는 최대한 상이하여야 한다.

59 다음 중 유통기업이 집중구매와 분산구매 중에서 집중구매를 선택하는 요인과 거리가 먼 것은?

① 부가가치가 높은 제품의 비중이 큰 경우

② 다양한 수요를 충족시켜야 할 경우

③ 주문비용을 낮추어야 할 경우

④ 생산공정이 연속적인 경우

⑤ 시장조사, 거래처의 조사, 구매효과의 측정 등을 효과적으로 할 경우

60 다음 중 상품기획 성과분석에서 판매과정분석(Sell-through Analysis)에 대한 설명으로 가장 적절한 것은?

① 공급업체를 평가하기 위해 기준속성별 가중평균방식을 적용하는 것이다.

② 수요에 맞추어 상품이 더 필요한지 등을 결정하기 위해 실제 매출과 계획된 매출을 비교하는 것이다.

③ 종업원의 인당 매출액이나 판매량 등을 평가하여 보상액을 결정하기 위한 것이다.

④ 고객정보의 획득에서부터 추가 판매제안에 이르기까지의 판매전 과정에 대한 절차를 분석하는 것이다.

⑤ 제품의 제조과정에서부터 출시까지의 과정을 분석하는 것이다.

61 다음은 시장커버리지 정책(Market Coverage Policies)과 관련된 내용들이다. 올바르게 설명한 내용이 아닌 것은?

① 영역제한은 유통경로상 상이한 수준에서 이루어지는 수직적 제한과 동일수준에서 이루어지는 수평적 제한으로 구분된다.

② 제조업체의 입장에서는 브랜드 내 경쟁을 제한하여 브랜드 간 경쟁력을 높이는 것이 보다 바람직할 수 있다.

③ 영역제한은 미국에서 불공정행위로 간주하고 있는데, 미국사법부는 특히 수직적 제한에 당연위법을 적용하고 수평적 제한에 '합리성의 원칙(Rule of Reason)'을 적용하여 위법여부를 판단하고 있다.

④ 브랜드 내 경쟁은 동일한 브랜드를 취급하는 도매상 혹은 소매상간의 경쟁을 의미하며 브랜드 간 경쟁은 동종상품의 상이한 브랜드 간 경쟁을 의미한다.

⑤ 유통경로가 집약적 유통경로에서 선택적 유통경로로, 나아가 전속적 유통경로로 옮겨갈수록 시장커버리지는 좁아진다.

62 소매점포 경쟁전략의 하나로 복합소매전략 혹은 포트폴리오 리테일링(Portfolio Retailing) 전략에 관한 설명으로 가장 거리가 먼 것은?

① 한 개 업체가 여러 개의 다양한 소매 업태를 동시에 운영하는 것이다.

② 구성원 간의 관계가 느슨하기 때문에 구성원의 진입과 철수가 비교적 자유로운 장점을 내포하고 있다.

③ 세분화 된 목표고객그룹의 소비자들에 적합하도록 특화된 여러 개의 독립적 소매사업을 운영하는 것이다.

④ 재고자산 유동성 측면에서 경쟁적 우위를 얻을 수 있다.

⑤ 한 업태에만 집중함으로써 발생할 수 있는 위험을 해소하고 수익을 극대화하려는 소매전략이다.

63 다음 중 저수익률-고회전율 전략의 특징으로 적절하지 않은 것은?

① 일상적으로 판매되는 상품에 대하여 EDLP 정책을 적극적으로 실행한다.

② 상품구성정책에 있어 상품의 깊이보다 상품의 넓이에 더욱 많은 비중(매력)을 둔다.

③ 셀프서비스를 지향한다.

④ 선택적 및 전속적인 유통커버리지 정책을 최대한 활용한다.

⑤ 저수익률-고회전율 전략의 대표적인 업태는 할인점이다.

64 고객 가치를 창출하고 고객관계를 구축하기 위한 마케팅 경로 구성에 대한 설명으로 가장 올바르지 않은 것은?

① 가치전달 네트워크(Value Delivery Network)는 전체 거래시스템의 성과를 향상시키기 위해 '파트너 관계'를 형성한 제조업체, 공급업자, 유통업자, 최종고객 등으로 구성된다.

② 유통경로에 참여하는 도매상, 소매상과 같은 기업체나 개인들을 중간상이나 경로구성원이라고 한다.

③ 유통경로 구성원은 제품 및 서비스의 공급을 구매자의 수요와 분리시키는 시간, 공간, 소유의 차이를 극복하게 함으로서 가치를 부가한다.

④ 유통경로가 길어지면 제품이 소비자에게 이르기까지 여러 단계를 거치게 되므로 서비스 수준이 낮아지는 단점이 있다.

⑤ 경로 구성원 간에 목표, 역할, 보상에 대한 의견불일치는 경로갈등을 초래하는데 특히, 경로상 같은 수준에 있는 기업 사이에서 발생하는 갈등을 수평적 갈등이라 한다.

65 기업에서 효과적인 포지션을 개발하기 위해 신뢰성, 응답성, 확신성, 공감성, 유형성과 같은 5가지 서비스 품질 차원에 따른 포지셔닝을 한다. 다음 예시 중 유형성에 관한 포지셔닝에 속하는 것은?

① "절대로, 확실히, 하루 내에"

② "우리는 신속하게 고객을 도와줄 준비가 되어있습니다."

③ "여러분이 알고 있는 이름에 건강을 맡기십시오"

④ "오랫동안 세계 곳곳에서 온 여행자들을 대하며 쌓은 경험이 우리가 손님을 이해하는데 도움을 줍니다."

⑤ "다양함을 즐길 수 있는 문화공간"

66 C사는 치약시장을 충치예방, 미백효과, 청결유지, 향기를 추구하는 시장으로 세분화했다. 이와 같은 시장세분화는 다음 중 어떤 세분화 기준을 적용한 경우인가?

① 행동적 변수 – 효용(benefit)
② 심리분석적 변수 – 효용
③ 행동적 변수 – 사용상황
④ 심리분석적 변수 – 사용상황
⑤ 인구통계적 변수 – 사용상황

67 브랜드 충성도 및 제품관여도에 관한 설명이다. 가장 올바르지 않은 것은?

① 브랜드에 대한 충성도는 소비자들이 개인적으로 브랜드에 관여되어 있으면 있을수록 브랜드 충성도가 높다.
② 습관적 구매는 고관여 수준하에서 몰입 없이 한 브랜드를 반복적으로 구매하는 것을 의미한다.
③ 브랜드 충성도에 대한 인지적 정의는 충성도가 몰입과 구매에 대한 관여도를 나타내는 것을 의미한다.
④ 소비자들이 개인적으로 브랜드에 관여되어 있고, 그 구매를 위험한 것으로 인지했을 때 브랜드의 충성도가 가장 높다.
⑤ 브랜드 간에 차이가 클 때 고관여 수준하에서 복잡한 의사결정이 이루어진다.

68 유통마케팅 조사방법에 대한 다음 내용 중 가장 옳지 않은 것은?

① 질문법은 가장 많이 사용되는 정보수집 방법으로 응답자에게 질문표를 이용해서 직접 질문하여 필요한 정보를 수집하는 것으로, 우송법, 전화법, 면접법 등이 있다.
② 실험법은 실제로 조사대상에게 어떠한 반응을 하도록 시도해보고 그 결과로부터 필요한 정보를 입수하는 방법이다.
③ 소비자 패널 조사는 조사대상을 변경하지 않고 일정 수의 고정된 표본 가구 또는 개인을 선정하여 반복적으로 조사에 활용하는 방법이다.
④ 관찰법은 조사자가 조사 대상자와 현장에서 의사소통을 통해 일정한 기간 동안 관찰하면서 있는 그대로의 사실을 수집하는 방법이다.
⑤ 초점집단 면접조사는 보통 5~8명의 면접 대상자들을 한 장소에 모이게 한 후 면접진행자가 정형화된 설문 없이 자연스러운 분위기에서 조사목적과 관련된 토론을 1시간 30분에서 2시간 정도 진행하여 자료를 수집하는 방법이다.

69 POP 광고에 대한 설명으로 옳지 않은 것은?

① 구매시점에 광고를 하는 것으로 고객이 상품을 선택하는 데 도움을 주어야 한다.

② 매장의 이미지를 향상시키는 역할을 할 수 있도록 매장의 특성을 고려해야 한다.

③ POP 광고의 내용은 고객의 시선을 순간적으로 멈출 수 있게 하여야 한다.

④ 충동구매 욕구를 자극해서는 안 된다.

⑤ POP 진열방식은 고객에게 정보를 제공해주고 매장의 분위기를 반영하며, 홍보 역할을 수행한다.

70 아이디어 지향적 매장 진열방식에 대한 설명으로 가장 적절한 것은?

① 가구진열의 경우, 실제 사용가정에서 배치했을 때 어떻게 보일지를 조합(상호보완)되는 품목들과 함께 진열하여 미리 고객들에게 보여주는 매장 진열방식이다.

② 특정 소비자층이 원하는 일종의 활동, 관심 및 태도 등을 반영해서 좋은 스타일의 잘 팔리는 상품에 보다 더 많은 공간을 할당함으로써 잘 팔리지 않는 상품이 더 많은 공간을 차지하지 않도록 하는 방식이다.

③ 어느 특정 상품계열 구색이 특별한 넓이 또는 깊이를 가지고 있다는 느낌을 주는 진열방식을 말한다.

④ 벽 또는 곤돌라 등을 활용해서 제품을 진열하는 방식을 말한다.

⑤ 소비자가 진열대에 섰을 때 제품이 시야의 가로선을 꽉 채우는 방식의 진열이다.

제 **4** 과목 **유통정보**

71 다음 중 정보에 대한 설명으로 옳지 않은 것은?

① 어떤 사물·상태 등 관련된 모든 것들에 대해 수신자에게 의미 있는 형태로 전달되어 불확실성을 감소시켜 주는 것과 같이 수신자가 의식적인 행위를 취하기 위한 의사결정 및 선택의 목적에 유용하게 사용될 수 있는 데이터의 집합을 의미한다.

② 인간이 판단하며 의사결정을 내리고, 행동을 수행할 때 그 방향을 정하도록 도와주는 역할을 하는 것이다.

③ 각각의 사실들이 지니고 있는 본래의 가치를 초월하여 새로운 부가가치를 지니는 방식으로 조직화된 사실들의 집합체이다.

④ 개인이나 조직이 의사결정을 하는데 사용되도록 의미 있고 유용한 형태로 처리된 자료들이다.

⑤ 정보는 어떤 목적에 도움을 줄 수 있는 기존의 모든 자료를 말하며, 정부에서 발표하는 각종 통계자료, 이미 발표된 논문, 신문기사, 각종 기관이나 조사회사에서 발표되는 결과 등이 포함된다.

72 다음 신문기사는 유통업체의 정보활용을 보여주고 있다. 이 기사의 내용에 적합한 유통정보 활용기법은?

> "고객 나이 따라 마케팅도 달라요"
> **유통업체, 연령별 맞춤 마케팅**
>
> 유통업체에서 고객 연령별 특징에 따른 맞춤 마케팅이 한창이다. 이는 유통 채널이 단순 상품 판매를 넘어서, 고객에게 생활문화(라이프스타일)를 제안하려는 전략으로 풀이된다. 또 차별화된 서비스를 통해, 고객 충성도를 높이고 회원 고객의 구매정보를 분석해 이에 따른 맞춤 마케팅을 실시하려는 흐름과도 맥락을 같이 한다.

① SCM
② ERP
③ MRP
④ CRM
⑤ ECR

73 다음 중 에스크로(Escrow) 서비스를 이용한 전자상거래 과정에 대한 설명으로 옳지 않은 것은?

① 구매자와 판매자 중 어느 한쪽은 에스크로 서비스 회원이어야 한다.
② 구매자는 상품배송 후 상품대금을 즉각 판매자에게 입금해야 한다.
③ 전자상거래시 제안된 거래조건에 합의가 되면 에스크로 서비스가 개시된다.
④ 구매자는 상품수령 후 에스크로 사업자에게 구매승인 여부를 통보한다.
⑤ 에스크로는 비대면 거래인 전자상거래에서 구매자와 판매자 양측을 전자상거래상의 피해사고로부터 보호할 수 있다.

74 EOS(Electronic Ordering System) 효과에 관한 설명으로 가장 적절하지 못한 것은?

① 단품 발주 및 재고관리시스템에 대한 응용이 가능하다.
② 전자적 결합에 의해 고객 및 거래처와의 거래망을 구축할 수 있다.
③ 바코드 입력 등으로 입력 작업을 절약하고 신속 정확하게 처리할 수 있다.
④ 발주 데이터를 공유함으로 매입 검수를 합리화할 수 있다.
⑤ 물품을 조기에 발주하여 품절을 방지하고 납품일정까지 정리할 수 있다.

75 고객충성도 프로그램에 대한 설명으로 가장 적절하지 않은 것은?

① 데이터베이스로부터 과거에는 알지 못했지만 데이터 속에서 유도된 새로운 데이터 모델을 발견하여 미래에 실행 가능한 정보를 추출해 내고 의사결정에 이용하는 과정을 말한다.
② 고객의 반복적인 구매활동에 대한 보상으로 상품할인, 무료식품, 선물 혹은 여행 같은 인센티브를 제공하기 위해 마련된 마케팅프로그램이다.

③ 데이터 웨어하우스의 가장 중요한 용도 중 하나는 고객충성도 프로그램을 통해 충성고객을 개발하는 것이다.

④ 고객충성도 프로그램의 기본은 고객을 소비성향에 따라 분류하고 이들에 대한 정보를 체계화시켜 크게는 소비세분시장의 요구를 파악하고, 작게는 개별고객의 요구를 파악하여 이에 신속·정확하게 대응하는 것이다.

⑤ 고객충성도 프로그램을 실행시키는 것이 고객관리로 이어지는 것이라기보다 고객관리가 우선시되어야 한다.

76 전자서명이 유효하기 위한 조건으로 가장 옳지 않은 것은?

① 모든 서명자가 전자서명을 생성할 수 있어야 한다.

② 전자서명의 서명자를 불특정 다수가 검증 가능하여야 한다.

③ 서명자는 서명행위 이후에 서명한 사실을 부인할 수 없어야 한다.

④ 서명한 문서의 내용을 변경할 수 없어야 한다.

⑤ 전자문서의 서명을 다른 전자문서의 서명으로 사용할 수 없어야 한다.

77 의사결정지원시스템(DSS)의 일반적 특성에 대한 설명으로 가장 옳지 않은 것은?

① 기업경영에 당면하는 여러 가지 문제를 해결하기 위해 복수의 대안을 개발하고, 비교 평가하여 최적안을 선택하는 의사결정과정을 지원하는 정보시스템이다.

② 경영계층에 속하는 의사결정자를 지원하는 시스템으로 주로 반구조적 및 비구조적 의사결정 문제 해결을 지원한다.

③ 다양한 의사결정 과정의 스타일뿐만 아니라 탐색, 설계, 선택, 구현 등의 단계를 지원한다.

④ 복잡한 문제에 관한 효율적 해결안을 제공하는 지식관리 구성요소를 갖추고 있으며, 의사결정과정의 효율성(Efficiency) 제고에 목적이 있다.

⑤ 분석모델, 데이터베이스, 의사결정자 자신의 직관력 및 판단력, 상호대화식 컴퓨터 기반의 모델링 프로세스를 사용한다.

78 다음 중 공급사슬관리의 성과측정에 활용되는 균형성과표에 대한 설명으로 부적절한 것은?

① 계획, 조달, 제조, 인도, 반환 등의 활동을 중심으로 평가한다.

② 주요 성과지표로는 재무, 고객, 내부프로세스, 성장과 학습, 등이 있다.

③ 기존의 재무성과중심의 측정도구의 한계를 극복하기 위해 개발되었다.

④ Kaplan & Norton에 의해 제안된 평가도구이다.

⑤ 균형성과표는 재무측정지표와 운영측정지표 모두를 균형 있게 고려한 새로운 성과측정시스템이다.

79 다음 중 B2B와 B2C를 비교하여 설명한 내용으로 올바르지 않은 것은?

① 판촉수단에 있어서 B2C는 광고를 중심으로 전개되는 반면에 B2B는 인적 판매를 중심으로 전개되는 경우가 많다.

② 취급상품에 있어서 B2C는 표준화된 제품이 주를 이루는 반면에 B2B는 주문 생산된 제품이 주를 이루는 경우가 많다.

③ 유통정책에 있어서 B2C는 직접유통이 선호되는 반면 B2B는 중간상을 활용한 유통이 선호되는 경우가 많다.

④ 가격정책에 있어서 B2C는 정찰가격제가 많이 활용되는 반면 B2B는 협상가격제 및 입찰가격제가 활용되는 경우가 많다.

⑤ B2B는 B2C 대비 고객수가 적고 고객별 구매 규모가 크기 때문에 고객별 전략 수립과 실행이 중요하다.

80 바코드의 적용 분야로 적절하지 않은 것은?

① 거래시 발생하는 판매, 주문, 수금 등의 업무를 즉각적으로 컴퓨터에 입력함으로써 모든 판매 정보를 한눈에 알 수 있다.

② 정확한 출·퇴근 시간 및 이를 통한 급여 자료 산출, 출입에 관한 엄격한 통제가 가능하다.

③ 제품 출하 및 창고 입·출고시 그 정보를 읽음으로써 제품의 수량 파악, 목적지 식별을 신속하게 할 수 있다.

④ 자재의 수급 계획부터 자재 청구, 입고, 완제품 입고에 이르기까지의 자재에 관련된 경로를 추적·관리할 수 있으나 창고 재고 및 재고품 재고 파악에 있어서는 한계점을 가지고 있다.

⑤ 판매, 주문, 입고, 재고 현황 등 각 매장의 정보를 신속하게 본사 호스트 컴퓨터로 전송하며 또한 POS 터미널 자체 매장 관리도 할 수 있다.

81 다음 중 관리통제정보시스템에 대한 설명으로 가장 적절한 것은?

① 최고경영층이 수행하는 전략계획 및 통제업무를 지원하는 정보시스템으로서 최고경영층은 현재 조직의 능력을 평가하여 기업의 장기적인 목표를 설정하고 그에 따른 전략계획 및 지원계획을 통제하게 된다.

② 하위경영층이 수행하는 세부적인 조직의 기본업무 또는 활동들이 효율적으로 수행되도록 도와주는 정보시스템으로서 하위경영층은 미리 정형화된 업무표준에 맞게 과업이 실행될 수 있도록 통제한다.

③ 주로 중간경영층이 수행하는 경영통제 및 관리통제를 지원하는 정보시스템을 말하며, 중간경영층은 전략계획에서 세워진 목적을 달성하기 위한 세부적인 실행계획을 수립하고 실행시 통제하는 역할을 한다.

④ 마케팅의 기획·관리 및 거래와 관련한 자료, 경쟁기업정보 등을 처리하며 마케팅과 관련한 의사결정에 필요한 정보를 제공하는 정보시스템이다.

⑤ 생산기능을 구성하는 생산기획, 작업관리, 공정의 운영과 통제, 생산실적관리 등과 관련한 활동을 지원하는 정보시스템이다.

82 마케팅업무 지원을 위한 정보시스템 개발을 위해 데이터 웨어하우스 기술을 이용하고자 한다. 개발시 고려사항으로 거리가 먼 것은?

① 기존의 마케팅 관련 데이터베이스 자료들을 모두 수집해서 통합한다.

② 시계열분석이 가능하도록 시간 속성을 이용한다.

③ 관련 주제별로 자료를 묶어서 데이터 마트 단위로 저장한다.

④ 휘발성이 높은 자료를 사용해서 새로운 데이터로 항상 교체한다.

⑤ 보안관리 기능을 위하여 각 사용자의 데이터 웨어하우스에 대한 접근을 제한할 수 있다.

83 POS(Point Of Sales) 정보 활용에 대한 설명으로 가장 적절하지 않은 것은?

① 재고관리 – POS로부터 얻은 단품별 판매수량에 근거하여 매입을 하고, 단품별 안전재고, 진열단위 등을 고려하여 재고를 증가시키지 않으면서 품절을 방지하는 적정 발주가 가능해지는 것이다.

② 인력관리 – POS데이터는 시간과 장소, 부문과 상품에 관한 종합적인 데이터를 제공하기 때문에 POS데이터를 통해 작업량을 도출하여 업무할당 및 관리에 이용하면 효율적인 인력관리가 가능해진다.

③ 자동발주 – POS데이터를 통신회선을 이용하여 본부나 배송센터의 컴퓨터에 전송하여 중앙집중식으로 집계·관리함으로써 자동발주시스템을 구축할 수 있다.

④ 고객관리 – POS데이터를 통해 얻은 고객속성정보와 상품이력정보는 고객별 관리 및 판촉활동을 위한 고객정보의 확보에도 활용될 수 있다.

⑤ ABC분석과 상품관리 – POS시스템을 통해 얻은 데이터를 토대로 가공된 정보는 기존의 유통전략을 수정하는 데에 활용되며, 데이터에 담겨진 소비자의 욕구에 맞게 점포의 이미지를 설정하고 그 이미지에 적합한 상품구색, ISM, 판촉계획 등이 만들어진다.

84 다음 중 판매 반응 분석법에 대한 설명으로 옳은 것은?

① 판매와 관련된 실제 수치의 예를 들어 금액, 수량, 인원수, 면적 등을 갖고 분석하는 것을 의미한다.

② 광고액과 판매액 간의 관계를 통계적 방법을 이용하여 계량적으로 추정하고 이를 통해 광고 예산 규모, 예산의 스케줄링 등을 결정하는 방법이다.

③ 광학식 자동 판독 방식인 레지스터에 의해 단품별로 수집한 판매 정보를 컴퓨터에 입력하여, 각자의 목적에 따라 유효하게 이용할 수 있는 정보로 처리·가공·전달하는 시스템이다.

④ 자본 또는 노동의 단위당 매출액이 어느 정도인가를 확인하는 분석이다.

⑤ 부문별 매출액 구성비는 매출액이 가장 많은 상품 부문부터 순서대로 나열하여 각 부문별 매출액의 구성비를 산출하고, 이 구성비를 다시 순서대로 누계한 분석법이다.

85 다음 설명하는 내용이 잘못 연결된 것은?

① 수확체증의 법칙 – 제품 생산 시 투입량을 점차 늘리면 투입 단위 당 산출량은 기하급수적으로 증가한다는 이론이다.

② 수확체감의 법칙 – 토지, 자본, 노동의 생산 요소 가운데 어느 하나의 생산 요소만 증가시키고 다른 생산 요소를 일정하게 하면 생산량의 증가분이 점차 감소한다는 법칙이다.

③ 규모의 경제 – 생산량이 증가함에 따라 제품 평균 생산비용이 하락하는 현상을 말한다.

④ 범위의 경제 – 하나의 기업이 2가지 이상의 제품을 함께 생산할 경우, 2가지를 각각 따로 다른 기업에서 생산하는 경우보다 생산비용이 적게 드는 현상을 말한다.

⑤ 캐즘(Chasm) 이론 – 초기시장에서 주류시장으로 넘어가는 과도기에 일시적으로 수요가 폭발적으로 늘어나는 현상을 말한다.

86 다음 중 전자상거래의 확장으로 인해 발생할 수 있는 현상과 가장 거리가 먼 것은?

① 전통적 상거래에 비해 기업간 거래 및 경쟁이 증가한다.

② 소비자와의 직거래가 가능하여 직거래가 발달하게 되면 유통업체의 존재 의의가 축소될 수 있다.

③ 생산자와 소비자 간의 역할구분이 전통적 상거래에 비해 보다 명확해질 수 있다.

④ 전통적 상거래에 비해 전자화폐를 통한 결제비중이 높아진다.

⑤ 전통적 상거래에 비해 공간적인 차이(Gap) 및 공간적인 제약에서 많이 해방 될 수 있다.

87 다음 중 정보화 사회의 문제점에 대한 설명으로 가장 적절하지 않은 것은?

① 발전된 정보기술을 보유한 국가는 그렇지 못한 국가에 비해 자국의 문화행태를 전파하는 데 우월한 위치에 있게 되므로, 정보기술이 열악한 국가에는 의사에 상관없이 상대적으로 우위에 있는 국가의 문화양식이나 가치관 등이 침투해 오게 되는데 이것이 정보월경에 의한 문화종속이다.

② 문화지체현상은 정보기술 같은 첨단과학기술의 발전속도에 비해 인간의 수용 능력이 뒤따르지 못함으로써 초래되는 사회 부조화적 문화현상이다.

③ 정보화 사회에서는 지나치게 많은 정보들이 한꺼번에 제공될 수 있는데, 이러한 경우 개개인의 다양한 욕구들을 충족시켜 주기보다 개인의 정보선택에 혼란을 가중시키거나 선택능력을 마비시킬 수도 있다.

④ 정보에 대한 접근과 이용은 개개인의 차이보다 시간과 장소를 불문하고 획득할 수 있는 수단이 보편화되어 있으므로 정보격차는 일어나지 않는다고 할 수 있다.

⑤ 정보화 사회에서는 사람 사이의 인간적인 접촉보다 정보통신매체를 통한 기계적이고 물질적인 접촉이 증대되어 메마른 인간관계가 형성될 수도 있다.

88 다음 설명은 UNSPSC(The United Nations Standard Products& Services Code)에 관한 설명이다. 옳지 않은 것은?

① 전 세계적으로 가장 널리 알려지고 활용되고 있는 전 산업대상의 전자상거래용 상품분류체계이며, 상품검색 및 원가분석을 위한 상품 핵심 데이터이다.

② UNDP(United Nations Development Programme)와 D&B(Dun&Breadstreet)가 공동으로 개발한 전자상거래용 상품 및 서비스의 국제상품분류코드이다.

③ UNSPSC의 글로벌운영기관은 UCC(Uniform Code Council)가 담당하고 있다.

④ UNSPSC는 상세한 상품을 정의하는 것이 아니라 상품을 그룹화(Categorize)하는 방식이다.

⑤ 상품제조코드는 어떠한 상품에 대한 명확한 식별을 목적으로 사용되기 때문에 어떠한 상품과 코드를 일대일로 대응시켜야 한다.

89 다음 중 패턴매칭에 대한 설명으로 옳은 것은?

① 서로 떨어져 있는 구성원들끼리 함께 협동하여 일할 수 있도록 해주는 소프트웨어를 말하며, 네트워크상에서 구성원 간의 협업을 증진시키고 지식근로자가 이동하는 데 드는 시간과 여행비용을 감소시킨다.

② 조직 업무에 관한 비즈니스 인텔리전스의 저장 및 검색, 미래예측을 위한 기반을 형성한다.

③ 인공지능분야에서 사용되는 응용프로그램으로서 경험이 적은 지식근로자의 의사결정을 도와주며, 전문가 시스템, 지능에이전트, 기계학습시스템을 이용한다.

④ 특수 목적을 가진 응용프로그램으로 특정영역에서 지식근로자의 업무시간을 줄이고 업무오류를 감소시키기 위해 사용한다.

⑤ 관리자와 지식근로자가 개인정보 단말기에서부터 데이터웨어하우스에 이르기까지 다양한 저장매체에 있는 자료를 검토하고, 가공하여 의사결정을 돕는 소프트웨어 도구를 말한다.

90 전자상거래업체의 주문이행(Order Fulfillment)에 대한 설명으로 부적절한 것은?

① 주문이행은 e-Business 모델 수립시 가장 중요한 고려 요소 중 하나인 고객과의 약속이다.

② 주문이행은 기본적으로 백오피스 활동의 일부로 볼 수 있다.

③ B2C 전자상거래 모형에서의 주문이행 대상 고객들은 주로 지리적으로 매우 분산되어 있으며 소수이다.

④ 주문이행 활동은 구매물품에 대한 고객의 지불의사가 타당한가하는 점검과 재고조사에서 시작된다.

⑤ 주문이행을 위해서는 주문한 제품의 적시 전달뿐만 아니라 고객 서비스와 관련된 모든 사항도 고려되어야 한다.

정답 및 해설

제1회 정답 및 해설

정답

01	02	03	04	05	06	07	08	09	10	11	12	13	14	15	16	17	18	19	20	21	22	23	24	25	26	27	28	29	30
②	①	⑤	②	⑤	④	②	③	④	②	③	③	①	②	②	④	③	④	⑤	④	④	②	③	③	⑤	①	⑤	④	④	②

31	32	33	34	35	36	37	38	39	40	41	42	43	44	45	46	47	48	49	50	51	52	53	54	55	56	57	58	59	60
④	①	②	③	③	②	③	②	③	⑤	④	②	④	⑤	⑤	④	②	④	①	③	④	②	④	③	③	①	⑤	⑤	①	①

61	62	63	64	65	66	67	68	69	70	71	72	73	74	75	76	77	78	79	80	81	82	83	84	85	86	87	88	89	90
④	①	③	④	④	⑤	③	⑤	①	②	④	⑤	④	⑤	①	②	③	④	②	②	②	⑤	②	④	①	③	⑤	②	③

제 1 과목 유통 · 물류일반관리

01　① 정해진 지역에서 특정 경로구성원만이 활동하는 유통
방식은 전속적 유통이다.
③ 슈퍼마켓에서 팔리는 대부분의 소비재는 집중적 유통
이다.
④ 유통비용을 낮춤과 동시에 경로구성원의 수가 많을 때
보다 구성원들과의 관계를 더 유지할 수 있는 유통방
식은 전속적 유통이다.
⑤ 제품과 연관된 배타성과 유일성의 이미지를 더욱 효과
적으로 소비자들에게 전달할 수 있는 유통방식은 전속
적 유통이다.

02　채찍효과는 각각의 유통주체가 독립적으로 수요예측을
행하기 때문에 발생한다. 따라서 공급체인 전반에 걸쳐
수요에 대한 정보를 공유해야 채찍효과를 줄일 수 있다.

03　정보기술의 발전으로 블로거 마케터 등 온라인 마케터의
영향력이 커져 프로슈머의 필요성이 점차 확대되고 있다.
　※ **프로슈머(Prosumer ; 생산소비자)**
　• 앨빈토플러의 '제3의 물결'에서 언급한 것으로 '생산자
(Producer)'와 '소비자(Consumer)'를 합성한 말이다.

　• 고객 자신이 기업의 생산과정에 직접 참여하는 것으로
제품 및 서비스도 이제는 소비자가 원하는 방향으로 만
들어져야 경쟁력이 있다는 것이다.

04　**활동성 비율**
　• 재고자산회전율 = 매출액/재고자산
　• 매출채권회전율 = 매출액/매출채권
　• 고정자산회전율 = 매출액/고정자산
　• 총자산회전율 = 매출액/총자산

05　팀 구성원의 존재보다 개인별로 업무를 할 때 더욱 강력
하고 지속적인 행동을 유발시키는 것이 개인인센티브 제
도에 속한다.

06　① 조직을 계약관계(Contractual Relationship)의 연속
으로 정의하고, 특히 계약의 당사자를 주인(Principal)
과 조직 내 주어진 직무에서 수행하는 대리인(Agent)
으로 구분한다.
② 내부구성원 간의 권한 및 의존, 갈등 및 협력 관계구
조, 소유구조, 의사결정 과정, 외부 이해관계자와의 관
계, 외부 환경요소 등을 고려하여 경로구조가 결정된
다고 본다.

③ 수직적으로 경쟁관계에 있는 제조업체와 중간상이 각자 자신의 이익을 극대화하기 위해 자신과 상대방의 행위를 조정하는 과정에서 유통경로구조가 결정되는 것으로 본다.
⑤ 시장과 내부조직과의 관계를 분석하는 이론으로 거래비용이 증가하는 원인과 그 해결방안을 수직적 통합으로 나타낸 것이다.

07 성과측정은 전체 기업의 성과에 초점을 맞춰야 한다. SCM의 목적은 기업 내 무분별한 최적화와 개별 기업단위의 최적화에서 탈피하여 공급사슬 구성요소들 간에 이루어지는 전체 프로세스를 대상으로 최적화를 달성하는 데 있다.

08 파이프라인수송은 석유류·가스제품 운송 등에 이용되는 운송수단으로 이용제품이 한정적이고 운송경로에 대한 제약이 크기 때문에 다른 운송수단과 연계하여 활용하는 데 한계가 있으며, 초기 시설비용이 높아 고정비 지출규모가 크다.

09 소매상들이 진열도매상을 이용하는 주된 이유는 매출비중이 낮은 품목들에 대해 소매상을 대신하여 진열대에 진열하거나 재고를 관리하는 것이 중요하기 때문이다.
※ **진열도매상(선반도매상)**
- 소매점의 진열선반 위에 상품을 공급하는 도매상을 말한다.
- 소매상들에게 매출 비중이 높지 않으면서 회전율이 높은 캔디, 껌, 건강미용용품 등을 판매하며 소매점포까지 직접 트럭배달을 해주면서 소매상을 대신하여 진열대에 진열하거나 재고를 관리해준다.
- 선반에 전시되는 상품에 대한 소유권은 도매상들이 가지고 있으며, 소매상이 상품을 판매한 뒤에 도매상에게 대금을 지불하는 일종의 위탁방식이다. 팔리지 않는 상품은 환수한다.
- 선반도매상은 소매점 내에 직접 선반을 설치하여 상품을 전시하며, 상품에 가격표시를 하고, 재고를 유지·기록한다.

10 제조업의 수직계열화는 제조업자가 유통업자를 지배하고 조직화하는 행위이다.
※ **수직계열화와 수평계열화**
- 수직계열화 : 생산, 제조, 판매 등을 전부 한 기업이 도맡아 하는 것으로, 제품을 생산하는 공급자부터 제품을 판매하는 판매사까지 전체 사슬에 관련된 기업을 하나의 큰 틀의 계열사로 두게 되는 것을 말한다.
- 수평계열화 : 생산이면 생산업에만, 제조면 제조업에만, 판매면 판매업에만 종사하는 기업으로 제품을 생산하는 데 있어서 큰 관련성이 없는 기업을 계열사로 두어 다방면의 사업 확장이 가능한 구조이다.

11
- 라인-스태프 조직 : 라인과 스태프의 기능을 분화하여 전문성을 강화하고, 작업부문과 지원부문을 분리하여 직능형 조직의 단점을 보완한 것
- 교차기능 자율경영팀 : 특정 제품이나 서비스의 창출과 관련된 업무 프로세스를 책임지고 자율적으로 움직이는 작업집단으로 권한이양원리 아래 일선 실무자들의 자율성과 창의성을 중시하는 현장 중심형 조직

12 **EOQ의 기본 가정**
- 계획기간 중 해당 품목의 단위 시간당 수요율은 항상 균등하며, 연간 수요가 확정적으로 알려져 있다.
- 단위 구입가격이 구입량에 관계없이 일정하다.
- 연간 단위 재고유지비용이 주문량에 관계없이 일정하다.
- 1회 주문비용이 일정하다.
- 주문량이 일시에 입고된다.
- 조달기간(Lead Time)이 없거나 일정하다.
- 재고부족이 허용되지 않는다.

13 **공급자주도형재고관리(VMI)**
- 소매업의 재고관리를 소매업체를 대신해서 공급자인 제조업체와 도매업체가 하는 것을 말한다.
- 유통업체가 제조업체에 판매, 재고정보를 전자문서교환(EDI)으로 제공하면 제조업체는 이를 토대로 과거 데이터를 분석하고 수요 예측을 하여, 상품의 적정 납품량을 결정해주는 시스템 환경이다.
- 유통업체는 재고관리에 소모되는 인력, 시간 등 비용절감 효과를 기대할 수 있고, 제조업체로서는 적정생산 및 납품을 통해 경쟁력을 유지할 수 있다.

14 ① 기존의 소매업태가 다른 유형의 소매로 변화할 때 그 빈자리, 즉 진공지대를 새로운 형태의 소매업태가 자리를 메운다는 이론
③ 사회·경제적 환경이 변화됨에 따른 소매상의 진화와 발전을 설명하는 대표적인 이론으로 시장 진입 초기에는 저가격·저서비스·제한적 제품 구색으로 시장에 진입하여 경쟁이 격화되면 경쟁적 우위를 확보하기 위

한 차별적 서비스의 증가로 성장기에는 고비용·고가격·고서비스 소매점으로 위치가 확립되고, 그 결과 새로운 유형의 혁신적인 소매점이 저가격·저마진·저서비스로 시장에 진입할 수 있는 여지를 제공하게 되어 역시 동일한 과정을 따르게 된다는 것

④ 소매점은 다양한 상품 구색을 갖춘 점포로 시작하여 시간이 경과함에 따라 점차 전문화된 한정된 상품 계열을 취급하는 소매점 형태로 진화하며, 이는 다시 다양하고 전문적인 상품 계열을 취급하는 소매점으로 진화해 간다는 이론

⑤ 제품 수명주기이론과 동일하게 소매점 유형이 도입기 → 성장기 → 성숙기 → 쇠퇴기의 단계를 거치게 된다는 이론

15 유통업체의 규모에 따른 힘이 증가하면서 제조업체와 유통업체 간 힘의 불균형이 발생하여 유통경로 내 갈등은 증대하고 있다.

16 통로대면보관의 원칙은 물품의 효율적 보관을 위해서 통로면에 보관하는 것을 말한다.

17 손익분기점 계산공식

$$손익분기점 = 고정비 \div (1 - \frac{변동비}{매출액})$$

$$손익분기점\ 판매량 = \frac{고정비}{단위당판매가격 - 단위당변동비}$$
$$= \frac{2,000,000}{4,000 - 2,000} = 1,000개$$

18 역청구는 공급업체와 소매업체의 거래에서 발생되는 비윤리적 문제로 소매업체가 공급업체로부터 야기된 상품 수량의 차이에 대해 대금을 공제하는 것이다.

19 재무제표는 발생주의에 근거하여 작성한다.

20 "통신판매중개"란 사이버몰의 이용을 허락하거나 그 밖에 총리령으로 정하는 방법으로 거래 당사자 간의 통신판매를 알선하는 행위를 말한다(전자상거래 등에서의 소비자보호에 관한 법률 제2조 제4호).

21 ⓛ 재고품절로 인하여 발생하는 손실을 비용화한 것이 재고부족비용이다.
ⓜ 이자비용, 창고사용료, 창고유지관리비는 재고유지비용에 속하지만, 재고감손비용은 주문비용에 포함된다.

22 지속적 상품보충은 유통공급망 내에 있는 업체들 간에 상호협력적인 관행으로서 기존의 전통적 관행인 경제적인 주문량에 근거하여 유통업체에서 공급업체로 주문하던 방식(Push 방식)과 달리 실제 판매된 판매데이터와 예측된 수요를 근거로 하여 상품을 보충시키는 방식(Pull 방식)이다.

23 ⓛ 사원이 기업에 대해 지켜야 하는 기업윤리
ⓒ 기업이 납품업체에 대해 지켜야 하는 기업윤리
ⓜ 기업이 고객에 대해 지켜야 하는 기업윤리
ⓗ 최고 경영자가 투자자에 대해 지켜야 하는 기업윤리

24 권한위치는 전통적 유통경로에서 개별구성원에 배타적으로 존재하지만, 계약형 유통경로에서는 개별구성원에 주로 존재한다.

25 ① 공정성이론
② 강화이론
③ 목표설정이론
④ 기대이론

※ MBO의 개념
• 구성원이 목표 설정에 참여하게 되고, 목표달성을 통한 실적평가를 바탕으로 보상이 이루어지는 관리제도이다.
• 관리자는 명령하지 않으며, 종업원이 자율적 결정에 필요한 정보를 제공하고, 종업원 상호 간의 조정만을 관리한다.
• 조직의 거대화에 따른 종업원의 무기력화를 방지하고 근로의욕을 향상시키는 관리방법이다.
• 목표관리는 결과에 의하여 평가되고, 목표에 의하여 동기가 부여된다.
• 장기계획이 만들어질 수 있는 상대적으로 안정적인 상황에서 효율적이다.

26　기생형 점포는 목적형 점포의 영향을 많이 받기 때문에 목적형 점포의 입지를 고려하여 가까운 주변에 입지하여야 한다.

27　중심지이론의 핵심은 한 도시(지역)의 중심지기능의 수행 정도 및 상권의 규모는 인구 규모에 비례하여 커지고, 중심도시(지역)를 둘러싼 배후상권의 규모는 도시(지역)의 규모에 비례하여 커진다는 것이다. 중심지 간에는 계층이 나타나는데 이는 중심지의 크기에 따라 중심지가 제공하는 재화 및 서비스의 수준이 달라지고, 그에 따라 상권도 달라지기 때문이다.

28　중심성 지수는 상업인구를 그 지역의 거주인구로 나눈 값이므로 상업인구보다 거주인구가 많으면 1보다 작은 값을 갖게 된다.

29　**티센다각형 방법(Thiessen Ploygons)**
소비자들이 거주지로부터 가장 근접한 쇼핑센터를 이용할 것이라 가정하는 최근접 상가 선택가설에 근거하여 상권을 설정하는 방법이다.

30　회귀분석에서는 독립변수와 종속변수 간의 상관관계를 분석해야 하므로 독립변수 상호간에는 상관관계, 즉 관련성이 없어야 한다.

31　점포의 접근성과 가시성은 입지분석의 요인에 해당한다.

32　경쟁점포에 대한 조사방법에는 방문조사뿐만 아니라 점두조사법에 기초한 고객면접조사, 상품정책조사, 경합점의 고객을 대상으로 하여 조사하는 좌담회 등 여러 가지 방법이 활용된다.

33　상권의 총예상매출액은 총잠재수요와 상권인구의 상권 내에서의 구매비율을 곱해서 구한다.

34　좋은 여건의 입지에 위치한 점포일수록 높은 권리금이 형성되어 있기 때문에 권리금이 낮거나 없는 곳이 좋은 입지라고 볼 수는 없다.

※ **권리금**
- 점포임대차와 관련해 임차인이 누리게 될 장소 또는 영업상의 이익에 대한 대가로 임차보증금과는 별도로 지급되는 금전적 대가를 말한다.
- 상가매입 또는 임차 시 관행적으로 인정되지만 현행법상 권리금에 관한 규정이 없어 법적 보장을 받지 못하는 것이 일반적이다.
- 임대차 계약이 종료되더라도 임대인은 원칙적으로 권리금 반환에 대한 의무를 지지 않는다.
- 권리금은 임대차 계약기간 동안의 사업수익으로 충분히 충당될 수 있는 범위 내에서 설정하여야 적당하다.

35　자가용차를 소유한 소비자의 증가추세로 인해 소비자의 지리적 이동거리가 확대되고 이동속도가 빨라지기 때문에 물류기능 중 생산과 소비의 공간적 거리를 극복하는 운송기능을 소비자가 더 감당하게 되므로 소비자가 감당하는 물류기능이 증가하게 된다.

36　일반적으로 상품이나 서비스의 구매빈도가 낮을수록 상권의 규모는 커진다. 반면 구매빈도가 높을수록 주거지 근처에서 구매하기 때문에 상권의 규모는 작아진다.

37　**회전율을 적용한 획득가능 매출의 추정**
매출액 = 좌석수 × 좌석점유율 × 회전율 × 객단가 × 영업일수

38　**구매력지수(BPI ; Buying Power Index)**
소매점포의 입지분석을 할 때 해당 지역시장의 구매력을 측정하는 기준으로 사용되는 것으로, 그 시장에서 구매할 수 있는 구매력을 나타내는 것이다. 구매력지수를 산출하기 위해서는 다음과 같이 인구, 소매 매출액, 유효소득 등 3가지 요소에 가중치를 곱하여 합산하는 공식을 사용한다.

BPI = (인구비 × 0.2) + (소매 매출액비 × 0.3) + (유효구매 소득비 × 0.5)

따라서 유효구매 소득비의 가중치가 0.5이므로 소득관련 변수의 가중치가 가장 높다.

39 소매상은 보통 최종 소비자의 접근성을 고려하여 입지를 결정한다.

40 컨버스의 제1법칙

$$D_b = \frac{D_{ab}}{1+\sqrt{\dfrac{P_a}{P_b}}} = \frac{21}{1+\sqrt{\dfrac{12만}{3만}}} = \frac{21}{1+2} = 7$$

41 점두조사법은 점포에서 조사원이 대기하다가 구매결정을 한 소비자에게 질문을 하는 방식으로, 매장을 방문하는 소비자의 주소를 파악하여 자기점포의 상권을 조사하는 방법이다. 따라서 해당 점포를 직접 방문한 고객들을 대상으로 하는 내점객조사법과 가장 유사하다.

42 주로 대로변에서 발견되는 특정 점포의 건축선 후퇴는 자동차를 이용하는 소비자의 입장에서 가시성이 떨어지기 때문에 매출에 부정적 영향을 미친다.
※ 건축선 후퇴
건축선이란 도로와 접한 부분에 건축물을 건축할 수 있는 선을 뜻하는데, 일반적으로는 대지와 도로의 경계선이다. 다만, 도로기준 폭에 미달하는 경우에는 그 중심선으로부터 그 너비의 2분의 1의 수평거리만큼 물러난 선이 되는데 이를 '건축선 후퇴'라고 한다.

43 집재성 점포는 동일한 업종의 점포가 한 곳에 모여 입지하여야 하는 점포로 누적적 흡인력의 원리와 연관성이 가장 크다. 누적적 흡인력은 영업의 형태가 비슷하거나 동일한 점포가 집중적으로 몰려 있어 고객의 흡인력을 극대화할 수 있는 가능성 및 사무실, 학교, 문화시설 등에 인접함으로써 고객을 흡인하기에 유리한 조건에 속해 있는가에 대해 검토하는 것을 의미한다.

44 ① 접근성
② 인지성
③ 가시성
④ 홍보성

45 출점 의사결정시 검토 · 결정되어야 할 세부 전략에는 입지 전략, 점포건축 전략(출점할 점포 결정 및 법적 행정처리), 점포의 층별 배치전략이 수립되어야 하며, 이를 근간으로 최종적으로 머천다이징 전략이 수립되어야 한다.
※ 출점 의사결정
출점방침의 결정 → 출점지역의 결정 → 점포의 물색 → 사업계획(수익성 및 자금조달 계획)의 수립 → 점포매입/건설 → 개점

제 3 과목 유통마케팅

46 쿠폰은 소비자 대상 판매촉진 수단에 해당한다.

47 푸시(push)전략과 풀(pull)전략
• 푸시전략 : 고압적인 마케팅으로 소비자의 욕구는 무시한 채 대량으로 생산된 상품을 제조업자는 도매상에게, 도매상은 소매상에게, 소매상은 최종소비자에게 적극적으로 판매하는 밀어붙이기식 방식을 의미한다. 제조업자가 푸시전략을 실행하면 인적판매와 중간상 대상 판매촉진의 비중이 커지게 된다.
• 풀전략 : 푸시전략과는 상반된 개념으로 제조업체가 최종소비자를 상대로 적극적인 판촉활동을 함으로써 결국 소비자가 자사 제품을 찾게 하여 중간상들이 자발적으로 자사 제품을 취급하는 방식을 의미한다. 제조업자

가 풀전략을 실행하면 대중광고와 최종소비자 대상의 판매촉진 비중이 커진다.

48 소비자의 기대와 욕구는 소매상 외적 요인에 해당한다.

49 인스토어 머천다이징
한정된 매장 안에서 가장 생산성이 높은 매장을 꾸미고자 하는 것을 의미하는 것으로 상품, 진열, 판촉 측면에서 가장 좋은 성과를 올리고자 하는 고안이다.
• 상품측면 : POS데이터를 활용하여 입지 지역 소비자가 원하는 상품 및 판매가를 결정한다.
• 진열측면 : 소비자의 쇼핑 시선을 고려한 진열장 배치나 플라노그램을 결정한다.

• 판촉측면 : POP 광고나 접객, 매장 내 설명, 시식 등을 행한다.

위의 세 가지 측면을 세련되고 적절하게 믹스함으로써 소비자에게 매력적인 점포를 형성하게 되고 소매업자에게는 매장 생산성을 높여 점포 자원을 효과적으로 활용할 수 있도록 하는 것이다.

50 2차 자료는 당면 목적을 위해 수집된 자료가 아니기 때문에 최신성, 정확성, 객관성, 적합성 등과 같은 속성을 갖추었을 때 사용해야 한다.

51 ① 고객들이 한곳에서 구매하고자 하는 상품들의 조합내용
② 규격·가격·외양 및 기타 속성이 다른 하나 하나의 제품단위로 제품계열 내의 단위
④ 소비자의 욕구 또는 경쟁자의 활동 등 마케팅 환경요인의 변화에 대응하여 한 기업이 시장에 제공하는 모든 제품의 배합으로 제품계열(product line)과 제품품목(product item)의 집합
⑤ 상품 유형에 따라 상품을 조직화 하는 방법

52 판촉과 광고는 상호보완적이어서 함께 사용하는 것이 좋다.

53 점포의 구성과 배치는 고객의 충동구매를 자극하도록 설계해야 한다.

54 ①·③·④·⑤ POS의 도입효과에 대한 설명이다.

55 ① 격자형 배치는 비용 효율성이 높다.
② 격자형 배치는 어떤 형태의 배치보다도 공간이용의 효율성이 높다.
④ 격자형 배치는 일상적이면서 계획된 구매행동을 촉진한다.
⑤ 격자형 배치는 표준화된 집기배치가 가능하고, 단조로운 구성으로 점내 장식이 한정되기 때문에 상품진열에 필요한 걸이의 소요량을 감소시킨다.

56 업셀링(upselling)은 동일한 분야로 분류될 수 있는 제품 중 소비자가 희망하는 제품보다 단가가 높은 제품의 구입을 유도하는 판매방법이다.
※ 교차판매(cross-selling)
자체 개발한 상품에만 의존하지 않고 관련된 제품까지 판매하는 적극적인 판매방식으로, 고객이 선호할 수 있는 추가제안을 통해 다른 제품을 추가 구입하도록 유도할 수

있다. 대체재나 보완재가 있는 상품과 서비스에 더 효과적이다.

57 인적판매는 구입을 유도하기 위해 고객 및 예상고객과 직접 접촉하는 것으로 백화점의 판매원과 보험판매원은 모두 주문수주자에 해당한다.
※ 영업사원의 종류
• 주문수주자(order taker) : 주문을 받는 사람(= 인바운드 영업사원)
• 주문창출자(order getter) : 주문을 따내는 사람(= 아웃바운드 영업사원)

58 규모의 경제는 대량생산을 통해 비용을 절감하여 저가격 전략을 수립하기 위한 전략이다.

59 소매수명주기 중 판매증가율과 이익수준이 모두 높은 단계는 성장기이다. 성장기에는 시장 위치를 고정·선점하고, 성장유지를 위해 고비용 투자 전략을 수행한다.
②·④ 성숙기
③ 도입기
⑤ 쇠퇴기

60 소셜미디어 마케팅은 다양한 소셜미디어의 고객 접점을 기반으로 하므로 표적화 되어 있고 인적(personal)인 속성이 강하다. 즉 기존의 일반적인 마케팅과 달리 고객이 주체가 되어 자발적으로 블로그나 트위터 등을 활용해 기업의 제품이나 서비스에 관한 아이디어로 상품 개선에 적극적으로 개입한다.
② 소셜미디어는 수많은 소비자들이 참여하게 되므로 소셜미디어 캠페인의 성과를 측정하기가 쉽지 않다.
③ 마케터의 메시지가 실시간으로 전달되지만 소비자의 반응은 통제할 수 없다.
④ 기업과 제품에 대한 정보를 '쌍방향 소통'인 풀(pull) 전략을 통해 적극적으로 제공한다.
⑤ 소셜미디어 캠페인은 소비자의 반응이 부정적일 경우 반대로 역효과가 발생한다.
※ 소셜미디어 마케팅의 장점
• 상호 소통이 가능 : 쌍방향 커뮤니케이션이 가능해 일방적 메시지 전달을 위한 미디어 비용을 줄이고 고객 참여, 공유, 대화가 가능하다.
• 바이럴 효과의 극대화 : 마케팅 경험과 콘텐츠를 유통함으로써 입소문 효과를 극대화한다.

- 실시간성 : 어떤 도구보다도 빠르게 적용될 수 있는 실시간성을 가짐으로써 시기적절한 능동적인 마케팅이 가능하다.
- 브랜드 친숙화 : 관계지향적 마케팅을 통해 브랜드에 대한 고객들의 긍정적 반응과 브랜드 충성도를 높일 수 있다.

61 **파일럿 숍**
상품의 판매동향을 탐지하기 위해 메이커나 도매상이 직영하는 소매점포이다. 의류 등 유행에 따라 매출액이 좌우되기 쉬운 상품에 관해 재빨리 소비자의 반응을 파악하여 상품개발이나 판매촉진책의 연구를 돕는 전략점포로 안테나 숍(antenna shop)이라 부르기도 한다.

62 ② 각 대상 간의 객관적 또는 주관적인 관계에 대한 수치적인 자료들을 처리해서 다차원의 공간상에서 해당 대상들을 위치적으로 표시해 주는 일련의 통계기법을 의미한다.
③ 모집단 또는 범주에 대한 사전 정보가 없을 경우에 주어진 관측 값들 사이의 유사성과 거리를 활용해서 전체를 몇몇의 집단으로 구분하고 각 집단의 성격을 파악함으로써 데이터 전체 구조에 대한 이해를 돕는 분석방법으로, 서로 유사한 특성을 지닌 대상을 하나의 집단으로 분류한다.
④ 재무제표 등과 같은 수치화된 자료를 이용하여 항목 사이의 비율을 산출하고, 기준이 되는 비율이나 과거의 실적 그리고 다른 기업과의 비교 등을 통하여 그 의미나 특징, 추세 등을 분석·평가하는 방법이다.
⑤ 한 변수 혹은 여러 변수가 다른 변수에 미치는 영향력의 크기를 회귀방정식이라고 불리는 수학적 관계식으로 추정하고 분석하는 통계적 분석방법이다.

63 가격전략에서 특정 소매상이 시장점유율을 증대시키고자 한다면 저가격전략을, 이익 증대가 목표라면 고가격전략을 수립한다.

64 셀프서비스는 점포가 수행하던 기능을 소비자 자신이 직접 수행하는 것이므로 ④의 내용은 옳지 않은 설명이다.

65 판단표본추출방식은 조사하고자 하는 모집단을 전형적으로 대표하는 것으로 판단되는 사례를 표본으로 선정하는 방법이다. 이 방법은 조사자가 연구목적 달성에 도움이 될 수 있는 구성요소를 의도적으로 표출하는 것으로 모집단 및 구성요소에 대한 풍부한 사전지식을 가지고 있을 때 유용한 비확률표본추출방법이다.

66 페이싱이란 페이스의 수량을 뜻하는 것으로 앞에서 볼 때 하나의 단품을 옆으로 늘어놓은 개수를 말하며 진열량과는 다르다.

67 **상품수명주기이론**

도입기	• 제품을 개발하여 시장에 판매하는 단계이므로 이익이 없거나 매우 낮게 형성 • 제품은 낮은 수요와 낮은 가격탄력성을 가지며 인지도 확장을 위한 마케팅 노력을 기울임
성장기	• 수요가 급격히 증가하여 기업의 매출액이 증가하는 단계 • 다양한 소비자 욕구를 충족시키기 위한 제품 공급과 개방 경로 정책 수립
성숙기	• 상품 단위별 이익은 최고조에 달하지만 수익이나 판매성장이 둔화되는 단계 • 수요의 변화, 경쟁의 심화 등으로 인해 새로운 상품용도 개발과 마케팅 조정이 요구됨
쇠퇴기	• 시장에서 제품이 판매되지 않거나 점차 하락하는 단계 • 기업은 시장에서 현금유입을 극대화하기 위한 노력과 비용을 줄이거나 없애기 위한 노력을 기울이게 됨

68 SKU는 개별적인 상품에 대해 재고관리 목적으로 추적이 용이하도록 하기 위해 사용되는 식별관리 코드이다. 문자와 숫자 등 기호로 표기하며, 점포 또는 카탈로그에서 구매 또는 판매할 수 있는 상품에 사용하는 것으로 판매자가 정한다.

69 ② 나 - 개방형 진열
③ 다 - 임의적 분류 진열
④ 라 - 라이프 스타일형 진열
⑤ 마 - 주제별형 진열

70 • 강압적 파워 : 경로구성원 A의 영향력 행사에 경로구성원 B가 따르지 않을 때 A가 처벌을 가할 수 있는 능력 **예** 상품공급의 지연, 대리점 보증금의 인상, 마진폭의 인하, 대금결제일의 단축, 전속적 지역권의 철회, 끼워팔기, 밀어내기, 기타 보상적 파워의 철회
• 보상적 파워 : 경로구성원 A가 B에게 보상을 제공할 수 있는 능력 **예** 판매지원, 영업활동지원, 금융지원, 신용조건, 특별할인, 리베이트, 광고지원, 판촉물지원, 신속한 배달, 지역독점권 제공

71 디지털 경제시대에는 투입된 생산요소가 늘어나면 늘어 날수록 산출량이 기하급수적으로 증가하는 현상이 나타난다(수확체증의 법칙).

※ 디지털 경제의 특징
- 구매자 우위 시장
- 수확체증의 법칙
- 정보 민주화 실현
- 협력적 경쟁
- 산업영역 통합

72 ① · ② · ③ · ④ 암묵지에서 암묵지로 변화하는 과정으로 사회화에 해당된다. 다른 사람의 지식에 대한 관찰과 모방 그리고 연습을 통해 일어나는 것으로 신체가 지식을 습득하는 것이다.
⑤ 암묵지에서 형식지로 변화하는 과정으로 외부화에 해당된다. 생각이나 기술을 언어나 글로 표현하는 것을 의미한다.

73 전자상거래 관련 보안기능
- 기밀성(Confidentiality) : 전달 내용을 제3자가 획득하지 못하도록 하는 것
- 인증(Authentication) : 정보를 보내오는 사람의 신원을 확인하는 것
- 무결성(Integrity) : 전달 과정에서 정보가 변조되지 않았는지 확인하는 것
- 부인방지(Non-repudiation) : 정보교환 및 거래사실의 부인을 방지하는 것

74 데이터웨어하우스는 구축 시점을 제외하고는 갱신이 일어나지 않는 검색 전용 데이터베이스이다. 데이터웨어하우스의 데이터는 일정한 시간 동안의 데이터를 대변하는 것으로 데이터 구조상에 시간이 아주 중요한 요소로서 작용한다. 따라서 데이터웨어하우스의 데이터에는 수시적인 갱신이나 변경이 발생할 수 없다.

75 ② 필요한 부품을 필요한 때, 필요한 곳에, 필요한 양만큼 생산 또는 구매하여 공급함으로써 생산활동에서 있을 수 있는 제공품의 재고를 아주 낮게 유지하여 재고유지비용을 최소화시키는 것이다.

③ 생산, 유통관계의 거래 당사자가 협력하여 소비자에게 적절한 시기에, 적절한 양을, 적정한 가격으로 제공하는 것을 목표로 하며, 바코드, EDI, 상품정보 DB 등의 정보기술을 이용하여 생산 및 유통기간의 단축, 재고의 감소, 반품으로 인한 손실의 감소 등 생산, 유통의 각 단계에서 합리화를 실현하려는 전략이다.

④ 백만분의 3.4를 의미하는 통계척도인 6시그마(σ, sigma)를 사용하여 품질혁신과 고객만족을 달성하고자 하는 업무 프로세스 혁신 전략으로서 결함 발생률을 6시그마 수준으로 줄이는 것이 궁극적인 목표이다.

⑤ 공급체인의 네트워크 전체를 포괄하는 관리기법으로, 최종 소비자에게 유통되는 상품을 그 원천에서부터 관리함으로써 공급체인의 구성원 모두가 협력하여 소비자의 욕구를 더 만족스럽게, 더 빠르게, 더 저렴하게 채워주고자 하는 전략의 일종이다.

76 전략정보시스템은 공급업자와의 관계에서 전략적 우위를 확보하는 도구로 사용된다.

※ 전략정보시스템
기업의 궁극적 목표인 이익에 직접 영향을 줄 수 있는 시장점유율 향상, 매출신장, 신상품 전략, 경영전략 등의 전략계획에 도움을 주기 위한 정보시스템을 의미하며, 이러한 정보시스템이 기업의 전략실현에 활용되는 방안은 다음과 같이 크게 네 가지 요소로 구분할 수 있다.
- 정보시스템을 이용해 제품이나 서비스의 내용을 바꿀 수 있다.
- 기업은 정보기술을 이용해서 고객과의 관계를 더욱 강화할 수 있다.
- 정보기술은 공급업자와의 관계에서 전략적 우위를 확보하는 도구로 사용되기도 한다.
- 효율적인 내부관리 및 통제를 가능하게 하여 전략적 목적달성을 가능하게 한다.

77 바코드처럼 각 제품의 개수와 검수를 위해 일일이 바코드 리더기를 가져다 댈 필요 없이 자동으로 대량 판독이 가능하기 때문에 불필요한 리드타임을 줄일 수 있다.

78 CAO를 성공적으로 이끌기 위해서는 정확한 POS 데이터, 상품에 대한 판매 예측치, 점포수준의 정확한 재고파악이 필수적이기 때문에 유통업체와 제조업체 간 데이터베이스가 다를 경우에는 EDI와 같은 통합 소프트웨어를 통한 데이터베이스의 변환이 요구된다.

79 국가식별, 제조업체, 상품품목, 체크디지트 순서로 구성되어 있다.

80 데이터 시각화는 데이터 분석 결과를 쉽게 이해할 수 있도록 시각적으로 표현하고 전달하는 과정을 말한다. 데이터 시각화의 목적은 도표라는 수단을 통해 정보를 명확하고 효과적으로 전달하는 것뿐만 아니라 데이터 이면에 감춰진 의미까지 찾아낼 수 있도록 사람을 집중하고 참여하게 만들어야 한다.

81 SCOR(Supply Chain Operations Reference)은 SCC(Supply Chain Council)에 의해 정립된 공급사슬 프로세스의 모든 범위와 단계를 포괄하는 참조 모델로 공급사슬의 회사 내부의 기능과 회사 간 공급사슬 파트너 사이의 의사소통을 위한 언어로서 공통의 공급사슬 경영 프로세스를 정의하고 "최상의 실행(Best Practices)", 수행 데이터 비교, 최적의 지원 IT를 적용하기 위한 표준이다. 이는 부문과 부문, 기업과 기업을 연결하는 공급사슬에 계획, 관리, 실행의 전체효과를 높이려는 사고로 실제로는 각각의 기업들이 제각기 다른 업무 프로세스나 업적·측정 지표를 갖고 있더라도 전체의 효율을 위해 SCM 공용 프로세스를 구현하는 것을 목적으로 한다.

82 컴퓨터 바이러스를 예방하는 방법
• 방화벽 사용하기
• 윈도우 보안 업데이트
• 믿을 수 있는 백신 소프트웨어 설치하기
• 정품 프로그램 사용하기
• 브라우저에서 팝업 차단하기
• 수상한 이메일 클릭하지 말 것

83 학습조직은 조직구성원들이 목표를 공유하고 역량을 강화하며, 성과개선을 위한 지식과 경험을 축적하는 조직으로 자신의 업무와 지식관리가 함께 수행되어야 한다.

84 소비자의 유행을 따라가기보다는 온라인상에서 소비자의 행동과 성향 등 트렌드를 분석하여 고객만족을 극대화해야 한다.

85 소비자 파워의 증대를 들 수 있다.

86 정보, 자료, 지식 간의 관계
• 정보 : 어떤 행동을 취하기 위한 의사결정을 목적으로 하여 수집된 각종 자료를 처리하여 획득한 지식이다.
• 자료 : 어떤 특정한 목적에 대하여 평가되지 않은 상태의 단순한 여러 사실이며, 유용한 형태로 처리되기 전 있는 그대로의 사실이거나 기록이다.
• 지식 : 다양한 종류의 정보가 축적되어 특정 목적에 부합하도록 일반화된 정보로서, 자료가 정보로 전환되는 과정에서 활용된다.

87 정보 제공 방식이 '온디맨드(On-demand)' 방식에서 '24시간 서비스(Always-on)' 시대로 전환되었다.
※ 사물인터넷(IoT)
현실 세계의 사물들과 가상 세계를 네트워크로 상호 연결해 사람과 사물, 사물과 사물 간 언제 어디서나 서로 소통할 수 있도록 하는 미래 인터넷 기술로, 1999년 MIT의 케빈 애쉬톤(Kevin Ashton)이 처음 이 용어를 사용하였다. 유무선 네트워크에서의 엔드디바이스(end-device)는 물론, 인간, 차량, 교량, 각종 전자장비, 문화재, 자연 환경을 구성하는 물리적 사물 등이 모두 이 기술의 구성 요인에 포함되며, 가전에서부터 자동차, 물류, 유통, 헬스케어에 이르기까지 다양한 분야에서 활용 가능하다.

88 수확체감의 법칙성은 전통적인 산업에 적용되던 법칙이다.
※ 메트칼프의 법칙(Metcalfe's law)
• 네트워크의 가치는 사용자 수의 제곱에 비례하지만, 비용의 증가율은 일정하다는 법칙이다.
• 멀티미디어 융복합 제품, 서비스의 필요성 증가에 따른 AV와 IT 결합제품 시장의 확대가 예상된다.
• 기반기술로서 Bluetooth, IEEE1394 등이 있다.

89 빅데이터는 기존 데이터베이스 관리도구로 데이터를 수집, 저장, 관리, 분석할 수 있는 역량을 넘어서는 대량의 정형 또는 비정형 데이터 집합 및 이러한 데이터로부터 가치를 추출하고 결과를 분석하는 기술을 의미한다.

90 쿠키(cookie)는 웹브라우저에서 현재 상태를 보관하기 위해 임시로 사용하는 데이터 파일로 개인 식별 정보(예 이름, 주소, 이메일 주소 또는 전화번호 등)를 포함한 다양한 정보를 저장할 수 있다.

제**2**회 정답 및 해설

정답

01	02	03	04	05	06	07	08	09	10	11	12	13	14	15	16	17	18	19	20	21	22	23	24	25	26	27	28	29	30
④	①	③	④	⑤	③	①	⑤	①	④	⑤	④	⑤	②	③	⑤	③	④	⑤	③	①	④	①	⑤	⑤	③	⑤	①	④	②
31	32	33	34	35	36	37	38	39	40	41	42	43	44	45	46	47	48	49	50	51	52	53	54	55	56	57	58	59	60
③	⑤	③	①	③	⑤	④	⑤	⑤	④	③	⑤	④	④	③	④	④	②	①	⑤	③	④	④	③	①	⑤	⑤	③	③	②
61	62	63	64	65	66	67	68	69	70	71	72	73	74	75	76	77	78	79	80	81	82	83	84	85	86	87	88	89	90
②	④	④	③	②	①	②	②	④	④	⑤	③	④	②	③	④	⑤	③	④	①	②	③	⑤	④	⑤	⑤	③	④	②	①

제 1 과목 유통 · 물류일반관리

01 ④ 장소적 기능
①·② 인격적 통일기능
③ 양적 통일기능
⑤ 시간적 기능

02 QR은 고객과 생산자 사이에 걸쳐 있는 경로상의 많은 재고를 줄임으로써 제품 공급사슬의 효율성을 극대화하는 시스템으로 SCM의 응용기법이다.

03 최근 백화점, 슈퍼마켓, 할인점, 편의점 등은 특정 상품에 집중하는 것보다 대형화, 다점포전략, 다양한 상품의 취급을 통해 규모의 경제를 통한 이익을 추구하는 경향이 강하다.

04 손익분기점에서의 판매수량 = 고정비용 / 공헌이익
공헌이익 = 판매가격 − 단위당 변동원가
  = 1,000원 − 400원 = 600원
따라서, 손익분기점에서의 판매수량
= 30,000,000원 / 600원 = 50,000개

05 관리형 VMS는 경로구성원들 중에서 규모 또는 판매망에 있어 지도적인 위치에 있는 경로 리더(Channel Leader)에 의해 생산 및 유통단계가 통합되는 형태이다.

06 MRP는 독립수요보다는 종속(품목)수요의 성격을 지니고 있는 점을 활용한다.

07 집중적 유통은 자사의 제품을 누구나 취급할 수 있도록 개방하는 전략으로 최대한도로 많은 유통업자를 활용한다. 이는 자사의 제품을 사람들에게 널리 알리는 데 많은 도움이 되며, 소비자들의 구매를 편리하게 하는 데 그 의미를 두고 있다.

※ 제조업자가 선택 가능한 경로 커버리지 전략

집중적 유통	• 가능한 한 많은 점포에서 자사제품을 취급토록 하는 전략 • 마케팅 기능이 중요하지 않은 경우 • 대상 : 일상 생활용품이나 편의품 등 • 슈퍼, 편의점
선택적 유통	• 특정지역 내에서 다소 제한된 점포에서만 취급토록 하는 전략 • 집중적 유통전략과 전속적 유통전략의 중간 형태 • 자격을 갖춘 소수의 제한된 판매망을 활용하는 전략 • 고객이 선택 가능한 지역 시장 내 경쟁제품이 존재하거나, 경쟁제품에 대한 정보를 어느 정도 추구하는 경우의 전략 예 선매품

전속적 유통	• 특정지역 내에서 하나 또는 매우 적은 수의 점포에서만 취급토록 하는 전략 • 중간상에게 요구되는 마케팅기능이 특화되어 있거나, 고가품 같이 고객이 추구하는 정보가 많은 제품 예 고가품, 전문품

08 본원적 경쟁전략에서의 집중화 전략은 주요시장과는 다른 특성을 가지고 있는 틈새시장을 대상으로 해서 고객의 니즈를 원가우위 또는 차별화 전략을 통해 충족시키는 전략이다. 이러한 전략을 택하는 기업은 규모가 작으므로 광범위한 원가우위 및 차별화 전략을 취하기 어려워 특화된 영역 안에서 원가우위 또는 차별화 중 하나를 선택하게 된다.

09 ② 상품의 회전율과 상품의 수익률이 상충관계를 갖거나 비례관계를 갖는 것은 아니다.
③ 상품의 저수익률-고회전율 전략이 해당하는 제품은 편의품을 취급하는 곳이며, 비교적 밀집된 상권에 위치하고 비교적 복잡한 구조적 특징을 지니고 있는 곳은 전문품을 파는 곳이다.
④ 상품의 고수익률-저회전율 전략에 해당하는 제품은 전문점에 해당하며, 비교적 분리된 상권에 위치하고 비교적 단순한 구조적 특징을 지니는 곳은 편의품을 취급하는 곳이다.
⑤ 상품의 수익률은 제품에 대한 판매가격과 구입원가에 의해 결정되고, 회전율은 제품의 판매가능성에 의해 결정된다.

10 협력관계를 맺은 기업과의 공동연구개발, 기술라이센싱, 공동마케팅, 공동판매, 장기조달계약, 산업표준의 확립 등은 계약에 의한 전략적 제휴 유형이다.
※ 지분협정에 의한 전략적 제휴 유형
자회사 형태의 합작투자법인 설립, 상호간 주식보유를 통한 지분교환, 기존사업에 소수의 지분을 투자하는 지분참여 등

11 소매 아코디언 이론은 소매업체들이 다양한 제품을 취급하는 종합점포 유형에서 몇몇 종류의 전문제품에 집중하는 전문업체 유형으로 변했다가 다시 다양한 제품을 취급하는 종합점포로 전환하는 형식으로 발달하는 즉, 상품구색의 측면을 강조한 소매업 발달이론이다.

12 물류 아웃소싱의 장단점

장 점	• 고정비용을 줄여 유연성 획득 • 거래상대방의 특화를 통한 이득 • 규모의 경제 효과 • 분업의 원리를 통한 이득 • 혁신적인 기술의 혜택
단 점	• 아웃소싱 파트너가 자사의 경쟁자가 될 가능성 • 파트너 통제의 어려움 • 제품의 원산지 효과

13 슈퍼마켓의 경영 기술 혁신의 요인
• 관리의 집중   • 판매의 분산
• 전략적 출점 정책   • 집중 대량 매입
• 셀프서비스 방식   • 저가격 정책

14 전문품, 고가품일수록 전속적 유통(Exclusive Distribution)을 선택한다. 집약적 유통은 가능한 많은 소매상들로 하여금 자사제품을 취급하도록 함으로써 포괄되는 시장의 범위를 최대화하려는 전략이므로 편의품에 더욱 효과적이다.

15 자가 물류비보다 위탁 물류비의 비중이 증가하는 경향이 있다.

16 중개기구는 수집된 상품이 분산되기 전에 거쳐 가는 유통기구를 말한다.

17 소매상은 소비자를 상대로 거래하므로 유통경로가 한 단계로 종료되지만 도매상은 한 번의 거래로 종료되지 않으므로 유통경로가 다양하다.
① · ② · ④ · ⑤ 소매상의 특징
※ 소매상을 위한 도매상의 마케팅 기능
• 제품공급기능 : 소매상의 욕구에 대한 도매상의 신속한 대응이 가능
• 구색편의기능 : 제조업자로부터 다양한 상품을 구매하여 소매상에게 제공
• 소량분할기능 : 대량구매, 소량분할
• 신용재무기능 : 신용거래를 통한 제품공급, 제품비축, 보관기능을 통해 재고비용 절감
• 소매지원기능 : 소매상을 대신하여 제품교환, 반품, 수리, 품질보증 등의 서비스를 제공하여 소매상의 노력과 비용을 절감
• 조언지원기능 : 판매방법, 기술적인 문제, 외부 판매원의 교육방법 등

18 무점포소매업은 점포소매업에 비해 상품체험공간이 미비하다는 단점이 있다.

19 ⑤는 아코디언 이론(Retail Accordian Theory)에 대한 설명이다.
※ 변증법적 과정이론(Dialectic Process Theory)
고가격, 고마진, 고서비스, 저회전율 등의 장점을 가지고 있는 백화점(正)이 출현하면 이에 대응하여 저가격, 저마진, 저서비스, 고회전율 등의 반대적 장점을 가진 할인점(反)이 나타나 백화점과 경쟁하게 되며, 그 결과 백화점과 할인점의 장점이 적절한 수준으로 절충되어 새로운 형태의 소매점인 할인백화점(合)으로 진화해 간다는 이론이다.

20 기업이 다각화를 추구하는 이유는 개별 사업부문들의 경기순환에서 오는 위험을 줄일 수 있기 때문이다. 하지만 기업의 주식을 소유하고 있는 주주에게 아무런 위험분산의 효과를 주지 못한다. 즉, 주주의 대리인인 최고경영자는 주주의 이익에 반하여 이익의 극대화를 포기하고 대리인 자신의 성장 또는 만족을 위해 다각화를 꾀할 수 있다.

21 ① 직송도매상
② 트럭도매상
③ 진열도매상
④ 현금인도도매상
⑤ 전환도매상

22 질문서 방법은 모든 직무에 가능하고 광범위한 자료의 수집이 가능하며, 시간 · 노력이 절약되는 장점이 있는 반면에, 질문서를 합리적으로 작성하는 것이 어려우며, 불성실한 답변으로 완전한 사실을 얻을 수 없고, 해석상의 차이로 인하여 오해가 발생할 우려가 있다.

23 기업의 투자의사결정은 반복적이고 일상적인 경상적 지출과 장기적 효과를 기대한 대단위의 일회성 지출인 자본적 지출로 분류될 수 있다.

24 정성적 수요예측기법과 정량적 수요예측기법

정성적 수요예측기법	판매원 의견 통합법, 전문가 의견 통합법, 구매자 의도 조사법, 시장실험법
정량적 수요예측기법	시계열 예측법, 이동평균법, 지수평활법, 인과형 모형법

25 거래의 증명 등에 필요한 거래기록은 일정기간 보존하여야 한다(전자문서 및 전자거래 기본법 제17조).

제 2 과목 상권분석

26 노면 독립입지의 경우 경쟁업체가 없는 곳에 입지하므로 가시성도 높을 뿐만 아니라 영업시간 등의 제한이 없어 고객 편의성을 제공할 수 있다.

27 소매포화지수(IRS ; Index of Retail Saturation)는 지역시장의 수요 잠재력을 총체적으로 측정할 수 있는 지표이며, 각 시장 인구의 구매력을 결정하는 데 사용되는 지표는 구매력 지수(BPI ; Buying Power Index)이다. 구매력지수는 특정의 분석단위가 갖는 경제적인 소비능력을 비교할 수 있도록 이를 계량화한 것으로 동일지역의 구매력 변화추세나 지역 간의 구매력 비교 등을 가능하게 한다. 일반적으로 구매력 지수가 높으면 높을수록 더 많은 구매력을 갖는 것으로 해석한다.

28 ①은 허프(Huff)의 확률 모델을 설명하고 있다.

29 목적점포는 그 점포가 일반적인 상업중심지 밖에 있더라도 소비자가 그 점포만을 방문하기 위하여 이동할 용의가 있는 점포이므로 임대료가 비싼 매장 내 가장 좋은 위치에 입점할 필요가 없다.

30 ① 장래성 예측 조사, ③ 그룹 인터뷰 조사, ④ 경합점 기초 조사, ⑤ 통행자 조사에 해당하는 내용이다.

31 근린형 쇼핑센터는 도보권을 중심으로 한 상권의 슈퍼마켓 · 드럭 스토어를 중심으로 한 일용품 위주의 소규모 쇼핑센터이다.

32 ① 도시근교형, ②·④ 시가지형, ③ 도심형(다운타운형)에 해당하는 내용이다.

※ **드라이브인(야외)형**
- 간선도로를 따라 생기는 드라이브인 입지이며, 도로형이라고도 할 수 있다.
- 최근에는 관광지, 리조트 입지도 생겨 드라이브인 형이라고 한다.

33 **백화점의 특징**
- 선매품을 중심으로 생활필수품, 전문품에 이르기까지 다양한 상품 계열을 취급하며 대면판매, 현금 정찰판매, 풍부한 인적·물적 서비스로써 판매활동을 전개하는 상품 계열별로 부문 조직화된 대규모 소매상
- 전통적인 중심상업지역에서 독자적으로 유동인구를 창출해 고객흡인력을 가진 중요한 핵심선도업태로서의 역할을 수행
- 전문점의 경우, 제한된 제품·업종에 대해서 다양한 품목을 골고루 깊이 있게 취급하는 업태이므로 백화점이 상품구색에 있어 항상 전문점을 뛰어넘는 만족을 줄 수 있다고 볼 수 없다.
- 요즘에는 백화점의 문화시설이나 편의시설을 이용하는 고객이 증가함에 따라, 판매장 외에도 주차시설, 문화행사시설, 상담실, 휴게실 등 소비자 보호시설과 같은 서비스시설이 구비되어야 하며 이에 대한 중요성이 더욱 커지고 있다.

34 자동문이나 회전문은 출입구로는 좋지 않으며, 대부분의 도보객은 버스나 택시, 지하철을 이용하므로 안내 표지판을 설치하는 것이 아닌, 이들 교통시설물과 근접하면 좋다.

※ **접근성 분석**
- 적응형 입지 : 도보자의 접근성을 우선 고려하여 출입구, 시설물, 계단, 가시성 등이 도보자가 접근하기 좋아야 한다.
- 목적형 입지 : 특정 테마에 따라 고객이 유입되므로 차량이 접근하기 쉬워야 한다.
- 생활형 입지 : 지역주민이 주로 이용하는 식당이므로 도보나 차량을 모두 흡수할 수 있어야 한다.

35 적정한 상권인구를 정할 때에는 상대적으로 작은 상권이 큰 상권보다 유리하다. 작은 상권이 점포수를 늘리기 쉽고 경합을 회피할 수 있기 때문이다.

36 **상권의 개념**
- 상업상의 거래를 행하는 공간적 범위이다.
- 한 점포가 고객을 흡인하거나 흡인할 수 있는 범위(지역적 범위)와 다수의 상업시설이 고객을 흡인하는 공간적 범위를 말한다.
- 상권은 계층적 구조로 되어 있는데 지역상권, 지구상권, 개별점포상권 등으로 구분할 수 있다.
- 판매자의 관점에서 설정거리 및 흡인율에 따라 1차상권, 2차상권, 3차상권(한계상권)으로 구분할 수 있다.
- 경쟁자의 출현은 상권을 차단하는 중요한 장애물이며 고객밀도는 상권 내의 인구밀도와 밀접한 관련이 있다.
- 원형의 형태가 아니라 아메바와 같이 정형화되지 않은 형태로 되는 경우가 일반적이다.

37 누적유인의 원리(Principle of Cumulative Attraction)는 특정 입지를 매력적으로 만들 수 있으며, 상호보완상품을 판매하는 점포들 간에 적용할 수 있는 원리이다. 즉, 유사하고 상호보완적인 점포들이 함께 무리지어 있는 것이 독립적으로 있는 것보다 더 큰 유인력을 갖는다는 이론이다.

38 도심입지는 유동인구는 많지만 상주인구가 적어 도심공동화 현상을 야기한다. 도심입지는 주로 접근성과 교통여건이 좋은 도시 주요지역에 형성되어 고층·복합건물이 밀집되고, 자동차와 보행자의 유동과 교통밀도가 매우 높게 나타난다.

39 ① 소매포화지수는 한 시장지역 내에서 특정 소매업태의 단위면적당 잠재수요 지표이다.
② 시장성장잠재력지수는 지역시장이 미래에 신규 수요를 창출할 수 있는 잠재력을 반영하는 지표이다.
③ 소매포화지수가 크면 시장의 포화정도가 낮아 아직 경쟁이 치열하지 않음을 의미한다.
④ 소매포화지수가 클수록 신규점포에 대한 시장 잠재력이 높다고 볼 수 있다.

40 특정지역내의 다수의 점포 중에서 소비자가 특정 점포를 쇼핑장소로 선택할 확률을 계산하는 것이므로 충성도가 높은 소비자의 점포선택이라도 확정적인 것이 아니라 확률적인 가능성을 가지고 있다고 가정한다.

41 ②는 뢰슈의 수정중심지 이론에 대한 내용이 아닌, 허프모델에 대한 설명이다.

※ 뢰슈의(Lösche) 수정중심지 이론
- 크리스탈러(Christaller)의 중심지이론에 몇 가지 수정을 가한 것이 뢰슈의 K체계의 비고정모형이다.
- 뢰슈는 인구의 분포가 연속적 균등분포가 아니라 불연속 인구분포를 이루기 때문에 각 중심지의 상권규모(육각형의 크기)가 다르다고 가정하여 비고정 K-value모형을 제시하였다.

42 ⑤는 타임페어법에 대한 설명이다.

43 ③은 점포개점의 프로세스 중 4단계의 가격책정에 대한 내용으로서, 이 단계에서는 기본적으로 각 메뉴나 상품별 원가 또는 매입가를 기준으로 책정한다.

44 ⑤는 전문품점에 대한 설명이다. 즉, 전문품이란 고객이 특수한 매력을 찾으려는 상품으로 고급의상, 고급향수, 고급시계, 골프 용구 등이 이에 해당하며, 가격수준이 높고 광고된 유표품이 많다. 주로 고차원 중심지에 입지한다.

45 복합용도개발은 혼합적 토지이용의 개념에 근거해서 주거, 업무, 상업, 문화 및 교육 등이 서로 밀접한 관계를 가지고 상호보완이 가능하도록 연계·개발하는 방식으로 하나의 단지에 인간의 일상생활과 관련된 여러 기능들이 압축된 것으로 쇼핑몰의 형태로 구성되는 것이 아니다.

제 **3** 과목　유통마케팅

46 접근은 판매를 시도하기 위해 고객에게 다가가는 것을 말한다. 고객들이 편안함을 느낄 수 있도록 해야 하고, 그들로부터 호감과 신뢰감을 획득하는 것이다.

47 경합성이란 어떤 소비주체가 하나의 재화(혹은 서비스)를 소비할 때 동시에 다른 소비주체가 소비할 수 없는 성질을 말한다. 배제성이란 어떤 재화(혹은 서비스)의 공급주체가 임의로 소비주체를 재화의 소비로부터 배제할 수 있는 능력을 말한다. 문제의 'MP3' 처럼 소비의 경합성도 있고 배제성도 있는 재화를 사적 재화(Private Goods)라 하고, '공기' 와 같이 소비의 경합성도 없고 배제성도 없는 재화를 공공재(Public Goods)라고 한다.

48 공중관계(PR/Publicity)
기업, 단체 또는 관공서 등의 조직체가 커뮤니케이션 활동을 통하여 스스로의 생각이나 계획·활동·업적 등을 널리 알리는 활동을 말한다(예 기자회견, 제품홍보, 기업홍보, 로비활동, 카운슬링 등).

49 통합적 마케팅은 전사적 마케팅이라고도 하며, 이는 마케팅적 사고가 기업 전반에 확산될 때 실현될 수 있다.

50 ① 도달(Reach)
② 빈도(Frequency)
③ 커버리지(Coverage)
④ 누적 청중(Audience Accumulation)
⑤ CPM

51 격자형은 고객의 동일 제품에 대한 반복구매 빈도가 높은 소매점, 즉 슈퍼마켓이나 디스카운트스토어의 경우에 주로 쓰인다.

52 촉진적 가격결정은 이익보다는 제품에 대한 구매를 조장하여 시장점유율을 증대시키기 위한 목적으로 추진한다. 모든 가격정책의 목적을 판매수익의 극대화에 두는 것은 단기수익률극대화 가격결정 전략이다.

53 일반적으로 소비자는 외부탐색보다 내부탐색을 먼저 시도한다.
- 내부탐색(Internal Search) : 소비자가 어떤 제품과 관련하여 자신의 장기기억 속에 저장된 정보, 느낌 및 경험을 인출하는 것
- 외부탐색(External Search) : 소비자가 장기기억에서 회상된 정보로는 부족하거나 이와 관련해서 어떤 불확실성이 존재하는 경우에 추가로 필요한 정보를 외부환경(외부정보원천)에서 수집하는 것

54 일반광고에서는 제품이나 기업이미지의 제고가 주된 목표이지만 직접반응광고에서는 추상적인 이미지보다는 판매의 증진 혹은 관심 있는 잠재적 고객의 발견이라는 역할이 강조된다.

55 델파이 기법은 특정한 관심사에 대해 체계적으로 올바른 판단을 하고 집계하는 절차이다. 델파이 기법은 세심하게 구성한 몇 단계의 설문을 사용하는데, 제1차에 사용한 설문에 대한 응답을 재확인하는 식으로 진행한다. 이렇게 일련의 설문에서 얻은 결과를 가지고 판정자가 결정을 내린다. 집단의 판단을 체계적으로 유도해 내기 위해 설문에 대한 응답을 무기명으로 하고, 되풀이(반복) 또는 통제된 피드백(Controlled Feedback)으로 정보 수집과정의 여러 단계에서 제공하며, 집단의 반응을 통계 분석하여 결정을 이끌어 낸다.

56 서비스 갭(Gap)의 차이
• 이해차이(고객 욕구에 대한 오해) : 고객의 욕구와 우선순위를 정확히 파악하지 못할 때
• 촉진차이(과도한 기대수준 형성) : 고객에게 깊은 인상을 주기 위해 실현이 불가능한 판촉활동을 하는 경우
• 과정차이(부적절한 업무과정) : 고객이 기대하는 바를 잘 앎에도 불구하고 운영절차나 체계를 바꾸지 못할 때
• 행동차이(종업원의 훈련부족) : 직원이 서비스 절차대로 따라 하도록 충분히 훈련되지 않았을 때
• 인식차이(고객과 기업의 인식차이) : 고객이 한 번 경험했던 안 좋은 기억으로 그 기업의 서비스 수준이 올라가도 여전히 서비스가 낮다고 생각하는 경향

57 저마진-고회전율과 고마진-저회전율

저마진-고회전율	고마진-저회전율
• 최소한 또는 선택적 유통 서비스 수준	• 높은 유통서비스 수준
• 비교적 분리된 상권에 위치	• 비교적 밀집된 상권에 위치
• 다양한 제품, 얕은 제품 깊이	• 덜 다양한 제품, 얕은 제품 깊이
• 시중보다 낮은 가격	• 시중보다 높은 가격
• 가격에 초점을 둔 촉진	• 상품지향적, 이미지 지향적 촉진
• 비교적 단순한 조직 특성	• 비교적 복잡한 조직 특성
• 특별한 노력 없이 팔리는 제품 특성	• 서비스 또는 A/S가 필요한 제품 취급

58 실질적인 고객별 맞춤 서비스, 반품 및 환불보증은 '제조업체'가 아니라 할인점에서 실행하고 있다.

59 정부의 통계나 언론매체 등의 자료는 다른 조사를 위하여 타인이 수집한 기존의 자료이므로 2차 자료에 해당한다.

60 자사의 시장점유율 확대를 위하여 타사제품과의 차별화를 꾀하려는 전략이다.

61 라이트업(Right Up) 진열은 좌측보다 우측에 진열되어 있는 상품에 시선이 머물기 쉬우므로 우측에 고가격, 고이익, 대용량의 상품을 진열하는 방식이다.

62 복수상표전략은 본질적으로 동일한 제품을 두 개 이상의 상이한 상표를 설정하여 별도의 품목으로 차별화하는 전략으로 경쟁사의 시장진입을 방해하는 한 방법이 될 수 있다.
① 원가부담은 무상표전략이 더 낮다.
② 소형유통기관은 제조업자상표를 사용하는 것이 더 유리하다.
③ 개별상표란 제품품목에 각각 다른 상표를 붙이는 것으로 각 제품에 대한 시장의 규모가 클수록 적합하다.
⑤ 상표확장전략은 소비자가 인지하는 상품 간에 관련성이 높을 때 쓰는 전략이다.

63 수요의 탄력성이 높다는 것은 가격에 민감한 제품이라는 의미이므로 가격침투정책을 써서 가격을 낮게 설정하여야 한다. 재빨리 시장에 깊숙이 침투하기 위해 최초의 가격을 고가로 정하기보다는 낮게 설정하여 많은 수의 고객을 빨리 확보하고, 시장 점유율을 확대하려는 가격정책이다.
상층흡수가격정책은 신제품을 시장에 출하하는데 있어서 고품질의 상품에 고가격을 설정하여 시장의 상층계층을 목표로 하는 가격정책을 말한다.

64 불황기에는 무엇보다도 촉진활동이 우선되어야 한다.

65 판매 프리젠테이션, 카탈로그판매, 인터넷 판매, 팩스를 통한 판매 메시지의 발송 등은 비인적판매의 방법에 해당한다.

66 ①은 표본프레임(Sampling Frame)에 대한 설명이다.
※ 할당표본추출방법(Quota Sampling)
미리 정해진 분류기준에 의해 전체표본을 여러 집단으로 구분하고 각 집단별로 필요한 대상을 추출하는 방법

67 카테고리 매니지먼트의 등장배경
- 소비자 구매행태의 복잡화와 다양화
- 시장에서의 경쟁 심화
- 머천다이징 및 판촉 개선을 통한 이익 증대 방법 모색
- 급격한 신제품의 출현
- 유통업체와 제조업체 간의 관계 변화
- 정보기술의 실용화

68 ②는 조닝에 대한 설명이다. 페이싱이란 페이스의 수량을 뜻하는 것으로 앞으로 볼 때 하나의 단품을 옆으로 늘어놓은 개수를 말하는데, 진열량과는 다르다.

69 디스플레이의 원칙(AIDCA)
- A(Attention) : 상점의 중점상품을 효과적으로 디스플레이해서 사람의 눈을 끌고, 가격은 고객이 잘 알아볼 수 있도록 명기하여 잘 보이도록 전시하여야 한다. 특가품은 큰 가격표를 붙이고, 고급품은 작은 가격표를 붙인다. 또한 다 팔린 매진품에 대해서는 붉은색으로 둘레 줄을 치도록 하면 효과적이다.
- I(Interest) : 눈에 띄기 쉬운 장소를 골라 그 상품의 세일즈 포인트를 강조해서 관심을 갖게 하고 디스플레이 상품을 설명한 표찰을 붙인다.

- D(Desire) : '어떻게 해서든지 사고 싶다'는 욕망을 일으키게 해서 구매의사를 일으키도록 한다.
- C(Confidence) : 사는 것이 유익하다는 확신을 갖게 하고, 고객에게 그 상품구입에 대한 안심과 만족감을 주는 동시에 우월감을 줄 수 있는 디스플레이 되도록 연구한다.
- A(Action) : 충동적인 구매행동을 일으키게 한다.

70 가격민감도에 영향을 미치는 효과
- 독특한 가치 효과 : 가격으로 산정할 수 없는 독특한 가치효과를 가지고 있다면 가격민감도는 상대적으로 낮아진다(예 명품백은 가격에 구애받지 않고 구입함).
- 대체재 인지 효과 : 대체재가 있는 경우 가격 민감도는 높아진다.
- 가격-품질 효과 : 품질이 높으면 가격에 큰 영향을 안 받고, 낮은 품질의 제품은 가격에 민감하게 반응한다.
- 지불자 효과 : 지불자가 누구냐에 따라 가격민감도가 달라진다(예 대기업 회장은 가격에 민감도가 낮은 반면, 서민은 가격에 대하여 민감도가 높음).
- 전환비용 효과 : 기존 제품에서 타 제품으로 전환하는 데 드는 비용이 높으면 가격민감도가 낮아진다.

제 4 과목 유통정보

71 ⑤는 지식경제의 특징과 관련된 설명이다. 그 외에도 지식경제의 특징으로는 정보기술의 발달로 지식과 정보의 경계가 사라지고 경쟁이 치열하다는 점이 있다.

72 ISSN은 8자리로 구성되어 있으나 맨 앞에 연속간행물을 표시하는 숫자 977을 넣고, 예비기호 2자리를 포함함으로써 EAN과 호환된다.

73 m-Commerce는 e-Commerce와 비교할 때 이용 속도가 느리고 응용프로그램이 빈약하며, 화면이 좁고 처리속도가 낮아 입력이 불편하다는 단점을 가지고 있다.

74 ②는 전자상거래와 물류와의 관계가 아닌, 물류관리의 목적에 해당하는 내용으로서 물류관리란 원자재를 조달받아 공장에서 생산하고 이를 다른 기업이나 최종소비자에게 공급하는 일련의 과정을 효과적으로 관리하는 것을 말한다. 따라서 고객이 요구하는 물류 서비스의 제공과 이에 따른 비용의 최소화도 물류관리의 목적이라고 할 수 있다.

75 QR은 생산·유통관계의 거래 당사자가 협력하여 소비자에게 적절한 시기에 적절한 양을 적정한 가격으로 제공하는 것이 목표이며, 소비자의 개성화나 가격지향 시대에 적응하기 위해 기업의 거래선과 공동으로 실시하는 리엔지니어링의 개념이다.

76 고객충성도 프로그램은 우량 고객을 양산하는 것을 목적으로 하지만 우량 고객이라고 하더라도 모두 똑같은 것은 아니다. 따라서 우량 고객들을 효과적으로 관리하기 위해서 고객을 세분화하고 세분화된 그룹별로 차별화된 고객충성도 전략을 실시하는 것이 바람직하다.

77 데이터 웨어하우스 내의 데이터는 고도로 통합되어야만 한다. 즉 다른 데이터베이스로부터 추출된 데이터는 데이터 웨어하우스에 들어갈 때는 일관된 코드화 구조로 변환되어야 한다.

78 상위시스템이 아니라 조직과 조직을 구성하고 있는 다양한 하위시스템 간의 관계를 파악하여 조직의 본질을 이해한다. 즉, 상황이론이란 환경 또는 상황요인을 조건변수로 하고 조직의 내부특성변수와 성과의 관계를 특정화하는 이론이다.

79 ③은 상품코드(Object Class)에 대한 설명이다.
※ **업체코드(EPC Manager)**
• EAN 바코드의 업체코드에 해당하며 각국 EAN 회원기관이 할당한다.
• 28비트의 용량으로 7개 숫자(0~9) 및 문자(A~F)를 조합하여 약 2억 6천만개 업체코드를 할당할 수 있다.

80 ECR 전략 도입효과 중 효율적 상품보충은 상품조달시스템 활용으로 시간과 비용을 최소화하면서 상품을 효율적으로 보충하는 것이다.

81 RSA(Rivest Shamir Adleman)
1977년 로널드 라이베스트(Ron Rivest), 아디 샤미르(Adi Shamir), 레너드 애들먼(Leonard Adleman)에 의해 체계화된 공개키 방식의 암호 알고리즘이다. RSA는 소인수 분해의 난해함에 기반하여, 공개키만을 가지고는 개인키를 쉽게 짐작할 수 없도록 디자인되어 있다.
※ **동작원리**
• 각 사용자는 메시지의 암호화와 복호화에 사용하기 위한 키 쌍을 생성
• A가 B에게 비밀 메시지를 보내기 원한다면, A의 개인키로 암호화하고, B의 공개키로 암호화 한 메시지를 전달
• B가 메시지를 받았을 때 B는 자신의 개인키로 복호화
• B만 개인키를 알기 때문에 다른 수신자는 메시지를 복호화할 수 없음(즉 공개키만 보고서는 개인키를 쉽게 제작할 수가 없게 되어 있음)

82 ③은 지식경영자가 갖추어야 할 '지식근로자의 관리'와 관련된 내용이다.
※ **지식근로자의 특징**
• 협업 및 공유 태도 수용
• 혁신적인 능력과 창조적인 마인드
• 자율통제와 자기주도적인 학습
• 새로운 방법을 채택하여 학습

83 ⑤는 정보의 정확성(Accuracy)에 대한 설명이다.
※ **정보의 관련성(Relevancy)**
양질의 정보를 취사선택하는 최적의 기준은 관련성이며, 관련성 있는 정보는 의사결정자에게 매우 중요하다. 예를 들어 컴퓨터 제조업자에게 목재의 가격이 하락할 것이라는 정보는 관련성이 없기 때문에 필요 없는 정보가 된다.

84 ④는 루스(Roos)가 정의한 지적자본의 내용이다.
※ **에드빈슨과 멀론(Edvinsson & Malone)의 정의**
시장에서 경쟁우위를 제공하는 지식, 응용경험, 조직기술, 고객관계 그리고 전문적 스킬이 곧 지적자본이라고 설명하고 있다.

85 ⑤는 CRP(Continuous Replenishment Planning)에 대한 설명이다.
※ CR(Continuous Replenishment)에는 공급업자가 주도적으로 하는 방식을 VMI(Vendor Managed Inventory)라고 하고, 공급업자와 유통업자가 공동으로 주도하는 방식을 CMI(Co-Managed Inventory)라고 한다.

86 B2B와 B2C의 비교

구 분	B2B	B2C
주 체	원자재 생산업체, 제조업체, 물류센터, 소매업체, 고객(조직)	고객(개인)과 소매업체
적용 업무	원자재 생산, 제품의 기획, 설계, 생산 및 물류	제품, 서비스 및 정보의 광고, 중개, 판매, 배달 등 제반 상거래
적용 범위	기업, 업종 및 산업군	시장(불특정 다수의 수요자 및 공급자)
핵심 기술	정보의 공유, 시스템 간 연계 및 통합기술	인터넷 기반의 응용기술
구현 형태	SCM, e-Marketplace, 전자입찰 등	전자상점, 일대일 마케팅 등

87 구매자는 인터넷의 웹상에서 상품과 A/S 등 서비스 내용을 보고 구매하는데 구매 후 불만사항이 발생할 수 있다.

88 **유통시스템의 RFID 도입효과**
- 효과적인 재고관리
- 입출고 리드타임 및 검수 정확도 향상
- 도난 등 상품 손실 절감
- 반품 및 불량품 추적 · 조회

89 1973년 북미지역 코드 관리기관인 UCC(Uniform Code Council Inc.)가 12자리 상품식별 코드를 채택하여 보급하였으며 1974년 실질적인 상거래에서 바코드를 사용하게 되었다.
북미지역에서 UCC 시스템이 성공적으로 이용되자 유럽에서도 이에 자극받아 1976년 13자리의 EAN 바코드 심벌을 채택하게 되었다.

90 GIS(Geographic Information System)
지리정보 시스템이라고도 불리며 지리 공간 데이터를 분석, 가공하여 교통/통신 등과 같은 지형 관련 분야에 활용할 수 있는 시스템을 말한다. 무선통신을 이용하여 이동체의 위치 및 상태를 실시간으로 파악 또는 관리하는 시스템은 GPS(Global Positioning System)에 대한 내용이다.

제3회 정답 및 해설

정답

01	02	03	04	05	06	07	08	09	10	11	12	13	14	15	16	17	18	19	20	21	22	23	24	25	26	27	28	29	30
③	①	④	④	①	①	①	⑤	③	④	⑤	②	①	⑤	⑤	⑤	①	①	④	①	②	②	③	⑤	①	④	⑤	②	②	②

31	32	33	34	35	36	37	38	39	40	41	42	43	44	45	46	47	48	49	50	51	52	53	54	55	56	57	58	59	60
④	③	⑤	①	③	④	③	⑤	④	①	④	⑤	④	①	①	③	③	②	②	④	②	④	③	④	④	③	①	②	③	④

61	62	63	64	65	66	67	68	69	70	71	72	73	74	75	76	77	78	79	80	81	82	83	84	85	86	87	88	89	90
①	⑤	②	⑤	③	④	④	④	④	⑤	③	①	①	⑤	⑤	①	③	④	④	⑤	④	⑤	③	①	⑤	③	①	⑤	③	⑤

제1과목 유통·물류일반관리

01 이해당사자의 기대와 기준 및 가치에 부합하는 행동을 해야 하는 책임은 '윤리적 책임'이다.
경제적 책임이란 기업이 사회가 원하는 제품과 서비스를 생산하여 적정한 가격에 판매하고 이윤을 창출할 책임을 말한다.

02 보관의 일반적 원칙
보관은 제품을 물리적으로 보전 및 관리하는 기술로서, 이들 원칙 사이에는 서로 상호 연관성이 있으므로 보관을 할 경우에는 제품의 성격이나 창고 내 상황에 따라 적절히 배합하여 적용하여야 한다.

구 분	내 용
높이 쌓기의 원칙	물품을 고층으로 적재하는 것으로 평적보다 파렛트 등을 이용하여 용적효율을 향상시키는 원칙(보기 ㉮)
형상특성의 원칙	형상에 따라 보관방법을 변경하며 형상특성에 부응하여 보관한다는 원칙(보기 ㉯)
네트워크보관의 원칙	관련 품목을 한 장소에 모아서 보관하는 원칙(보기 ㉰)
명료성의 원칙	시각적으로 보관품을 용이하게 식별할 수 있도록 보관하는 원칙(보기 ㉱)

통로대면의 원칙	창고 내에서 제품의 입고와 출고를 용이하게 하고 보관을 효율적으로 하기 위해서 통로 면에 보관하는 것이 창고의 레이아웃 설계의 기본인 동시에 창고내의 흐름을 원활히 하고 활성화하기 위한 원칙(보기 ㉲)
선입선출의 원칙	먼저 입고된 제품을 먼저 출고한다는 원칙으로서, 일반적으로 제품의 재고회전율(Life Cycle)이 낮은 경우에 많이 적용
위치표시의 원칙	보관 및 적재되어 있는 제품의 랙의 위치에 상황에 맞는 특정한 기호를 사용하여 위치를 표시함으로써 입출고 작업의 단순화를 통한 업무 효율화를 증대할 수 있고, 재고의 파악 및 정리작업을 할 때, 불필요한 작업이나 실수를 줄일 수 있는 원칙
회전대응 보관의 원칙	보관할 물품의 장소를 회전정도에 따라 정하는 원칙으로서 입출하 빈도의 정도에 따라 보관 장소를 결정하는 것
동일성 및 유사성의 원칙	동일품종은 동일 장소에 보관하고, 유사품은 근처 가까운 장소에 보관해야 한다는 원칙
중량특성의 원칙	제품의 중량에 따라 보관 장소의 출입구를 기준으로 한 거리와 높낮이를 결정한다는 원칙

03 대체품의 위협은 반드시 같은 부류의 사업에서 발생하지 않으며, 같은 사업은 아니지만 자신의 산업에서 생산하는 것과 비슷한 제품이나 서비스가 등장함에 따른 경쟁구도의 변화를 나타내는 것을 말한다.

04 BCG 매트릭스는 기업 조직의 성격을 유형화 내지 단순화해서 어떠한 방향으로 의사결정을 해야 하는지 용이하게 말해주는 이점이 있는 반면에, 사업에 대한 평가요소에 있어서 성장률과 점유율만으로 평가하므로 단순화의 우를 범하기 쉽다. 또한, 산업의 매력도를 반영하는 지표로 오로지 성장률 및 점유율만을 고려하므로 기술적 측면, 경쟁환경 등으로 소요되는 투자에 대한 규모 등의 변수들의 효과를 적절하게 반영하지 못하는 문제점이 있다.
① 시장점유율은 시장의 가장 큰 경쟁자에 대한 상대적 시장점유율을 의미한다.
② 시장성장률은 제품이 판매되는 시장의 연간 성장률로서 시장매력도의 척도이다.
③ 별 영역은 높은 시장점유율과 높은 성장률을 가지므로 자금이 많이 소요되며, 현금젖소 영역에서 물음표 영역으로 자금이 이동하는 것이 바람직하다.
⑤ BCG 매트릭스에서 시장성장률은 시장의 전반적인 수익기회를 나타내며, 과거 시장의 크기에 대한 현 시장의 성장비율로 측정되고, 10%를 기준으로 높고 낮음이 분류된다. 성장률이 10% 이상인 시장은 성장기회가 풍부한 아주 매력적인 시장이며, 성장률이 10% 미만인 시장은 일반적으로 성숙되거나 쇠퇴하는 산업으로서 성장기회가 거의 존재하지 않는 시장이다.

05 조직에는 공식적 커뮤니케이션 체계 이외에 자생적으로 형성된 비공식적 커뮤니케이션 체계가 존재하며 비공식적 커뮤니케이션의 체계 또는 경로를 그레이프바인(Grapevine)이라고 한다. 조직적 측면에서 비공식적 커뮤니케이션 체계를 흐르는 정보는 소문의 형태이고, 왜곡될 소지가 있으며, 설사 그 소문이 사실이라 하더라도 역기능이 있을 수 있다.

06 마케팅 환경요인
• 내부환경 : 기업 전체의 목표와 전략 및 자원 등과 기업 내 마케팅 부분을 제외한 제반 타 기능 분야(구매, 생산, 재무, R&D)
• 과업환경 : 고객, 경쟁자, 유통경로구성원, 원료공급자
• 거시환경 : 인구, 경제, 기술, 생태, 사회·문화, 정치·법률

07 40단위로 안전재고를 보유할 때에 발생하는 총비용이 가장 적다.
안전재고 관련 총비용 = 유지비용＋품절비용
② 4,800＋2,592.40 = 7392.4($)
① 3,600＋3,888.60 = 7488.6($)
③ 6,000＋1,944.30 = 7944.3($)
④ 7,200＋1,296.20 = 8496.2($)
⑤ 8,400＋1,082.10 = 9482.1($)

08 시장구조가 생산자 중심에서 소비자 중심으로 전환되어가고 있기 때문에 카테고리 관리자는 벤더(중간 납품업자)보다는 소비자와의 유기적 관계를 토대로 상품을 관리·판매한다. 즉 카테고리 관리자는 소비자가 원하는 상품을 유형별로 구분하고 소비자가 원하는 정보를 유통업체, 공급업체가 즉각 반영할 수 있도록 해야 한다.

09 제4자 물류는 '전체적인 공급사슬 솔루션을 제공하는 서비스 제공자와 함께 기업의 경영자원, 능력, 기술을 관리하고 결합하는 공급 사슬통합자'로 정의된다. 기존 물류전문업체(제3자 물류)의 한계를 극복하고 공급사슬에 대하여 지속적인 개선효과를 발휘하는 데 목적이 있다.

10 P시스템과 Q시스템의 주문간격은 상황에 따라 달라지기 때문에 일반화시켜서 비교할 수 없다.

11 유통경로의 설계

경로서비스에 대한 고객욕구의 분석	유통경로가 담당하게 될 목표 시장의 고객 욕구를 분석하는 것은 산업재 구매자, 기관 구매자, 가정 구매자, 그리고 개별 구매자 등 다양한 계층의 욕구를 모두 고려해서 실시해야 하며, 경로 구조 설계자는 구매자의 욕구, 구매장소, 구매하는 구체적인 점포, 구매 시간, 구매 방식 등도 감안해야 함
유통경로 목표의 선정	유통경로의 구조는 유통경로의 목표로부터 도출되어야 함
경로전략의 구축	커버리지 전략의 세 가지 대안 • 개방적 유통 : 제품, 상표, 서비스가 가능한 한 많은 소매점에서 취급되는 유통을 의미함 • 선택적 유통 : 개방적 유통과 전속적 유통의 중간유형에 해당함 • 전속적 유통 : 주어진 지역 안에서 단지 하나의 점포에서만 특정의 제품, 상표, 서비스가 제공되도록 하는 유통전략

경로구조의 선택	경로구조는 재고를 경로의 어느 구성원이 가지는가에 따라 결정됨
개별 경로구성원의 선택	구성원을 선택하기 위한 여섯 단계 ① 각각의 중간상인들이 필수적으로 해야 할 업무의 목록을 작성 ② 각각의 중간상인들에게 바람직한 업무의 목록을 작성 ③ 목표 시장에 필요한 기능들을 수행하는 경로구성원들의 목록을 작성 ④ 세 번째 단계에서 정리된 자료를 근거로 잠재적인 중간상들의 첫 번째 단계의 필수적인 업무를 기준으로 평가 ⑤ 네 번째 단계에서 가장 매력적인 것으로 나타난 중간상을 두 번째 단계에서 나타난 바람직한 업무 기준으로 평가 ⑥ 다섯 번째 단계의 결과를 기준으로 가장 적절한 개별 중간상을 선택
고객지향적 유통경로의 설계	• 단계 1 : 현재 상황 분석 • 단계 2 : 최종소비자에 대한 세분시장 분석 • 단계 3 : 적절한 소매점 설계 • 단계 4 : 이상적 유통 시스템의 설계 • 단계 5 : 기존 유통 시스템 분석 • 단계 6 : 외부 및 내부 기회와 제약 요인 검토 • 단계 7 : 대안의 검토(차이분석) • 단계 8~9 : 제약요인의 타당성 평가와 대안 선정 • 단계 10 : 최적 유통 시스템 도출과 실행 준비

12 원가의 용어 정의

• 원가 : 특정 목적을 달성하기 위해 희생 또는 소모된 자원을 화폐액으로 나타낸 것
• 직접원가 : 특정 원가대상에 대해 직접적으로 특정제품 또는 특정부문에 직접 관련시킬 수 있는 원가
• 간접원가 : 어떤 원가가 원가대상과 관련성은 있지만 그 원가대상에 직접적으로 추적할 수 없는 원가
• 변동원가 : 조업도나 활동수준의 증감에 따라 비례하여 총원가가 증감하는 원가

※ 원가행태
조업도나 활동수준이 변화함에 따라 총원가발생액이 일정한 양상으로 변화된 정도

13 소비자의 불만이나 피해가 신속·공정하게 처리될 수 있도록 관련기구의 설치 등 필요한 조치를 강구하여야 하는 것은 국가 및 지방자치단체의 책무에 해당한다(소비자기본법 제16조 제1항).

14 품질경영(TQM), 리스트럭처링(Restructuring), 리엔지니어링(BPR) 등은 모두 기업의 효율성을 증대시켜 비용절감에 기여하고자 하는 기법으로 원가우위전략과 관련이 있다.

15 선택적 유통경로의 경우 개방적 유통경로와 전속적 유통경로의 중간 형태로 일정 지역에서 일정 수준 이상의 자격을 갖는 소매점을 선별하여 자사 제품을 취급하도록 하는 정책이며, 의류, 가구, 가전제품 등에 적용된다. 귀금속이나 고가품에 적용되는 것은 전속적 유통경로이다.

16 인적자원관리의 주된 내용으로는 종업원의 채용, 배치, 교육훈련, 인사고과, 임금, 복리후생, 인간관계 이외의 안전, 보건·노사관계의 관리 등이다. 유통관리가 관련이 없다.

17 Philip Selznick(1948)은 조직을 조직구성원과 별개의 생명을 지닌 존재라고 정의하였다.

18 등급(Sorting Out)은 다양한 공급원으로부터 제공된 이질적인 제품들을 상대적으로 동질적인 집단으로 구분하는 것을 말한다.

19 공급사슬상의 수요 및 재고정보를 공유함으로써 불확실성을 감소시켜 채찍효과를 극복할 수 있다.
①·②·③·⑤ 채찍효과를 발생시키는 원인이다.

20 ② 한 분야에 있어서의 피평가자에 대한 호의적 또는 비호의적인 인상이 다른 분야에 있어서의 그 피평가자에 대한 평가에 영향을 미치는 것
③ 고과자와 피고과자 간의 가치관, 행동패턴 그리고 태도 면에서 유사한 정도에 따라 고과결과가 영향을 받는 것
④ 피평가자들을 모두 중간점수로 평가하려는 경향으로, 평가자가 잘 알지 못하는 평가차원을 평가하는 경우, 중간점수를 부여함으로써 평가행위를 안전하게 하려는 의도에 의해 이루어지는 오류
⑤ 고과자가 피고과자를 평가함에 있어서 쉽게 기억할 수 있는 최근의 실적이나 능력을 중심으로 평가하려는 데서 생기는 오류

21 자재관리의 범위는 재고관리(소요 · 저장 · 분배관리)와 구매관리(판매 · 외주 · 협력회사관리)로 구분된다.

22 단위당 공헌이익률 = 1 − (단위당 변동비 / 단위당 판매가격)

$$= 1 - \frac{3,000}{8,000} = \frac{5}{8}$$

23 유통경로 내의 중간상은 제조업체로부터 공급받은 제품을 그대로 소비자에게 전달하는 단순한 역할을 수행하는 것이 아니라 제품이 지닌 가치에 새로운 가치를 추가하는 역할을 수행한다.

24 • 반품물류 : 판매된 제품이 클레임이나 파손, 품질불량 등의 이유로 반환되었을 경우의 물류활동

• 조달물류 : 원자재의 조달에서 입하까지의 물류활동
• 생산물류 : 자재창고에서의 출고로부터 생산 공정으로의 운반, 생산 공정에서의 하역, 그리고 창고에의 입고까지의 물류활동
• 판매물류 : 지점, 영업소 및 물류센터 등에서 대리점이나 도매점에 도착하기까지의 물류활동

25 **시계열 분석(이동평균법, 지수평활법)**
정량적 예측방법으로, 상품의 수요량을 예측할 때 과거의 일정한 기간 동안 어떤 수요의 형태나 패턴으로 이루어졌는지를 분석하여 미래에도 비슷한 추세로 수요가 이루어질 것이라는 가정하에 이를 적용하여 예측하는 기법, 즉 시계열에 따라 제시된 과거자료(수요량, 매출액)로부터 그 추세나 경향을 분석하여 장래의 수요를 예측한다.

제 **2** 과목　　**상권분석**

---

26 선매품, 전문품 등을 취급하는 점포의 상권이 편의품을 취급하는 점포의 상권보다 크다.

27 ⑤는 슈퍼지역센터에 대한 내용이다.
※ **쇼핑센터의 유형**
• 네이버후드센터 : 소비자들이 일상적인 욕구를 만족시키기 위한 편리한 쇼핑장소를 제공
• 커뮤니티센터 : 다양한 범위의 의류와 일반상품 제공
• 파워센터 : 일부 대형 점포들로 구성
• 아웃렛센터 : 유통업자 상표제품 할인 판매
• 지역센터 : 일반 상품과 서비스를 매우 깊고 다양하게 제공
• 슈퍼지역센터 : 큰 규모로 더 많은 고객이 유인, 보다 깊이 있는 제품구색 갖춤

28 ④는 3단계 '초도 물품 준비' 내용에 해당한다. 즉, 4단계에서는 가격책정, 인력계획, 서비스 전략, 홍보계획에 대한 내용이 포함되는 단계를 말한다.

29 ②는 독립입지에 대한 내용이다. 즉, 도 · 소매업의 창업자는 적합한 업종을 선정할 때 그 업종에 맞는 상권을 설정해야 하는데, 여러 업종의 점포들이 한 곳에 모여 있는 군집입지와는 다른 전혀 점포가 없는 곳에 독립적으로 입지해서 점포를 운영하는 형태를 말한다.

30 유동인구는 주중 또는 주말에 따라 달라지므로 날씨가 좋은 평일과 주말 중 각각 하루를 선정해서 조사해야 비교적 정확한 조사가 될 수 있다.

31 **공간균배에 따른 분류**
• 집심성 점포 : 도시 전체를 배후지로 하여 배후지의 중심부에 입지하여야 유리한 점포
• 집재성 점포 : 동일한 업종의 점포가 한 곳에 모여 입지하여야 하는 점포
• 산재성 점포 : 한 곳에 집재하면 서로 불리하기 때문에 분산입지해야 하는 점포

32 복합용도개발은 단위개발 프로젝트에 비해 관련 전문분야와의 협력이 필요하며 전체 프로젝트의 규모, 형태, 밀도, 용도, 공정, 구성, 용도들 간의 상대적인 관계, 오픈 스페이스, 인프라(Infrastructure) 등의 통일성 있는 계획에 의해 이루어진다.

33 도로가 넓은 곳이라도 횡단보도가 없으면 접근성이 떨어지며, 상권을 분할하게 된다.

34 유추법은 정확한 수요를 찾는 방법이 아니라 신규점포와 특성이 유사한 점포를 선정하여 매출액의 예측값을 계산하는 방법이다.

- 유추법
  신규점포와 특성이 비슷한 기존의 유사점포를 선정하여 분석담당자의 객관적 판단을 토대로 그 점포의 상권범위를 추정한 결과를 자사점포의 신규 입지에서의 매출액을 측정하는 데 이용하는 방법으로 애플바움(W. Applebaum) 교수에 의해 발전한 방법이다.

- 유추법의 조사 절차
  기존 유사점포 선정 → 기존 유사점포의 상권범위 결정 → 구역구분 및 1인당 매출액 계산 → 예측값 계산

35 CST 기법은 유추법을 적용할 때 대부분 활용된다. 즉 유추법에서 상권규모는 자사점포를 이용하는 고객들의 거주지를 지도상에 표시한 후 자사점포를 중심으로 서로 다른 거리의 동심원을 그려 파악한다.

※ 회귀분석법
회귀분석 모형은 특정장소에서 소매점포의 성과에 영향을 미치는 요인을 결정하는데 보다 정교한 접근법이다. 회귀분석 모형의 유리한 점은 상권특성, 위치변수, 점포특성, 경쟁도 등을 단일 체계내에서 체계적으로 고려할 수 있게 해주며, 나아가 점포성과에 대한 이러한 변수들의 상대적 영향을 계량적으로 측정할 수 있게 해 준다.

36 상권범위 결정에 영향을 미치는 요인으로는 제반입지 특성, 상권고객특성, 상권경쟁 구조로 대별할 수 있으며 공급(협력)업체의 수나 전략적 제휴는 상관이 없다.

37 상권은 사업을 영위함에 있어서 대상 고객이 존재하는 공간적·시간적 범위 그리고 고객의 내점빈도를 감안한 상태 하에서 기재할 수 있는 매출액의 규모 등을 포함한다.

38 ① 전문할인점, ②·④ 하이퍼마켓, ③ 할인점에 해당하는 내용이다.

※ 팩토리 아웃렛
대부분 중심가에서 벗어난 교외 및 수도권 외곽지역 등에 입지하고 있으며, 임대비용 및 부지매입이 저렴하면서도 몰 건축, 인테리어 등 초기의 투자비용 등이 상대적으로 저렴하고, 타사와의 지나친 과잉경쟁도 없어 운영비용을 절감하는 장점이 있다.

39 편의점형 식료품점의 입지는 고객 가까이에 위치해야 하므로 도보로는 10~20분 이내, 거리는 1,000m 이내에 주로 통행하는 길목에 위치하는 것이 좋다. 주차가 편한 교외지역은 쇼핑센터의 입지에 알맞다.

40 중심업무지구(CBD)는 도시 내부에서 가장 접근성이 높으며, 땅값이 가장 비싸 대형 고층건물이 밀집되어 있다. 또한 주간인구는 많으나 주택이 적어 상주인구가 매우 적어 인구공동화 현상이 나타난다.

41 백화점은 전통적인 중심상업지역에서 독자적으로 유동인구를 창출함으로써 고객흡인력을 가진 중요한 핵심선도 업태로서의 역할을 수행하고 있다.

42 지문은 넬슨의 8가지 입지평가방법 중 경쟁회피성에 대한 설명이다. 경쟁을 회피하기 위해 가능한 한 예비창업자는 경쟁에 있어 우위를 점할 수 있는 규모의 사업장을 선택해야 한다.

43 서비스업종이 집중된 음식점이나 유흥위락단지, 숙박업, 학원, 극장 등 같은 업종끼리 집중되면 시너지 효과가 극대화된다.

※ 입지영향인자 : 인구통계, 라이프스타일 특성, 접근성 분석, 경쟁상황 파악, 시너지 효과 고려

44 일정 기간의 매출액을 그 기간의 고객수로 나누어 산출하므로 방문고객수를 늘리면 객단가가 하락한다.

45 소매집적으로 인한 것은 소매업태가 서로 관련성을 가지고 한 장소에 모인 것을 의미하는데, 이러한 집적효과는 집적입지가 단독입지에 비해 더욱 유리한 소매성과를 올릴 수 있게 해 줄 수 있다. 해당 매장 면적의 증대효과, 소비자흡입력의 증가, 공간성 인접성의 확보, 소비자의 집중력 확보 등의 효과가 있다.

46 주5일 근무제도의 도입에 따른 유통산업의 변화
- 백화점과 재래시장의 입지가 약화되고, 할인점과 엔터테인먼트 쇼핑몰 등의 인기가 더욱 높아질 전망이다. 즉 가격이나 서비스 등에서 다른 업태와 확실하게 차별화할 수 있는 업태가 보다 유리해질 것이다.
- 중소유통업은 약화되고 기업형 유통의 비중은 더욱 증가할 것이다. 소비자들의 정보력이 더욱 강해지고 교통발달로 체인화가 가능한 대형유통업체들이 보다 유리해질 것이다.
- 주말을 이용한 여가활동이 늘어남에 따라 레저용품, 스포츠용품, 등산용품, 여행관련상품 등의 판매가 증가할 것이다.
- 주말의 비중이 증가하면서 소비자들이 주중에 구입하는 제품군과 주말에 구입하는 제품군이 구분될 전망이다. 주중에는 생활용품이나 소모품을 주로 구입하는 한편, 주말에는 내구재나 취미·레저용품 등 선택에 보다 많은 시간이 필요한 물품을 주로 구입할 것이다.
- 주5일 근무의 확산으로 교통이나 유동인구 등 전통적인 입지선정 요소의 중요성이 약화될 것이다.

47 고관여 소비자들은 제품에 대해 구체적으로 알고자 하는 의지나 노력이 강하므로, 제품에 대한 자세한 설명이나 주변인의 소개나 추천을 선호하는 반면, 저관여 소비자들은 제품 자체보다는 광고에서의 인물, 배경, 음악 등에 더 의존하는 경향이 강하다. 따라서 고관여 소비자들에게는 제품의 차별화, 제품이 주는 가치를 강조하는 광고나 구전효과 등을 강조하는 것이 좋고, 저관여 소비자들에게는 상표 이름을 반복하는 광고나, 커뮤니케이션 기법을 차별화하여 호기심을 유발하는 마케팅 전략이 더 효과적이다.

48 성숙기에는 판매량의 절대적 크기는 증가하지만 증가율은 감소하며, 가장 높은 매출을 실현하는 단계이다.

49 시장세분화 전략이란 가치관의 다양화, 소비의 다양화라는 현대의 마케팅 환경에 적응하기 위하여 수요의 이질성을 존중하고 소비자·수요자의 필요와 욕구를 정확하게 충족시킴으로써 경쟁상의 우위를 획득·유지하려는 경쟁전략이다. 자사제품의 표준화가 이질감을 통하여 대량 마케팅기회를 찾고자 할 때 시장세분화가 필요하다.

50 실연(Demonstration)판매는 판매촉진의 적극적인 방법으로 상품의 사용 상태를 실감나게 실연하면서 고객을 주목시켜 판매하는 것을 말한다.

51 CRM은 고객의 획득보다는 고객의 유지에 중점을 둔다. 한 사람의 우수한 고객을 통해 기업의 수익성을 높이며, 이러한 우수한 고객을 유지하는 것에 중점을 두고 있다.

52 윈백(Win-back)은 경쟁사의 시스템을 들어내고 자사의 시스템으로 교체하는 비즈니스를 의미한다. 윈백을 하는 업체 입장에서는 경쟁사와 비교해 자사가 우위에 있다는 점을 입증하는 사례로 마케팅 자료의 단골 메뉴다.

53 고객지향 마케팅은 고객지향 사고가 시장조사에서 제품개발, 광고, 판촉, 영업에 이르기까지 모든 마케팅 활동에 반영되어 전체적으로 고객의 관점에서 통합되고 조정된 마케팅활동을 수행하는 것을 의미한다. 즉 고객이 원하는 것을 고객에게 제공하여 경쟁업체보다 높은 만족감을 안겨주는 것이다.
①·②·④·⑤의 경우 판매지향적 관점이라고 할 수 있다.

54 ① 메시지가 동일할지라도 발신자의 특성에 따라 커뮤니케이션의 효과가 다르게 나타나는 현상
③ 수신자의 일부 반응이 다시 발신자에게 전달되는 과정
④ 메시지 제작과정
⑤ 메시지 해독과정

55 ① 해독(Decoding), ③ 부호화(Encoding), ④ 갈등(Conflict), ⑤ 장애물(Noise)

56 단수가격 책정은 소비자들에게 심리적으로 값이 싸다는 느낌을 주어, 판매량을 늘리려는 심리적 가격 결정의 한 방법이다. 예를 들어, 만원대 상품이라고 광고하면서 대부분 19,000원으로 가격을 책정하여 판매하면 소비자에게 심리적으로 저렴하다고 인식되어 구매를 촉진하게 된다.

57 SERVQUAL의 5가지 구성요소는 유형성, 신뢰성, 확신성, 공감성, 대응성이다.

58 고객생애가치는 한 시점에서의 단기적인 가치가 아니라 고객과 기업 사이에 존재하는 관계의 전체가 가지는 가치이다.

59 카테고리관리는 거래파트너 쌍방의 고유한 자원에 레버리지 효과를 제공하는 구조화되고 원칙에 따르는 비즈니스 프로세스이다. 즉, 카테고리 관리란 소비자의 가치를 창출하기 위해 유통업체와 공급업체가 비즈니스 결과를 향상시킬 수 있도록 카테고리를 전략적 비즈니스 단위로 관리하는 프로세스를 말한다.

60 기업에서 고객수익성을 측정하는 데 사용할 수 있는 측정 방법들은 크게 둘로 나눌 수 있다. 하나는 전통적 기법인 RFM점수분석이고 다른 하나는 새로운 측정 도구인 고객수익성 분석법이다. 고객수익성 분석법은 미래의 예측된 자료를 사용하는 것과 과거의 실적 자료를 사용하는 것에 따라 고객평생가치평가법(CLV)과 고객실적평가법(HPM)으로 나누어진다. LTV는 미래의 일정 기간 동안 고객이 제공할 것으로 예측되는 수익기여도 값을 산출한다. LTV의 문제점은 수익기여도 측정을 위해 투입되는 측정 요소들이 사실값이 아니라 예측값이기 때문에 부정확성의 문제로 신뢰성이 떨어질 수 있다. 또한 고객과의 유대관계가 상당기간 안정적으로 지속 가능하고 미래의 구매 행태가 예측이 가능한 경우에 사용될 수 있다. 이 경우와 달리 고객관계가 지속적으로 유지되기 어렵고 미래의 구매 행태를 예측하는 것이 어려운 경우에는 역사적 분석(Historical Analysis) 기법인 HPM을 적용하는 것이 타당하다.

61 제품차별화가 이루어지고 있거나, 수요의 가격탄력성이 낮은 경우 또는 소비자의 구매패턴이 선택적·부가적 평가기준에 의할 경우 가격정책은 실효를 거두기 힘들다.

62 제품의 기능과 브랜드를 알리는 마케팅 전략은 제품의 인지도가 널리 알려지지 않은 '도입기'에 적절하고, 경쟁이 심화된 성숙기에는 차별화된 기능·서비스를 제공하거나 시장을 세분화하여 특정 고객층을 공략하는 등 경쟁업체에 대응하는 마케팅 전략이 필요하다.

63 중세에는 노동생산성을 중요시하였는데, 서비스를 단순히 비생산적인 활동의 개념으로 보았으며, 비물질적인 재화로 간주하여 경시하였다.

64 Shostack이 제안한 구조변화의 전략

다양성 높음	복잡성 높음	개별화 전략	병원, 법률, 회계, 컨설팅 등
	복잡성 낮음	기능적 서비스 품질전략	택시, 화물, 이미용
다양성 낮음	복잡성 높음	기술적 서비스 품질전략	항공사, 호텔
	복잡성 낮음	원가우위 전략	음식점, 관광, 레저

65 기업의 성공적인 슬로건은 구매자들의 가격민감도를 낮출 수 있는 방안을 확보해 기업 생존 및 성장 경쟁력을 좌우하는 최우선 요인으로, 고객만족경영이 이에 해당하는 경영기법이라 할 수 있다.

66 ① 정치적인 사상이나 종교는 신념이 기본이 되어 있어 충돌이나 논란의 근거가 되므로 이야기하지 않는 것이 좋다.
⑤ 7:3원리는 고객으로 하여금 일곱 마디 말하게 하고 담당자는 세 마디 이야기 한다는 것이다. 1:2:3화법은 1분 동안 말하고 2분 동안 말하게 하고 3분 동안 긍정하는 것이다.

67 ① 4가지의 Ansoff 매트릭스전략(시장 침투, 시장 개발, 제품 개발, 다각화) 중 기존의 상품으로 현존하는 시장을 대상으로 시장점유율을 높여 성장하는 전략이므로 시장침투(Market Penetration) 전략에 해당한다.
② 베버의 법칙에 관한 설명이다. 지각적 경계법칙은 자신과 관련성 높은 정보에는 주의를 기울이고 그렇지 않은 정보에는 주의를 기울이지 않는 것을 말한다.
③ 마케팅 의사결정지원시스템은 마케팅관련 의사결정권자를 위한 정보시스템이다.
④ 층화표본추출에 대한 설명이다.

68 주제품(게임기)은 저렴하게 판매하고 종속제품(게임소프트웨어)은 비싸게 판매하는 전략을 종속제품 가격전략 혹은 포획제품 가격전략(Captive Product Pricing)이라고 한다.

69 　① 배너홍보물은 여러 종류를 설치하는 것보다는 표현하
　　고자 하는 주제에 대해 한 종류로 통일하면 더 효과적
　　이다.
　② 고객들의 홍보물에 대한 시선을 끌기 위해서는 높이
　　및 종류의 간격을 통일시키면 보는 이들로 하여금 시
　　선을 끄는데 있어 더욱 효과적이다.
　③ 표현하고자 하는 홍보물은 여러 곳에 분산시켜 놓으면
　　오히려 집중도 및 기억 면에서 많이 떨어진다.
　⑤ 폭이 좁은 천에 장대를 끼워 설치하는 홍보물이다.

70 　**상품진열의 유형**
　• 윈도우 진열 : 점포 앞을 지나가고 있는 소비자나 점포의
　　방문고객으로 하여금 주의를 끌게 하여 구매목적을 가
　　지도록 하는 진열
　• 점포 내 진열 : 고객으로 하여금 쉽게 보고 자유롭게 만
　　져보고 비교할 수 있게 하며 연관상품을 쉽게 찾을 수
　　있도록 하는 진열
　• 구매시점 진열 : 고객으로 하여금 주의를 끌게 하고 유
　　인하여 구매의욕을 촉진하는데 목적을 두는 진열(POP
　　활용 진열)
　• 판매촉진 진열 : 매출증대를 위하여 잘 팔리는 상품을
　　가격할인과 각종 할인광고와 함께 진열
　• 기업 이미지향상 진열 : 다양한 서비스와 고품질의 서비
　　스, 최신유행의 고급품, 만족한 가격, 공익적 서비스 등
　　을 고객에게 어필하기 위하여 다수 · 다량의 상품을 진열

71 　GLN(Global Location Number)은 국제적으로 업체를
　식별하기 위한 글로벌로케이션코드로 물리적 · 기능적 ·
　법적 실체를 식별하는 데 사용된다.

72 　**공급체인이벤트관리(SCEM)의 도입배경**
　• 고객들로부터 예상치 못한 여러 가지의 요구에 대한 대
　　응 부족
　• 제품판매 후의 사후관리 및 제품 주문 이후의 대고객
　　서비스에 대한 문제점의 대두
　• 기업과 기업 간의 업무 증가로 인해 나타나는 고정비
　　증대 및 유연성 부족

73 　상품식별코드(바코드번호)는 국가식별코드, 제조업체코
　드, 상품품목코드, 체크 디지트로 구성된다.

74 　POS데이터는 점포데이터와 패널데이터로 구분되는데,
　점포데이터는 특정 점포에서 수집되는 데이터이며, 패널
　데이터는 각 가정 단위로 수집되는 데이터를 말한다.
　• 점포데이터 : 특정한 점포에서 팔린 수량, 품목, 가격
　　및 판매시점의 판촉여부 등에 대한 자료, 전국에서 표
　　본이 되는 점포를 선정해서 해당 점포에서 판매된 품
　　목, 가격, 수량 및 판매시점의 판촉여부 등을 월 1회 또
　　는 2회 정도로 수집한다.

　• 패널데이터 : 각 가정 단위로 구매한 품목의 가격 및 수
　　량 등에 관한 자료, 각 개인단위로 수집(1,000~2,000
　　명의 표본 가정을 선택한 후 해당 가정의 전체 구매행
　　위를 기록)한다.
　• 패널데이터 수집방법 : 참여가정에 신용카드를 발급해
　　서 협력 점포에서 제품을 구매할 때 스캐너로 읽도록
　　하는 카드방식, 패널가정이 구매한 물건을 집으로 가져
　　와 가정용 스캐너로 직접 기록하게 하는 가정용 스캐너
　　방식으로 나누어진다.

75 　⑤는 공급사슬계획(SCP) 시스템에 대한 내용으로서 SCP
　시스템은 ERP로부터 계획을 위한 기준 정보를 제공받아
　통합 계획을 수립하고 이를 ERP 시스템으로 전달하는 것
　을 말한다.

76 　**유통정보시스템(MKIS)**
　기업의 유통활동 수행에 필요한 정보의 흐름을 통합하는
　기능을 통해 전사적 유통(Total Marketing) 또는 통합유
　통(Integrated Marketing)을 가능하게 하는 동시에 유
　통계획, 관리, 거래처리 등에 필요한 데이터를 처리하여
　유통관련 의사결정에 필요한 정보를 적시에 제공하는 정
　보시스템이다.

77 ② 사이버스쿼팅(Cybersquatting)
    ③ 디마케팅(Demarketing)
    ④ 컨버전스(Convergence)
    ⑤ 데이터 웨어하우스(Data Warehouse)

78 의사결정(DSS)을 위한 주제지향적(Subject-oriented), 통합적(Integrated), 시계열적(Time Variant), 비휘발적(Non-volatile)인 데이터의 모음이 데이터 웨어하우스로 적재되며, 데이터 웨어하우스는 과거의 데이터도 체계적으로 유지한다.

79 ECR은 효율적인 소비자 대응(Efficient Consumer Response)의 약자이며 소비자에게 보다 나은 가치를 제공하기 위해 유통업체와 공급업체들이 밀접하게 협력하는 식료품 산업계의 전략으로, 비식료품 업계의 QR을 응용하였다. 즉, ECR은 전체 공급사슬상의 이윤을 극대화하기 위하여 데이터, 기술, 비용, 표준화 등을 공유함으로써 제조업자가 함께 상호 이익을 낼 수 있게 한다. EDI와 바코드를 기본으로 컴퓨터를 이용한 자동발주(CAO), 크로스도킹 통과형 물류센터, 가치사슬분석(VCA), 활동원가회계(ABC), 카테고리관리, 연속적인 제품보충(CRP), 배송상품의 순서선정(Sequencing of Parcels)의 상호 연관적인 8가지 도구가 사용된다.

80 GPS(위성추적시스템)를 통한 물류위치추적 서비스가 제공되고 있다.

81 노나카(Nonaka)에 따르면, 지식은 조직내의 암묵적 지식과 명시적 지식으로 구분되며, 이들은 사회화(Socialization), 외재화(Externalization), 결합화(Combination), 내재화(Internalization) 등의 상호 전환과정을 거치면서 개인지식에서부터 조직지식으로 발전해 나간다.
- 사회화 : 한 사람의 암묵적 지식이 다른 사람의 암묵적 지식으로 변환되는 과정
- 외재화 : 개인이나 집단의 암묵적 지식이 공유되고 통합되어 새로운 형식적 지식이 만들어지는 과정
- 결합화 : 각기 다른 형식적 지식단위들을 분류, 가공, 조합, 편집해서 새로운 시스템적 지식으로 체계화 하는 과정
- 내재화 : 글이나 문서 형태로 표현된 형식적 지식을 암묵적 지식으로 개인의 머리와 몸 속에 체화시키는 과정

82 참여기업들의 시스템 다양성은 MRO 구매의 효율성을 증대시킬 수 있다.
※ **MRO 사업의 성공요건**
- MRO 자재에 대한 Total Service의 제공
- 시스템의 확장성, 통합성
- 전자 카탈로그 및 상품 DB의 구축과 표준화
- 비계획 구매의 효과적인 대응
- 철저한 공급업체의 관리

83 ③은 그룹웨어에 대한 설명으로서, 그룹웨어란 패턴매칭과 마찬가지로 지식경영 정보기술 중의 하나이며 서로 떨어져 있는 구성원들끼리 함께 협동하여 일할 수 있도록 해주는 소프트웨어를 말한다.

84 데이터 웨어하우스는 조직의 데이터베이스로부터 의사결정에 필요한 자료를 통합하여 구축하고 사용자가 요구하는 정보를 필요시점에 제공하기 위한 작업과정으로서 장기적인 데이터 관리가 필요하다.

85 ①은 Virus에 대한 설명이다.
Worm은 바이러스와 형태 및 작동이 유사하나 프로그램 및 PC의 작동을 방해하지는 않는다.

86 ⑤는 설계(Design) 시스템에 대한 설명이다.
※ **충고(Advising) 시스템**
특정영역의 문제에 대해 전문가 수준의 상담을 해주는 시스템으로 문서작성 시 문법이나 문체 등을 조언해 주는 시스템이다.

87 CR(연속재고보충)시스템이 제조업체와 유통업체에서 공동으로 운영될 경우 판매 및 재고 정보는 CR시스템이 실행될 때마다 유통업체에서 제조업체로 전송된다.

88 코드 소스의 오픈은 전자화폐의 불법복제 위험을 가중시킨다.
※ **전자화폐의 요건**
- 위조가 불가능한 안전성을 지녀야 한다.
- 개인의 사생활(Privacy)이 보호되어야 한다.
- 사용자가 다른 사람에게 자신의 현금을 양도할 수 있어야 한다.
- 전자화폐를 복사해서 사용하는 이중사용(Double Spending)이 방지되어야 한다.

89 경계(Boundary)는 시스템 외부(환경)와 시스템 내부를 구분하는 영역이지만, 물리적인 경계선이 존재하는 것이 아니라 투입물과 산출물이 통과하는 개념적인 영역을 의미한다.

※ 일반적인 시스템의 모형
- 환경(Environment) : 시스템의 운용에 영향을 미치지만 경계 외부에 존재하기 때문에 통제할 수 없는 변수들을 의미한다.
- 투입(Input) : 시스템을 가동시키기 위해 시스템 내부로 들어오는 모든 에너지를 의미한다.
- 출력(Output) : 시스템 내부에서 처리되어 외부로 보내지는 모든 결과물을 의미한다.
- 처리(변환) : 주어진 조건하에서 입력 자료를 정해진 절차대로 가공하는 것을 말한다.
- 피드백(Feedback) : 처리된 결과가 정확하지 않으면 결과의 일부나 오차를 다음 단계에 다시 입력하여 한 번 더 처리하는 것을 말한다.

90 ⑤는 지식공유와 분배에 관련된 '지식의 사회적 본질'을 설명하는 내용이다.

※ 지식의 사회적 본질
- 지식경영은 사회적 환경에서 지식을 능동적으로 형성한다.
- 조직구성원은 상호작용을 통해 지식을 생산하여 그룹 메모리를 창출한다.
- 지식을 객관적인 실체라기보다는 주관적이고 사회적인 것으로 여긴다.

제4회 정답 및 해설

정답

01	02	03	04	05	06	07	08	09	10	11	12	13	14	15	16	17	18	19	20	21	22	23	24	25	26	27	28	29	30
③	⑤	④	③	④	①	②	⑤	④	⑤	④	③	③	⑤	④	③	⑤	④	③	⑤	⑤	④	③	⑤	③	④	①	④	①	④

31	32	33	34	35	36	37	38	39	40	41	42	43	44	45	46	47	48	49	50	51	52	53	54	55	56	57	58	59	60
⑤	③	⑤	③	⑤	①	③	⑤	④	①	⑤	④	⑤	①	①	①	①	①	④	④	②	①	②	⑤	③	⑤	⑤	③	④	②

61	62	63	64	65	66	67	68	69	70	71	72	73	74	75	76	77	78	79	80	81	82	83	84	85	86	87	88	89	90
⑤	②	④	②	④	⑤	①	⑤	②	⑤	④	①	⑤	⑤	③	④	③	②	②	①	⑤	⑤	④	①	④	⑤	②	②	③	⑤

제 1 과목   유통 · 물류일반관리

01 유통경로는 다양한 유형이 존재하고, 사회적 · 문화적 특성을 반영하므로 각 나라의 상황에 따라 특수한 형태들이 존재하고 있다.

02 집약적 유통은 제조회사가 최대한 많은 점포로 하여금 자사의 상품을 취급하게 하는 유통 전략으로 개방적 유통이라고도 한다. 유통경로가 개방적이기 때문에 유통경로구성원에 대한 통제가 용이하지 않다.

03 소비자는 가상쇼핑몰에서만 제품을 보고 구입하기 때문에 욕구를 즉각적으로 충족할 수 없고, 구매 후 불만이 발생할 수도 있다.

04 카테고리 전문점간의 경쟁은 주로 품질보다는 가격경쟁을 통해 이루어지고 있다.

05 행동기준평정척도법은 표준화된 평정 기준이 부족하여 평가자의 자의적인 판단에 따라 발생하는 평정오류 문제를 해결하기 위해 개발된 평가 방법이다. 행동기준평정척도는 바람직하거나 기대하는 수준을 서술한 행위사례를 기준으로 평가항목을 만들기 때문에 기대행위척도(Behavioral Expectation Scale)라고도 한다. 예를 들어, 근무태도를 전통적인 평정척도로 측정하면 아주우수, 우수, 보통, 불량, 아주불량 등의 척도로 평가하는 반면에 행동기준평정척도법은 근무태도의 수준을 구체적으로 묘사하는 행위사례를 기준으로 평가한다.

06 글로벌화 전략

시장거래	중간적 거래	수직적(위계적) 거래
• 수 출	• 합작투자(조인트 벤처) • 지분제휴 • 비지분제휴 • 라이센싱	• 인 수 • 합 병 • 100% 소유 자회사

07 한정서비스 도매상은 완전서비스 도매상과는 달리 도매상들이 그들의 기능 중에서 일부만을 수행하는 도매상들이다.
① 완전서비스 도매상
③ 대리 도매상
④ 제조업자 도매상
⑤ 완전서비스 도매상 중 일반제품 도매상

08 기업형 VMS

한 기업이 다른 경로구성원들을 법적으로 소유·관리하는 경로유형이다. 도소매상들을 소유하는 전방통합과 소매상들이 그들에게 제품을 공급하는 제조업체를 소유하는 후방통합이 기업형 VMS의 전형적인 형태이다.

09 거래비용이론에서는 유통시장에 소수의 거래자만이 참가하거나 자산의 특수성이 존재하는 경우 경로구성원들 간에 거래비용이 커지게 될 수 있기 때문에 수직적 계열화가 발생하게 된다.

10 윤리는 강조하되 이익을 등한시하는 기업은 기업으로 존속할 수 없다.

11 회사가 합병을 하는 때에는 먼저 합병 계약을 체결한다. 합병계약이 체결되면 각 회사에서 합병의 결의를 해야 한다. 이 결의는 합명회사와 합자회사에서는 총 사원의 동의(상법 제230조 참조), 주식회사에서는 주주총회의 승인결의(상법 제522조 제1항 참조), 유한회사에서는 사원총회의 결의(상법 제598조 참조)가 있어야 한다.

12 연쇄점은 동일한 유형의 상품을 판매하는 다수의 점포가 중앙본부의 통제·관리를 통해 고도의 획일화·표준화를 달성하면서 판매력 및 시장점유율을 강화하는 소매조직이다.

13 각 직무의 가치를 결정하고 직무급 임금제도의 기초로 활용하는 것은 직무평가(Job Evaluation)에 대한 설명이다.

14 소비자의 기본적 권리(소비자기본법 제4조)
- 물품 또는 용역(이하 "물품 등"이라 한다)으로 인한 생명·신체 또는 재산에 대한 위해로부터 보호받을 권리
- 물품 등을 선택함에 있어서 필요한 지식 및 정보를 제공받을 권리
- 물품 등을 사용함에 있어서 거래상대방·구입장소·가격 및 거래조건 등을 자유로이 선택할 권리
- 소비생활에 영향을 주는 국가 및 지방자치단체의 정책과 사업자의 사업활동 등에 대하여 의견을 반영시킬 권리
- 물품 등의 사용으로 인하여 입은 피해에 대하여 신속·공정한 절차에 따라 적절한 보상을 받을 권리
- 합리적인 소비생활을 위하여 필요한 교육을 받을 권리
- 소비자 스스로의 권익을 증진하기 위하여 단체를 조직하고 이를 통하여 활동할 수 있는 권리
- 안전하고 쾌적한 소비생활 환경에서 소비할 권리

15 기업 입장의 세계화는 나라간 국경의 개념을 뛰어넘어 지구촌 전체를 하나의 경영 단위로 삼아 경영활동을 전개시키는 것을 의미한다. 국경의 개념 자체를 극복했다는 점에서 단순한 국제화의 개념보다 더 공세적이고 전략적이라고 할 수 있다.

16 대리인 문제는 경영자의 지분이 낮아질수록 커지는데, 낮은 지분의 경영자는 적게 일하고 가능한 많은 낭비적 지출을 하려고 한다. 이러한 낭비적 지출은 경영자가 부담하는 것이 아니라 주주들의 비용으로 충당되기 때문에 주주들은 이를 감시하게 되고, 경영자는 주주들의 이익을 대변하여 제대로 경영하고 있음을 자발적으로 입증하기 위한 비용을 지출하게 된다. 이러한 비용을 대리인비용(Agency Cost)이라고 하며, 이는 소유와 경영의 분리로 인해 발생되는 비용이다.

17 '기초상품'이 아니라 '기말상품'의 현품수량을 명확히 함으로써 연간 또는 월간에 분실되거나 감소된 상품이 판명되어 앞으로의 대책의 기초가 된다.

18 유통경로 구성원(제조기업, 유통기업 등)들은 각자 수행하는 유통기능이 있기 때문에 제조기업이 유통기업에게 모든 유통기능을 맡기는 것은 부적절하다.

19 SCM은 경로 전체의 최적화를 추구하며 개별 기업의 최적화를 추구하는 것은 전통적 접근방법이다.

20 ⑤는 논리적 착오에 대한 설명이다. 규칙적 착오는 규칙적인 심리적 오류로 한 고과자가 다른 고과자에 비하여 후한 평정을 하거나 반대 경향을 나타내는 것을 말한다.

21 ① 책임감, 인정과 같은 동기요인이 결핍되면 "직무불만족 상태"가 아니라 "직무만족이 되지 않은 상태(NO Job Satisfaction)"를 야기한다.
② 동기를 부여하는 직무확충전략에는 직무확대와 직무충실이 있다.
③ X 이론에 의하면 사람들은 일하기를 싫어하고 피하려고 노력한다고 가정한다.
④ 공정성 이론은 각 개인은 자신이 기울인 노력에 대한 보상이 적절한가를 판단할 때 절대적인 기준뿐만 아니라 다른 사람과 비교한 상대적 기준도 중요하게 감안한다는 전제에서 출발한 이론이다.

22
- 편의품 : 제품에 대하여 완전한 지식이 있어 최소한의 노력으로 적합한 제품을 구매하려는 행동의 특성을 보이는 제품이다. 주로 식료품·약품·기호품·생활필수품 등이 속하며 대량판매가 가능하다.
- 선매품 : 제품을 구매하기 전에 가격·품질·형태·욕구 등에 대한 적합성을 충분히 비교하여 선별적으로 구매하는 제품으로 제품에 대한 완전한 지식이 없으므로 구매를 계획하고 실행하는 데 많은 시간과 노력을 소비하는 제품이다.
- 전문품 : 상표나 제품의 특징이 뚜렷하여 구매자가 상표 또는 점포의 신용과 명성에 따라 구매하는 제품으로 비교적 가격이 비싸고 특정한 상표만을 수용하려는 상표집착의 구매행동 특성을 나타내는 제품이다.
  그러므로 편의품에 비해 선매품 및 전문품은 한 번에 대량으로 판매가 불가능하다.

23
$$EOQ = \sqrt{\frac{2 \times 1회\ 주문비용 \times 연간\ 총수요량}{1단위당\ 연간\ 재고유지비용}}$$
$$= \sqrt{\frac{2 \times 100 \times 9,000}{20}} = 300$$

24 경영전략은 분석수준에 따라 전사적 전략, 사업부 전략 및 기능 전략의 세 가지로 나눌 수 있다.

구 분	내 용
전사적 전략	• "어떤 사업을 해야 할 것인가?" 하는 문제와 "여러 사업 분야를 기업전체의 관점에서 어떻게 효과적으로 관리할 것인가?" 하는 두 가지 문제를 다룬다. • 전사적 전략은 기업의 사업영역을 선택하고 여러 사업부를 효과적으로 관리하기 위한 전략이다.
사업부 전략	• "특정 사업영역 내에서 경쟁우위를 획득하고 이를 지속적으로 유지하기 위해 어떻게 효과적으로 경쟁해 나갈 것인가?" 하는 문제와 관련된 전략이다. • 특정사업 부분의 구체적인 경쟁방법을 결정하는 것으로 경쟁전략이라고도 한다.
기능 전략	• 생산, 마케팅, 재무, 인사 등과 같은 기업의 각 부문 내에 자원활용의 효율성을 제고하기 위한 전략이다. • 일반적으로 사업부전략으로부터 도출되며, 상위의 전략을 효과적으로 실행하기 위한 수단으로서 역할을 한다는 점에서 전략의 실행과 밀접한 관계가 있다.

25 EVA(경제적 부가가치)란 기업이 고유영업 활동을 통하여 창출한 순가치 증가분으로서 세후영업이익(NOPAT ; Net Operating Profit after Tax)에서 자본주의 기대수익 금액인 자본비용을 차감하고서 얼마만큼의 이익을 창출하였는지를 나타내는 지표이다.

※ 세후영업이익(NOPAT)
세후영업이익은 기업이 재무활동이나 투자활동을 제외한 기업 본연의 영업활동으로부터 발생한 수익에서 이와 관련된 비용을 차감하여 세전순영업이익을 계산한 다음 관련 실효법인세를 차감하여 계산한다.

26 쇼핑몰은 일반적으로 중심상업지역에 입지한다.

27 ①은 누적적 흡인력에 대한 설명이다.
중간 저지성은 경영자가 속한 상권지역 내의 기존 점포나 상권 지역이 고객과 중간에 위치하여 경쟁 점포나 기존의 상권으로 접근하려는 고객을 중간에서 저지할 수 있는 가능성을 평가하는 방법이다.

28 체크리스트(Checklist)법은 상권의 규모에 영향을 미치는 요인들을 수집하여 이들에 대한 평가를 통해 시장잠재력을 측정하는 방법으로 신규 점포에 대한 상권분석 방법이다.
상권의 범위에 영향을 미치는 요인들은 크게 상권 내의 제반입지 특성, 상권고객 특성, 상권경쟁구조로 나누어진다.

29 중심지 이론의 기본가정
- 지표공간은 균질적 표면으로 되어 있고, 한 지역 내의 교통수단은 오직 하나이며, 운송비는 거리에 비례한다.
- 인구는 공간상에 균일하게 분포되어 있고, 주민의 구매력과 소비행태는 동일하다.
- 인간은 합리적인 사고에 따라 의사결정을 하며, 최소의 비용과 최대의 이익을 추구하는 경제인(Economic Man)이다.

30 ④는 파워센터에 대한 설명이며, 쇼핑센터는 일반소득층을 흡인할 수 있는 상권으로, 'One Stop Shopping' 이 가능하고 구매활동 시간이 비교적 길다. 또한 구매성은 강하고 목적성은 약간 있는 경향이 있으며, 교외형 상권 중에서 좋은 성질을 갖는다.

31 ① 입지선정, ② 실내 인테리어 점포 꾸미기, ③ 기자재, ④ 상권분석

32 유동인구수보다 유동인구 성향이 더 중요하다.

33 좋은 입지선정을 위한 고려사항 중 균형성에 대한 설명으로 균형성은 주변 경쟁점과의 균형에 대한 문제를 다룬다. 이러한 경쟁점포와의 균형성을 측정하기 위한 요소에는 점포의 규모 및 인테리어 상태, 메뉴의 가격, 고객의 접근성 정도 등을 기본적인 비교사항으로 꼽고 있다.

34 ① 상권의 범위에 대한 의미, ② 상권의 유형 중 근린형의 의미, ④ · ⑤ 상권의 개념에 해당하는 설명이다.

35 공업입지 중 시장지향형 입지에 대한 설명으로서 그 이외에도 재고의 확보가 필요한 제품, 소비자와의 접촉이 많이 필요한 제품에 대한 내용이 있다.

36 확률적 효용극대화이론(Stochastic Utility Maximization)에 따르면 소비자는 고려중인 점포 대안들 중에서 가장 효용이 높은 점포를 선택하므로 면적, 거리 정보는 필요하지 않다.

37 성공적인 경영전략은 경쟁우위를 전제한다. 이러한 경쟁우위는 기본적으로 비용우위와 차별화우위 두 가지로 크게 구별할 수 있다. 비용우위는 동일한 제품, 서비스를 경쟁사보다 낮은 비용에 제공하는 것을 의미하며 차별화우위는 경쟁사와 차별화된 제품, 서비스를 가격프리미엄을 받고 제공하는 것을 의미한다. 이마트의 경우 경쟁점포보다 다점포망을 신속히 구축하는 다점포화 전략으로 공급업체로부터 타 점포에 비해 경쟁적인 가격으로 제품구매를 함으로써 최저가격의 판매를 달성할 수 있었다. 즉, 유통업체가 대규모화될수록 유통업체의 협상력을 이용한 원가절감은 강력한 가격경쟁력의 원천이 되고 있다.

38 ⑤ 중심지 이론은 한 지역 내의 생활거주지(취락)의 입지 및 수적 분포, 취락들 간의 거리관계와 같은 공간구조를 중심지 개념에 의해 설명하려는 이론이다.
① 기술적 방법에 의한 상권분석 중 Checklist방법에 대한 설명이다.
② 레일리의 소매인력법칙은 이웃 도시들 간의 상권 경계를 결정하는 데 주로 이용한다.
③ 컨버스의 제1법칙에 대한 설명이다.
④ 컨버스의 제2법칙에 대한 설명이다.

39 소매포화지수는 경쟁의 양적인 부분만을 고려하고, 질적인 부분에 대해서는 고려하고 있지 않기 때문에 미래의 신규수요를 반영하지 못할 뿐만 아니라 거주자들의 지역시장 밖에서의 쇼핑 정도 및 수요를 측정 · 파악하기 어렵다. 그러나 신규점포에 대한 시장잠재력을 측정하는 데에는 유용하게 사용될 수 있음에 유의해야 한다.

40 부적합적인 원인을 연구하며 파악하는 것이 아니라, 권리관계 확인을 위해 부동산 및 관련한 자료를 수집해서 법규와 더불어 적합성 여부를 파악한다.

41 Reilly 모델
- 점포들의 밀집도가 점포의 매력도를 증가시키는 경향이 있음을 나타내는 법칙으로, 개별점포의 상권파악보다는 이웃 도시간의 상권 경계를 결정하는 데 주로 이용한다.
- 두 경쟁도시가 그 중간에 위치한 소도시의 거주자들을 끌어들일 수 있는 상권의 규모는 인구에 비례하고, 각 도시와 중간 도시 간의 거리의 제곱에 반비례한다.
- 보다 많은 인구를 가진 도시가 더 많은 쇼핑 기회를 제공할 가능성이 많으므로 먼 거리에 있는 고객도 흡인할 수 있다.

42 상권분석을 통한 이점
- 소비자들에 대한 인구통계적 · 사회경제적 특성의 파악이 가능
- 마케팅 및 프로모션 활동의 방향 모색의 가능
- 점포의 위치가 새로운 소비자 또는 기존 점포의 소비자들의 유인 파악이 가능

43 패션잡화점의 입지는 상호보완적인 상품을 제공하는 다양한 점포들이 모여 있는 곳으로, 다양한 상품을 판매하고 유동인구가 많으며, 주로 젊은 세대들이 자주 찾는 지역이 적합하다.

44 일반적으로 편의점의 상권은 비교적 좁고, 백화점의 상권은 넓은 편이다.

45 ①은 쇼핑센터 입지에 대한 세부계획 중에서 보행자 지대(Pedestrian Area)를 설명하는 내용이다. 즉, 보행자 지대란 쇼핑센터 내의 주요 동선으로서 고객을 각 점포에 균등하게 유도하는 보도를 말한다.

유통마케팅

46 ①은 의사전달기능에 해당된다.

47 차별화 마케팅은 사업운영 비용도 상대적으로 높아지지만, 무차별 마케팅보다 더 많은 매출액을 창출하는 것이 보통이다.

48
- 중간상 상표전략 : 하청생산업체에 의해 제조된 패션제품에 유통업체가 개발한 상표명을 부착하여 유통업체가 판매에 대하여 모든 책임을 지는 상표전략을 말한다.
- 공동상표전략 : 하나의 상표명을 회사 내의 전 취급제품들에 적용하는 전략을 말한다.
- 개별상표전략 : 제조업체 및 유통업체 등이 생산되어진 제품에 대해 각각 개별의 상표명을 부착시키는 전략을 말한다.
- 복수상표전략 : 동일 제품군 안에서 두 개 이상의 개별상표를 활용하는 전략을 말한다.
- 기업상표전략 : 기업명을 공동상표로 활용하는 것을 말한다.

49 판매촉진이란 소비자의 구매를 유도하고 판매원의 효율성을 높이기 위한 마케팅 활동으로서 광고, 인적판매, 홍보활동에 속하지 않는 모든 촉진활동을 의미한다.

50 ②는 교차판매(Cross-selling)에 해당한다.
Up-selling은 상향판매 또는 추가판매라고도 하며 특정한 상품 범주 내에서 상품구매액을 늘리도록 업그레이드된 상품의 구매를 유도하는 판매활동이다.

51 ③은 선매품, ①, ②, ④, ⑤는 편의품에 대한 설명이다.

52 ②는 비주얼 머천다이징(Visual Merchandising)에 대한 설명이다.

53 서비스는 제품과 구별되는 여러 가지 고유의 특성을 지니고 있는데, 일반적으로 무형성, 생산과 소비의 비분리성, 소멸성 및 이질성을 특성으로 한다.

54 직선구성은 평면으로 상품을 붙여 진열하거나 공간에 배치하여 표현할 때 주로 이용하는 구성법이다. 진열할 때는 상품 개개의 특성을 살리면서 직선적인 아름다운 모양이 되도록 배치해 패턴 자체가 단조롭다.

55 판매과정분석은 기업조직의 제품기획의 성과에 대한 분석에서 제품의 실제판매수량 및 계획한 매출수량과의 비교를 통해 이를 시장수요에 맞게 필요한 제품의 수량을 결정하는 것을 말한다.

56 POP 광고는 구매시점 광고를 의미하므로, 이성적 설득방법보다 충동구매촉진을 사용하는 것이 효과적이다.

57 ① 주력제품과 함께 판매되는 각종 사양제품 혹은 액세서리에 부과되는 가격결정
② 한 제품계열을 구성하는 여러 제품들 간에 어느 정도의 가격차이를 둘 것인가를 결정
③ 특정 제품과 반드시 함께 사용되는 제품에 대해 부과되는 가격결정
④ 제품에서 발생하는 부산물의 가격결정

58 곱셈의 법칙(1×2×3×4×0 = 0)
각 서비스항목에 있어서 처음부터 점수를 우수하게 받았어도, 마지막 단계의 마무리에서 0점을 받으면 결국에 형편없는 서비스가 된다는 법칙이다. 처음부터 끝까지 서비스 제공에 주의를 기울여야 함을 뜻한다.

59 상시적으로 가장 보기 쉬운 높이의 위치는 눈높이에서 20도가 내려간 부분인데, 이 높이는 가장 손에 닿기 쉬운 부분이므로 이것을 특히 유효진열범위 중에서도 골든 라인(Golden Line) 또는 골든 존(Golden Zone)이라고 한다. 바닥 가까이에 있는 상품은 골드라인 범위뿐만 아니라 유효진열범위에서 벗어난 곳으로 잘 팔리는 곳이 아니다.

60 브랜드확장(Brand Extension) 전략보다는 라인확장(Line Extension) 전략이 보다 일반적이다.

61 공정성이란 스스로는 상대방으로부터 결과에 따른 공헌에 대한 정당하면서도 공평한 대가를 받아야 한다고 생각하는 데 있어, 그러한 정당성의 여부는 자신의 투입(조직에 대한 공헌) 및 산출(보상)만 보고 판단하는 것이 아닌 타인들의 결과물과 비교 후에 판단하고, 이에 대해 불공정하다고 느끼면 화를 내거나 하는 식으로 불공정함을 줄이려고 노력한다는 것을 말한다.

62 곡선형 고객동선은 소비자들의 자유로운 쇼핑과 충동적인 구매를 연출하는 기대하는 백화점이나 전문점에 주로 쓰인다.
① 공간 활용 면에서 격자형보다 불리하다.
③ 상품도난이나 보안관리가 불리하다.
④ 쇼핑 소요시간이 늘어난다.
⑤ 삼각형 동선의 특징이다.

63 EDLP 가격정책은 항시 저가이기 때문에 세일을 광고할 필요가 없으므로 High-Low 가격정책보다 촉진비용이 감소한다.
※ EDLP 가격전략의 장점
• 재고관리 개선의 효과 및 품절의 감소
• 가격경쟁에서의 압박 감소의 효과
• 광고비 감소의 효과

64 고객은 접점(MOT ; Moment of Truth)으로 그 기업을 평가하지만 MOT 만을 최우선시해야 하는 것은 아니며, 접점의 전(前)인 제품의 개발과 후(後)인 A/S를 소홀히 해서는 안 된다.

65 한계분석방법은 촉진비용과 매출사이의 관계가 분명할 때 활용하는 것이 바람직하다.

66 기업 경쟁이 가속화될수록 고객들은 시장에서 수많은 대체상품을 손쉽게 발견할 수 있음으로써 결과적으로 한 기업에 대한 로열티가 점차 약해진다.

67 원가기준 가격결정(Cost-based Pricing)에서 최저가격의 기준이 되는 것은 총 제조원가이지만, 극단적인 경우에는 일시적으로 제조원가 이하에서 가격이 책정되기도 한다.

68 고객만족의 3대 핵심요소 : 제품 , 서비스 , 기업이미지

69 소매믹스란 점포활동의 총체로서, 소비자의 점포선택과 니즈 충족에 영향을 주는 요소들을 모아 놓은 것이다. 소매믹스의 구성요소는 가격, 상품구성, 입지선정, 광고, 프로모션, 점포분위기, 접객 서비스 등이다.

70 '롱테일 법칙' 또는 '역 파레토 법칙'은 전통적인 마케팅에선 20%의 주력 제품이 매출의 80%를 이끌고 간다는 '80 : 20'의 파레토의 법칙이 성립했지만, 인터넷의 활성화로 이제 상대적으로 판매량이 적은 상품의 총합이 전체의 매출에서 더 큰 비중을 차지하게 된다는 이론이다. 과거에는 '유통비용과 진열공간의 한계' 등으로 소수의 '잘 팔리는' 상품이 필요했다면, 인터넷공간에서는 매장에 진열되지 못했던 제품들도 모두 공간을 갖게 될 길이 열렸다는 것이다. 미국 최대의 정보기술(IT) 전문지 '와이어드(Wired)'의 편집장이자 베스트셀러 '롱테일'의 저자 크리스 앤더슨이 처음 정의했다.

제 **4** 과목　　**유통정보**

71 정보사회가 등장한 경제적 배경으로는 1970년대의 1, 2차 석유위기 이후 석유, 석탄, 목재 등 부존자원의 고갈에 대비하여 새로운 대체 에너지의 개발을 서두르게 되었고 에너지 위기를 해결하기 위해 에너지 소비형 산업구조에서 에너지 절약형 산업구조로의 전환이 모색되었던 점을 들 수 있다. 또한 제한된 자원을 가장 효율적으로 이용하려는 생산성 향상에 대한 압력이 가중되었다.

72 휘발성(Volatile)이란 컴퓨터 메모리에서 전원이 꺼지면 저장되어 있던 정보가 없어지는 성질을 말한다. 반대로 전원이 꺼져도 정보가 없어지지 않는 성질을 '비휘발성'이라고 한다. 랜덤 액세스 메모리(RAM)의 경우, 전원이 꺼지면 그때까지 기억되어온 정보가 지워지며, 다시 전원을 켜도 한 번 잃어버린 정보는 복구되지 않는다.

73 ECR(Efficient Consumer Response)은 제품의 생산 단계에서부터 도·소매에 이르기까지 전 과정을 하나의 프로세스로 보고, 관련기업들의 긴밀한 협력을 통해 전체로서의 효율 극대화를 추구하는 고객 대응 기법이다.

74 데이터의 배열방법에 따라 바이너리코드와 멀티레벨코드로 구분한다.

75 CR(Continuous Replenishment ; 지속적 상품보충)
- 소비자로부터 얻은 재고 및 판매정보를 기초로 하여 상품보충량을 공급업체가 결정하는 방법으로 전통적인 상품보충프로세스를 근본적으로 변화시키는 새로운 시스템이다. CR은 제조업체, 유통업체 중 누구에게 주문책임이 있느냐에 따라서 VMI(Vendor Managed Inventory)와 CMI(Co-Managed Inventory)로 나누어진다.

- VMI(Vendor Managed Inventory) : 제조업체(또는 공급업체)가 상품보충시스템을 관리하는 경우
- CMI(Co-Managed Inventory) : 제조업체와 유통업체에서 공동으로 운영될 경우

76 기업의 의사결정
- 전략적 의사결정 : 주로 기업의 외부문제, 즉 외부환경과의 관계에 관한 비정형적 문제를 다루는 의사결정이다. 즉, 그 기업이 생산하려는 제품믹스와 판매하려는 시장의 선택 등 기업의 구조에 관련된 의사결정으로서 이는 기업의 성격을 기본적으로 좌우하는 중요한 의사결정이다.
- 관리적 의사결정 : 전략적 의사결정을 구체화하기 위하여 기업의 제 자원을 활용함에 있어서 그 성과가 극대화될 수 있는 방향으로 조직화하는 전술적 의사결정이다. 경영활동이 조직의 전략적 의사결정에 따라 정해진 정책과 목적에 부합되는가를 판단하는 중간관리자에 의한 의사결정이 이에 해당된다.(①, ③)
- 일상적 의사결정 : 전략적·관리적 의사결정을 구체화하고 동시에 일상적으로 수행되는 정형적 업무에 관한 의사결정 형태로서 주로 일선 감독층이나 실무자에 의해 이루어진다. 생산, 판매, 인사, 재무 등과 관련된 하위부문에서 이루어지는 각종 의사결정이 이에 해당된다.(②, ⑤)

77 기술적으로 제한되어 사진과 서술문장에 의한 한정된 정보표현방법만 가능한 것은 종이카탈로그이다.

78 유통정보는 상품을 신속하고 정확하게 유통해 비용의 낭비를 막고 유통활동을 촉진시키는 중요한 역할을 하며, 유통정보시스템을 유지하는 데 필수적인 역할을 한다.

79 조직의 개별구성이 가지고 있는 암묵지(지식·경험)를 발견하고, 이를 조직의 지식으로 공유·활용할수 있는 형식지로 바꾸어 조직이 제공하고 있는 제품과 서비스 등의 부가가치를 창출한다.

80 RFM 분석에서는 Recency(최근 구매일), Frequency(구매빈도), Monetary(구매금액)의 3가지 요소를 가지고 고객들의 가치를 판단한다.

81 POS시스템의 기능으로서 상품을 제조회사별, 상표별, 규격별로 구분하여 상품마다의 정보를 수집·가공·처리하는 과정에서 단품관리가 가능하며 이를 위해서는 바코드(Bar Code)가 상품에 인쇄되어 있어야 한다.
※ 단품관리
상품의 품목별 관리를 말한다. 인기상품과 비인기상품의 파악이 쉽고 종업원의 적정 배치나 적정 재고 유지가 가능하다.

82 신속한 구매를 할 수 있어 긴급수요에 유리한 경우는 분산구매이다.

83 일반적 Off-line 구매집단에 비해 상대적으로 구매력이 높은 집단이다.

84 ② 중개형(Brokerage Model)
③ 광고형(Advertising Model)
④ 상인형(Merchant Model)
⑤ 커뮤니티형(Community Model)

85 특정한 한 곳의 판독 지점이 아니라 여러 판독 지점에서 태그를 읽거나 쓸 때 필요한 판독거리를 갖추고 있는지를 파악해야 한다.

86 ⑤는 GS1 DataBar에 대한 내용으로서, 정상크기의 바코드를 인쇄할 만한 공간이 없는 소형 상품에 부착할 목적으로 개발한 축소형 바코드를 말한다. 또한 POS에서 활용 가능하고 GS1 응용식별자 표준을 활용하여 다양한 정보를 입력할 수 있다.

87 ②는 정보 기술이 마케팅 환경의 긍정적인 변화를 야기하는 경우이다.

88 ②는 의사결정나무(Decision Tree) 모형에 대한 설명이다.

89 무결성(Integrity)은 전달과정에서 정보가 변조되지 않았는지 확인하는 것이다.

90 ① 전자수표도 종이수표와 마찬가지로 은행에 수표계좌를 가지고 있는 사용자들에 한해 사용이 가능하다.
② 전자수표 결제시스템은 거액의 상거래 또는 기업간 거래시 지불수단으로 적합하다.
③ 전자수표에는 카네기 멜론 대학의 Net Bill, FSTC의 e-Check 등이 대표적이다.
④ 소액 상거래보다는 규모가 큰 거래, 기업 간의 상거래 지불수단으로 효과적이다.

제5회 정답 및 해설

정답

01	02	03	04	05	06	07	08	09	10	11	12	13	14	15	16	17	18	19	20	21	22	23	24	25	26	27	28	29	30
④	④	④	④	④	③	②	④	④	④	④	①	④	④	①	①	④	③	④	④	⑤	③	②	③	①	③	①	⑤	③	⑤

31	32	33	34	35	36	37	38	39	40	41	42	43	44	45	46	47	48	49	50	51	52	53	54	55	56	57	58	59	60
⑤	⑤	④	③	④	⑤	④	⑤	②	②	③	⑤	④	④	④	④	④	②	①	④	④	⑤	④	⑤	⑤	④	⑤	④	⑤	①

61	62	63	64	65	66	67	68	69	70	71	72	73	74	75	76	77	78	79	80	81	82	83	84	85	86	87	88	89	90
③	⑤	⑤	①	④	①	⑤	④	④	④	⑤	①	④	③	②	④	④	⑤	①	③	③	③	④	②	④	⑤	③	②	②

제1과목 │ 유통 · 물류일반관리

01 유기농산물의 공급이 수요에 비해 줄어들기 때문에 가격은 상승한다. 이에 따라 초기에는 물량 확보를 위해 거래량도 증가한다. 그러나 일정 공급량을 소화하게 되면 공급 요인은 더욱 악화되어 가격은 더욱 상승하게 된다. 일정 시점에 이르면 소비자의 구매량이 줄고 점차 거래량은 감소하게 된다. 즉, 거래량은 증가하기도 하고 감소하기도 하므로 '알 수 없음'이라고 할 수 있다.

02 운송업자와 창고업자
  • 운송업자 : 제조업자와 도매업자 사이의 거리, 제조업자 또는 도매업자와 소매업자 사이의 공간적인 차이를 해소시키기 위하여 운송로에 따라 운송을 담당하는 자를 말한다.
  • 창고업자 : 재화를 최종소비자가 소비하기까지 보관하는 기능을 담당한다. 이는 생산이나 소비 사이에서 발생할 수 있는 시간적인 불일치를 해소하여, 제조업자와 최종소비자 사이의 시간적 불일치를 극복할 수 있게 해준다.

03 BCG 매트릭스
  BCG 매트릭스에서 의문부호의 경우에는 성장에 대한 가능성이 낮을 경우에는 퇴출시킬 수 있지만, 개발 및 마케

팅 투자 등으로 인해 경쟁우위로의 전환이 가능한 경우에는 적극적으로 지원하게 된다.

04 직능형 조직은 전사적인 물류정책이나 전략 · 계획 등을 도모하기 어려워 현대에는 잘 이용되지 않는 유형이다.

05 제조업자는 자신이 제조한 상품을 직접 판매할 경우 비용부담이 많이 되기 때문에 유통업자(중간상)를 이용하는 것이 더 효율적이다.

06 고정자산의 자산회전율은 높으면 높을수록 고정자산에 투하된 기업의 자본이 효율적으로 사용되었다는 것을 의미한다.

07 물류 아웃소싱을 통해 물류시설 및 장비를 이중으로 투자하는 데 따르는 투자 위험도 피할 수 있으며 더 나아가 물류공동화와 물류표준화도 가능하게 된다.

08 공급자와 발주자는 장기적인 협력 거래관계를 형성한다.

09 고객의 주문 후 대기시간을 짧게 할수록 만족도는 상승하지만 개별 경로기관의 규모는 영세화된다.

10 ④는 상류(상적 유통)에 대한 설명이다. 물류란 일반적으로 상거래가 성립된 후 그 물건들이 이행기간 중에 생산자로부터 소비자에게 물품을 인도함으로써 시간적, 공간적 효용을 창출하는 경제활동을 말한다.

11 손익분기점 판매량

= 고정비/(단위당 판매가 – 단위당 변동비)

= 고정비/단위당 공헌이익

※ 손익분기점

손익분기점 = 고정비 ÷ $(1 - \dfrac{변동비}{매출액})$

- 한 기간의 매출액이 당해기간의 총비용과 일치하는 점이다.
- 매출액이 손익분기점 이하로 감소하면 손실이 나며, 그 이상으로 증대하면 이익을 가져온다.
- 비용을 고정비와 변동비로 2분하는 편의적 방법이다.

12 MRP시스템의 기능

- MPS의 달성을 위해 필요한 종속수요품목들의 소요량과 우선순위결정
- 능력소요계획과 일정계획을 위한 기초자료 제공
- 외부로부터 조달되는 원재료나 부품의 소요량을 적시에 구매부서에 전달
- 작업현장에서의 작업진행상태를 파악하여 작업간의 정확한 우선순위유지

13 이자수익이 확정된 채권의 가격과 이자율

- 현재가치(PV) : 연 이자율이 r%일 때 1년 후 B원의 현재가치는 $\dfrac{B}{1+r}$이다.
- 이자수익이 확정된 채권의 가격 : 1년 후 상환하기로 되어 있는 채권의 액면가가 10,000원이고 표면금리가 10%인 채권의 1년 후 가격은 11,000원이므로,
  - 이자율이 10%일 때의 현재가치(판매가) :
  $$\dfrac{11,000}{1+0.1} = 10,000원이 되고$$
  - 이자율이 5%일 때의 현재가치(판매가) :
  $$\dfrac{11,000}{1+0.05} = 10,476원이 된다.$$

따라서 채권가격은 이자율과 반비례한다.

- **영구채권의 가격**

매년 A원씩 지불하는 영구채권의 가격은 무한등비급수의 합에 의해 다음과 같이 도출된다. 단, 이자율은 r이므로 영구채권의 가격(현재가치) P를 구하는 공식은 다음과 같다.

$$P = \dfrac{A}{(1+r)} + \dfrac{A}{(1+r)^2} + \dfrac{A}{(1+r)^3} + \cdots\cdots = \dfrac{A}{r}$$

- 이자율이 5% 일 때 영구채권의 가격(현재가치) :
$$P = \dfrac{1억}{0.05} = 20(억 원)$$

- 이자율이 10% 일 때 영구채권의 가격(현재가치) :
$$P = \dfrac{1억}{0.1} = 10(억원)$$

따라서 10억원 만큼 감소한다.

14 기회주의적 행동양식은 시장을 비효율적으로 만드는 요인이므로 거래 비용감소를 추구하는 수직적 통합과는 거리가 멀다.

15 ①은 도매윤리에 속한다.

16 도매상은 제조업체를 대신하여 광범위한 시장에 산재해 있는 소매상들을 포괄한다.

17 자산수익률(ROA)은 기업의 세금차감 후 당기순이익을 자산총액으로 나눈 값을 의미한다.

18 연봉제의 장단점

장점	• 연봉제는 능력과 실적이 임금과 직결되므로 종업원에게 동기를 부여해 의욕적으로 근무할 수 있게 하고 조직의 활성화와 사기양양을 유도할 수 있다. • 인재를 과감하게 기용할 수 있다. 즉, 국제부분 및 신규 사업부문에서 국제적인 감각을 지닌 관리자, 전문직 종사자, 하이테크 기술자 등의 인재를 확보할 수 있다. • 상급관리직에 적용할 경우 업무와 연봉과의 연결에 의하여 경영감각을 배양하여 경영의식을 제고할 수 있다. • 연도 초기에 연간임금이 결정되고 임금체계가 간단하므로 임금관리가 용이해진다. • 목표수립과 업무평가 및 연봉액 결정을 위해 상사와의 면담이 이루어지므로 의사소통이 원활해진다.
단점	• 연봉결정시 단기적인 업적과 결과가 중시되기 때문에 장기적인 안목과 관련된 부분에 대한 배려가 소홀해질 우려가 있다. • 사용자의 입장에서 본다면 승급의 폭이 큰 반면 감급의 폭이 작은 것이 통례가 되고 있어 인건비가 증가될 우려가 있다. • 계약사원의 경우 연봉액 결정에 큰 영향을 미치는 업적 평가를 1년이라는 짧은 기간 내에 해야 한다는 어려움이 있다. • 평가기준이 확립되지 못할 경우에는 공정성을 기하기 어렵고 따라서 연봉액에 대한 신뢰성이 문제가 된다.

19 증권시장 선에서의 위험은 체계적 위험과 비체계적 위험으로 구분하고 있는데 체계적 위험은 전체 시장의 관점이고 비체계적 위험은 개별기업의 관점에서의 위험이다.

20 중소유통공동소매물류센터의 설립·운영(×)
→ 중소유통공동도매물류센터의 설립·운영(○)
① 유통산업발전법 제15조 제3항
② 유통산업발전법 제15조 제1항, 제2항
③ 유통산업발전법 제15조 제4항
⑤ 유통산업발전법 제15조 제1항

21 계획적인 제품 진부화 전략은 일부러 제품의 질을 좋지 않게 하여 잦은 구매를 유도하는 것으로 과소비조장과 자원의 낭비를 초래하므로 비윤리적이다.

22 ③은 고객욕구중심 세분화에 대한 설명이다.
고객가치중심 세분화는 축적된 고객 데이터베이스를 통해 수행하며, 이미 데이터 웨어하우스가 구축되어 있는 경우에 데이터 마이닝 방법을 통해 고객을 세분화할 수 있다.

23 자가창고와 영업창고의 장단점

	자가창고	영업창고
장점	• 창고이용과 생산 판매의 시간적 결손이 적음 • 기업의 목적에 부합 될 수 있는 적지에 건립 가능 • 기업에서 취급하는 상품에 알맞은 설비 보관, 하역이 가능 • 합리화 및 생력화 가능	• 필요로 하는 스페이스를 언제든지, 어디서든지 이용가능 • 전문업자로서의 전문적 관리 운용 • 상품의 피동성에 대응 가능 • 고정투자의 회피 가능
단점	• 토지 구입 및 설비 투자에 비용이 듦 • 상품의 피동성에 대응하지 못하고 결손이 많음 • 종업원의 고정적 배치에 의한 인건비, 관리비의 부담	• 성수기에는 여유공간이 적음 • 화주의 상품기밀이 유지되지 않음 • 작업시간의 탄력성이 없음

24 직무명세와 직무기술서가 서로 바뀌어서 서술되었다.

25 ② 관대화경향오류는 피고과자의 능력이나 성과를 실제보다 높게 평가하는 오류를 말한다.
③ 중심화경향오류는 피고과자에 대한 평가점수가 척도상의 중심점에 집중하는 것을 말하며, 고과자가 평가방법을 제대로 이해하지 못하였거나 평가능력이 부족하여 적당히 중간으로 평가한 경우에 나타나는 오류이다.
④ 신뢰성은 시험결과의 일관성으로 어떤 시험을 동일한 환경 하에서 동일인이 몇 번 다시 보아도 그 결과가 일치하는 정도를 말한다. 반면 타당성은 시험이 측정하고자 하는 내용 또는 대상을 정확히 검정하는 정도를 말한다.
⑤ 신뢰성에 대한 설명이다.

26 ③은 점포개점의 체크포인트와 관련된 내용이다.

※ **점포개점의 체크포인트**
- 간판 및 점내 시설은 완비되었는가?
- 종업원들에 대한 교육은 충분히 이루어졌는가?
- 전단지, 현수막 등 행사는 준비되었는가?
- 개점 당일 상품판매를 위한 준비는 철저한가?

27 독립입지는 다른 소매업체들과는 지리적으로 떨어진 지역을 말하는데, 보통 쇼핑센터와 근접한 곳에 위치하게 된다.

28 ① B쇼핑센터의 지출금액 :

$$\frac{\frac{2}{2000}}{\frac{1}{1000} + \frac{2}{2000} + \frac{4}{2000}} = \frac{1}{4}$$ 이므로,

지출금액은 10,000원의 $\frac{1}{4}$ 이 된다.

② A쇼핑센터의 지출금액 = $\frac{1}{4}$,

B쇼핑센터의 지출금액 = $\frac{1}{4}$ 이므로,

A와 B의 지출금액은 동일하다.

③ A쇼핑센터의 지출금액 :

$$\frac{\frac{1}{1000}}{\frac{1}{1000} + \frac{2}{2000} + \frac{4}{2000}} = \frac{1}{4}$$ 이고,

C쇼핑센터의 지출금액 :

$$\frac{\frac{4}{2000}}{\frac{1}{1000} + \frac{2}{2000} + \frac{4}{2000}} = \frac{1}{2}$$ 이므로,

A와 C쇼핑센터의 지출금액은 서로 다르다.

④ Huff 모형의 고려 시에 답을 찾기 위한 추가적인 정보는 더 이상 필요가 없다.

29 시장의 세분화란 지리적 변수, 인구 통계적 변수, 심리 분석적 변수, 행동변수 등을 통한 상권분석법인데 이를 통하여 정확한 업종 분석을 할 수 있게 된다. 여기서 인구

통계적 세분화는 연령, 성별, 가족 수, 가족생활 주기, 소득, 직업, 학력, 종교, 인종, 국적 등의 인구 통계적 변수들에 기초해서 시장을 여러 집단으로 분할하는 것이다.

30 아웃렛은 자사의 제품 및 매입한 상품을 아주 싼 가격으로 판매하는 상설소매점포로 백화점이나 제조업체에서 판매하고 난 후 남은 비인기상품, 재고상품, 하자상품을 정상가보다 절반이하의 저렴한 가격으로 판매한다. 주로 재고상품이 집하되는 물류창고 근처에 여러 개의 점포가 모이는 군집형 입지 형태를 이루는 경우가 많다.

31 ① · ③ 원심적 출점전략 ② 시장력 흡수전략 ④ 인지도 확대전략

32 다점포 경영전략은 수요에 대한 자기잠식 현상을 방지할 수 없다. 자기잠식 효과는 한 기업에서 새롭게 출시한 제품이나 기술이 기존에 해당 기업에서 판매하고 있던 다른 제품 및 기술의 영역까지 침범해서 매출에 대해 부정적인 영향을 미치는 것으로 총수익을 감소시키게 된다.

33 유추법은 유사점포를 이용하는 소비자와의 면접이나 실사를 통하여 수집된 자료를 토대로 추정하는 질적 예측방법이다.

34 가두조사법은 인터뷰에 응해 줄 사람과 만나는 것이 쉽지 않으므로 요일과 시간대의 선정에 있어서 주의할 필요가 있다.
① 전화조사법, ② 방문면접법, ③ 우편조사법, ④ 유치조사법에 대한 내용이다.

35 ③은 대규모 물류단지에 대한 내용이다.
도심번화가는 전통적인 상업집적지로서 고급 전문점이나 백화점이 입지하고 있어 다양한 분야에 걸쳐 고객 흡입력을 지닌 지역을 말한다.

36 네이버 후드 센터는 소비자와 가장 가까운 지역에서 그들의 일상적 욕구를 만족시키기 위한 편리한 쇼핑장소를 제공하도록 설계된 곳을 말한다.

37 무작위 요소(오차항)는 Double Exponential(Extreme Value) 분포를 가진다.

38 교통조건을 사전에 철저하게 조사하지 않아도 되며, 예상하여 상권 설정에 대한 내용을 작성한다.

39 소매포화지수가 높아질수록 공급보다 수요가 상대적으로 많은 것을 의미하므로 신규점포에 대한 시장잠재력이 상대적으로 높아진다.

40 상권분석은 자사점포의 수요예측과 마케팅 전략의 수립을 위한 필수적인 단계이다. 즉, 상권분석을 통해 소매업은 자사점포의 예상매출액에 대한 추정은 물론 상권 내의 소비자의 인구통계적 특성 및 사회 경제적 특성을 파악함으로써 촉진전략에 전략적 시사점을 제공한다.

41 시장의 매력도 측정
• 평가요인 : 수요요인, 공급요인, 지역의 경제적 기반
• 소매수요의 측정 : 소매포화지수(IRS) – 한 시장지역 내에서 특정 소매업태의 단위 매장면적당 잠재수요
• 공급수준의 측정 : 시장성장 잠재력지수(MEP) – 지역시장이 미래에 신규 수요를 창출할 수 있는 잠재력 측정 지표
• 경제적 기반 측정요소
– 앞으로의 경제 활성화 정도
– 근로자의 이용가능성과 비용
– 광고매체의 이용가능성과 비용
– 지역정부기관의 지역경제 활성화 노력
– 지역시장에 대한 정부의 법적 규제

42 상가는 결코 혼자 존재할 수 없으므로 독점보다는 공급이 넘치지 않는 적당한 과점 체제가 되어야만 경쟁력을 가질 수 있다. 즉, 과점지역에서는 신규 점포의 출점이나 다른 점포의 폐업이 발생할 수 있다.

43 레일리(Reilly)의 소매인력법칙은 거리와 인구의 2가지 요인만으로 모델을 구성하였으며, 매장면적, 가격 등 최소한의 변수를 고려하지 않았다.

44 점포 이용자에 대한 설문조사자료는 1차 자료(Primary Data)에 해당한다.

45 ④ 할당표본추출법은 비확률추출법에서 가장 많이 이용되는 방법으로서, 미리 정해진 분류기준에 의해 전체 표본을 여러 집단으로 구분하고 각 집단별로 필요한 대상을 추출하는 방법이다. 할당추출법은 지리적 위치, 성별, 연령, 교육 수준 및 소득과 같은 인구통계적인 특성을 고려한다.
① 모집단을 구성하는 각 요소가 표본으로 선택될 확률을 동등하게 부여하여 표본을 선정하는 방법
② 모집단을 일정한 기준에 따라 두 개 이상의 동질적인 층으로 구분하고 각층별로 단순무작위추출 방법을 이용하여 표본을 추출하는 방법
③ 모집단을 여러 개의 이질적인 군집으로 분할하여 군집을 먼저 추출하고 이 군집에서 표본을 추출하는 방법
⑤ 연구 조사자가 편리한 시간 및 장소에 접촉하기 쉬운 대상을 표본으로 선정하는 방법

제 3 과목
유통마케팅

46 비주얼 머천다이징은 상품계획을 시각화하는 것으로 고객에게 상품연출을 시각적으로 표현하여 구매의욕을 높이고자 하는 전략이다. 따라서 상품의 포장형태도 중요 고려사항이며, 궁극적으로 수익창출을 이루는 데 목적이 있다.

47 기획과 재무, 경리, 법무, 품질관리 등 여러 가지 활동으로 구성된 기업하부구조활동은 지원활동에 해당한다.

48 서비스는 이질성 때문에 생산 및 전달되는 과정상 계속해서 완벽한 서비스품질을 달성하는 것이 불가능하다.

49 ① 비수기에 제품을 구매하는 사람에게 가격을 할인해 주는 것
③ 제조업자가 광고와 판매지원 프로그램에 참여하는 대리점에 대한 보상으로 가격의 할인이나 일정액을 지급하는 경우
④ 제품을 대규모로 구매하는 고객에게 가격을 할인해 주는 것
⑤ 생산자가 수행해야 하는 기능 중 일부를 중간기관이 대신 수행하는 것에 대해 제공하는 할인

50 소비자들을 일정 기준에 따라 크게 몇 개의 세분 시장 (Segment)으로 나누어 각각의 시장에 차별화된 마케팅 전략을 구사하는 방법은 세분화 마케팅전략이다.

51 가격차별화란 동일한 상품에 대해 시간적 · 지리적으로 서로 다른 시장에서 다른 가격을 매기는 것을 말한다.

52 ABC 분석법
재고자산의 품목이 다양할 경우 이를 효율적으로 관리하기 위하여 재고의 가치나 중요도에 따라 재고자산의 품목을 분류하고 차별적으로 관리하는 방법으로 분류기준은 파레토 분석에 의한다. 즉, 재고품목을 연간사용금액에 따라 A, B, C 세 품목으로 분류할 때 중점관리대상은 가치가 크고 사용량이 적은 A품목이 된다.

53 ④는 마케팅믹스 4P 중 촉진(Promotion) 정책에서의 의사결정 내용이다. 촉진활동은 광고(Advertising), 판매촉진(Sales Promotion), PR(Public Relation), 인적판매(Personal Selling)의 마케팅 커뮤니케이션 수단에 의해 이루어진다.

54 오픈 가격제는 제조회사가 소비자 판매가격을 정하는 것이 아니라 소매업체가 판매가격을 독자적으로 정하는 제도이다. 가격파괴 유통업태의 등장으로 인해 오픈 가격제의 도입 필요성이 대두되었으며, 판매가격을 하락시키는 요인이 되었다.

55 생존을 위해 온라인 소매업체들이 취할 수 있는 방법은 카테고리 킬러 형태로의 집중이다. 카테고리 킬러는 전문할인점으로 한정된 상품군을 취급하며, 일반 소매점보다 훨씬 저렴한 가격으로 판매하는 소매업태이다.

56 다중속성모델은 공급업체에 대한 평가를 하기 위해 공급업체에 대해서 가중평균을 적용하는 것을 말한다. 수요상황에 알맞게 상품을 더 매입할 것인지 혹은 감산을 할 것인지를 파악하기 위해, 계획된 매출과 실제매출을 비교하는 방법은 판매과정분석(Sell-through Analysis)이다.

57 마케팅 환경
- 미시적 환경 : 기업, 원료공급자, 마케팅중간상, 소비자 (구매자), 경쟁기업, 대중 등
- 거시적 환경 : 정치적 환경, 경제적 환경, 기술적 환경, 문화적 환경, 인구통계적 환경, 자연적 환경 등

58 VMD는 상품진열의 시각적인 호소력이 매출에 크게 영향을 준다는 사실을 전제로 하고 있으며, 궁극적으로는 매출향상을 위함이다. 따라서, 상품의 잠재적 이윤도 중요하게 고려하여야 한다.
※ VMD의 목적
- 상품의 가치를 최대한으로 표현한다.
- 현재 인기상품과 신상품을 고객에게 전달한다.
- 매출을 촉진시킨다.
- 상품이 잘 팔릴 수 있는 기회를 제공한다.
- 매장의 특성을 구축한다.

59 신속한 문제해결을 위해 불만고객에 응대하는 종업원을 자주 교체하지 않는 것이 좋다.

60 ② 자유형 배치에 대한 설명이다.
③ 버블(Bubble) 계획에 대한 설명이다.
④ 블록(Block) 계획에 대한 설명이다.
⑤ 격자형 배치에 대한 설명이다.

61 ① 조사계획, 목표 시장 설정 등의 단계를 생략할 수 없다.
② 확률통계학적으로 적당한 표본추출이 어렵다.
④ 오프라인 조사보다 신속하고 비용이 적게 소요된다.
⑤ 시장조사의 시 · 공간 제약이 적다

62 중립재라 하더라도 추가적인 매출량의 증가를 가져올 수 있기 때문에 상품구성의 경우 고려대상이 된다. 대표적인 상품이 충동상품이다.

63 색채기능은 시각적인 기능으로서 난색(暖色) 계통은 팽창적이고 진출성을 나타내며, 한색(寒色) 계통은 신축적이고 후퇴성을 나타낸다. 심리적으로 보면 난색계통은 권태감을 유발하며, 한색계통은 긴장감을 조성하는 특성을 지니고 있다.

64 고객만족(Consumer Satisfaction)이란 개념은 1972년 미국 농산부에서 농산품에 대한 소비자만족지수(CSI : Consumer Satisfaction Index)를 측정하여 발표한 이후 마케팅 학계에서 독립된 연구영역으로 등장하였다.

65 ①은 법률규제자, ②는 직접고객, ③은 의사결정고객, ⑤는 간접고객에 대한 설명이다.

66 CRM 환경분석은 기업중심의 환경분석이 되어서는 안 된다. CRM의 궁극적인 목적이 고객과의 장기적인 관계를 통한 충성고객확보와 수익성전환이기 때문에 고객중심으

로 현재 자사의 내부조직의 업무프로세서, 외부시장환경의 변화추이에 따른 고객반응, 자사 상품의 고객만족도 및 경쟁사의 고객전략 등을 다각적으로 분석해야 한다.

67 브랜드(상표) 확장

기업이 신상품을 런칭할 경우, 새로운 브랜드로 하는 것보다 이미 구축된 강력한 브랜드를 활용하는 편이 마케팅 비용을 줄이고 신상품의 성공가능성을 높이는 데 도움이 된다. 브랜드 확장은 기존 브랜드에 활력을 제공할 수 있고, 세분화된 시장의 욕구를 충족시킬 수 있으며, 탄력적인 가격적용과 단기간 내의 매출증대를 가능케 한다.

68 프로스펙트 이론에 따르면 소비자들은 손실회피 경향이 강해서 가격인하(이득)보다는 가격인상(손실)에 더 민감하게 반응한다.

69 요인분석은 다수의 변수들 중에서 상관관계가 높은 항목들, 즉 유사한 성격을 가진 항목들끼리 묶어 적은 수의 요인으로 축약시키는 기법이다.

① 두 개 혹은 그 이상의 모집단 사이의 한 개의 검증변수(종속변수 또는 결과변수)에 대한 통계적 유의성을 검증하는 분석기법
② 집단들 간의 의미 있는 차이를 판별해주는 독립변수들을 파악하기 위하여 사용되는 분석기법
③ 독립변수와 종속변수 사이의 관계를 파악하고자 하는 통계분석기법
⑤ 독립변수(대상을 설명하는 속성)가 종속변수(대상 자체)에 어떤 영향을 주는가를 분석하는 기법

70 POP 광고의 효과성을 높이기 위해서는 이성적인 설득보다는 소비자의 감성에 호소하는 내용을 더 많이 사용해야 한다.
※ POP 광고물 작성 시의 체크포인트
• 시각적인 효과에 대한 충족 여부
• 지역의 특성 반영 여부 및 계절적인 감각
• 소비자들에게 구매의욕(충동구매)에 대한 발생 여부
• 디자인 등에 대한 참신성

제 4 과목 유통정보

71 황의 법칙

반도체 메모리의 용량이 1년마다 2배씩 증가한다는 이론이다.

72 ISBN은 ISSN(국제표준연속간행물)이 부여되는 출판물을 제외한 정부간행물, 교과서, 학습참고서, 만화, 팸플릿(광고 및 선전용은 제외) 등 모든 도서는 물론 멀티미디어 출판물, 점자자료, 컴퓨터 소프트웨어 등에도 적용된다.

73 QR 시스템의 기대효과
• 소매업자 측면 : 매출과 수익 증대 및 가격인하의 최소화, 비용의 절감과 고객 서비스의 개선, 높은 상품의 회전율
• 제조업자 측면 : 주문량에 따른 생산 및 수요예측 용이, 높은 자산 회전율, 품질의 개선, 낮은 가격, 상품의 다양화, 상품단절의 방지 등
• 전산화 측면 : 낭비를 제거하고, 신속하게 처리하는 것

74 e-Marketplace 모델

모 델	내 용
커뮤니티형	제품 표준화 정도가 낮은 업종의 제조업체가 사업 수행을 위해 여러 협력 업체들과 밀접한 관계를 유지해야 하는 경우에 필요한 모델
직접거래형	수요 빈도가 높지 않아 대량 거래가 이루어지는 시장 형성이 어려운 데다가 요구하는 업체간 협력 수준도 높지 않은 경우에 해당하는 비즈니스 모델
중개거래형	제품 표준화 정도가 높지만 기업간 협력 수준을 요구하는 정도가 낮은 제품은 대량 생산 및 판매가 가능
연합거래형	기업간 높은 협력 수준을 요구하는 가운데 제품 표준화 정도도 높아 업종내 주도 기업들이 규모의 경제성을 더욱 제고하기 위해 연합하여 설립한 e-마켓

75 SCM
• 개념의 태동 : 1980년대 후반 미국 의류업계의 QR(Quick Response) 시스템

- 개념의 정착 : ECR(Efficient Consumer Response) 식품가공업의 고질적 과다재고, 반품, 고객불만족을 해결하기 위한 시스템

76 전통적인 비즈니스의 형태는 대부분 상품 혹은 제품이라는 한정된 재화만을 취급하였으나, e-비즈니스는 인터넷을 통해 모든 재화 취급이 가능해 졌다.

77 ① 수주정보 ② 재고정보 ③ 출하정보 ⑤ 창고정보

78 경쟁 상품과의 판매 경향 비교 및 분석은 유통업체보다 제조업체에게 기대되는 효과이다.

※ POS시스템의 효과
- 계산원의 관리 및 생산성 향상
- 점포 사무작업의 단순화
- 가격표 부착작업의 절감
- 고객의 부정방지
- 품절방지 및 상품의 신속한 회전

79 ⑤는 VAN(Value Added Network)의 정의를 설명한 내용이다.

※ CALS의 기대효과
- 비용절감효과
- 조직 간의 정보공유 및 신속한 정보전달
- 제품생산소요시간의 단축
- 산업정보화에 의한 국제경쟁력 강화
- 21세기 정보화 사회로의 조기 진입

80 공급리드타임이 고객허용리드타임보다 긴 경우 재고보충을 위해 실수요정보가 소매점에서 상류기업으로 일정기간의 배치(Batch)처리로 전달되어야 하지만 채찍 효과 (Bullwhip Effect)에 의한 "정보의 왜곡"이 발생하기 쉽다. 이 때문에 수요변동의 정보를 왜곡시키지 않고 상류로 전달하는 것이 과제가 된다. 구체적으로는 제조업체가 직접 소매점의 매장재고와 물류센터 재고를 관리하는 "VMI(Vendor Managed Inventory ; 공급자 주도형 재고관리)와 CRP(Continuous Replenishment Plan ; 연속 재고보충 계획)"가 대표적이다. VMI에서 소매점은 매장의 POS정보를 지연 없이 EDI로 제조업체에 제공하고, 제조업체는 정보를 기초로 수요예측 프로그램과 보충프로그램을 가동시켜 매장에 재고보충을 실시한다. VMI에 의해 제조업체는 채찍효과에 의한 정보왜곡의 영향을 받지 않고 수요예측과 판매계획, 생산계획의 조정이 가능하게 된다.

81 GS1코드는 백화점, 슈퍼마켓, 편의점 등 유통업체에서 최종 소비자에게 판매되는 상품에 사용되는 코드로서 상품의 제조단계에서 제조업체가 상품포장에 직접 인쇄하게 된다.

82 기존 업무처리방식은 무역거래 당사자 간에 수많은 전달관계가 존재하므로 전달매개체는 없다고 할 수 있으며, EDI 방식은 무역거래 당사자와 무역자동화 사업자간 전달관계만 존재하므로 전달매개체는 무역자동화 사업자라고 할 수 있다.

83 ①·④ ECR은 1980년대 미국의 의류업계와 유통업계가 협력해서 소비자에게 대응하던 QR에서 유래하는 것으로, 효율적 소비자대응이라 한다. 이는 1992년 미국의 식품산업계에 워킹그룹이라는 ECR추진위원회가 구성되어 식품유통의 거래관행을 재검토하기 위해 시작한 것이 최초이다.

② ECR은 공급자와 소매업자가 서로 협력하여 공급체인에 생존해 있는 비효율적인 요소들을 제거함으로써 생산성을 높이고, 동시에 소비자에게 양질의 제품과 서비스를 제공하는 것을 목적으로 한다.

⑤ ECR은 공급자와 소매업자가 서로 협력하여 공급체인에 남아 있는 비효율적인 요소들을 제거함으로써 생산성을 높임과 동시에 소비자에게 양질의 제품과 서비스를 제공하는 것을 목적으로 한다.

84 공급사슬의 대응성(Supply Chain Responsiveness)
- 수요 변동에 대응
- 짧은 리드타임
- 공급사슬의 대응성과 효율은 반비례
- 많은 종류의 제품에 대한 물류
- 혁신적인 제품의 창출
- 높은 서비스 수준

※ 효율적 공급사슬과 대응적 공급사슬의 비교

구 분	효율적 공급사슬	대응적 공급사슬
주요 목적	최저 비용	빠른 대응
제품설계 전략	최소생산비용	지연을 허용하는 모듈방식
가격전략	낮은 이윤	높은 이윤
생산전략	높은 가동률	유연한 생산능력
재고전략	재고 최소화	완충재고
리드타임 전략	비용의 증가 없는 감소	비용이 들더라도 공격적으로 감소
공급자 전략	비용과 품질	속도, 유연성, 신뢰성, 품질

85 전자상거래의 거래 형태는 B2C에서 B2B로 확산되고 있다.

86 소요자본에 있어서 인터넷 전자상거래는 인터넷 서버 구입 및 홈페이지 구축 등의 비용만 소요되기 때문에 토지나 건물 등 임대나 구입에 거액의 자금을 필요로 하는 상거래방식에 비해 상대적으로 경제적이다.

87 B2Bi(Business to Business Integration)
서로 다른 어플리케이션을 사용하고 있는 기업간의 업무를 프로세스 차원에서 통합시켜 B2B 거래가 이음새 없이 매끄럽게 구현되도록 지원하는 솔루션으로 단일 기업 내의 서로 다른 응용 어플리케이션을 통합하는 EAI (Enterprise Application Integration)를 웹 환경의 기업간 프로세스 통합으로 확장한 개념이다.

88 대칭키 암호방식은 암호화하는 키로부터 복호화하는 키값을 계산해 낼 수 있고, 반대로 복호화하는 키로부터 암호화하는 키값도 계산해 낼 수 있다.

89 디지털 상품은 물리적 상품보다 훨씬 더 수월하게 소비자의 신뢰를 확보할 수 있다.

90 ②는 '변화와 보상구조관리'에 해당하는 내용이며, 변화와 보상구조관리에서 지식개발자는 시스템을 실제로 실행해 보이고 세부적인 훈련을 제공해야 한다.
※ 지식경영(KM) 청사진설계(마스터계획)
• 시스템 상호운영과 확장을 목표로 한다.
• 지식관리시스템의 범위를 결정한다.
• 필요한 시스템구성요소(사용자인터페이스 사양, 지식 디렉터리, 데이터마이닝 도구)를 결정한다.
• 지식경영 아키텍처의 주요 계층을 개발한다.

제6회 정답 및 해설

정답

01	02	03	04	05	06	07	08	09	10	11	12	13	14	15	16	17	18	19	20	21	22	23	24	25	26	27	28	29	30
①	①	⑤	⑤	①	⑤	④	③	②	①	⑤	③	②	②	③	④	③	⑤	④	①	①	⑤	①	②	⑤	④	③	③	④	⑤

31	32	33	34	35	36	37	38	39	40	41	42	43	44	45	46	47	48	49	50	51	52	53	54	55	56	57	58	59	60
②	④	⑤	③	①	⑤	④	②	④	③	③	①	④	⑤	②	④	②	③	⑤	②	②	⑤	⑤	④	②	⑤	①	⑤	④	②

61	62	63	64	65	66	67	68	69	70	71	72	73	74	75	76	77	78	79	80	81	82	83	84	85	86	87	88	89	90
①	⑤	①	④	⑤	①	④	③	④	⑤	①	③	④	⑤	②	①	④	③	⑤	④	②	⑤	④	④	④	①	②	⑤	⑤	①

제1과목 유통 · 물류일반관리

01 완전경쟁기업은 장기 균형상태에서는 장기평균비용곡선(LAC)의 최소점에서 생산이 이루어지므로 최적시설규모에서 최적산출량 만큼 생산이 이루어진다. 따라서 정상이윤만 획득하게 된다.

02 방문판매자등의 소비자에 대한 정보제공의무(방문판매 등에 관한 법률 제7조 제1항)

1. 방문판매업자 등의 성명(법인인 경우에는 대표자의 성명을 말한다), 상호, 주소, 전화번호 및 전자우편주소
2. 방문판매원 등의 성명, 주소, 전화번호 및 전자우편주소. 다만, 방문판매업자 등이 소비자와 직접 계약을 체결하는 경우는 제외한다.
3. 재화 등의 명칭, 종류 및 내용
4. 재화 등의 가격과 그 지급의 방법 및 시기
5. 재화 등을 공급하는 방법 및 시기
6. 청약의 철회 및 계약의 해제의 기한 · 행사방법 · 효과에 관한 사항 및 청약철회 등의 권리 행사에 필요한 서식으로서 총리령으로 정하는 것
7. 재화 등의 교환 · 반품 · 수리보증 및 그 대금 환불의 조건과 절차
8. 전자매체로 공급할 수 있는 재화 등의 설치 · 전송 등과 관련하여 요구되는 기술적 사항
9. 소비자피해 보상, 재화 등에 대한 불만 및 소비자와 사업자 사이의 분쟁 처리에 관한 사항
10. 거래에 관한 약관
11. 그 밖에 소비자의 구매 여부 판단에 영향을 주는 거래 조건 또는 소비자피해 구제에 필요한 사항으로서 대통령령으로 정하는 사항

03 중요한 기능이나 프로세스를 아웃소싱한 경우, 공급업체가 적극적으로 협력하지 않을 때는 전략상 유연성을 잃어버릴 위험도 있다. 특히 이런 현상은 외부의존도가 심화되면서 더욱 표면화될 수 있다. 따라서 공급자를 적절하게 통제할 수 있는 방안을 미리 강구해야한다.

※ 아웃소싱의 장 · 단점

아웃소싱의 장점	아웃소싱의 단점
• 투자비용의 최소화와 위험 축소 • 기술변화에 적응 • 정보시스템 사용자들의 부담 경감 • 정보시스템 관리자들의 부담 경감 • 규모의 경제 실현과 비용 절감	• 통제의 문제 • 보안상의 문제 • 비용 검증 현상의 문제 • 계약 종결 문제 • 공통적 지식의 손실 • 내부 전문기술의 손실

04 ⑤는 네트워크 조직에 대한 설명이다.

프로세스 조직은 제품의 생산 과정을 바탕으로 설계되는 조직으로 고객의 기대가치를 가장 이상적으로 반영할 수 있도록 조직 전체의 업무 프로세스를 우선으로 설계한 조직 유형이다(=수평적 조직구조).

05 면접은 지시적이지 않으면서도 구조적으로 진행하는 것이 바람직하다.

06 • 총비용 = 연간재고유지비용+연간주문비용
• 연간재고유지비용 = 평균재고×연간 단위당 재고유지비용
• 연간주문비용 = 연간 주문횟수×1회 주문비용
① 경제적 주문량(EOQ)

$$= \sqrt{\frac{2 \times 1회\ 주문비용 \times 연간\ 재고수요량}{1단위당\ 연간\ 재고유지비용}}$$

$$= \sqrt{\frac{2 \times 120,000 \times 3,600}{16,000}} \fallingdotseq 232.4(232{\sim}233대)$$

② 연간주문수 = 3,600/(232~233대) = 15 ~ 16회이다.
③ 주문사이클의 길이 = 363/(15~16회) = 23 ~ 24일이다.
④ 1회 주문비용 = (15~16)×120,000 = 180 ~ 192만원
⑤ 총비용 = {(232~233)/2×16,000} + {(15~16)×120,000} ≒ 366~377만원

07 내부수익률은 투자안을 채택할 경우 기업이 얻게 되는 수익률이므로 내부수익률이 투자비용을 조달하기 위한 자본비용보다 클 경우 투자안은 기업가치를 증가시키며 반대로 내부수익률이 자본비용보다 작을 경우 기업가치를 감소시킨다.
※ 수익성지수(PI ; Profitability Index)
투자안으로부터 기대되는 미래 현금흐름 유입액의 현가를 투자지출액의 현가로 나누어 산출한 지수
• PI = PV(현금유입) / PV(현금유출)
• B/C비율(Benefit/Cost Ratio) : 현금흐름유입 편익의 현가와 현금흐름유출 비용의 현가의 비율

08 사업주는 직장 내 성희롱과 관련하여 피해를 입은 근로자 또는 성희롱 피해 발생을 주장하는 근로자에게 해고나 그 밖의 불리한 조치를 하여서는 아니 된다(남녀고용평등과 일·가정 양립 지원에 관한 법률 제14조 제6항).

09 제3자물류의 경우 물류의 품질을 담보할 수 없다.

10 유통경로의 3대 기능
• 전방기능 흐름 : 물적 소유 이동, 소유권 이동, 판매촉진
• 후방기능 흐름 : 주문 및 시장정보, 대금결제
• 양방 흐름 : 협상, 금융, 위험부담

11 소매업 수레바퀴가설
• 도입 단계 : 환경변화에 적응하기 위해 새로운 소매업태가 출현해 성공을 거둔다.
• 상향이동 단계 : 다수의 모방적 경쟁업체가 소매시장에 진입하면, 경쟁업체와 차별화하기 위해 업태의 성격을 고급화한다.
• 무력화 단계 : 최초의 혁신성이 상실되어 경영효율이 감소하고 새로운 업태의 경쟁자가 공격할 수 있는 기회를 제공한다.
• 새로운 도입단계 : 혁신적 소매개념의 새로운 소매업태가 등장하여 시장을 주도한다.

12 가. 관리형 수직적 유통경로는 소유나 자본참여가 아니라 규모나 시장에 대한 영향력이며 비공식적으로 작용하는 것이 특징이다.
마. 경로 커버리지 전략 중 전속적 유통은 중간상의 푸시(Push)보다는 소비자의 풀(Pull)에 의해서 팔리는 상품에 적합하다.

13 소매업체의 경로리더십은 전속적 유통경로를 채택하는 전문품보다 선택적 유통경로를 채택하는 선매품이 더 두드러진다.

14 의사결정의 권한
의사결정의 권한은 의사결정의 참여 정도에 따라 다음과 같이 구분된다.
• 독재적 의사결정 : 상사가 부하의 의견이나 제안 없이 단독으로 의사결정
• 협의적 의사결정 : 상사가 부하의 의견이나 제안을 들은 후 단독으로 의사결정
• 공동 의사결정 : 상사와 부하가 집단으로 만나 토의하고 함께 의사결정
• 의사결정의 위양 : 상사가 부하 개인에게 의사결정 권한과 책임을 위양

15 고객의 다양한 요구에 맞추어 제조, 납품해야 하는 Mass Customization이 보편화되고 있다. 이러한 Mass Customization에 따라 로지스틱스 대상 품목이 많아지고 재고 및 물류관리가 복잡해져 주문관리, 생산계획, 정보관리 및 추적관리가 복잡해졌다. 동시에 리드타임이 길어지고 불확실해지며, 재고가 증가하고 주문충족도가 악화되는 등 공급체인의 효율이 급속히 저하되었다.

16 수축 포장 장치는 플라스틱 필름으로 제품을 싼 후 적정 온도의 열 환경에 적정 시간을 둠으로써 필름을 가열 수축하여 제품에 밀착시키는 포장 장치이다. 포장용기에 녹의 발생을 방지하는 포장은 방청포장이다.

17 **포터(M. E. Porter)의 가치사슬모형**
   • 본원적 활동(핵심 프로세스) : 제품·서비스의 물리적 가치 창출과 관련된 활동들로서 직접적으로 고객에게 전달되는 부가가치 창출에 기여하는 활동
      예 물류투입(Inbound Logistics), 운영·생산(Operations), 물류산출(Outbound Logistics), 마케팅 및 영업(Marketing & Sales), 서비스(Services) 활동 등
   • 보조 활동(지원 프로세스) : 직접적으로 부가가치를 창출하지는 않지만, 가치를 창출할 수 있도록 지원하는 활동
      예 기업 인프라(Firm Infrastructure), 인적 자원관리(HRM), 기술개발(Technology Development), 구매조달(Procurement) 활동 등

18 다각화 전략은 현재의 사업과 관련이 있거나, 없는 신규 사업으로의 진출을 통해 성장을 추구하는 전략이다. 그 방안으로 집중적 다각화 전략, 수평적 다각화 전략, 콩글로머릿 다각화 전략 등이 있다.

19 공리주의는 소수의 권리를 경시하기 때문에 소수의 희생으로 다수의 효용이 증가된다면 도덕적으로 올바르다고 평가할 수 있다.

20 프랜차이즈 시스템은 본부와 점포가 협의해서 계약을 결정하는 것이 아니라, 본부가 미리 계약 내용을 결정하고 일방적으로 이에 동의하는 점포만이 가맹점이 될 수 있다. 즉, 본부와 가맹점과의 계약 관계를 기반으로 하지만, 이 계약은 본부에 의해서 일방적으로 작성된 계약 형태이다.

21 ABC관리법은 재고자산의 품목이 다양한 경우, 이를 효율적으로 관리하기 위하여 재고의 가치나 중요도에 따라 재고자산의 품목을 분류하고, 차별적으로 관리하는 방법으로 분류기준은 파레토분석에 의한다.

22 상물분리는 지점이나 영업소에서 하고 있던 물류 활동을 배송센터나 공장의 직송, 배송을 통하여 수행하는 것을 말한다. 상물분리의 목적은 대량수송 및 수배송 시간의 단축화와 재고의 집약화를 통해서 최소 재고화를 달성함으로써 고객서비스를 향상하고 총 물류비를 절감하는데 있다.

23 참여적 리더십은 사람들이 의사결정의 과정에 함께 참여하게 될 때 리더에게 부족한 정보를 구성원들이 보완함으로써 더 좋은 해결책을 얻을 수 있는 리더십 유형이다. 리더십행동의 연속성에 있어서 권위적 리더십에서 참여적 리더십으로 진행되는 과정에서 관리자는 변경할 수 있는 임시적인 의사결정을 할 수도 있다.
   ※ **진로-목표이론의 리더십 유형**
   • 지시적 리더십 : 조직 구성원에게 해야 할 일과 따라야 할 일을 지시하는 유형의 리더십으로 부하가 소극적인 성격의 사람이거나 안전을 바라는 사람일 경우에 쉽게 받아들여진다.
   • 지원적 리더십 : 조직 구성원의 복지나 개인적 욕구에 역점을 두는 리더십 유형으로 업무수행능력이 높고, 지도자로부터 일일이 지시받는 것을 싫어하며, 명예에 대한 욕구가 강한 사람에게 적합하다.
   • 참여적 리더십 : 업무활동에 대해서 조직 구성원과 상의하고 의사결정에 조직 구성원을 참여시키고자 하는 리더십 유형으로 적극적 성격의 사람에게 잘 받아들여진다.
   • 성취지향적 리더십 : 도전적인 작업 목표를 설정하고 그 성과를 강조하며, 조직 구성원들이 그 목표를 충분히 달성할 수 있을 것이라고 믿는 리더십 유형이다. 업무수행능력이 높고, 적극적인 성격과 명예에 대한 욕구가 강한 조직 구성원에게 효과적이다.

24 매트릭스조직(Matrix Organization)은 한편으로는 생산 · 재무 · 마케팅 · 인사 · 공정 · 자재 · 노무 등과 같은 전통적인 기능부문 또는 과정부문이 있고, 또 한편으로는 최고경영자에 직접 속해 있는 프로젝트팀이 있다. 따라서 매트릭스조직은 이중적 지휘체계에 기인하는 구성원들의 역할갈등과 역할모호성에 따라 스트레스를 유발할 수 있으며, 많은 이해관계를 가진 사람들이 얽혀 있기 때문에 의사결정 자체가 복잡해지고, 기능부서와 프로젝트 구성원들 사이에 권력투쟁이 발생하는 등 적지 않은 문제점도 동시에 가지고 있다.

① 라인조직에 대한 설명이다.

③ 라인스텝조직에 대한 설명이다.

④ 프로젝트조직에 대한 설명이다.

⑤ 자유형조직(Free-form Organization)에 대한 설명이다.

25 ⑤ 대비의 오류(Contrast Error)에 대한 설명이다.

① 해일로 효과(Halo Effect)에 대한 설명이다.

② 중심화 경향(Centralization Tendency)에 대한 설명이다.

③ 관대화 경향(Error of Leniency)에 대한 설명이다.

④ 논리적 오류(Logical Error)에 대한 설명이다.

제 2 과목 상권분석

26 **입지대안의 평가원칙**

• 고객차단의 원칙 : 쇼핑지역이나 사무실밀집지역 등 소비자들이 특정지역에서 타 지역으로 이동할 시에 점포를 방문하게 하는 것을 말한다.

• 동반유인의 원칙 : 유사하거나 또는 보충적인 소매업이 흩어진 것에 비해 군집해서 더 큰 유인잠재력을 갖게 하는 것을 말한다.

• 점포밀집의 원칙 : 유사한 점포나 보충할 수 있는 점포들이 밀집되어 있어서 고객의 유인효과를 감소시키는 현상을 말한다.

• 보완가능성의 원칙 : 두 가지의 사업이 소비자들을 서로 교환할 수 있을 정도로 인접한 지역에 위치하게 되면 매출액이 높아진다는 것을 말한다.

• 접근가능성의 원칙 : 고객의 입장에서 점포를 방문할 수 있는 심리적, 물리적 특성을 의미하는데, 지리적으로 인접해 있거나, 교통이 편리하거나, 시간의 소요가 적은 경우에 점포의 매출이 증대된다는 원칙이다.

27 ① 입지를 기준으로 쇼핑센터를 구분하면 교외형, 도심형으로 나눌 수 있고, 규모를 기준으로 구분하면 근린형, 커뮤니티형, 지역형 등으로 나눌 수 있다.

② 커뮤니티형 쇼핑센터는 슈퍼마켓, 버라이어티 스토어, 소형 백화점, 약국, 사무용품점, 스포츠용품점 등을 중심으로 한 실용품 위주의 중규모 쇼핑센터이다.

④ 교외형 쇼핑센터는 특정 상권의 사람들을 구매층으로 하고, 도심형 쇼핑센터는 불특정 다수의 사람들을 구매층으로 하기 때문에 교외형 쇼핑센터의 경우가 도심형 쇼핑센터의 경우보다 상권에 포함되는 고객이 명확하다.

⑤ 도심형 쇼핑센터는 지가가 높은 지역에 입지하기 때문에 면적 효율성이 고층이 되는 경우가 많고, 주차공간도 집약된다. 반면 교외형 쇼핑센터는 비교적 저층이고, 대규모 주차장을 갖고 있다.

28 중심지는 그 배후지에 있는 모든 사람들에게 재화나 용역을 공급하기 위해 동일평면상(평야지대)에 입지한다.

29 자신의 주 고객이 몰리는 시간에만 조사하는 것이 아니라 하루의 총 유동인구를 조사해야 한다. 하루의 시간대를 선택하는 방법이 있는데, 오전 중 1시간을 선택해 유동인구를 산출하고, 오후부터는 2시간마다 1시간을 조사해서 산출하는 방법이 있고, 매시간에 20분 정도 조사해서 산출하는 등 다양한 방법이 있다. 단, 업종에 따라 차이가 있으나, 낮 12 ~ 2시까지와 저녁시간 6 ~ 8시까지, 그리고 밤 9 ~ 10시까지는 신경을 써서 조사해야 한다.

30 부지형태, 점포형태, 가시성, 주차시설 등은 입지의 평가 항목에 해당된다.

31 업종전환의 유형에는 동종업종에서 동종업종으로 바꾸는 경우와 동종업종에서 타업종으로 바꾸는 경우가 해당된다.

32 ① 전문품을 판매하는 점포에 대한 설명이다.
② 선매품을 판매하는 점포에 대한 설명이다.
③ 선매품 및 전문품을 판매하는 점포에 대한 설명이다.
⑤ 선매품을 판매하는 점포에 대한 설명이다.

33 소매포화지수(IRS)는 특정 지역시장의 시장성장잠재력을 반영하지 못한다는 단점이 있다.

34 점포 창업자가 자신의 창업 환경을 분석한 후 자신이 가장 잘 할 수 있는 혹은 가장 하고 싶은 아이템을 선정하고, 아이템과 가장 적합한 입지를 골라 영업을 하는 것이 중요하다.

35 1차 상권은 점포를 기준으로 500m 이내 지점, 다시 말해서 직경 1km 반경 이내 지점을 말하며 고객들이 비교적 지리적으로 밀집되어 분포한다. 또한 해당 점포의 이용빈도가 가장 높은 고객층이기 때문에 매출액 비중이 가장 높으며, 이 상권 내에서 사업장 이용고객은 60 ~ 70% 정도 범위이다.

36 복합용도개발 대상지 뿐만 아니라 주변 지역에 대한 개발 욕구를 자극하여 새로운 투자수요를 유도하고 그 지역의 경제적 발전을 위한 주도적 역할을 수행하기 위함이다.

37 허프의 확률모델은 거리가 가깝고 매장 면적이 큰 점포가 효용을 준다는 이론이다. 하지만, 점포의 매력도를 점포의 크기만으로 측정하는 데에는 한계가 있다. 즉, 점포매력도가 점포의 크기 외에 취급상품의 가격, 판매원의 서비스 등의 기타 요인들로부터 영향을 받을 수 있다는 점을 고려하지 않았다. 그러므로 점포의 위치가 가깝고 크기가 크다고 해서 고객이 항상 선호한다고 볼 수는 없다.

38 소도시(위성도시) 등의 소형 상권은 생필품을 중심으로 한 식품류, 편의품류를 중점적으로 취급·판매하는 상가가 형성되어 있다.

39 상권분석을 통해 상권 내 점포현황, 인구구성, 주거형태, 유동인구, 임대시세, 매출정보 등을 파악할 수 있으며, 공급체인관리(SCM) 개선을 통한 물류비용 절감과는 관련이 없다.
※ 공급체인관리는 "공급체인 상에 존재하는 기업 내·외부의 유형, 무형의 자원을 총괄하여 공급체인 전체의 효율성을 최대화 할 수 있도록 통합적으로 관리하는 혁신적인 관리기법"이라고 정의할 수 있다. 즉 공급업자, 구매, 생산, 유통, 소비자로 구성되는 공급체인 상의 자원과 정보의 흐름을 통합적 관점에서 관리하여 효율성을 제고함으로써 경쟁력을 높이는 경영활동이다.

40 ① 가장 가까운 점포로 이동하여 진열된 상품들을 비교하여 구매하는 것은 편의점에서 선매품을 구매하는 고객의 구매행동이다.
② 특정 상표의 제품에 집착하게 되어 여러 점포를 이동하면서 해당 제품을 찾아서 구매하는 것은 전문점에서 선매품을 구매하는 고객의 구매행동이다.
④ 평소 애용하거나 집착하는 특정 점포로 이동하여 선호하는 특정 상표의 제품을 구매하는 것은 전문점에서 전문품을 구매하는 고객의 구매행동이다.
⑤ 가장 가까운 점포로 이동하여 가장 쉽게 구매할 수 있는 상품을 구매하는 것은 편의점에서 편의품을 구매하는 고객의 구매행동이다.

41 소매업의 양립관계
• 고양립 : 상호 고객의 10 ~ 20%를 교환하는 점포끼리의 관계
• 중양립 : 상호 고객의 5 ~ 10%를 교환하는 점포끼리의 관계
• 저양립 : 상호 고객의 1 ~ 5%를 교환하는 점포끼리의 관계
• 부양립 : 상호고객을 교환하지 않는 점포끼리의 관계
• 비양립 : 경쟁점 관계로서 상호 이해가 상반하는 관계

42 시장확장잠재력(Market Expansion Potential ; MEP)는 지역시장이 미래에 신규수요를 창조할 수 있는 잠재력을 반영하는 지표이다. 소매포화지수가 높고 시장확장잠재력이 높아야 매우 매력적인 시장이라 할 수 있다.

43 1차 자료는 조사자가 문제해결을 위해 직접 수집한 자료로 시간과 비용이 많이 소비되며, 수집방법으로는 우편, 전화, 인터뷰 등이 있다. 타인의 인터넷 블로그에 올려진 자료는 2차 자료에 속한다.

44 간접적인 영향이 아닌, 직접적인 영향요소로 작용한다. 즉, 비슷한 규모와 조건에서 경쟁력을 갖기 위해서는 보다 쾌적하고 편리한, 업종에 따라서는 개인의 프라이버시를 지켜줄 수 있는 구조 등을 갖춘 점포가 고객에게 인기가 있을 수밖에 없다.

45 점포의 형태는 전면과 측면 비율이 황금비율인 3 : 2가 될 때 가장 이상적이다.

제 **3** 과목 **유통마케팅**

46 ④는 부산물 가격결정법에 대한 설명이며, 이분가격결정법은 서비스 가격을 기본 서비스에 대해 고정된 요금과 여러 가지 다양한 서비스의 사용정도에 따라 추가적으로 서비스에 대해 가격을 결정하는 방법이다.

47 ① 신제품에 대한 가격결정은 크게 2가지 나누어진다. 첫 번째, '초기 고가격 전략'은 진입 초기에는 경쟁제품에 비해 상대적으로 가격을 높게 책정하는 것을 말하며, 두 번째, '침투가격 전략'은 진입 초기에 경쟁 제품보다 가격을 낮추어 진입하는 것을 말한다. 그러므로 도입기에서의 저가격 전략만이 유일한 수단이라고 할 수 없다.
③ 경쟁자들이 나타나기 전까지는 Skimming 가격을 유지하는 것이 좋을 수 있으며 시장 선도자의 경우 경험곡선(학습효과)이나 규모의 경제에 의해 원가가 낮아지므로 가격인하를 실시할 수도 있다.
④ 성숙기에서는 판매성장률의 둔화 및 경쟁이 포화상태이므로 많은 경쟁자를 누르기 위해 제품에 대한 마진을 줄이고, 가격을 평균생산비 수준까지 낮추게 된다.
⑤ 쇠퇴기에서는 개량품에 의해 대체되거나 또는 제품라인으로부터 삭제되는 시기이며, 거의 모든 제품의 판매가 감소하면서 이익의 잠식을 초래하게 된다.

48 선매품은 편의품보다 가격을 책정하는 범위가 넓다.

49 가격판매촉진과 비가격판매촉진

가격판매촉진	비가격판매촉진
• 가격할인 • 쿠폰(Coupon) • 리펀드(Refund) • 리베이트(Rebate)	• 프리미엄(Premiums) • 견본품(Product Sampling) • 콘테스트(Contest) • 시연회(Demonstration)

50 EOQ모형에서의 경제적 주문량은 단위당 재고유지비용과 1회 주문비용은 재고수준과 주문량에 관계없이 일정하다는 전제하에서 구한다.

51 전자카탈로그는 제작기간과 비용을 대폭 절감할 수 있는 장점이 있다.

52 격자형은 저비용으로 고객에게 친숙하다는 장점을 가지고 있으나, 고객이 이동하는 동선을 제한하는 단점이 있다.

53 효율성 통제는 판매원, 판매촉진, 광고 및 유통경로에 대한 효율성이 최고경영자 또는 마케팅 감사인에 의해 수행되는 통제이다.

54 ④는 클래식에 대한 설명이다.

55 제품믹스의 길이란 각 제품계열이 포괄하는 품목의 평균 수를 말하는데, 제품믹스의 일관성이란 다양한 제품계열들이 최종용도 · 생산시설 · 유통경로 · 기타 측면에서 얼마나 밀접하게 관련되어 있는가 하는 정도를 말한다.

56 PB상품이란 자체상표 상품을 말한다. PB상품은 상품 유통업체가 제조업체와의 제휴를 기반으로 특정 상품의 기획, 설계, 개발 단계에 참여해서 해당 상품이 생산, 유통되는 개념이다.

57 점포가 혼잡하게 되면 소비자는 충동적인 구매를 하지 않고 한가한 시간에 다시 방문하고자 하므로 구매가능성이 감소한다.

58 서베이법은 다수의 응답자로부터 질문을 통하여 자료를 수집하는 방법으로 대규모 표본으로 조사 결과의 일반화가 가능하며, 직접 관찰할 수 없는 동기, 개념의 측정도 가능하다. 또한, 자료의 코딩, 분석이 용이하고 계량적 방법으로 분석하여 객관적 해석이 가능하다.

59 인적판매의 주요 단점은 높은 비용인데, 전통적인 촉진믹스 요소들 중에서 가장 비용이 큰 촉진수단으로 인식되어 왔다.

60 **직매입 매장**
대형마트가 브랜드(협력업체)에게서 상품을 매입한 후 판매주체가 되어 해당 상품을 직접 판매하는 매장을 말한다. 직매입을 통해 다른 브랜드나 유통단계를 거치지 않고 직접 유통과 판매를 관리함으로써 수익률을 높일 수 있으나, 물건을 못 팔 경우 재고를 떠안아야 하는 부담도 있다. 직매입의 경우에는 거래당사자 간의 긴밀한 협력수준이 요구된다.

61 **경로성과 평가기준**
 • 시스템의 효과성 : 특정의 유통경로시스템이 유통서비스에 대한 표적고객의 욕구를 충족시키는 정도
 • 시스템의 생산성 : 경로구성원이 경로산출물을 얻기 위해 자원을 효율적으로 사용한 정도
 • 시스템의 공평성 : 사회적으로 공평한 경로정책을 수행하고 있는지 평가하는 것
 • 시스템의 수익성 : 자기자본이익률, 총자본순이익률, 매출액영업이익률 등으로 평가
 • 시스템의 안전성 : 유동비율과 부채비율을 이용하여 평가

62 디스플레이는 고객의 내점 동기를 촉진하고 충동구매, 계속구매, 회상구매의 기회를 높여준다.

63 ② · ④ 차별적 마케팅
 ③ 무차별 마케팅
 ⑤ 손익분기점

64 • 에브리데이 로우 가격(Everyday Low Price) : 지속적으로 경쟁점보다 낮은 가격책정방식
 • 하이 앤 로우 가격(High & Low Price) : 일정 기간별, 즉 주간단위로 판매가격을 올리거나 내리는 방식
 • 로스리더(Loss Leader) 가격 : 일반적으로 미끼상품, 특매품, 유인상품, 특매상품 등으로 불린다. 소매 기업에서 기회비용을 고려하여 가격을 낮추 일반 물건을 판매하는데, 이를 통해 재고를 낮추고 상점에 고객을 불러들여 호객행위를 도모한다. 후에 주력상품을 팔기 위한 일종의 우회 전략이다.
 • 일물다가격 : 대상상품에 복수의 가격을 표시하는 제도

65 **소매광고의 목표**
 • 소매광고의 장기적인 목표 : 공공서비스, 점포이미지 및 상표위상의 개선
 • 소매광고의 단기적인 목표 : 신규고객의 유치, 기존고객의 방문횟수 증가

66 ② 사용상의 특징이 뚜렷하게 구분되는 경우가 많다.
 ③ 철물전문점, 약국, 화장품점, 의류점, 슈퍼마켓, 백화점 등에서 취급한다.
 ④ 일용품의 평균판매효율은 상품회전율이 연 12회 이상이다.
 ⑤ 선매품은 고객이 상품의 가격 · 스타일 등을 여러 상점을 통해 비교한 후 구매하는 제품이며, 전문품은 고객이 특수한 매력을 찾으려는 상품으로 구매를 위한 노력을 아끼지 않는 제품으로 일용품과 차이가 있다.

67 동태적 가격결정은 개별고객과 상황의 특징에 맞추어 지속적으로 가격을 조정하는 것으로 '장기간 조정 가격을 유지' 하는 개념이 아니다.

68 브랜드 충성도(Brand Loyalty)란 특정 브랜드에 대해 호의적인 태도를 가지며 그 브랜드를 반복하여 구매하는 정도를 말한다.

69 출입구의 숫자나 크기는 외부 인테리어 요소이다.
 ※ **내부 인테리어 요소** : 벽, 천장, 바닥, 파이프, 빔, 진열장, 창고, 음악, 색상, 조명, 급배수설비, 냉 · 난방설비, 안전설비, 환기설비 등

70 ⑤ 시장에 관한 문제로 업무환경에 해당
 ① 인구 통계적 문제로 거시환경에 해당
 ② 경제적 문제로 거시환경에 해당
 ③ 환경적 문제로 거시환경에 해당
 ④ 정치적 문제로 거시환경에 해당

71 애드웨어(Adware, Advertising-supported Software)는 특정 소프트웨어를 실행할 때 또는 설치 후 자동적으로 광고가 표시되는 프로그램을 말한다. 금전적 갈취를 목적으로 모든 종류의 온라인 정보 탈취 시도를 뜻하는 것은 피싱(Phishing)이다.

72 EPC코드는 헤더(Header)＋업체코드(EPC Manager)＋상품코드(Object Class)＋일련번호(Serial Number)로 구성되어 있다.

73 QR의 도입효과로 상품의 다양화를 들 수 있다.
※ QR의 도입 효과
- 소매업자 측면 : 매출과 수익증대, 낮은 유지비용, 고객서비스 개선, 상품회전율 증가
- 제조업자 측면 : 주문량에 따라 유연생산, 공급자수 줄임, 높은 자산회전율
- 소비자 측면 : 품질 개선, 낮은 가격, 상품의 다양화, 소비패턴 변화
- 시스템 측면 : 낭비 제거, 효율성, 신속성

74 ① 고객 콜센터 시스템, ② 고객정보 관리시스템, ③ 성과분석 시스템, ④ 마케팅 의사결정지원 시스템에 해당하는 설명이다.

75 정보기술이 유통경로기능에 미친 영향 : 재고관리, 수송관리, 머천다이징 관리, 촉진관리

76 정규화(Normalization)란 관계형 데이터베이스(테이블 간에 관계를 맺을 수 있는 상황)에서 중복을 최소화하기 위해서 데이터를 구조화하는 작업을 말한다. 정규화의 목적은 자료 저장 공간을 최소화하고, 데이터베이스 내 데이터의 불일치 위험을 최소화하는 데 있다.

77 ④는 기업과 개인간 전자상거래(B2C ; Business to Consumer)에 대한 내용이다.

※ B2B와 B2C 비교

구 분	B2B	B2C
주 체	원자재, 생산업체, 제조업체, 물류센터, 소매업체 등	고객과 소매업체
적용 업무	원자재 생산, 제품의 기획 및 설계, 생산 및 물류	제품, 서비스 및 정보의 광고 중개, 판매, 배달 등 제반 상거래
적용 범위	기업, 업종 및 산업군	시장(불특정 다수의 수요자 및 공급자)
핵심 기술	정보의 공유, 시스템간 연계 및 통합기술	인터넷 기반의 응용기술
구현 형태	SCM, e-Marketplace, 전자입찰 등	자상점, 일대일 마케팅 등

78 ECR 전략을 도입하면 당사자 간 긴밀한 협조를 통해 상품개발을 효율적으로 할 수 있다.

79 전략적 정보시스템은 수주촉진, 고객지원, 정보결합을 기축으로 하여 판매 전략을 강화하는 개념이다.

80 마케팅 인텔리전스 시스템은 경쟁사와 시장의 전개상황에 관해 공개적으로 수집할 수 있는 정보를 체계적으로 수집하고 분석하는 것으로, 경쟁사 활동을 추적하고 기회와 위협에 조기경보를 제공하며 전략적 의사결정을 개선하는데 목적이 있다.

81 ②는 물류 시스템의 RFID 도입효과로서 화물 입출고 및 환적 시간 단축에 대한 설명이다. 그 외에도 운영 효율성 제고, 보안성 강화, 대 고객 서비스 향상의 도입효과를 들 수 있다.
① 효과적인 재고관리, ③ 입출고 리드타임 및 검수 정확도 향상, ④ 도난 등 상품 손실 절감, ⑤ 반품 및 불량품 추적/조회에 대한 유통 시스템의 RFID의 도입효과이다.

82 전자상거래가 확산되면 개인별 업무성과보다는 팀별 또는 기업 전체에 대한 종합적 평가가 가능하기 때문에 종업원 성과급제의 적극적 시행이 더 어려워진다.

83 ④ 전통적 구매 : 단기적 만족, 구매 마케팅 : 장기적 최적화

구 분	전통적 구매	구매 마케팅
행동기준	수동적	능동적
기본적인 사고	일차원적 사고	다차원적 사고
구매의 형태	일상적인 반복 구매	창의적인 접근
조직 내에서의 구매 입장	단순한 직능	조직전체를 통합하는 기능
공급자에 대한 태도	적재적 관계	공동협력체
시 각	단기적인 시각	장기적인 시각
구매목표	단기적인 만족	장기적인 최적화
협상방법	수동적	설득적
동기부여	현상유지	극도의 동기부여

84 조직구성원들의 학습활동을 촉진시킴으로써 조직전체에 대한 근본적인 변화(Transformation)를 지속적으로 촉진시키는 조직이다.

※ 가빈(Garvin, 1993)의 정의에 따르면, 학습조직은 선행적으로 지식을 창조하고, 습득하고, 변화시키며 이렇게 얻어진 새로운 지식과 통찰력을 바탕에 두고 조직의 행동을 변화시켜나가는 조직이다. 여기서는 학습을 통하여 창출된 지식과 통찰력이 업무에 반영될 수 있도록 행동을 변화시키는 것에 능숙한 조직이라는 데 초점을 두고 있다.

85 구매의사결정자와 지불하는 자가 다르다고 해서 가격민감도가 증가하는 것은 아니다.

86 수요관리의 분산화(×) → 수요관리의 통합화(○)

87 균형성과표는 비재무적 성과까지 고려하고 성과를 만들어낸 동인을 찾아내어 관리하는 것이 특징이며, 이런 점에서 볼 때 재무적인 성과에 치우친 EVA(경제적 부가가치), ROI(투자수익률) 등의 한계를 극복할 수 있는 것이라 할 수 있다.

88 현행 프로세스에 대한 과감한 프로세스 혁신을 단행해야 한다. SCM의 대상 범위가 기업 내부뿐만 아니라 기업 외부를 포함하기 때문에 기업 내부와 다른 기업 간의 연계를 고려하여 현행 프로세스를 새롭게 혁신하는 것이 SCM 도입을 위해 바람직하다.

89 사용자가 장소, 시간, 장치에 구애받지 않고 자유롭게 네트워크에 접속할 수 있는 정보통신 환경을 말한다.

※ 유비쿼터스 컴퓨팅(Ubiquitous Computing)
유비쿼터스 컴퓨팅(Ubiquitous Computing)이라는 용어는 1988년 마크 와이저(Mark Weiser)가 세계 최초로 사용하였다. 유비쿼터스 개념은 "다종다양한 컴퓨터가 현실 세계의 사물과 환경 속으로 스며들어 상호연결 되어 언제, 어디서나 이용 가능한 인간, 사물, 정보간의 최적 컴퓨팅 환경"을 의미한다. 따라서 유비쿼터스 컴퓨팅은 인간 중심의 컴퓨팅 기술로서 컴퓨터와 센서가 현실 세계의 곳곳에 존재하나 사용자는 그 존재를 인식하지 못하고 언제, 어디서나 시간적 및 공간적 구애를 받지 않고 자연스럽게 서비스 받을 수 있는 컴퓨팅 환경을 뜻한다.

90 ② 데이터 마이닝
③ · ④ 데이터 웨어하우스
⑤ 데이터 마트

※ 데이터베이스 도구의 사용 예
• 데이터베이스 관리시스템(DBMS) : 지식근로자가 체계적인 방식으로 자료를 저장 · 처리 · 관리할 수 있도록 해주는 프로그램
• 데이터 마이닝 : 데이터베이스로부터 과거에는 알지 못했지만 데이터 속에서 유도된 새로운 데이터 모델을 발견하여 미래에 실행 가능한 정보를 추출해 내고 의사결정에 이용하는 과정
• 데이터 웨어하우스 : 고객의 구매동향, 신제품에 대한 반응도, 제품별 수익률 등 세밀한 마케팅 정보 수집
• 데이터 마트 : 전체 데이터 웨어하우스의 일부 자료를 추출하여 특정사용자에게 제공

제 7 회 정답 및 해설

정답

01	02	03	04	05	06	07	08	09	10	11	12	13	14	15	16	17	18	19	20	21	22	23	24	25	26	27	28	29	30
⑤	②	⑤	④	⑤	④	⑤	⑤	②	①	①	③	⑤	④	③	④	③	②	⑤	②	④	⑤	②	①	②	⑤	④	⑤	①	③
31	32	33	34	35	36	37	38	39	40	41	42	43	44	45	46	47	48	49	50	51	52	53	54	55	56	57	58	59	60
④	④	④	③	①	②	⑤	①	②	⑤	③	④	④	⑤	②	①	⑤	②	②	⑤	④	③	②	⑤	②	⑤	②	①	①
61	62	63	64	65	66	67	68	69	70	71	72	73	74	75	76	77	78	79	80	81	82	83	84	85	86	87	88	89	90
①	②	⑤	⑤	③	①	④	④	②	③	①	①	④	②	④	⑤	③	⑤	④	②	①	⑤	④	③	②	⑤	②	②	①	⑤

제 1 과목 유통 · 물류일반관리

01 제품의 구매단위가 커지면 고객은 부담을 느낀다. 고객이 필요한 만큼 제품을 구매하는 게 가장 좋을 것이다. 즉, 구매단위가 작을수록 만족도가 커진다고 볼 수 있다.

※ 유통경로의 목표 설정시 고려 사항
- 기업의 목표 : 계량적 목표(판매 증대, 이익 증대 등), 질적 목표(소비자 만족, 사회적 책임 이행 등)
- 기업의 특성 : 인적, 물적, 재무적 자원
- 제품 특성 : 표준화 정도, 기술적 복잡성, 가격, 부피 등
- 중간상 특성 : 중간상 유형별 장 · 단점
- 경쟁적 특성 : 경쟁자의 유통경로 믹스
- 환경적 특성 : 경기 변동, 법적 · 제도적 환경 요인

02 ② 수직적 유통경로
① 전통적 유통경로
③ · ④ 수평적 유통경로
⑤ 복수 유통경로

03 소비자시장이 저가격과 편의성의 특성을 가지고 있을 때, 제품단위당 비용을 절감시키고 많은 소비자에게 접근하고자 할 때 사용되는 경로는 집중적 유통경로이다.

04 ④ 준거적 권력에 대한 설명이다.
① 보상적 권력에 대한 설명이다.
② 강압적 권력에 대한 설명이다.
③ 전문적 권력에 대한 설명이다.
⑤ 정보적 권력에 대한 설명이다.

05 업태간 갈등은 동일 단계에 있어서 다른 형태의 유통기관 사이에서 발생하는 갈등을 의미한다. 동일한 단계의 구성원간 갈등이라는 점은 수평적 갈등과 유사하지만, 수평적 갈등은 동일한 유형의 구성원간의 갈등이고 업태간 갈등은 서로 다른 유형의 구성원간 갈등이라는 점에서 차이가 있다.

06 재고자산회전율 = 매출원가 / (기초재고액+기말재고액)÷2
= (기초재고액+매입액−기말재고액) / (30백만원+40백만원)÷2
= (30백만원+500백만원−40백만원) / 35백만원
= 14회
따라서, 평균재고일수 = 365일 / 14회 = 26일

07 완전서비스 도매상은 고객들을 위해 수행하는 서비스 중 필요한 광범위한 서비스를 제공하는 도매 기관이다. 완전기능 도매상은 또다시 종합상인 도매기관 & 전문상인 도매기관으로 분류된다. 한정기능 도매상은 완전기능과는 달리 도매기관의 기능 중에서 일부만을 수행하는 도매 기관이다.
- 종합상인 도매기관 : 소비자 요구제품을 거의 판매하는 도매기관
- 전문상인 도매기관 : 한정된 전문계열의 제품을 판매하는 도매기관
① 한정기능도매상 중 '현금판매 무배달도매상'을 말한다.
② 한정기능도매상 중 '트럭 도매상'을 말한다.
③ 한정기능도매상 중 '직송 도매기관'을 말한다.
④ 한정기능도매상 중 '현금판매도매상'을 말한다.

08 산업재 유통업자는 소매상이 아니라 제조업자들을 대상으로 판매하는 도매상이다. 일반적으로 산업재 고객의 수는 적지만 한 번에 대량을 주문함에 따라 거래규모는 대체로 크다(일반적 특징).

09 기업이 필요로 하는 소비자정보와 소비자가 필요로 하는 상품정보를 수집·제공함으로써 정보적으로 격리되어 있는 양자를 가깝게 유도하여 거래가 촉진될 수 있도록 해준다.

10 인사고과상의 오류
- 상동적 태도 : 피고과자가 속한 사회적 속성에 대한 편견
- 현혹효과 : 어느 한 측면에서의 호의적·비호의적 인상이 다른 측면 평가시에도 영향을 주는 경향
- 관대화 경향 : 실제보다 과대 또는 과소평가하는 경향
- 중심화 경향 : 보통이나 척도상 중심점에 평가가 집중되는 경향
- 논리적 오류 : 하나의 평가요소가 우수하면 다른 것도 우수한 것으로 판단
- 대비오류 : 피고과자의 특성을 고과자 자신의 특성과 비교하여 평가
- 근접효과 : 공간적·시간적으로 근접하여 평가
- 주관의 객관화 : 고과자가 자신의 특성·관점을 다른 사람에게 전가시키는 경향
- 지각적 방어 : 좋은 것은 집중적으로 파고들고, 싫은 것은 외면해 버리는 경향

11 조직의 유효성이란 조직의 목표달성 정도나 조직이 얼마나 잘되고 있는지를 표시하는 개념으로서 조직의 성과를 평가하는 기준이다.

- 조직의 유효성은 조직의 사회적 정당성을 확보하기 위한 수단이 된다.
- 조직의 유효성은 개념(Concept)이 아니고 구성개념(Construct)이다(Cambell, 1976).
- 조직의 유효성은 다차원적이며 복수의 영역을 갖는다(Cameron, 1981).

12 소매차륜이론(Wheel of Retailing)에 의하면 새로운 형태의 소매점은 주로 혁신자로 시장 진입 초기에는 저가격, 저서비스, 제한적 제품 구색으로 시장에 진입한다. 그러나 점차 동일 유형의 새로운 소매점들이 진입하여 이들 사이에 경쟁이 격화되면 경쟁적 우위를 확보하기 위하여 보다 세련된 점포 시설과 차별적 서비스의 증가로 성숙기에는 고비용, 고가격, 고서비스 소매점으로 위치가 확립된다. 이 결과 새로운 유형의 혁신적인 소매점이 저가격, 저마진, 저서비스로 시장에 진입할 수 있는 여지를 제공하게 되고, 이 새로운 유형의 소매점 역시 위와 동일한 과정을 따르게 된다는 것이다.

13 수요가 연속적이고 균일하다고 가정하므로 원자재의 적정량, 적정공급을 할 수 있다고 보는 기법은 EOQ/ROP방식에 해당한다.

14 유통 분야의 경우, 제조업에 비해 고정비 보다는 변동비의 비중이 상대적으로 높기 때문에 제조분야와 유통분야의 통합이 제조분야와 유통분야의 역할분담보다 더 많은 이점을 가지지 못한다.

15 C의 경우 항목 설명이 바뀌었다. 즉 물류관리의 경우 공급선의 수가 다수여서 경쟁이 유발되며, 공급사슬관리의 경우 소수여서 쌍방 간의 조정이 증가한다.

16 전략집단(Strategic Groups)은 어느 한 산업에서 유사한 전략을 추구하는 기업들의 집단을 의미한다. 따라서 동일한 가격전략을 취하였더라도, 촉진전략이 다르면 동일한 전략집단으로 간주할 수 없다.

17 소매기관이 판매하는 상품의 단위당 가격은 생산자나 도매기관보다 높다.

18 ①·④ 카르텔(Cartel)
③·⑤ 콘체른(Concern)

19 오늘날 경제는 수요와 공급이 불일치되어 가고 있는 경향이 있다.

20 복잡한 구매 절차가 오프라인 상에서 수행되기 때문에 과다한 수작업이 발생하여 많은 인력과 시간이 투입된다.

21 전략적 제휴는 단기적인 목표수행을 위한 전략이므로 분명한 목적 설정 및 인식이 필요하다.

22 경제적 부가가치(EVA)는 타인자본비용과 자기자본비용을 모두 고려하여 기업의 진정한 경영성과를 측정하는 지표이다.

23 완전경쟁시장에서 정의는 상품교환이 공평하고 정의로운 방법 하에서 발생하는 측면을, 효용은 효율적으로 자원을 할당하고 사용하는 측면을, 권리는 자유의지를 바탕으로 한 거래 측면을 의미한다.

24 체인사업자의 경영개선사항(유통산업발전법 제16조 제1항)
체인사업자는 직영하거나 체인에 가입되어 있는 점포의 경영을 개선하기 위하여 다음 각 호의 사항을 추진하여야 한다.

1. 체인점포의 시설 현대화
2. 체인점포에 대한 원재료·상품 또는 용역 등의 원활한 공급
3. 체인점포에 대한 점포관리·품질관리·판매촉진 등 경영활동 및 영업활동에 관한 지도
4. 체인점포 종사자에 대한 유통교육·훈련의 실시
5. 체인사업자와 체인점포 간의 유통정보시스템의 구축
6. 집배송시설의 설치 및 공동물류사업의 추진
7. 공동브랜드 또는 자기부착상표의 개발·보급
8. 유통관리사의 고용 촉진
9. 그 밖에 중소벤처기업부장관이 체인사업의 경영개선을 위하여 필요하다고 인정하는 사항

25 매슬로우의 설명과는 달리 알더퍼는 하위단계의 욕구가 충족되지 않아도 상위단계의 욕구가 발생할 수 있다고 지적한다. 예를 들어 존재욕구가 충족되지 않았다 하더라도 일 자체를 흥미롭고, 도전감 있게 느끼도록 동기부여시키고 성장욕구를 충족시켜서 조직효과를 올릴 수 있다고 하였다.

26 일반적으로 상품개발능력을 강조하는 것은 백화점이고, 쇼핑센터는 통일적 운영관리와 업종의 혼합을 중요시한다.

27 백화점의 입지를 선정할 때에는 대상지역의 주요 산업, 유동인구, 인근지역 소비자의 소비형태, 대중교통의 연계망 등 다양한 요소를 고려해야 하는데 최근에는 교통체증과 주차공간의 부족 등으로 대형쇼핑센터 입지인 도시외곽지역도 고려되고 있다.

28 ① 5단계의 오픈 준비 및 오픈, ② 2단계의 입지선정, ③ 4단계의 서비스 전략, ④ 2단계의 상권분석에 해당하는 내용이다.

29 배후지란 고객이 존재하는 지역을 말하며, 상업지의 입지조건에서 중요한 위치를 점하고 있다. 배후지의 조건으로

인구밀도와 지역면적 그리고 고객의 소득수준 등이 있는데 인구밀도가 높고, 지역면적이 크며, 고객의 소득수준이 높으면 가장 좋은 배후지의 조건이 된다. 상업지역에서는 이 배후지의 조건은 바로 매출고와 직결되기 때문에 배후지에 관한 충분한 정보나 지식의 확보는 매우 중요하다.

30 오피스빌딩이 밀집하는 상권은 도심지형 상권으로 유동인구를 중심으로 고객을 흡수하는 상권이며, 주거지형 상권은 지역밀착형 상업지역으로 상주인구를 중심으로 고객을 흡수하는 상권이다. 따라서 지속적이고 안정적인 매출이 발생하는 상권은 주거지형 상권이다.

31 창업비용의 70% 이상이 자기자본이어야 하는 원칙이다. 하지만 상황에 따라 차용을 할 수도 있는데, 그 규모는 최대한 줄여야 한다.

32 집재성 입지는 동일한 업종의 점포가 한 곳에 모여 입지하는 것이 유리한 입지를 말한다. 배후지의 중심지에 위치하는 것이 유리한 입지는 집심성 입지이다.

33 CST(Customer Spotting Technique)는 특정 매장에 상품구입을 위하여 내방한 고객을 무작위로 선택하여 각각의 거주지 위치와 구매행태 등의 정보를 획득하는 기법으로 상권의 규모뿐만 아니라 고객의 특성파악 및 판매촉진 전략 수립에 도움이 된다.

※ CST Map 기법의 유용성
- 상권의 규모파악이 가능하다.
- 고객의 특성조사가 가능하다.
- 광고 및 판촉전략수립에 이용 가능하다.
- 경쟁의 정도 측정이 가능하다.
- 점포의 확장계획에 활용이 가능하다.

34 지역상권의 계층구조
- 1차 상권 : 대부분 그 점포에 지리적으로 인접한 지역에 거주하는 소비자들로 구성
- 2차 상권 : 1차 상권 외곽에 위치하며, 전체 점포 이용 고객의 10% 내외를 흡인하는 지역 범위
- 3차 상권(한계상권) : 상권 외곽을 둘러싼 지역범위

35 ② 접근가능성의 원칙(Principle of Accessibility), ③ 보완가능성의 원칙(Principle of Compatibility), ④ 동반유인원칙(Principle of Cumulative Attraction), ⑤ 점포밀집의 원칙(Principle of Store Congestion)에 해당하는 설명이다.

36 일반적인 질문은 전반부에, 특수한 질문은 후반부에 배열한다.

37 Huff 모델로 파악할 수 있는 내용 : 상업시설 간 경쟁구조 파악, 최적매장면적 유추기능, 예상매출추정, 고객 수 산정 가능, 상권지도 작성 가능

38 ①·④ 대형할인점 등과 취급 품목이 겹치는 업태라면 인근에 대형 유통센터가 없는 지역이 유리하다. 하지만 대형 할인점에서는 취급하지 않는 틈새 상품을 취급하는 매장이라면 적극적으로 대형할인점 출점 지역 인근으로 진출하는 것이 오히려 유리하다.
② 서민층 밀집주거지역 부근이 유리하다.
③ 대단위 아파트 밀집지역, 주택가 밀집지역 등 주거지 인근이 유리하다.
⑤ 생활용품 전문점의 입지는 상품의 성격에 따라 달라진다.

39 다점포경영은 각 지역의 발전성이나 상권 자체가 갖고 있는 이점 등을 자사의 이익과 연계시키기 위한 수단으로, 각 해당지역에 자사의 지점포를 출점하게 하는 이른바 다점포화 정책에 따라 만든 각 체인점의 영업활동에 대한 경영관리를 의미하는 것으로 불량고객의 퇴출에 기여하는 것은 아니다.

40 C 쇼핑센터로 가는 확률

$$P_c = \dfrac{\dfrac{2,500}{5^2}}{\dfrac{900}{3^2} + \dfrac{1,600}{4^2} + \dfrac{2,500}{5^2}} = \dfrac{100}{300} = 0.333 (= 33.3\%)$$

41
- 체크리스트법 : 상권의 규모에 영향을 미치는 요인들을 수집하여 이들에 대한 평가를 통하여 시장잠재력을 측정
- 유추법 : 신규점포와 특성이 비슷한 기존의 유사점포를 선정하여 그 점포의 상권범위를 추정한 결과를 자사점포의 신규 입지에서의 매출액을 측정하는 데 이용하는 방법
- 타임페어법 : 점포에서 역까지 전철과 버스노선별 소요시간과 요금을 조사해서 상권을 파악하는 방법

42 구매품목과 가격대 조사
유통 인구를 조사하되 반드시 성별, 연령별, 주요 구매품목과 구매가격대도 조사해야 하며, 점포 앞은 물론 각 방향에서의 입체적 통행량을 조사해야 한다. 만일 대로변이라면 길 건너까지의 유동인구조사와 차량 통행량까지 조사하는 것은 기본이다.

43 ⑤는 '그룹 인터뷰 조사'가 아니라 '상권 내 거주자 조사'에 해당하는 설명이다. 즉, 그룹 인터뷰 조사에서는 구매행동 및 의식, 라이프스타일, 각점 평가 등에 관한 내용을 조사하는 단계를 말한다.

44 회귀분석 모형은 '독립변수 상호 간에는 상관관계가 없어야 한다'는 가정을 바탕으로 한다. 독립변수들 간의 상관관계가 높으면 개별 독립변수와 종속변수 간의 진정한 관계를 밝히기 어렵게 된다.
→ 다중공선성(Multicollinearity) 문제
※ 다중공선성(Multicollinearity)
회귀분석에서 독립변수들 간에 강한 상관관계가 나타나는 문제로서 적절한 회귀분석을 위해 해결해야 하는 문제이다.

45 통행량은 점포 앞의 현실적 구매력을 나타내는 지표라기보다는 잠재적 구매력을 나타내는 지표이다.

46 소비자를 연령, 직업, 소득, 생활정도 등으로 분류하는 방법은 인구통계학적(Demographic) 분류법이다.
　※ **시장세분화의 기준변수**
　• 인구통계적 변수 : 연령, 성별, 지역, 소득, 종교 등
　• 심리분석적 변수 : 사회계층, 라이프스타일, 개성 등
　• 구매행동적 변수 : 사용기회, 사용경험, 사용량, 상표애호도 등
　• 사용상황 변수
　• 추구효익 변수

47 고객이 지각하는 서비스 품질이란 고객의 기대나 욕구 수준과 그들이 지각한 것 사이의 차이의 정도로 정의된다. 따라서 마케팅 커뮤니케이션에서 홍보한 수준과 소비자가 실제적으로 느끼는 서비스의 성과가 같을 때에는 서비스 품질의 인식 차이가 발생하지 않는다.

48 **묶음가격(Price Bundling)**
신상품이나 인기 있는 제품을 그렇지 않은 제품과 한 묶음으로 만들어 두 제품을 낱개로 구입할 때보다 더욱 저렴한 가격에 판매하는 것으로 보완관계에 있는 상품들을 묶어서 책정하는 경우가 일반적이다.

49 ① · ③ 쇠퇴기의 마케팅전략
　④ · ⑤ 성숙기의 마케팅전략
　※ **성장기의 마케팅 전략 : 경쟁우위 전략 + 시장점유율확대전략**
　• 제품전략 : 제품의 질 향상, 고객층의 범위 확대, 제품차별화 전략
　• 가격전략 : 시장점유율을 높이기 위해 저가격정책을 도입
　• 유통경로전략 : 높은 시장점유율의 추구와 높은 단기적 이익의 실현
　• 촉진전략 : 더 많은 소비자 대중에게 인지도와 관심을 구축할 수 있도록 광고와 프로모션을 전개

50 방수포장에 방습포장을 병용할 경우 방습포장을 내면에, 방수포장을 외면에 하는 것이 원칙이다.

51 생산성 향상 전략은 제품 수명주기상 성숙기나 쇠퇴기 국면에 접어든 소매업기업에 적당하다. 이 국면에서는 과다한 투자를 하기보다는 소매점 운영의 여러 방면에서 이익을 찾아보는 것이 더 바람직하다.

52 고객관계관리(CRM)는 다양한 채널을 통한 고객과의 커뮤니케이션으로부터 수집된 정보를 기반으로 고객과의 관계를 유지 · 발전하는 과정이다. 즉, 신규고객 획득, 우수 고객 유지, 고객 가치 증진, 잠재 고객 활성화 및 평생 고객확보를 목표로 고객 분석을 통해 고객을 이해하고 이를 통해 고객과 지속적인 관계를 유지함으로써 고객 가치를 극대화하기 위한 일련의 과정이라고 할 수 있다.

53 소비자의 지속적 관여도가 높을수록 상황변수가 구매행동에 미치는 상대적 영향력이 낮다.

54 균일운송가격은 지역에 상관없이 모든 고객에게 운임을 포함한 동일한 가격을 부과하는 가격정책으로, 운송비가 가격에서 차지하는 비율이 낮은 경우에 용이한 가격관리를 위한 방법이다.

55 **서비스 보증의 원칙**
　• 무조건적이어야 한다.
　• 고객의 이해와 의사소통이 용이해야 한다.
　• 정보의 취득이 용이해야 한다.
　• 구체적이고 의미의 가치가 있어야 한다.
　• 호소방법의 절차가 간단해야 한다.
　• 신속하게 보상해 주어야 한다.

56 다각화 전략은 기업이 현재 생산하고 있는 제품과 관련이 없는 제품라인을 추가하는 것이다.

57 내부조사자가 마케팅 조사를 수행하는 경우에는 상대적으로 의사결정 흐름의 이해와 내부의 사내자료에 대한 접근성에서 유리하다.

58 기존고객에 대한 정보자료를 활용하지만, 기존고객의 충성도 향상뿐만 아니라 잠재고객을 개발하는 용도에도 활용된다.

59 ② 시장개척전략은 신시장+기존제품의 경우로 시장개척의 가능성을 고려하는 전략이다.
③ 제품개선전략은 기존시장+신제품의 경우로 기존시장에 신제품 또는 수정된 제품을 공급하는 전략이다.
④ 다각화전략은 신시장+신제품의 경우로 기존의 제품이나 시장과는 완전히 다른 새로운 사업을 시작하거나 인수하는 전략이다.
⑤ 외부성장전략은 기업의 내부자원에 의존하지 않고 외부자원을 이용한 성장전략으로서 타 회사와의 기술제휴, 개발이 끝난 신제품의 취득, 타 회사의 흡수·합병 등의 방법이 있다.

60 슈퍼마켓에서 주로 판매되는 단가가 낮은 제품들은 상대적으로 긴 유통경로를 통해서 판매되고 있다. 반면에 고단가 제품은 직접 판매를 통해서 충분한 마진을 확보할 수 있기 때문에 대체로 짧은 유통경로를 갖는다.

61 ② 여피(Yuppie) : 젊은(Young), 도시화(Urban), 전문직(Professional)의 세 머리글자를 딴 'YUP'에서 나온 말이다. 고등교육을 받고, 돈 많은 젊은 엘리트들을 지칭한다.
③ 슬로비(Slobbie) : '건강+가족'을 중시하는 사람들로 빠르게 돌아가는 생활 속에서 건강과 여유를 찾을 것을 추구하는 사람들을 뜻한다.
④ 로하스(Lohas) : 건강과 환경이 결합된 소비자들의 생활패턴을 뜻한다.
⑤ 예티족(Yettie) : 젊고 기업가적이며 기술에 바탕을 둔 인터넷 엘리트를 말한다.

62 명세매입(Specification)이란 매수인이 제시한 명세에 따라 이루어지는 매입을 말하며, 선박, 철도차량, 의료용구, 중대형 기계류 등 견본제시가 불가능할 경우에 사용된다.

63 머천다이징
상품화계획이라고도 하며, 마케팅 활동의 하나이다. 이 활동에는 생산 또는 판매할 상품에 관한 결정, 즉 상품의 기능·크기·디자인·포장 등의 제품계획, 그 상품의 생산량 또는 판매량, 생산시기 또는 판매시기, 가격에 관한 결정을 포함한다.

64 판매결정 단계는 고객이 구매결정의 결단을 내리도록 판매담당자가 유도하는 과정에서부터 고객에게 대금을 수령·입금하기 전까지이다.

65 표지(Sign)와 그래픽을 소품으로 사용하는 것은 상품판매 촉진을 위한 디스플레이 영역이라고 할 수 있다.
※ 점포의 레이아웃(Lay-out)이란 주어진 공간 안에 매장과 통로, 진열대, 판매장비, 판매상품, 점포의 디자인 등 점포를 형성하는 각각의 구성요소를 효과적으로 배열하는 일 또는 그 기술을 말한다.

66 가로축은 판매되는 제품에 대한 상대적 시장 점유율을, 세로축은 제품이 판매되는 시장의 평균성장률로 구성된다.

67 유머소구(Humor Appeal) 광고는 소비자의 주의를 끄는 데 효과적이지만 제품 특성을 이해시키는 메시지를 전달하기에 부적합하다.

68 유명한 미래학자 마이클 해머는 21세기를 3C의 시대로 표현했는데 여기서 3C란 Customer(고객), Change(변화), Competition(경쟁)을 말한다. 변화를 읽고 대처하는 능력에 따라, 선점과 핵심역량을 길러 경쟁력을 어떻게 강화하는가에 따라, 고객을 얼마나 존중하는가에 따라 조직이나 기업의 성공여부가 결정된다는 말이다.

69 서비스 청사진은 최초에 상품 기획을 위해서 개발되었으며 이후 상품의 변경(Modification)이나 마켓 포지셔닝(Positioning)을 위한 도구로 발전되었다. 서비스 청사진이 서비스 품질 설계에 공헌하는 것은 기존의 공정도표들과는 달리 고객과 서비스 시스템과의 상호작용을 구체적으로 표현하고, 실패 가능점을 미리 식별하여 미연에 방지책이나 복구 대안을 강구하도록 하는 데 있다. 따라서 청사진을 통해서 전체 운영시스템 중 어떤 부분이 고객에게 노출되어있고 어느 부분이 가려져 있는가를 파악할 수 있다.

70 ① 제품을 편의품, 선매품, 전문품으로 나누는 것은 소비자의 쇼핑습관에 따른 것이다.
　② 공동상표전략에 해당한다.
　④ 제품 = 상징적 효용 + 물리적 효용 + 심리적 효용
　⑤ 낮은 유통원가와 대량노출, 대량광고 등이 주요 마케팅 전략 수단이 되는 제품은 편의품이다.

제 4 과목　유통정보

---

71 **멧칼프(Metcalf's law)의 법칙**
　• 네트워크의 가치는 사용자수의 제곱에 비례하지만, 비용의 증가율은 일정하다는 법칙
　• 네트워크 기술을 사용하는 사용자의 증가율이 어느 임계값에 도달하면 그 시점부터 기하급수적으로 가치가 상승한다는 법칙

72 **Lean 공급사슬과 Agile 공급사슬의 비교[Mason-Jones and Towill(2000)]**
　• Lean 공급사슬
　　− 주로 편의품이나 생필품과 같은 재고회전이 빠른 상품이 적합하다.
　　− 시장의 수요를 예측할 수 있어야 하고, 라이프 사이클이 짧은 특징을 가지고 있다.
　　− 생필품 위주로 구성되어 있기 때문에 고객들이 낮은 저렴한 가격에 상품을 구입한다.
　　− 이러한 공급사슬을 이용하는 상품군은 수익률이 낮고, 상품에 대한 정보가 풍부해 규칙적인 공급관계가 형성되는 특징이 있다.
　• Agile 공급사슬
　　− 주로 패션어패럴이라든가 액세서리와 같은 상품에 이용되는 공급사슬로 유행에 민감하기 때문에 라이프사이클이 짧다.
　　− 수요 예측이 매우 어렵고, 다양한 상품을 유통시킬 수 있는 특성이 있다.
　　− 이러한 상품은 수익률이 매우 높으며, 고객들은 상품을 이용하면서 느끼는 효용이나 만족감 때문에 상품을 재구매하는 특징이 있다.

73 **QR 시스템**
　QR 시스템은 생산에서 판매에 이르기까지 시장정보를 즉각적으로 수집해서 대응하며 이는 회전율이 높은 상품에 적합한 시스템이다. 또한 QR은 재고부담감소로 인한 경쟁력의 강화의 효과를 가져다준다. 공급사슬(Supply Chain)상의 거래 업체가 생산·판매 및 유통에 대한 모든 정보를 공유·활용함으로써 불필요한 낭비를 제거한다.

74 ②는 '정당화 추구 오류'에 대한 설명이다.

75 ① 박스, 파렛트, 자동차 등에 부착하는 것은 태그이다.
　② 안테나에서 주파수를 발사하며 태그로부터 데이터를 수신한다.
　③ 안테나는 전송받은 데이터를 변조하여 리더로 전달한다.
　⑤ 리더는 데이터를 해독하여 호스트 컴퓨터로 전달한다.

76 풍부한 지적 재산, 투철한 기업가 정신, 평생학습 정신, 강한 창의성, 비관료적인 유연성 등을 갖추고 있어야 한다.

77 외형보다는 기능이 중요하다.
　※ **물리적 상품과 디지털 상품**
　• 물리적 상품(유형 상품) : 현실 세계에 실체가 존재하고 우리가 직접 만질 수 있는 상품, 즉 식료품, 의류, 서적, 포도주 등 일용품에서부터 보석과 같은 희소 상품까지 현실 세계에서 거래되는 거의 모든 물건을 말한다.
　• 디지털 상품(무형 상품) : 디지털로 생산, 유통, 소비, 저장될 수 있는 모든 상품을 말한다. 디지털 상품의 실체는 만져 볼 수 없으며, 단지 컴퓨터를 통해 보거나 즐길 수 있다. 인터넷을 통한 주식 정보, 인터넷을 통해 구매하는 MP3 파일, 게임 등이 디지털 상품의 대표적 예이다.

78 ⑤는 CALS의 기대효과에 대한 설명으로, 그 외에도 비용 절감효과, 제품생산소요시간의 단축, 21세기 정보화 사회로의 조기 진입이라는 기대효과가 있다.

※ **QR의 도입효과**
- 재고부담 감소로 인한 경쟁력 강화
- 기업의 생산비 절감을 통한 경쟁력 강화
- 효율적 체제 구축
- 제품원가의 절감
- 소비자 위주의 제품생산
- 정보의 공유
- 인터넷 상거래에 능동적으로 대응
- 시간과 비용의 절감

79 다점포 영업을 지향하는 유통경영의 형태에 비추어 정보에 대한 접근의 용이성과 보안성을 동시에 가능하게 하는 중앙집중식 데이터관리와 포괄적인 정보보안을 실현해야 한다.

80 ②는 경영보고시스템(MRS)에 대한 설명이다. 즉, MRS은 경영자에게 보고서를 제공하거나 조직의 과거 기록과 현재의 상태에 대한 온라인 정보를 제공하는 정보시스템을 말한다.

※ **의사결정지원시스템의 논리적 구성요소**
- 대화시스템 : 사용자와 정보시스템과의 관계 조정
- 데이터베이스시스템 : DSS정보원
- 모델베이스시스템 : 비교적 간단하고 융통성 있는 모델을 많이 구축하여 두었다가 사용자로 하여금 자연스럽게 사용할 수 있도록 해줌
- 소프트웨어시스템 : 다른 DSS의 하위시스템 조정

81 **CRM를 위한 구성요소**
- Front-end Applications
  - 고객접점에서 이루어지는 다양한 서비스 활동부분을 지원한다.
  - 개인별로 차별화된 일대일 마케팅을 실시하면서 충성고객을 확보한다.
  - E-mail, 채팅, 팩스, 영업사원의 접촉, A/S 방문, 고객으로부터의 전화 등을 지원하는 애플리케이션이다.
- Back-end Applications
  - 기업활동에서는 보이지 않지만 보이지 않는 면에서 여러 가지 다양하게 업무를 지원한다.
  - 고객접점 채널들뿐만 아니라, 제품이나 서비스가 질 좋은 품질로 공급될 수 있도록 지원한다.

- Database 구축 : 기업활동을 통해서 얻은 데이터를 고객별로 저장·분석하고 관리하여 기업활동을 원활하게 지원한다.

82 ⑤는 지식경제의 특징에 대한 내용이다.

※ **지식경영의 개념**
- 업무방식을 개선하고 능률적 운영 공유
- 구성원의 경험과 지식 및 전문성 공식화
- 새롭게 창조된 형식적인 지식을 다시 암묵적인 지식으로 순환
- 지식관련 경영활동의 효과성 극대화와 지적자산으로부터 최대의 부가가치를 창출

83 ④는 e-Auction에 대한 설명이다.

※ **e-Mall(전자쇼핑몰)**
- 전자상점을 한 곳에 모아놓은 형태의 비즈니스 모델
- 취급 제품군에 따라 소비재를 다루는 전자쇼핑몰과 산업재 혹은 특정 서비스를 특화한 B2B 전자상거래의 형태를 지님

84 **전자수표 결제시스템의 특징**
현금가치를 은행에 저장시킨 후 거래 당사자 간에는 은행 계좌간 자금이동을 위한 전자수표만 유통됨으로써 자금 보관에 대한 안정성을 확보할 수 있다. 또한 거액의 상거래 또는 기업간 거래시 지불수단으로 적합하다.

85 공개키 알고리즘(비대칭형 암호화)은 암호화 키와 복호화 키가 서로 다르며, 암호화 키로부터 복호화 키를 계산해 낼 수 없다. 따라서 대부분 암호화 키와 복호화 키가 동일한 것은 대칭형 알고리즘(비밀키 암호화방식)에 해당하는 설명이다.

86 ERP는 표준화된 시스템으로 데이터의 일관성이 유지되며, EHCR은 문서작업의 감소 및 데이터의 정확성이 향상된다.
※ ERP의 도입효과

업무 측면	정보시스템 측면
• 생산실적의 관리 • 정보공유 • 재고관리능력의 향상 • 계획생산체제의 구축 • 영업에서부터 자재, 생산, 원가, 회계에 이르는 정보의 흐름이 일원화	• 표준화된 시스템으로 데이터의 일관성이 유지 • 개방형 정보시스템을 채택함으로써 시스템상의 자율성과 유연성 증가 • 클라이언트-서버시스템의 구현으로 시스템 성능 최적화 • GUI 등 신기술을 이용하여 사용에게 보다 편리한 정보환경 제공

※ EHCR의 도입효과
• 문서작업의 감소, 데이터의 정확성 향상
• 생산성 향상, 회전주기 단축
• 재고수준 감소, 반품의 감소
• 오류 감소, 노동력 감축
• 고객만족의 증대
• 효과적 커뮤니케이션 촉진

87 종이카탈로그는 한 번 인쇄를 한 후에는 변경이 불가능하므로 정보의 변경이 전자카탈로그에 비해 어렵다는 단점이 있다.

88 의사결정지원용 정보시스템은 유통경영관리자가 최적의 선택을 할 수 있도록 의사결정을 지원하고 기업 내부의 사안에 대해 조사·조회할 수 있는 기능을 제공한다.

89 Brick-and-Mortar Organization는 물리적인 판매자에 의해서 물리적 제품을 팔고, 비즈니스의 활동을 오프라인 상에서 하는 조직형태이다.
② 온라인 가상조직형태
③ 순수 온라인 조직형태
④ · ⑤ 온라인과 오프라인을 동시에 추구하는 조직형태

90 ⑤는 균형성과표(BSC ; Balanced Score Card)에 대한 설명이다.
균형성과표는 재무측정지표와 운영측정지표 모두를 균형 있게 고려한 새로운 성과측정시스템으로, 과거 성과에 대한 재무적인 측정지표를 통해서 미래성과를 창출하는 측정지표이다. 즉 균형성과표에는 실행 결과를 나타내는 재무측정지표와 이를 보완하면서 미래의 재무성과에 영향을 주는 운영 활동인 고객만족, 내부 프로세스, 조직의 학습 및 성장능력과 관련된 3가지 운영측정지표가 포함되어 있다.

제**8**회 # 정답 및 해설

정답

01	02	03	04	05	06	07	08	09	10	11	12	13	14	15	16	17	18	19	20	21	22	23	24	25	26	27	28	29	30
⑤	①	④	③	②	②	②	①	②	⑤	①	⑤	④	⑤	①	④	③	③	⑤	⑤	②	②	④	④	③	①	④	②	①	①
31	32	33	34	35	36	37	38	39	40	41	42	43	44	45	46	47	48	49	50	51	52	53	54	55	56	57	58	59	60
④	②	①	②	②	④	②	①	⑤	②	⑤	③	④	⑤	①	⑤	③	⑤	④	①	②	②	②	①	⑤	②	④	③	③	④
61	62	63	64	65	66	67	68	69	70	71	72	73	74	75	76	77	78	79	80	81	82	83	84	85	86	87	88	89	90
③	③	③	①	③	⑤	④	③	①	③	①	③	④	⑤	②	②	③	④	⑤	③	②	⑤	③	②	②	④	⑤	⑤	③	④

제**1**과목 | 유통 · 물류일반관리

01 프랜차이즈 시스템은 계약형 VMS의 한 형태이다.

02
$$Q = \sqrt{\frac{2DS}{H}}$$
$$200 = \sqrt{\frac{2 \times 10,000 \times 200}{H}}$$
$$H = \frac{2 \times 10,000 \times 200}{200^2} = 100$$

03 채찍효과는 소비자에서 제조업자로 갈수록 정보가 왜곡되고 확대되어 각 단계별 수요의 변동성이 증가하는 현상으로 수요예측의 불확실성이 원인으로 작용한다. 즉 채찍효과는 불확실한 수요정보로 인하여 발생된다.

04 **수직적 통합의 가치 근거 이론**
- 시장으로서는 보이지 않는 손인 시장가격을 통해 모든 재화 및 서비스의 수요와 공급이 조정되지만, 기업이라는 통제 기구 안에서 중앙 통제적인 관리자가 하급자들을 감시 및 통제하게 된다.
- 경제적 거래를 관리하기 위해 시장을 활용하는 원가가 해당 경제적 거래를 기업 영역 내부로 끌어들여 수직적 통합을 하는 원가보다 더 높다는 점을 발견하였다.
- 수직적 통합이 시장거래보다 수익을 높이거나 또는 원가를 낮출 수 있는 조건들, 수직적 통합이 가치를 창출할 수 있는 조건들을 발견하였다.

05 **양적 통일기능**
- 대부분의 상품들은 대량 생산되고 있지만 소비단위는 소량으로 이루어지고 있기 때문에 생산과 소비의 수량이 일치하지 않는다.
- 수량적 불일치가 발생하는 경우 수집과 분산을 통한 생산과 소비의 양적통일기능이 필요하다.
- 농산물과 같이 소규모 · 분산적으로 생산된 상품이 중매인이나 산지의 중개인을 통해서 수집되고, 다시 도매시장을 경유해서 도매상 · 소매상을 통해서 많은 소비자에게 분할, 공급되는 것이다.

06 소비자 분석에서 시장범위의 결정과 표적시장을 결정하여야 한다.

07
- 게임이론 : 수직적으로 경쟁관계에 있는 제조업자와 중간상이 각자 자신의 이익을 극대화하기 위해 자신과 상대방의 행위를 조정하는 과정에서 유통경로구조가 결정된다. 특히 이 이론은 수리적 모형이 지니는 제약으로 인해 지나치게 가격 혹은 수량에 의존하여 유통구조를 설명하려는 한계를 지니고 있다.

- 연기-투기이론 : 경로구성원들 중 누가 재고보유에 따른 위험을 감수하느냐에 의해 경로구조가 결정된다. 연기란 경로구성원이 재고보유에 따른 위험을 다른 구성원에게 전가하는 행위를 말하며, 투기란 연기의 정반대 개념으로 재고보유에 따른 위험을 스스로 부담하고자 하는 행위를 말한다.
- 대리이론 : 계약의 당사자를 주인(Principal)과 조직 내 주어진 직무에서 수행하는 대리인(Agent)으로 구분하였다.
- 정치-경쟁관점이론 : 내부구성원간의 권한 및 의존, 갈등 및 협력 관계구조, 소유구조, 의사결정 과정, 외부 이해관계자와의 관계, 외부 환경요소 등을 고려하여 경로구조를 결정한다.
- 기능위양이론 : 기능수행의 경제적 효율성 여부, 즉 기능을 얼마나 효율적으로 수행하는가의 여부에 의해 결정된다.

08 ① 기업의 대내적 책임
② · ③ · ④ · ⑤ 기업의 대외적 책임
※ **기업의 사회적 책임(4단계)**
캐롤(Archie B. Carroll)은 기업의 사회적 책임(CRS, Corporate Social Responsibility)을 경제적, 법률적, 윤리적, 자선적 책임으로 구분하였다.
- 1단계 : 경제적 책임
  양질의 제품과 서비스를 생산하고 판매해 이윤을 창출해야 하는 책임
- 2단계 : 법적 책임
  공정한 규칙 속에서 법을 준수하여 기업을 경영해야 하는 책임
- 3단계 : 윤리적 책임
  기업 또한 사회적 일원으로서 주주, 소비자와 종업원, 지역주민, 정부 등 모든 이해관계자의 기대와 기준, 가치에 부합해야 하는 책임
- 4단계 : 자선적 책임
  경영활동과 관계없이 기부나 사회공헌을 통해 사회로부터 얻은 이익을 나누는 책임

09 ②는 신규진입 기업에 대한 기존기업의 '차별화'에 대한 설명이다.
경험곡선이란 기존기업이 제품 생산의 경험을 축적시킬수록 생산원가가 하락하고 품질은 향상되는 것을 말한다.

10 직무설계란 직무를 수행하는 사람에게 의미와 만족을 부여하려는 목적으로 조직이 그 목표를 보다 효율적으로 수행할 수 있도록, 일련의 작업군과 단위직무내용 및 작업방법을 설계하는 활동을 말한다.

11 귀인의 기본적 오류란 다른 사람의 행동을 해석할 때 사람들이 어김없이 기본적인 성격요소의 중요성을 과대평가하고, 상황이나 맥락의 중요성을 과소평가하는 실수를 저지르는 것을 의미한다.

12 정성적 예측기법은 중장기적 예측에 적합한 예측기법으로 일반적으로 예측기법의 적용에 소요되는 시간과 비용이 높다. 제품개발, 기술예측, 시장전략, 공장입지 선택과 같이 중장기적 전략결정에 적용될 수 있다.

13 프랜차이즈의 경우 낮은 투자비용으로 해외 시장 진입이 가능하고 표준화된 마케팅을 적용하기 때문에 위험성을 줄일 수 있다.

14 종속수요품은 생산계획만 작성되면 구성 부품의 수요를 모두 산출할 수가 있기 때문에 관리를 위해서는 이 특성을 살린 자재소요계획(MRP)의 적용을 해야 한다.

구 분	MRP	EOQ
수 요	종 속	독 립
주 문	요 구	보 충
예 측	일정계획 근거	과거수요 근거
통제개념	전 품목	ABC
목 표	제조부품요구 충족	고객요구 충족
Lot 크기	불연속	EOQ
수 요	예측가능	임의적
재고형태	재공품 · 완제품	완제품 · 부속품

15 MRP는 자재계획을 수립하고 계획대로 실천에 역점을 두는 반면, JIT는 주문 · 요구에 대한 소요개념을 강조한다.

16 경로커버리지 대안으로 집중적 유통, 전속적 유통, 선택적 유통을 들 수 있다.

17 관대화 경향오류는 "피평가자의 실제 업적이나 능력보다 높게 평가하는 경향"을 말하며, 이와 반대로 실제보다 낮게 평가하는 경향을 엄격화 경향이라고 한다. 관대화 경향은 평가자의 인지, 동기, 능력, 성격, 조직특성 등 여러 요소가 맞물려서 나타난다.

18 ③은 통합전략에 대한 설명이다. 아웃소싱전략은 자사의 핵심역량에 집중하면서 비핵심부문을 분사 또는 외주 등의 방법을 통하여 기업가치를 제고하는 전략이다.

19 ⑤ '신규진입자의 위협'은 말 그대로 산업 내에 새롭게 진출하는 업체로 인해 발생할 수 있는 기존 기업의 경쟁력 변화를 나타내는 것을 말한다.
① 공급자의 교섭력, ② 대체품의 위협, ③ 기존 경쟁자의 경쟁강도, ④ 구매자의 교섭력에 대한 내용이다.

20 카페테리아식(Cafeteria Style) 후생복지는 근로자 개인의 욕구에 충족시켜 줄 수 있기 때문에 근로자의 만족이 곧 생산성 향상과 기업의 이미지 제고에 도움이 된다는 장점이 있지만 관리의 복잡성과 비용의 증가가 단점으로 나타날 수 있다.

21 매트릭스 조직은 조직의 기능에 따라 수직적으로 편성된 직능조직에 수평적, 측면적인 프로젝트 조직의 모형을 부가시킨 조직이다. 예를 들어 기능부서의 장은 수직적인 부서의 전문가에 대한 계선권한을 가지며 기능적 전문가는 수평적 구조의 특수사업에 배열되어 특정한 임무를 맡게 된다. 이와 같은 임무는 일반적으로 특수사업이 착수될 때 관련 있는 기능부서의 관리자와 프로젝트부서의 관리자간의 긴밀한 협의를 통하여 배당된다. 따라서 매트릭스 조직은 명령통일의 원리나 계층제의 원리가 적용되지 않는 등 전통적인 조직 이론들을 무시하게 된다.

22 관리자가 효과적으로 관리할 수 있는 통제범위를 기준으로 관리의 범위를 결정한다.

23 장기평균비용곡선은 각 시설규모에 대해 그려진 수많은 단기평균비용곡선들을 감싸는 포락선이다. 생산량이 증가하면 비용이 하락하다가 저점을 찍고 완만하게 다시 상승하는 패턴이 된다. 즉 생산량 규모에 따라 평균비용이 커질 수도 적어질 수도 있다.

24 역할연기법(Role Playing)은 교육훈련기법이다. 즉 어떤 역할에 대하여 실연하는 체험학습방법으로, 간접 체험을 통해 참가자의 태도, 기술, 행동변화 및 향상을 위해 실시한다.

25 활동기준원가계산(ABC)은 기업 내에서 수행되고 있는 활동을 기준으로 하여 자원과 활동, 활동과 원가대상의 소모관계를 상호간의 인과관계에 근거하여 규명함으로써 자원, 활동, 원가대상의 원가와 성과를 측정하는 원가계산 기법을 말한다. 활동기준원가계산의 기본적 산출물은 제품·서비스별 원가와 활동원가로서 활동기준경영관리를 위한 기초정보가 된다.

제 ② 과목 상권분석

26 ①은 시장력 우선전략에 대한 내용으로서 시장력이 크다면 경합의 영향도는 작고 반대로 시장력이 작으면 경합의 영향도는 크다는 특징을 가지고 있다.

27 쇼핑센터는 보행자에 초점을 둔 쇼핑몰과 점포 바로 옆에 주차장이 있는 스트립 쇼핑센터로 나뉘며, 도시 상업지역을 능가하는 상품구색을 제공한다.

28 복합용도개발은 소매업체에게 인기가 있는 개발형태이다.

29 중심지 기능의 최대도달거리는 중심지가 수행하는 상업적 기능이 배후지에 제공될 수 있는 최대(한계) 거리를 말한다.

30 만일 A 도시가 B 도시보다 크다면 상권의 경계는 B 도시 쪽으로 더 밀려나게 되며, 반대로 B 도시가 A 도시보다 크다면 상권의 경계는 A 도시 쪽으로 오게 되고, 두 도시의 크기가 같다면 두 도시 간의 상권의 경계는 중간지점이 될 것이다. 이것은 레일리 법칙으로 뉴턴의 중력이론과 연관이 깊다.

31 인구의 수준, 성장, 경쟁 중 한 가지만을 분석하기보다는 입지선정에 영향을 미치는 여러 요인의 상관관계를 분석하는 것이 합리적이다.

32 다수의 점포를 입점시키면 개별 점포의 매출은 낮아질 수 있지만, 전체 점포의 매출은 증가할 수 있다.

33 접근용이성의 원칙은 상품의 종류에 의해 고객의 크기가 결정되는 것이 아니라 지리적 인접성이나 교통의 편리성에 의해 매출에 영향을 주는 원칙이다.
   ② 중간저지성의 원칙 : 기존 점포나 상권지역이 고객과의 중간에 위치함으로써 경쟁점포나 기존의 상권지역으로 접근하는 고객을 중간에서 차단할 수 있는 가능성을 검토하는 원칙이다.
   ③ 동반유인의 원칙 : 유사하거나 보충적인 소매업이 흩어진 것보다 군집해서 더 큰 유인잠재력을 갖게 한다.
   ④ 보충가능성의 원칙 : 두 개의 사업이 고객을 서로 교환할 수 있을 정도로 인접한 지역에 위치하면 매출액이 높아진다.
   ⑤ 점포밀집의 원칙 : 지나치게 유사한 점포나 보충 가능한 점포는 밀집하면 매출액이 감소한다.

34 양립성을 증대시키기 위한 접근순서
   • 취급품목 : 취급 품목이 같아 상호 경합하는 관계라면 경쟁을 피하기 위해 취급 품목을 차별화하는 것이 현명하다.
   • 가격범위 : 만일 주력 품종이 같다고 해도 서로 가격대가 다르다면 경쟁점이라 볼 수 없고 양립점이 된다.
   • 적정가격 : 가격대도 같다면 동일 품종의 적정 가격을 비교한다. 만일 적정가격이 다르면 자기 점포의 적정가격이 과연 채산성이 있는지 없는지를 다시 한 번 살피는 것이 필요하다.
   • 적정가격 대비 품질 : 마지막으로 적정가격이 같은 경우, 품질을 통한 경쟁 극복 대책을 세우도록 한다. 같은 적정가격 품목의 품질을 경쟁점의 품질보다 높게 유지하는 것이다.

35 ②는 비율법에 대한 단점에 해당한다. 따라서 비율법이란 몇 가지 비율을 사용하여 적정 부지를 선정하거나 주어진 부지를 평가하는 방법을 말한다.

36 ①・③ 크리스탈러의 중심지 이론에 대한 설명이다.
   ② 허프의 확률모형에 대한 설명이다.
   ⑤ 컨버스의 수정소매인력이론에 대한 설명이다.

37 입지조건은 시간의 흐름과 더불어 변화하므로, 입지선정은 현재의 상황만이 아니라, 장래성을 예측하면서 이루어져야 한다.

38 밤늦은 시간에도 점포의 문을 열어놓아 소비자가 필요로 하는 상품을 살 수 있도록 해주는 편리함은 '시간의 편의성'에 대한 내용이다.
   ※ 편의점(Convenience Store)
   편의점은 인구밀집지역에 위치해서 24시간 영업을 하며 재고 회전이 빠른 식료품과 편의품 등의 한정된 제품 계열을 취급한다.

39 허프의 확률 모델 공식
$$P_{ij} = \frac{S_j^a \, D_{ij}^b}{\sum\limits_{k=1}^{J} S_k^a \, D_{ik}^b}$$
P_{ij} : 소비자 i 가 점포 j 를 선택할 확률
S_j : 점포 j 의 매장크기
D_{ij} : 소비자 i 가 점포 j 까지 가는 데 걸리는 시간 또는 거리
a : 소비자의 점포크기에 대한 민감도(중요도)를 반영하는 모수(Parameter)
b : 소비자의 점포까지의 거리에 대한 민감도(중요도)를 반영하는 모수
J : 소비자가 고려하는 총 점포의 수
   • '가' 상점을 이용할 가능성
$$P_가 = \frac{(6.4 \times 4^{-3})}{(6.4 \times 4^{-3}) + (12.5 \times 5^{-3}) + (100 \times 10^{-3})}$$
$$= \frac{0.1}{0.1 + 0.1 + 0.1} = \frac{1}{3}$$
   • '나' 상점을 이용할 가능성
$$P_나 = \frac{(12.5 \times 5^{-3})}{(6.4 \times 4^{-3}) + (12.5 \times 5^{-3}) + (100 \times 10^{-3})}$$
$$= \frac{0.1}{0.1 + 0.1 + 0.1} = \frac{1}{3}$$

따라서,

'가' 상점과 '나' 상점을 이용할 가능성 $= \frac{1}{3} + \frac{1}{3} = \frac{2}{3}$

40 중심지 이론의 핵심은 한 도시 내의 상업중심지가 포괄하는 상권의 규모는 도시의 인구 규모에 비례하여 커진다.

41 ⑤는 '채산성 체크'와 관련된 내용이다. 그 외에도 '경쟁점포와 경쟁해서 이길 수 있는가 혹은 공존할 수 있는가? 예상 매출은 어느 정도인가, 이익을 낼 수 있겠는가? 앞으로 고객수가 증가되리라고 기대할 수 있는가?'에 대한 질문을 할 수 있다.

42 중심상업지역(Central Business District)은 상업활동이 집중되어 있는 도시의 핵심지역으로 많은 사람이 모여서 재화와 용역의 교환이 일어나고 정보가 교류되는 곳이다. 접근성이 높고 지가도 비싸 고층화가 이루어지고 있는 지역으로서 고급 전문 상점, 백화점, 금융, 무역 및 행정 등의 중추기능을 담당하지만, 상주인구의 공동화가 나타나는 지역이기도 하다.

43 점포상권의 범위는 점포의 크기, 취급하는 상품의 종류나 상업 집적도, 그에 따르는 교통편의 등에 의해 결정된다. 그런데 소비자의 이동거리는 상품구색의 다양성 정도에 따라 일정부분 비례하여 증가하지만 거리가 멀어질수록 점포의 매력도가 떨어지기 때문에 지리적 제약을 받게 된다.

44 ⑤ 어느 한 상권에 대한 고객의 특성은 점포를 둘러싸고 있는 배후상권고객, 직장(학생)고객, 유동고객을 분석해야 명확하게 찾을 수 있다.

45 **상권의 특징**
- 동일한 직업의 사람들이 모이는 지역
- 동일한 목적을 가지고 있는 사람들이 모이는 지역
- 동일한 수준의 사람들이 모이는 지역
- 동일한 연령이나 취미를 가지고 있는 사람들이 모이는 지역
- 주거용도의 아파트·단독주택 등 동일한 소비 형태를 나타내는 사람들이 모이는 지역

제 3 과목

유통마케팅

46 전문품은 계획적 구매가 일반적이며 구매빈도가 낮다. 단가는 선매품보다 높으며 품질에 중점을 두고 구입하므로 구입시간과 노력이 가장 많은 제품이다. 피아노, 고급 시계, 고급 카메라 등이 이에 속한다.

47 규모의 경제란 투입규모가 커질수록 장기평균비용이 줄어드는 현상을 말하는 것으로 시장세분화와는 관련이 없다.

48 고객이 구입하는 제품과 서비스 그 자체보다는 그것을 어떻게 사용할 것인가, 그것으로 무엇을 할 것인가에 초점을 맞추어 마케팅을 전개해야 한다.

49 서비스 품질을 측정하는 방법 중, SERVQUAL은 서비스의 기대치와 실제 성과의 차이를 측정하는 방법이고, SERVPERF는 기대치 측정 없이 실제 서비스의 성과만 측정하는 방식이다.

50 인지와 지식 단계에 가장 큰 영향을 미치는 것은 '광고'이다. 인적판매는 구매단계에서 큰 영향을 미친다.

51 무늬가 있는 제품(무늬제품)과 무늬가 없는 무지의 제품(무지제품)인 경우, 무늬와 무지의 어느 제품을 앞에 진열하여도 무방하다.

52 점포의 물리적 환경(서비스의 유형성)은 점포 내에서 제공되는 서비스의 '무형성' 극복에 도움을 준다.

53 직무특성이론은 특정한 직무의 특성이 종업원의 중요 심리상태를 유발시키고 이러한 심리상태는 개인의 동기부여와 직무만족에 영향을 미침으로써 생산성향상이라는 기업의 목표를 달성하게 된다는 이론이다. 직무특성이론에 의하면 성장욕구수준이 높은 사람은 직무정체성이 높은 직무를 수행할 때 동기부여수준이 높아진다고 한다.

54 판매촉진(SP ; Sales Promotion)은 구매를 자극하기 위한 단기적인 유인 내지 자극책을 의미하며 소매광고, 인적판매 등 다른 촉진수단과 같이 사용할수록 그 효과가 상승한다.

55 소비자의 제품에 대한 관여도의 크기는 절대적인 것이 아니라 상대적인 개념으로서 개인마다 다르고, 제품마다 다르며, 상황에 따라서 달라진다.

56 Mass를 통하지 않고 Human Network상에서 자연스럽게 소문이 나고 바이러스처럼 전파가 되어서 홍보가 되며, 구매동기를 불러일으키게 하는 것이다.

57 판매제시와 실연(Sales Presentation & Demonstration) 유형
   • 암송형 방식(Canned Approach) : 간추린 핵심적 판매문안을 암기하듯 제시하는 방식
   • 합성형 방식(Formular Approach) : 구매자와의 대화를 통해 고객욕구를 파악하는 형식
   • 욕구충족형 방식(Need-satisfaction Approach) : 고객으로 하여금 얘기를 많이 하도록 유도하는 방식
   • 판매실연(Demonstration) : 기타 세일즈 툴(Sales Tools)을 이용하여 데모(Demo)를 실연함으로써 고객의 이해를 증가시키는 방식

58 가치 포지셔닝이란 제품의 가격이나 품질만이 아니라 소비자가 제품을 구입했을 때 느끼는 만족도, 우월감 등 감성적 가치를 포함하며, 가격 및 품질의 가치는 최근 대형마트에서 많이 실시하고 있는 전략으로 가격 대비 품질을 의미한다.

59 풀 마케팅(Pull Marketing)은 홍보 및 광고활동에 소비자들을 직접 주인공으로 참여시켜서 벌이는 판매기법을 말한다. 하지만, 이에 반해 푸시 마케팅(Push Marketing)은 소비자들이 자주 방문하는 유통매장 등을 통해 그들 앞으로 밀어내는 전략이다. 더불어 푸시 마케팅은 제조업체의 현장 마케팅 지원에 대한 요구수준이 풀 마케팅에 비해 상대적으로 높다.

60 수직이동시설과 멀리 떨어져 있거나 통로로부터 쉽게 접근할 수 없는 구역에는 편의품·선호품이 아닌 전문품을 위주로 진열하는 경우가 많다.

61 근접성계획은 상품라인의 근접배치여부를 매출과 직접 연결하여 계획을 수립하는 것을 말한다.

62 공업포장의 경우 판촉을 고려하지만 절대적인 것은 아니고 상업포장의 경우 판촉이 중요하다.

63 곤돌라 진열은 많은 양의 상품들이 소비자들에게 잘 보여짐과 더불어서 소비자들로 하여금 풍요함을 직접적으로 느끼게 하면서 상품을 가장 편하게 집을 수 있도록 한 입체식 진열이다.

64 리치미디어(Rich Media Advertisement) 광고는 동적인 화면으로 사용자의 흥미유발효과와 메시지 전달효과가 상대적으로 크지만 다른 정보를 얻기 위해 반드시 다른 사이트로 이동할 필요가 없다.

65 패키지 진열방식은 개별 카테고리별로 제품을 진열하는 것보다 하나의 전체적인 효과를 노리고 세팅되어 번들로 진열하는 것을 말한다.

66 고정고객 우대(Patronage Programs) 프로그램은 소비자에 대한 판매수단으로 회사의 제품이나 서비스의 정기적인 사용자에게 제공되는 현금이나 다른 형태의 보상이다.

67 깊이(Depth)는 각 상품계열 안에 있는 품목의 수를 의미한다. 전문점의 상품계열 깊이(Depth)는 깊지만, 백화점과 할인점의 경우 상품계열의 폭(Width)이 깊다.

68 수직진열이란 동일 상품군이나 관련 상품을 최상단부터 최하단까지 종으로 배열하는 것을 말한다. 이는 일반적으로 고객의 시선이 수평으로 흐르는 경향이 있으므로 상품을 수직으로 배열하면 고객시선을 멈춰 상품이 눈에 띄도록 하는 효과가 있다.

69 고저(High-Low) 가격결정 전략은 EDLP(Everyday Low Price) 가격결정 전략보다 광고와 운영비가 더 드는 경향이 있다.

70 제품수명주기(PLC)는 제품의 이익과 판매량의 변화에 따라 도입기, 성장기, 성숙기, 쇠퇴기의 4단계로 구분하고 각 단계에서 실시할 수 있는 마케팅 계획이나 전략을 수립하는 데 그 의의가 있다.

71　정보의 흐름과 상품의 흐름에 동시성이 요구된다.

72　POS 시스템이 잘 활용되기 위해서는 상품에 부착할 바코드가 국가적으로 표준화되어 있어야 한다.

73　지식경영이란 조직구성원 개개인의 지식이나 노하우를 체계적으로 발굴하여 조직내 보편적인 지식으로 공유함으로써, 조직 전체의 문제해결 능력을 비약적으로 향상시키는 경영방식이다.

74　⑤는 e-CRM(Electronic Customer & Relationship Management)에 대한 설명이다.

　　※ **CRM과 e-CRM**

　　• CRM(Customer Relationship Management)의 도입효과

　　　– 수익향상 : 기존고객유지, 기존고객의 수익성 향상, 수익성 있는 신규고객확보 등이 필요

　　　– 비용절감 : 마케팅/고객확보캠페인 비용 감소, 마케팅 캠페인으로부터 오는 반응률 증가 등

　　• e-CRM(Electronic Customer & Relationship Management)의 기대효과

　　　– 시스템 자원의 활용도/예측의 적시화 및 자동화

　　　– 무형/유형의 이익 창출

　　　– 고객서비스 향상

　　　– 개별화를 통한 개인별 맞춤서비스(일대일 마케팅 수행)

75　① 자동발주시스템(CAO), ③ CPFR(Collaborative Planning Forecasting and Replenishment), ④ 크로스도킹(Cross Docking), ⑤ 카테고리관리에 해당하는 내용이다.

　　※ **지속적인 상품보충(CRP ; Continuous Replenishment Programs)**

　　• 적기에 필요로 하는 유통소매점의 재고를 보충하기 때문에 운영비용과 재고수준을 줄인다.

　　• POS 데이터와 이를 근거로 한 판매예측데이터를 기초로 하여 창고의 재고보충 주문과 선적을 향상시킨다.

76　다양한 종류의 정보가 축적되어 특정 목적에 부합하도록 일반화되는 것은 '지식'이다.

77　③은 전문가시스템의 특징이다.

　　※ **경영의사결정 정보시스템(MIS)** : 효율적인 의사결정에 필요한 정보제공 및 지원

　　• 경영보고시스템 : 경영자의 질문에 대한 답변 및 보고서 형태의 정보제공

　　• 의사결정지원시스템 : 데이터베이스의 데이터를 분석하고 결과를 제공하여 경영자의 의사결정 지원

　　• 중역지원시스템 : 전략적 결정을 필요로 하는 경영층에 주요 정보 제공

　　• 전문가시스템 : 전문가의 의견을 바탕으로 의사결정자에게 전문적 지식과 충고를 제공

78　단순히 기존의 거래형태를 변화시키는 것이 아니라, 비즈니스 프로세스를 근본적으로 변화시킬 것이다. 즉, 오프라인 상에서 이루어지던 불필요하고 복잡한 거래과정들을 합리적이고 효율적으로 변화시켜 거래 소요시간 및 거래비용을 획기적으로 절감시킬 수 있다.

79　⑤는 기업의 측면에서 전자상거래의 기대효과에 해당하는 내용이다.

　　※ **전자상거래의 기대효과(소비자 측면)**

긍정적 측면	• 편리하고 경제적이다. • 가격이 저렴하다. • 비교 구매가 가능하다. • 충분한 정보에 의해 상품을 구입할 수 있다. • 심리적으로 편안한 상태에서 쇼핑이 가능하다. • 일시적인 충동구매를 감소시키고 계획구매가 가능하다.
부정적 측면	• 제품에 대한 실제감 부족과 결제와 배송으로 인한 반품 및 환불의 어려움이 있다. • 개인 정보누출의 우려가 있다.

80　데이터 웨어하우스는 기업의 운영시스템과 분리되며, 운영시스템으로부터 많은 데이터가 공급된다. 즉 데이터 웨어하우스는 여러 개의 개별적인 운영시스템으로부터 데이터가 집중된다. 또한 데이터 웨어하우스의 기본적인 자료 구조는 운영시스템의 그것들과 완전히 다르므로 데이터들이 데이터 웨어하우스로 이동되면서 재구조화되어야 한다.

81 유통정보시스템을 도입함에 따라 공급자로 하여금 수요자의 더욱 정확한 요구사항을 파악할 수 있게 된다.

82 표준화가 필요한 이유
- 상호운용성 제공 : 호환성, 상호운용성의 제공으로 같은 기종 또는 다른 기종 간에 정보교환 및 처리 가능
- 비용 절감 : 대량생산을 통해 규모의 경제를 실현, 기술의 중복투자 방지, 기술이전 촉진 등 연구 · 개발 비용 절감
- 무역 활성화 : 기술 무역장벽 제거 및 국제 교역 활성화 촉진
- 시장진출 도구 : 표준은 제정과정에서 소비자 및 시장의 요구가 반영되어 있어, 표준을 사용한 제품 및 서비스의 시장진출시 성공 가능성을 높임
- 소비자의 편의성 제고 : 통일되고 검증된 정보의 제공으로 소비자의 탐색 · 측정비용을 절감하고 제품 이용의 편의성을 높임
- 제품 및 서비스 개선 : 품질보장 및 관리, 생산관리 등 제품 및 서비스의 성능 측정 기준으로 기능
- 공공안전 및 보호 : 국가의 안보와 안전 등 공공의 안전을 위해 필요한 표준을 제정하여 국민의 삶의 질 향상을 도모

83 실행 및 통제단계에서는 선택된 여러 가지 대안 중에서 최적의 대안을 실행하고 의사결정의 성공 여부도 추적하게 된다.

84 GTIN(Global Trade Item Number, 국제거래단품식별코드)
GTIN의 종류에는 GS1-8(8자리), GS1-13(13자리), GS1-14(14자리)가 있으며, 이를 전산으로 처리할 경우에는 모두 14자리로 입력해야 하므로 각 코드의 앞에 '0'을 채워 14자리로 만든 후 데이터베이스에 입력한다.
① UNSPSC(The United Nations Standard Products & Services Code, 전자상거래용 상품분류체계)
③ GDTI(Global Document Type Identifier, 국제문서형식식별코드)
④ GINC(Global Shipment Identification Number, 국제선적식별번호)
⑤ EPC(Electronic Product Code, 전자상품코드)

85 ②는 비교 유통자 모델에 해당하는 설명이다.
※ 단순 비교 모델
단순 사양 제품 비교 모델로 공급자에 의해 제시된 가격 등의 단순 사양 비교 구매를 지원한다(예 BestBook Buys).

86 유통정보시스템의 구성요소
- 하드웨어(Hardware) : 물리적인 컴퓨터 장비
- 소프트웨어(Software) : 컴퓨터의 작업을 통제하는 프로그램
- 데이터베이스(Database) : 체계화된 정보들의 집합체
- 네트워크(Network) : 시스템간 및 고객과 기업간을 연결
- 운영요원(People) : 시스템을 관리 · 운영 · 유지하는 사람들

87 ⑤의 경우 최선의 실행(Best Practice) 선택이나 필요한 소프트웨어 요구 사항을 정의할 수 있다.
※ SCOR(Supply Chain Operations Reference) 모델의 특성
- 데이터 흐름이 아닌 업무 흐름을 표현하는 프로세스 지향적 모델이다.
- 프로세스 참조 모델이므로 구현은 다양한 도구를 활용할 수 있다.
- 프로세스 정의 뿐 아니라 성과 항목, 측정 기준(지표), 최선의 실행, IT 지원 기능을 포함한다.

88 폭과 깊이 간에 적절한 균형을 잡아야 한다. 폭은 이용자가 웹사이트를 방문했을 때 선택할 수 있는 곳을 말하는데 선택의 가짓수가 너무 많으면 이용자는 오히려 혼란을 느낄 수 있다. 또한 적은 폭을 사용하여 깊이가 깊어진다면 이용자는 지나치게 많은 클릭을 하게 되어 자신이 원하는 정보를 찾는데 불편함을 느낄 수 있다. 따라서 넓고 얇은 계층구조를 갖도록 하는 것이 바람직하다.

89 RFM 모형에서 사용하는 세 가지 지표는 Recency(최근성), Frequency(거래빈도), Monetary(거래규모)이다.
- Recency : 고객이 얼마나 최근에 구입했는가?
- Frequency : 고객이 얼마나 빈번하게 우리 상품을 구입했는가?
- Monetary : 고객이 구입했던 총 금액은 어느 정도인가?

90 디지털 상품은 네트워크상으로 전달되기 때문에 배송 관련 초기 구축비용이 소요되지 않으며, 운영비용도 매우 저렴하다.

제9회 정답 및 해설

정답

01	02	03	04	05	06	07	08	09	10	11	12	13	14	15	16	17	18	19	20	21	22	23	24	25	26	27	28	29	30
③	①	③	③	②	⑤	④	⑤	⑤	④	①	⑤	①	①	⑤	③	⑤	④	⑤	⑤	③	④	⑤	④	⑤	④	⑤	③	②	⑤
31	32	33	34	35	36	37	38	39	40	41	42	43	44	45	46	47	48	49	50	51	52	53	54	55	56	57	58	59	60
④	①	②	⑤	④	①	②	⑤	④	⑤	②	③	④	⑤	①	③	⑤	⑤	③	⑤	②	⑤	①	①	②	③	⑤	④	②	⑤
61	62	63	64	65	66	67	68	69	70	71	72	73	74	75	76	77	78	79	80	81	82	83	84	85	86	87	88	89	90
⑤	②	④	⑤	⑤	②	①	⑤	⑤	②	③	④	⑤	②	③	⑤	②	④	⑤	②	④	②	⑤	③	④	⑤	②	③	③	③

제 1 과목 유통 · 물류일반관리

01 기업의 외부환경을 분석해 기업에 주어지는 기회와 위협 요소를 파악할 수 있고, 기업의 내부환경을 분석함해 기업의 강점과 약점 그리고 자원과 역량을 파악할 수 있다.

02 집약적 유통(Intensive Distribution)은 가능한 많은 소매상들로 하여금 자사제품을 취급하도록 함으로써 포괄되는 시장의 범위를 최대화하는 전략이다. 소비자가 특정 점포 및 브랜드에 대한 애호도가 낮은 경우에 선호되며, 제품에 대한 인지도를 신속하게 높일 수 있다 또한 소비자들의 충동구매를 증가시킬 수 있으므로 매출수량 및 매출액 상승효과가 발생할 수 있는 장점이 있다. 단점으로는 낮은 마진, 소량주문, 재고 및 재주문관리의 어려움, 중간상에 대한 통제의 어려움 등이 있다.

03 프랜차이즈 시스템은 맞춤서비스보다는 표준화된 제품과 서비스를 일관성 있게 소비자에게 제공한다.

04 가상 조직의 개념 정의
- Davidow & Malone(1992) : 가상의 제품(Virtual Products) 즉, 고객의 요구에 최적화된 제품을 생산하기 위해 구성된 조직으로 기업의 전문가와 공급자, 유통업자, 소매업자는 물론 고객까지도 포함

- Steven Goldman외(1995) : 순차적 또는 병행적 협력의 차원을 넘어 각 기업의 핵심능력과 자원, 그리고 고객 · 시장 · 기회를 결합시켜 형성되는 가상의 조직
- Hardwick & Bolton(1997) : 빠르게 변화하는 범세계적인 제품의 제조 기회를 신속히 이용하기 위해 구성된 독립기업들의 일시적 컨소시엄
- 한국전산원(1999) : 공통의 목적을 위해 상호 보완적인 핵심역량을 보유한 기업간 또는 기업과 개인간에 계약에 의해 일시적으로 가치사슬을 형성하고, 각 조직의 효율성과 효과성을 향상시키는 방향으로 각 기업의 역량을 집중하고 상호지원을 공유하는 협력형태

05 시장의 규모와 그 시장의 성장률은 미시적 환경 요인에 해당된다. 시장의 규모와 그 시장의 성장률이 커지면 산업구조 내 경쟁강도는 약화된다.
거시적 환경 요인에는 인구통계적 환경, 경제적 환경, 기술적 환경, 법률적 환경 등이 있다.

06 ⑤는 진공지대이론에 대한 설명이다.
소매기관의 적응행동이론은 소매기관을 둘러싼 환경변화에 가장 효율적으로 적응하는 소매상이 번창한다는 이론이다.

07 ① 수확 체증의 원칙에 입각하여 증가한다.

② 수확 체감의 원칙이 작용한다.

③ 매출과 서비스의 상관관계에서 서비스 수준이 최대로 높아지면 매출액은 오히려 감소하게 된다.

⑤ 물류서비스 수준 결정은 매출액과 그에 따른 물류비용 및 고객의 서비스 수준을 비교하여 기업의 이윤이 최대화되는 점에서 선택한다.

08 포터의 경쟁세력 모델에서 기업의 전략적 위치와 기업 전략은 산업 환경에 있는 다음의 5가지 세력으로 결정된다.
- 신규 기업의 참여
- 대체품의 위협
- 구매자의 교섭력
- 공급자의 교섭력
- 기존 기업들간의 경쟁

09 **소매점의 영업비용**
- 판매비용 : 판매원의 보수, 커미션, 복리후생비
- 일반비용 : 임대료, 공공요금, 잡비
- 관리비용 : 운영비, 판매원을 제외한 모든 직원의 보수

10 기업에서의 전략적 의사결정은 기업의 조직형태에 따라 그 전략적 수준의 내용이 달라지는데 기업전략(Corporate Strategy), 사업전략(Business Strategy), 직능전략(Functional Strategy)의 세 단계로 분류할 수 있다.
- 기업전략 : 다양한 사업의 포트폴리오를 전사적인 차원에서 어떻게 구성하고 조정할 것인가를 결정하는 문제(①, ②, ③)
- 사업전략 : 특정사업에서 어떻게 경쟁할 것인가를 결정하는 문제(④)
- 직능전략 : R&D, 생산, 마케팅, 인사, 재무 등 각 기능별 세부과제를 결정하는 문제(⑤)

11 ② 강화이론에 대한 설명이다.

③ 동기부여이론에 대한 설명이다.

④ 기대이론에 대한 설명이다.

⑤ 공정성이론에 대한 설명이다.

※ **목표에 의한 관리(MBO)**
- 구성원이 목표 설정에 참여하게 되고 목표달성을 통한 실적평가를 바탕으로 보상이 이루어지는 관리제도
- 관리자는 명령하지 않으며, 종업원의 자율적 결정에 필요한 정보를 제공하고 종업원 상호간의 조정만을 관리
- 조직의 거대화에 따른 종업원의 무기력화를 방지하고 근로의욕을 향상시키는 관리방법

- 목표관리는 결과에 의하여 평가되고, 목표에 의하여 동기가 부여

12 기업의 여러 가지 경영활동은 의사결정을 어떻게 할 것인가 하는 문제이다. 따라서 경영학은 곧 의사결정의 학문이라고 할 수 있다. 오늘날 경영의사결정의 방법론으로 계량적 기법을 많이 사용하고 있는데, 계량의사결정기법은 과학적·수리학적·통계학적 접근방법을 채용하는 합리적인 방법 중의 하나이다. 그러므로 계량의사결정은 조직전체적인 차원에서 현실을 단순하게 표현하는 수학적 모형을 많이 사용하므로, 실천 지향적이고 응용 지향적이라고 할 수 있다.

13 **대비오류**

고과자가 피고과자 여러 명을 평가할 때 우수한 피고과자가 다음 평가되는 보통 수준의 피고과자를 실제보다 낮게 그리고 낮은 수준의 피고과자 뒤에 평가되는 보통 수준의 피고과자를 높게 평가하는 현상을 말한다.

14 **재무비율분석**

재무제표 항목들 사이의 연관비율을 계산하여 이를 표준비율과 비교해봄으로써 기업의 경영성과와 재무상태를 알아보는 방법으로 유동성비율, 안정성(레버리지)비율, 활동성비율, 수익성비율, 성장성비율로 구분한다.
- 유동성비율 : 유동비율, 당좌비율, 순운전자본대 총자본비율
- 안정성(레버리지)비율 : 부채비율, 부채구성비율, 자기자본비율, 차입금의존도, 이자보상비율, 고정장기적합률
- 활동성비율 : 총자산회전율, 자기자본회전율, 재고자산회전율, 매출채권회전율
- 수익성비율 : 총자산순이익률, 자기자본순이익률, 매출액이익률
- 성장성비율 : 매출액증가율, 총자산증가율, 자기자본증가율, 순이익증가율

15 안전재고가 0이더라도 조달기간중 수요가 없거나 적으면 품절률이 100%가 되지 않을 수도 있다.

16 스크램블드 머천다이징(Scrambled Merchandising)은 소매점이 자기 업종 고유의 상품 계열을 벗어나 이익을 남길 수 있는 갖가지 상품을 취급하는 혼합적 상품화 계획을 의미한다. 즉 스크램블드 머천다이징은 업태간 경쟁과 관련 있다.

17 스캔론플랜은 성과배분의 기준을 판매가치에 두고 집단적 제안제도를 도입한데 반하여, 럭커플랜은 성과배분의 기준을 부가가치에 두고 있다.

18 기대이론은 어떤 행동을 할 때, 개인은 자신의 노력의 정도에 따른 결과를 기대하게 되며 그 기대를 실현하기 위하여 어떤 행동을 결정한다는 동기이론이다. 브룸(Victor H. Vroom)은 종래의 내용이론이 동기의 복합적인 과정을 설명하기에는 부적절하다고 생각하고 그 대안으로 기대이론을 제안하였다. 기대이론에서 개인은 행동의 결과로 나타날 수 있는 성과에 관한 기대를 가지고 있으며, 사람마다 성과에 대한 선호는 다른 것으로 가정한다.

19 JIT(Just-in-time) 방식은 적기에 공급과 생산을 이뤄 재고비용을 최대한으로 줄이고 출하된 재료를 남김없이 모두 그대로 사용하는 형태의 관리 방식으로 적기공급생산이라고도 한다. JIT 방식이 자동차, 전자제품, 기계, 기구, 오토바이 등과 같은 표준화된 제품을 대량으로 생산하는 반복생산방식인데 반하여, 비반복적이고 소규모 뱃치(Batch)로 생산하는 개별주문생산공정에 적합한 방식은 MRP 방식이다.

20 소매업과 도매업은 판매대상에 따라 구분되며, 총매출액의 대소에 따라 업종전환이 이루어지는 것이 아니다.

21 ① 하우스(House)는 리더의 유형을 지도적(지시적), 지지적(후원적), 참여적, 성취지향적 리더십으로 구분하였다.
② 피들러(Fiedler)는 LPC 점수가 낮을수록 과업지향적 리더십이라 하고, 높을수록 관계지향적 리더십이라고 하였다.
④ 허시(Hersey)와 블랜차드(Blanchard)의 이론에 의하면 하급자(부하)의 능력과 의지가 낮은 경우에는 지시형 리더십 스타일이 적합하다.

⑤ 허시(Hersey)와 블랜차드(Blanchard)의 이론의 리더십유형

구 분	관계행위(배려)	과업행위(구조주도)
설득적 리더	높 음	높 음
참여적 리더	높 음	낮 음
지시적 리더	낮 음	높 음
위양적 리더	낮 음	낮 음

22 기능위양이론의 핵심은 유통경로에서 다른 경로구성원이 더 저렴하게 수행할 수 있는 기능은 위양하고 자신이 더 저렴하게 수행할 수 있는 과업은 직접 수행한다는 것이다. 따라서 유통구성원을 직접 고용하는 경우에는 매출증가에 따른 평균유통비용이 감소하는 경향이 있다. 반면 모든 기능을 위양하게 되면 판매증가와 상관없이 평균유통비용은 일정하게 나타난다.

23 경제적 주문량(EOQ)를 구하는 공식은

$$\sqrt{\frac{2 \times 연간수요(D) \times 주문비(S)}{유지비(H)}}$$

따라서 다른 요인이 일정하다고 가정할 때 주문비용이 50% 증가하면 경제적 주문량은 약 22.47% 증가한다.

24 채찍효과는 하위단계의 과거 통계자료에 의한 수요량을 상위단계에서는 미래에 발생할 대규모 수요에 대한 신호로 인식하여 실제보다 많은 양으로 수정하여 발주(안전재고를 두고자 함)하게 되는 것을 말하며, 리드제품이 긴 제품일수록 채찍효과는 크다.

25 할부계약에 의한 할부대금채권은 3년간 행사하지 아니하면 소멸시효가 완성한다(동법 제15조).

제2과목 상권분석

26 일반적으로 대형, 중형, 소형순으로 평형이 작을수록 상가 활성화에 유리하다. 소형평수 단지는 중·대형평수 단지보다 생필품을 단지 내에서 구매하는 경우가 많으므로 일상 생활에 밀착한 업종이 활성화되어 있다.

27 Luce 모형
• 확률적 점포선택 모델은 수리심리학에서 널리 알려진 Luce의 선택공리에 이론적으로 근거를 두고 개발된 것이다.

- 어떤 소비자가 점포를 선택할 확률은 그가 고려하는 점포대안들의 개별효용의 총합에 대한 점포의 효용의 비율에 의하여 결정된다.
- 확률적 모형에서는 소비자의 특정점포에 대한 구매 흡인 패턴은 소비자가 그 점포에 대해 갖는 상대적 효용에 있다고 하므로 특정점포에 대해 지각된 효용이 클수록 소비자가 그 점포의 단골이 될 가능성이 커진다.
- 점포를 선택할 확률은 거리에 의해 영향을 받기 때문에 거리에 대한 모수는 (−) 값을 가지게 된다.

28 미래의 신규수요를 반영하지 못할 뿐만 아니라 거주자들의 지역 시장 밖에서의 쇼핑 정도 및 수요를 측정·파악하기가 어렵다.

29 소득수준(구매력) 면에서 본다면 생활용품 할인점의 경우 서민층 밀집주거지역 부근이 유리하다. 생활수준이 높은 중산층 이상의 소비자들은 물건이 비싸도 고가의 브랜드나 명품을 선호하는 경향이 있고, 생활용품 가격의 높고 낮음에 크게 신경 쓰지 않고 백화점이나 대형할인 매장의 생활용품을 더 선호한다.

30 물적 유통활동은 물적 교류권의 축소와 수송거리의 단축화를 지향한다.

31 충동구매를 일으킬 가능성이 높은 제품은 고객 통행량이 많은 점포 전면에 배치하는 것이 유리하다.

32 의류패션 전문점은 노면 독립입지보다 비교구매가 가능하도록 경쟁점포들이 많이 모여 있는 군집입지지역이 최적이다.

33 고객에게도 더욱 우수한 상품과 서비스를 제공하게 되는 상권은 포화상권지역이다.

34 상권 내 거주자 조사
- 상권 내 거주자의 특성과 쇼핑실태 및 상권 내 구매자의 욕구와 경향 등을 파악한다.
- 상권 내 거주자에 대한 방문조사를 한다.
- 상품별 구매시 잘 이용하는 지역 및 점포, 지역별 방문 빈도 이용 이유, 지역별 이미지 평가, 점포 이용시 중요 사항, 상품별 가격·이미지 및 좋아하는 패션 브랜드에 대한 내용을 조사한다.

35 ④는 출점전략의 기본 방향 중 인지도 확대전략에 대한 설명이다. 인지도 확대전략은 지역에서 인지도를 확대시키고 신규 고객을 유치하기 위해서 광고뿐 아니라 고객과 접촉 횟수를 늘리려는 노력이 필요하며, 가장 관건이 되는 것이 자사 경합으로 타사 경합에 비해 영향도가 매우 크기 때문에 출점시 가장 유의해야 한다.
※ 경쟁점 대책을 위한 필요사항
- 상권의 변화에 민감해야 한다.
- 경쟁점의 출현에 민감해야 한다.
- 주변의 업종 변화를 파악해야 한다.
- 주변 경기의 흐름을 파악해야 한다.
- 위기 상황을 빨리 파악한다.

36 독립입지의 경우 도심지보다는 도심 인근 지역에 독립적으로 위치하므로 다른 소매업체와 떨어져 있다.
- 장점 : 멀리에서도 눈에 띄는 큰 가시성, 낮은 임대료 및 넓은 주차장, 직접적인 경쟁업체의 부재, 고객을 위한 편의성, 간판, 영업시간, 제품에 대한 규제완화, 확장의 용이성
- 단점 : 다른 점포와의 시너지 효과 결여, 고객을 유치하기 어려움, 높은 마케팅 비용

37 두 경쟁도시(B, C)가 그 중간에 위치한 도시(A)의 거주자들을 끌어들일 수 있는 상권의 규모는 인구에 비례하고, 각 도시와 중간 도시 간의 거리의 제곱에 반비례한다는 레일리의 소매인력법칙으로 분석할 수 있다. 소매인력법칙은 개별점포의 상권파악보다는 이웃 도시 간의 상권 경계를 결정하는 데 주로 이용한다.

38 허프는 도시 내 소비자의 공간적 수요이동과 각 상업 중심지가 포괄하는 상권의 크기를 측정하기 위해 거리 변수 대신에, 거주지에서 점포까지의 교통시간을 이용하여 모델을 전개하였다. 소비자는 구매 장소를 지역 내의 후보인 여러 상업 집적이 자신에게 제공하는 효용이 상대적으로 큰 것을 비교하는 것에 대한 확률적 선별에 대해 '효용의 상대적 크기를 상업 집적의 면적 규모와 소비자의 거주지로부터의 거리에 따라 결정되는 것'으로 전제한다.

39 ②는 근린형에 해당하는 내용이다. 즉, 근린형이란 주거지 근처에 있고 사람들이 일상적으로 자주 쇼핑하거나 외식을 즐기는 상업지를 말한다. 또한 동네상권이라고도 할 수 있으며 동네상권은 오피스 상권과 함께 한정된 고정고객을 대상으로 영업하는 대표적인 입지로, 한정된 고객층을 대상으로 영업하고 이들을 고정고객화해야 하는 입지형태이다.

40 매장면적비율법

해당 소매점의 면적을 상권내의 경합점포(자기 점포 포함) 전체 매장면적의 점유율로 산출하는 방법이다.

$$\frac{50}{50+300} \times 10억 ≒ 1억 \ 4,285만원$$

41 타 지역 쇼핑의 정도가 높을수록 MEP(시장확장 잠재력 = 예상수요액/총 매장면적)값은 높다.

42 라. 쇼핑센터는 인구의 도시집중화, 자동차의 보급, 공업 발전의 고도화 등으로 인해 대도시의 외곽지대를 중심으로 형성되었다.

43 ④는 시장력 흡수전략에 대한 설명으로서 출점방식이 아닌, 출점전략의 기본 방향에 해당된다. 출점전략시 기본 방향으로는 시장력 우선전략, 시장력 흡수전략, 인지도 확대전략의 세 가지 사항이 있다.

44 '소상권 전략'은 1 ~ 2km(편의권) 내의 일상성 수요를 대상으로 하는 고점유 전략으로 슈퍼마켓과 시장이 포함되며, '초소상권 전략'은 500m ~ 1km권 내의 일상성의 수요를 대상으로 하는 고점유 전략으로 편의점과 일반점이 포함되는 것을 말한다.

45 $\dfrac{B_a}{B_b} = (P_a/P_b) \times (D_b/D_a)^2$

단, B_a = A, B 두 도시 사이의 중간도시로부터 A 도시에 흡입되는 판매량

B_b = A, B 두 도시 사이의 중간도시로부터 B 도시에 흡입되는 판매량

P_a = A 도시의 인구

P_b = B 도시의 인구

D_a = 중간도시로부터 A도시까지의 거리

D_b = 중간도시로부터 B도시까지의 거리

$\left(\dfrac{50만명}{30만명} \times \dfrac{4}{7}\right)^2 = \left(\dfrac{5}{3}\right) \times \left(\dfrac{16}{49}\right) = \dfrac{80}{147}$

따라서, C의 거주자 중 A에서 쇼핑할 확률

$= \dfrac{80}{(80+147)} ≒ 0.3524$

C의 거주자 중 A에서 쇼핑할 구매자 수

$= 0.3524 \times 10,000 = 3,524$명

유통마케팅

46 포장 기법에 따른 분류

비스듬히 싸기	마주 싸기
• 시간상 싸는 데 빠르다.	• 시간상 싸는 속도가 느리다.
• 싸는 방법이 어렵다.	• 싸는 방법이 간편하다.
• 소량의 상품을 싸는 데 유리하다.	• 주로 대량의 상품을 싸는 데 유리하다.

47 계몽적 마케팅(Enlightened Marketing)은 코틀러(P. Kotler)에 의해 제창된 개념으로 이상적인 자본주의 사회를 이루기 위해 기업이 사회적 책임을 완수해야 한다는 것으로 ①, ②, ③, ④가 있으며, ⑤는 그린 마케팅(Green Marketing)에 대한 설명이다.

48 인적판매의 단점은 매우 높은 비용을 발생시킨다는 점이다. 인적판매에서 발생하는 낭비적 요소를 최소화할 수 있겠지만 판매원의 개발과 활동비용은 매우 높다.

49 상품의 넓이보다 깊이에 있어서 전문화한 업태를 전문점이라 한다. 즉, 전문점은 취급상품의 범위가 제한되어 있고, 전문화되어 있으므로 넓이가 아닌 깊이와 관련이 있다.

50 AIDCA 원칙 : 주목, 흥미, 욕망, 확신, 행동

주목을 끄는 디스플레이 → 흥미가 생기는 디스플레이 → 욕구를 불러일으키는 디스플레이 → 확신을 주는 디스플레이 → 구매행동을 불러일으키는 디스플레이

51 골든 존(Golden Zone)에는 이익이 높으면서, 가격이 저렴한 제품 또한, 대량진열이 가능하면서 소비자들에게 인기몰이를 하고 있는 제품 등이 적합하다.

52 실제월말재고와 조정월말재고를 동일하게 만들 필요가 있는 것은 유행성 상품이다.

53 No Name 제품이란 브랜드로서의 가치를 거의 가지지 못하거나 사업자가 브랜드의 가치를 전혀 인식하고 있지 못한 제품을 말한다.

54 곤돌라(Gondola) 진열은 대량의 상품을 고객들이 충분히 잘 볼 수 있도록 함과 동시에, 고객들로 하여금 보다 풍요함을 직접 느끼게 하면서 상품을 가장 편안하게 집어들수 있도록 고안된 일종의 입체식 진열을 말한다.

55 데이터베이스 마케팅은 고객별 분석을 통해 고객의 현재 가치와 미래 가치를 측정하여 분류하고 지속적으로 유지하는 것을 목적으로 한다. 특히 고객의 욕구를 세분화하여 이에 적절히 대응하게 되면 업체에 대한 로열티를 높일 수 있을 뿐만 아니라 관련 제품도 연계하여 판매할 수 있다.

56 경쟁점에 대한 차별화 전략을 세워 해당 상권을 찾아온 고객을 경쟁점이 아닌 자신의 점포로 끌어들이는 것이 우선이다. 동시에 경쟁 상대와의 양립성을 강화해서 '경합하면서도 양립하여 공존' 하는 전략을 구사해야 한다.

57 ④는 성장기의 설명이다.

단 계	단계별 특징	단계별 전략
도입기	• 제로에 가까운 매출 • 과다한 유통/촉진 비용 투입 • 마이너스 마케팅 • 경쟁자 없음	• 고소득층을 상대로 고가 정책 • 기본적 수요의 자극 · 광고로 신제품의 존재, 이점, 이용방법 등을 알림
성장기	• 급속한 시장확대 • 실질적 이익 창출 • 새로운 경쟁자 출현 • 판촉비용의 하락과 제조원가의 절감	• 제품품질의 향상과 새로운 제품특성, 모형의 추가 • 침투할 새로운 세분시장의 모색 • 새로운 마케팅경로 진출 • 광고 : '제품인지'에서 '제품확신'으로 • 가격인하
성숙기	• 치열한 경쟁구도 발생 • 강진약퇴의 현상	• 시장변경 또는 수정 • 품질개선, 특징개선, 스타일개선, 신제품의 추가 • 계속적인 수요유지를 위한 가격인하 • 물적 유통의 합리화 • 시장세분화 • 마케팅믹스의 변경과 수정

쇠퇴기	• 매출액의 급락 • 기존제품시장에서 탈퇴	• 가격인하 • 기존제품에 대한 제품 폐기 • 진부화 정책 • 대체제품 개발 • 제품 다양화의 확대 • 기업합병

58 목표이익을 고려한 손익분기점 판매량

$$= \frac{고정비 + 목표이익}{단위당공헌이익}$$

단위당공헌이익 = 130,000원 − 90,000원 = 40,000원

$$판매량 = \frac{3,000,000 + 5,000,000}{40,000} = 400박스$$

판매액 = 400박스 × 130,000원/박스 = 52,000,000원

59 고관여 제품들은 소비자가 구매 과정에 많은 시간과 노력을 투입하여 깊게 관여하는 것이 보통이며, 강한 브랜드 충성도와 선호도를 형성하게 되는 경우가 많다.

60 마네킹의 포즈는 고객의 주목을 분리시켜 일정한 방향으로 향하게 한다.

61 상품구성에 있어서 전문점은 상품의 넓이보다 깊이에 더욱 강점을 두고 있는 반면, 일반잡화점은 상품의 깊이보다 넓이에 더욱 중점을 두고 상품구성정책을 실행한다.

62 풀(Pull) 전략은 최종구매자에게 잘 알려진 자사브랜드를 찾게 만들어서 유통업자가 자사의 제품을 취급하게 하는 전략이다.

63 몰 입
• 정의 : 거래쌍방이 지속적으로 거래할 것임을 명시적 혹은 묵시적으로 약속하는 것으로 Gundlach, Achrol and Mentzer는 거래쌍방의 기회주의적 성향을 감소시키고, 신뢰의 형성을 통해 윤리적인 거래가 이루어지게 한다고 보았다.
• 몰입형성에 영향을 미치는 요인
 − 당사자의 몰입수준은 거래상대방의 몰입수준이 높다고 인식할수록 높아진다.
 − 당사자의 서약 혹은 자기족쇄적 행위(Self-binding Actions)는 몰입수준을 증가시킨다.
 − 거래당사자가 거래상대방과 전속적으로 거래하고, 의사소통이 원활하고, 상대방이 공정하다는 평판이 높을수록 거래당사자의 몰입수준은 증가한다.

– 거래기간이 길고, 거래상대방과의 계약이 관대한 것으로 인식할수록 거래당사자의 몰입수준은 증가한다.

64 전방시설(건물의 출입구)은 고객의 유도기능과 목표고객에 대한 선전도구 기능이 있으므로 특수상품이나 전문품보다 잘 팔리는 상품을 전시해야 한다.

65 상품관리란 상품재고에 관한 계획과 통제라고 할 수 있다. 미국마케팅협회는 "상품관리란 상품의 구매 및 판매를 유리하게 이끌기 위한 판매, 재고, 가격상의 통계자료의 수집, 분석을 의미하는 것"으로 정의하였다. 이는 "고객 및 예상고객의 수요에 적합한 재고액 혹은 품목을 유지하는 것이며 적정한 이익을 얻을 수 있는 가능한 매출액과 재고액 혹은 품목의 조정"이라고 할 수 있다. 마케팅 믹스를 결정하는 것은 보다 넓은 개념인 마케팅관리의 핵심이다.

66 어의차이 척도는 척도 양끝에 상반된 수식어를 제시하고 이에 대한 응답자의 평가를 측정하는 것으로, 상표나 점포에 대한 이미지, 상품 개념 분석 시 사용한다.
① 리커트(Likert) 척도는 응답지에서 서술형으로 작성된 질문항목에 대한 동의, 반대의 정도를 표시한다.
③ 총합고정 척도는 응답자에게 일정한 합계점수를 주고, 이 점수를 평가대상에 할당하여 각 대상을 평가하는 방법이다.

④ 등급척도는 리커트 척도의 문제점을 보완하기 위해 사용하는 방법으로 한가지 방향만을 물어볼 수도 있다.
예 ○○○ 백화점의 서비스는 :
보통이다 – 약간 만족스럽다 – 만족하는 편이다 – 매우 만족한다
⑤ 스타펠(Stapel) 척도는 양극단의 상반된 수식어 대신 한쪽 수식어만 제시한다.
예 ○○○ 백화점은 :
3 2 1 현대적이다 -1 -2 -3

67 CRM은 지속적인 유지비용이 많이 소요되지만 e-CRM은 초기 구축비용은 높지만 유지비용은 상대적으로 낮다.

68 과거에 비해 경제적으로 윤택해지고 다양한 서비스들을 누릴 수 있게 되었지만, 서비스에 대한 만족도는 오히려 낮아지는 현상을 '서비스 패러독스' 라 한다.

69 소매상 판매촉진에는 가격할인, 소매점 쿠폰, 특수 진열, 소매점 광고 등이 있다.
샘플링, 쿠폰, 현금환불, 가격할인, 프리미엄, 단골고객 보상, 구매시점 진열과 시연, 콘테스트, 추첨 등은 '소비자 판촉도구' 에 해당한다.

70 묶음가격 전략은 각각의 제품을 개별적으로 구입할 때보다 묶음으로 구입할 때 훨씬 저렴해야 효과가 크다.

제 **4** 과목   **유통정보**

71 자료는 그 자체로는 의미가 없으며 이용자의 의도에 맞게 유용한 형태로 전환되고 가치를 지니고 있어야 의미를 가지게 된다. 이렇게 자료가 의미 있는 형태로 처리되었을 경우 비로소 우리는 정보라고 부른다. 따라서 자료가 정보가 되려면 반드시 이용자의 목적에 부합 또는 적합하여야 한다. 즉, 데이터에 목적적합성이 부가될 때 비로소 정보가 되는 것이다.

72 ⑤는 데이터마트(Data Mart)에 대한 설명이다. 데이터 웨어하우스로부터 특정한 분야와 관련된 데이터만 특별한 사용자가 이용 가능하게 분리해 놓은 것으로서, 개별 부서에서 그 부서의 특징에 맞게 데이터를 검색·가공·분석

할 수 있도록 해놓은 작은 규모의 전자저장 공간이다.
데이터베이스 파일(Database File)은 물리적인 저장장소로서 자료의 집합체이다.

73 기업정보는 정보활동 주체별 유형에 속하는 내용이다. 기업정보 외에도 국가정보, 단체·법인 정보, 개인정보가 포함된다.
※ 정보의 유형
• 정보활동 주체별 유형 : 국가정보, 기업정보, 단체·법인 정보, 개인정보
• 표현방식별 유형 : 음성정보, 문자정보, 이미지정보, 동화상정보

- 활용범주별 유형 : 내용정보, 형식정보, 형태정보, 동작정보
- 정보내용의 형태별 유형 : 국가 및 지역별 정보, 영역별 정보, 대상별 정보, 내용별 정보, 건명별 정보

74 ① EAN 코드는 UPC 코드보다 상위레벨로 EAN 코드 판독기는 UPC 코드도 판독가능하다.
② EAN 코드의 종류에는 EAN-13 표준형과 EAN-8 단축형이 있다.
④ EAN의 국가코드는 3자리이고 체크디지트는 1자리이다.
⑤ 각 캐릭터는 두 개의 바와 두 개의 여백으로 형성된 7개의 모듈로 이루어져 있다.

75 ③은 최고지식경영자(CKO)의 자질능력에 대한 내용이다.
최고지식경영자는 의사소통능력, 장기적인 전략적 비전 제시, 기술적인 전문성, 사업에 대한 통찰력, 변화관리능력, 협력 및 조정능력을 가지고 있어야 한다.

76 비구조화된 전자상거래는 거래당사자 간에 특정한 표준 없이 자유로운 내용과 형식으로 이루어지는 전자상거래를 의미하는 것으로 전자우편(E-mail)이나 전자게시판(BBS ; Bulletin Board System) 등을 통하여 주로 개인 간에 1 : 1로 이루어진다.

77 ⑤는 ECR(Efficient Consumer Response, 효율적 고객대응)에 대한 설명이다. 1990년대로 들어, 불경기에 따른 위축과 실직에 대한 불안감은 고객들로 하여금 자신들의 비용을 줄이면서 적기에 꼭 필요한 상품만을 사기 위해, 자기들이 원하는 것이 정말 무엇인지 그것을 언제 어떻게 원하는지에 대한 요구가 매우 커졌다. 또한 고객 이탈을 방지하기 위한 기업간 경쟁이 심화됨으로 인하여 대고객 서비스가 더욱 중요하게 되었다. 이러한 기업환경 변화와 고객에 대한 의식 전환은 1990년대 초반 들어 식료품 산업을 중심으로 ECR이라는 새로운 개념을 탄생하게 하였다.

78 VMI는 제조업체(공급자)가 발주 확정 후 바로 유통업체로 상품배송이 이루어지는 것에 비하여, CMI는 제조업체가 발주 확정을 하기 전에 발주권고를 유통업체에게 보내어 상호 협의 후 발주확정이 이루어지는 처리를 말한다.
※ CR(Continuous Replenishment ; 연속재고보충)
- 공급자 재고관리(VMI ; Vender Managed Inventory) : 소매업의 재고관리를 소매업체를 대신해서 공급자인 제조업과 도매업이 하는 것을 말한다.

- 공동재고관리(CMI ; Co-Managed Inventory) : 전반적인 업무처리의 구조는 VMI(공급자 재고관리)와 같은 Process이나, CMI의 경우에는 제조업체와 유통업체 상호간 제품정보를 공유하고 공동으로 재고관리를 하는 것이다.

79 ②는 CRM의 도입효과에 대한 내용이다.
※ e-SCM 도입효과
- 거래·투자 비용의 최소화
- 자동 보충을 통한 재고 감축
- 개별화된 고객 서비스(Customization) 제공
- 순환주기의 단축
- 수평적 확장 용이

80 지식경영시스템(Knowledge Management System)은 "개인과 조직이 지식을 기반으로 해서 지식의 생성·활용·축적에 이르는 일련의 활동을 원활하게 할 수 있도록 정보기술을 통해 지원하는 것"으로 정의할 수 있다. 즉, 조직 내 지적 자산의 가치를 극대화하기 위하여 통합적인 지식경영 프로세스를 지원하는 정보기술 시스템이다.

81 통합적 정보시스템이란 정보시스템 내의 특정 하위 시스템의 자료가 다른 하위 시스템에도 사용할 수 있게 설계된 것을 의미한다. 이를 위해서는 분산된 모든 자료를 통합하여 운영할 수 있는 데이터베이스 구축이 필수적이며, 하위 시스템은 각종 자원(컴퓨터 설계, 데이터베이스, 정보 네트워크, 분석 툴 등)을 공동으로 이용할 수 있어야 한다.

82 전산처리형태에서 MIS는 중앙집중식, ERP는 분산처리 구조이다.

83 ECR은 조달에서부터 판매·소비에 이르기까지 물류의 전 과정을 관리하는 것이다.

84 전자상거래 비즈니스 모델의 유형 중에서 ① 제휴형(Affiliate Model), ② 커뮤니티 형(Community Model), ③ 상인형(Merchant Model), ⑤ 중개형(Brokerage Model)에 대한 내용이다.
※ 제조업체형(Manufacturer Model)
- 제조업체가 중간상을 거치지 않고 직접 소비자를 접촉하기 위한 사업 모델로서 기존의 물리적인 유통망을 바이패스하는 모델이다.
- 대표적인 사례는 Intel, Apple, Dell, Cisco 등이 있다.

85 e-비즈니스가 네트워크 환경상에서 이루어지는 모든 업무를 포함하는 반면, i-비즈니스는 인터넷상에서 이루어지는 업무로 e-비즈니스보다 작은 개념으로 정의할 수 있다.

86 신경망 분석(Neural Networks)은 데이터 마이닝의 기법 중 하나로서, 인간 두뇌의 복잡한 현상을 모방하여 마디(Node)와 고리(Link)로 구성된 망구조로 모형화하고 과거에 수집된 데이터로부터 반복적인 학습과정을 거쳐 데이터에 내재되어 있는 패턴을 찾아내는 모델링기법이다.

   ※ 데이터 웨어하우스의 특징
   • 주제지향성(Subject Oriented)
   • 통합성(Integrated)
   • 비휘발성(Non-volatile)
   • 시계열성(Time Variant)

87 RFID는 무선주파수를 사용하여 수십 미터 떨어져 있는 태그를 비접촉으로 인식하여 필요한 정보를 제공받는 기술이다.

88 ① 특수목적 응용프로그램, ② 시뮬레이션, ④ 자료수집도구, ⑤ 인터페이스도구에 해당하는 내용이다.

   ※ 의사결정지원도구
   • 정의 : 관리자와 지식근로자가 개인정보 단말기에서부터 데이터웨어하우스에 이르기까지 다양한 저장매체에 있는 자료를 검토하고, 가공하여 의사결정을 돕는 소프트웨어 도구
   • 의사결정지원도구의 예 : 텍스트요약 유틸리티, 개요생성 프로그램, 자료분석을 위한 통계프로그램, 의사결정 테이블 등

89 워터마킹(Watermarking)은 텍스트, 그래픽, 비디오, 오디오 등 멀티미디어 저작물의 불법 복제를 막고 저작권자를 보호하기 위한 디지털 콘텐츠 저작권 보호기술이다.

90 CAO(Computer Assisted Ordering ; 자동발주시스템)

   CAO는 POS를 통해 얻어지는 상품흐름에 대한 정보와 계절적인 요인에 의해 소비자 수요에 영향을 미치는 외부요인에 대한 정보 그리고 실제 재고수준, 상품수령, 안전재고수준에 대한 정보 등을 컴퓨터를 이용하여 통합·분석하여 주문서를 작성하는 시스템을 말한다.
   성공적인 CAO를 위해서 유통업체와 제조업체는 서로 주고 받는 정보를 자동처리하기 위한 수단으로 정보를 전자적으로 전송하고 전송된 정보를 수령할 수 있어야 한다. 즉 제조, 유통업체 모두가 EDI 능력이 있어야 한다.

제10회 정답 및 해설

정답

01	02	03	04	05	06	07	08	09	10	11	12	13	14	15	16	17	18	19	20	21	22	23	24	25	26	27	28	29	30
④	②	①	⑤	④	①	③	②	①	⑤	③	④	③	③	③	②	②	④	③	③	③	①	③	④	④	③	③	①	①	⑤
31	32	33	34	35	36	37	38	39	40	41	42	43	44	45	46	47	48	49	50	51	52	53	54	55	56	57	58	59	60
⑤	④	④	③	④	②	④	②	③	⑤	③	④	⑤	④	②	①	④	④	⑤	④	④	③	④	③	①	③	①	④	②	②
61	62	63	64	65	66	67	68	69	70	71	72	73	74	75	76	77	78	79	80	81	82	83	84	85	86	87	88	89	90
③	②	④	④	④	①	②	④	④	①	⑤	④	②	②	①	①	④	①	③	④	③	④	⑤	②	⑤	③	④	⑤	③	③

제 1 과목   유통 · 물류일반관리

01 유통기업의 판매상품들 중에서 특정 공급기업 상품의 비중이 높다면, 유통기업은 그 공급기업에 의존도가 높아져 유통기업보다 공급기업의 힘이 강하게 된다.

02 비용, 품질 중심의 운영전략에서 정보, 시간 중심의 운영전략으로 전환된다.

03 재주문점(Reorder Point) 설정은 리드타임 동안의 수요량과 안전재고량을 예측하여 정한다.

04 재고관리의 목적은 재고투자의 최소화, 고객만족의 극대화, 제조원가의 최소화, 구매원가의 최소화, 자재의 안정적 확보 등에 있다.

05 경쟁자, 고객 그리고 공급업자에 대한 분석은 외부환경분석에 해당한다.

06 채찍효과란 공급사슬의 상류(소비자에서 원자재 쪽으로)로 갈수록 수요의 변동 폭이 증폭되는 현상을 말한다.

07 경험이 많은 종업원일수로 외재적 보상보다는 내재적 보상에 의해 동기를 부여받는다.

08 ⓒ 전문도매상으로, 동일분류에 속하는 상품 중에서 특수한 상품만을 전문적으로 취급하는 도매상이다.
ⓔ 제조업자도매상으로, 제조업자가 직접 도매기능을 수행하며, 대개의 경우 제조업자의 생산자나 고객이 있는 시장에 가까이 위치하는 것이 특징이다.
ⓗ 브로커에 대한 설명이다.

09 GMROI(재고총이익률)
총이익률과 재고회전율로 구성되며 상품판매에 대한 계획과 이에 대한 성과 측정에 쓰이는 비율로서, 총재고투자액에서 매출 총이익에 대한 투자수익률의 척도를 말한다.
① GMROI
= 총이익률 × 재고회전율
= (총이익/순매출액) × (순매출액/평균재고액) × 100(%)
= (총이익/평균재고액) × 100(%)
② 총자산이익률
ROA = 당기순이익/총자산
= (당기순이익/매출액) × (매출액/총자산)
= 매출액순이익률 × 자산회전율

③ 투자이익률

ROI = 소득/투자비용

④ 경제적 부가가치(EVA)

= 세후영업이익 − 총자본비용

= (영업이익 − 법인세) − (타인자본비용 + 자기자본비용)

⑤ 판매면적당 매출총이익률(GMROS)

= GMROI × 재고밀도

= (총이익/평균재고액) × (평균재고액/판매공간면적)

= (총이익/판매공간면적)

10 상호 판매 가격의 표준화는 프랜차이즈형 체인사업의 특징이다.

※ 체인사업(유통산업발전법 제2조 제6호)

직영점형 체인사업	체인본부가 주로 소매점포를 직영하되, 가맹계약을 체결한 일부 소매점포('가맹점'이라 한다)에 대하여 상품의 공급 및 경영지도를 계속하는 형태의 체인사업
프랜차이형 체인사업	독자적인 상품 또는 판매·경영 기법을 개발한 체인본부가 상호·판매방법·매장운영 및 광고방법 등을 결정하고, 가맹점으로 하여금 그 결정과 지도에 따라 운영하도록 하는 형태의 체인사업
임의가맹형 체인사업	체인본부의 계속적인 경영지도 및 체인본부와 가맹점 간의 협업에 의하여 가맹점의 취급품목·영업방식 등의 표준화사업과 공동구매·공동판매·공동시설활용 등 공동사업을 수행하는 형태의 체인사업
조합형 체인사업	같은 업종의 소매점들이 「중소기업협동조합법」 제3조에 따른 중소기업협동조합 「협동조합 기본법」에 따른 협동조합, 협동조합연합회, 사회적협동조합 또는 사회적협동조합연합회를 설립하여 공동구매·공동판매·공동시설활용 등 사업을 수행하는 형태의 체인사업

11 6시그마(Six-sigma)는 모든 프로세스의 품질수준이 6σ를 달성하여 불량률을 3.4 PPM(Parts Per Million : 제품 100만 개당 불량품 3.4개) 또는 결함 발생수 3.4 DPM(Defects Per Million opportunities) 이하로 하고자 하는 기업의 품질경영전략이다.

12 ABC 분석은 상품의 가치가 동일하지 않기 때문에 기업이익에 미치는 영향을 고려하여 상품을 몇 개의 범주로 분류하여 차별적으로 관리하는 것을 말한다.

13 물류가 수송, 보관, 하역, 포장, 유통가공, 정보기능 등 기능적인 활동에 중점을 둔 기업의 활동을 통하여 주로 판매물류 중심이라고 할 수 있는데 반해서 로지스틱스(Logistics)는 조달물류, 사내물류, 생산물류, 판매물류와 반품·회수물류 및 폐기물류까지도 포함한다고 할 수 있다.

14 마일즈와 스노우(Miles and Snow)의 성공하는 전략 3가지

공격형 전략	위험을 감수하고 혁신과 모험을 추구하는 적극적 전략
방어형 전략	공격형전략의 반대개념으로 현상유지 및 안정을 추구하는소극적 전략
분석형 전략	혁신과 안정성을 동시에 추구하는 전략으로서 공격형 전략과 방어형 전략의 중간에 위치한 전략

15 투자수익률(ROI ; Return On Investment) 분석은 순이익을 투자액으로 나누어 분석함으로써 기업의 총괄적인 경영성과를 측정할 수 있게 한다. 이 분석은 기업의 경영성과를 크게 수익성 요인과 활동성 요인으로 나눈 다음 다시 세부항목으로 분해하여 궁극적으로 회사의 경영성과를 계획·통제하는 것을 목적으로 한다. 전통적으로 ROI분석의 목적은 기업 내부적으로 경영성과의 계획과 통제, 경영전략의 수립이나 기업내의 자원배분결정 등을 위한 것이었으나 최근에는 이익예측, 주주나 투자자들의 투자성과평가, 채권자들의 기업경영성과평가 등에 널리 활용되고 있다.

16 회사는 개인기업과 회사기업인 합명회사, 합자회사, 유한회사, 주식회사가 있다.

17 BCG 모형에서는 상대적 시장점유율과 산업성장율을 바탕으로 스타(Star), 자금젖소(Cash cow), 물음표(Question mark), 개(Dogs)의 4가지 위치로 분류한다.

스타 (Star)	• 기업의 상대점유율이 높고 산업성장률도 높은 상품 • 기업은 이 단계에 있는 제품의 경쟁력을 유지하기 위해 공격적인 마케팅을 실시함
자금젖소 (Cash cow)	• 상대점유율이 높지만, 산업성장률은 낮은 상품 • 스타범주에 있는 제품이 산업성장률이 떨어지면 자금젖소의 단계로 진행한다. • 일정기간 동안 그 제품에 대하여 애호도를 보이고 있기 때문에 마케팅비용은 많이 들지 않으며, 여기서 얻은 자금을 바탕으로 스타 범주나 물음표 범주에 재투자할 수 있음 • 자금흐름이 가장 많이 생기는 단계
물음표 (Question mark)	• 산업성장률이 높지만 시장점유율이 낮은 제품 • 자사의 시장점유율은 낮지만 투자를 해서 기업이 시장점유율과 수익성을 확보할 수 있을 것인가를 파악해서 들어가는 사업부분
개(Dogs)	• 산업성장률도 낮고 시장점유율도 낮은 제품범주 • 사업을 지속할 것인지, 포기하거나 청산할 것인지를 결정하는 단계

18 글로벌브랜드는 신제품의 실패의 확률위험을 상당히 낮출 수 있는데, 가장 대표적인 이유는 '지각된 위험'의 감소를 들 수 있다. 대부분의 소비자들은 널리 알려진 글로벌브랜드의 품질과 성능에 대하여 믿음을 갖고 있다. 이러한 믿음의 크기가 크면 클수록, 그리고 신제품과 기존제품의 관련성이 높으면 높을수록 그 브랜드가 신제품으로 확장되었을 때 소비자들의 신제품에 대한 지각위험은 자연스럽게 감소된다.

19 합작투자의 경우 합작국의 조세를 부담한다.

20 직무평가는 직무들의 가치를 평가하고 그 직무간에 서열을 매기는 일련의 작업을 통하여 임금지급의 수준을 결정하는 것을 가장 근본적인 목적으로 한다.

21 제품시장점유율이 낮은 제조업자는 경로 구성원들에 대한 통제 정도가 낮기 때문에 종합적인 성과평가를 실시하기가 어렵다.

22 산업의 수익률은 보완재가 아닌 대체재에 의해 영향을 받지만, 대체재의 존재여부가 산업수익률에 반드시 부정적인 영향을 미치는 것은 아니다.

23 회수기간(Payback Period)법은 투자 시점에 발생한 비용을 회수하는 데 소요되는 시간을 고려한 방법으로 화폐의 시간가치 및 회수기간 이후의 현금흐름 등을 고려하지 않는다.

24 행동의 결과 '사소한' 부정적 효과가 생기는 경우는 비윤리적이 아니다. 예를 들어 판매경쟁에서 1등을 하여 동남아여행 보너스를 바라고 있던 동료사원보다 다른 영업사원의 성적이 더 뛰어나 상을 못 받게 되었더라도 그것은 '사소한' 부정적 효과이기 때문에 비윤리적이 아니다.

25 소비자는 재화 등의 내용이 표시·광고의 내용과 다르거나 계약 내용과 다르게 이행된 경우에는 그 재화 등을 공급받은 날부터 3개월 이내에, 그 사실을 안 날 또는 알 수 있었던 날부터 30일 이내에 청약철회 등을 할 수 있다(법 제8조 제3항).

제 2 과목 상권분석

26 ③은 점포의 적정 매장면적을 산출할 때 사용되는 '유사지역과의 비교에 의한 산출방법'을 설명하는 내용이다.

27 도로와 접한 면의 활용도가 높기 때문에 접면에서 후면까지의 길이(깊이)보다 접면길이(폭)가 긴 형태가 좋다.

28 Converse는 소비자에게서 두 도시까지의 거리가 같을 경우 두 도시별 구매 금액의 비율은 매장면적 비율이 아니라 인구비율과 유사하다고 하였다.

29 가시성이 좋은 높은 곳보다는 낮은 곳이 더 좋다.

30 상표 충성도가 높은 고객은 이미 제품과 브랜드에 대한 확신이 있으므로, 쇼핑센터의 외관에 대해서 크게 민감한 영향을 받지 않는다.

31 일반적으로 특정지역에 유사한 단일 목적으로 방문하는 통행객보다는 서로 다른 목적으로 방문하는 통행객이 많을수록 상권의 질이 높아진다.

32 분산시장형 분석에서는 고급가구나 고가의 카메라와 같은 고도로 전문화된 상품을 취급하며 특정 소득계층을 대상으로 판매가 이루어지는 점포를 주요 적용대상으로 한다.

33 다중회귀분석은 20개 이상의 점포 체인을 가진 소매업체를 위해 잠재적인 소매상권을 정의하는데 일반적으로 사용하는 방식이다.
• 제1단계 : 1인당 매출 혹은 시장점유율 같이 성과 측정을 위한 적절한 변수를 선택한다.
• 제2단계 : 성과 예측에 유용한 설명 변수를 선택한다.
• 제3단계 : 회귀방정식을 도출하고, 이를 사용하여 미래의 점포 성과를 예측한다.

34 비어있는 점포에 출점을 할 경우 그 이전 점포와 출점할 점포가 아무 관련이 없더라도 왜 실패했는지 그 원인에 대해 상세하게 조사할 필요가 있다.

35 잠재적 고객들과 종업원들의 주거지로부터 계획된 점포와의 거리이다.

36 고객스포팅기법(CST)은 상권분석 자료를 기초로 상권범위를 설정하는데 1차 자료가 더 정확도가 높다.

37 Reilly의 소매인력 공식

$$\frac{B_a}{B_b} = \frac{P_a/D_a^2}{P_b/D_b^2} = \frac{20/5^2}{40/10^2} = 2$$

즉 C도시의 인구는 A도시 : B도시 = 2 : 1 비율로 흡수된다. C도시의 인구가 6만명이므로 A도시로는 6만명 × 2/3 = 4만명이 흡수된다.

38 앙케트를 이용한 상권설정법

점포에 찾아온 고객에 대해 직접 물어보고 조사한 뒤 그 결과를 집계 분석하여 상권설정에 활용하는 방법이다.

39 보충가능성 원칙은 상호 양립하면서 서로 고객을 교환한다는 특징을 갖고 있으며, 양립가능성이 높을수록 점포의 매출액은 높아진다.
① 지리적으로 인접하거나 또는 교통이 편리하면 매출을 증대시킨다는 원칙
② 지나치게 유사한 점포나 보충 가능한 점포는 밀집하면 매출액이 감소한다는 원칙
④ 유사하거나 보충적인 소매업이 흩어진 것보다 군집해서 더 큰 유인잠재력을 갖게 한다는 원칙
⑤ 사무실 밀집지역, 쇼핑지역 등은 고객이 특정지역에서 타 지역으로 이동시 점포를 방문하게 한다는 원칙

40 고객의 방문주기가 길거나 혹은 고객구매빈도가 낮은 업종일수록 보다 넓은 상권을 가져야 한다.

41 6개월이 아닌, 잠재적 1년 매출을 추정해야 하는데 그 이유는 그 장소에서 점포가 이익을 낼 수 있는지의 여부를 결정하는 데는 매출액이 가장 중요하기 때문이다. 매출 추정 방법은 경쟁점의 매출 또는 같은 인구, 산업 형태, 고용 인구를 가진 점포의 연간 매출을 참고로 구할 수 있다.

42 • 점두조사법 : 쇼핑을 마친 고객을 면접해서 주소를 직접 물어 상권 범위를 알아내는 방법
• 내점객 조사법 : 방문자에 대해서 조사원이 질문지를 기초로 청취 · 조사하는 방법
• 고객점표법 : 점포에 출입하는 고객들을 무작위로 인터뷰하여 고객들의 거주지나 출발지를 확인하고, 이를 격자도면 상에 표시하여 고객점표도를 작성하는 기법
• 방문조사법 : 조사자가 각 가정을 방문하여 직접 필요한 사항을 조사하는 방법

43 최대도달거리가 최소수요 충족거리보다 커야 상업시설이 입지할 수 있다.

44 상품구색은 편의점 본부에서 권장하는 품목보다 산업환경 및 소비자의 구매성향에 맞게 갖추어야 한다.

45 애플바움(W. Applebaum)의 유추법을 기초로 한 상권분석으로, 유추법은 신규점포에 대한 상권분석뿐만 아니라 기존점포의 상권분석에도 적용될 수 있다는 점에서 상권분석에 자주 활용되는 분석기법이다.

제 **3** 과목　**유통마케팅**

---

46 무엇인가 결핍감을 느끼는 상태를 욕구라 하고, 욕구를 충족시키기 위한 형태를 욕망이라고 한다.

47 마케팅 믹스(Marketing Mix)

한 기업이 시장표적(Marketing Target)에 가장 효과적으로 도달하기 위한 마케팅의 제 구성요소 중 통제 가능한 요소는 4P, 즉 상품이나 서비스(Product), 판매장소(Place), 가격(Price), 판매촉진의 형태(Promotion) 등이

고, 통제 불가능한 요소는 문화적 · 사회적 환경, 정치적 · 법률적 환경, 경제 환경, 기업이 놓여 있는 상황, 자본 및 기업의 제 목적 등 5가지를 들고 있다.

48 모든 상품을 동시에 일률적으로 광고하기 보다는 그 시점에서 강조해야 할 테마를 가지고 가장 대표적인 주력상품을 선정하여 집중적으로 디스플레이를 전개하여 구매와 직결시키는 것이 중요하다.

49 모집단을 구성하는 모든 측정치들에게 동일한 추출기회를 부여하는 것은 확률표본추출(Probability Sampling)이다. 편의표본추출은 비확률 표본추출(Non-probability Sampling)에 해당한다.

50 생명보험, 장례서비스 등과 같은 서비스 제품은 소비자들이 평소에 잘 모르거나, 알고 있더라도 거의 구매할 생각이 없는 제품으로 '미탐색품(Unsought Goods)'이라 한다.

51 규모의 경제는 투입규모가 커질수록 장기평균비용이 줄어드는 현상을 말하며, 판매량이 증가하여 생산량을 증가시킴에 따라 생산비의 평균비용이 감소하는 현상을 의미한다.

52 ① 혼합 묶음가격(Mixed Price Bundling)은 상품을 개별적 뿐만 아니라 묶음으로도 구매할 수 있도록 가격을 책정하는 방법이다.
② 공헌마진 = 판매가격 − 변동비
④ 단수가격결정(Odd Pricing)은 1,000원 또는 10,000원 등과 같은 가격보다 약간 모자라게 990원 또는 9,990원 등과 같이 가격을 결정하는 것으로, 소비자에게 상품의 가격이 최대한 낮은 수준에서 결정되었다는 인상을 주어 판매량을 증가시키기 위한 것이다.
⑤ JND는 소비자들이 가격차이를 느낄 수 있는 가장 최소한의 가격변화를 말한다.

53 머천다이징이란 시장조사와 같은 과학적 방법에 의거하여, 수요 내용에 적합한 상품 또는 서비스를 알맞은 시기와 장소에서 적정가격으로 유통시키기 위한 일련의 시책이다. 상품화계획이라고도 하며, 마케팅 활동의 하나로 이 활동에는 생산 또는 판매할 상품에 관한 결정, 즉 상품의 기능·크기·디자인·포장 등의 제품계획, 그 상품의 생산량 또는 판매량, 생산시기 또는 판매시기, 가격에 관한 결정을 포함한다.

54 광고의 특징
• 유료성 : 광고주가 사용하는 매체에 광고료를 지불한다는 의미이다.

• 비인적 촉진활동 : 판매원이나 그 밖의 제품과 관련된 사람이 제품을 제시하는 것이 아닌 대중매체를 통해 정보를 제시한다는 특징을 가지고 있다.
• 전달대상의 다양성 : 광고를 통해서 단지 상품이나 서비스에 대한 정보만을 제공하는 것이 아니고 어떤 집단의 이념이나 정책, 기업제도 등의 아이디어도 제공할 수 있다.
• 광고주의 명시 : 광고는 광고매체에 광고료를 지불하기 때문에 광고에 광고주를 기록하는 것이 보통의 경우이다.

55 서비스 품질의 개념 차원을 밝히기 위해 특정산업에 국한되지 않은 공통적인 서비스 품질 속성을 실증 연구한 결과, 서비스 품질의 10가지 구성차원을 파악하였다. 이후 실증적인 타당성의 척도 개발을 통하여 유형성, 신뢰성, 응답성, 확신성, 공감성의 5가지 차원으로 정리하였다(SERVQUAL 모형).

56 보통 도입기의 제품에 대한 가격은 매우 높은데 그 이유는 적은 생산량으로 인한 높은 제품 개발비용, 초기 시설 투자비용, 광고비 등을 충당하기 위해서이다.

57 브랜드 아이덴티티는 기업이 표적 고객의 마음속에 심어주기를 원하는 바람직한 연상들(혹은 이미지)을 말한다.

58 시장세분화의 요건은 측정가능성(①), 접근가능성(②), 규모의 적정성(③), 차별화가능성(⑤), 활동가능성을 들 수 있다. 경쟁회사의 세분시장에 대응할 수 있도록 세분시장을 결정할 경우, 경쟁회사가 강력하고 공격적이라면 경쟁우위를 획득하지 못할 수도 있다

측정 가능성	세분시장의 특성들이 측정 가능해야 하며, 측정 가능성을 높이기 위해서는 고객에 대한 DB구축이 필요
접근 가능성	세분시장 내에 소비자가 적은 비용과 노력으로 유통경로나 매체를 통해 접근이 가능해야 함
규모의 적정성	세분시장이 커서 충분한 이익을 얻을 수 있어야 함
차별화 가능성	세분시장은 개념적으로 구별될 수 있고, 다른 마케팅 믹스요소와 마케팅 프로그램에 다르게 반응해야 함
활동 가능성	각 세분시장을 공략하기 위한 효과적인 마케팅 프로그램을 개발할 수 있어야 함

59 다양한 수요를 충족시켜야 할 경우는 분산구매를 선택하여야 한다.

60 판매과정분석(Sell-through Analysis)

판매과정분석은 수요를 충족시키기 위하여 상품이 더 필요한지 아니면 가격 인하가 필요한지를 결정하기 위해 실제 매출과 계획된 매출을 비교하는 것이다.

61 영역제한은 미국에서 불공정행위로 간주하고 있는데, 미국사법부는 특히 수평적 제한에 당연 위법을 적용하고 수직 제한에 '합리성의 원칙'을 적용하여 위법여부를 판단하고 있다.

62 포트폴리오 리테일링은 하나의 업체가 다양한 소매업태를 동시에 운영함으로써 각 전문가간의 커뮤니케이션과 조정을 쉽게 하고, 밀접한 협동관계를 형성한다.

63 저수익률-고회전율 전략은 박리다매전략에 해당한다. 따라서 선택적 및 전속적인 유통정책이 아닌 집약적 유통정책을 최대한 활용하여야 한다.

64 유통경로가 길어지면 유통업체들이 전문적 서비스를 활용하게 되어 서비스 수준을 높일 수 있는 장점이 있지만, 제품이 소비자에게 이르기까지 여러 단계를 거치게 되므로 생산자의 통제력이 약해지는 단점이 있다.

65 ① 신뢰성 : "절대로, 확실히, 하루 내에"의 슬로건을 둔 페더럴 익스프레스

② 응답성 : "우리는 신속하게 고객을 도울 준비가 되어 있습니다."라는 신속한 자세의 서비스

③ 확신성 : "올스테이트와 함께 있으면 든든합니다.", "여러분이 알고 있는 이름에 건강을 맡기십시오." 은행이나 보험회사 또는 건강관리 서비스

④ 공감성 : "오랫동안 세계 곳곳에서 온 여행자들을 대하며 쌓은 경험이 우리가 손님을 이해하는 데 도움을 줍니다."라는 카피를 이용한 루프트한자

66 치약시장을 충치예방, 미백효과, 청결유지 등으로 구분한 것은 소비자가 치약사용으로부터 추구하는 효용(benefit)을 따른 것이다.

67 습관적 구매는 저관여 수준하에서 몰입 없이 한 브랜드를 반복적으로 구매하는 것을 의미한다.

68 관찰법은 조사대상과 조사자 간에 의사소통이 전혀 이루어지지 않는 상태에서 조사자의 일방적인 관찰에 의해서 자료를 수집하는 방법이다.

69 POP 광고는 충동구매 욕구를 자극하고 구매가 실행될 수 있도록 유도하여야 한다.

70 ② 스타일 진열, ③ 품목별 진열, ④ 수직적 진열, ⑤ 수평적 진열

제 **4** 과목 　유통정보

71 ⑤는 2차 자료를 설명하는 내용이다.

※ 정보의 개념

- 정보란 어떤 행동을 취하기 위한 의사결정을 목적으로 하여 수집된 각종 자료를 처리해 획득한 지식이다.
- 정보란 미래의 불확실성을 감축시키는 모든 것을 의미하며, 방대한 자료들을 객관적·체계적으로 수집·분리·보관·전달·보고하기 위한 시스템을 전제로 하는 것이다.

72 CRM(고객관계관리, Customer Relationship Management)은 소비자들을 자신의 고객으로 만들고, 이를 장기간 유지하고자 하는 경영 방식을 말한다. 기사의 내용은 CRM에 관한 내용이다.

73 에스크로 서비스는 구매자의 상품대금을 즉각 판매자에게 입금하지 않고 제3자에게 예치하고 있다가 배송이 정상적으로 완료된 후 대금을 판매자에게 지급하는 거래안전장치이다.

74 EOS(Electronic Ordering System ; 전자주문시스템 또는 자동발주시스템)는 대형 컴퓨터를 이용하여 거래처에 자동으로 주문하여 항상 신속하고 정확하게 해당 점포에 배달해 주는 시스템이다. 판매에 필요한 물품을 조기에 발주하여 품절을 방지하고 납품일정까지 정리하는 시스템으로 공급망과 재고관리는 물론 주문처리까지 자동화해서 자원계획과 구입을 간소화하는 데 목적이 있다.

75 ①은 데이터 마이닝(Data Mining)에 대한 설명이다. 데이터 마이닝은 거대 규모의 데이터로부터 가치 있는 정보를 찾아내는 탐색 과정 및 방법을 의미한다. 즉, 데이터베이스로부터 과거에는 알지 못했지만 데이터 속에서 유도된 새로운 데이터 모델을 발견하여 미래에 실행 가능한 정보를 추출해 내고 의사결정에 이용하는 과정을 말한다.

76 서명자만이 전자서명을 생성할 수 있어야 한다(위조불가).
※ **전자서명의 조건**
- 인증(Authentic)
- 위조불가(Unforgeable)
- 재사용불가(Not Reusable)
- 변경불가(Unalterable)
- 부인방지(Non-repudiation)

77 의사결정지원시스템(DSS)은 의사결정과정의 효율성(Efficiency) 제고에 목적이 있는 것이 아니고, 최적의 해결방안을 도출하도록 의사결정 과정의 효과성(Effectiveness) 제고에 그 초점을 맞추고 있다.

78 균형성과표는 재무측정지표와 운영측정지표 모두를 균형 있게 고려한 새로운 성과측정시스템으로, 과거 성과에 대한 재무적인 측정지표를 통해서 미래성과를 창출하는 측정지표이다. 즉, 균형성과표에는 실행 결과를 나타내는 재무측정지표와 이를 보완하면서 미래의 재무성과에 영향을 주는 운영 활동인 고객만족, 내부 프로세스, 조직의 학습 및 성장능력과 관련된 3가지 운영측정지표가 포함되어 있다.

79 유통정책에 있어서 B2B는 직접유통이 선호되고, B2C도 중간상을 배제한 유통이 선호되는 경우가 많다.

80 **자재·창고 관리** : 자재의 수급 계획부터 자재 청구, 입고, 창고 재고 및 재고품 재고 파악, 완제품 입고에 이르기까지 자재에 관련된 경로를 추적·관리한다.

81 ① 전략계획정보시스템
② 운영통제정보시스템
④ 마케팅정보시스템
⑤ 생산정보시스템

82 데이터 웨어하우스는 비휘발적이다. 운영시스템 환경에서는 추가·삭제·변경과 같은 갱신작업이 레코드 단위로 지속적으로 발생한다. 그러나 데이터 웨어하우스는 읽기 전용 데이터베이스로서 갱신이 필요 없다.

83 ⑤는 상품정보관리에 대한 설명이다. 즉, 상품정보관리는 상품계획을 위한 정보를 통해서 철수상품과 신규취급 또는 취급확대상품을 결정하는 데에서 기업의 효율성을 제고한다.
※ **ABC분석**
재고자산의 품목이 다양할 경우 이를 효율적으로 관리하기 위하여 재고의 가치나 중요도에 따라 재고자산의 품목을 분류하고 차별적으로 관리하는 방법
- ABC분석과 상품관리 : 각각의 상품이 매출에 기여하는 정보를 A·B·C군으로 분류하여 A상품군을 집중 육성하고 Z상품군의 취급은 중단하여 매장의 생산성을 증대하고자 하는 것

매출액/총이익		총이익에 대한 기여		
		A	B	C
총매출에 대한 기여	A	인기/고수익 상품	인기/고매출 상품	인기/저수익 상품
	B	이익상품	준인기상품	취급/철수 검토상품
	C	기본/고수익 상품	계속 취급상품	사양상품
	Z	·	사양상품	·

- 결합 ABC분석과 진열관리 : 매출에 기여하는 인기상품인 동시에 이익에도 기여하는 상품을 통해 기업의 이익을 추구하는 동시에 품절방지에 노력하고, 매출은 높으나 이익은 낮다면 미끼상품(Loss Leader)으로 활용하는 등의 전략적 활용이 필요

84 ① 판매액(매출액)의 실수 분석, ③ POS 분석, ④ 판매 효율 분석, ⑤ ABC 분석(파렛트 분석)에 대한 설명이다.
※ **판매 반응(Sales Response) 분석법**
광고의 판매 반응 함수를 도출하여 이를 토대로 목표 매출 대비 적정 광고 예산을 산출하는 방법이다.

85 캐즘(Chasm) 이론(첨단기술수용론)

제품을 출시한 초기에는 혁신성을 중시하는 소수의 소비자가 생기지만, 이후에는 실용성을 중시하는 소비자가 중심이 되는 주류시장으로 옮아가야 하는데, 첨단 기업은 때때로 이 초기시장과 주류시장 사이에서 매출이 급격히 감소하거나 정체현상을 겪게 된다. 이렇게 초기시장에서 주류시장으로 넘어가는 과도기에 일시적으로 수요가 정체되거나 후퇴하는 단절현상을 캐즘(Chasm)이라고 한다.

86 전자상거래 확장으로 인한 주요 현상

• 물리적 · 시간적 · 공간적 한계 극복
• 생산자와 소비자의 직거래
• 생산자와 소비자의 역할 모호
• 유통, 거래, 결제 방식의 변화
• 기업간 거래 및 경쟁의 증가
• 시장의 세계화
• 일대일(1:1) 커뮤니케이션
• 새로운 비즈니스 기회 창출

87 정보격차는 정보에 대한 접근과 이용이 개개인에 있어서 차이가 나는 정보불평등 현상이다. 즉, 산업사회에서의 경제적 불평등과 유사한 정보불평등이 정보화 사회에서 나타날 수 있다. 정보격차는 정보획득수단인 뉴미디어의 소유 여부, 개인의 교육수준, 경제적 능력 등에 의해서 나타날 수 있다.

88 UNSPSC는 분류체계만을 갖고 있으며 개별적인 품목을 식별할 수 있는 식별체계는 가지고 있지 않다.

89 지식경영 정보기술 중에서 ① 그룹웨어, ② 데이터베이스 도구, ④ 특수목적 응용프로그램, ⑤ 의사결정지원도구에 대한 설명이다.

※ **패턴매칭**

• 정의 : 인공지능분야에서 사용되는 응용프로그램으로서 경험이 적은 지식근로자의 의사결정을 도와준다.
• 패턴매칭의 사용 예
  – 전문가 시스템 : 일반인도 전문지식을 이용할 수 있도록 하는 시스템으로 의료진단 프로세스, 설계 시스템 등에 유용하다.
  – 지능에이전트 : 환경에 반응하고 적응하면서 주어진 작업을 자율적으로 수행하는 소프트웨어 프로그램으로서 웹, 상업용 데이터베이스, 인트라넷을 통해 정보를 수집한다. 사용자의 질문을 받아서 적절한 언어로 변환한 다음 검색엠진을 통해 결과순서를 정해준다.
  – 기계학습시스템 : 환경과의 상호작용에 기반한 경험적인 데이터로부터 스스로 성능을 향상시키는 시스템을 연구하는 것으로 신경망, 데이터마이닝(Data Mining), 의사결정 트리(Decision Tree), 사례기반 추론, 패턴 인식, 강화 학습 등을 포함한다.

90 B2C 전자상거래 모형에서의 주문이행 대상 고객들은 불특정 다수의 고객들이다.

여기서 멈출거예요? 고지가 바로 눈앞에 있어요.
마지막 한 걸음까지 시대에듀가 함께할게요!

최근
기출문제

제 1 회 최근기출문제

제 1 과목 유통 · 물류일반관리

01 두 가지 이상의 운송 수단을 활용하는 복합운송의 결합형태 중 화물차량과 철도를 이용하는 시스템으로 옳은 것은?

① 버디백 시스템(Birdy Back System)

② 피기백 시스템(Piggy Back System)

③ 피시백 시스템(Fishy Back System)

④ 스카이쉽 시스템(Sky-Ship System)

⑤ 트레인쉽 시스템(Train-Ship System)

> **해설**✚ ① 버디백 시스템(Birdy Back System) : 트럭과 항공운송을 결합한 운송방식
> ③ 피시백 시스템(Fishy Back System) : 트럭과 해상운송을 결합한 운송방식
> ④ 스카이쉽 시스템(Sky-Ship System) : 항공운송과 해상운송을 결합한 운송방식
> ⑤ 트레인쉽 시스템(Train-Ship System) : 철도운송과 해상운송을 결합한 운송방식

02 아래 글상자 ㉠과 ㉡에서 공통적으로 설명하는 품질관리비용으로 옳은 것은?

> ㉠ 제품이 고객에게 인도되기 전에 품질요건에 충족하지 못함으로써 발생하는 비용
> ㉡ 재작업비용, 재검사비용, 불량부품으로 인한 생산 중단 비용

① 예방비용(prevention costs)　　　　　② 평가비용(appraisal costs)

③ 내부실패비용(internal failure costs)　④ 외부실패비용(external failure costs)

⑤ 생산준비비용(setup costs)

> **해설**✚ 품질비용이란 제품을 잘 만들지 않음으로써 발생하는 비용으로 예방비용, 평가비용으로 구성된 통제비용과 내부실패비용, 외부실패비용으로 구성된 실패비용이 있다.
> ③ 내부실패비용(internal failure costs) : 선적, 출하 전에 발견된 불량품과 관련된 비용
> ① 예방비용(prevention costs) : 제품이 생산되기 전에 불량 품질의 발생을 예방하기 위하여 발생하는 비용
> ② 평가비용(appraisal costs) : 제품, 공정 또는 서비스의 품질이 품질표준 및 요구 성능과 일치하도록 하기 위한 측정, 평가 또는 감사 활동과 관련하여 발생하는 비용
> ④ 외부실패비용(external failure costs) : 제품을 고객에게 발송한 후 불량품 발견으로 인하여 발생하는 제반 비용

03 기업에서 사용할 수 있는 수직적 통합 전략의 장점과 단점에 대한 설명으로 가장 옳지 않은 것은?

① 조직의 규모가 지나치게 커질 수 있다.

② 관련된 각종 기능을 통제할 수 있다.

③ 경로를 통합하기 위해 막대한 비용이 필요할 수 있다.

④ 안정적인 원재료 공급효과를 누릴 수 있다.

⑤ 분업에 의한 전문화라는 경쟁우위효과를 누릴 수 있다.

> **해설⊕** 수직적 통합의 특성
> • 분업에 따른 전문화의 이점을 누리기 힘들어질 수도 있다.
> • 경우에 따라 비용구조가 증가하기도 한다.
> • 조직의 비대화를 가져와 관료화의 문제를 겪기 쉽다.
> • 유통경로 구성원에 대한 통제가 쉽다.
> • 유연성이 줄어들 수 있다.

04 아래 글상자 ㉠과 ㉡에서 설명하는 직무평가(job evaluation) 방법으로 옳은 것은?

> ㉠ 직무가치나 난이도에 따라 사전에 여러 등급을 정하여 놓고 그에 맞는 등급으로 평가
> ㉡ 직무등급법이라고도 함

① 서열법(ranking method)

② 분류법(classification method)

③ 점수법(point method)

④ 요소비교법(factor comparison method)

⑤ 직무순환법(job rotation method)

> **해설⊕** ① 서열법(ranking method) : 각 직무의 난이도 및 책임성 등을 평가하여 서열을 매기는 방법
> ③ 점수법(point method) : 직무를 각 구성요소로 분해한 뒤 평가한 점수의 합계로써 직무의 가치를 평가하는 방법
> ④ 요소비교법(factor comparison method) : 객관적으로 가장 타당하다고 인정되는 기준직무를 설정하고, 이를 기준으로 평가직무를 기준직무와 비교함으로써 평가하는 방법
> ⑤ 직무순환법(job rotation method) : 다른 직무를 담당하도록 담당 직무를 바꾸어 다양한 경험을 부여하는 방법

05 자본구조에 관련하여 타인자본 중 단기부채로 옳지 않은 것은?

① 지급어음

② 외상매입금

③ 미지급금

④ 예수금

⑤ 재평가적립금

타인자본의 구분

타인자본은 차입금이나 사채와 같이 외부로부터 조달한 자본을 말한다.

구 분		내 용
단기부채(유동부채)	1년 이내에 상환 의무가 있는 부채	매입채무(지급어음, 외상매입금), 미지급금, 단기차입금, 선수금, 예수금, 미지급비용, 환불부채
장기부채(비유동부채)	지급기한이 1년 이상인 부채	장기매입채무, 기타비유동채무(퇴직급여충당부채, 이연법인세부채), 장기차입금, 보증금 등

※ 재평가적립금

자산재평가법에 의해 고정자산에 대한 재평가를 실시하고, 고정자산의 장부가액보다 증액평가된 차액을 계상한 것을 말한다. 재평가적립금은 자본잉여금에 속하는 것이며, 재평가세의 납부, 자본에의 전입, 재평가일 이후 발생한 대차대조표상의 이월결손금의 보전, 환율조정계정 금액과의 상계를 제외하고는 이를 처분하지 못한다.

06 재고관리관련 정량주문법과 정기주문법의 비교 설명으로 옳지 않은 것은?

구 분	정량주문법	정기주문법
㉠ 표준화	표준부품을 주문할 경우	전용부품을 주문할 경우
㉡ 품목수	많아도 된다	적을수록 좋다
㉢ 주문량	고정되어야 좋다	변경가능하다
㉣ 주문시기	일정하지 않다	일정하다
㉤ 구매금액	상대적으로 고가물품에 사용	상대적으로 값싼물품에 사용

① ㉠   ② ㉡
③ ㉢   ④ ㉣
⑤ ㉤

정량주문법과 정기주문법의 비교

구 분	정량주문법	정기주문법
리드타임	짧은 편이 낫다	긴 편이 낫다
표준화	표준부품을 주문할 경우	전용부품을 주문할 경우
품목수	많아도 된다	적을수록 좋다
주문량	고정되어야 좋다	변경가능하다
주문시기	일정하지 않다	일정하다
구매금액	상대적으로 저가물품에 사용	상대적으로 고가물품에 사용

07 Formal 조직과 Informal 조직의 특징 비교 설명으로 옳지 않은 것은?

구 분	Formal 조직	Informal 조직
㉠	의식적 · 이성적 · 합리적 · 논리적으로 편성	자연발생적 · 무의식적 · 비논리적으로 편성
㉡	공통목적을 가진 명확한 구조	공통목적이 없는 무형 구조
㉢	외형적 · 제도적 조직	내면적 · 현실적 조직
㉣	불문적 · 자생적 조직	성문적 · 타의적 조직
㉤	위로부터의 조직	밑으로부터의 조직

① ㉠   ② ㉡

③ ㉢   ④ ㉣

⑤ ㉤

> **해설** 공식조직(Formal 조직)이란 법률이나 규칙, 직제에 의해 명문화된 제도상의 조직이며, 비공식조직(Informal 조직)이란 조직구성원의 비공식적인 상호접촉이나 친근감 등과 같은 인간관계를 토대로 자연발생적으로 형성된 관계를 말한다.

08 유통기업은 각종 전략 이외에도 윤리적인 부분을 고려해야 하는데, 이러한 윤리와 관련된 설명으로 가장 옳지 않은 것은?

① 윤리적인 것은 나라마다, 산업마다 다를 수 있다.

② 윤리는 개인과 회사의 행동을 지배하는 원칙이라 할 수 있다.

③ 회사의 윤리 강령이라도 옳고 그름을 살펴서 판단해야 한다.

④ 윤리는 법과 달리 처벌시스템이 존재하지 않으므로 간과해도 문제가 되지 않는다.

⑤ 윤리적인 원칙은 시간의 흐름에 따라 변할 수도 있다.

> **해설** 기업윤리란 영리를 목적으로 사업을 경영하는 기업이 기본적으로 지켜야 할 도리와 규범을 말하며, 한국경영학회에 따르면 기업윤리는 이해관계자들을 고려한 체계적 판단기준이자 기업정책 및 조직, 행동에 있어서 지켜야 할 도덕적 기준이다. 이러한 기업윤리를 준수하는 것은 강제적이 아니라 자발적이지만 최근에는 해외부패방지법 등 기업윤리 관련 법 제정이 계속해서 확대되고 있기 때문에 윤리적인 부분도 간과해서는 안 된다.

09 아래 글상자 내용은 기업이 사용하는 경영혁신 기법에 대한 설명이다. ( ) 안에 들어갈 용어로 가장 옳은 것은?

> ( )(은)는 기업이 통합된 데이터에 기반해 재무, 생산소요계획, 인적자원, 주문충족 등을 시스템으로 구축하여 관리하는 것을 말한다. 이 기법은 전반적인 기업의 업무 프로세스를 통합 · 관리하여 정보를 공유함으로써 효율적인 업무처리가 가능하게 한다.

① 리엔지니어링   ② 아웃소싱

③ 식스시그마   ④ 전사적자원관리

⑤ 벤치마킹

1O 제3자물류가 제공하는 혜택으로 옳지 않은 것은?

① 여러 기업들의 독자적인 물류업무 수행으로 인한 중복투자 등 사회적 낭비를 방지할 뿐만 아니라 수탁업체들의 경쟁을 통해 물류효율을 향상시킬 수 있다.

② 유통 등 물류를 아웃소싱함으로써 리드타임의 증가와 비용의 절감을 통해 고객만족을 높여 기업의 가치를 높일 수 있다.

③ 기업들은 핵심부문에 집중하고 물류를 전문업체에 아웃소싱하여 규모의 경제 등 전문화 및 분업화 효과를 극대화할 수 있다.

④ 아웃소싱을 통해 제조·유통업체는 자본비용 및 인건비 등이 절감되고, 물류업체는 규모의 경제를 통해 화주기업의 비용을 절감해 준다.

⑤ 경쟁력 강화를 위해 IT 및 수송 등 전문업체의 네트워크를 활용하여 비용절감 및 고객서비스를 향상시킬 수 있다.

해설 **Q** 유통 등 물류를 아웃소싱함으로써 리드타임의 감소와 비용의 절감을 통해 고객만족을 높여 기업의 가치를 높일 수 있다.

11 유통환경 분석의 범위를 거시환경과 미시환경으로 나누어볼 때 그 성격이 다른 하나는?

① 경제적 환경

② 정치, 법률적 환경

③ 시장의 경쟁 환경

④ 기술적 환경

⑤ 사회문화적 환경

해설 **Q** ①·②·④·⑤ 거시환경
③ 미시환경
※ 거시환경과 미시환경
• 주요 거시환경 요인 : 인구통계적 환경, 경제적 환경, 자연적 환경, 기술적 환경, 문화적 환경, 정치적 환경
• 주요 미시환경 요인 : 경쟁자, 고객, 기업자신의 핵심역량, 공중 및 이해관계자, 협력자

12 아래 글상자 ㉠과 ㉡에서 설명하는 유통경로 경쟁으로 옳게 짝지어진 것은?

> ㉠ 동일한 경로수준상의 서로 다른 유형을 가지는 기업들 간 경쟁
> ㉡ 하나의 마케팅 경로 안에서 서로 다른 수준의 구성원들 간 경쟁

① ㉠ 수직적 경쟁, ㉡ 수평적 경쟁　　　② ㉠ 업태 간 경쟁, ㉡ 수직적 경쟁

③ ㉠ 경로 간 경쟁, ㉡ 수평적 경쟁　　　④ ㉠ 업태 간 경쟁, ㉡ 경로 간 경쟁

⑤ ㉠ 수직적 경쟁, ㉡ 경로 간 경쟁

해설 유통경로 경쟁의 형태
- 수평적 경쟁 : 유통경로의 동일한 단계에 있는 경로구성원 간의 경쟁
- 수직적 경쟁 : 서로 다른 경로수준에 위치한 경로구성원 간의 경쟁
- 업태 내 경쟁 : 유사한 상품을 판매하는 서로 동일한 형태의 소매업체 간 경쟁
- 업태 간 경쟁 : 유사한 상품을 판매하는 서로 상이한 형태의 소매업체 간 경쟁

13 팬먼(Penman)과 와이즈(Weisz)의 물류아웃소싱 성공전략에 관한 설명으로 옳지 않은 것은?

① 아웃소싱이 성공하려면 반드시 최고경영자의 관심과 지원이 필요하다.

② 아웃소싱의 궁극적인 목표는 현재와 미래의 고객만족에 있음을 잊지 말아야 한다.

③ 지출되는 물류비용을 정확히 파악하여 아웃소싱 시 비용절감효과를 측정해야 한다.

④ 아웃소싱의 가장 큰 장애는 인원감축 등에 대한 저항이므로 적절한 인력관리로 사기저하를 방지해야 한다.

⑤ 아웃소싱의 목적이 기업 전체의 전략과 일치할 필요는 없으므로 기업의 전사적 목적이 차별화에 있다면 아웃소싱의 목적은 비용절감에 두는 효율적 전략을 추진해야 한다.

해설 물류아웃소싱의 성공전략 5가지
- 지출되는 물류비용을 정확히 파악하여 아웃소싱 시 비용절감효과를 측정해야 한다.
- 아웃소싱의 목적이 기업 전체의 전략과 일치해야 한다(고객서비스와 비용절감을 목적).
- 적절한 인력관리로 사기저하를 방지해야 한다(아웃소싱의 가장 큰 장애는 인원감축 등에 대한 저항이 큼).
- 최고경영자(CEO)의 관심과 지원이 필요하다.
- 아웃소싱의 목표는 현재와 미래의 고객만족에 목표를 둔다.

14 아래 글상자에서 공통적으로 설명하는 유통경로의 특성으로 옳은 것은?

> ㉠ 우리나라는 도매상이 매우 취약하고 제조업자의 유통 지배력이 매우 강하다.
> ㉡ 미국의 경우 광활한 국토를 가지고 있어 제조업자가 자신의 모든 소매업체를 관리하는 것이 어려워 일찍부터 도매상들이 발달했다.
> ㉢ 각국의 특성에 따라 고유한 형태의 유통경로가 존재한다.

① 유통경로의 지역성　　　　　　② 유통경로의 비탄력성

③ 유통경로의 표준성　　　　　　④ 유통경로의 집중성

⑤ 유통경로의 탈중계현상

해설 유통경로의 지역성이란 유통경로는 각 나라의 고유한 역사적 배경과 시장환경에 의하여 영향을 받게 되므로 각국의 유통경로는 매우 다른 양상을 보인다는 것을 의미한다.

※ 유통경로의 비탄력성

다른 마케팅 믹스 요소와 달리 한 번 결정되면 다른 유통경로로의 전환이 용이하지 않으므로 유통경로의 선정과 결정은 기업의 성공에 큰 영향을 준다.

---

15 아래 글상자 ㉠과 ㉡에 해당하는 유통경로가 제공하는 효용으로 옳게 짝지어진 것은?

> ㉠ 24시간 영업을 하는 편의점은 소비자가 원하는 시점 어느 때나 제품을 구매할 수 있도록 함
> ㉡ 제조업체를 대신해서 신용판매나 할부판매를 제공함

① ㉠ 시간효용, ㉡ 형태효용 　　　　② ㉠ 장소효용, ㉡ 시간효용

③ ㉠ 시간효용, ㉡ 소유효용 　　　　④ ㉠ 소유효용, ㉡ 시간효용

⑤ ㉠ 형태효용, ㉡ 소유효용

해설 유통경로의 효용
- 시간적 효용 : 보관기능을 통해 생산과 소비간 시간적 차이를 극복시켜 준다.
- 소유적 효용 : 생산자와 소비자간 소유권 이전을 통해 효용이 발생된다.
- 장소적 효용 : 운송기능을 통해 생산지와 소비지간 장소적 차이를 극복시켜 준다.
- 형태적 효용 : 생산된 상품을 적절한 수량으로 분할 및 분배함으로써 효용이 발생된다.

---

16 식품위생법(시행 2021.1.1.)(법률 제17809호, 2020.12.29., 일부개정)상에서 사용되는 각종 용어에 대한 설명으로 옳은 것은?

① "식품"이란 의약을 포함하여 인간이 섭취할 수 있는 가능성이 있는 제품을 말한다.

② "식품첨가물"에는 용기를 살균하는 데 사용되는 물질도 포함된다.

③ "집단급식소"란 영리를 목적으로 다수의 대중이 음식을 섭취하는 장소를 말한다.

④ "식품이력추적관리"란 식품이 만들어진 후 소비자에게 전달되기까지의 과정을 말한다.

⑤ "기구"란 음식을 담거나 포장하는 용기를 말하며 식품을 생산하는 기계는 포함되지 않는다.

해설 ① 식품 : 모든 음식물(의약으로 섭취하는 것은 제외)을 말한다.
③ 집단급식소 : 영리를 목적으로 하지 아니하면서 특정 다수인에게 계속하여 음식물을 공급하는 기숙사, 학교·유치원·어린이집, 병원, 사회복지시설, 산업체, 국가, 지방자치단체 및 공공기관, 그 밖의 후생기관 등의 급식시설로서 대통령령으로 정하는 시설을 말한다.
④ 식품이력추적관리 : 식품을 제조·가공단계부터 판매단계까지 각 단계별로 정보를 기록·관리하여 그 식품의 안전성 등에 문제가 발생할 경우 그 식품을 추적하여 원인을 규명하고 필요한 조치를 할 수 있도록 관리하는 것을 말한다.
⑤ 기구 : 식품 또는 식품첨가물에 직접 닿는 기계·기구나 그 밖의 물건(농업과 수산업에서 식품을 채취하는 데에 쓰는 기계·기구나 그 밖의 물건 및 「위생용품관리법」 제2조 제1호에 따른 위생용품은 제외)을 말한다.

정답 12 ② 13 ⑤ 14 ① 15 ③ 16 ②

17 아래 글상자에 제시된 내용을 활용하여 경제적주문량을 고려한 연간 총재고비용을 구하라(기준 : 총재고비용 = 주문비 + 재고유지비).

- 연간 부품 수요량 1,000개
- 1회 주문비 : 200원
- 단위당 재고 유지비 : 40원

① 500원   ② 1,000원

③ 2,000원   ④ 3,000원

⑤ 4,000원

해설 경제적주문량(EOQ)을 고려한 총재고비용 계산방법

- 경제적주문량

$$= \sqrt{\frac{2 \times 연간부품수요량 \times 1회주문비}{단위당재고유지비}}$$

$$= \sqrt{\frac{2 \times 1,000 \times 200}{40}}$$

$$= 100$$

- 총재고비용

$$= 주문비 + 재고유지비$$

$$= 1회주문비 \times \frac{연간부품수요량}{경제적주문량} + 단위당재고유지비 \times \frac{경제적주문량}{2}$$

$$= 200 \times \frac{1,000}{100} + 40 \times \frac{100}{2}$$

$$= 4,000원$$

18 아래 글상자 ㉠, ㉡, ㉢에 해당하는 중간상이 수행하는 분류기준으로 옳게 짝지어진 것은?

㉠ 구매자가 원하는 소규모 판매단위로 나누는 활동
㉡ 다양한 생산자들로부터 제공되는 제품들을 대규모 공급이 가능하도록 다량으로 구매하여 집적하는 활동
㉢ 이질적인 제품들을 색, 크기, 용량, 품질 등에 있어 상대적으로 동질적인 집단으로 구분하는 활동

① ㉠ 분류(sorting out), ㉡ 수합(accumulation), ㉢ 분배(allocation)
② ㉠ 분류(sorting out), ㉡ 구색갖춤(assorting), ㉢ 수합(accumulation)
③ ㉠ 분배(allocation), ㉡ 구색갖춤(assorting), ㉢ 분류(sorting out)
④ ㉠ 분배(allocation), ㉡ 수합(accumulation), ㉢ 분류(sorting out)
⑤ ㉠ 구색갖춤(assorting), ㉡ 분류(sorting out), ㉢ 분배(allocation)

해설 중간상의 선별기능

제조업자가 만든 제품 및 서비스의 선별과 소비자가 요구하는 구색간의 불일치를 해소하는 기능으로, 분류, 집적, 배분, 구색형성의 4가지 기능을 포함한다.

분류(등급)(sorting out)	이질적 상품을 비교적 동질적인 개별상품단위로 구분하는 것
집적(수합)(accumulation)	다수의 공급업자로부터 제공받는 상품을 모아서 동질적인 대규모 상품들로 선별하는 것
배분(분배)(allocation)	동질적 제품을 분배, 소규모 로트의 상품별로 모아서 분류하는 것
구색화(assortment)	사용목적이 서로 관련성이 있는 상품별로 일정한 구색을 갖추어 함께 취급하는 것

19 아래 글상자 ㉠과 ㉡에서 설명하는 제조업체가 부담하는 유통비용으로 옳게 짝지어진 것은?

> ㉠ 제조업체가 유통업체에 신제품 납품 시 진열대 진열을 위해 지원하는 비용
> ㉡ 유통업체가 하자있는 상품, 생산된 지 오래된 상품, 질이 떨어지는 상품 등을 구매할 때 이를 보상하기 위해 지급하는 비용

① ㉠ 리베이트, ㉡ 사후할인
② ㉠ 물량비례보조금, ㉡ 거래할인
③ ㉠ 머천다이징 보조금, ㉡ 현금할인
④ ㉠ 신제품입점비, ㉡ 상품지원금
⑤ ㉠ 외상수금비, ㉡ 소매점 재고보호 보조금

> **해설** 제조업체가 부담하는 유통비용
> • 리베이트 : 판매가격의 일정률에 해당하는 현금을 반환하는 것
> • 물량비례보조금 : 특정 기간 내에 구매하는 상품의 양에 따라 지원금을 지급하는 것
> • 머천다이징 보조금 : 점포 내에 판촉물을 전시하거나 소매점광고에 자사 상품을 소개하는 경우에 지급하는 것
> • 제품진열 보조금 : 신제품을 구매하거나 특별 전시하는 경우에 지급되는 것
> • 재고보호 보조금 : 판매가격의 일정률에 해당하는 현금을 반환하는 것

20 유통산업의 환경에 따른 유통경로의 변화를 다음의 다섯 단계로 나누어 볼 때 순서대로 나열한 것으로 옳은 것은?

> ㉠ 크로스채널 : 온·오프라인의 경계가 무너지면서 상호 보완됨
> ㉡ 멀티채널 : 온·오프라인의 다양한 채널에서 구매 가능하나 각 채널은 경쟁관계임
> ㉢ 듀얼채널 : 두 개 이상의 오프라인 점포에서 구매 가능
> ㉣ 싱글채널 : 하나의 오프라인 점포에서 구매
> ㉤ 옴니채널 : 다양한 채널이 고객의 경험관리를 중심으로 하나로 통합됨

① ㉠ - ㉡ - ㉢ - ㉣ - ㉤
② ㉡ - ㉤ - ㉣ - ㉠ - ㉢
③ ㉢ - ㉠ - ㉡ - ㉤ - ㉣
④ ㉣ - ㉢ - ㉡ - ㉠ - ㉤
⑤ ㉤ - ㉣ - ㉡ - ㉢ - ㉠

> **해설** 유통산업의 환경에 따른 유통경로의 변화 단계
> 싱글채널 → 듀얼채널 → 멀티채널 → 크로스채널 → 옴니채널

21 유통에 관련된 내용으로 옳지 않은 것은?

① 제품의 물리적 흐름과 법적 소유권은 반드시 동일한 경로를 통해 이루어지고 동시에 이루어져야 한다.
② 유통경로는 물적 유통경로와 상적 유통경로로 분리된다.
③ 물적 유통경로는 제품의 물리적 이전에 관여하는 독립적인 기관이나 개인들로 구성된 네트워크를 의미한다.
④ 물적 유통경로는 유통목표에 부응하여 장소효용과 시간효용을 창출한다.
⑤ 상적 유통경로는 소유효용을 창출한다.

> **해설** 제품의 물리적 흐름과 법적 소유권의 흐름은 마케팅경로를 통해 이루어지는데, 실제로 이러한 두 가지의 흐름은 반드시 동일한 경로를 통해 이루어지거나 동시에 이루어져야 할 필요는 없다. 예를 들어, 제품은 물리적으로 이전되지 않으면서도 한 번 이상 소유자가 바뀔 수 있고, 소유자는 그대로 있으면서 제품이 다른 장소로 수송될 수 있는 것이다.

22 자사가 소유한 자가창고와 도·소매상이나 제조업자가 임대한 영업창고를 비교한 설명으로 가장 옳지 않은 것은?

① 충분한 물량이 아니라면 자가 창고 이용 비용이 저렴하지 않은 경우도 있다.

② 자가 창고의 경우 기술적 진부화에 따른 위험이 있다.

③ 영업창고를 이용하면 특정지역의 경우 세금혜택을 받는 경우도 있다.

④ 영업창고를 이용하는 경우 초기투자비용이 높은 것이 단점이다.

⑤ 영업창고의 경우 여러 고객을 상대로 하므로 규모의 경제가 가능하다.

해설 ✚ 자가창고의 경우 토지 구입 및 설비투자비용 등과 창고 규모의 고정적 배치에 의한 인건비, 관리비를 부담하기 때문에 초기투자비용이 높다.

23 UNGC(UN Global Compact)는 기업의 사회적 책임에 대한 지지와 이행을 촉구하기 위해 만든 자발적 국제협약으로 4개 분야의 10대 원칙을 핵심으로 하고 있다. 4개 분야에 포함되지 않는 것은?

① 반전쟁(Anti-War)

② 인권(Human Rights)

③ 노동규칙(Labour Standards)

④ 환경(Environment)

⑤ 반부패(Anti-Corruption)

해설 ✚ UNGC(UN Global Compact)는 기업이 인권, 노동, 환경, 반부패 분야에서 보편적으로 인정되는 10대 원칙에 따라 기업의 운영과 경영 전략에 내재화시켜 지속 가능성과 기업 시민의식 향상에 동참할 수 있도록 권장하고, 이를 위한 실질적 방안을 제시하는 UN 산하 전문기구이다.

24 유통경로에서 발생하는 유통의 흐름과 관련된 각종 설명 중 가장 옳지 않은 것은?

① 소비자에 대한 정보인 시장 정보는 후방흐름기능에 해당된다.

② 대금지급은 소유권의 이전에 대한 반대급부로 볼 수 있다.

③ 소유권이 없는 경우에도 상품에 대한 물리적 보유가 가능한 경우가 있다.

④ 제조업체, 도·소매상은 상품 소유권의 이전을 통해 수익을 창출한다.

⑤ 제조업체가 도매상을 대상으로, 소매상이 소비자를 대상으로 하는 촉진전략은 풀(Pull)전략이다.

해설 ✚ 제조업체가 도매상을 대상으로, 소매상이 소비자를 대상으로 하는 촉진전략은 푸시(Push)전략이다.

　　※ 풀 전략(Pull Strategy)과 푸시 전략(Push Strategy)

　　• 풀 전략(Pull Strategy) : 유통채널이 최종 소비자를 당기는 방법으로 제조업자가 최종구매자를 대상으로 광고나 홍보를 하고 소비자가 그 광고나 홍보에 반응해 소매점에 상품이나 서비스를 주문·구매하는 전략

　　• 푸시 전략(Push Strategy) : 유통채널을 통해 최종 소비자들에게 제품을 들이미는 방법으로 제조업자가 유통업자들을 대상으로 하여 촉진예산을 인적 판매와 거래점 촉진에 집중 투입하여 유통경로상 다음 단계의 구성원들에게 영향을 주고자 하는 전략

25 물류활동에 관련된 내용으로 옳지 않은 것은?

① 반품물류 : 애초에 물품 반환, 반품의 소지를 없애기 위한 전사적 차원에서 고객요구를 파악하는 것이 중요하다.

② 생산물류 : 작업교체나 생산사이클을 단축하고 생산평준화 등을 고려한다.

③ 조달물류 : 수송루트 최적화, JIT납품, 공차율 최대화 등을 고려한다.

④ 판매물류 : 수배송효율화, 신선식품의 경우 콜드체인화, 공동물류센터 구축 등을 고려한다.

⑤ 폐기물류 : 파손, 진부화 등으로 제품, 용기 등이 기능을 수행할 수 없는 상황이거나 기능수행 후 소멸되어야 하는 상황일 때 그것들을 폐기하는 데 관련된 물류활동이다.

해설 조달물류는 공차율(전체 운행하는 화물 차량 중 빈 차의 비율)의 최소화를 고려해야 한다.

제 2 과목   상권분석

26 권리금에 대한 설명 중에서 옳지 않은 것은?

① 해당 상권의 강점 등이 반영된 영업권의 일종으로, 점포의 소유자에게 임차인이 제공하는 추가적인 비용으로 보증금의 일부이다.

② 상가의 위치, 영업상의 노하우, 시설 및 비품 등과 같은 다양한 유무형의 재산적 가치에 대한 양도 또는 이용에 대한 대가로 지급하는 금전이다.

③ 권리금을 일정 기간안에 회복할 수 있는 수익성이 확보될 수 있는지를 검토하여야 한다.

④ 신축건물에도 바닥권리금이라는 것이 있는데, 이는 주변 상권의 강점을 반영하는 것이라고 볼 수 있다.

⑤ 권리금이 보증금보다 많은 경우가 발생하기도 한다.

해설 권리금은 점포임대차와 관련해 임차인이 누리게 될 장소 또는 영업상의 이익에 대한 대가로 임차보증금과는 별도로 지급되는 금전적 대가를 말한다.

27 상권분석에 필요한 소비자 데이터를 수집하는 조사기법 중에서 내점객조사법과 조사대상이 유사한 것으로 가장 옳은 것은?

① 편의추출조사법

② 점두(店頭)조사법

③ 지역할당조사법

④ 연령별 비율할당조사법

⑤ 목적표본조사법

해설 점두조사법은 방문객의 주소를 파악하여 점포상권을 조사하는 방법으로, 내점객조사법과 가장 유사한 방법이다.

※ 내점객조사법
- 방문자에 대해서 조사원이 질문지를 기초로 청취조사를 하며, 보통 방문객 수의 15~20% 정도가 적당하다.
- 내점객조사는 상권 범위만을 파악하기 위해 실시하는 것이 아니라 좀 더 발전된 운영 전략을 검토하기 위한 조사 방법이다.

28 정보기술의 발전이 유통 및 상권에 미친 영향으로 가장 옳지 않은 것은?

① 메이커에서 소매업으로의 파워시프트(power shift)현상 강화
② 중간 유통단계의 증가 및 배송거점의 분산화
③ 메이커의 영업거점인 지점, 영업소 기능의 축소
④ 수직적 협업체제 강화 및 아웃소싱의 진전
⑤ 편의품 소비재 메이커의 상권 광역화

해설 정보기술의 발전으로 전자상거래가 성장하면서 중간 유통단계를 감소시키고 있다.

29 상권분석 및 입지선정에 활용하는 지리정보시스템(GIS)에 대한 설명으로서 가장 옳지 않은 것은?

① 개별 상점이나 상점가의 위치정보를 점(點)데이터로, 토지 이용 등의 정보는 면(面)데이터로 지도에 수록한다.
② 지하철 노선이나 도로 등은 선(線)데이터로 지도에 수록하고 데이터베이스를 구축한다.
③ 상점 또는 상점가를 방문한 고객을 대상으로 인터뷰조사를 하거나 설문조사를 하여 지도데이터베이스 구축에 활용한다.
④ 라일리, 컨버스 등이 제안한 소매인력모델을 적용하는 경우에도 정확한 위치정보를 얻을 수 있는 지리정보시스템의 지원이 필요하다.
⑤ 백화점, 대형마트 등의 대규모 점포의 입지선정 등에 활용될 수 있으나, 편의점 등 소규모 연쇄점의 입지선정이나 잠재고객 추정 등에는 활용가능성이 높지 않다.

해설 지리정보시스템(GIS)은 대규모 점포의 입지선정뿐만 아니라 소규모 점포의 입지선정에도 활용가능성이 높다.
※ 지리정보시스템(GIS ; Geographic Information System)
GIS란 인간의 의사결정능력 지원에 필요한 지리정보의 관측과 수집에서부터 보존과 분석, 출력에 이르기까지의 일련의 조작을 위한 정보시스템으로, 지리적 위치를 갖고 있는 대상에 대한 위치자료와(spatial data)와 속성자료(attribute data)를 통합·관리하여 지도, 도표 및 그림들과 같은 여러 형태의 정보를 제공한다.

30 상권에 대한 설명으로 가장 옳지 않은 것은?

① 재화의 이동에서 사람을 매개로 하는 소매상권은 재화의 종류에 따라 그 사람의 비용이나 시간사용이 달라지므로 상권의 크기가 달라진다.
② 고가품, 고급품일수록 소비자들은 구매활동에 보다 많은 시간과 비용을 부담하려 하므로 상권범위가 확대된다.
③ 도매상권은 사람을 매개로 하지 않기에 시간인자의 제약이 커져서 상권의 범위가 제한된다.
④ 보존성이 강한 제품은 그렇지 않은 제품에 비해 상권이 넓어진다.
⑤ 상권범위를 결정하는 비용인자(因子)에는 생산비, 운송비, 판매비용 등이 포함되며 그 비용이 상대적으로 저렴할수록 상권은 확대된다.

해설 도매상권은 소매상권보다 면적이 넓고, 한 상품의 거래량도 많다. 소매상권은 상품의 성질에 따라 크기가 달라지는데, 값이 싸고 1인당 수요빈도가 높은 일상잡화 등의 상품의 상권은 좁고, 값이 비싸고 수요빈도가 낮은 고급품·전문품의 상권은 넓다.

31 "교육환경 보호에 관한 법률(약칭 : 교육환경법)"(법률 제17075호, 2020. 3. 24., 일부개정)에서 정한 초·중·고등학교의 "교육환경 절대보호구역"에서 영업할 수 있는 업종으로 가장 옳은 것은?

① 여 관
② PC방
③ 만화가게
④ 담배가게
⑤ 노래연습장

해설 교육환경보호구역에서의 금지행위 등(교육환경법 제9조)
담배가게의 경우 해석 유무에 따라 단독적으로 담배만 파는 가게의 경우 영업할 수 없지만 편의점 내의 담배 같은 경우 영업할 수 있는 업종으로 분류될 수 있다.

---

32 소매점 상권의 크기에 영향을 미치는 주요 요인을 모두 나열한 것으로 가장 옳은 것은?

> ㉠ 소매점의 이미지
> ㉡ 기생점포(parasite store)의 입지
> ㉢ 소매점의 규모
> ㉣ 소매점의 접근성
> ㉤ 경쟁점포의 입지

① ㉠, ㉡, ㉢, ㉣, ㉤
② ㉡, ㉢, ㉣, ㉤
③ ㉠, ㉡, ㉢
④ ㉡, ㉣, ㉤
⑤ ㉠, ㉢, ㉣, ㉤

해설 ㉠ 점포의 설비, 디자인, 진열방식 등의 고객서비스와 광고, 판촉활동 등으로 인한 소매점의 이미지에 따라 상권은 달라진다.
㉢ 동일한 지구 내에 위치하더라도 점포규모, 구색 갖춤에 따라 상권은 달라진다.
㉣ 상품의 품질이 동일하면서 애프터 서비스를 받아야 하는 상품일 경우에 소비자들은 되도록 가까운 곳에서 상품을 구입하려는 경향이 있기 때문에 소매점의 접근성에 따라 상권의 크기는 달라진다.
㉤ 상권 내에 유사하거나 동업종의 경쟁점포가 함께 모여 있으면 커다란 상권을 형성하여 각 점마다 흡인력을 증대시킬 수 있기 때문에 경쟁점포의 입지는 상권의 크기에 영향을 미친다.

---

33 크리스탈러(W. Christaller)의 중심지이론은 판매자와 소비자를 "경제인"으로 가정한다. 그 의미로서 가장 옳은 것은?

① 판매자와 소비자 모두 비용대비 이익의 최대화를 추구한다.
② 소비자는 거리와 상관없이 원하는 제품을 구매하러 이동한다.
③ 판매자는 경쟁을 회피하려고 최선을 다한다.
④ 소비자는 구매여행의 즐거움을 추구한다.
⑤ 소비자는 가능한 한 상위계층 중심지에서 상품을 구매한다.

해설 중심지이론의 기본 가정
• 지표공간은 균질적 표면(Isotropic Surface)으로 되어 있고, 한 지역 내의 교통수단은 오직 하나이며, 운송비는 거리에 비례한다.
• 인구는 공간상에 균일하게 분포되어 있고, 주민의 구매력과 소비행태는 동일하다.
• 인간은 합리적인 사고에 따라 의사결정을 하며, 최소의 비용과 최대의 이익을 추구하는 경제인(Economic Man)이다.
• 소비자들의 구매형태는 획일적이며 유사점포들 중 가장 가까운 곳을 선택한다고 가정한다.
• 여러 상권이 존재하는 경우 상권중심지를 거점으로 배후 상권이 다른 상권과 겹치지 않는다.

---

34 상권측정을 위한 '상권실사'에 관한 설명으로서 가장 옳지 않은 것은?

① 항상 지도를 휴대하여 고객이 유입되는 지역을 정확하게 파악하는 것이 바람직하다.

② 요일별, 시간대별로 내점고객의 숫자나 특성이 달라질 수 있으므로, 상권실사에 이를 반영해야 한다.

③ 내점하는 고객의 범위를 파악하는 것이 목적이므로 상권범위가 인접 도시의 경계보다 넓은 대형 교외점포에서는 도보고객을 조사할 필요가 없는 경우도 있다.

④ 주로 자동차를 이용하는 고객이 증가하고 있는바, 도보보다는 자동차주행을 하면서 조사를 실시하는 것이 더 바람직하다.

⑤ 기존 점포의 고객을 잘 관찰하여 교통수단별 내점비율을 파악하는 것이 중요하다.

해설 ✚ 현장실사원칙에 따라 상권조사는 직접 발로 뛰어서 현장체험을 해야 한다.

※ 상권실사의 5원칙
- 매출예측의 원칙 : 상권을 조사하는 기본적인 목표는 매출을 얼마나 올릴 수 있는지 파악하는 것이다.
- 현장실사의 원칙 : 상권조사는 직접 발로 뛰어서 현장체험을 해야 한다.
- 수치화의 원칙 : 숫자로 매출액 등급 표시를 하는 수치화가 중요하다.
- 비교의 원칙 : 점포별, 상권별로 비교하여 벤치마킹 하는 자세가 중요하다.
- 가설검증의 원칙 : 가설을 세워 추정해보는 능력이 중요하다.

35 허프(Huff)의 수정모델을 적용해서 추정할 때, 아래 글상자 속의 소비자 K가 A지역에 쇼핑을 하러 갈 확률로서 가장 옳은 것은?

> A지역의 매장면적은 100평, 소비자 K로부터 A지역까지의 거리는 10분 거리, B지역의 매장면적은 400평, 소비자 K로부터의 거리는 20분 거리

① 0.30
② 0.40
③ 0.50
④ 0.60
⑤ 0.70

해설 ✚ 허프(Huff)의 수정모델

$$P_{ij} = \frac{\dfrac{S_j}{D_{ij}^2}}{\sum_{j=1}^{n} \dfrac{S_j}{D_{ij}^2}}$$

- P_{ij} = i지점의 소비자가 j상업 집적에 가는 확률
- S_j = j상업 집적의 매장면적
- D_{ij} = i지점에서 j까지의 거리

따라서 $P_{KA} = \dfrac{\dfrac{100}{10^2}}{\left(\dfrac{100}{10^2}\right) + \left(\dfrac{400}{20^2}\right)} = \dfrac{1}{2} = 0.5$

36 매력적인 점포입지를 결정하기 위해서는 구체적인 입지조건을 평가하는 과정을 거친다. 점포의 입지조건에 대한 일반적 평가로서 그 내용이 가장 옳은 것은?

① 점포면적이 커지면 매출도 증가하는 경향이 있어 점포규모가 클수록 좋다.

② 건축선 후퇴(setback)는 직접적으로 가시성에 긍정적인 영향을 미친다.

③ 점포 출입구 부근에 단차가 없으면 사람과 물품의 출입이 용이하여 좋다.

④ 점포 부지와 점포의 형태는 정사각형에 가까울수록 소비자 흡인에 좋다.

⑤ 평면도로 볼 때 점포의 정면너비에 비해 깊이가 더 클수록 바람직하다.

해설 ① 점포면적이 매출에 영향을 미치기는 하지만 점포면적이 커질수록 단위면적당 매출이 낮아질 수 있으며, 면적이 크지 않아도 매출 효율성을 높일 수 있다.

② 건축선 후퇴로 인해 앞 건물에 가려져 보이지 않는 경우도 발생하므로 건축선 후퇴는 직접적으로 가시성에 부정적인 영향을 미친다.

④ 점포 부지와 점포의 형태는 직사각형에 가까울수록 소비자 흡인에 좋다.

⑤ 평면도로 볼 때 점포의 깊이에 비해 정면너비가 더 클수록 바람직하다.

※ 건축선 후퇴

도로 폭이 4미터에 이르지 못하는 경우 도로 중심선에서 2미터 후퇴한 선이 건축선에 해당되는 것을 의미한다.

37 여러 층으로 구성된 백화점의 매장 내 입지에 관한 설명으로 가장 옳은 것은?

① 고객이 출입하는 층에서 멀리 떨어진 층일수록 매장공간의 가치가 올라간다.

② 대부분의 고객들이 왼쪽으로 돌기 때문에, 각 층 입구의 왼편이 좋은 입지이다.

③ 점포 입구, 주 통로, 에스컬레이터, 승강기 등에서 가까울수록 유리한 입지이다.

④ 층별 매장의 안쪽으로 고객을 유인하는 데 최적인 매장배치 유형은 자유형배치이다.

⑤ 백화점 매장 내 입지들의 공간적 가치는 층별 매장구성 변경의 영향은 받지 않는다.

해설 ① 고객이 출입하는 층에서 멀리 떨어진 층일수록 매장공간의 가치가 떨어진다.

② 대부분의 고객들이 오른쪽으로 돌기 때문에, 각 층 입구의 오른편이 좋은 입지이다.

④ 층별 매장의 안쪽으로 고객을 유인하는 데 최적인 매장배치 유형은 루프형배치이다.

⑤ 백화점 매장 내 입지들의 공간적 가치는 층별 매장구성 변경의 영향을 받는다.

※ 루프형 레이아웃

• 루프형 레이아웃은 부티크 레이아웃 또는 경주로형이라고도 부른다.

• 굴곡통로로 고리처럼 연결되어 점포 내부가 경주로처럼 뻗어나가는 형태다.

• 점포의 입구에서부터 고객의 통로를 원이나 사각형으로 배치하여 점포의 생산성을 극대화시키기 위한 레이아웃이다.

• 진열된 제품을 고객들에게 최대한 노출시킬 수 있으며 주요 고객통로를 통해 고객의 동선을 유도한다.

• 융통성, 상품의 노출성, 고객 편리성, 상품의 개별매장성 등의 장점이 있어 백화점에서 주로 사용한다.

• 매장이 주통로 쪽을 향하고 있고 고객이동이 용이하기 때문에 쇼핑을 증대시킨다.

38 소매점은 상권의 매력성을 고려하여 입지를 선정해야 한다. 상권의 매력성을 측정하는 소매포화지수(IRS ; Index of Retail Saturation)와 시장성장잠재력지수(MEP ; Market Expansion Potential)에 대한 설명으로 가장 옳은 것은?

① IRS는 현재시점의 상권 내 경쟁 강도를 측정한다.

② MEP는 미래시점의 상권 내 경쟁 강도를 측정한다.

③ 상권 내 경쟁이 심할수록 IRS도 커진다.

④ MEP가 클수록 입지의 상권 매력성은 낮아진다.

⑤ MEP보다는 IRS가 더 중요한 상권 매력성지수이다.

> **해설** ② MEP는 미래시점의 신규 수요를 창출할 수 있는 잠재력을 측정한다.
> ③ IRS 값이 클수록 시장의 포화정도가 낮아 시장의 매력도는 높아지고 시장기회가 커지므로 신규점포 개설에 유리하다고 판단할 수 있다.
> ④ MEP가 크다는 것은 해당 지역에서의 점포 부족으로 지역 주민들이 다른 지역에서 쇼핑한다는 것을 의미하므로 점포 출점시 성공가능성이 높다고 판단할 수 있어 입지의 상권 매력성은 높아진다.
> ⑤ MEP는 IRS의 단점을 보완해주는 지표로 사용된다.

39 소비자에 대한 직접적 조사를 통해 점포선택행동을 분석하는 확률모델들에 대한 설명으로 가장 옳은 것은?

① 점포에 대한 객관적 변수와 소비자의 주관적 변수를 모두 반영할 수 있는 방법에는 MNL모델과 수정Huff모델이 있다.

② 공간상호작용 모델의 대표적 분석방법에는 Huff모델, MNL모델, 회귀분석, 유사점포법 등이 해당된다.

③ Huff모델과 달리 MNL모델은 일반적으로 상권을 세부지역(zone)으로 구분하는 절차를 거치지 않는다.

④ Luce의 선택공리를 바탕으로 한 Huff모델과 달리 MNL모델은 선택공리와 관련이 없다.

⑤ MNL모델은 분석과정에서 집단별 구매행동 데이터 대신 각 소비자의 개인별 데이터를 수집하여 활용한다.

> **해설** ① Huff모델은 상업시설(점포)을 방문하는 고객의 라이프스타일과 같은 질적인 부분, 즉 주관적 변수는 측정할 수가 없다.
> ② 공간상호작용 모델의 대표적 분석방법에는 레일리의 소매중력법칙이 있다.
> ③ Huff모델은 소비자의 구매행태를 거리와 매장면적이라는 두 가지 변수로만 설명한 모형으로서 소비자가 점포를 선택함에 있어서 고려되는 다양한 요인들을 반영하지 못한다는 한계가 있는 반면, MNL모델은 상권 내 소비자들의 각 점포에 대한 개별적인 쇼핑여행에 대한 여러 관측 자료를 통하여 각 점포에 대한 선택확률의 예측뿐만 아니라, 각 점포의 시장점유율과 상권의 크기(매출액)를 추정할 수 있다.
> ④ MNL모델은 선택공리에 이론적 근거를 두고 있다.

40 점포의 입지조건을 평가할 때 핵심적 요소가 되는 시계성은 점포를 자연적으로 인지할 수 있는 상태를 의미한다. 시계성을 평가하는 4가지 요소들을 정리할 때 아래 글상자 ㉠과 ㉡에 해당되는 용어로 가장 옳은 것은?

> ㉠ 보도나 간선도로 또는 고객유도시설 등에 해당되는 것으로 어디에서 보이는가?
> ㉡ 점포가 무슨 점포인가를 한눈에 알 수 있도록 하는 것으로서, 무엇이 보이는가?

① ㉠ 거리 – ㉡ 주제   ② ㉠ 거리 – ㉡ 대상

③ ㉠ 거리 – ㉡ 기점   ④ ㉠ 기점 – ㉡ 대상

⑤ ㉠ 기점 – ㉡ 주제

해설 🔍 평가의 4가지 관점
- 기점의 문제 : 어디서부터 보이는가?
- 대상의 문제 : 무엇이 보이는가?
- 거리의 문제 : 어느 정도의 거리에서 보이기 시작하는가?
- 주체의 문제 : 어떤 상태로 보이는가?

41 생산구조가 다수의 소량분산생산구조이고 소비구조 역시 다수에 의한 소량분산소비구조일 때의 입지 특성을 설명한 것으로 옳은 것은?

① 수집 기능의 수행이 용이하고 분산 기능 수행도 용이한 곳에 입지한다.

② 분산 기능의 수행보다는 수집 기능의 수행이 용이한 곳에 입지한다.

③ 수집 기능과 중개(仲介) 기능이 용이한 곳에 입지한다.

④ 수집 기능의 수행보다는 분산 기능의 수행이 용이한 곳에 입지한다.

⑤ 수집 기능과 분산 기능보다는 중개 기능의 수행이 용이한 곳에 입지한다.

해설 ➕ 생산구조와 소비구조의 특징에 따른 입지유형
- 소량생산 – 소량소비 : 수집, 중개, 분산기능이 모두 필요함(**예** 농수산물의 유통)
- 소량생산 – 대량소비 : 수집, 중개기능이 필요함(**예** 농산물이나 임산물의 가공)
- 대량생산 – 소량소비 : 중개, 분산기능이 필요함(**예** 생필품이나 공산품의 유통)
- 대량생산 – 대량소비 : 중개기능만 필요함(**예** 공업용 원료나 광산물의 유통)

42 대형소매점을 개설하기 위해 대지면적이 1,000㎡인 5층 상가건물을 매입하는 상황이다. 해당 건물의 지상 1층과 2층의 면적은 각각 600㎡이고 3~5층 면적은 각각 400㎡이다. 단, 주차장이 지하 1층에 500㎡, 1층 내부에 200㎡, 건물외부(건물부속)에 300㎡ 설치되어 있다. 건물 5층에는 100㎡의 주민공동시설이 설치되어 있다. 이 건물의 용적률로 가장 옳은 것은?

① 210%   ② 220%

③ 240%   ④ 260%

⑤ 300%

해설 🔍 용적률

용적률이란 대지면적에 대한 건축물의 연면적 비율을 말한다. 여기서 건축물의 연면적이란 건축물 각 층의 바닥면적의 합계를 말하며, 용적률을 산정할 때 지하층의 면적, 지상층의 주차장(해당 건축물의 부속용도인 경우만 해당)으로 쓰는 면적, 주민공동시설의 면적, 초고층 건축물의 피난안전구역의 면적은 제외한다.

- 건축물의 연면적
  $$= 1층(600m^2 - 200m^2) + 2층(600m^2) + 3\sim5층(400m^2 \times 3) - 주민공동시설(100m^2)$$
  $$= 2,100m^2$$

- 용적률 $= \dfrac{2,100m^2}{1,000m^2} \times 100 = 210\%$

43 상권 유형별로 개념과 일반적 특징을 설명한 내용으로서 가장 옳은 것은?

① 부도심 상권의 주요 소비자는 점포 인근의 거주자들이어서, 생활밀착형 업종의 점포들이 입지하는 경향이 있다.

② 역세권상권은 지하철이나 철도역을 중심으로 형성되는 지상과 지하의 입체적 상권으로서, 저밀도 개발이 이루어지는 경우가 많다.

③ 부도심상권은 보통 간선도로의 결절점이나 역세권을 중심으로 형성되는바, 도시 전체의 소비자를 유인하지는 못하는 경우가 많다.

④ 도심상권은 중심업무지구(CBD)를 포함하며, 상권의 범위가 넓지만 소비자들의 체류시간은 상대적으로 짧다.

⑤ 아파트상권은 고정고객의 비중이 높아 안정적인 수요확보가 가능하고, 외부고객을 유치하기 쉬워서 상권 확대 가능성이 높다.

> **해설 🔍** ① 근린상권의 주요 소비자는 점포 인근의 거주자들이어서, 생활밀착형 업종의 점포들이 입지하는 경향이 있다.
> ② 역세권상권은 지하철이나 철도역을 중심으로 형성되는 지상과 지하의 입체적 상권으로서, 고밀도 개발이 이루어지는 경우가 많다.
> ④ 도심상권은 주거지에서 멀리 떨어져 있어 방문주기가 빈번하지 않기 때문에 체류하는 시간이 길다.
> ⑤ 아파트상권은 고정고객의 비중이 높아 안정적인 수요확보는 가능하지만, 외부고객을 유치하기 어렵다.

44 소매점포 상권의 분석기법 가운데 하나인 Huff모델의 특징으로서 가장 옳은 것은?

① Huff모형은 점포이미지 등 다양한 변수를 반영하여 상권분석의 정확도를 높일 수 있다.

② 개별점포의 상권이 공간상에서 단절되어 단속적이며 타점포 상권과 중복되지 않는다고 가정한다.

③ 개별 소비자들의 점포선택행동을 확률적 방법 대신 기술적 방법(descriptive method)으로 분석한다.

④ 상권 내 모든 점포의 매출액 합계를 추정할 수 있지만, 점포별 점유율은 추정하지 못한다.

⑤ 각 소비자의 거주지와 점포까지의 물리적 거리는 이동시간으로 대체하여 분석하기도 한다.

> **해설 🔍** ① Huff모델은 소비자의 구매행태를 거리와 매장면적이라는 두 가지 변수로만 설명한 모형으로서 소비자가 점포를 선택함에 있어서 고려되는 다양한 요인들을 반영하지 못한다는 한계가 있다.
> ② 여러 상권이 존재하는 경우 상권중심지를 거점으로 배후 상권이 다른 상권과 겹치지 않는다고 가정하는 것은 중심지이론이다. Huff모델은 특정 점포의 효용이나 매력도가 높을수록 그 점포가 선택될 확률이 높아진다고 가정한다.
> ③ 개별 소비자들의 점포선택행동을 확률적 방법으로 분석한다.
> ④ 특정 점포가 끌어들일 수 있는 소비자 점유율은 점포까지의 방문거리에 반비례한다고 가정한다.

45 아래 글상자의 상권분석방법들 모두에 해당되거나 모두를 적용할 수 있는 상황으로서 가장 옳은 것은?

> 컨버스의 분기점분석, CST(customer spotting technique) map, 티센다각형(thiessen polygon)

① 개별 소비자의 위치 분석

② 소비자를 대상으로 하는 설문조사의 실시

③ 상권의 공간적 경계 파악

④ 경쟁점의 영향력 파악

⑤ 개별점포의 매출액 예측

• 컨버스의 분기점분석 : 컨버스는 두 도시 사이의 거래가 분기되는 중간지점의 정확한 위치를 파악하기 위해 레일리의 인력모델을 수정하여 거리–감소함수를 도출하였다.
- CST(customer spotting technique) map : CST는 점포를 이용하는 방문 고객의 출발지 주소지를 설문조사를 통해 파악한 후 GIS(지리정보시스템)를 활용해 지도상에 표시하여 상권범위를 측정하는 기법으로, 특정 점포의 상품 및 서비스를 구입하기 위해 방문한 고객을 무작위로 선택하여 그들의 거주하는 출발지 위치와 구매 행태 등의 정보를 얻어 상권범위를 추정하는 기법이다.
- 티센다각형(thiessen polygon) : 어떤 인접점보다 한 점에 가까운 영역을 경계 짓는 다각형으로, 다각형은 이분된 선분들이 직각으로 교차하여 지역을 분할하는 방법이다.

제 3 과목 유통마케팅

46 회계데이터를 기초로 유통마케팅 성과를 측정하는 방법으로 옳은 것은?

① 고객 만족도 조사
② 고객 획득률 및 유지율 측정
③ 매출액 분석
④ 브랜드 자산 측정
⑤ 고객 생애가치 측정

회계데이터는 재무적 정보를 의미하므로 보기 중 회계데이터를 기초로 유통마케팅 성과를 측정하는 방법은 매출액 분석이다.

47 유통마케팅 조사과정 순서로 가장 옳은 것은?

① 조사목적 정의 – 조사 설계 – 조사 실시 – 데이터분석 및 결과해석 – 전략수립 및 실행 – 실행결과 평가
② 조사목적 정의 – 조사 실시 – 조사 설계 – 데이터분석 및 결과해석 – 전략수립 및 실행 – 실행결과 평가
③ 조사목적 정의 – 조사 설계 – 조사 실시 – 전략수립 및 실행 – 데이터분석 및 결과해석 – 실행결과 평가
④ 조사목적 정의 – 실행결과 평가 – 전략수립 및 실행 – 조사 실시 – 데이터분석 및 결과해석 – 대안선택 및 실행
⑤ 조사목적 정의 – 조사 실시 – 데이터분석 및 결과해석 – 조사 설계 – 전략수립 및 실행 – 실행결과 평가

유통마케팅 조사의 절차
문제 정의 → 조사 설계 → 자료수집방법 결정 → 표본설계 → 조사 시행 → 통계 분석 → 전략수립 및 실행 → 실행결과 평가

48 아래 글상자 ㉠과 ㉡에 해당되는 용어로 가장 옳은 것은?

> ㉠은(는) 미래 수요를 예측하는 질적 예측방법의 하나이다. 불확실한 특정 문제(특정기술의 개발가능성, 새로운 소비패턴의 출현가능성 등)에 대해 여러 전문가의 의견을 되풀이해 모으고, 교환하고, 발전시켜 수요를 예측한다.
> ㉡은(는) 시간의 경과에 따라 일정한 간격을 두고 동일한 현상을 반복적으로 측정하여 각 기간에 일어난 변화에 대한 추세를 예측하는 방법이다.

① ㉠ 투사법　　　　　　　㉡ 시계열분석
② ㉠ 패널조사법　　　　　㉡ 사례유추법
③ ㉠ 투사법　　　　　　　㉡ 수요확산모형분석
④ ㉠ 델파이기법　　　　　㉡ 시계열분석
⑤ ㉠ 사례유추법　　　　　㉡ 수요확산모형분석

해설 🔍 수요예측방법
- 델파이 조사법 : 인간의 직관력을 이용하여 장래를 예측하는 방법으로 미래 사항에 대한 의견을 질문서에 기재한 후 분석한다.
- 시계열분석방법 : 시계열(일별, 주별, 월별 등의 시간 간격)에 따라 제시된 과거자료(수요량, 매출액 등)로부터 그 추세나 경향을 분석하여 장래의 수요를 예측하는 방법이다.
- 사례유추법 : 신제품 개발 시 그와 유사한 기존 제품의 과거자료를 기초로 하여 예측하는 방법이다.
- 확산모형방법 : 새로 등장하는 상품이나 아이디어 혹은 신기술이 사회구성원들에게 어떻게 수용되고 전파되어 나가는지를 설명하는 모형이다.

49 아래 글상자의 (　　) 안에 들어갈 용어로서 가장 옳은 것은?

> (　　)은(는) 기업내부의 경영혁신을 유도하는 전략의 하나이다. 고객이 제품이나 서비스를 소비하는 전 과정에서 무엇을 보고 느끼며, 어디에 가치를 두고, 어떠한 상호작용 과정을 통해 관계를 형성하는지 등을 총체적으로 이해함으로써 고객에게 차별화된 가치를 제공하는 고객중심경영의 핵심을 말한다.

① 로열티 프로그램
② 고객마일리지 프로그램
③ 고객불만관리
④ 공유가치경영
⑤ 전사적고객경험관리

해설 🔍
① 로열티 프로그램 : 포인트나 마일리지 등과 같은 각종 보상 제도를 통하여 소비자가 해당 상품이나 브랜드를 지속적으로 사용하게 만드는 마케팅 전략이다.
② 고객마일리지 프로그램 : 각종 상품의 구입 금액 또는 점포의 방문 횟수 등에 따라 특정 조건에서 계산된 점수(마일리지/포인트)를 고객에게 제공하는 서비스로, 고객은 마일리지(포인트)를 구입할 때 비용의 일부에 충당하거나 상품과 교환할 수 있다.
③ 고객불만관리 : 고객의 불만을 해결하지 못하는 기업은 장기적 생존을 보장받기 어려우며 고객의 피드백 중 가장 가치 있는 피드백이 고객의 불만이기 때문에 기업은 고객불만관리를 통해 고객의 불만을 적극적으로 수집·분석해 제품이나 서비스 개선의 기회로 활용한다.
④ 공유가치경영 : 기업이 주주(stockholder)에게 돌아갈 이익을 극대화하는 데만 머물지 않고, 종업원과 협력업체·지역사회·국가 등 기업을 둘러싼 다양한 이해관계자(stakeholder)들의 이익까지 생각하는 경영을 말한다.

50 상품판매에 대한 설명으로 옳지 않은 것은?

① 판매는 고객과의 커뮤니케이션을 통해 상품을 판매하고, 고객과의 관계를 구축하고자 하는 활동이다.

② 판매활동은 크게 신규고객을 확보하기 위한 활동과 기존고객을 관리하는 활동으로 나누어진다.

③ 인적판매는 다른 커뮤니케이션 수단에 비해 고객 1인당 접촉비용은 높은 편이지만, 개별적이고 심도 있는 쌍방향 커뮤니케이션이 가능하다는 장점을 가지고 있다.

④ 과거에는 전략적 관점에서 고객과 관계를 형성하는 영업을 중요시 하였으나, 판매기술이 고도화되면서 이제는 판매를 빠르게 달성하는 기술적 판매방식이 더욱 부각되고 있다.

⑤ 판매는 회사의 궁극적 목적인 수익창출을 실제로 구현하는 기능이다.

해설 과거에는 판매를 빠르게 달성하는 기술적 판매방식이 더욱 부각되었으나, 현재는 전략적 관점에서 고객과 관계를 형성하는 영업을 중요시하고 있다.

51 영업사원의 역할 및 관리에 대한 설명으로 가장 옳지 않은 것은?

① 영업사원은 제품과 서비스의 판매를 위해 구매가능성이 높은 고객을 개발, 확보하고 접촉하는 역할을 수행한다.

② 영업사원에 대한 보상체계는 성과에 따른 커미션을 중심으로 구성되는 경우가 많다.

③ 다른 직종의 업무에 비해 독립적으로 업무를 수행하는 경향이 있다.

④ 영업사원이 확보한 고객정보는 회사의 소유이므로 동료 영업사원들과의 협업을 위해 자주 공유한다.

⑤ 영업분야 전문인으로서의 역할과 조직구성원으로서의 역할 간 갈등이 발생할 수 있다.

해설 고객은 기업의 자산이나 다름이 없기 때문에 고객정보는 영업사원 개인 차원이 아니라 회사 차원에서 통합·관리하고, 고객정보의 상실이나 누수 또는 유출에 대한 관리가 철저하게 이루어져야 하기 때문에 동료 영업사원들과 고객정보를 자주 공유하는 것은 지양해야 한다.

52 고객가치를 극대화하기 위한 고객관계관리(CRM)의 중심활동으로 가장 옳지 않은 것은?

① 신규고객확보 및 시장점유율 증대

② 고객수명주기 관리

③ 데이터마이닝을 통한 고객 분석

④ 고객가치의 분석과 계량화

⑤ 고객획득/유지 및 추가판매의 믹스 최적화

해설 고객관계관리(CRM)는 고객들과의 장기적인 관계를 유지하여 신규고객확보보다는 기존 고객유지율 증가에 비중을 둔다.

53 아래 글상자에서 설명하는 가격정책으로 옳은 것은?

> ㉠ 제조업체가 가격을 표시하지 않고 최종 판매자인 유통업체가 가격을 책정하게 하여 유통업체 간 경쟁을 통해 상품가격을 전반적으로 낮추기 위한 가격정책
> ㉡ 실제 판매가보다 부풀려서 가격을 표시한 뒤 할인해주는 기존의 할인판매 폐단을 근절하기 위한 가격정책

① 오픈 프라이스(open price)　　　　　　② 클로즈 프라이스(close price)
③ 하이로우 프라이스(high-low price)　　④ EDLP(every day low price)
⑤ 단위가격표시제도(unit price system)

해설 ② 클로즈 프라이스(close price) : 매도가와 매수가(앞 거래값과 다음 거래값)가 아주 근접해 있는 상태를 말한다.
③ 하이로우 프라이스(high-low price) : 비싼 고급제품을 일시적으로 싸게 팔아 고객이 오도록 만드는 고급품 저가전략으로, 백화점에서 정기 할인행사를 하는 것을 말한다.
④ EDLP(every day low price) : 상시 저가전략으로 수익성 향상보다는 시장점유율 향상에 초점을 두는 전략이다.
⑤ 단위가격표시제도(unit price system) : 상품의 가격을 일정단위로 환산한 가격으로 통일하여 표시하는 제도이다.

54 유명 브랜드 상품 등을 중심으로 가격을 대폭 인하하여 고객을 유인한 다음, 방문한 고객에 대한 판매를 증진시키고자 하는 가격결정 방식은?

① 묶음가격결정(price bundling)　　　　　② 이분가격결정(two-part pricing)
③ 로스리더가격결정(loss leader pricing)　④ 포획가격결정(captive pricing)
⑤ 단수가격결정(odd pricing)

해설 로스리더가격결정(loss leader pricing)은 미끼상품이라고도 하며, 유통업체들이 더 많은 고객을 끌어 모으려는 목적에서 일반적으로 소비자의 신뢰를 받는 브랜드를 대상으로 원가보다도 싸게 팔거나 일반 판매가격보다 훨씬 싼 가격에 판매하는 방법이다.
① 묶음가격결정(price bundling) : 몇 개의 제품을 묶어서 인하된 가격으로 결합된 제품을 제공하는 방법
② 이분가격결정(two-part pricing) : 서비스 가격을 기본 서비스에 대해 고정된 요금과 여러 가지 다양한 서비스의 사용 정도에 따라 추가적으로 서비스 가격을 결정하는 방법
④ 포획가격결정(captive pricing) : 종속제품가격결정이라고도 하며, 기본제품의 가격을 낮게 결정하고 부속 제품의 가격을 더 높은 수준에서 설정하는 방법
⑤ 단수가격결정(odd pricing) : 가격이 가능한 최하의 선에서 결정되었다는 인상을 구매자에게 주기 위하여 고의로 단수를 붙여 가격을 결정하는 방법

55 아래 글상자에서 설명하는 단품관리 이론으로 옳은 것은?

> 품목별 진열량을 판매량에 비례하게 하면 상품의 회전율이 일정화되어 품목별 재고의 수평적인 감소가 같아진다는 이론

① 풍선효과(ballon) 이론　　　　　　② 카테고리(category) 관리이론
③ 20 : 80 이론　　　　　　　　　　　④ 채찍(bullwhip) 이론
⑤ 욕조마개(bathtub) 이론

① 풍선효과(ballon) 이론 : 어떤 부분에서 문제를 해결하면 또 다른 부분에서 새로운 문제가 발생하는 현상이다.

② 카테고리(category) 관리이론 : 유통업체와 공급업체 간에 협조하여 소비자의 구매형태를 근거로 소비자 구매패턴, 상품 및 시장동향 등을 파악하여 카테고리를 관리함으로써 업무를 개선시키고자 하는 것이다.

③ 20 : 80 이론(파레토법칙) : 상위 20%의 고객이 전체 매출의 80%를 차지한다는 이론으로 VIP마케팅을 뒷받침한다.

④ 채찍(bullwhip) 이론 : 공급사슬에서 하류의 고객주문정보가 상류로 전달되면서 정보가 왜곡되고 확대되는 증폭현상을 말한다.

56 소비자의 구매동기는 부정적인 상태를 제거하려는 동기와 긍정적인 상태를 추구하려는 동기로 나누어진다. 아래 글상자 내용 중 부정적인 상태를 제거하려는 동기로만 짝지어진 것으로 가장 옳은 것은?

> ㉠ 새로운 제품(브랜드)의 사용방법을 습득하고 싶은 동기
> ㉡ 필요할 때 부족함 없이 사용하기 위해 미리 구매해놓으려는 동기
> ㉢ 제품(브랜드) 사용과정에서 즐거움을 느끼고 싶은 동기
> ㉣ 제품(브랜드)을 구매하고 사용함으로써 자긍심을 느끼고 싶은 동기
> ㉤ 당면한 불편을 해결해 줄 수 있는 제품(브랜드)을 탐색하려는 동기

① ㉠, ㉡   ② ㉠, ㉢

③ ㉡, ㉢   ④ ㉡, ㉤

⑤ ㉢, ㉣

해설 Q 소비자의 구매동기

구 분		내 용
부정적 상태를 제거하려는 동기 (Negative Motives)	문제의 제거	당면한 문제를 해결해 줄 수 있는 제품(브랜드)의 탐색
	문제의 회피	미래에 발생될 문제를 피하는 데 도움이 되는 제품(브랜드)의 탐색
	충분치 않은 만족	현재 사용하고 있는 것보다 더 나은 제품(브랜드)의 탐색
	접근 · 회피동시 추구	현재 사용하고 있는 제품의 좋은 점과 싫은 점을 동시에 해소해 줄 수 있는 제품(브랜드)의 탐색
	재고의 고갈	재고를 유지하기 위해 제품(브랜드)을 탐색
긍정적 상태를 추구하려는 동기 (Positive Motives)	감각적 즐거움	제품사용과정에서 즐거움을 느끼고 싶은 욕구
	지적 자극	새로운 제품이나 서비스를 탐색하거나 이의 사용방법을 습득하고 싶은 욕구
	사회적 인정	제품의 구매 · 사용을 통해 자긍심을 느끼고 싶은 욕구

57 상품믹스에 대한 설명으로 가장 옳지 않은 것은?

① 상품믹스(product mix)란 기업이 판매하는 모든 상품의 집합을 말한다.

② 상품믹스는 상품계열(product line)의 수에 따라 폭(width)이 정해진다.

③ 상품믹스는 평균 상품품목(product item)의 수에 따라 그 깊이(depth)가 정해진다.

④ 상품믹스의 상품계열이 추가되면 상품다양화 또는 경영다각화가 이루어진다.

⑤ 상품믹스의 상품품목이 증가하면 상품차별화의 정도가 약해지게 된다.

해설 Q 상품품목의 증가는 상품차별화 전략 중 하나이므로 상품믹스의 상품품목이 증가하면 상품차별화의 정도가 강해지게 된다.

58 아래의 글상자 안 ㉠과 ㉡에 해당하는 소매업 변천이론으로 옳은 것은?

> ㉠은(는) 소매업체가 도입기, 초기성장기, 가속성장기, 성숙기, 쇠퇴기 단계를 거쳐 진화한다는 이론이다.
> ㉡은(는) 제품구색이 넓은 소매업태에서 전문화된 좁은 제품구색의 소매업태로 변화되었다가 다시 넓은 제품구색의 소매업태로 변화되어간다는 이론이다.

① ㉠ 자연도태설(진화론)　㉡ 소매아코디언 이론
② ㉠ 소매아코디언 이론　㉡ 변증법적 과정
③ ㉠ 소매수명주기 이론　㉡ 소매아코디언 이론
④ ㉠ 소매아코디언 이론　㉡ 소매업수레바퀴 이론
⑤ ㉠ 소매업수레바퀴 이론　㉡ 변증법적 과정

> **해설** 소매업태 변천이론
> • 소매수명주기 이론 : 도입기 → 성장기 → 성숙기 → 쇠퇴기의 단계를 거치게 된다.
> • 소매업수레바퀴 이론 : 진입단계(최저 가격과 최저 비용) → 성장단계(고가격) → 쇠퇴단계(안정적이고 보수적인 업태)를 거치게 된다.
> • 소매아코디언 이론 : 소매업태들이 다양한 상품 계열을 취급하는 소매업태들로부터 전문적이고 한정된 상품 계열을 추구하는 소매업태로 변화되었다가 다시 다양한 상품 계열을 취급하는 소매업태로 변모해 간다는 이론이다.
> • 환경대응 이론 : 환경의 변화에 가장 잘 적응하는 적합한 업태만이 생존한다는 이론이다.
> • 순환적변동 이론 : 경기순환에 따라 소매업태가 발전한다는 이론이다.
> • 위기모델 이론 : 위기상황이 발생하면 이에 적합한 새로운 소매업태가 등장하여 이를 극복해 가면서 소매상이 발전해 간다는 이론이다.

59 점포 내 레이아웃관리를 위한 의사결정의 순서로 가장 잘 나열된 것은?

① 판매방법 결정 – 상품배치 결정 – 진열용 기구배치 – 고객동선 결정
② 판매방법 결정 – 진열용 기구배치 – 고객동선 결정 – 상품배치 결정
③ 상품배치 결정 – 고객동선 결정 – 진열용 기구배치 – 판매방법 결정
④ 상품배치 결정 – 진열용 기구배치 – 고객동선 결정 – 판매방법 결정
⑤ 상품배치 결정 – 고객동선 결정 – 판매방법 결정 – 진열용 기구배치

> **해설** 점포 내 레이아웃관리를 위한 의사결정 순서
> 상품배치 결정 → 고객동선 결정 → 판매방법 결정 → 진열용 기구배치

60 아래 글상자에서 설명하는 소매점의 포지셔닝 전략으로 옳은 것은?

> ㉠ 더 높은 비용에 더 많은 가치를 제공하는 전략으로 시장크기는 작으나 수익률은 매우 높음
> ㉡ 미국의 Nieman Marcus, Sax Fifth Avenue, 영국의 Harrods 백화점의 포지셔닝전략

① More for More 전략　② More for the Same 전략
③ Same for Less 전략　④ Same for the Same 전략
⑤ More for Less 전략

② More for the Same 전략 : 좋은 품질을 같은 가격으로 판매하는 전략으로, 도요타나 렉서스는 실질적으로 벤츠에 견주어도 될 만큼 우수한 품질의 자동차를 상대적으로 소비자들에게 매력적인 가격으로 판매함으로써 많은 수익을 올렸다.

③ Same for Less 전략 : 동등한 품질의 실속 있는 제품을 만들고 훨씬 저렴한 가격으로 공급함으로써 소비자의 구입의사를 이끌어내는 전략이다.

⑤ More for Less 전략 : 같은 품질을 더 낮은 가격으로 공급하는 전략으로 소비자의 입장에서는 가장 이상적인 포지셔닝이지만 기업의 입장에서는 장기적인 수익을 얻는 데 어려움을 겪을 수 있다.

61 소매점에 대한 소비자 기대관리에 대한 설명으로 옳지 않은 것은?

① 입지편리성을 판단할 때 소비자의 여행시간보다 물리적인 거리가 훨씬 더 중요하다.

② 점포분위기는 상품구색, 조명, 장식, 점포구조, 음악의 종류 등에 영향을 받는다.

③ 소비자는 상품구매 이외에도 소매점을 통해 친교나 정보획득과 같은 욕구를 충족하고 싶어 한다.

④ 소비재는 소비자의 구매노력에 따라 편의품, 선매품, 전문품으로 구분할 수 있다

⑤ 신용정책, 배달, 설치, 보증, 수리 등의 서비스는 소비자의 점포선택에 영향을 준다.

입지편리성을 판단할 때는 물리적인 거리보다 소비자의 여행시간이 훨씬 더 중요하다.

62 유통업체에 대한 판촉 유형 중 가격 할인에 대한 설명으로 가장 옳지 않은 것은?

① 정해진 기간 동안에 일시적으로 유통업체에게 제품가격을 할인해 주는 것이다.

② 일정 기간 동안 유통업체가 구입한 모든 제품의 누적주문량에 따라 할인해 준다.

③ 유통업체로 하여금 할인의 일부 또는 전부를 소비자가격에 반영하도록 유도한다.

④ 정기적으로 일정 기간 동안 실시하며, 비정기적으로는 실시하지 않는 것이 보통이다.

⑤ 수요예측력이 있으며 재고 처리능력을 보유한 유통업체에게 유리한 판촉유형이다.

누적주문량에 따라 할인해 주는 것은 수량 할인이다.

63 아래 글상자에서 설명하는 점포 레이아웃 형태로 옳은 것은?

> ㉠ 기둥이 많고 기둥간격이 좁은 상황에서도 점포설비 비용을 절감할 수 있음
> ㉡ 통로 폭이 동일해서 건물 전체 필요 면적이 최소화된다는 장점이 있으며 슈퍼마켓 점포 레이아웃에 많이 사용됨

① 격자형 레이아웃   ② 자유형 레이아웃

③ 루프형 레이아웃   ④ 복합형 레이아웃

⑤ 부띠끄형 레이아웃

② 자유형 레이아웃 : 고객의 자유로운 쇼핑과 충동적인 구매를 기대하는 매장에 적격인 점포배치로 백화점이나 전문점에서 주로 쓰인다.
③ 루프형 레이아웃 : 통로를 통해 고객의 동선을 유도하여 상품의 노출성과 고객 편리성에 도움이 되는 배치로 대형매장이나 의류점에서 주로 쓰인다.
④ 복합형 레이아웃 : 격자형, 자유형, 루프형을 복합시킨 레이아웃 형태이다.
⑤ 부띠끄형 레이아웃 : 자유형 점포배치 형태에서 파생된 레이아웃으로 선물점, 백화점 등에서 널리 이용된다.

64 고객생애가치(CLV ; Customer Lifetime Value)에 대한 설명으로 옳은 것은?

① 고객생애가치는 인터넷쇼핑몰 보다는 백화점을 이용하는 고객들을 평가하는 데 용이하다.
② 고객생애가치는 고객과 기업 간의 정성적 관계 가치이므로 수치화하여 측정하기 어렵다.
③ 고객생애가치는 고객점유율(customer share)에 기반하여 정확히 추정할 수 있다.
④ 고객생애가치는 고객이 일생동안 구매를 통해 기업에게 기여하는 수익을 현재가치로 환산한 금액을 말한다.
⑤ 고객생애가치는 고객의 이탈률과 비례관계에 있다.

① 고객생애가치는 사용자 한 명이 웹사이트, 앱에 들어와서 이탈하기까지 그 전체 기간 동안 창출하는 가치 지표를 말하므로 백화점보다는 인터넷쇼핑몰을 이용하는 고객들을 평가하는 데 용이하다.
② 고객생애가치는 고객과 기업 간의 정량적 관계 가치이므로 수치화하여 측정할 수 있다.
③ 고객생애가치는 고객의 과거 또는 미래에 예상되는 구매액을 기반으로 기업의 지속적인 수익 창출을 위해 고객유치비용(고객획득비용)을 줄이고, 고객유지비율을 높게 유지하도록 마케팅 전략을 수립하는 것이 중요하다는 점을 시사한다.
⑤ 고객생애가치는 고객의 유지율과 비례관계에 있다.
※ 고객생애가치(CLV ; Customer Lifetime Value)
고객생애가치는 한 명의 고객이 일회적인 소비로 그치는 것이 아니라, 평생에 걸쳐 자사의 제품이나 서비스를 주기적으로 소비한다는 가정 하에 고객 가치를 측정하는 것으로, 고객유지비율을 차감한 할인율을 이용하여 현재가치로 환산한다.

$$CLV = \left(\frac{연간\ 고객\ 1인당\ 평균매출 - 연간\ 고객\ 1인당\ 평균비용}{1 - 고객\ 유지비율 + 할인율} \right) - 고객획득비용$$

65 유통경로상의 수평적 갈등의 사례로서 가장 옳은 것은?

① 도매상의 불량상품 공급에 대한 소매상의 불평
② 납품업체의 납품기일 위반에 대한 제조업체의 불평
③ 소매상이 무리한 배송을 요구했다는 택배업체의 불평
④ 제조업체가 재고를 제때 보충하지 않았다는 유통업체의 불평
⑤ 다른 딜러가 차량 가격을 너무 낮게 책정했다는 동일차량회사 딜러의 불평

수직적 갈등은 유통경로상에서 서로 다른 단계에 있는 구성원 사이에서 발생하는 갈등이고, 수평적 갈등은 유통경로의 동일한 단계에서 발생하는 갈등이다. 따라서 ⑤는 동일차량회사의 딜러 간의 갈등이므로 수평적 갈등에 해당된다.
① 도매상과 소매상의 갈등 - 수직적 갈등
② 납품업체와 제조업체의 갈등 - 수직적 갈등
③ 소매상과 택배업체의 갈등 - 수직적 갈등
④ 제조업체와 유통업체의 갈등 - 수직적 갈등
※ 수평적 갈등
유통경로의 동일한 단계에서 발생하는 갈등으로, 백화점과 백화점간, 도매상과 도매상간, 제조업자와 제조업자 간에 경쟁하는 것 또는 상품을 취급하며 서로 간의 영역을 침범하는 것, 한 가맹점이 전체 가맹점의 이미지를 손상시키는 것 등을 의미한다.

66 유형별 고객에 대한 설명으로 옳지 않은 것은?

① 고객이란 기업의 제품이나 서비스를 구매하거나 이용하는 소비자를 말한다.

② 이탈고객은 기업의 기준에 의해서 더 이상 자사의 제품이나 서비스를 이용하지 않는 것으로 정의된 고객을 말한다.

③ 내부고객은 조직 내부의 가치창조에 참여하는 고객으로서 기업의 직원들을 의미한다.

④ 비활동 고객은 자사의 제품이나 서비스를 구매한 경험도 향후 자사의 고객이 될 수 있는 가능성도 없는 고객을 말한다.

⑤ 가망고객은 현재 고객은 아니지만 광고, 홍보를 통해 유입될 가능성이 높은 고객을 말한다.

> **해설** 비활동 고객은 과거에는 이용하였으나 정기적인 구매를 할 시기가 지났는데도 더 이상 구매를 하지 않는 고객을 말한다.

67 점포 설계의 목적과 관련된 설명으로 가장 옳지 않은 것은?

① 점포는 다양하고 복잡한 모든 소비자들의 욕구와 니즈를 충족할 수 있도록 설계해야 한다.

② 점포는 상황에 따라 상품구색 변경을 수용하고 각 매장에 할당된 공간과 점포 배치의 수정이 용이하도록 설계하는 것이 좋다.

③ 점포는 설계를 시행하고 외관을 유지하는 데 드는 비용을 적정 수준으로 통제할 수 있도록 설계해야 한다.

④ 점포는 고객 구매 행동을 자극하는 방식으로 설계해야 한다.

⑤ 점포는 사전에 정의된 포지셔닝을 달성할 수 있도록 설계해야 한다.

> **해설** 점포는 유동객 수 및 도로의 위치, 해당 점포 주변 상권에 살고 있는 소비자들의 연령·성별·소득별에 따라 진열방식, 점두구성, 진열기구 종류 등을 입지조건에 맞게 설계해야 하며, 모든 소비자들의 욕구와 니즈를 충족할 수는 없다.

68 유통업체의 업태 간 경쟁(intertype competition)을 유발시키는 요인으로 가장 옳지 않은 것은?

① 소비자 수요의 질적 다양화

② 생활 필수품의 범위 확대

③ 정보기술의 발달

④ 품목별 전문유통기업의 등장

⑤ 혼합상품화(scrambled merchandising) 현상의 증가

> **해설** 품목별 전문유통기업의 등장은 유사한 상품을 판매하는 서로 동일한 형태의 소매업체간 경쟁인 업태 내 경쟁을 유발시키는 요인이다.
>
> ※ 업태 간 경쟁
>   유사한 상품을 판매하는 서로 상이한 형태의 소매업체간 경쟁(예 슈퍼마켓과 편의점 간의 경쟁 또는 가전전문점과 할인점 가전코너와의 경쟁)

69 매장 내 상품진열의 방법을 결정할 때 고려해야 할 요인으로서 가장 옳지 않은 것은?

① 상품들간의 조화

② 점포이미지와의 일관성

③ 개별상품의 물리적 특성

④ 개별상품의 잠재적 이윤

⑤ 보유한 진열비품의 활용가능성

해설 보유한 진열비품의 활용가능성은 매장 내 상품진열 방법을 결정한 후 상품진열 실행 시 고려해야 할 요인이다.

※ 상품진열의 원칙

상품진열은 고객의 눈에 구매하고자 하는 상품이 가장 잘 보이도록 진열하는 것이 원칙이다. 따라서 상품진열의 구성요소인 상품(무엇을), 진열량과 수(얼마만큼), 고객에게 보여주는 진열 면, 진열의 위치, 진열의 형태를 신중히 검토하여 선택해야 한다.

70 아래 글상자 ㉠과 ㉡에 들어갈 알맞은 용어는?

상품관리 시 품목구성에서 결정해야 할 중요한 사항으로 (㉠)와(과) (㉡)의 설정이 있다. (㉠)은(는) 취급 가격의 범위를 말하는데 최저가격부터 최고가격까지의 폭을 의미한다. (㉡)은(는) 중점을 두는 가격의 봉우리를 지칭하는데 고급품의 가격대, 중급품의 가격대 등 (㉠) 가운데 몇 가지를 설정하는 것이다.

① ㉠ 상품의 폭, ㉡ 상품의 깊이

② ㉠ 상품의 깊이, ㉡ 상품의 폭

③ ㉠ 가격, ㉡ 마진

④ ㉠ 프라이스 라인, ㉡ 프라이스 존

⑤ ㉠ 프라이스 존, ㉡ 프라이스 라인

해설 ㉠ 프라이스 존 : 상품을 가격의 고저(高低)단계로 분류했을 경우 어떤 범위의 분야를 말하는 것으로 가격대(價格帶)라고도 한다. 높은 가격부터 순서대로 베스트 프라이스, 베터 프라이스, 미들 프라이스(혹은 미디엄 프라이스, 모더레이트 프라이스, 포퓰러 프라이스)로 프라이스의 각 존으로 분류하는 방법이 있으나 가격대의 이름이나 단계를 필요에 따라 자유로이 정하는 경향이 많다.

㉡ 프라이스 라인 : 독립 전문점이 상품의 개성을 나타내기 위하여 고객의 요구를 여러 각도에서 추정하여 가격의 폭을 정하는 방식으로, 예를 들면 스포츠 셔츠 가격의 종류를 말한다. 또한 가격의 종류에서 특히 역점을 갖고 판매하는 재고가 가장 많은 상품가격을 말할 때도 있다.

71 CRM 시스템에 대한 설명으로 가장 옳지 않은 것은?

① 신규고객 창출, 기존고객 유지, 기존고객 강화를 위해 이용된다.

② 기업에서는 장기적인 고객관계 형성보다는 단기적인 고객관계 형성을 위해 도입하고 있다.

③ 다양한 측면의 정보 분석을 통해 고객에 대한 이해도를 높여준다.

④ 유통업체의 경쟁우위 창출에 도움을 제공한다.

⑤ 고객유지율과 경영성과 모두를 향상시키기 위해 정보와 지식을 활용한다.

> **해설 🔍** 기업에서는 단기적인 고객관계 형성보다는 장기적인 고객관계 형성을 위해 도입하고 있다.

72 정보 단위에 대한 설명으로 옳지 않은 것은?

① 기가바이트(GB)는 바이트(B) 보다 큰 단위이다.

② 테라바이트(TB)는 기가바이트(GB) 보다 큰 단위이다.

③ 테라바이트(TB)는 메가바이트(MB) 보다 큰 단위이다.

④ 메가바이트(MB)는 킬로바이트(KB) 보다 큰 단위이다.

⑤ 기가바이트(GB)는 페타바이트(PB) 보다 큰 단위이다.

> **해설 🔍** 기가바이트(GB)는 페타바이트(PB) 보다 작은 단위이다.
> ※ 정보 단위
>   bit < B < KB < MB < GB < TB < PB < EB < ZB < YB

73 충성도 프로그램에 대한 설명으로 옳지 않은 것은?

① 유통업체에서 운영하는 충성도 프로그램은 고객들의 구매 충성도를 높이기 위해 운영되는 단발성 프로그램이다.

② 유통업체 고객의 충성도는 다양한데, 대표적인 충성도에는 행동적 충성도와 태도적 충성도가 있다.

③ 유통업체 고객의 행동적 충성도의 대표적인 사례로는 고객의 반복구매가 있다.

④ 유통업체 고객이 특정한 상품에 대해 애착을 형성하거나 우호적 감정을 갖는 것을 태도적 충성도라고 한다.

⑤ 유통업체에서 가지고 있는 충성도 강화 프로그램은 사전에 정해진 지침에 의해 운영된다.

> **해설 🔍** 유통업체에서 운영하는 충성도 프로그램은 고객들의 구매 충성도를 높이기 위해 운영되는 장기적인 프로그램이다.

74 유통업체들은 정보시스템 운영을 효율화하기 위해 ERP시스템을 도입하고 있는데 ERP시스템의 발전순서를 나열한 것으로 옳은 것은?

> ㉠ ERP   ㉡ Extended ERP
> ㉢ MRP   ㉣ MRPⅡ

① ㉢ - ㉣ - ㉠ - ㉡   ② ㉢ - ㉠ - ㉣ - ㉡
③ ㉢ - ㉡ - ㉠ - ㉣   ④ ㉠ - ㉣ - ㉢ - ㉡
⑤ ㉠ - ㉡ - ㉢ - ㉣

해설 🔍 ERP시스템의 발전순서
   MRP → MRPⅡ → ERP → Extended ERP

75 사물인터넷 유형을 올인원 사물인터넷과 애프터마켓형 사물인터넷으로 구분할 경우 보기 중 애프터마켓형 사물인터넷 제품으로 가장 옳은 것은?

① 스마트 TV   ② 스마트 지갑
③ 스마트 냉장고   ④ 스마트 워치(watch)
⑤ 크롬 캐스트(Chrome Cast)

해설 🔍 올인원 사물인터넷은 일반적인 사물인터넷으로 완제품의 형태이다. 그 예로는 스마트 지갑, 스마트 TV, 스마트 냉장고, 스마트 카, 스마트 워치, 스마트 안경 등이 있다. 애프터마켓형 사물인터넷은 반제품 형태인 매개물 콘셉트이며 기존 사물에 탈부착 하는 형식이어서 소비자에게 심리적 장벽이 작다. 그 예로는 크롬 캐스트와 같은 동글 등이 있다.
   ※ 크롬 캐스트(Chrome Cast)
     크롬캐스트는 TV의 HDMI 단자에 연결하는 자그마한 동글이다. 스마트폰에서 보던 동영상, 음악, 사진 등의 콘텐츠를 TV에서 손쉽게 볼 수 있도록 해주는 기기로, TV 종류나 제조사, 화면 크기에 관계없이 어떤 디스플레이든 쓸 수 있다. 대신 크롬캐스트가 직접 인터넷에 연결할 수 있는 무선인터넷 공유기가 필요하다.

76 아래 글상자에서 설명하는 기술로 옳은 것은?

> ㉠ A사는 행정안전부와 협약을 통해 이 기술을 이용하여 긴급구조 활동에 지원하기로 하였으며, 재난 발생으로 고립된 지역에 의약품 키트를 긴급물품으로 지원하기로 하였다. 독일 제작업체와 합작해 도입한 '○○스카이도어'이다.
> ㉡ B사는 2019년 4월 이것에 대해 미국 FAA로부터 사업허가를 승인받았다. 버지니아와 블랙스버그의 외곽 지역에서 이 기술을 이용하여 기업에서 가정으로 상품을 실어 나르는 상업 서비스를 개시할 수 있게 되었다. 이 승인은 2년간 유효하며, 조종사 1인당 동시에 가능한 조정대수는 최대 5대로 제한되고 위험물질은 실을 수 없다.

① GPS   ② 드론
③ 핀테크   ④ DASH
⑤ WING

해설 ① GPS : GPS 위성에서 보내는 신호를 수신해 사용자의 현재 위치를 계산하는 위성항법시스템으로, 항공기, 선박, 자동차 등의 내비게이션장치에 주로 쓰이고 있으며, 최근에는 스마트폰, 태블릿 PC 등에서도 많이 활용되는 추세다.
③ 핀테크 : Finance(금융)와 Technology(기술)의 합성어로, 금융과 IT의 융합을 통한 금융서비스 및 산업의 변화를 통칭한다.
④ DASH : 잠수함 공격용의 무인(無人) 헬리콥터로, 원격 조종(遠隔操縱)에 의하여 적의 잠수함 상공에서 어뢰(魚雷)를 투하한다.
⑤ WING : 비행기 등의 물체를 날 수 있게 해주는 장치를 의미한다.

77 전자상거래를 이용하는 고객들이 기업에서 발송하는 광고성 메일에 대해 수신거부 의사를 전달하면, 고객들은 광고성 메일을 받지 않을 수 있는데 이를 적절하게 설명하는 용어로 옳은 것은?

① 옵트아웃(opt out)
② 옵트인(opt in)
③ 옵트오버(opt over)
④ 옵트오프(opt off)
⑤ 옵트온(opt on)

해설 옵트인(opt in)과 옵트아웃(opt out)
옵트인(opt in)은 정보 주체의 개인 정보 수집, 이용, 제공에 대한 동의를 받은 후에 개인 정보를 처리하는 방식이고, 옵트아웃(opt out)은 옵트인(opt in)의 반대개념으로 정보 주체의 동의 없이 개인 정보의 수집 및 이용 후, 주체의 거부 의사를 확인하면 개인 정보 활용을 중지하는 방식이다.

78 유통업체와 제조업체들이 환경에 해로운 경영 활동을 하면서, 마치 친환경 경영 활동을 하고 있는 것처럼 광고하는 경우를 설명하는 용어로 옳은 것은?

① 카본 트러스트(Carbon Trust)
② 자원 발자국(Resource Footprint)
③ 허브 앤 스포크(Hub and Spoke)
④ 그린워시(Greenwash)
⑤ 친환경 공급사슬(Greenness Supply Chain)

해설 ① 카본 트러스트(Carbon Trust) : 영국 정부가 2001년 기후 변화 대응 및 탄소 감축 방안 중 하나로 설립한 친환경 인증기관이다.
② 자원 발자국(Resource Footprint) : 광물과 화석연료 등의 개발 및 소비로 인한 전 지구적 영향을 의미한다.
③ 허브 앤 스포크(Hub and Spoke) : 항공 노선을 구성하는 형태 중 하나로 각 나라 혹은 지역의 대표 도시(공항)만 메인 거점으로 운항을 하고 그 메인 거점 공항을 중심으로 다시 운항노선을 구성하는 방식이다.
⑤ 친환경 공급사슬(Greenness Supply Chain) : 공급사슬 전체에서 최소한의 자원 및 에너지 사용과 배출 물질 저감을 통해 환경영향을 줄이고 효율적 환경성과를 달성하기 위한 것이다.

79 아래 글상자의 (　　)안에 공통적으로 들어갈 공급사슬관리 개념으로 가장 옳은 것은?

> ㉠ (　　)은(는) 조직들이 시장의 실질적인 수요를 예측함과 동시에 비용효과적인 방법으로 대응하는 전략이다.
> ㉡ (　　)의 목표는 조직들이 최소 재고를 유지하면서, 정시배송을 통한 가장 높은 수준의 소비자 만족을 가능하게 하는 것이다.
> ㉢ (　　)의 핵심은 단일 계획에 의한 실행으로 조직의 경영목표를 달성하기 위한 계획을 정립하고 판매, 생산, 구매, 개발 등 조직 내의 모든 실행이 동기화 되어야 한다.

① S&OP(Sales and Operations Planning)

② LTM(Lead Time Management)

③ VMI(Vendor Managed Inventory)

④ DF(Demand Fulfillment)

⑤ SF(Supply Fulfillment)

해설 ② LTM(Lead Time Management) : 리드타임(Lead Time)이란 물품의 발주로부터 그 물품이 납입되어 사용할 수 있을 때까지의 기간으로, 목표로 하는 조달 기간과 과정상 발생하는 차질 기간을 고려하여 약간 여유 있게 날짜를 잡아 조정이 가능하도록 한다.

③ VMI(Vendor Managed Inventory) : 공급자 주도형 재고관리로, 구매업체가 공급업체에게 판매·재고정보를 제공하면 공급업체는 이를 토대로 과거 데이터를 분석하고 수요를 예측하여 자재의 적정 납품량을 결정하는 시스템 환경이다.

④ DF(Demand Fulfillment) : 고객의 주문에 대하여 기업에서 납기가능일, 납기 가능수량 등의 정보를 제공하는 것이다.

80 전자자료교환(EDI)에 대한 설명으로 가장 옳지 않은 것은?

① 전용선 기반이나 텍스트 기반의 EDI 서비스는 개방적 인터넷 환경으로 인해 보안상 취약성이 높아 웹기반 서비스가 불가하며, 2022년 서비스 예정이다.

② EDI 서비스는 기업 간 전자상거래 서식 또는 공공 서식을 서로 합의된 표준에 따라 표준화된 메시지 형태로 변환해 거래 당사자끼리 통신망을 통해 교환하는 방식이다.

③ EDI 서비스는 수작업이나 서류 및 자료의 재입력을 하지 않게 되어 실수 및 오류를 방지하며 더 많은 비즈니스 문서를 보다 정확하고 보다 빨리 공유하고 처리할 수 있다.

④ EDI 시스템의 기본 기능에는 기업의 수주, 발주, 수송, 결제 등을 처리하는 기능이 있으며, 상업 거래 자료를 변환, 통신, 표준 관리 그리고 거래처 관리 등으로 활용할 수 있다.

⑤ EDI 서비스는 1986년 국제연합유럽경제위원회(UN/ECE) 주관으로 프로토콜 표준화 합의가 이루어졌고, 1988년 프로토콜의 명칭을 EDIFACT로 하였으며, 구문규칙을 국제표준(ISO 9735)으로 채택하였다.

해설 웹기반 EDI 서비스는 현재 활발하게 사용되고 있다.

81 POS(Point of Sale)시스템의 구성기기 중 상품명, 가격, 구입처, 구입가격 등 상품에 관련된 모든 정보가 데이터베이스화 되어 있으며, 자동으로 판매파일, 재고파일, 구매파일 등을 갱신하고 기록하여, 추후 각종 통계자료 작성 시에 사용 가능케 하는 기기로 가장 옳은 것은?

① POS 터미널
② 바코드 리더기
③ 바코드 스캐너
④ 본부 주 컴퓨터
⑤ 스토어 컨트롤러

해설 ① POS 터미널 : 판매장에 설치되어 있는 POS 터미널은 금전등록기의 기능 및 통신기능이 있으며, 본체, 키보드, 고객용 표시장치, 조작원용 표시장치, 영수증발행용 프린터, 컬러모니터, 금전관리용 서랍, 매출표시장치 등으로 구성되어 있다.
③ 바코드 스캐너 : 상품에 인쇄된 바코드를 자동으로 판독하는 장치로 고정 스캐너(Fixed Scanner)와 핸디 스캐너(Handy Scanner)가 있다.
④ 본부 주 컴퓨터 : POS 시스템은 일반적으로 소매점포의 계산대에 설치되어 있는 POS 터미널과 점포사무실에 설치되어 있는 점포서버(스토어 컨트롤러) 및 본부의 시스템(주컴퓨터)으로 구성되는데, 점포가 체인본부나 제조업자와 연결되어 있는 경우에는 스토어 컨트롤러에 기록된 각종 정보를 온라인에 의해 본부에 전송한다.

82 e-SCM을 위해 도입해야 할 주요 정보기술로 가장 옳지 않은 것은?

① 의사결정을 지원해주기 위한 자료 탐색(data mining) 기술
② 내부 기능부서 간의 업무통합을 위한 전사적 자원관리(ERP) 시스템
③ 기업 내부의 한정된 일반적인 업무 활동에서 발생하는 거래자료를 처리하기 위한 거래처리시스템
④ 수집된 고객 및 거래데이터를 저장하기 위한 데이터 웨어하우스(data warehouse)
⑤ 고객, 공급자 등의 거래 상대방과의 거래 처리 및 의사소통을 위한 인터넷 기반의 전자상거래(e-Commerce) 시스템

해설 e-SCM은 기업 내부뿐만 아니라 고객의 다양한 욕구를 만족시키기 위해서 원자재 조달, 생산, 수배송, 판매 및 고객관리 프로세스에서 일어나는 물류흐름과 이와 관련된 모든 활동을 인터넷에 기반하여 실시간으로 통합·관리하는 기법이므로 기업 내부에 한정된 거래처리 시스템은 e-SCM을 위해 도입해야 할 주요 정보기술로 적절하지 않다.
※ 거래처리시스템
유통업체에서 발생하는 거래자료처리, 고객과 일어나는 다양한 업무를 처리하는 시스템

83 바코드 기술과 RFID 기술에 대한 설명으로 옳지 않은 것은?

① 유통업체에서는 바코드 기술을 판매관리에 활용하고 있다.
② 바코드 기술은 핀테크 기술에 결합되어 다양한 모바일 앱에서 활용되고 있다.
③ 바코드 기술을 대체할 기술로는 RFID(RadioFrequency IDentification) 기술이 있다.
④ RFID 기술은 바코드에 비해 구축비용이 저렴하지만, 보안 취약성 때문에 활성화되고 있지 않다.
⑤ RFID 기술은 단품관리에 활용될 수 있다.

해설 RFID 기술은 바코드에 비해 가격이 비싸지만 궁극적으로 여러 개의 정보를 동시에 판독하거나 수정·갱신할 수 있는 장점을 가지고 있기 때문에 바코드 기술이 극복하지 못한 여러 가지 문제점들을 해결하거나 능동적으로 대처함으로써 물류, 보안분야 등 현재 여러 분야에서 각광 받고 있다.

84 아래 글상자에서 설명하는 기술로 옳은 것은?

> 인간을 대신하여 수행할 수 있도록 반복적인 업무를 알고리즘화하고 소프트웨어적으로 자동화하는 기술이다. 물리적 로봇이 아닌 소프트웨어프로그램으로 사람이 하는 규칙기반(rule based) 업무를 기존의 IT 환경에서 동일하게 할 수 있도록 구현하는 것이다.
> 2014년 이후 글로벌 금융사를 중심으로 확산되었으며, 현재는 다양한 분야에서 일반화되는 추세이다.

① RPA(Robotic Process Automation)
② 비콘(Beacon)
③ 블루투스(Bluetooth)
④ OCR(Optical Character Reader)
⑤ 인공지능(Artificial Intelligence)

해설 ② 비콘(Beacon) : 블루투스를 기반으로 한 스마트폰 근거리 통신 기술
③ 블루투스(Bluetooth) : 휴대폰, 노트북, 이어폰/헤드폰 등의 휴대기기를 서로 연결해 정보를 교환하는 근거리 무선 기술 표준
④ OCR(Optical Character Reader) : 문서에 새겨진 문자를 빛을 이용하여 판독하는 장치
⑤ 인공지능(Artificial Intelligence) : 컴퓨터가 인간의 지능 활동을 모방할 수 있도록 하는 것으로, 인간의 지능이 할 수 있는 사고 · 학습 · 모방 · 자기계발 등을 컴퓨터가 할 수 있도록 연구하는 컴퓨터공학 및 정보기술

85 QR(Quick Response) 도입으로 얻는 효과로 가장 옳지 않은 것은?

① 기업의 원자재 조달에서부터 상품이 소매점에 진열되기까지 총 리드타임 단축
② 낮은 수준의 재고와 대응시간의 감소가 서로 상충되어 프로세싱 시간 증가
③ 정확한 생산계획에 의한 생산관리로 낮은 수준의 재고 유지 가능
④ 전표 등을 EDI로 처리하여 정확성 및 신속성 향상
⑤ 기업 간 정보공유를 바탕으로 소비동향을 분석, 고객요구를 신속하게 반영하는 것이 가능

해설 재고부담 감소 및 유통과정의 낭비요소 감소를 통해 불필요한 시간과 비용을 절약함으로써 기업의 물류혁신을 추구할 수 있다.
※ QR의 도입효과
• 재고부담 감소로 인한 경쟁력 강화
• 기업의 생산비 절감을 통한 경쟁력 강화
• 효율적인 공급망관리(SCM)의 체제를 구축
• 제품원가의 절감
• 소비자 위주의 제품생산
• 정보의 공유
• 인터넷 상거래에 능동적으로 대응
• 시간과 비용의 절감

86 POS(Point of Sale) 시스템에 대한 설명으로 옳지 않은 것은?

① 유통업체에서는 POS 시스템을 도입함으로써 업무처리 속도를 개선하고, 업무에서의 오류를 줄일 수 있다.

② 유통업체에서는 POS 시스템의 데이터를 분석함으로써 중요한 의사결정에 활용할 수 있다.

③ 유통업체에서는 POS 시스템을 통해 얻은 시계열자료를 분석함으로써 판매 상품에 대한 추세 분석을 할 수 있다.

④ 유통업체에서는 POS 시스템을 도입해 특정 상품을 얼마나 판매하였는가에 대한 정보를 얻을 수 있다.

⑤ 고객의 프라이버시 보호를 위해 바코드로 입력된 정보와 고객 정보의 연계를 금지하고 있어 유통업체는 개인 고객의 구매 내역을 파악할 수 없다.

해설 🔍 POS 시스템을 통해 고객개인의 구매실적과 구매성향 등을 나타내는 정보를 얻을 수 있다.

87 아래 글상자 내용은 패턴 발견과 지식을 의사결정 및 지식 영역에 적용하기 위한 지능형 기술에 대한 설명이다. (   )안에 적합한 용어로 옳은 것은?

> (   )(은)는 자연 언어 등의 애매함을 정량적으로 표현하기 위하여 1965년 미국 버클리대학교의 자데(L. A.Zadeh) 교수에 의해 도입되었다. 이는 불분명한 상태, 모호한 상태를 참 혹은 거짓의 이진 논리에서 벗어난 다치성으로 표현하는 논리 개념으로, 근사치나 주관적 값을 사용하는 규칙들을 생성함으로써 부정확함을 표현할 수 있는 규칙 기반기술(rule-based technology)이다.

① 신경망

② 유전자 알고리즘

③ 퍼지 논리

④ 동적계획법

⑤ 전문가시스템

해설 🔍 ① 신경망 : 신경망은 인간이 뇌를 통해 문제를 처리하는 방법과 비슷한 방법으로 문제를 해결하기 위해 컴퓨터에서 채택하고 있는 구조를 말한다.

② 유전자 알고리즘 : 생물의 진화 과정을 기반으로 한 최적화 탐색 방법으로, 과거의 이론에서는 해결할 수 없었던 문제에 생물 진화의 과정을 모방함으로써 근삿값에 가까운 해답을 신속하게 찾아낼 수 있다.

④ 동적계획법 : 시간이 중요 인자가 되는 문제를 일컫는 동적 결정 문제에 대한 접근 방법이다.

⑤ 전문가시스템 : 전문가가 지닌 전문 지식과 경험, 노하우 등을 컴퓨터에 축적하여 전문가와 동일한 또는 그 이상의 문제 해결 능력을 가질 수 있도록 만들어진 시스템이다.

※ 퍼지 논리(Fuzzy logic)
- 컴퓨터의 논리 회로를 결정적인 것이 아니라 근사적인 확률을 포함하는 비결정적인 것으로 하는 기술이다.
- 애매모호한 상황을 여러 근삿값으로 구분하여 근사적으로 추론하는 방법이다.

88 지식관리에 대한 설명으로 옳지 않은 것은?

① 명시적 지식은 쉽게 체계화할 수 있는 특성이 있다.

② 암묵적 지식은 조직에서 명시적 지식보다 강력한 힘을 발휘하기도 한다.

③ 명시적 지식은 경쟁기업이 쉽게 모방하기 어려운 지식으로 경쟁우위 창출에 기반이 된다.

④ 암묵적 지식은 사람의 머릿속에 있는 지식으로 지적자본 (intellectual capital)이라고도 한다.

⑤ 기업에서는 구성원의 지식공유를 활성화하기 위하여 인센티브 (incentive)를 도입한다.

해설 암묵적 지식은 경쟁기업이 쉽게 모방하기 어려운 지식으로 경쟁우위 창출에 기반이 된다.

89 전자서명이 갖추어야 할 특성으로 가장 옳지 않은 것은?

① 서명한 문서의 내용을 변경할 수 없어야 한다.

② 서명자가 자신이 서명한 사실을 부인할 수 없어야 한다.

③ 서명은 서명자 이외의 다른 사람이 생성할 수 없어야 한다.

④ 서명은 서명자의 의도에 따라 서명된 것임을 확인할 수 있어야 한다.

⑤ 하나의 문서의 서명을 다른 문서의 서명으로 사용할 수 있어야 한다.

해설 하나의 문서의 서명을 다른 문서의 서명으로 사용할 수 없어야 한다.

90 유통업체에서 지식관리시스템 활용을 통해 얻을 수 있는 효과로 옳지 않은 것은?

① 동종 업계의 다양한 우수 사례를 공유할 수 있다.

② 지식을 획득하고, 이를 보다 효과적으로 활용함으로써 기업 성장에 도움을 받을 수 있다.

③ 중요한 지식을 활용해 기업 운영에 있어 경쟁력을 확보할 수 있다.

④ 지식 네트워크를 구축할 수 있고, 이를 통해 새로운 지식을 얻을 수 있다.

⑤ 의사결정을 위한 정보를 제공해주는 시스템으로 의사결정권이 있는 사용자가 빠르게 판단할 수 있게 돕는다.

해설 지식관리시스템은 직원들이 입력한 다양한 정보를 체계적으로 정리하고 전 사원들에게 유통시켜 업무에 활용하도록 하는 정보관리 인프라로, 첨단정보기술의 조합을 통해 조직 내에 축적된 각종 지식과 노하우를 효율적으로 관리하며 이를 상호 공유하도록 하는 것이 그 목표다.

　　※ 지식관리시스템
　　　• 지식창조와 공유의 수단 제공
　　　• 다양한 사용자 사이의 의사소통
　　　• 사용자 활동의 조정
　　　• 제품과 서비스 창조 · 수정 · 분배를 위한 사용자그룹 간의 협업
　　　• 프로젝트 진행 상황의 추적과 무결성 확보를 위한 통제 프로세스

제2회 최근기출문제

제1과목 유통 · 물류일반관리

01 운송수단을 결정하기 전에 검토해야 할 사항에 대한 설명으로 가장 거리가 먼 것은?

① 운송할 화물이 일반화물인지 냉동화물인지 등의 화물의 종류

② 운송할 화물의 중량과 용적

③ 화물의 출발지, 도착지와 운송거리

④ 운송할 화물의 가격

⑤ 운송할 화물이 보관된 물류센터의 면적

해설 물류센터의 면적은 물류센터의 입지를 결정하기 전에 검토해야 할 사항에 해당된다.

02 SCM 관리기법 중 JIT(Just In Time)에 대한 내용으로 옳은 것은?

① JIT는 생산, 운송시스템의 전반에서 재고부족으로 인한 위험 요소를 제거하기 위해 안전재고 수준을 최대화한다.

② JIT에서 완성품은 생산과정품(Work In Process)에 포함시키지만 부품과 재료는 포함시키지 않는다.

③ 구매측면에서는 공급자의 수를 최대로 선정하여 호혜적인 작업관계를 구축한다.

④ 수송단위가 소형화되고 수송빈도가 증가하므로 수송과정을 효과적으로 점검, 통제하는 능력이 중요하다.

⑤ 창고설계시 최대재고의 저장에 초점을 맞추는 것이지 재고이동에 초점을 맞추는 것은 아니다.

해설 ① JIT시스템의 근본적인 목적은 재고를 아주 낮게 유지하여 재고유지비용을 최소화시키는 것이다.
② JIT에서는 부품과 원자재를 원활히 공급받는 데 초점을 둔다.
③ 필요한 부품을 필요한 때, 필요한 곳에, 필요한 양만큼 생산 또는 구매하여 공급한다.
⑤ 물동량의 흐름이 주된 개선사항이며, 재고를 최소한으로 줄인다.

03 운송에 관련된 내용으로 옳지 않은 것은?

① 해상운송은 최종목적지까지의 운송에는 한계가 있기 때문에 피시백(fishy back) 복합운송서비스를 제공한다.

② 트럭운송은 혼적화물운송(LTL ; Less than Truckload)상태의 화물도 긴급 수송이 가능하고 단거리 운송에도 경제적이다.

③ 다른 수송형태에 비해 철도운송은 상대적으로 도착시간을 보증할 수 있는 정도가 높다.

④ 항공운송은 고객이 원하는 지점까지의 운송을 위해 버디백(birdy back) 복합운송 서비스를 활용할 수 있다.

⑤ COFC는 철도의 유개화차 위에 컨테이너를 싣고 수송하는 방식이다.

> **해설 🔍** COFC(Container On Flat Car)는 철도의 화차대(Flat Car), 즉 컨테이너전용 화차에 적재하여 수송하는 형태를 말한다.
> ※ 유개화차(Box Car)
> 상부에 지붕이 있는 모든 화차로 적재실이 박스형 구조로 설계되어 있으며, 양 측면에 슬라이딩 도어를 구비하고 있어 화물하역이 용이한 화차를 말한다.

04 ROI에 대한 내용으로 옳지 않은 것은?

① 투자에 대한 이익률이다.

② 순자본(소유주의 자본, 주주의 자본 혹은 수권자본)에 대한 순이익의 비율이다.

③ ROI가 높으면 제품재고에 대한 투자가 총이익을 잘 달성했다는 의미이다.

④ ROI가 낮으면 자산의 과잉투자 등으로 인해 사업이 성공적이지 못하다는 의미이다.

⑤ ROI가 높으면 효과적인 레버리지 기회를 활용했다는 의미로도 해석된다.

> **해설 🔍** ROI가 높으면 투자비용 대비 이익률이 높다는 의미이다.
> ※ 투자수익률(ROI ; Return On Investment)
> 투자수익률은 기업의 순이익을 투자액으로 나눈 것으로 경영성과 측정기준 중 가장 널리 사용되는 지표이다.
>
> | ROI(%) = (순이익 / 투자자본) × 100 |
> | --- |

05 아래 글상자는 포장설계의 방법 중 집합포장에 대한 설명이다. ㉠과 ㉡에서 설명하는 용어로 가장 옳은 것은?

> ㉠ 수축 필름의 열수축력을 이용하여 파렛트와 그 위에 적재된 포장화물을 집합포장하는 방법
> ㉡ 주로 생선, 식품, 청과물 등을 1개 또는 복수로 트레이에 올려 그 주위를 끌어당기면서 엷은 필름으로 덮어 포장하는 방법

① ㉠ 밴드결속, ㉡ 테이핑

② ㉠ 테이핑, ㉡ 슬리브

③ ㉠ 쉬링크, ㉡ 스트레치

④ ㉠ 꺽쇠·물림쇠, ㉡ 골판지상자

⑤ ㉠ 접착, ㉡ 슬리브

- 밴드결속방법 : 종이, 플라스틱, 나일론, 금속밴드 등을 사용한다.
- 테이핑(Taping) : 용기의 견고성을 유지하기 위해서 접착테이프를 사용한다.
- 슬리브(Sleeve) : 종이나 필름천을 이용하여 수직으로 네 표면에 감거나 싸는 방법이다.
- 꺽쇠·물림쇠 : 주로 칸막이 상자 등에 채용하는 방법이다.
- 틀 : 주로 수평이동을 위·아래의 틀로 고정하는 방법이다.
- 대형 골판지 상자 : 작은 부품 등을 꾸러미로 묶지 않고 담을 때 사용한다.
- 쉬링크(Shrink) 포장 : 열수축성 플라스틱 필름을 파렛트 화물에 씌우고 쉬링크 터널을 통과시킬 때 가열하여 필름을 수축시켜서 파렛트와 밀착시키는 방법이다.
- 스트레치 포장 : 스트레치 포장기를 사용하여 플라스틱 필름을 화물에 감아서 움직이지 않게 하는 방법으로, 쉬링크 방식과는 달리 열처리를 행하지 않고 통기성은 없다.
- 접착 : 풀(도포와 점적방법)이나 테이프를 접착제로 이용한다.

06 도·소매 물류를 7R을 활용하여 효과적으로 관리하는 방법에 대한 설명으로 가장 옳지 않은 것은?

① 적절한 품질의 제품을 적시에 제공해야 한다.
② 최고의 제품을 저렴한 가격으로 제공해야 한다.
③ 좋은 인상으로 원하는 장소에 제공해야 한다.
④ 적정한 제품을 적절한 양으로 제공해야 한다.
⑤ 적시에 원하는 장소에 제공해야 한다.

07 기업이 외부조달을 하거나 외주를 주는 이유로 옳지 않은 것은?

① 비용상의 이점
② 불충분한 생산능력 보유
③ 리드타임, 수송, 창고비 등에 대한 높은 통제가능성
④ 전문성 결여로 인한 생산 불가능
⑤ 구매부품의 품질측면의 우수성

인적자원관리에 관련된 능력주의와 연공주의를 비교한 설명으로 옳지 않은 것은?

구 분	능력주의	연공주의
㉠ 승진기준	직무중심(직무능력기준)	사람중심(신분중심)
㉡ 승진요소	성과, 업적, 직무수행능력 등	연력, 경력, 근속년수, 학력 등
㉢ 승진제도	직계승진제도	연공승진제도
㉣ 경영 내적요인	일반적으로 전문직종의 보편화 (절대적은 아님)	일반적으로 일반직종의 보편화 (절대적은 아님)
㉤ 특 성	승진관리의 안정성/ 객관적 기준 확보 가능	승진관리의 불안정/ 능력평가의 객관성 확보가 힘듦

① ㉠

② ㉡

③ ㉢

④ ㉣

⑤ ㉤

해설🔍 능력주의는 승진관리의 불안정/능력평가의 객관성 확보가 힘들고, 연공주의는 승진관리의 안정성/객관적 기준 확보가 가능하다.

09 포트폴리오 투자이론에 관련된 설명으로 옳지 않은 것은?

① 포트폴리오란 투자자들에 의해 보유되는 주식, 채권 등과 같은 자산들의 그룹을 말한다.

② 포트폴리오 수익률은 개별자산의 수익률에 투자비율을 곱하여 모두 합한 값이다.

③ 포트폴리오 가중치는 포트폴리오의 총가치 중 특정자산에 투자된 비율을 말한다.

④ 체계적 위험은 주식을 발행한 각 기업의 경영능력, 발전가능성, 수익성 등의 변동가능성으로 개별주식에만 발생하는 위험이다.

⑤ 비체계적 위험은 분산투자로 어느 정도 제거가 가능한 위험이다.

해설🔍 투자위험에는 분산투자를 통해 제거할 수 있는 비체계적 위험과 분산투자를 통해 제거할 수 없는 경기변동, 인플레이션 등과 같은 체계적 위험이 있는데, 체계적 위험은 전체 시장의 관점이고 비체계적 위험은 개별기업 관점에서의 위험이다.

10 조직 내에서 이루어지는 공식, 비공식적인 의사소통의 유형과 그 설명이 가장 옳지 않은 것은?

① 개선보고서와 같은 상향식 의사소통은 하위계층에서 상위계층으로 이루어진다.

② 태스크포스(task force)와 같은 하향식 의사소통은 전통적 방식의 소통이다.

③ 다른 부서의 동일 직급 동료 간의 정보교환은 수평식 의사소통이다.

④ 인사부서의 부장과 품질보증팀의 대리 간의 의사소통은 대각선 방식의 의사소통이다.

⑤ 비공식 의사소통 채널의 예로 그레이프바인(grapevine)이 있다.

해설 태스크포스(task force)는 수평적 의사소통에 해당한다.
　　　 ※ 공식적 의사소통의 유형
　　　　 • 상향적 의사소통 : 각각의 정보들이 하급자나 하위계층에서 상급자나 상위계층으로 전해지는 것을 말한다.
　　　　 • 하향적 의사소통 : 각각의 정보들이 상급자의 상위계층에서 하급자나 하위계층으로 전해지는 것을 말한다.
　　　　 • 수평적 의사소통 : 조직 내에서 동일한 수준의 지위나 위계에 있는 구성원 또는 집단 간의 의사소통을 말한다(태스크포스, 프로젝트 팀 등).

11 아래의 글상자에서 설명하고 있는 동기부여전략으로 옳은 것은?

> – 자신의 업무와 관련된 목표를 상사와 협의하여 설정하고 그 과정과 결과를 정기적으로 피드백한다.
> – 구체적인 목표가 동기를 자극하여 성과를 증진시킨다.
> – 목표가 완성되었을 경우 상사와 함께 평가하여 다음 번 목표 설정에 활용한다.

① 목표관리이론　　　　　　　　　　② 직무충실화이론
③ 직무특성이론　　　　　　　　　　④ 유연근로제
⑤ 기대이론

해설 ② 직무충실이론은 단순히 직무를 구조적으로 크게 하는 것이 아니라, 직무의 내용을 풍부하게 만들어 작업상 책임을 늘리며 능력을 발휘할 수 있는 여지를 만들고, 도전적이고 보람 있는 일이 되도록 직무를 구성하는 것을 의미한다.
　　　 ③ 특정한 직무특성이 특정한 심리상태를 유발하고 이것이 다시 직무성과와 연관되는데, 이때 종업원의 개인차가 이러한 일련의 과정에 영향을 줄 수 있다는 이론이다.
　　　 ④ 일하는 시간이나 기간을 근로자가 선택할 수 있는 제도를 말한다.
　　　 ⑤ 개인은 자신의 노력의 정도에 따른 결과를 기대하게 되며, 그 기대를 실현하기 위하여 어떤 행동을 결정한다는 동기이론이다.

12 서로 다른 제품을 각각 다른 생산설비를 사용하는 것보다 공동의 생산설비를 이용해서 생산한다면 보다 효과적이라는 이론으로 옳은 것은?

① 규모의 경제　　　　　　　　　　② 분업의 원칙
③ 변동비 우위의 법칙　　　　　　　④ 범위의 경제
⑤ 집중화 전략

해설 ① 생산요소 투입량의 증대(생산규모의 확대)에 따른 생산비절약 또는 수익향상의 이익을 의미한다.
　　　 ② 분업이란 거대한 과업을 보다 작은 단일의 직무로 분할하는 것을 의미한다.
　　　 ③ 무조건적으로 제조와 유통기관을 통합하여 대규모화하기보다는 각각의 유통기관이 적절한 규모로 역할분담을 하는 것이 비용면에서 훨씬 유리하다는 논리에 의해 중간상의 필요성을 강조하는 이론이다.
　　　 ⑤ 특정한 세분시장에 기업의 역량을 집중하는 전략으로 한정된 자원을 극대화하여 효율적으로 운용할 수 있게 해준다.

13 유통경영 전략계획 수립에 대한 설명으로 가장 옳지 않은 것은?

① 기업수준의 전략계획수립은 조직의 목표 및 역량과 변화하는 마케팅 기회 간의 전략적 적합성을 개발·유지하는 과정을 말한다.

② 기업수준의 전략계획수립은 기업 내에서 이루어지는 다른 모든 계획수립의 근간이 된다.

③ 기업수준의 전략계획수립과정은 기업전반의 목적과 사명을 정의하는 것으로 시작된다.

④ 기업수준의 전략계획이 실현될 수 있도록 마케팅 및 기타 부서들은 구체적 실행계획을 수립한다.

⑤ 기업수준의 전략계획은 기능별 경영전략과 사업수준별 경영전략을 수립한 후 전략적 일관성에 맞게 수립해야 한다.

> **해설** 경영자들은 기업수준의 경영전략을 통해 사업단위 조정과 조직의 범위 및 자원 개발 등에 관한 의사결정을 효율적으로 할 수 있다. 기업수준의 경영전략은 자원, 재무, 기술 등의 효과적인 운영을 지원하며, 이를 통해 경쟁사와의 구별 및 유지를 가능하게 하기 때문에 기업수준의 전략계획을 수립한 후 사업수준별 경영전략과 기능별 경영전략을 일관성에 맞게 수립해야 한다. 또한 기능별 경영전략은 사업부수준의 경영전략을 구체화하고 주요 기능별 가치창출을 극대화하기 위하여 수립되는 전략으로 자원의 효율성과 생산성을 극대화하는 데 초점을 둔다.

14 유통경로에서 발생하는 각종 현상에 관한 설명으로 가장 옳지 않은 내용은?

① 유통경로의 같은 단계에 있는 경로구성원 간의 경쟁을 수평적 경쟁이라고 한다.

② 제조업자는 수직적 마케팅 시스템을 통해 도소매상의 판매자료를 공유함으로써 효율적 재고관리, 경로전반의 조정개선 등의 이점을 얻을 수 있다.

③ 가전제품도매상과 대규모로 소매상에 공급하는 가전 제조업자와의 경쟁은 업태 간 경쟁이다.

④ 이미지, 목표고객, 서비스 등 기업전략의 유사성 때문에 수평적 경쟁이 생기는 경우도 많다.

⑤ 유통기업은 수직적 경쟁을 회피하기 위해 전방통합, 후방통합을 시도하기도 한다.

> **해설** 가전제품도매상과 대규모로 소매상에 공급하는 가전 제조업자와의 경쟁은 서로 다른 경로수준에 위치한 경로구성원 간의 경쟁에 해당하므로 수직적 경쟁이다. 업태 간 경쟁은 유사한 상품을 판매하는 서로 상이한 형태의 소매업체 간 경쟁을 의미한다.

15 기업의 과업환경에 속하지 않는 것은?

① 경쟁기업
② 고 객
③ 규제기관
④ 협력업자
⑤ 인구통계학적 특성

> **해설** 기업의 경영환경은 크게 일반환경과 과업환경으로 나뉘는데, 이 중 과업환경은 기업의 생존에 직결되는 시장구조, 고객, 경쟁업자, 협력업자, 정부규제 등 경영활동에 직접적으로 영향을 미치는 환경을 말한다. 인구통계학적 특성은 일반환경에 속한다.

16 기업의 이해관계자별 주요 관심사에 관한 설명으로 옳지 않은 것은?

구 분	이해관계자	이해관계자의 관심사
㉠	기업주/경영자	기업평판, 경쟁력
㉡	종업원	임금과 근무조건, 복리후생제도, 채용관행과 승진제도
㉢	노동조합	허위정보, 과대광고, 폭리, 유해상품
㉣	소비자/고객	제품의 안전성, 적정가격, 서비스수준과 품질보장
㉤	유통업체/거래처	입찰과 납품시 합법적 행위, 대금결제의 합법성

① ㉠
② ㉡
③ ㉢
④ ㉣
⑤ ㉤

해설🔍 허위정보, 과대광고, 폭리, 유해상품은 고객의 주요 관심사에 해당되는 내용이다.

17 청소년보호법(법률 제17761호, 2020.12.29., 타법개정)상, 청소년유해약물에 포함되지 않는 것은?

① 주 류
② 담 배
③ 마약류
④ 고카페인 탄산음료
⑤ 환각물질

해설🔍 청소년유해약물(청소년보호법 제2조 제4호 가목)
1) 「주세법」에 따른 주류
2) 「담배사업법」에 따른 담배
3) 「마약류 관리에 관한 법률」에 따른 마약류
4) 「화학물질관리법」에 따른 환각물질
5) 그 밖에 중추신경에 작용하여 습관성, 중독성, 내성 등을 유발하여 인체에 유해하게 작용할 수 있는 약물 등 청소년의 사용을 제한하지 아니하면 청소년의 심신을 심각하게 손상시킬 우려가 있는 약물로서 대통령령으로 정하는 기준에 따라 관계 기관의 의견을 들어 청소년보호위원회가 결정하고 여성가족부장관이 고시한 것

18 '재고를 어느 구성원이 가지는가에 따라 유통경로가 만들어진다' 라고 하는 유통경로 결정 이론과 관련한 내용으로 옳지 않은 것은?

① 중간상이 재고의 보유를 연기하여 제조업자가 재고를 가진다.
② 유통경로의 가장 최후시점까지 제품을 완성품으로 만들거나 소유하는 것을 미룬다.
③ 자전거 제조업자가 완성품 조립을 미루다가 주문이 들어오면 조립하여 중간상에게 유통시킨다.
④ 특수산업용 기계 제조업자는 주문을 받지 않는 한 생산을 미룬다.
⑤ 다른 유통경로 구성원이 비용우위를 갖는 기능은 위양하고 자신이 더 비용우위를 갖는 일은 직접 수행한다.

해설🔍 ①·②·③·④는 연기-투기이론과 관련한 내용이다.
⑤는 기능위양이론에 대한 설명으로, 기능위양이론의 핵심은 경로구성원들 가운데서, 특정 기능을 가장 저렴한 비용으로 수행하는 구성원에게 그 기능이 위양된다는 것이다.

19 상인 도매상은 수행기능의 범위에 따라 크게 완전기능도매상과 한정기능도매상으로 구분한다. 완전기능도매상에 해당되는 것으로 옳은 것은?

① 현금으로 거래하며 수송서비스를 제공하지 않는 현금무배달도매상

② 제품에 대한 소유권을 가지고 제조업자로부터 제품을 취득하여 소매상에게 직송하는 직송도매상

③ 우편을 통해 주문을 접수하여 제품을 배달해주는 우편주문도매상

④ 서로 관련이 있는 몇 가지 제품을 동시에 취급하는 한정상품도매상

⑤ 트럭에 제품을 싣고 이동판매하는 트럭도매상

해설 완전기능도매상과 한정기능도매상

- 완전기능도매상 : 고객들을 위하여 수행하는 서비스 중에서 필요한 광범위한 서비스를 제공하는 도매상으로, 고객들이 요구하는 거의 모든 상품을 판매하는 종합상인도매상과 한정된 전문계열의 제품을 판매하는 한정상품도매상(전문상인도매상)으로 분류할 수 있다.
- 한정기능도매상 : 완전기능도매상들과는 달리 도매상의 기능 중에서 일부만을 수행하는 도매상으로, 현금판매-무배달 도매상, 트럭도매상, 직송도매상, 선반도매상, 우편주문도매상으로 분류할 수 있다.

20 소비자기본법(법률 제17290호, 2020.5.19., 타법개정)상, 소비자중심경영의 인증 내용으로 옳지 않은 것은?

① 소비자중심경영인증의 유효기간은 그 인증을 받은 날부터 1년으로 한다.

② 소비자중심경영인증을 받은 사업자는 대통령령으로 정하는 바에 따라 그 인증의 표시를 할 수 있다.

③ 소비자중심경영인증을 받으려는 사업자는 대통령령으로 정하는 바에 따라 공정거래위원회에 신청하여야 한다.

④ 공정거래위원회는 소비자중심경영인증을 신청하는 사업자에 대하여 대통령령으로 정하는 바에 따라 그 인증의 심사에 소요되는 비용을 부담하게 할 수 있다.

⑤ 공정거래위원회는 소비자중심경영을 활성화하기 위하여 대통령령으로 정하는 바에 따라 소비자중심경영인증을 받은 기업에 대하여 포상 또는 지원 등을 할 수 있다.

해설 소비자중심경영의 인증(소비자기본법 제20조의2)

① 공정거래위원회는 물품의 제조·수입·판매 또는 용역의 제공의 모든 과정이 소비자 중심으로 이루어지는 경영(이하 "소비자중심경영"이라 한다)을 하는 사업자에 대하여 소비자중심경영에 대한 인증(이하 "소비자중심경영인증"이라 한다)을 할 수 있다.

② 소비자중심경영인증을 받으려는 사업자는 대통령령으로 정하는 바에 따라 공정거래위원회에 신청하여야 한다.

③ 소비자중심경영인증을 받은 사업자는 대통령령으로 정하는 바에 따라 그 인증의 표시를 할 수 있다.

④ 소비자중심경영인증의 유효기간은 그 인증을 받은 날부터 2년으로 한다.

⑤ 공정거래위원회는 소비자중심경영을 활성화하기 위하여 대통령령으로 정하는 바에 따라 소비자중심경영인증을 받은 기업에 대하여 포상 또는 지원 등을 할 수 있다.

⑥ 공정거래위원회는 소비자중심경영인증을 신청하는 사업자에 대하여 대통령령으로 정하는 바에 따라 그 인증의 심사에 소요되는 비용을 부담하게 할 수 있다.

⑦ ①부터 ⑥까지의 규정 외에 소비자중심경영인증의 기준 및 절차 등에 필요한 사항은 대통령령으로 정한다.

21 최근 국내외 유통산업의 발전상황과 트렌드로 옳지 않은 것은?

① 제품설계, 제조, 판매, 유통 등 일련의 과정을 늘려 거대한 조직을 만들어 복잡한 가치사슬을 유지하고 높은 재고비용을 필요로 하는 가치사슬이 중요해졌다.

② 소비자의 구매 패턴 등을 담은 빅데이터를 기반으로 생산과 유통에 대한 의사결정이 이루어지고 있다.

③ 글로벌 유통기업들은 무인점포를 만들고, 시범적으로 드론 배송서비스를 시작하였다.

④ 디지털 기술 및 다양한 기술이 융합됨에 따라 온라인 플랫폼을 통하여 개인화된 제품으로 변화된 소비자선호에 대응할 수 있게 되었다.

⑤ VR/AR 등을 이용한 가상 스토어에서 물건을 살 수 있다.

해설 수직적 통합을 통해 2개 이상의 가치 활동을 통합하여 단순한 가치사슬을 유지하고, 낮은 재고비용을 필요로 하는 가치사슬이 중요해졌다.

22 중간상이 행하는 각종 분류기능 중 ㉠과 ㉡에 들어갈 용어로 옳은 것은?

> – (㉠)은/는 생산자들에 의해 공급된 이질적인 제품들을 크기, 품질, 색깔 등을 기준으로 동질적인 집단으로 나누는 기능을 의미한다.
> – (㉡)은/는 동질적인 제품을 소규모 단위로 나누는 기능을 의미한다.

① ㉠ 수합(accumulation), ㉡ 등급(sort out) ② ㉠ 등급(sort out), ㉡ 분배(allocation)

③ ㉠ 분배(allocation), ㉡ 구색(assortment) ④ ㉠ 구색(assortment), ㉡ 수합(accumulation)

⑤ ㉠ 수합(accumulation), ㉡ 분배(allocation)

해설 중간상의 선별(분류 ; sorting)기능

제조업자가 만든 제품 및 서비스의 선별과 소비자가 요구하는 구색 간의 불일치를 해소하는 기능으로, 등급, 수합, 분배, 구색의 4가지 기능을 포함한다.
- 등급(sort out) : 이질적 상품을 비교적 동질적인 개별상품단위로 구분하는 것
- 수합(accumulation) : 다수의 공급업자로부터 제공받는 상품을 모아서 동질적인 대규모 상품들로 선별하는 것
- 분배(allocation) : 동질적 제품을 분배, 소규모 로트의 상품별로 모아서 분류하는 것
- 구색(assortment) : 사용목적이 서로 관련성이 있는 상품별로 일정한 구색을 갖추어 함께 취급하는 것

23 유통산업의 개념 및 경제적 역할에 대한 설명으로 가장 옳지 않은 것은?

① 유통산업이란 도매상, 소매상, 물적 유통기관 등과 같이 유통기능을 수행·지원하는 유통기구들의 집합을 의미한다.

② 우리나라의 경우 1960년대 이후 주로 유통산업 부문 중심의 성장을 이루었으나, 1980년대 이후에는 제조업의 육성과 활성화가 중요 과제가 되었다.

③ 유통산업은 국민경제 및 서비스산업 발전에 파급효과가 크고 성장잠재력이 높은 고부가가치 산업으로 평가되고 있다.

④ 유통산업은 경제적으로 일자리 창출에 크게 기여하고 있는 산업이며 서비스산업 발전에도 중요한 역할을 하고 있다.

⑤ 유통산업은 모바일 쇼핑과 같은 신업태의 등장, 유통단계의 축소 등의 유통구조의 개선으로 상품거래비용과 소매가격하락을 통해 물가안정에도 기여하고 있다.

해설 우리나라의 경우 1960년대 이후 제조업 부문 중심의 성장을 이루었으나, 1980년대 이후에는 주로 유통산업 부문의 육성과 활성화가 중요 과제가 되었다.

24 마이클 포터(Michael Porter)의 산업구조분석모형(5-forces model)에 대한 설명으로 옳지 않은 것은?

① 공급자의 교섭력이 높아질수록 시장 매력도는 높아진다.
② 대체재의 유용성은 대체재가 기존 제품의 가치를 얼마나 상쇄할 수 있는지에 따라 결정된다.
③ 교섭력이 큰 구매자의 압력으로 인해 자사의 수익성이 낮아질 수 있다.
④ 진입장벽의 강화는 신규 진입자의 진입을 방해하는 요소가 된다.
⑤ 경쟁기업 간의 동질성이 높을수록 암묵적인 담합가능성이 높아진다.

해설 🔍 공급자의 교섭력이 높아질수록 시장의 수익성은 위협을 받게 되어 시장 매력도는 낮아진다.

25 중간상의 사회적 존재 타당성에 대한 설명 중 그 성격이 다른 하나는?

① 제조업은 고정비가 차지하는 비율이 변동비보다 크다.
② 제조업자가 중간상과 거래하여 사회적 총 거래수가 감소한다.
③ 유통업은 고정비보다 변동비의 비율이 높다.
④ 중간상이 배제되고 제조업이 유통의 역할을 통합하는 것이 비용측면에서 이점이 크지 않다.
⑤ 제조업체가 변동비를 중간상과 분담함으로써 비용면에서 경쟁 우위를 차지할 수 있다.

해설 🔍 ②는 총 거래수 최소화의 원리에 대한 설명이고, ① · ③ · ④ · ⑤는 변동비우위의 원리에 대한 설명이다.

제 2 과목 상권분석

26 소매점 개점을 위한 투자계획에 관한 설명으로 가장 옳지 않은 것은?

① 투자계획은 개점계획을 자금계획과 손익계획으로 계수화한 것이다.
② 자금계획은 자금조달계획과 자금운영계획으로 구성된다.
③ 손익계획은 수익계획과 비용계획으로 구성된다.
④ 자금계획은 투자활동 현금흐름표, 손익계획은 연도별 손익계산서로 요약할 수 있다.
⑤ 물가변동이 심하면 경상가격 대신 불변가격을 적용하여 화폐가치 변동을 반영한다.

해설 🔍 자금계획은 재무활동 현금흐름표, 손익계획은 연도별 손익계산서로 요약할 수 있다.

27 아래 글상자 속의 설명에 해당하는 상업입지로서 가장 옳은 것은?

주로 지방 중소도시의 중심부에 형성되는 커뮤니티형 상점가이다. 실용적인 준선매품 소매점 및 가족형 음식점들이 상점가를 형성하며, 대부분의 생활기능을 충족시킨다.

① 거점형 상업입지
② 광역형 상업입지
③ 지역중심형 상업입지
④ 지구중심형 상업입지
⑤ 근린형 상업입지

해설🔍 권역별 구분에 따른 유형
- **근린형** : 주거지 근처에 있고, 사람들이 일상적으로 자주 쇼핑하거나 외식을 즐기는 상업지를 말한다. 일상생활에서 자주 구입하게 되는 일반상품 위주로 판매되기 때문에 일반상품형 또는 동네 상권이라고 할 수 있으며, 동네 상권은 오피스 상권과 함께 한정된 고정고객을 대상으로 영업하는 대표적인 입지로, 이들을 고정고객화해야 하는 입지형태이다.
- **지구형** : 주거지에서 다소 떨어져 있고 보통 주단위로 쇼핑하는 물건이나 서비스를 주로 취급하는 상업지를 말한다. 일상생활에 필수적인 품목이 아닌 선호품이나 기호품을 주로 팔기 때문에 선호품형 상권이라고도 일컫는다.
- **중심형** : 주거지에서 멀리 떨어져 있어 방문주기가 빈번하지 않기 때문에 체류하는 시간이 길며, 일반상품 업종은 물론이고 외식업이나 오락, 유흥 등 여러 업종이 복합적으로 구성되어 있어 업종 간 연계성이 높은 편이다.

28 점포를 개점할 때 고려해야할 전략적 사항에 대한 설명으로 옳지 않은 것은?

① 점포는 단순히 하나의 물리적 시설이 아니고 소비자들의 생활과 직결되며, 라이프스타일에도 영향을 미친다.
② 상권의 범위가 넓어져서 규모의 경제를 유발할 수 있기 때문에, 점포의 규모는 클수록 유리하다.
③ 점포개설로 인해 인접 주민 또는 소비자단체의 민원제기나 저항이 일어나지 않도록 사전에 대비하여야 한다.
④ 취급하는 상품의 종류에 따라 소비자의 이동거리에 대한 저항감이 다르기 때문에 상권의 범위가 달라진다.
⑤ 경쟁관계에 있는 다른 점포의 규모나 위치를 충분히 검토하여야 한다.

해설🔍 점포의 규모는 클수록 무조건 유리한 것은 아니다. 상권범위가 설정되면 상권규모를 추정하여 그에 따른 점포규모를 추정해야 하는데, 상권 내 구매력에 의한 계산이나 유사지역과의 비교 또는 매장면적 대비 인구비에 의한 계산을 통해 점포의 적정 규모를 산출하고, 법적 가능 면적 및 동원 가능한 자금을 고려하여 최종적인 규모를 확정한다.

29 상권설정이 필요한 이유로 가장 옳지 않은 것은?

① 지역 내 고객의 특성을 파악하여 상품구색과 촉진의 방향을 설정하기 위해
② 잠재수요를 파악하기 위해
③ 구체적인 입지계획을 수립하기 위해
④ 점포의 접근성과 가시성을 높이기 위해
⑤ 업종선택 및 업태개발의 기본 방향을 확인하기 위해

해설🔍 점포의 접근성과 가시성은 입지설정과 관련된 요인이다.

30 현재 "상가건물 임대차보호법"(법률 제17471호, 2020. 7. 31., 일부개정) 등 관련 법규에서 규정하고 있는 상가 임대료의 인상률 상한(청구당시의 차임 또는 보증금 기준)으로 옳은 것은?

① 3%   ② 4%

③ 5%   ④ 7%

⑤ 9%

> **해설 ◎** 차임 및 증액청구의 기준(상가건물 임대차보호법 시행령 제4조)
> 차임 또는 보증금의 증액청구는 청구당시의 차임 또는 보증금의 100분의 5의 금액을 초과하지 못한다.

31 입지후보지에 대한 예상 매출금액을 계량적으로 추정하기 위한 상권분석기법이 아닌 것으로만 짝지어진 것은?

① 유사점포법(Analog method), 허프모델(Huff model)

② 허프모델(Huff model), 체크리스트법(Checklist method)

③ 티센다각형(Thiessen polygon)모형, 체크리스트법(Checklist method)

④ 회귀분석(Regression analysis)모형, 허프모델(Huff model)

⑤ 다항로짓모델(Multinomial logit model), 유사점포법(Analog method)

> **해설 ◎** 티센다각형은 최근접상가 선택가설에 근거하여 상권을 설정하는 방법으로 상권에 대한 기술적이고 예측적인 도구로 사용될 수 있으며, 체크리스트법은 상권의 규모에 영향을 미치는 요인들을 수집하여 이들에 대한 평가를 통해 시장잠재력을 측정하는 것으로 매출액을 추정하기는 어렵다.

32 소매점의 입지와 상권에 대한 설명으로 가장 옳은 것은?

① 입지 평가에는 점포의 층수, 주차장, 교통망, 주변 거주 인구 등을 이용하고, 상권 평가에는 점포의 면적, 주변 유동인구, 경쟁점포의 수 등의 항목을 활용한다.

② 입지는 점포를 이용하는 소비자들이 분포하는 공간적 범위 또는 점포의 매출이 발생하는 지역 범위를 의미한다.

③ 상권은 점포를 경영하기 위해 선택한 장소 또는 그 장소의 부지와 점포 주변의 위치적 조건을 의미한다.

④ 입지를 강화한다는 것은 점포가 더 유리한 조건을 갖출 수 있도록 점포의 속성들을 개선하는 것을 의미한다.

⑤ 입지는 일정한 공간적 범위(boundary)로 표현되고 상권은 일정한 위치를 나타내는 주소나 좌표를 가지는 점(point)으로 표시된다.

> **해설 ◎** ① 상권 평가에는 점포의 층수, 주차장, 교통망, 주변 거주 인구 등을 이용하고, 입지 평가에는 점포의 면적, 주변 유동인구, 경쟁점포의 수 등의 항목을 활용한다.
> ② 상권은 점포를 이용하는 소비자들이 분포하는 공간적 범위 또는 점포의 매출이 발생하는 지역 범위를 의미한다.
> ③ 입지는 점포를 경영하기 위해 선택한 장소 또는 그 장소의 부지와 점포 주변의 위치적 조건을 의미한다.
> ⑤ 상권은 일정한 공간적 범위(boundary)로 표현되고 입지는 일정한 위치를 나타내는 주소나 좌표를 가지는 점(point)으로 표시된다.

33 시계성 관점에서 상대적으로 좋은 입지에 대한 설명으로 가장 옳지 않은 것은?

① 차량 이용보다는 도보의 경우에 더 먼 거리에서부터 인식할 수 있게 해야 한다.

② 간판은 눈에 띄기 쉬운 크기와 색상을 갖춰야 한다.

③ 건물 전체가 눈에 띄는 것이 효과적이다.

④ 교외형인 경우 인터체인지, 대형 교차로 등을 기점으로 시계성을 판단한다.

⑤ 주차장의 진입로를 눈에 띄게 하는 것도 중요하다.

해설 도보의 경우보다는 차량을 이용할 경우에 더 먼 거리에서부터 인식할 수 있게 해야 한다.

34 지도작성체계와 데이터베이스관리체계의 결합으로 상권분석의 유용한 도구가 되고 있는 지리정보시스템(GIS)의 기능에 대한 설명으로 옳은 것은?

① 버퍼(buffer) – 지도상에서 데이터를 조회하여 표현하고, 특정 공간기준을 만족시키는 지도를 얻기 위해 조회도구로써 지도를 사용하는 것이다.

② 주제도(thematic map) 작성 – 속성정보를 요약하여 표현한 지도를 작성하는 것이며, 면, 선, 점의 형상으로 구성된다.

③ 위상 – 지리적인 형상을 표현한 지도상에 데이터의 값과 범위를 할당하여 지도를 확대·축소하는 등의 기능이다.

④ 데이터 및 공간조회 – 어떤 지도형상, 즉 점이나 선 혹은 면으로부터 특정한 거리 이내에 포함되는 영역을 의미하며, 면의 형태로 나타나 상권 혹은 영향권을 표현하는 데 사용될 수 있다.

⑤ 프레젠테이션 지도작업 – 공간적으로 동일한 경계선을 가진 두 지도 레이어들에 대해 하나의 레이어에 다른 레이어를 겹쳐 놓고 지도 형상과 속성들을 비교하는 기능이다.

해설 ① 데이터 및 공간조회
③ 프레젠테이션 지도작업
④ 버퍼(buffer)
⑤ 위상

35 동일하거나 유사한 업종은 서로 멀리 떨어져 있는 것보다 가까이 모여 있는 것이 고객을 유인할 수 있다는 입지평가의 원칙으로 옳은 것은?

① 보충가능성의 원칙   ② 점포밀집의 원칙

③ 동반유인의 원칙   ④ 고객차단의 원칙

⑤ 접근 가능성의 원칙

해설 ① 두 개의 사업이 고객을 서로 교환할 수 있을 정도로 인접한 지역에 위치하면 매출액이 높아진다.
② 지나치게 유사한 점포나 보충 가능한 점포는 밀집하면 매출액이 감소한다.
④ 사무실밀집지역, 쇼핑지역 등은 고객이 특정 지역에서 타 지역으로 이동시 점포를 방문하게 한다.
⑤ 지리적으로 인접하거나 또는 교통이 편리하면 매출을 증대시킨다.

36 한 도시 내 상권들의 계층성에 대한 설명으로 가장 옳지 않은 것은?

① 지역상권은 보통 복수의 지구상권을 포함한다.

② 지역상권은 대체로 도시의 행정구역과 일치하기도 한다.

③ 일반적으로 점포상권은 점포가 입지한 지구의 상권보다 크지 않다.

④ 같은 지구 안의 점포들은 특성이 달라도 상권은 거의 일치한다.

⑤ 지방 중소도시의 지역상권은 도시 중심부의 지구상권과 거의 일치한다.

> 해설 ❶ 지구형은 지구중심형과 대지구중심형으로 나뉘는데, 지구중심형은 반경 1km 이내의 생활권을 범위로 하며, 대지구중심형은 몇 개의 거주 지역을 상권으로 한다.

37 페터(R. M. Petter)의 공간균배의 원리에 대한 내용으로 가장 옳지 않은 것은?

① 경쟁점포들 사이의 상권분배 결과를 설명한다.

② 상권 내 소비자의 동질성과 균질분포를 가정한다.

③ 상권이 넓을수록 경쟁점포들은 분산 입지한다.

④ 수요의 교통비 탄력성이 클수록 경쟁점포들은 집중 입지한다.

⑤ 수요의 교통비 탄력성이 0(영)이면 호텔링(H. Hotelling)모형의 예측결과가 나타난다.

> 해설 ❶ 수요의 교통비 탄력성이 크면 분산 입지 현상이 나타난다.

38 상권분석은 지역분석과 부지분석으로 나누어진다. 다음 중 지역분석의 분석항목 만으로 구성된 것은?

① 기후 · 지형 · 경관, 용도지역 · 용적률, 기존 건물의 적합성, 금융 및 조세 여건

② 인구변화 추세, 기후 · 지형 · 경관, 도로망 · 철도망, 금융 및 조세 여건

③ 용도지역 · 용적률, 기존 건물의 적합성, 인구변화 추세, 도로망 · 철도망

④ 인구변화 추세, 민원발생의 소지, 토지의 지형 · 지질 · 배수, 금융 및 조세 여건

⑤ 민원발생의 소지, 용도지역 · 용적률, 도로망 · 철도망, 공익설비 및 상하수도

> 해설 ❶ 지역분석은 대형 소매점포의 시장잠재력을 조사하기 위한 분석이고, 부지분석은 구입가능한 부지들 중에서 최적의 부지(site)를 점포입지 로 선정하기 위한 분석이다.

39 지역시장의 매력도를 분석할 때 소매포화지수(IRS)와 시장성장잠재력지수(MEP)를 활용할 수 있다. 입지후보가 되는 지역시장의 성장가능성은 낮지만, 시장의 포화정도가 낮아 기존 점포 간의 경쟁이 치열하지 않은 경우로서 가장 옳은 것은?

① 소매포화지수(IRS)와 시장성장잠재력지수(MEP)가 모두 높은 경우
② 소매포화지수(IRS)는 높지만 시장성장잠재력지수(MEP)가 낮은 경우
③ 소매포화지수(IRS)는 낮지만 시장성장잠재력지수(MEP)가 높은 경우
④ 소매포화지수(IRS)와 시장성장잠재력지수(MEP)가 모두 낮은 경우
⑤ 소매포화지수(IRS)와 시장성장잠재력지수(MEP)만으로는 판단할 수 없다.

> **해설 🔍** 소매포화지수(IRS)가 높을수록 시장의 포화정도가 낮다는 것을 의미하고, 시장성장잠재력지수(MEP)가 높을수록 시장성장잠재력이 커지게 된다. 따라서 지역시장의 성장가능성은 낮지만, 시장의 포화정도가 낮아 기존 점포 간의 경쟁이 치열하지 않은 경우는 소매포화지수(IRS)는 높지만 시장성장잠재력지수(MEP)가 낮은 경우이다.

40 일반적인 백화점의 입지와 소매전략에 관한 설명으로 가장 옳지 않은 것은?

① 입지조건에 따라 도심백화점, 터미널백화점, 쇼핑센터 등으로 구분할 수 있다.
② 대상 지역의 주요산업, 인근지역 소비자의 소비행태 등을 분석해야 한다.
③ 선호하는 브랜드를 찾아다니면서 이용하는 소비자가 존재함을 인지해야 한다.
④ 상품 구색의 종합화를 통한 원스톱 쇼핑보다 한 품목에 집중해야 한다.
⑤ 집객력이 높은 층을 고려한 매장 배치나 차별화가 중요하다.

> **해설 🔍** 소비자는 한 군데에 단골을 정하지 않고 좋아하는 브랜드를 찾아다니면서 각 점포를 비교하는 성향이 강하기 때문에 이러한 다양한 소비형태에 따라 백화점은 상품구색을 종합화하여 원스톱 쇼핑의 공간을 제공해야 한다.

41 업종형태와 상권과의 관계에 대한 아래의 내용 중에서 옳지 않은 것은?

① 동일 업종이라 하더라도 점포의 규모나 품목의 구성에 따라 상권의 범위가 달라진다.
② 선매품을 취급하는 소매점포는 보다 상위의 소매 중심지나 상점가에 입지하여 넓은 범위의 상권을 가져야 한다.
③ 전문품을 취급하는 점포의 경우 고객이 지역적으로 밀집되어 있으므로 상권의 밀도는 높고 범위는 좁은 특성을 갖고 있다.
④ 상권의 범위가 넓을 때는, 상품품목 구성의 폭과 깊이를 크게 하고 다목적구매와 비교구매가 용이하게 하는 업종/업태의 선택이 필요하다.
⑤ 생필품의 경우 소비자의 구매거리가 짧고 편리한 장소에서 구매하려 함으로 이런 상품을 취급하는 업태는 주택지에 근접한 입지를 취하는 것이 좋다.

> **해설 🔍** 전문품을 취급하는 점포의 경우 잠재고객이 지역적으로 널리 분산되어 있으므로 상권의 밀도는 낮으나, 범위는 넓은 특성을 갖고 있다.

42 상권 조사 및 분석에 관한 설명으로서 가장 옳지 않은 것은?

① 유추법을 활용해 신규점포의 수요를 예측할 수 있다.

② 고객스포팅기법(CST)을 활용하여 상권의 범위를 파악할 수 있다.

③ 이용가능한 정보와 상권분석 결과의 정확성은 역U자(즉, ∩)형 관계를 갖는다.

④ 동일한 결론을 얻는 데 적용한 분석기법이 다양할수록 분석결과의 신뢰도가 높다.

⑤ 회귀분석을 통해 복수의 변수들 각각이 점포 수요에 미치는 영향을 추정할 수 있다.

> **해설** 이용가능한 정보가 많을수록 상권분석 결과의 정확성은 높아지기 때문에 이용가능한 정보와 상권분석 결과의 정확성은 선형관계를 갖는다. 역U자형 관계는 두 변수의 관계가 일정하지 않은 비선형관계를 의미한다.

43 쇼핑센터의 공간구성요소들 중에서 교차하는 통로를 연결하며 원형의 광장, 전이공간, 이벤트 장소가 되는 것은?

① 통로(path)   ② 결절점(node)

③ 지표(landmark)   ④ 구역(district)

⑤ 에지(edge)

> **해설** ① 주통로, 곡선형의 외부 경사로, 건물사이의 브리지
> ③ 분수
> ④ 상점, 레스토랑, 영화관, 공연장
> ⑤ 지하철역, 테라스, 통로난간

44 크리스탈러(Christaller)의 중심지이론과 관련된 설명으로 가장 옳지 않은 것은?

① 중심지란 배후지의 거주자들에게 재화와 서비스를 제공하는 상업기능이 밀집된 장소를 말한다.

② 배후지란 중심지에 의해 서비스를 제공받는 주변지역으로서 구매력이 균등하게 분포하고 끝이 없이 동질적인 평지라고 가정한다.

③ 중심지기능의 최대도달거리(도달범위)는 중심지에서 제공되는 상품의 가격과 소비자가 그것을 구입하는 데 드는 교통비에 의해 결정된다.

④ 도달범위란 중심지 활동이 제공되는 공간적 한계를 말하는데 중심지로부터 어느 재화에 대한 수요가 0이 되는 곳까지의 거리를 의미한다.

⑤ 상업중심지의 정상이윤 확보에 필요한 최소한의 수요를 발생시키는 상권범위를 최대수요 충족거리라고 한다.

> **해설** 상업중심지의 정상이윤 확보에 필요한 최소한의 수요를 발생시키는 상권범위를 최소수요 충족거리라고 한다.

45 빅데이터의 유용성이 가장 높은 상권분석의 영역으로 가장 옳은 것은?

① 경쟁점포의 파악
② 상권범위의 설정
③ 상권규모의 추정
④ 고객맞춤형 전략의 수립
⑤ 점포입지의 적합성 평가

> **해설** 빅데이터는 급변하는 시장 환경에 적극적으로 대처하여 신속한 소비자의 니즈 파악과 대응방안을 마련하기 위한 것으로, 빅데이터를 통해 고객과 장기적인 신뢰 관계를 구축하여 충성고객을 확보할 수 있으므로 빅데이터의 유용성이 가장 높은 상권분석의 영역은 고객맞춤형 전략의 수립이다.

제 3 과목 유통마케팅

46 유통마케팅 성과 평가에 대한 설명으로 가장 옳지 않은 것은?

① 유통마케팅 성과측정 방법은 크게 재무적 방법과 마케팅적 방법으로 나눌 수 있다.
② 재무적 방법은 회계 데이터를 기초로 성과를 측정한다.
③ 마케팅적 방법은 주로 고객들로부터 수집된 데이터를 이용하여 성과를 측정한다.
④ 마케팅적 방법은 과거의 성과를 보여주지 못하지만 미래를 예측할 수 있다는 장점이 있다.
⑤ 재무적 방법과 마케팅적 방법을 상호보완적으로 활용하여 측정하는 것이 효과적이다.

> **해설** 투입한 마케팅 자원에 대비해 달성된 성과를 평가하므로 과거의 성과를 보여줄 수 있다.

---

47 아래 글상자의 상황에서 A사가 선택할 수 있는 분석방법으로 가장 옳은 것은?

> 공기청정기를 판매하는 A사는 다양한 판매촉진을 통해 매출부진에서 벗어나고자 한다.
> 가격인하와 할인쿠폰행사 그리고 경품행사가 매출향상에 효과적인가를 판단하기 위해 각 판촉방법 당 5개 지점의 자료를 표본으로 선정하여 판촉유형이 매출에 미치는 효과여부에 관한 조사를 실시하기로 했다.

① 요인분석(factor analysis)
② 회귀분석(regression analysis)
③ 다차원척도법(MDS ; Multi-Dimensional Scaling)
④ 표적집단면접법(FGI ; Focus Group Interview)
⑤ 분산분석(ANOVA ; analysis of variance)

해설 Q 분산분석은 3개 이상의 집단들의 평균 차이를 동시에 비교하기 위한 검정방법, 즉 여러 집단의 평균의 동일성에 대한 검정을 하기 위한 기법으로, 변동의 원인이라고 판단되는 인자를 1개만 채택하여, 그 인자의 수준을 몇 단계로 변화시켰을 때 결과가 어떻게 변하는지를 측정한 측정치를 해석한다.

① 어떠한 알지 못하는 특성을 규명하기 위해 문항 또는 변인들 간의 상호관계를 분석해서 상관이 높은 문항과 변인들을 묶어 이를 몇 개의 요인으로 규명하고, 해당 요인의 의미를 부여하는 통계방법을 말한다.

② 매개변수 모델을 이용하여 통계적으로 변수들 사이의 관계를 추정하는 분석방법으로, 주로 독립변수(independent variable)가 종속변수(dependent variable)에 미치는 영향을 확인하고자 사용한다.

③ 각 대상 간의 객관적 또는 주관적인 관계에 대한 수치적인 자료들을 처리해서 다차원의 공간상에서 해당 대상들을 위치적으로 표시해 주는 일련의 통계기법을 의미한다.

④ 표적시장으로 예상되는 소비자를 일정한 자격기준에 따라 6~12명 정도 선발하여 한 장소에 모이게 한 후 면접자의 진행 아래 조사 목적과 관련된 토론을 함으로써 자료를 수집하는 마케팅조사 기법이다.

48 촉진믹스에 대한 설명으로 옳지 않은 것은?

① 광고는 커뮤니케이션을 위한 직접적인 비용을 지불한다는 점에서 홍보(publicity)와 구분된다.

② 인적판매는 소비자 유형별로 개별화된 정보를 전달할 수 있다.

③ 인적판매의 경우 대체로 타 촉진믹스에 비해 고비용이 발생한다.

④ 판매촉진의 주된 목적은 제품에 대한 체계적이고 설득력 있는 정보를 제공하는 것이다.

⑤ 광고는 제품 또는 서비스 정보의 비대면적 전달방식이다.

해설 Q 판매촉진의 주된 목적은 중간상과 소비자의 즉각적인 구매활동을 유발하는 것이다.

49 아래 글상자는 로열티(고객충성도)의 유형을 설명하고 있다. ㉠, ㉡, ㉢에 들어갈 용어를 순서대로 나열한 것으로 옳은 것은?

- (㉠) : 그냥 예전부터 하던 대로 습관화되어 반복적으로 특정 제품을 구매하는 경우
- (㉡) : 반복구매 정도는 낮지만 호감의 정도는 높아 다소의 노력을 기울여서라도 특정 제품이나 브랜드를 구입하는 경우
- (㉢) : 특정 제품에 대한 애착과 호감의 수준이 높고 반복구매가 빈번하게 발생하며 때로 긍정적 구전을 하는 경우
- 비로열티(no loyalty) : 어떤 차선책을 찾을 수 없어 특정 제품을 반복적으로 선택하는 경우

① ㉠ 잠재적 로열티, ㉡ 초우량 로열티, ㉢ 타성적 로열티

② ㉠ 초우량 로열티, ㉡ 타성적 로열티, ㉢ 잠재적 로열티

③ ㉠ 타성적 로열티, ㉡ 잠재적 로열티, ㉢ 초우량 로열티

④ ㉠ 잠재적 로열티, ㉡ 타성적 로열티, ㉢ 초우량 로열티

⑤ ㉠ 초우량 로열티, ㉡ 잠재적 로열티, ㉢ 타성적 로열티

해설 Q 로열티(충성도)의 단계

비로열티 → 타성적 로열티 → 잠재적 로열티 → 초우량 로열티

- 비로열티 : 애착도 없고 반복적으로 구매하지도 않는 저태도 · 저행동
- 타성적 로열티 : 애착은 없지만 반복적으로 구매하는 저태도 · 고행동
- 잠재적 로열티 : 반복적으로 구매하지는 않지만 애착은 있는 고태도 · 저행동
- 초우량 로열티 : 애착도 있고 반복적으로 구매하는 고태도 · 고행동

50 고객서비스에 대한 설명으로 가장 옳지 않은 것은?

① 고객서비스는 고객에게 만족스러운 쇼핑경험을 제공하기 위해 소매업체가 수행하는 일련의 활동과 프로그램을 의미한다.

② 고객서비스는 소비자들이 구매한 상품에서 느낄 수 있는 가치를 증진시킨다.

③ 소매업체는 보다 많은 단기적 이익을 추구하려는 전술적 관점에서 고객서비스를 제공한다.

④ 좋은 고객서비스는 경쟁사가 모방하기 어렵고 고객들이 점포를 다시 찾게 만드는 전략적 이점을 제공한다.

⑤ 훌륭한 고객서비스 제공을 통해 점포들은 상품을 차별화하고 고객충성도를 구축하며 지속가능한 경쟁우위를 확보하려고 한다.

해설 소매업체는 보다 많은 장기적 이익을 추구하려는 전략적 관점에서 고객서비스를 제공한다.

51 판매원의 고객서비스와 판매업무활동에 대한 설명으로 가장 옳지 않은 것은?

① 판매원의 판매업무활동은 고객에게 상품에 대한 효용을 설명함으로써 구매결정을 내리도록 설득하는 것을 의미한다.

② 개별 소비자의 구매 성향에 맞게 고객서비스를 조정하는 고객화 접근법(customization)은 최소화된 비용으로 고객을 설득시킬 수 있는 직접적 판매활동이다.

③ 전체 고객집단에 대하여 동일한 고객서비스를 제공하는 것을 표준화 접근법(standardization)이라 한다.

④ 판매업무 활동의 마지막 단계는 고객의 니즈에 부합하면서 판매가 만족스럽게 이루어지도록 하는 판매종결(closing)기능이다.

⑤ 고객으로부터 얻은 정보를 기업에게 전달하는 역할도 판매업무활동의 하나이다.

해설 고객의 다양한 니즈를 충족시키려면 고객화 접근법(customization)을 수행해야하지만, 비용 상승이라는 부담이 생기게 된다.

52 성공적인 고객관계관리(CRM)의 도입과 실행을 위해 고려해야 할 사항으로 옳지 않은 것은?

① 고객을 중심으로 모든 거래 데이터를 통합해야 한다.

② 고객의 정의와 고객그룹별 관리방침을 수립해야 한다.

③ 고객관계관리는 전략적 차원이 아닌 단순 정보기술수준에서 활용해야 한다.

④ 고객 분석에 필요한 고객의 상세정보를 수집해야 한다.

⑤ 고객 분석결과를 활용할 수 있도록 제반 업무절차를 정립하고 시행해야 한다.

해설 고객관계관리는 단순한 정보기술수준이 아닌 전략적 차원의 수준에서 활용해야 한다.

53 고객관계관리(CRM)에 기반한 마케팅활동으로 가장 옳지 않은 것은?

① 비용을 최소화할 수 있는 고객확보 활동

② 고객과의 신뢰를 쌓아가는 전략적 마케팅 활동

③ 수익성 높은 고객의 분류 및 표적화마케팅

④ 중간상을 배제한 고객과의 직접적 · 개별적 커뮤니케이션

⑤ 교차판매와 상향판매의 기회 증대 및 활용

해설 Q CRM은 통합된 멀티채널을 통해 고객과의 일대일 관계를 중요시한다.

54 아래 글상자 ㉠, ㉡, ㉢에 들어갈 용어로 옳은 것은?

> 일반적으로 소비자는 어떤 상품을 살 때, 과거 경험이나 기억, 외부에서 들어온 정보 등에 의해 특정 가격을 떠올리게 되는데 이를 (㉠)이라 한다. 또한, 소비자마다 최하 얼마 이상 최고 얼마 미만의 가격이라면 사겠다고 생각하는 범위가 존재하는데 이를 (㉡)이라 한다. 그러나 항상 이렇게 합리적인 방식으로 가격에 반응하지는 않는다. 소비자는 디자이너 명품 의류나 주류, 시계와 같은 제품에 대해서는 가격을 품질이나 지위의 상징으로 여기는 경우가 있다. 따라서 소비자가 지불가능한 가장 높은 가격을 유지하는 전략을 (㉢) 전략이라 한다.

① ㉠ 준거가격, ㉡ 할증가격, ㉢ 수요점화가격수준

② ㉠ 준거가격, ㉡ 명성가격, ㉢ 할증가격

③ ㉠ 준거가격, ㉡ 명성가격, ㉢ 수요점화가격수준

④ ㉠ 준거가격, ㉡ 수요점화가격수준, ㉢ 명성가격

⑤ ㉠ 할증가격, ㉡ 준거가격, ㉢ 수요점화가격수준

해설 Q ㉠ 준거가격 : 소비자가 제품의 실제 가격을 평가하기 위하여 이용하는 표준가격(Standard Price)을 말한다. 준거가격은 외적 준거가격과 내적 준거가격으로 구분되는데, 외적 준거가격은 구매환경에서 노출되는 가격이며, 내적 준거가격은 제품 경험 및 외부환경에서 얻을 수 있는 정보의 영향을 받는 가격으로, 실제 가격을 비교하거나 판단하는 데 이용되는 구매자 기억 속의 가격을 의미한다.
㉡ 수요점화가격수준 : 소비자마다 최하 얼마 이상 최고 얼마 미만의 가격이라면 사겠다고 생각하는 범위가 존재하는데, 이와 같이 소비자가 구매를 위해 고려하게 되는 가격범위는 소비자의 소득수준에 따라 다르다.
㉢ 명성가격 : 구매자가 가격에 의해 품질을 평가하는 경향이 강한 비교적 고급품목에 대하여 가격을 결정하는 방법이다.

55 아래 글상자 보기 중 머천다이저(MD)가 상품을 싸게 구매할 수 있는 일반적인 상황을 모두 고른 것은?

> ㉠ 주문을 많이 하는 경우
> ㉡ 반품 없이 모두 직매입하는 경우
> ㉢ 현찰로 물품대금을 지불하는 경우
> ㉣ 경쟁업체들이 취급하지 못하는 제조업체 제품(NB)들을 매입하는 경우

① ㉠, ㉡

② ㉠, ㉢

③ ㉠, ㉣

④ ㉠, ㉡, ㉢

⑤ ㉠, ㉡, ㉢, ㉣

56 다음 중 머천다이징(merchandising)을 뜻하는 의미로 가장 옳은 것은?

① 상품화계획
② 상품구매계획
③ 재고관리계획
④ 판매활동계획
⑤ 물류활동계획

57 제품구색의 변화에 초점을 맞춘 소매업태이론으로서, 소매상은 제품구색이 넓은 소매업태에서 전문화된 좁은 구색의 소매
업태로 변화되었다가 다시 넓은 구색의 소매업태로 변화되어 간다고 설명하는 이론으로 가장 옳은 것은?

① 소매수명주기이론
② 소매변증법이론
③ 소매아코디언이론
④ 소매차륜이론
⑤ 소매진공이론

58 아래 글상자에서 수직적 경쟁과 관련하여 옳은 내용만을 모두 나열한 것은?

> ㉠ 유통경로상의 서로 다른 경로 수준에 위치한 경로 구성원 간의 경쟁을 의미한다.
> ㉡ 유사한 상품을 판매하는 서로 상이한 형태의 소매업체 간 경쟁을 뜻한다.
> ㉢ 자체상표(PB) 확산으로 발생하는 유통업체와 제조업체와의 경쟁도 수직적 경쟁에 포함된다.
> ㉣ 체인 간의 경쟁, 협동조합과 프랜차이즈 간의 경쟁도 수직적 경쟁에 포함된다.
> ㉤ 수직적 경쟁이 치열해질수록 횡적/수평적 관계로 경쟁을 완화하려는 욕구가 커진다.

① ㉠, ㉡, ㉢
② ㉡, ㉢, ㉤
③ ㉠, ㉢, ㉤
④ ㉡, ㉢, ㉣
⑤ ㉢, ㉣, ㉤

59 다음 중 온·오프라인(O2O) 유통전략을 실행한 결과의 사례로서 가장 옳지 않은 것은?

① 온라인 몰을 통해서 구매한 식품을 근처 오프라인 매장에서 원하는 시간에 집으로 배송 받음

② 모바일 앱을 통해 영화·TV프로그램 등의 콘텐츠를 구매하고 TV를 통해 시청함

③ PC나 모바일 앱으로 상품을 주문한 후 원하는 날짜 및 시간에 점포에 방문하여 픽업함

④ 온라인을 통해 구매한 제품에 대해 환불을 신청한 후 편의점을 통해 제품을 반품함

⑤ 모바일 지갑 서비스를 통해 쿠폰을 다운받아 매장에서 결제할 때 사용함

해설 O2O(Online to Offline)는 온라인이 오프라인으로 옮겨온다는 뜻으로, 정보 유통 비용이 저렴한 온라인과 실제 소비가 일어나는 오프라인의 장점을 접목해 새로운 시장을 만들어보자는 데서 나왔다. 따라서 ②는 콘텐츠를 구매한 기기와 시청한 기기가 다른 것이기 때문에 O2O 사례와는 거리가 멀다.

60 최근 우리나라에서 찾아볼 수 있는 소매경영환경의 변화로 가장 옳지 않은 것은?

① 소비자의 편의성(convenience)추구 증대

② 중간상 상표의 매출 증대

③ 온라인채널의 비약적 성장

④ 하이테크(hi-tech)형 저가 소매업으로의 시장통합

⑤ 파워 리테일러(power retailer)의 영향력 증대

해설 하이테크에서 더 나아가 인간의 감성과 기술의 조화를 이룸으로써 고부가가치를 창출하는 하이터치 개념을 도입하고 있다.

61 엔드진열(end cap display)에 대한 설명으로 가장 옳지 않은 것은?

① 진열된 상품의 소비자들에 대한 노출도가 높다.

② 소비자들을 점내로 회유시키는 동시에 일반 매대로 유인하는 역할을 한다.

③ 생활제안 및 계절행사 등을 통해 매력적인 점포라는 인식을 심어줄 수 있다.

④ 상품정돈을 하지 않으므로 작업시간이 절감되고 저렴한 특가품이라는 인상을 준다.

⑤ 고마진 상품진열대로서 활용하여 이익 및 매출을 높일 수 있다.

해설 ④는 점블진열(Jumble Display)에 대한 설명이다.

62 중간상을 비롯한 유통경로 구성원들에게 제공하는 판매촉진 방법으로 옳지 않은 것은?

① 중간상 가격할인
② 협력광고
③ 판매원 교육
④ 지원금
⑤ 충성도 프로그램

> **해설** 충성도 프로그램은 고객의 반복적인 구매활동에 대한 보상으로 상품할인, 무료식품, 선물 혹은 여행 같은 인센티브를 제공하기 위해 마련된 마케팅 프로그램이다.

63 레이아웃의 유형 중 격자형 점포배치(grid layout)가 갖는 상대적 특성으로 가장 옳지 않은 것은?

① 비용 대비 효율성이 매우 높다.
② 공간의 낭비를 크게 줄일 수 있다.
③ 심미적으로 가장 우수한 배열은 아니다.
④ 고객의 충동구매를 효과적으로 자극한다.
⑤ 같은 면적에 상대적으로 더 많은 상품을 진열할 수 있다.

> **해설** 고객의 자유로운 쇼핑과 충동적인 구매를 기대하는 매장에 적격인 점포배치는 자유형 점포배치이다.

64 아래 글상자에서 공통적으로 설명하는 가격전략은?

> ㉠ A대형마트에서는 비누와 로션 등을 3개씩 묶어서 판매함
> ㉡ 초고속인터넷과 IPTV를 따로 가입할 때보다 함께 가입하면 할인된 가격으로 제공

① 종속제품 가격전략(captive product pricing)
② 부산물 가격전략(by-product pricing)
③ 시장침투 가격전략(market-penetration pricing)
④ 묶음제품 가격전략(product-bundle pricing)
⑤ 제품라인 가격전략(product line pricing)

> **해설** ① 주요한 제품과 함께 사용하여야 하는 종속제품에 대한 가격을 결정하는 방법
> ② 주요 제품의 가격이 보다 경쟁적 우위를 차지할 수 있도록 부산물의 가격을 결정하는 방법
> ③ 수요가 가격에 대하여 민감한 가격탄력도가 높은 신제품을 도입하는 초기에 있어서 저가격을 설정함으로써 신속하게 시장에 침투하여 시장을 확보하려는 가격정책
> ⑤ 한 가지 제품을 개발하기 보다는 복수의 제품라인을 개발하여 제품 간에 가격 단계를 설정하는 방법

65 유통시장을 세분화할 때 세분화된 시장이 갖추어야 할 요건으로 가장 옳지 않은 것은?

① 세분화된 시장의 크기나 규모, 구매력의 정도가 측정가능해야 함

② 세분시장별 수익성을 보장하기 위한 시장성이 충분해야 함

③ 마케팅 활동을 통해 세분화된 시장의 소비자에게 효과적으로 접근할 수 있어야 함

④ 자사가 세분화된 시장에서 높은 경쟁우위를 갖고 있어야 함

⑤ 세분시장별 효과적인 마케팅 믹스가 개발될 수 있어야 함

> **해설** 세분시장 내에서는 동질성이 최대화되어야 한다.
>
> ※ 효과적 세분화의 조건
> - 측정가능성 : 세분시장의 크기와 구매력이 측정될 수 있어야 한다.
> - 접근가능성 : 세분시장에 있는 소비자에게 효과적으로 접근해서 활동할 수 있는 가능성의 정도이다.
> - 시장의 규모 : 세분시장의 규모와 수익성의 정도가 차별적인 전략을 구사할 만큼 커야 한다.
> - 실행가능성 : 세분시장에 효과적인 프로그램을 설계하여 효과를 얻을 수 있어야 한다.

66 점포구성에 대한 설명으로 가장 옳지 않은 것은?

① 점포는 상품을 판매하는 매장과 작업장, 창고 등의 후방으로 구성된다.

② 점포를 구성하는 방법, 배치 방법을 레이아웃이라 한다.

③ 점포 구성시 고객의 주동선, 보조동선, 순환동선 모두를 고려해야 한다.

④ 점포 레이아웃 안에서 상품을 그룹핑하여 진열 순서를 결정하는 것을 조닝(zoning)이라 한다.

⑤ 명확한 조닝 구성을 위해 외장 출입구 및 점두 간판의 설치 위치를 신중하게 결정해야 한다.

> **해설** 조닝이란 레이아웃이 완성되면 각 코너별 상품 구성을 계획하고 진열면적을 배분하여 레이아웃 도면상에 상품배치 존 구분을 표시하는 것이므로 외장 출입구 및 점두 간판의 설치 위치는 명확한 조닝 구성시 신중하게 결정해야 하는 요소와는 거리가 멀다.

67 다음 중 자체상표(private brand) 상품의 장점으로 가장 옳지 않은 것은?

① 다른 곳에서는 구매할 수 없는 상품이기 때문에 차별화된 상품화 가능

② 유통기업이 누릴 수 있는 마진폭을 상대적으로 높게 책정 가능

③ 유통단계를 축소시킴으로써 비교적 저렴한 가격으로 판매 가능

④ 유통기업이 전적으로 권한을 갖기 때문에 재고소요량, 상품회전율 등의 불확실성 제거 가능

⑤ 유사한 전국상표 상품 옆에 저렴한 자체상표 상품을 나란히 진열함으로써 판매촉진효과 획득 가능

> **해설** 자체상표(private brand) 상품은 대량생산주문으로 인해 재고부담이 증가할 수 있는 불확실성을 가지고 있다.

68 아래 ㉠과 ㉡에 들어갈 성장전략으로 알맞게 짝지어진 것은?

구 분	기존제품	신제품
기존시장	㉠	
신시장		㉡

① ㉠ 시장침투전략, ㉡ 제품개발전략

② ㉠ 시장침투전략, ㉡ 다각화전략

③ ㉠ 시장개발전략, ㉡ 제품개발전략

④ ㉠ 시장개발전략, ㉡ 다각화전략

⑤ ㉠ 수직적통합전략, ㉡ 신제품전략

해설 제품시장확장그리드를 이용한 성장전략
- 시장침투 : 기존시장 + 기존제품의 경우로 어떤 형태로든 제품을 변경시키지 않고 기존 고객들에게 보다 많이 판매하도록 하는 전략수립
- 시장개척 : 신시장 + 기존제품의 경우로 시장개척의 가능성을 고려하는 전략수립
- 제품개발 : 기존시장 + 신제품의 경우로 기존시장에 신제품 또는 수정된 제품을 공급하는 전략수립
- 다각화전략 : 신시장 + 신제품의 경우로 기존의 제품이나 시장과는 완전히 다른 새로운 사업을 시작하거나 인수하는 전략수립

69 다음 중 판매를 시도하기 위해 고객에게 다가가는 고객접근 기술로 가장 옳지 않은 것은?

① 고객에게 명함을 전달하며 공식적으로 접근하는 상품혜택 접근법

② 판매하고자 하는 상품을 고객에게 제시하며 주의와 관심을 환기시키는 상품 접근법

③ 고객의 관심과 흥미를 유발시켜 접근해 나가는 환기 접근법

④ 고객에게 가치 있는 무언가를 무료로 제공하면서 접근하는 프리미엄 접근법

⑤ 이전에 구매한 상품에 대한 정보제공이나 조언을 해주며 접근하는 서비스 접근법

해설 상품혜택 접근법은 구매자에게 제공될 상품혜택, 예상고객을 연관시키는 설명이나 질문을 갖고 면담을 시작하는 데 사용된다.

70 다음 중 각 상품수명주기에 따른 관리전략을 연결한 것으로 옳지 않은 것은?

① 도입기 – 기본형태의 상품 출시

② 성장기 – 상품 확대, 서비스 향상

③ 성숙기 – 브랜드 및 모델의 통합, 품질보증의 도입

④ 쇠퇴기 – 경쟁력 없는 취약상품의 철수

⑤ 쇠퇴기 – 재활성화(reactivation)

해설 성숙기에는 시장경쟁에 대응하기 위해서 다양한 상표 및 모델의 제품 등을 개발해야 하는 시기이다.

71 아래 글상자에서 설명하는 기능으로 가장 옳은 것은?

> A사는 온라인과 오프라인 매장을 동시에 운영하는 코스메틱 유통회사이다. 따라서 창고 환경(온도, 습도 등)과 제품재고에 대한 실시간 상황 관리가 무엇보다 중요하다고 판단하였다. 창고관리시스템을 구축할 때, 실시간으로 창고환경과 물품별 재고현황 등을 한 화면에서 파악할 수 있도록 하였다.

① 시스템자원관리　　　　　　　　　② 주문처리집계
③ 항온항습센서　　　　　　　　　　④ 재고관리통계
⑤ 대시보드

해설 대시보드(dashboard)
- 한 화면에서 다양한 정보를 중앙 집중적으로 관리하고 찾을 수 있도록 하는 사용자 인터페이스(UI) 기능이다.
- 여러 종류의 웹 기반 콘텐츠를 재사용할 수 있도록 구성하고, 문서, 웹 페이지, 메시징, 미디어 파일 등 다양한 콘텐츠를 한 화면에서 관리한다.
- 특징으로는 의사결정과 작업분석에 적절한 정보 제공과 사용자 및 그룹관리가 용이하고, 무선응용통신규약(WAP) 전화, 휴대형 PC 등 이동장비 지원이 가능하다.

72 4차 산업혁명 시대에는 다양한 인공지능 알고리즘을 활용해 혁신적인 유통 솔루션이 개발되고 있다. 유통솔루션 개발에 활용되는 다음의 알고리즘 중 딥러닝이 아닌 것은?

① CNN(Convolutional Neural Network)
② DBN(Deep Belief Network)
③ RNN(Recurrent Neural Network)
④ LSTM(Long Short-Term Memory)
⑤ GA(Genetic Algorithm)

해설 유전자 알고리즘(GA ; Genetic Algorithm)은 자연세계의 진화현상에 기반한 계산 모델로, 진화론의 적자생존과 자연선택의 유전학에 근거한 적응탐색 기법이다.
① 딥러닝에서 이미지를 분석하기 위해 패턴을 찾는 데 유용한 알고리즘으로 데이터에서 이미지를 직접 학습하고 패턴을 사용해 이미지를 분류한다. CNN의 핵심적인 개념은 이미지의 공간정보를 유지하며 학습을 한다는 것이다.
② 딥러닝은 신경망 아키텍처를 사용해 데이터를 처리하기 때문에 심층신경망(DNN ; Deep Neural Network)이라고도 불리는데, 심층신뢰신경망(DBN ; Deep Belief Network)은 알고리즘에 따라 비지도 학습 방법(unsupervised learning)을 기반으로 하는 것을 말한다.
③ 과거의 정보를 사용하여 현재 및 미래의 입력에 대한 신경망의 성능을 개선하는 딥러닝 신경망이다.
④ 은닉층의 메모리 셀에 입력 게이트, 망각 게이트, 출력 게이트를 추가하여 불필요한 기억을 지우고, 기억해야할 것들을 정하는 것이다.

73 전형적인 조직구조는 피라미드와 유사하며 조직 수준별로 의사결정, 문제해결, 기회포착에 요구되는 정보유형이 각기 다르다. 조직구조를 3계층으로 구분할 때, 다음 중 운영적 수준에서 이루어지는 의사결정과 관련된 정보활용 사례로 가장 옳지 않은 것은?

① 병가를 낸 직원이 몇 명인가?
② 코로나19 이후 향후 3년에 걸친 고용수준 변화와 기업에 미치는 영향은?
③ 이번 달 온라인 쇼핑몰 구매자의 구매후기 건수는?
④ 지역별 오늘 배송해야 하는 주문 건수는?
⑤ 창고의 제품군별 재고 현황은?

해설 ✚ 구조화 결정에 따른 의사결정의 예

의사결정 구조화	운영적 수준	전술적 수준	전략적 수준
비구조적	–	작업집단 재조직	신규사업 기획
반구조적	현금관리 신용관리 생산일정 일일작업 할당	작업집단 성과분석 종업원 성과평가 자본 예산 프로그램 예산	기업조직 재구축 상품 기획 기업매수 및 합병 입지 선정
구조적	재고관리	프로그램 관리	–

74 전자상거래에서 거래되는 제품들의 가격인하 요인으로 가장 옳지 않은 것은?

① 신디케이트 판매
② 경쟁심화에 따른 가격유지의 어려움
③ 최저 가격 검색 가능
④ 인터넷 판매의 낮은 경비
⑤ 사이트의 시장점유율 우선의 가격 설정

해설 ✚ 신디케이트는 제품의 판매를 개별기업으로부터 공동판매 기관으로 옮기고, 생산 할당이나 합리화를 지도하여 시장지배력을 강화하려는 기업조합으로, 기업 독점형태의 하나이기 때문에 가격인상 요인에 해당된다.

75 아래 글상자의 (   ) 안에 들어갈 내용을 순서대로 나열한 것으로 가장 옳은 것은?

구 분	자 료	정 보	지 식
구조화	(㉠)	단위필요	(㉡)
부가가치	(㉢)	중 간	(㉣)
객관성	(㉤)	가공필요	(㉥)
의사결정	관련 없음	객관적사용	주관적사용

① ㉠ 어려움, ㉡ 쉬움, ㉢ 적음, ㉣ 많음, ㉤ 객관적, ㉥ 주관적
② ㉠ 쉬움, ㉡ 어려움, ㉢ 적음, ㉣ 많음, ㉤ 객관적, ㉥ 주관적
③ ㉠ 어려움, ㉡ 쉬움, ㉢ 많음, ㉣ 적음, ㉤ 주관적, ㉥ 객관적
④ ㉠ 쉬움, ㉡ 어려움, ㉢ 많음, ㉣ 적음, ㉤ 주관적, ㉥ 객관적
⑤ ㉠ 어려움, ㉡ 쉬움, ㉢ 적음, ㉣ 많음, ㉤ 주관적, ㉥ 객관적

- 자료는 그 자체로는 의미가 없으며 이용자의 의도에 맞게 유용한 형태로 전환되고 가치를 지니고 있어야 의미를 가지게 된다. 이렇게 자료가 의미 있는 형태로 처리되었을 경우 비로소 우리는 정보라고 부른다.
- 지식이란 다양한 종류의 정보가 축적되어 특정 목적에 부합하도록 일반화된 정보로서, 자료가 정보로 전환되는 과정에서 활용된다.
- 정보를 산출하기 위해서 어떠한 자료가 필요하고, 자료를 어떠한 과정을 거쳐 정보로 변환시켜야 하며, 이러한 자료와 정보를 바탕으로 어떠한 의사결정과 행동을 수행하여야 하는지는 지식에 의해 통제된다.

76 A사는 기업활동에 관련된 내외부자료를 관리 영역별로 각기 수집 · 저장관리하고 있다. 관리되고 있는 자료를 한 곳에 모아 활용하기 위해서, 자료를 목적에 맞게 적당한 형태로 변환하거나 통합하는 과정을 거쳐야 한다. 수집된 자료를 표준화시키 거나 변환하여 목표 저장소에 저장할 수 있도록 도와주는 기술로 가장 옳은 것은?

① ETL(Extract, Transform, Load)
② OLAP(Online Analytical Processing)
③ OLTP(Online Transaction Processing)
④ 정규화(Normalization)
⑤ 플레이크(Flake)

해설 ② 데이터의 분석과 관리를 위해서 다차원의 데이터를 모으고, 관리하고, 프로세싱하고, 표현하기 위한 응용프로그램 및 기술을 말한다.
③ 은행이나 항공사, 슈퍼마켓, 제조업체 등 많은 기업체에서 데이터 입력이나 거래조회 등을 위한 트랜잭션 지향의 업무를 쉽게 관리해 주는 프로그램을 말한다.
④ 데이터를 일정한 규칙에 따라 변형하여 이용하기 쉽게 만드는 것을 의미한다.

77 아래 글상자의 ( ) 안에 공통적으로 들어갈 용어로 가장 옳은 것은?

- ( )는 창의성을 가지고 있는 소비자를 의미하며, 미국의 미래학자 앨빈 토플러가 제3의 물결이라는 저서에서 제시한 용어이다.
- ( )는 기업의 신상품 개발과 디자인, 판매 등의 활동에 적극적으로 개입하는 소비자를 의미한다.

① 파워 크리에이터(power creator) ② 크리슈머(cresumer)
③ 얼리어답터(early adopter) ④ 에고이스트(egoist)
⑤ 창의트레이너(kreativitäää)

해설 크리슈머(cresumer)는 'Creative'와 'Consumer'의 합성어로 크리슈머는 단순한 소비만으로 욕구를 충족하는 수준이 아니라 소비를 통하여 스스로의 개성을 표현하는 창조적인 소비자를 의미한다. 크리슈머의 경영참여는 소비자와 기업 간의 커뮤니케이션을 통해 기업이 경영에 필요한 지식과 아이디어를 소비자로부터 얻는 것을 의미한다.

78 GS1 표준 식별코드에 대한 설명으로 가장 옳지 않은 것은?

① 식별코드는 숫자나 문자(또는 둘의 조합)의 열로, 사람이나 사물을 식별하는 데 활용

② 하나의 상품에 대한 GS1 표준 식별코드는 전 세계적으로 유일

③ A아이스크림(포도맛)에 오렌지맛을 신규상품으로 출시할 경우 고유 식별코드가 부여되어야 함

④ 상품의 체적정보 또는 총중량의 변화가 5% 이하인 경우 고유 식별코드를 부여하지 않음

⑤ 상품 홍보 또는 이벤트를 위해 특정기간을 정하여 판매하는 경우는 고유 식별코드를 부여하지 않음

> **해설 🔍** GS1코드는 백화점, 슈퍼마켓, 편의점 등 유통업체에서 최종 소비자에게 판매되는 상품에 사용되는 코드로서 상품 제조 단계에서 제조업체가 상품 포장에 직접 인쇄하는 것으로 제품 분류(Product Classification)의 수단이 아니라 제품 식별의 수단으로 사용되기 때문에 상품 홍보 또는 이벤트를 위해 특정기간을 정하여 판매하는 경우에도 고유 식별코드를 부여한다.

79 아래 글상자의 (   ) 안에 들어갈 용어로 가장 옳은 것은?

> e-CRM은 단 한 명의 고객까지 세분화하여 고객의 개별화된 특성을 파악하고 이들 고객에게 맞춤 서비스를 제공하는 데 목적을 두고 구현한다. 이를 위해 다양한 정보를 수집하고 분석하여 활용하는데, 고객이 인터넷을 서핑하면서 만들어 내는 고객의 (   )는 고객의 성향을 파악할 수 있는 훌륭한 정보가 된다.

① 웹 로그(Web log)   ② 웹 서버(Web Server)

③ 웹 사이트(Web Site)   ④ 웹 서비스(Web Service)

⑤ 웹 콘텐츠(Web Contents)

> **해설 🔍** 웹로그 파일
> • 웹서버를 통해 이루어지는 내용이나 활동 사항을 시간의 흐름에 따라 기록하는 파일을 웹로그 파일이라 한다.
> • Access log는 웹사이트 방문자가 웹브라우저를 통해 사이트 방문시 브라우저가 웹서버에 파일을 요청한 기록과 시간, IP에 관련된 정보에 대한 기록이다.
> • Referrer log는 웹서버를 소개해 준 사이트와 소개받은 페이지를 기록함으로써 해당 웹사이트를 보기 위해서 어떤 페이지를 거쳐 왔는지에 대한 기록이다.
> • Agent log는 사이트 방문자의 웹브라우저 버전, 운영체제의 종류, 화면해상도, 프로그램의 종류 등에 관한 정보로 최적화된 웹사이트를 구성할 수 있는 단서를 제공한다.
> • Error log는 웹서버에서 발생하는 모든 에러와 접속실패에 대한 시간과 에러 내용을 모두 기록한다.

80 전자상거래 용어에 대한 해설로 가장 옳은 것은?

① 온라인 쇼핑몰 – 컴퓨터 등과 정보통신 설비를 이용하여 재화 또는 용역을 거래할 수 있도록 설정된 가상의 영업장

② 모바일 앱 – 모바일 기기의 인터넷 기능을 통해 접속하는 각종 웹사이트 중 모바일 환경을 고려하여 설계된 모바일 전용 웹사이트

③ 모바일 웹 – 스마트폰, 스마트 패드 등 스마트 기기에 설치하여 사용할 수 있는 응용 프로그램

④ 종합몰 – 하나 혹은 주된 특정 카테고리의 상품군만을 구성하여 운영하는 온라인쇼핑몰

⑤ 전문몰 – 각종 상품군 카테고리를 다양하게 구성하여 여러 종류의 상품을 구매할 수 있는 온라인쇼핑몰

> **해설 🔍** ② 모바일 웹, ③ 모바일 앱, ④ 전문몰, ⑤ 종합몰

81 유통업체에서 비즈니스 애널리틱스(analytics)의 유형에 대한 설명으로 가장 옳지 않은 것은?

① 리포트(reports)는 비즈니스에서 요구하는 정보를 포맷화하고, 조직화하기 위해 변환시켜 표현하는 것이다.

② 쿼리(queries)는 데이터베이스로부터 정보를 추출하는 주요 매커니즘이다.

③ 알림(alert)은 특정 사건이 발생했거나, 이를 관리자에게 인지시켜주는 자동화된 기능이다.

④ 대시보드(dashboards)는 데이터 분석결과에 대한 이용자 이해도를 높이기 위한 데이터 시각화 기술이다.

⑤ 스코어카드(scorecards)는 숨겨진 상관관계 및 트렌드를 발견하기 위해 대규모 데이터를 분석하는 통계적 분석이다.

해설 🔍 숨겨진 상관관계 및 트렌드를 발견하기 위해 대규모 데이터를 분석하는 것은 데이터 마이닝이다. 데이터 마이닝(data mining)은 대량의 데이터에서 유용한 정보를 추출하는 것으로, 데이터 마이닝을 할 때는 다양한 통계적 기법, 수학적 기법과 인공지능을 활용한 패턴인식 기술 등을 이용하여 데이터 속에서 유의미한 관계, 규칙 패턴 등에 대한 규칙을 발견하는 것이다.

82 수집된 지식을 컴퓨터와 의사결정자가 동시에 이해할 수 있는 형태로 표현하기 위해 갖추어야 할 조건으로 가장 옳지 않은 것은?

① 추론의 효율성
② 저장의 복잡성
③ 표현의 정확성
④ 지식획득의 용이성
⑤ 목적달성에 부합되는 구조

해설 🔍 저장의 복잡성(×) → 저장의 단순성(○)

83 아래 글상자에서 설명하는 인터넷 서비스의 종류로 가장 옳은 것은?

> 네트워크상의 시스템 사용자가 자기 시스템의 자원에 접속하는 것처럼 원격지에 있는 다른 시스템에 접속할 수 있게 지원하는 서비스이다. 세계 어느 지역의 컴퓨터든지 그 컴퓨터가 인터넷에 연결만 되어 있으면 일정한 조건 충족시 시간이나 공간의 제약 없이 접속할 수 있다.

① FTP(File Transfer Protocol)
② Gopher
③ Telnet
④ Usenet
⑤ E-Mail

해설 🔍 텔넷(telnet)은 원격지의 컴퓨터를 인터넷을 통해 접속하여 자신의 컴퓨터처럼 사용할 수 있는 원격 접속 서비스로, 텔넷을 이용하려면 원격 컴퓨터를 이용할 수 있는 사용자 계정이 있어야 한다.
① 대량의 파일을 주고받을 때 사용하는 파일 전송 전용 서비스이다.
② 정보의 내용을 주제별이나 종류별로 구분하고, 메뉴로 구성하여 사용할 수 있는 방식으로 인터넷 정보검색 서비스를 말한다.
④ User Network(사용자 네트워크)의 약어로, 특정한 주제나 관심사에 대해 의견을 게시하거나 관련 분야에 대한 그림, 동영상, 실행파일, 데이터파일 등의 자료를 등록할 수 있는 전자게시판의 일종이다.

84 RFID 도입에 따른 제조업자 측면에서의 이점으로 가장 옳지 않은 것은?

① 재고 가시성 ② 노동 효율성

③ 제품 추적성 ④ 주문 사이클 타임의 증가

⑤ 제조자원 이용률의 향상

> **해설** RFID는 바코드처럼 각 제품의 개수와 검수를 위해 일일이 바코드 리더기를 가져다 댈 필요 없이 자동으로 대량 판독이 가능하기 때문에 불필요한 리드타임을 줄일 수 있다.

85 아래 글상자에서 공통적으로 설명하는 개념으로 가장 옳은 것은?

> – 공급사슬 네트워크의 복잡성을 설명하는 개념으로, 공급사슬 네트워크의 특정한 부분에서 하나의 이벤트가 발생하면, 공급사슬 네트워크의 다른 부분에서 예측하지 못했던 문제가 발생한다는 것을 설명해 준다.
> – 공급사슬 혼동 현상을 설명해주는 용어로, 아마존 강 유역 어딘가에서 나비가 날개를 펄럭이면, 수천 마일 떨어진 곳에서 허리케인이 만들어질 수 있다는 개념이다.

① 파레토의 법칙(Pareto's principle)

② 기하급수 기술(exponential technology)

③ 메트칼프의 법칙(Law of Metcalfe)

④ 규모의 경제(economy of scale)

⑤ 나비효과(butterfly effect)

> **해설** ① 전체 결과의 80%가 전체 원인의 20%에서 일어나는 현상을 의미하는 것으로, 예를 들어 20%의 고객이 백화점 전체 매출의 80%에 해당하는 만큼 쇼핑하는 현상을 설명한다.
> ② 기하급수적인 기술 변화가 생산 산업에도 큰 변화를 가져오고 있으며 특히 정보통신기술을 기반으로 빠른 변화와 발전을 불러오고 있다는 것을 의미한다.
> ③ 네트워크의 규모가 커짐에 따라 그 비용의 증가 규모는 줄어들지만 네트워크의 가치는 기하급수적으로 증가한다는 법칙이다.
> ④ 생산요소 투입량의 증대(생산규모의 확대)에 따른 생산비 절약 또는 수익향상의 이익을 의미한다.

86 아래 글상자에서 설명하는 유통정보시스템으로 가장 옳은 것은?

> 미국의 패션 어패럴 산업에서 공급망에서의 상품 흐름을 개선하기 위하여 판매업체와 제조업체 사이에서 제품에 대한 정보를 공유함으로써, 제조업체는 보다 효과적으로 원재료를 충원하여 제조하고, 유통함으로써 효율적인 생산과 공급체인 재고량을 최소화시키려는 시스템이다.

① QR(Quick Response)

② ECR(Efficient Consumer Response)

③ VMI(Vendor Management Inventory)

④ CPFR(Collaborative Planning, Forecasting and Replenishment)

⑤ e-프로큐어먼트(e-Procurement)

② 공급체인의 네트워크 전체를 포괄하는 관리기법으로, 최종 소비자에게 유통되는 상품을 그 원천에서부터 관리함으로써 공급체인의 구성원 모두가 협력하여 소비자의 욕구를 더 만족스럽게, 더 빠르게, 더 저렴하게 채워주고자 하는 전략의 일종이다.
③ 점포의 POS시스템 데이터를 거래선과 직접 연결하고, 거래선이 직접 각 점포에 맞는 CAO(자동발주시스템)를 이용하여 재발주량을 결정하는 일종의 자동발주 기법이다.
④ 협업설계예측 및 보충이라고 하며, 유통과 제조업체가 정보교환협업을 통하여 One-number 수요예측과 효율적 공급 계획을 달성하기 위한 기업 간의 Work flow이다.
⑤ 전자조달은 구매 요청, 승인, 입찰, 계약에 이르는 일련의 프로세스를 인터넷을 기반으로 전자적으로 수행하는 시스템을 말한다.

87 아래 글상자의 괄호 안에 공통적으로 들어갈 용어로 가장 옳은 것은?

> (   )은(는) 시간 경과에 의해 질이 떨어지거나 소실될 우려가 있는 자료를 장기 보존하는 것이다. 전산화된 자료라 해도 원본자료는 고유성을 띠며, 손실시 대체가 불가능하다.
> (   ) 구축의 목적은 기록을 보존하는 것에서 나아가 다양한 기록정보 콘텐츠를 구축, 공유, 활용하기 위함이다.

① 디지털아카이브　　　　　　　　　　② 전자문서교환
③ 크롤링　　　　　　　　　　　　　　④ 클라우드저장소
⑤ 기기그리드

② 주문서, 납품서, 청구서 등 무역에 필요한 각종 서류를 표준화된 상거래 서식을 통해 서로 합의된 통신 표준에 따라 전자적 신호로 바꿔 컴퓨터 간에 교환하는 정보전달방식을 말한다.
③ 무수히 많은 컴퓨터에 분산 저장되어 있는 문서를 수집하여 검색 대상의 색인으로 포함시키는 기술이다.
④ 디지털 데이터를 논리 풀에 저장하는 시스템이다. 논리 풀이라는 것은 물리적인 스토리지가 일반적으로 호스팅 업체에 의해 소유 · 관리되는 복수의 서버 또는 복수의 지역들에 걸쳐 있는 데이터 스토리지 모델이다.
⑤ 천체 망원경, 오디오 · 비디오 시스템 등의 주요 장비를 원격 조정하며, 장비로부터 얻은 데이터를 분석하는 방법론으로서, 그리드 컴퓨팅에서 사용되는 개념이다.

88 노나카의 SECI모델을 근거로 아래 글상자의 내용 중 외재화(externalization)의 사례를 모두 고른 것으로 가장 옳은 것은?

> ㉠ 실무를 통한 학습
> ㉡ 숙련된 기능공의 지식
> ㉢ 숙련된 기능공의 노하우의 문서화
> ㉣ 형식적 지식을 통합하는 논문 작성
> ㉤ 이전에 기록된 적이 없는 구체적 프로세스에 대한 매뉴얼 작성

① ㉠, ㉡　　　　　　　　　　　　　② ㉡, ㉣
③ ㉢, ㉤　　　　　　　　　　　　　④ ㉠, ㉢, ㉤
⑤ ㉡, ㉣, ㉤

외재화는 암묵지식을 언어로써 형식지식으로 전환하는 것이다(예 특허신청, 매뉴얼 작성).

89 e-비즈니스 모델별로 중점을 두어야할 e-CRM의 포인트에 관한 설명 중 가장 거리가 먼 것은?

① 서비스모델의 경우 서비스차별화나 서비스 이용 행태 정보제공을 고려한다.

② 상거래모델의 경우 유사커뮤니티에 대한 정보제공을 고려한다.

③ 정보제공모델의 경우 맞춤정보제공에 힘쓴다.

④ 커뮤니티모델의 경우 회원관리도구 제공에 힘쓴다.

⑤ 복합모델의 경우 구성하는 개별모델에 적합한 요소를 찾아 적용시킨다.

> **해설** 유사커뮤니티에 대한 정보제공을 고려하는 것은 정보제공모델이다.
>
> ※ e-CRM
> * 온라인에서 수집한 고객데이터를 저장·분석하여 가치 있는 고객을 선별하고, 회사가 보유하고 있는 한정된 역량을 가치 있는 고객을 획득·유지하는 일에 우선적으로 투자하는 프로세스이다.
> * 온라인상의 고객 접촉수단과 원리를 활용하여 축적되는 기업 내·외부의 고객관련 정보를 분석하여 고객만족도를 향상시키고, 고정고객화를 통해 고객로열티를 증진시켜 궁극적으로 수익구조를 개선하는 경영관리 활동이다.

90 POS 시스템에 대한 설명으로 가장 옳지 않은 것은?

① POS 시스템은 유통업체에서 소비자의 상품구매 과정에서 활용되는 판매관리 시스템이다.

② POS 시스템으로부터 얻은 데이터는 유통업체에서 판매전략 수립에 활용된다.

③ POS 시스템에서 바코드의 정보를 인식하는 스캐너(scanner)는 출력장치이다.

④ POS 시스템은 시간별, 주기별, 계절별 상품의 판매특성을 파악하는 데 도움을 제공한다.

⑤ 제조업체는 유통업체로부터 협조를 얻어 POS 시스템으로부터 얻은 데이터를 공유할 수 있고, 이를 통해 제품 제조전략을 수립하는 데 도움을 제공한다.

> **해설** POS 시스템은 상품에 바코드(barcode)나 OCR 태그(광학식 문자해독 장치용 가격표) 등을 붙여놓고 이를 스캐너로 읽어서 가격을 자동 계산하는 동시에 상품에 대한 모든 정보를 수집·입력시키는 방식이다.

제**3**회 **최근기출문제**

제**1**과목 **유통 · 물류일반관리**

01 공급자주도형재고관리(VMI ; Vendor Managed Inventory)에 대한 내용으로 옳은 것은?

① VMI는 공급자가 고객사를 위해 제공하는 가치향상서비스 활동이다.

② VMI는 생산공정의 효율적 관리를 위해 우선순위계획, 능력계획, 우선순위통제관리, 능력통제관리 등을 수행하는 생산관리시스템이다.

③ VMI에서는 고객사가 재고를 추적하고, 납품일정과 주문량을 결정한다.

④ VMI를 활용하면 공급자는 재고관리에 소요되는 인력이나 시간 등 비용절감 효과를 얻을 수 있다.

⑤ CMI(Co-Managed Inventory)보다 공급자와 고객사가 더 협력적인 형태로 발전한 것이 VMI이다.

> 해설 ② VMI는 제조업체가 상품보충시스템을 관리하는 경우로서 상품보충시스템이 실행될 때마다 판매와 재고정보가 유통업체에서 제조업체로 전송된다.
> ③ VMI에서는 생산자가 소매업자와 상호 협의하여 소매업자의 재고를 관리한다.
> ④ VMI를 활용하면 유통업체는 재고관리에 소요되는 인력이나 시간 등 비용절감 효과를 얻을 수 있다.
> ⑤ CMI는 VMI에서 한 단계 더 보완된 것으로 유통업체와 공급업체 간 협업을 통해 공동으로 재고를 관리하는 것을 의미한다.

02 직무분석과 직무평가에 대한 설명으로 옳지 않은 것은?

① 직무분석이란 과업과 직무를 수행하는 데 요구되는 인적자질에 의해 직무의 내용을 정의하는 공식적 절차를 말한다.

② 직무분석에서 직무요건 중 인적 요건을 중심으로 정리한 문서를 직무기술서라고 한다.

③ 직무분석은 효과적인 인적자원관리를 위해 선행되어야 할 기초적인 작업이다.

④ 직무평가는 직무를 일정한 기준에 의거하여 서로 비교함으로써 상대적 가치를 결정하는 체계적인 활동을 말한다.

⑤ 직무평가는 직무의 가치에 따라 공정한 임금지급 기준, 합리적인 인력의 확보 및 배치, 인력의 개발 등을 결정할 때 이용된다.

> 해설 직무기술서는 종업원의 직무분석 결과를 토대로 직무수행과 관련된 각종 과업 및 직무행동 등을 일정한 양식에 따라 기술한 문서를 의미한다.

03 **조직문화에 대한 설명으로 옳지 않은 것은?**

① 한 조직의 구성원들이 공유하는 가치관, 신념, 이념, 지식 등을 포함하는 종합적인 개념이다.

② 특정 조직 구성원들의 사고판단과 행동의 기본 전제로 작용하는 비가시적인 지식적, 정서적, 가치적 요소이다.

③ 조직구성원들이 공통적으로 생각하는 방법, 느끼는 방향, 공통의 행동 패턴의 체계이다.

④ 조직 외부 자극에 대한 조직 전체의 반응과 임직원의 가치의식 및 행동을 결정하는 요인을 포함한다.

⑤ 다른 기업의 제도나 시스템을 벤치마킹하는 경우 그 조직문화적가치도 쉽게 이전된다.

> **해설** 조직문화적가치는 조직구성원의 공유된 가치 및 신념체계이기 때문에 다른 기업의 제도나 시스템을 벤치마킹한다고 해서 조직문화적가치도 쉽게 이전되는 것은 아니다.

04 **유통경로구조를 결정하기 위해 체크리스트법을 사용할 때 고려해야 할 요인들에 대한 설명으로 옳지 않은 것은?**

① 재무적 능력이나 규모 등의 기업요인

② 시장규모와 지역적 집중도 등의 시장요인

③ 제품의 크기와 중량 등의 제품요인

④ 경영전문성이나 구성원 통제 등에 대한 기업요인

⑤ 구매빈도와 평균 주문량 등의 제품요인

> **해설** 체크리스트법을 통해 매출액을 추정하기는 어렵기 때문에 매출액을 추정하기 위한 요인에 해당하는 구매빈도와 평균 주문량 등은 체크리스트법 사용시 고려해야 할 요인에 포함되지 않는다.

05 **유통경영환경에 대한 설명으로 옳지 않은 것은?**

① 거시환경은 모든 기업에 공통적으로 영향을 미치는 환경이다.

② 과업환경은 기업의 성장과 생존에 직접적 영향을 미치는 환경으로 기업이 어떤 제품이나 서비스를 생산하는가에 따라 달라진다.

③ 인구분포, 출생률과 사망률, 노년층의 비율 등과 같은 인구통계학적인 특성은 사회적 환경으로 거시환경에 속한다.

④ 제품과 종업원에 관련된 규제 및 환경규제, 각종 인허가 등과 같은 법과 규범은 정치적 · 법률적 환경으로 과업환경에 속한다.

⑤ 경제적 환경은 기업의 거시환경에 해당된다.

> **해설** 제품과 종업원에 관련된 규제 및 환경규제, 각종 인허가 등과 같은 법과 규범은 정치적 · 법률적 환경으로 거시환경에 속한다.

06 기업 내에서 일어날 수 있는 각종 윤리상의 문제들에 대한 설명으로 가장 옳지 않은 것은?

① 다른 이해당사자들을 희생하여 회사의 이익을 도모하는 행위는 지양해야 한다.

② 업무 시간에 SNS를 통해 개인활동을 하는 것은 업무시간 남용에 해당되므로 지양해야 한다.

③ 고객을 위한 무료 음료나 기념품을 개인적으로 사용하는 것은 지양해야 한다.

④ 회사에 손해를 끼칠 수 있는 사안이라면, 중대한 문제라 해도 공익제보를 하는 것은 지양해야 한다.

⑤ 다른 구성원들에게 위협적인 행위나 무례한 행동을 하는 것은 지양해야 한다.

> **해설 🔍** 회사에 손해를 끼칠 수 있는 사안이더라도 윤리적으로 중대한 문제라면 공익제보를 하는 것을 지향해야 한다.

07 중간상이 있음으로 인해 각 경로구성원에 의해 보관되는 제품의 총량을 감소시킨다는 내용이 의미하는 중간상의 필요성을 나타내는 것으로 가장 옳은 것은?

① 효용창출의 원리   ② 총거래수 최소의 원칙

③ 분업의 원리   ④ 변동비 우위의 원리

⑤ 집중준비의 원리

> **해설 🔍** ② 중간상의 개입으로 거래의 총량이 감소하게 되어 제조업자와 소비자 양자에게 실질적인 비용 감소를 제공하게 된다.
> ③ 다수의 중간상이 분업의 원리로써 유통경로에 참여하게 되면 유통경로과정에서 다양하게 수행되는 기능들, 즉 수급조절기능, 보관기능, 위험부담기능, 정보수집기능 등이 경제적·능률적으로 수행될 수 있다.
> ④ 무조건적으로 제조와 유통기관을 통합하여 대규모화하기보다는 각각의 유통기관이 적절한 규모로 역할분담을 하는 것이 비용면에서 훨씬 유리하다는 논리에 의해 중간상의 필요성을 강조하는 이론이다.

08 최근 유통시장 변화에 대해 기술한 내용으로 옳지 않은 것은?

① 신선식품 배송에 대한 수요가 증가하고 있다.

② 외식업체들은 매장에 설치한 키오스크를 통해 주문을 받음으로써 생산성을 높이고 고객의 이용 경험을 완전히 바꾸는 혁신을 시도하고 있다.

③ 온라인 쇼핑 시장의 성장세가 두드러지면서 유통업체의 배송 경쟁이 치열해지고 있다.

④ 가공·즉석식품의 판매는 편의점 매출에 긍정적인 영향을 주었다.

⑤ 상품이 고객에게 판매되는 단계마다 여러 물류회사들이 역할을 나누어 서비스를 제공하는 풀필먼트 서비스를 통해 유통 단계가 획기적으로 단축되고 있다.

> **해설 🔍** 풀필먼트 서비스(Fulfillment Service)는 물류 전문업체가 물건을 판매하려는 업체들의 위탁을 받아 배송과 보관, 포장, 재고관리, 교환·환불 서비스 등의 모든 과정을 담당하는 '물류 일괄 대행 서비스'를 말한다.

09 아래 글상자의 ㉠, ㉡, ㉢에서 설명하는 유통경로의 효용으로 옳게 짝지어진 것은?

> ㉠ 소비자가 제품이나 서비스를 구매하기에 용이한 곳에서 구매할 수 있게 함
> ㉡ 소비자가 제품을 소비할 수 있는 권한을 갖는 것을 도와줌
> ㉢ 소비자가 원하는 시간에 제품과 서비스를 공급받을 수 있게 함

① ㉠ 시간효용, ㉡ 장소효용, ㉢ 소유효용
② ㉠ 장소효용, ㉡ 소유효용, ㉢ 시간효용
③ ㉠ 형태효용, ㉡ 소유효용, ㉢ 장소효용
④ ㉠ 소유효용, ㉡ 장소효용, ㉢ 형태효용
⑤ ㉠ 장소효용, ㉡ 형태효용, ㉢ 시간효용

해설　유통경로의 효용
  • 시간적 효용 : 보관기능을 통해 생산과 소비 간 시간적 차이를 극복시켜 준다.
  • 장소적 효용 : 운송기능을 통해 생산지와 소비지 간 장소적 차이를 극복시켜 준다.
  • 소유적 효용 : 생산자와 소비자 간 소유권 이전을 통해 효용이 발생된다.
  • 형태적 효용 : 생산된 상품을 적절한 수량으로 분할 및 분배함으로써 효용이 발생된다.

10 아웃소싱과 인소싱을 비교해 볼 때 아웃소싱의 단점을 설명한 것으로 옳지 않은 것은?

① 부적절한 공급업자를 선정할 수 있는 위험에 노출된다.
② 과다 투자나 과다 물량생산의 위험이 높다.
③ 핵심지원활동을 잃을 수도 있다.
④ 프로세스 통제권을 잃을 수도 있다.
⑤ 리드타임이 장기화 될 수도 있다.

해설　과다 투자나 과다 물량생산의 위험이 높은 것은 인소싱의 단점이다.
  ※ 아웃소싱과 인소싱
  　소싱(sourcing)은 인소싱과 아웃소싱의 2가지로 분류되는데, 인소싱은 전통적인 방법으로 조직의 계통과 체계를 통해 서비스와 기능을 직접 전달하는 경제활동 방식을 말하고, 아웃소싱은 부품 조달을 비롯한 사업의 일부 또는 많은 부분을 외부에 위탁하는 방식을 말한다.

11 아래 글상자에서 설명하는 동기부여 이론으로 옳은 것은?

> – 봉급, 근무조건, 작업 안전도와 같은 요인들은 불만을 없앨 수는 있으나 만족을 증대시키지 못한다.
> – 성취욕, 우수한 업적에 대한 인정, 문제해결 지원 등은 직원들의 만족감을 증대시킬 뿐만 아니라 우수한 실적을 계속 유지하는 데 큰 영향을 준다.

① 매슬로(Maslow)의 욕구단계이론　　　　② 맥그리거(Mcgregor)의 XY이론
③ 앨더퍼(Alderfer)의 ERG이론　　　　　④ 허즈버그(Herzberg)의 두 요인 이론
⑤ 피들러(Fiedler)의 상황적합성이론

해설 ① 인간의 욕구가 계층적 단계로 구성되어 있으며, 하위욕구에서 상위욕구로 순차적으로 발현한다는 이론을 말한다.

② 기본적으로 인간의 본성에 대한 부정적인 관점인 X이론과 긍정적인 관점인 Y이론을 제시하였다.

③ 앨더퍼는 매슬로의 욕구단계이론에는 동의하였으나, 인간의 욕구를 존재욕구(E), 관계욕구(R), 성장욕구(G)로 분류하였다.

⑤ 피들러는 리더십을 과업지향적인 유형과 관계지향적인 유형으로 구분하여 리더가 어떤 유형의 리더십을 갖고 있는지를 측정하기 위해 최소선호 동료작업자(LPC ; Least Preferred Coworker) 척도를 개발하였다.

12 물류의 상충(trade off) 관계에 대한 설명으로 가장 옳지 않은 것은?

① 기업의 물류합리화는 상충관계의 분석이 기본이 된다.

② 기업 내 물류기능과 타 기능 간의 상충관계 역시 효율적 물류관리를 위해 고려해야 한다.

③ 제조업자와 운송업자 및 창고업자 등 기업조직과 기업 외 조직 간의 상충관계 또한 고려해야 한다.

④ 상충관계에서 발생하는 문제점을 극복하기 위해서는 물류 흐름을 세분화하여 부분 최적화를 달성해야 한다.

⑤ 배송센터에서 수배송 차량의 수를 늘릴 경우 고객에게 도착하는 배송시간은 짧아지지만 물류비용은 증가하는 경우는 상충 관계의 사례에 해당한다.

해설 상충관계에서 발생하는 문제점을 극복하기 위해서는 전체적인 물류 네트워크를 고려한 최적화를 달성해야 한다.

13 식품위생법(법률 제18363호, 2021.7.27., 일부개정)상, 아래 글상자의 (   ) 안에 들어갈 용어로 옳게 나열된 것은?

> - (㉠)(이)란 식품, 식품첨가물, 기구 또는 용기 · 포장에 존재하는 위험요소로서 인체의 건강을 해치거나 해칠 우려가 있는 것을 말한다.
> - (㉡)(이)란 식품 또는 식품첨가물을 채취 · 제조 · 가공 · 조리 · 저장 · 소분 · 운반 또는 판매하거나 기구 또는 용기 · 포장을 제조 · 운반 · 판매하는 업(농업과 수산업에 속하는 식품 채취업은 제외한다)을 말한다.

① ㉠ 합성품, ㉡ 식품이력추적관리

② ㉠ 화학적 합성품, ㉡ 공유주방

③ ㉠ 위해, ㉡ 영업

④ ㉠ 식품위생, ㉡ 영업자

⑤ ㉠ 위험요소, ㉡ 집단급식소

해설 • "위해"란 식품, 식품첨가물, 기구 또는 용기 · 포장에 존재하는 위험요소로서 인체의 건강을 해치거나 해칠 우려가 있는 것을 말한다(식품위생법 제2조 제6호).

• "영업"이란 식품 또는 식품첨가물을 채취 · 제조 · 가공 · 조리 · 저장 · 소분 · 운반 또는 판매하거나 기구 또는 용기 · 포장을 제조 · 운반 · 판매하는 업(농업과 수산업에 속하는 식품 채취업은 제외한다)을 말한다(식품위생법 제2조 제9호).

14 신용등급이 낮은 기업이 자본을 조달하기 위해 발행하는 것으로 높은 이자율을 지급하지만 상대적으로 높은 위험을 동반하는 채무 수단으로 가장 옳은 것은?

① 변동금리채   ② 연속상환채권

③ 정크본드   ④ 무보증채

⑤ 보증채

> **해설** ① 일반적인 고정금리채와 달리 이자가 계약당시에 결정된 특정이율 지표에 링크되어, 계약기간 동안 연동되는 채권을 말한다.
> ② 만기에 한꺼번에 상환하게 되면 부담이 되므로 1회에 발행하는 채권을 만기가 다르게 수개조로 나누어 발행하는 채권을 말한다.
> ④ 제3자의 지급보증이 없이 발행자의 신용도에 의해 발행되어 유통되는 채권이다.
> ⑤ 원리금 상환을 발행회사 이외에 제3자가 보증하는 채권으로 정부보증채, 일반보증채(시중은행, 보증보험, 신용보증기금 등) 등이 있다.

15 리더십에 대한 설명으로 가장 옳지 않은 것은?

① 민주적 리더십은 종업원이 더 많은 것을 알고 있는 전문직인 경우에 효과적이다.

② 독재적 리더십은 긴박한 상황에서 절대적인 복종이 필요한 경우에 효과적이다.

③ 독재적 리더십은 숙련되지 않거나 동기부여가 안 된 종업원에게 효과적이다.

④ 독재적 리더십은 자신의 지시를 따르게 하기 위해 경제적 보상책을 사용하기도 한다.

⑤ 자유방임적 리더십은 종업원에게 신뢰와 확신을 보여 동기요인을 제공한다.

> **해설** 자유방임적 리더십은 종업원이 더 많은 것을 알고 있는 전문직인 경우에 효과적이다. 민주적 리더십은 유연함과 책임을 빠르게 형성할 수 있으며 새로운 것들을 정하는 데 도움이 된다.

16 앤소프(Ansoff, H. I.)의 성장전략 중 아래 글상자에서 설명하는 전략으로 가장 옳은 것은?

> – 기존 제품을 전제로 새로운 시장을 개척함으로써 성장을 도모하려는 전략을 말한다.
> – 가격이나 품질면에서 우수한 자사 제품을 새로운 세분시장에 배치함으로써 시장 확대가 이루어지도록 하는 전략이다.

① 시장침투전략   ② 제품개발전략

③ 시장개발전략   ④ 코스트절감전략

⑤ 철수전략

> **해설** 앤소프(Ansoff, H. I.)의 성장전략
> • 시장침투전략 : 기존 제품-시장 전략을 유지하면서 기존 시장의 점유율을 확대하여 수익을 내는 전략
> • 시장개발전략 : 회사의 기존 제품을 가지고 판매 지역 및 고객층 확대 등을 통해 새로운 시장을 개척하여 판매하는 전략
> • 제품개발전략 : 회사의 기존 고객들에게 품목 다양화, 기존 제품 업그레이드 등의 신제품 출시를 통해 시장점유율을 높이는 전략
> • 다각화전략 : 완전히 새로운 제품을 새로운 시장에 판매하는 전략

17 도매상과 관련된 내용으로 옳지 않은 것은?

① 과일, 야채 등 부패성 식품을 공급하는 트럭도매상은 한정기능도매상에 속한다.

② 한정상품도매상은 완전기능도매상에 속한다.

③ 현금무배달도매상은 거래대상소매상이 제한적이기는 하지만 재무적인 위험을 질 염려는 없다는 장점이 있다.

④ 직송도매상은 일반관리비와 인건비를 줄일 수 있다는 장점이 있다.

⑤ 몇 가지의 전문품 라인만을 취급하는 전문품도매상은 한정기능도매상에 속한다.

해설 몇 가지의 전문품 라인만을 취급하는 전문품도매상은 완전기능도매상에 속한다.

18 제3자 물류에 대한 설명으로 가장 옳은 것은?

① 거래기반의 수발주관계

② 운송, 보관 등 물류기능별 서비스 지향

③ 일회성 거래관계

④ 종합물류서비스 지향

⑤ 정보공유 불필요

해설 ① · ② · ③ · ⑤는 물류 아웃소싱에 대한 설명이다. 제3자 물류는 화주업체와 1년 이상 장기간의 계약에 의해 제휴관계를 맺고 복수의 물류기능을 하나로 묶어 통합물류서비스를 제공한다.

19 보관 효율화를 위한 기본적인 원칙과 관련된 설명으로 가장 옳지 않은 것은?

① 위치표시의 원칙 – 물품이 보관된 장소와 랙 번호 등을 표시함으로써 보관업무의 효율을 기한다.

② 중량특성의 원칙 – 물품의 중량에 따라 보관 장소의 높낮이를 결정한다.

③ 명료성의 원칙 – 보관된 물품을 시각적으로 용이하게 식별할 수 있도록 보관한다.

④ 회전대응 보관의 원칙 – 물품의 입출고 빈도에 따라 장소를 달리해서 보관한다.

⑤ 통로대면보관의 원칙 – 유사한 물품끼리 인접해서 보관한다.

해설 동일성 · 유사성의 원칙 – 동일품종은 동일장소에 보관하고, 유사품은 가까운 장소에 보관한다.

20 유통산업의 다양한 역할 중 경제적, 사회적 역할로 가장 옳지 않은 것은?

① 생산자와 소비자 간 촉매역할을 한다.

② 고용을 창출한다.

③ 물가를 조정한다.

④ 경쟁으로 인해 제조업의 발전을 저해한다.

⑤ 소비문화의 창달에 기여한다.

> **해설** 유통부문이 신규시장을 활발히 개척하면서 제조업체에 대한 유통업의 거래 교섭력이 증가하고 있어, 이는 제조업체 간 경쟁을 촉발시킴으로써 제조업 전체의 경쟁력이 제고될 수 있다.

21 경로성과를 평가하기 위한 척도의 예가 모두 올바르게 연결된 것은?

① 양적 척도 – 단위당 총 유통비용, 선적비용, 경로과업의 반복화 수준

② 양적 척도 – 신기술의 독특성, 주문처리에서의 오류수, 악성부채비율

③ 양적 척도 – 기능적 중복 수준, 가격인하 비율, 선적오류 비율

④ 질적 척도 – 경로통제능력, 경로 내 혁신, 재고부족 방지비용

⑤ 질적 척도 – 시장상황정보의 획득 가능성, 기능적 중복수준, 경로과업의 반복화 수준

> **해설** 지문에 제시된 척도의 예를 양적 척도와 질적 척도로 구분하면 다음과 같다.
> • 양적 척도 – 단위당 총 유통비용, 선적비용, 주문처리에서의 오류수, 악성부채비율, 가격인하 비율, 선적오류 비율, 재고부족 방지비용
> • 질적 척도 – 경로과업의 반복화 수준, 신기술의 독특성, 기능적 중복 수준, 경로통제능력, 경로 내 혁신, 시장상황정보의 획득 가능성

22 아래 글상자에서 공통적으로 설명하고 있는 유통경영전략 활동으로 가장 옳은 것은?

> – 유통경영전략 실행과정에서 많은 예상치 않은 일들이 발생하기 때문에 지속적으로 실시되어야 한다.
> – 유통경영목표가 성취될 수 있도록 성과를 측정하고 성과와 목표사이의 차이가 발생한 원인을 분석하고 시정조치를 취한다.
> – 성과에 대한 철저한 분석과 시정조치 없이, 다음번에 더 나은 성과를 기대하기 어렵다.

① 유통마케팅 계획수립

② 유통마케팅 실행

③ 유통마케팅 위협 · 기회 분석

④ 유통마케팅 통제

⑤ 유통마케팅 포트폴리오 개발

> **해설** 유통마케팅 통제
> • 현재 기업의 마케팅 활동 결과를 평가하고 해석해 시정조치 활동을 하는 것이다.
> • 기업의 현재 위치를 파악하고 나아갈 방향을 수정 가능하다.
> • 기업의 성과를 재무지표로만 보는 것이 아니라 마케팅적 지표까지 분석하여 마케팅 성과를 통제하고 평가한다.

23 기업의 의사결정기준을 경제적 이익에 근거한 기업가치인 경제적 부가가치를 중심으로 하는 사업관리기법으로 가장 옳은 것은?

① 상생기업경영   ② 크레비즈

③ 가치창조경영   ④ 펀경영

⑤ 지식경영

해설 🔍 ② 크리에이티브 비즈니스(Creative Business)의 줄임말로 '창조사업'을 뜻한다. 정보·지식, 바이오 등 새로운 경제자원과 기존의 사업
지식, 전문기술을 융합해 창의적인 아이디어와 발상의 전환으로 새로운 사업을 창출하는 신종 고부가가치 사업이다.

④ 경영자가 재미를 통한 리더십을 발휘해서 직원의 자발적 참여, 헌신, 창의력 등을 유도하는 관리방식이다.

⑤ 조직 내 지식의 발굴, 공유 및 적용을 통해 조직의 문제해결 역량을 향상시킴으로써 경쟁우위를 갖추게 하는 프로세스를 말한다.

24 제품의 연간 수요량은 4,500개이고 단위당 원가는 100원이다. 또한 1회 주문비용은 40원이며 평균재고유지비는 원가의 25%를 차지한다. 이 경우 경제적 주문량(EOQ)으로 가장 옳은 것은?

① 100단위   ② 110단위

③ 120단위   ④ 1,000단위

⑤ 1,200단위

해설 🔍 경제적 주문량(EOQ)

$$= \sqrt{\frac{2 \times 주문당소요비용 \times 연간수요량}{연간단위재고비용}}$$

$$= \sqrt{\frac{2 \times 40 \times 4,500}{25}} = \sqrt{\frac{360,000}{25}} = \frac{600}{5} = 120$$

25 공급사슬관리(SCM)의 실행과 관련한 설명으로 가장 옳지 않은 것은?

① 공급업체와 효과적인 커뮤니케이션이 적시에 이루어져야 한다.

② 장기적으로 강력한 파트너십을 구축한다.

③ 각종 정보기술의 효과적인 활용보다 인적 네트워크의 활용을 우선시한다.

④ 경로 전체를 통합하는 정보시스템의 구축이 중요하다.

⑤ 고객의 가치와 니즈를 이해하고 만족시킨다.

해설 🔍 공급사슬관리(SCM)의 효과를 제대로 발휘하고 충족시키기 위해서는 전사적자원관리(ERP), 고객관계관리(CRM) 등의 통합정보시스템 지
원은 필수적이기 때문에 인적 네트워크의 활용보다 각종 정보기술의 효과적인 활용을 우선시한다.

26 상가건물이 지하 1층, 지상 5층으로 대지면적은 300㎡이다. 층별 바닥면적은 각각 200㎡로 동일하며 주차장은 지하 1층에 200㎡와 지상1층 내부에 100㎡로 구성되어 있다. 이 건물의 용적률은?

① 67%

② 233%

③ 300%

④ 330%

⑤ 466%

> **해설** 용적률이란 대지면적에 대한 건축물의 연면적 비율을 말한다. 여기서, 건축물의 연면적이란 건축물 각 층의 바닥면적의 합계를 말하며, 용적률을 산정할 때 지하층의 면적, 지상층의 주차장으로 쓰는 면적은 제외한다.
>
> 따라서 용적률 $= \dfrac{100+200+200+200+200}{300} \times 100 = \dfrac{900}{300} \times 100 = 300\%$

27 수정Huff모델의 특성과 관련한 설명 중 가장 옳지 않은 것은?

① 수정Huff모델은 실무적 편의를 위해 점포면적과 거리에 대한 민감도를 따로 추정하지 않는다.

② 점포면적과 이동거리에 대한 소비자의 민감도는 '1'과 '-2'로 고정하여 인식한다.

③ Huff모델과 같이 점포면적과 점포까지의 거리 두 변수만으로 소비자들의 점포 선택확률을 추정할 수 있다.

④ 분석과정에서 상권 내에 거주하는 소비자의 개인별 구매행동 데이터를 활용하여 예측의 정확도를 높인다.

⑤ Huff모델 보다 정확도는 낮을 수 있지만, 일반화하여 쉽게 적용하고 대략적 추정을 가능하게 한 것이다.

> **해설** 허프모델은 점포매력도가 점포크기 이외에 취급상품의 가격, 판매원의 서비스, 소비자의 행동 등 다른 요인들로부터 영향을 받을 수 있다는 점을 고려하지 않는다는 한계가 있다.

28 소매점포의 상권범위나 상권형태를 설명한 내용 중에서 가장 옳지 않은 것은?

① 현실에서 관찰되는 상권의 형태는 점포를 중심으로 일정거리 이내를 포함하는 원형으로 나타난다.

② 상품구색이 유사하더라도 판촉활동이나 광고활동의 차이에 따라 점포들 간의 상권범위가 달라진다.

③ 입지조건과 점포의 전략에 변화가 없어도 상권의 범위는 다양한 영향요인에 의해 유동적으로 변화하기 마련이다.

④ 동일한 지역시장에 입지한 경우에도 점포의 규모에 따라 개별 점포의 상권범위는 차이를 보인다.

⑤ 점포의 규모가 비슷하더라도 업종이나 업태에 따라 점포들의 상권범위는 차이를 보인다.

> **해설** 조정된 상권에 경쟁점의 위치 및 영향권, 도로의 연계상황, 중심방향 등을 감안한 더욱 현실적인 상권의 형태는 아메바형으로 나타난다.

29 지역시장의 수요잠재력을 총체적으로 측정할 수 있는 지표로 많이 이용되는 소매포화지수(IRS)와 시장성장잠재력지수(MEP)에 대한 설명으로 옳지 않은 것은?

① IRS는 한 지역시장 내에서 특정 소매업태의 단위 매장면적당 잠재수요를 나타낸다.

② IRS가 낮으면 점포가 초과 공급되어 해당 시장에서의 점포 간 경쟁이 치열함을 의미한다.

③ IRS의 값이 클수록 공급보다 수요가 상대적으로 많으며 시장의 포화정도가 낮은 것이다.

④ 거주자의 지역외구매(outshopping) 정도가 낮으면 MEP가 크게 나타나고 지역시장의 미래 성장가능성은 높은 것이다.

⑤ MEP와 IRS가 모두 높은 지역시장이 가장 매력적인 시장이다.

해설 MEP값은 타 지역에서의 쇼핑지출액을 근거로 계산되며, 타 지역의 쇼핑정도가 높으면 MEP가 크게 나타나고 시장성장잠재력이 높아지게 된다.

30 현 소유주의 취득일과 매매과정, 압류, 저당권 등의 설정, 해당 건물의 기본내역 등이 기록되어 있는 공부서류로 가장 옳은 것은?

① 등기사항전부증명서
② 건축물대장
③ 토지대장
④ 토지이용계획확인서
⑤ 지적도

해설 ② 건축물대장은 건축물의 위치, 면적, 용도 등의 건축물의 표시에 관한 사항과 건축물의 소유자 현황에 관한 사항을 등록하여 관리하는 공적장부이다.

③ 토지대장은 토지의 사실상의 상황을 보여주기 위한 공적장부로, 고유번호와 토지소재, 축척, 지목, 면적, 사유, 변동일자, 토지등급, 개별공시지가 등이 기록되어 있다.

④ 토지이용계획을 확인하고 그 내용을 작성하는 서식으로, 토지이용계획확인서 작성시에는 해당되는 내용과 회사 또는 단체의 명칭 그리고 확인하는 사람의 성명과 함께 인감을 찍어 확인하는 절차를 실시하는 것이 바람직하다.

⑤ 땅의 형상 등을 보기 쉽게 만든 지도형식의 문서로 토지의 소재(所在), 지번(地番), 지목(地目), 경계(境界) 등을 나타낸다.

31 글상자 안의 내용이 설명하는 상권 및 입지분석방법으로 가장 옳은 것은?

> 소매점포의 매출액을 예측하는 데 사용되는 간단한 방법의 하나이다. 어떤 지역에 입지한 한 소매점의 매출액 점유율은 그 지역의 전체 소매매장면적에 대한 해당 점포의 매장면적의 비율에 비례할 것이라는 가정 하에서 예측한다.

① 체크리스트법
② 유사점포법
③ 점포공간매출액비율법
④ 확률적상권분석법
⑤ 근접구역법

해설 ① 상권의 규모에 영향을 미치는 요인들을 수집하여 이들에 대한 평가를 통해 시장잠재력을 측정하는 것이다.

② 신규점포와 특성이 비슷한 기존의 유사점포를 선정하여 분석담당자의 객관적 판단을 토대로 그 점포의 상권범위를 추정한 결과를 자사점포의 신규입지에서의 매출액을 측정하는 데 이용하는 방법이다.

④ 확률적상권분석법은 기존의 중력법칙들이 단순히 거리-감소함수관계만을 가지고 이웃하는 두 도시 간의 상권경계를 설정하는데 그칠 뿐, 개별점포단위 선택의 문제와 소비자들이 왜 특정점포를 선택하는지에 대한 이유를 설명하지 못한다는 인식에서 출발한 분석법이다.

⑤ 소비자들이 유사점포 중에서 선택을 할 때 자신들에게 가장 가까운 점포를 선택한다는 가정을 토대로 소매점포 매출액을 추정하는 기법이다.

32 상권을 구분하거나 상권별 대응전략을 수립할 때 필수적으로 이해하고 있어야 할 상권의 개념과 일반적 특성을 설명한 내용 중에서 가장 옳지 않은 것은?

① 1차상권이 전략적으로 중요한 이유는 소비자의 밀도가 가장 높은 곳이고 상대적으로 소비자의 충성도가 높으며 1인당 판매액이 가장 큰 핵심적인 지역이기 때문이다.

② 1차상권은 전체상권 중에서 점포에 가장 가까운 지역을 의미하는데 매출액이나 소비자의 수를 기준으로 일반적으로 약 60% 정도까지를 차지하지만 그 비율은 절대적이지 않다.

③ 2차상권은 1차상권을 둘러싸는 형태로 주변에 위치하여 매출이나 소비자의 일정비율을 추가로 흡인하는 지역이다.

④ 3차상권은 상권으로 인정하는 한계(fringe)가 되는 지역범위로, 많은 경우 지역적으로 넓게 분산되어 위치하여 소비자의 밀도가 가장 낮다.

⑤ 3차상권은 상권 내 소비자의 내점빈도가 1차상권에 비해 높으며 경쟁점포들과 상권중복 또는 상권잠식의 가능성이 높은 지역이다.

해설 3차상권 내에 위치한 고객들은 1차상권 및 2차상권과 비교할 때 고객의 수와 이들의 구매빈도가 적기 때문에 점포 매출액에서 차지하는 비중이 낮다.

33 상가건물 임대차보호법(약칭 : 상가임대차법)(법률 제17471호, 2020.7.31.,일부개정)에서 규정하는 임차인의 계약갱신 요구에 대한 정당한 거절사유에 해당하지 않는 것은?

① 임차인이 3기의 차임액에 해당하는 금액에 이르도록 차임을 연체한 사실이 있는 경우

② 임차인이 임대인의 동의 없이 목적 건물의 전부 또는 일부를 전대(轉貸)한 경우

③ 임차인이 임차한 건물의 전부 또는 일부를 고의나 중대한 과실로 파손한 경우

④ 서로 합의하여 임대인이 임차인에게 상당한 보상을 제공한 경우

⑤ 최초의 임대차기간을 포함한 전체 임대차기간이 5년을 초과한 경우

해설 계약갱신 요구 등(상가임대차법 제10조 제1항)

임대인은 임차인이 임대차기간이 만료되기 6개월 전부터 1개월 전까지 사이에 계약갱신을 요구할 경우 정당한 사유 없이 거절하지 못한다. 다만, 다음 각 호의 어느 하나의 경우에는 그러하지 아니하다.

1. 임차인이 3기의 차임액에 해당하는 금액에 이르도록 차임을 연체한 사실이 있는 경우
2. 임차인이 거짓이나 그 밖의 부정한 방법으로 임차한 경우
3. 서로 합의하여 임대인이 임차인에게 상당한 보상을 제공한 경우
4. 임차인이 임대인의 동의 없이 목적 건물의 전부 또는 일부를 전대(轉貸)한 경우
5. 임차인이 임차한 건물의 전부 또는 일부를 고의나 중대한 과실로 파손한 경우
6. 임차한 건물의 전부 또는 일부가 멸실되어 임대차의 목적을 달성하지 못할 경우
7. 임대인이 다음 각 목의 어느 하나에 해당하는 사유로 목적 건물의 전부 또는 대부분을 철거하거나 재건축하기 위하여 목적 건물의 점유를 회복할 필요가 있는 경우
   가. 임대차계약 체결 당시 공사시기 및 소요기간 등을 포함한 철거 또는 재건축 계획을 임차인에게 구체적으로 고지하고 그 계획에 따르는 경우
   나. 건물이 노후·훼손 또는 일부 멸실되는 등 안전사고의 우려가 있는 경우
   다. 다른 법령에 따라 철거 또는 재건축이 이루어지는 경우
8. 그 밖에 임차인이 임차인으로서의 의무를 현저히 위반하거나 임대차를 계속하기 어려운 중대한 사유가 있는 경우

34 일반적으로 인간은 이익을 얻는 쪽을 먼저 선택하고자 하는 심리가 있어서 길을 건널 때 처음 만나는 횡단보도를 이용하려고 한다는 법칙으로 가장 옳은 것은?

① 안전우선의 법칙   ② 집합의 법칙

③ 보증실현의 법칙   ④ 최단거리 실현의 법칙

⑤ 주동선 우선의 법칙

해설 동선의 심리법칙
- **최단거리 실현의 법칙** : 인간은 최단거리로 목적지에 가려는 심리가 있기 때문에 안쪽 동선이라고 하는 뒷길이 발생한다.
- **보증실현의 법칙** : 인간은 먼저 득을 얻는 쪽을 택한다. 즉 길을 건널 때에도 최초로 만나는 횡단보도를 이용하려는 경향이 있다.
- **안전우선의 법칙** : 인간은 본능적으로 위험하거나 모르는 길 또는 다른 사람이 잘 가지 않는 장소에는 가려고 하지 않는 심리가 있다.
- **집합의 법칙** : 대부분의 사람들은 군중 심리에 의해 사람이 모여 있는 곳에 모인다.

35 아래 글상자는 소비자에 대한 점포의 자연적 노출가능성인 시계성을 평가하는 4가지 요소들을 정리한 것이다. 괄호 안에 들어갈 용어를 나열한 것으로 가장 옳은 것은?

> (㉠) : 어디에서 보이는가?
> (㉡) : 무엇이 보이는가?
> (㉢) : 어느 정도의 간격에서 보이는가?
> (㉣) : 어떠한 상태로 보이는가?

① ㉠ 거리, ㉡ 주제, ㉢ 기점, ㉣ 대상

② ㉠ 거리, ㉡ 대상, ㉢ 기점, ㉣ 주제

③ ㉠ 대상, ㉡ 거리, ㉢ 기점, ㉣ 주제

④ ㉠ 기점, ㉡ 대상, ㉢ 거리, ㉣ 주제

⑤ ㉠ 기점, ㉡ 주제, ㉢ 거리, ㉣ 대상

해설 시계성을 평가하는 4가지 요소
- **기점** : 어디에서 보이는가?
- **대상** : 무엇이 보이는가?
- **거리** : 어느 정도의 간격에서 보이는가?
- **주제** : 어떠한 상태로 보이는가?

36 상권분석을 위해 활용하는 지리정보시스템(GIS)의 기능 중 공간적으로 동일한 경계선을 가진 두 지도 레이어들에 대해 하나의 레이어에 다른 레이어를 겹쳐 놓고 지도형상과 속성들을 비교하는 기능으로 옳은 것은?

① 버퍼(buffer)   ② 위 상

③ 주제도 작성   ④ 중첩(overlay)

⑤ 프레젠테이션 지도작업

① 어떤 지도형상, 즉 점이나 선 혹은 면으로부터 특정한 거리 이내에 포함되는 영역을 의미하며, 면의 형태로 나타나 상권 혹은 영향권을 표현하는 데 사용될 수 있다.

② 공간적으로 동일한 경계선을 가진 두 지도 레이어들에 대해 하나의 레이어에 다른 레이어를 겹쳐 놓고 지도 형상과 속성들을 비교하는 기능이다.

③ 속성정보를 요약하여 표현한 지도를 작성하는 것이며, 면, 선, 점의 형상으로 구성된다.

⑤ 지리적인 형상을 표현한 지도상에 데이터의 값과 범위를 할당하여 지도를 확대·축소하는 등의 기능이다.

---

37 상권분석을 위한 데이터를 소비자를 대상으로 직접 수집하는 방법의 하나로서, 내점객조사법과 조사대상의 특성이 가장 유사한 것은?

① 그룹인터뷰조사법　　　　　　　　　② 편의추출조사법

③ 점두조사법　　　　　　　　　　　　④ 지역할당조사법

⑤ 가정방문조사법

점두조사란 점포에서 조사원이 대기하다가 구매결정을 한 소비자에게 질문을 하는 방식으로, 매장을 방문하는 소비자의 주소를 파악하여 자기점포의 상권을 조사하는 방법이다.

※ 편의추출조사법

　　임의로 응답자 모집 편의를 고려하여 특정한 샘플링 기준을 두지 않고 모집하는 방법으로 비확률표본추출방법에 해당한다.

---

38 대형상업시설인 쇼핑센터의 전략적 특성은 테넌트믹스(tenant mix)를 통해 결정된다. 앵커점포(anchor store)에 해당하는 점포로서 가장 옳은 것은?

① 핵점포　　　　　　　　　　　　　　② 보조핵점포

③ 대형테넌트　　　　　　　　　　　　④ 일반테넌트

⑤ 특수테넌트

선박을 고정시키는 중심 역할을 하는 닻을 의미하는 '앵커(anchor)'처럼 어떤 상권을 대표하는 상징적인 점포나 대형 상가의 중심이 되는 핵심점포를 앵커점포(anchor store)라고 한다. 따라서 유통센터나 대형 점포, 브랜드 인지도가 높은 점포, 그 지역의 상권 내 가장 번화한 점포인 핵점포가 대표적인 앵커점포에 해당한다.

---

39 한 지역의 소매시장의 상권구조에 영향을 미치는 다양한 요인들에 대한 설명으로 가장 옳지 않은 것은?

① 인구의 교외화 현상은 소비자와 도심 상업집적과의 거리를 멀게 만들어 상업집적의 교외 분산화를 촉진한다.

② 대중교통의 개발은 소비자의 거리저항을 줄여 소비자의 이동거리를 증가시킨다.

③ 자가용차 보급은 소비자를 전방위적으로 자유롭게 이동할 수 있게 하여 상권 간 경쟁영역을 축소시킨다.

④ 교외형 쇼핑센터의 건설은 자가용차를 이용한 쇼핑의 보급과 함께 소비자의 쇼핑패턴과 상권구조를 변화시킨다.

⑤ 소비자와 점포사이의 거리는 물리적거리, 시간거리, 심리적거리를 포함하는데, 교통수단의 쾌적함은 심리적거리에 영향을 미친다.

자가용차 보급은 소비자를 전방위적으로 자유롭게 이동할 수 있게 하여 상권 간 경쟁영역을 확대시킨다.

---

40 소규모 소매점포의 일반적인 상권단절요인으로 가장 옳지 않은 것은?

① 강이나 하천과 같은 자연지형물
② 왕복2차선 도로
③ 쓰레기 처리장
④ 공장과 같은 C급지 업종시설
⑤ 철 도

> **해설** 6차선 이상의 도로가 상권단절요인에 해당한다.

41 상권분석 방법 중 애플바움(W. Applebaum)이 제안한 유추법에 대한 설명으로 가장 옳지 않은 것은?

① 유사한 점포의 상권정보를 활용하여 신규점포의 상권규모를 분석한다.
② 유사점포는 점포 특성, 고객 특성, 경쟁 특성 등을 고려하여 선정한다.
③ 고객스포팅기법(CST)을 활용하여 유사점포의 상권을 파악한다.
④ 유사점포의 상권을 구역화하고, 회귀분석을 통해 구역별 매출액을 추정한다.
⑤ 유사점포의 상권 구역별 매출액을 적용하여 신규점포의 매출액을 추정한다.

> **해설** 전체 상권을 단위거리에 따라 소규모 구역으로 나누고, 각 구역 내에서 유사점포가 벌어들이는 매출액을 그 구역 내의 인구로 나누어 각 구역 내에서의 1인당 매출액을 구한다.

42 중심상업지역(CBD ; Central Business District)의 일반적 입지특성에 대한 설명으로 가장 옳지 않은 것은?

① 대중교통의 중심이며 백화점, 전문점, 은행 등이 밀집되어 있다.
② 주로 차량으로 이동하므로 교통이 매우 복잡하고 도보통행량이 상대적으로 적다.
③ 일부 중심상업지역은 공동화(空洞化)되었거나 재개발을 통해 새로운 주택단지가 건설된 경우도 있다.
④ 상업활동으로 많은 사람을 유인하지만 출퇴근을 위해서 통과하는 사람도 많다.
⑤ 소도시나 대도시의 전통적인 도심지역에 해당되는 경우가 많다.

> **해설** 중심상업지역(CBD)은 대중교통의 중심지로서 많은 사람들의 유입으로 인해 지가가 가장 높은 지역이며, 상업 활동을 통해 많은 사람들을 유인하므로 도보통행량이 상대적으로 많다.

43 점포의 위치인 부지 특성에 대한 일반적인 설명으로 가장 옳지 않은 것은?

① 건축용으로 구획정리를 할 때 한 단위가 되는 땅을 획지라고 한다.
② 획지 중 두 개 이상의 도로가 교차하는 곳에 있는 경우를 각지라고 한다.
③ 각지는 상대적으로 소음, 도난, 교통 등의 피해를 받을 가능성이 높다는 단점이 있다.
④ 각지는 출입이 편리하여 광고 효과가 높다.
⑤ 각지에는 1면각지, 2면각지, 3면각지, 4면각지 등이 있다.

> **해설** 각지는 2개 이상의 가로각(街路角)에 해당하는 부분에 접하는 획지(劃地)를 말하며, 접면하는 각의 수에 따라 2면각지, 3면각지, 4면각지 등으로 불린다.

44 아래 글상자의 상황에서 활용할 수 있는 분석 방법으로 가장 옳은 것은?

> – 다수의 점포를 운영하는 경우 소매점포 네트워크 설계
> – 신규점포를 개설할 때 기존 네트워크에 대한 영향 분석
> – 기존점포의 재입지 또는 폐점여부에 관한 의사결정

① 레일리모형

② 회귀분석모형

③ 입지배정모형

④ 시장점유율모형

⑤ MCI모형

해설 ① 레일리의 소매인력법칙은 점포들의 밀집도가 점포의 매력도를 증가시키는 경향이 있음을 나타내는 법칙으로, 개별점포의 상권파악보다는 이웃도시 간의 상권경계를 결정하는 데 주로 이용한다.
② 회귀분석은 독립변수들과 종속변수와의 선형결합관계를 유도해내 줌으로써 독립변수와 종속변수 간의 상관관계, 즉 상호관련성 여부를 알려준다.
⑤ 한 점포의 효용도(매력도)를 측정함에 있어서 매개변수로서 점포의 크기, 점포까지의 거리뿐만 아니라 상품구색, 판매원서비스 등 선택에 영향을 미치는 여러 점포특성 등을 포함하여 측정하는 모형이다.

45 점포의 매출액에 영향을 미치는 요인은 크게 입지요인과 상권요인으로 구분할 수 있다. 이 구분에서 입지요인으로 가장 옳지 않은 것은?

① 고객유도시설 – 지하철 역, 학교, 버스정류장, 간선도로, 영화관, 대형소매점 등

② 교통 – 교통수단, 교통비용, 신호등, 도로 등

③ 시계성 – 자연적 노출성, 고객유도시설, 간판, 승용차의 주행방향 등

④ 동선 – 주동선, 부동선, 복수동선, 접근동선 등

⑤ 규모 – 인구, 공간범위 등

해설 인구와 공간범위 등은 상권요인에 해당한다.

46 고객에 대한 판매자의 바람직한 이해로서 가장 옳지 않은 것은?

① 고객별로 기업에 기여하는 가치 수준이 다르다.

② 고객은 기업에게 다른 고객을 추가로 유인해주는 주체이기도 하다.

③ 고객은 제품과 서비스의 개선을 위한 제언을 제공한다.

④ 고객은 제품 또는 서비스로부터 더 많은 가치를 얻기 위해 기업과 경쟁한다.

⑤ 고객의 범주에는 잠재적으로 고객이 될 가능성이 있는 가망고객들도 포함될 수 있다.

> **해설** 고객은 제품 또는 서비스로부터 더 많은 가치를 얻기 위한 욕구가 있기 때문에 고객은 서비스 프로세스의 일부이며, 변화를 일으킬 수 있는 중요한 요인이기도 하다.

47 유통목표의 달성 성과를 평가하기 위한 방법으로 옳지 않은 것은?

① 소비자 기대치와 비교　　　　　　　② 경로구성원 간 갈등비교

③ 업계평균과 비교　　　　　　　　　④ 경쟁사와 비교

⑤ 사전 목표와 비교

> **해설** 경로구성원 간 갈등은 성과를 평가하기 위한 방법이 아니다. 경로구성원이 경로산출물을 얻기 위해 자원을 효율적으로 사용한 정도를 비교하는 것이 평가 방법이 될 수 있다.

48 응답자들이 제공하기 꺼리는 민감한 정보를 수집하는 조사방법으로 가장 옳은 것은?

① 관찰조사　　　　　　　　　　　　② 우편설문조사

③ 온라인 서베이　　　　　　　　　　④ 개인별 면접

⑤ 표적집단 면접

> **해설** 관찰조사는 조사원이 직접 또는 기계장치를 이용해 조사 대상자의 행동이나 현상을 관찰하고 기록하는 조사 방법으로, 질문을 통해 알기 어려운 응답자의 민감한 정보 또는 응답자가 기억하기 어렵거나 답변하기 어려운 무의식 행동을 측정할 수 있다.
>
> ② 우편설문조사는 설문지를 조사 대상자에게 우송해 이를 작성하게 한 후 다시 반송하게 하는 조사 방법으로, 직접대면으로 수행하기 어려운 광범위한 지역에 분포되어 있는 사람, 소매점, 사업소를 대상으로 간단한 내용을 조사할 경우 많이 이용된다.
>
> ③ 온라인 서베이는 종이로 이루어진 설문지나 전화로는 불가능한 기능들을 멀티미디어 수단을 사용해 조사하는 방법으로, 비용이 저렴하지만 응답자가 인터넷을 사용하는 사람들만으로 한정된다는 단점이 있다.
>
> ④ 개인별 면접은 조사자와 응답자 간 1 : 1로 질문과 응답을 통해 소매점 서비스에 대한 만족정도, 서비스 개선사항에 대한 의견 등을 응답자로 하여금 진술하게 하는 방법이다.
>
> ⑤ 표적집단 면접은 표적시장으로 예상되는 소비자를 일정한 자격기준에 따라 6~12명 정도 선발하여 한 장소에 모이게 한 후 면접자의 진행 아래 조사목적과 관련된 토론을 함으로써 자료를 수집하는 정성적 마케팅조사기법으로, 정량적 조사에 앞서 탐색조사로 이용된다.

49 몇몇 인기상품의 가격을 인상한 다음 판매감소를 겪고 있는 소매점의 경영자 A는 빠르게 그리고 효율적으로 판매하락을 초래한 상품을 찾아내려고 한다. 다음 중 A가 사용할 조사 방법으로서 가장 옳은 것은?

① 외부 파트너를 활용한 조사
② 내부 판매실적 자료의 활용
③ 명품회사의 마케팅 첩보 입수
④ 경쟁자의 전략에 관한 정보의 수집
⑤ 명성이 높은 마케팅조사 회사를 통한 조사

> **해설** 외부나 경쟁사를 조사하는 방법은 시간이 많이 소요될 수 있기 때문에 가장 빠르고 효율적으로 수행할 수 있는 조사 방법은 내부 자료를 활용하는 방법이다.

50 "이미 판매한 제품이나 서비스와 관련이 있는 제품이나 서비스를 추가로 판매하는 것"을 의미하는 용어로 가장 옳은 것은?

① 교차판매   ② 유사판매
③ 결합판매   ④ 묶음판매
⑤ 상향판매

> **해설** 교차판매(Cross-Selling)는 자체 개발한 상품에만 의존하지 않고 관련된 제품까지 판매하는 적극적인 판매방식으로, 고객이 선호할 수 있는 추가 제안을 통해 다른 제품을 추가 구입하도록 유도할 수 있으며, 대체재나 보완재가 있는 상품과 서비스에 더 효과적이다.

51 서비스스케이프(servicescape)에 대한 설명으로 가장 옳지 않은 것은?

① 서비스스케이프의 품질수준을 측정하기 위해 서브퀄(SERVQUAL)모델이 개발되었다.
② 서비스스케이프를 구성하는 요인 중 디자인 요소는 내부인테리어와 외부시설(건물디자인, 주차장 등)을 포함한다.
③ 서비스스케이프를 구성하는 요인 중 주변적 요소는 매장(점포)의 분위기로서 음악, 조명, 온도, 색상 등을 포함한다.
④ 서비스스케이프를 구성하는 요인 중 사회적 요소는 종업원들의 이미지, 고객과 종업원 간의 상호교류를 포함한다.
⑤ 서비스스케이프가 소비자행동에 미치는 영향을 설명하는 포괄적인 모형들은 일반적으로 자극-유기체-반응(stimulus-organism-response)의 프레임워크를 기초로 한다.

> **해설** 서비스스케이프(servicescape)는 사회·자연적 환경과 반대되는 개념으로 기업이 컨트롤할 수 있는 인위적인 환경, 즉 의도적으로 디자인한 물리적 환경이고, 서브퀄(SERVQUAL)모델은 서비스 기업이 고객의 기대와 평가를 이해하는 데 사용하기 위해 개발된 다문항 척도(Multiple-item Scale)이다.

52 고객관계관리(CRM ; Customer Relationship Management)에 대한 설명으로 가장 옳지 않은 것은?

① 고객에 대한 정보를 활용하여 고객관계를 구축하고 강화시키기 위한 것이다.

② 고객의 고객생애가치(customer lifetime value)를 극대화하는 데 활용되고 있다.

③ 기존 우량고객과 유사한 특징을 지닌 유망고객을 유치하기 위해 활용되고 있다.

④ 기존에 구매하던 제품과 관련된 다른 제품들의 구매를 유도하는 업셀링(up-selling)을 통해 고객관계를 강화하는 것이다.

⑤ 고객의 지출을 증가시켜 소비점유율(share of wallet)을 높이는 데 활용되고 있다.

> **해설** 기존에 구매하던 제품과 관련된 다른 제품들의 구매를 유도하는 것은 교차판매(cross selling)이다. 업셀링(up-selling)은 동일한 분야로 분류될 수 있는 제품 중 소비자가 희망하는 제품보다 단가가 높은 제품의 구입을 유도하는 판매방법을 말한다.

53 아래 글상자에서 설명하는 머천다이징 전략으로 가장 옳은 것은?

> - 식료품 종류만 취급하던 슈퍼마켓에서 가정용품을 함께 취급함
> - 약국에서 의약품과 함께 아기 기저귀 등의 위생용품과 기능성 화장품을 동시에 판매함
> - 책을 판매하는 서점에서 오디오, 가습기 등의 가전제품을 함께 판매함

① 크로스 머천다이징(cross merchandising)

② 탈상품화 머천다이징(decommodification merchandising)

③ 스크램블드 머천다이징(scrambled merchandising)

④ 선택적 머천다이징(selective merchandising)

⑤ 집중적 머천다이징(intensive merchandising)

> **해설** 스크램블드 머천다이징이란 소매점이 만물점화되어 간다는 뜻으로, 새로운 각도에서의 '관련 판매'가 전개되어가는 것을 의미한다.
> ※ 크로스 머천다이징(cross merchandising)
> 연관된 상품을 함께 진열하거나 연관된 상품을 취급하는 점포들을 인접시킴으로써 고객들이 연관된 상품들을 동시에 구매하도록 유도할 수 있다.

54 단품관리(unit control)의 효과로서 가장 옳지 않은 것은?

① 매장효율성 향상   ② 결품감소

③ 과잉 재고의 감소   ④ 명확한 매출기여도 파악

⑤ 취급상품의 수 확대

> **해설** 판매 추세에 따라 발주가 이루어지므로 불필요한 상품의 입고가 줄어든다.

55 상품믹스를 결정할 때는 상품믹스의 다양성, 전문성, 가용성 등을 따져보아야 한다. 이에 대한 설명으로 옳지 않은 것은?

① 다양성이란 한 점포 내에서 취급하는 상품카테고리 종류의 수를 말한다.

② 가용성을 높이기 위해서는 특정 단품에 대해 품절이 발생하지 않도록 재고를 보유하고 있어야 한다.

③ 전문성은 특정 카테고리 내에서의 단품의 수를 의미한다.

④ 상품믹스를 전문성 위주로 할지, 다양성 위주로 할지에 따라 소매업태가 달라진다.

⑤ 다양성이 높을수록 점포 전체의 수익성은 높아진다.

> **해설** 다양성이 높다고 해서 점포 전체의 수익성이 높아지는 것은 아니다. 소매점이 취급하는 상품의 다양성이 높을수록 상품구성의 폭이 넓어지는 것이며, 상품진열 시에 상품믹스 방식은 상품별로 이익률에 판매구성비를 곱한 판매액 대비 전체 판매이익률이 가장 높게 되도록 판매구성비를 결정하는 것이 좋다.

56 아래 글상자에서 설명하고 있는 ㉠ 소매상에 대한 소비자기대와 ㉡ 소매점의 마케팅믹스를 모두 옳게 나타낸 것은?

> ㉠ 소비자는 소매점에서 구매 이외에 제품지식 또는 친교욕구를 충족하고 싶어함
> ㉡ 목표고객의 라이프 스타일을 연구하여 이에 부응하는 상품을 개발하고 확보하며 관리하는 활동

① ㉠ 서비스, ㉡ 정보와 상호작용   ② ㉠ 촉진, ㉡ 상품

③ ㉠ 정보와 상호작용, ㉡ 머천다이징   ④ ㉠ 입지, ㉡ 서비스

⑤ ㉠ 점포분위기, ㉡ 공급업자관리

> **해설** ㉠ 소비자의 욕구와 개성이 다양화됨에 따라 소비자들이 소매점에게 기대하는 수준도 다양해졌다. 즉 소비자들은 소매점에서 여러 방면으로 효용을 얻기를 기대하는데, 정보와 상호작용을 통해 단지 제품만을 구매하는 것이 아니라 그에 따른 부가적인 제품지식, 서비스 또한 구매하고 싶어 한다.
> ㉡ 머천다이징의 결과로 소비자는 원하는 상품을, 원하는 가격에, 원하는 수량을, 원하는 시기에, 원하는 장소에서 구입할 수 있게 된다. 즉 머천다이징은 소비자의 니즈에 부응하여 유통업체의 머천다이저(merchandiser)가 적극 개입하여 상품의 구색을 맞추는 과정이다.

57 아래 글상자의 내용 중 협동광고(cooperative advertising)가 상대적으로 중요한 촉진 수단으로 작용하는 상품들을 나열한 것으로 가장 옳은 것은?

> ㉠ 구매빈도가 높지 않은 상품   ㉡ 상대적으로 고가의 상품
> ㉢ 인적서비스가 중요한 상품   ㉣ 상표선호도가 높은 상품
> ㉤ 충동구매가 높은 상품   ㉥ 개방적 경로를 채택하는 상품

① ㉠, ㉡, ㉢   ② ㉡, ㉢, ㉥

③ ㉢, ㉣, ㉤   ④ ㉣, ㉤, ㉥

⑤ ㉢, ㉣, ㉥

> **해설** 제조업체와 유통업체가 공동으로 광고하는 협동광고는 일반적으로 편의품에서는 별로 효과가 없고, 고가의 제품이나 선택적 경로 정책을 수행하는 제품의 광고에서 주로 이루어지며 그 효과도 크다. 따라서 편의품의 특징에 해당하는 ㉣, ㉤, ㉥은 옳지 않은 항목이다.

58 점포 배치 및 디자인과 관련된 설명으로 옳지 않은 것은?

① 자유형 점포배치는 특정 쇼핑경로를 유도하지 않는다.

② 경주로형 점포배치는 고객들이 다양한 매장의 상품을 볼 수 있게 하여 충동구매를 유발하려는 목적으로 활용된다.

③ 격자형 점포배치는 소비자들의 제품탐색을 용이하게 하고 동선을 길게 만드는 장점이 있다.

④ 매장의 입구는 고객들이 새로운 환경을 둘러보고 적응하는 곳이므로 세심하게 디자인해야 한다.

⑤ 매장 내 사인물(signage)과 그래픽은 고객들의 매장탐색을 돕고 정보를 제공한다.

해설 ✚ 자유형 점포배치는 소비자들의 제품탐색을 용이하게 하고 동선을 길게 만들어 쇼핑시간이 길어진다.

59 유통마케팅투자수익률에 대한 설명으로 가장 옳은 것은?

① 정성적으로 측정할 수 있는 마케팅 효과만을 측정한다.

② 마케팅투자에 대한 순이익과 총이익의 비율로써 측정한다.

③ 마케팅활동에 대한 투자에서 발생하는 이익을 측정한다.

④ 고객의 획득과 유지 등 마케팅의 고객 관련 효과를 고려하지 않는다.

⑤ 판매액, 시장점유율 등 마케팅성과의 표준측정치를 이용해 평가할 수는 없다.

해설 ✚ ① 정량적으로 측정할 수 있는 마케팅 효과도 측정할 수 있다.
② 마케팅투자에 대한 순이익과 투자자본의 비율로써 측정한다.
④ 고객의 획득과 유지 등 마케팅의 고객 관련 효과를 고려한다.
⑤ 판매액, 시장점유율 등 마케팅성과의 표준측정치를 이용해 평가할 수 있다.

60 마케팅 커뮤니케이션 수단들에 대한 설명으로 가장 옳지 않은 것은?

① 신뢰성이 높은 매체를 통한 홍보(publicity)는 고객의 우호적 태도를 형성하기 위한 좋은 수단이다.

② 인적판매는 대면접촉을 통하기 때문에 고객에게 구매를 유도하기에 적절한 도구이다.

③ 판매촉진은 시험적 구매를 유발하는 데 효과적인 도구이다.

④ 광고의 목적은 판매를 촉진하기 위한 것이라면, 홍보는 이미지와 대중 관계를 향상시키는 데 목적이 있다.

⑤ 광고는 시간과 공간의 제약은 없으나 다른 커뮤니케이션 수단들에 비해 노출당 비용이 많이 소요된다는 단점이 있다.

해설 ✚ 광고는 정보전달의 양이 제한적이고, 노출기회가 시간적으로 제약될 수 있다.

61 아래 글상자의 내용은 상품수명주기에 따른 경로관리방법을 기술한 것이다. 세부적으로 어떤 수명주기 단계에 대한 설명인가?

> ㉠ 충분한 제품공급을 위해 시장범위 역량을 지닌 경로구성원을 확보
> ㉡ 통제가 성장을 방해하는 것이 아니라는 점을 경로구성원에게 확신시킴
> ㉢ 경쟁 제품들의 경로 구성원 지원 현황 조사 및 감시

① 도입기   ② 성장기
③ 성숙기   ④ 쇠퇴기
⑤ 재도약기

해설Q 성장기의 상품관리전략
- 어떤 상품이 도입기를 무사히 넘기고 나면 그 상품의 매출액은 늘어나게 되고 시장도 커지게 된다.
- 성장기에는 수요량이 증가하고 가격탄력성도 커지며, 초기설비는 완전히 가동되고 증설이 필요해지기도 하며, 조업도의 상승으로 수익성도 호전된다.
- 성장기에 가장 조심하여야 할 점은 장사가 잘되면 그만큼 경쟁자의 참여도 늘어나게 된다는 것이다.

62 편의점이 PB상품을 기획하는 이유로 가장 옳지 않은 것은?

① 편의점은 대형마트나 슈퍼마켓보다 비싸다는 점포이미지를 개선시킬 수 있다.
② PB상품이 NB상품에 비해 점포차별화에 유리하다.
③ 소량구매 생필품 중심으로 PB상품을 개발하여 매출을 높일 수 있다.
④ PB상품이 중소 제조업체를 통해 납품될 경우, NB상품을 공급하는 대형 제조업체에 비해 계약조건이 상대적으로 유리할 수도 있다.
⑤ NB상품 보다 수익률은 낮지만 가격에 민감한 소비자욕구에 부응할 수 있다.

해설Q PB상품은 가격에 민감한 소비자욕구에 부응하기 위해 유통비용을 줄여 가격경쟁력을 높이고, 고객을 확보해 매출을 늘리는 전략상품이다.

63 병행수입상품에 대한 설명으로 가장 옳지 않은 것은?

① 상표 등 지적재산권의 보호를 받는 상품이다.
② 미국에서는 회색시장(gray market) 상품이라고 부른다.
③ 제조업자나 독점수입업자의 동의 없이 수입한 상품이다.
④ 외국에서 적법하게 생산되었기 때문에 위조상품이 아니다.
⑤ 수입업자들은 동일한 병행상품에 대해 서로 다른 상표를 사용해야 한다.

해설Q 병행수입은 같은 상표의 상품을 여러 업자가 수입하여 국내에서 판매할 수 있는 제도이다.

64 옴니채널(omni channel) 소매업에 대한 설명으로서 가장 옳은 것은?

① 세분시장별로 서로 다른 경로를 통해 쇼핑할 수 있게 한다.

② 동일한 소비자가 점포, 온라인, 모바일 등 다양한 경로를 통해 쇼핑할 수 있게 한다.

③ 인터넷만을 활용하여 영업한다.

④ 고객에게 미리 배포한 카달로그를 통해 직접 주문을 받는 소매업이다.

⑤ 인포머셜이나 홈쇼핑채널 등 주로 TV를 활용하여 영업하는 소매업이다.

> **해설** ① 옴니채널(omni channel)은 '모든 것, 모든 방식'을 의미하는 접두사 옴니(omni)와 유통경로를 의미하는 채널(channel)의 합성어로, 온·오프라인 매장을 결합하여 소비자가 언제 어디서든 구매할 수 있도록 한 쇼핑체계이다.
> ③·④·⑤ 옴니채널이란 소비자가 온라인, 오프라인, 모바일 등 다양한 경로를 넘나들며 상품을 검색하고 구매할 수 있도록 한 서비스로, 각 유통채널의 특성을 결합해 어떤 채널에서든 같은 매장을 이용하는 것처럼 느낄 수 있도록 한 쇼핑 환경을 말한다.

65 구매시점광고(POP)에 대한 설명으로 가장 옳지 않은 것은?

① 구매하는 장소에서 이루어지는 광고로서 판매촉진활동에 대한 효과 측정이 용이하다.

② 스토어트래픽을 창출하여 소비자의 관심을 끄는 역할을 한다.

③ 저렴한 편의품을 계산대 주변에 진열해 놓는 활동을 포함한다.

④ 판매원을 돕고 판매점에 장식효과를 가져다주는 역할을 한다.

⑤ 충동적인 구매가 이루어지는 제품의 경우에는 더욱 강력한 소구 수단이 된다.

> **해설** POP는 구매하는 시점에서 이루어지는 광고로, 매장을 방문한 특정인을 대상으로 소구한다.

66 공산품 유통과 비교한 농산물 유통의 특징으로서 가장 옳지 않은 것은?

① 보관시설 등이 잘 갖추어지지 않은 경우 작황에 따른 가격 등락폭이 심하게 나타난다.

② 보관 및 배송 등에 소요되는 유통비용이 상대적으로 더 크다.

③ 부패하기 쉽기 때문에 적절한 보관과 신속한 배송 등이 더 중요하다.

④ 크기, 품질, 무게 등에 따라 표준화하고 등급화하기가 더 힘들다.

⑤ 가격 변동이나 소득 변동에 따른 수요변화가 더 탄력적이다.

> **해설** 가격 변동이나 소득 변동에 따른 수요변화가 더 비탄력적이다.

67 상품의 진열 방식 중 상품들의 가격이 저렴할 것이라는 기대를 갖게 하는 데 가장 효과적인 진열방식은?

① 스타일, 품목별 진열　　　　　　　　② 색상별 진열

③ 가격대별 진열　　　　　　　　　　　④ 적재진열

⑤ 아이디어 지향적 진열

68 다음 중에서 새로운 소매업태가 나타나게 되는 이유를 설명하는 이론으로 가장 옳지 않은 것은?

① 소매수명주기 이론

② 수레바퀴 이론

③ 소매 아코디언 이론

④ 소매인력이론

⑤ 변증법적 이론

69 매장 외관인 쇼윈도(show window)에 대한 설명 중 가장 옳지 않은 것은?

① 매장 외관을 결정짓는 요소 중 하나로 볼 수 있다.

② 돌출된 형태의 쇼윈도의 경우 소비자를 입구 쪽으로 유도하는 효과가 있다.

③ 지나가는 사람들의 시선을 끌어 구매욕구를 자극하는 효과가 있다.

④ 설치형태에 따라 폐쇄형, 반개방형, 개방형, 섀도박스(shadow box)형이 있다.

⑤ 제품을 진열하는 효과는 있으나 점포의 이미지를 표현할 수는 없다.

70 다음 중 모든 구매자들에게 단일의 가격을 책정하는 것이 아닌 개별고객의 특징과 욕구 및 상황에 맞추어 계속 가격을 조정하는 가격전략은?

① 초기 고가격 전략

② 시장침투 가격전략

③ 세분시장별 가격전략

④ 동태적 가격전략

⑤ 제품라인 가격전략

71 아래 글상자의 ( ) 안에 들어갈 용어로 가장 옳은 것은?

> 소비자의 구매패턴 변화는 유통산업 구조에 변화를 가져와, 옴니채널(Omni Channel)에서 온라인 상거래의 범위를 오프라인으로 확장한 서비스를 제공하는 ( ) 방식의 사업모델이 활발히 적용되고 있다.

① O2O(Online to Offline)
② O2O(Online to Online)
③ O2M(One to Multi spot)
④ O2M(One to Machine)
⑤ O2C(Online to Customer)

해설 O2O(Online to Offline)
- 온라인이 오프라인으로 옮겨온다는 뜻으로, 정보 유통 비용이 저렴한 온라인과 실제 소비가 일어나는 오프라인의 장점을 접목해 새로운 시장을 만들어보자는 데서 나왔다.
- 스마트폰이 본격적으로 보급되면서 컴퓨터보다는 스마트폰에서의 구매 행위가 더 많은 비중을 차지하고 있는 현상으로 인해 M2O(Mobile-to-Offline)라고 불리기도 한다.
- 온라인과 오프라인을 연결한 마케팅으로, 특정 지역에 들어서면 실시간으로 스마트폰에 쿠폰 등을 보내주는 서비스와 모바일로 주문한 후 오프라인 매장에서 상품을 인수할 수 있는 스타벅스의 사이렌오더 서비스 등이 대표적이다.

72 유통업체가 POS(point of sales)시스템을 도입하여 얻을 수 있는 효과로 가장 옳지 않은 것은?

① 상품 계산을 위해 판매원이 상품정보를 등록하는 시간을 단축하여 고객대기시간 단축 가능
② 판매원의 수작업에 의한 입력 누락, 반복 입력 등과 같은 입력 오류 감소
③ 자동발주시스템(EOS ; Electronic Order System)과 연계하여 주문관리, 재고관리, 판매관리의 정보를 통한 경영활동 효율성 확보
④ 신속한 고객 정보의 수집과 관리를 통해 합리적 판촉전략 수립 및 고객 만족도 개선
⑤ 경쟁 유통업체의 제품 구성 및 판매 동향 분석을 통한 경쟁력 제고

해설 고객의 구매 동향 분석을 통해 인기상품의 품절을 예방하고 상품의 매출정보를 쉽게 파악할 수 있다.

73 아래 글상자에서 설명하고 있는 용어를 나열한 것으로 가장 옳은 것은?

> – ㉠는 유행에 관심이 많고 소비를 놀이처럼 즐기는 사람을 지칭하는 용어이다. 생산적인 소비자를 일컫는 프로슈머 (prosumer)에서 한 단계 진화하여 참여와 공유를 통해 개인의 만족과 집단의 가치를 향상시키는 능동적인 소비자를 말한다. 필립 코틀러(Philip Kotler)의 '사회구조가 복잡해지고 물질적으로 풍요로워질수록 소비자는 재미를 추구한다.'는 주장을 반영한 소비 형태이다.
>
> – ㉡는 에너지를 소비도 하지만 생산도 하는 사람을 지칭하는 용어이다. 스마트 그리드가 구축되면 일반 가정이나 사무실에서도 소형 발전기, 태양광, 풍력 등을 이용한 신재생 에너지를 생산하고 사용한 후 여분을 거래할 수 있다.

① ㉠ 모디슈머, ㉡ 스마트너 ② ㉠ 플레이슈머, ㉡ 스마트너
③ ㉠ 플레이슈머, ㉡ 에너지 프로슈머 ④ ㉠ 트랜드슈머, ㉡ 에너지 프로슈머
⑤ ㉠ 트랜드슈머, ㉡ 스마트 프로슈머

해설 • 모디슈머(modisumer) : 수정하다는 뜻의 'modify'와 소비자라는 뜻의 'consumer'의 합성어로 제조업체가 제시하는 방식에서 벗어나 사용자 자신만의 방식으로 제품을 활용하는 '새로움'을 추구하는 체험적 소비자이다.
• 트랜드슈머 : 순간적인 소비행태를 뜻하는 말로 처음에는 기내, 공항, 기차역 등에서 짧은 시간 동안 구매하는 소비자들을 일컬었으나, 기본적인 것에 대한 요구보다는 스릴과 경험, 새로운 것을 추구하는 고급스러운 구매행태를 가진 소비자들을 지정하는 말로 의미가 확대되었다.

74 아래 글상자의 ㉠, ㉡에 해당되는 각각의 용어로 가장 옳은 것은?

> 전통적인 경제학에서 기업의 생산활동은 ㉠이 주로 적용된다고 가정하고 있다. 정보화 사회에 들어서면서 컴퓨터산업을 포함한 정보통신 산업분야에서는 이러한 현상이 적용되지 않는다. 오히려 ㉡이 적용되고 있다. 브라이언 아서 교수는 농업이나 자연자원을 많이 소모하는 대량생산 체제에서는 ㉠이 지배하고, 첨단기술의 개발과 지식중심의 생산 체제에서는 반대로 ㉡이 지배한다고 주장하였다.

① ㉠ 수확체증의 법칙, ㉡ 수확불변의 법칙
② ㉠ 수확체증의 법칙, ㉡ 수확체감의 법칙
③ ㉠ 수확체감의 법칙, ㉡ 수확불변의 법칙
④ ㉠ 수확체감의 법칙, ㉡ 수확체증의 법칙
⑤ ㉠ 수확불변의 법칙, ㉡ 수확체감의 법칙

해설 ㉠ 수확체감의 법칙 : 노동력이 한 단위 추가될 때 이로 인해 늘어나는 한계생산량은 점차 줄어드는 현상을 말한다. 즉 생산요소를 추가적으로 계속 투입해 나갈 때, 어느 시점이 지나면 새롭게 투입하는 요소로 인해 발생하는 수확의 증가량은 감소한다는 것이다.
㉡ 수확체증의 법칙 : 전통적인 산업에 적용되던 수확체감의 법칙에 대응하는 개념으로, 어떤 기업이 상품을 만들기 위해 생산설비를 갖추고 생산을 시작하여 일정 규모의 생산을 초과하게 되면 비용이 점차 줄어들게 되고 수익이 커지는 현상을 말한다.

75 EDI 시스템에 대한 설명으로 가장 옳지 않은 것은?

① EDI 시스템은 데이터를 효율적으로 교환하기 위해 전자문서표준을 이용해 데이터를 교류하는 시스템이다.

② EDI 시스템은 기존 서류 작업에 비해 문서의 입력오류를 줄여주는 장점이 있다.

③ EDI 시스템은 국제표준이 아닌, 기업 간 상호 협의에 의해 만들어진 규칙을 따른다.

④ EDI 시스템은 종이 문서 없는 업무 환경을 구현해주는 장점이 있다.

⑤ EDI 시스템은 응용프로그램, 네트워크 소프트웨어, 변환 소프트웨어 등으로 구성된다.

해설 1987년 3월 유인 · 행정 · 무역 및 운송에 관한 EDI 국제표준이 제정되었다.

76 QR코드의 장점으로 가장 옳지 않은 것은?

① 작은 공간에도 인쇄할 수 있다.

② 방향에 관계없는 인식능력이 있다.

③ 바코드에 비해 많은 용량의 정보를 저장할 수 있다.

④ 훼손에 강하며 훼손시 데이터 복원력이 매우 좋다.

⑤ 문자나 그림 등의 이미지가 중첩된 경우에도 인식률이 매우 높다.

해설 QR코드는 기본적으로 명암대비가 선명해야 인식이 쉬우므로 명암대비가 선명하지 못한 이미지 등이 중첩되면 인식하는 데 어렵거나 인식이 불가능해질 수 있다.

77 아래 글상자에서 설명하는 용어로 가장 옳은 것은?

> – 끌어모음이라는 뜻과 꼬리표라는 의미의 합성어이다.
> – 특정 단어 앞에 '#'을 사용하여 그 단어와 관련된 내용물을 묶어주는 기능이다.
> – SNS에서 마케팅을 위해 활발하게 이용된다.

① 스크롤링(Scrolling)　　　　　　② 롱테일의 법칙(Long Tail Theory)

③ 크롤링(Crawling)　　　　　　　④ 해시태그(Hashtag)

⑤ 둠스크롤링(Doomscrolling)

해설 ① 화면에 표시된 데이터가 상하 좌우로 이동하는 것, 또는 화면에 보이지 않는 내용을 보기 위해 화면 속의 문자를 상하 좌우로 이동시키는 것을 말한다.

② 인터넷과 유통물류 등의 발달로 인해 80%의 '사소한 다수'가 20%의 '핵심 소수'보다 뛰어난 가치를 창출한다는 이론이다.

③ 무수히 많은 컴퓨터에 분산 저장되어 있는 문서를 수집하여 검색 대상의 색인으로 포함시키는 기술이다.

⑤ 암울한 뉴스만을 강박적으로 확인하는 행위를 뜻하는 신조어로, 코로나19 시대의 우울한 사회 분위기와 스마트폰 사용시간 증가 등의 세태를 반영하고 있어 2020년 뉴욕타임스(NYT)와 파이낸셜타임스(FT)가 꼽은 올해의 단어에 포함되기도 했다.

78 데이터마이닝에서 사용하는 기법과 그에 대한 설명으로 가장 옳지 않은 것은?

① 추정 – 연속형이나 수치형으로 그 결과를 규정, 알려지지 않은 변수들의 값을 추측하여 결정하는 기법

② 분류 – 범주형 자료이거나 이산형 자료일 때 주로 사용하며, 이미 정의된 집단으로 구분하여 분석하는 기법

③ 군집화 – 기존의 정의된 집단을 기준으로 구분하고 이와 유사한 자료를 모으고, 분석하는 기법

④ 유사통합 – 데이터로부터 규칙을 만들어내는 것으로 어떠한 것들이 함께 발생하는지에 대해 결정하는 기법

⑤ 예측 – 미래의 행동이나 미래 추정치의 예측에 따라 구분되는 것으로 분류나 추정과 유사 기법

해설 군집화는 유사하거나 서로 관련 있는 항목끼리 묶어서 기억하려는 경향으로, 보다 많은 정보를 기억할 수 있고 단기 기억의 용량도 증가시킬 수 있다.

79 아래 글상자의 괄호 안에 공통적으로 들어갈 용어로 가장 옳은 것은?

> 데이터 수집과 활용을 통해 데이터 경제를 가속화하기 위한 대책으로 2020년 정부가 발표한 디지털 뉴딜 사업에는 (   )에 대한 계획이 포함되어 있다. (   )은(는) 우리나라의 유무형 자산이나 문화유산, 국가행정정보 등의 공공정보를 데이터화하여 수집 · 보관하고, 필요한 곳에 사용할 수 있도록 하는 것이다.

① 데이터 댐

② 국가DW

③ 빅데이터프로젝트

④ 대한민국AI

⑤ 디지털 트윈

해설 데이터 댐

정부가 2020년 7월 14일 확정 · 발표한 정책인 '한국판 뉴딜'의 10대 대표과제 중 하나로, 데이터 수집 · 가공 · 거래 · 활용기반을 강화하여 데이터 경제를 가속화하고, 5G 전국망을 통한 전 산업 5G와 AI 융합을 확산시키는 것이다. 이를 위해 2022년까지 총사업비 8조 5,000억 원을 투자해 일자리 20만 7,000개를 창출하며, 2025년까지는 총사업비 18조 1,000억 원을 들여 일자리 38만 9,000개를 창출한다는 계획이다.

80 오늘날 공급사슬관리는 IT의 지원 없이 작동할 수 없다. 공급사슬관리에 일어난 주요 변화로 옳지 않은 것은?

① 공급자 중심에서 고객중심으로 – 비용보다는 유연한 대응력, 즉 민첩성이 핵심요인

② 풀(pull)관행에서 푸시(push)관행으로 – 생산 풀로부터 소비자 주문 또는 구매를 근거로 하는 푸시관행으로 이동

③ 재고에서 정보로 – 실질 수요에 대한 더 나은 가시성 확보가 중요

④ 운송과 창고관리에서 엔드투엔드 파이프라인관리가 강조 – 가시성과 시간단축 중요

⑤ 기능에서 프로세스로 – 급변하는 환경에 다기능적이고 시장지향적인 프로세스에 초점

해설 정보기술의 발전에 따라 푸시(push) 방식보다 풀(pull) 방식의 활용이 늘고 있다.

81 국가종합전자조달 사이트인 나라장터를 전자상거래 거래주체별 모델로 구분하였을 때 가장 옳은 것은?

① B2B
② G2B
③ G4C
④ B2C
⑤ C2C

> **해설** G2B는 정부 전자 조달을 의미하는 정부와 기업 간 거래로, 공공기관이 물품을 구매하거나 시설 공사 등의 서비스를 계약할 때 참가 업체
> 등록과 입찰에서부터 계약, 대금 지불에 이르기까지 전 단계를 인터넷을 통해 처리하는 시스템이다.
> ① 기업 간 거래
> ③ 시민(국민)을 위한 정부
> ④ 기업-소비자 간 거래
> ⑤ 소비자 간 전자상거래

82 대칭키 암호화 방식에 해당되지 않는 것은?

① IDEA(International Data Encryption Algorithm)
② SEED
③ DES(Data Encryption Standard)
④ RSA(Rivest Shamir Adleman)
⑤ RC4

> **해설** RSA(Rivest Shamir Adleman) 방식은 비대칭키(공개키) 암호화 방식을 이용한다.

83 공급사슬관리를 위한 정보기술로 적절성이 가장 낮은 것은?

① VMI(Vendor Managed Inventory)
② RFID(Radio-Frequency Identification)
③ PBES(Private Branch Exchange Systems)
④ EDI(Electronic Data Interchange)
⑤ CDS(Cross Docking Systems)

> **해설** PBES(Private Branch Exchange Systems)는 개인지선교환시스템을 의미하는 것으로 공급사슬관리를 위한 정보기술과는 거리가 멀
> 다.
> ① 공급업체가 주도적으로 재고를 관리하는 것으로, VMI를 통해 공급체인상의 전후방 연관업체 간의 원활한 정보유통이 가능하여 상호
> 신뢰 관계를 구축할 수 있고, 표준화와 공동화에 기여할 수 있다.
> ② 판독기를 이용하여 태그(Tag)에 기록된 정보를 판독하는 무선주파수인식기술로, 물류정보를 효율적으로 입력하고 관리하기 위해서는
> RFID 정보 등을 활용하는 물류기기와 연동되게 할 필요가 있다.
> ④ 전자문서교환 방식으로 거래업체 간에 상호 합의된 전자문서 표준을 이용하여 컴퓨터 간에 구조화된 데이터를 교환한다. EDI를 도입
> 하면 국내 기업 간 거래는 물론 국제무역에 있어서 각종 서류를 신속·정확하게 전송할 수 있기 때문에 시간 및 비용 절감은 물론 제
> 품의 주문, 생산, 납품, 유통의 모든 단계에서 생산성을 획기적으로 향상시킬 수 있다.
> ⑤ 공급사슬상의 각 단계 간에 제품이동시간을 줄이기 위해 창고나 물류센터에서 수령한 상품을 창고에서 재고로 보관하지 않고 입고와
> 동시에 출고하여 바로 배송할 수 있도록 하는 시스템으로, 통과형 물류센터라고도 한다.

84 지식경영을 위한 자원으로써 지식을 체계화하기 위해 다양한 분류 방식을 활용해 볼 수 있다. 다음 중 분류방식과 그 내용에 대한 설명으로 가장 옳지 않은 것은?

① 도서관형 분류 – 알파벳/기호로 하는 분류

② 계층형 분류 – 대분류 · 중분류 · 소분류로 분류

③ 인과형 분류 – 원인과 결과 관계로 분류

④ 요인분해형 분류 – 의미 네트워크에 기반하여 공간적으로 의미를 구성

⑤ 시계열적 분류 – 시계열적으로 과거, 현재, 미래의 사상, 의의의 변화를 기술

해설 ④는 네트워크형 분류에 대한 내용이다.

85 빅데이터의 핵심 특성 3가지를 가장 바르게 제시한 것은?

① 가치, 가변성, 복잡성　　　　　② 규모, 속도, 다양성

③ 규모, 가치, 복잡성　　　　　④ 가치, 생성 속도, 가변성

⑤ 규모, 가치, 가변성

해설 빅데이터의 핵심 특성 3가지
- 규모 : 빅데이터는 크기 자체가 대형이다.
- 속도 : 빅데이터는 분초를 다룰 만큼 시간에 민감한 경우가 많으므로 데이터를 수집 · 분석하고 활용하는 속도가 빨라야 한다.
- 다양성 : 기존의 전통적인 데이터베이스에서 관리하는 구조적인 데이터와는 달리, 빅데이터는 무수히 많은 종류가 발생할 수 있다.

86 고객관리를 위해 인터넷 쇼핑몰을 운영하는 A사는 웹로그분석을 실시하고 있다. 아래 글상자의 (　　)안에 들어갈 용어로 가장 옳은 것은?

> 방문자가 웹 브라우저를 통해 웹사이트에 방문할 때 브라우저가 웹 서버에 파일을 요청한 기록을 시간과 IP 등의 정보와 함께 남기는데 이것을 (　　)라고 한다. 이 로그는 웹사이트의 트래픽에 대한 가장 기초적인 정보를 제공하며 서버로부터 브라우저에 파일이 전송된 기록이므로 Transfer Log라고도 한다.

① 리퍼럴 로그(referrer log)　　　　② 에이전트 로그(agent log)

③ 액세스 로그(access log)　　　　④ 에러 로그(error log)

⑤ 호스트 로그(host log)

해설 웹로그분석
웹 사이트의 방문객이 남긴 자료를 근거로 웹의 운영 및 방문 행태에 대한 정보를 분석하는 것으로, 방문객이 웹 사이트에 방문하게 되면 웹 서버에는 액세스 로그, 에러 로그, 리퍼럴 로그, 에이전트 로그 등의 자료가 파일 형태로 기록된다.
- 액세스 로그 : 누가 어떤 것을 읽었는지를 제공
- 에러 로그 : 오류가 있었는지를 제공
- 리퍼럴 로그 : 경유지 사이트와 검색 엔진 키워드 등의 단서를 제공
- 에이전트 로그 : 웹 브라우저의 이름, 버전, 운영 체계(OS), 화면 해상도 등의 정보를 제공

87 유통업체의 관리문제를 해결하기 위해 활용되는 의사결정지원시스템 모델 중 수학적 모형으로 작성하여 그 해를 구함으로써 최적의 의사결정을 도모하는 수리계획법의 예로 가장 옳지 않은 것은?

① 시뮬레이션(Simulation)
② 목표계획법(Goal Programming)
③ 선형계획법(Linear Programming)
④ 정수계획법(Integer Programming)
⑤ 비선형계획법(Non-Linear Programming)

> **해설** 시뮬레이션은 실제의 상황을 간단하게 축소한 모형을 통해서 실험을 하고 그 실험결과에 따라 행동이나 의사결정을 하는 기법이다.
> ② 선형계획법의 확장된 형태라고 할 수 있는 방법으로 다수의 목표를 가지는 의사결정문제 해결에 매우 유용한 기법이라 할 수 있다. 이 방법은 선형계획법에서와 같이 목적함수를 직접적으로 최대화 혹은 최소화하려 하지 않고 목표사이에 존재하는 편차(deviation)를 주어진 제약 조건 하에서 최소화하려는 기법이다.
> ③ 한정된 자원을 어떻게 해야 가장 유효적절하게 각종 용도에 배분할 수 있는가 하는 최적배치와 생산계획의 문제, 한정된 총소득액의 최적배분, 몇몇 발송지역에서부터 몇몇 목적지로 상품을 운송할 때 그 운임을 최소화하는 수송문제 등, 1차부등식이라는 제약 하에서 어떤 목적을 최대화 또는 최소화하려는 문제에 모두 적용된다.
> ④ 선형계획법의 여러 가지 가정 중에서 가분성의 가정은 변수가 분수 또는 소수의 값을 가질 수 있음을 가정하고 있다. 그러나 실제로 변수가 정수값만을 가져야 하는 경우, 즉 변수가 실제 생산 제품의 숫자를 나타내거나 가부 간의 결정을 해야 하는 경우에 이용되는 선형계획법을 정수계획법이라고 한다.
> ⑤ 목적 함수나 제약 중에 1차가 아닌 함수를 적어도 하나 포함하는 수학적 접근에 의해 문제를 해결하는 수법의 하나로, 최적화 문제, 할당 문제 등에 쓰인다.

88 파일처리시스템과 비교하여 데이터베이스시스템의 특징을 설명한 것으로 가장 옳지 않은 것은?

① 특정 응용프로그램을 활용해 개별 데이터를 생성하고 저장하므로 데이터를 독립적으로 관리할 수 있다.
② 조직 내 데이터의 공유를 통해 정보자원의 효율적 활용이 가능하다.
③ 데이터베이스에 접근하기 위해 인증을 거쳐야 하기에 불법적인 접근을 차단하여 보안관리가 용이하다.
④ 프로그램에 대한 데이터 의존성이 감소하게 됨으로써 데이터의 형식이나 필드의 위치가 변화해도 응용프로그램을 새로 작성할 필요가 없다.
⑤ 표준화된 데이터 질의어(SQL)를 이용하여 필요한 데이터에 쉽게 접근하고 정보를 생성할 수 있다.

> **해설** 데이터베이스시스템은 여러 응용프로그램을 공유하기 위해 최소의 중복으로 통합·저장된 운영 데이터의 집합을 말한다.

89 디지털 시대의 경영환경 특징으로 가장 옳지 않은 것은?

① 무형의 자산보다 유형의 자산이 중시된다.
② 지식상품이 부상하고 개인의 창의력이 중시된다.
③ 정보의 전달 속도가 빨라 제품수명주기가 단축된다.
④ 기술발전 속도가 빠를 뿐만 아니라 사업 범위가 글로벌화 되어 경쟁이 심화된다.
⑤ 기업 간 경쟁이 심화되어 예측이 어려워짐으로써 복잡계시스템으로서의 경영이 요구된다.

> **해설** 유형의 자산보다 무형의 자산이 중시된다.

90 전자금융거래시 간편결제를 위한 QR코드 결제 표준에 대한 내용으로 가장 옳지 않은 것은?

① 고정형 QR 발급시 별도 위변조 방지 조치(특수필름부착, 잠금장치 설치 등)를 갖추어야 한다.

② 변동형 QR은 보안성 기준을 충족한 앱을 통해 발급하며 위변조 방지를 위해 1분 이내만 발급이 유지되도록 규정한다.

③ 자체 보안기능을 갖추어야 하며 민감한 개인·신용정보 포함을 금지하고 있다.

④ 고정형 QR은 소상공인 등이 QR코드를 발급·출력하여 가맹점에 붙여두고, 소비자가 모바일 앱으로 QR코드를 스캔하여 결제처리하는 방식이다.

⑤ 가맹점주는 가맹점 탈퇴·폐업 즉시 QR코드 파기 후 가맹점 관리자에게 신고해야 한다.

해설🔍 변동형 QR은 보안성 기준을 충족한 앱을 통해 발급하며 위변조 방지를 위해 3분 이내만 발급이 유지되도록 규정한다.

좋은 책을 만드는 길
독자님과 함께하겠습니다.

도서나 동영상에 궁금한 점, 아쉬운 점, 만족스러운 점이
있으시다면 어떤 의견이라도 말씀해 주세요.
SD에듀는 독자님의 의견을 모아 더 좋은 책으로 보답하겠습니다.

www.sdedu.com

유통관리사 2급 기출동형 최종모의고사

개정19판1쇄 발행	2022년 05월 04일 (인쇄 2022년 04월 19일)
초 판 발 행	2004년 10월 05일 (인쇄 2004년 09월 04일)
발 행 인	박영일
책 임 편 집	이해욱
저 자	안영일 · 유통관리연구소
편 집 진 행	김준일 · 김은영
표지디자인	김도연
편집디자인	안시영 · 하한우
발 행 처	(주)시대고시기획
출 판 등 록	제 10-1521호
주 소	서울시 마포구 큰우물로 75 [도화동 538 성지 B/D] 9F
전 화	1600-3600
팩 스	02-701-8823
홈 페 이 지	www.sidaegosi.com
I S B N	979-11-383-2375-8 (13320)
정 가	24,000원